普通高等教育"十二五"规划教材

人力资源管理

任巍　编

机 械 工 业 出 版 社

本书全面而系统地阐述了人力资源管理的基本理论及理论应用的方法，使读者了解并掌握人力资源管理中各环节的工作方法，运用相关理论、方法和工具来解决实际问题。本书立足于当前市场经济和组织的新特点，注意借鉴和吸收发达国家人力资源管理方面的研究成果和经验，并与我国的实际情况相结合，以人力资源管理流程为主线，对人力资源管理的主要职能：即工作分析、人力资源规划、员工招聘与选拔、人员素质测评、员工培训与开发、职业生涯管理、绩效管理、薪酬管理、劳动关系等各个模块，都进行了比较深入的介绍和研讨。在内容整合与安排上，本书由浅入深，循序渐进，力求做到体系完整、重点突出，便于读者在掌握人力资源管理学科体系的同时能把握重点和难点。

本书适用于高等院校管理类专业学生，也适用于对企业管理人员的专业培训。

图书在版编目（CIP）数据

人力资源管理/任巍编. —北京：机械工业出版社，2011.8（2017.1重印）

普通高等教育“十二五”规划教材

ISBN 978-7-111-35479-6

Ⅰ.①人… Ⅱ.①任… Ⅲ.①人力资源管理-高等学校-教材 Ⅳ.①F240

中国版本图书馆CIP数据核字（2011）第152669号

机械工业出版社（北京市百万庄大街22号 邮政编码100037）
策划编辑：曹俊玲 责任编辑：曹俊玲 何 洋
版式设计：张世琴 责任校对：胡艳萍
责任印制：常天培
北京京丰印刷厂印刷
2017年1月第1版·第3次印刷
184mm×260mm·24印张·596千字
标准书号：ISBN 978-7-111-35479-6
定价：43.00元

凡购本书，如有缺页、倒页、脱页，由本社发行部调换

电话服务
服务咨询热线：010-88379833
读者购书热线：010-88379649

网络服务
机 工 官 网：www.cmpbook.com
机 工 官 博：weibo.com/cmp1952
教育服务网：www.cmpedu.com
金 书 网：www.golden-book.com

前言

随着知识经济时代的到来，人的因素越来越成为组织实现战略目标的关键因素。不论什么类型的组织，也不论组织规模的大小，组织中的人力资源都决定着组织的兴衰与成败。随着科学技术的飞速发展，对人力资源开发与管理的研究不断拓展，新的管理理念不断涌现，这些日新月异的变化，也使得从事人力资源管理教学和研究的工作者更具有一种责任感和使命感，需要不断进行研究探索。

我国是一个人口大国，但要成为世界强国，还必须使我国从人口大国转型为人力资源强国。把巨大的人口潜力转化为实现经济持续发展的能力，是我国当代人力资源工作者的历史使命。因此，无论是人力资源管理的研究还是实践，都必须结合我国的实际，在借鉴发达国家经验的基础上，开发出具有中国特色、符合中国国情的人力资源管理理论、方法和工具。

本书比较全面、准确地反映了近年来人力资源管理教学的成果，全面而系统地阐述了人力资源管理的基本理论及理论应用的方法，使读者了解并掌握人力资源管理中各环节的工作方法，运用相关理论、方法和工具来解决实际问题。本书立足于当前市场经济和组织的新特点，注意借鉴和吸收发达国家人力资源管理方面的研究成果和经验，并与我国的实际情况相结合，以人力资源管理流程为主线，对人力资源管理的主要职能，即工作分析、人力资源规划、员工招聘与选拔、人员素质测评、员工培训与开发、职业生涯管理、绩效管理、薪酬管理、劳动关系等各个模块，都进行了比较深入的介绍和研讨。在内容整合与安排上，本书由浅入深，循序渐进，力求做到体系完整、重点突出，便于读者在掌握人力资源管理学科体系的同时能把握重点和难点。

本书的特色之一是在每一章的开头安排了"篇首案例"，在每一章的最后安排了"实践与应用"一节，以案例和模拟实验的形式，创造一种自由的氛围，使学生在自行思考、争辩和讨论中达成共识。教师在讨论中主要担当导演和教练的角色，帮助和引导学生自己或集体进行逻辑分析和判断，经过讨论达成共识。本书希望通过对案例的点评与分析，帮助读者全面梳理职务技能，从中反思、感悟、拓宽思路，使读者在学习人力资源管理基础知识的基础上，实现从理论到实践的飞跃，提升读者的经营、决策和综合管理能力，使他们可以有效地驾驭资源，为未来高效地运营企业奠定基础。

本书是我多年从事人力资源管理教学的经验总结，既有自己的研究体会，也学习、参考、吸纳了国内外许多专家、学者的研究成果，这些都列在了书后的参考文献中，在这里向各位著作者表示真诚的感谢。

在编写过程中，研究生任腾飞、林贞、黄媛媛在资料收集、文字录入与校对方面做了大量的工作，在此一并表示感谢。

本书适用于高等院校管理类专业学生，也适用于对企业管理人员的专业培训。

由于编者水平所限，教材中难免存在缺点和不足，敬请广大读者批评指正，以便今后再版时修订。

任　巍

目　录

第一章 人力资源管理导论

【本章精要】

1. 人力资源管理的含义。
2. 人力资源管理的特点及其作用。
3. 人事管理与人力资源管理，人力资源管理的组织结构和主要职能。
4. 人力资源管理的发展阶段。
5. 人力资源管理的发展史及其发展趋势。

【学习目标】

在当今时代，人力资源已取代自然资源成为最重要的生产要素，是一个企业最宝贵的资源，是企业的竞争优势所在。通过本章的学习，应了解人力资源的概念，熟悉人力资源的划分；对人力资源管理的概念、目标和任务、发展历程有一个大致了解和掌握；对人力资源管理的发展历史、现状与特点有一定的了解。通过对人力资源管理概念的学习和理解，能全面了解人力资源管理的内涵及发展现状，为后面章节的学习打下基础。

【篇首案例】

人才的价值

1923 年，美国的福特公司有一台电机坏了，公司的所有工程技术人员都未能修好。他们只好请来一个人，这个人叫斯坦曼，他原来是德国的工程技术人员，流落到美国后，一家小厂的老板看中了他的才能并雇用了他。此人其貌不扬，衣着朴素，许多人瞧不起他。福特问他几天能修好这台电机，他说三天。又问他用什么工具，他说只用一把小铁锤、一支粉笔就可以了。

白天，他围着电机转悠，东看看，西敲敲；晚上，他就睡到电机旁。到了第三天，人们见他还不拆电机，不禁怀疑起来，便质问其何时动手修电机。他却慢条斯理地说：“别着急，今晚即可见分晓。”

当天晚上，他让人们搬梯子来，他爬到电机顶上，在电机的一个部位画了一个圆圈，写了几个字——这里的线圈多了 16 圈。技术人员半信半疑地拆开一看，果然如此，电机很快修复了。

这时，他提出要酬金 1 万美元，有人不忿地说：“你不过画了一个圆圈，怎么值 1 万美元？”

“画一个圆圈只要 1 美元，但要知道这个圆圈往哪里画，却要 9999 美元。”他理直气壮地说。

福特非常爽快地给了他 1 万美元，并且对这个人非常欣赏，一定要他到福特公司来工作。这个德国人说："原来的公司对我很好，我不能见利忘义。"福特说："我把你所在的整个公司都买过来就是了。"为了一个人把整个公司都买过来，可见福特对人才的重视程度。

从此，福特公司重视信誉、善用人才的名声大振，不少人才慕名而来，几年以后，福特公司成为世界知名的大公司。

第一节 人力资源管理概述

一、人力资源的含义及特征

（一）人力资源的基本概念

《辞海》对资源的解释是"资财的来源"。在经济学上，资源是为了创造物质财富而投入于生产活动中的一切要素。当代经济学家把资源分为自然资源、资本资源、信息资源和人力资源四类，其中，人力资源被称为第一资源，因为它是生产活动中最活跃的因素，是所有资源中最重要的资源。简单地说，人力资源是指能够推动国民经济和社会发展的、具有智力劳动和体力劳动能力的劳动者的总和。

1. 从宏观和微观分

宏观意义上的人力资源概念是以国家或地区为单位进行划分和计量的；微观意义上的人力资源概念则是以部门和企事业单位进行划分和计量的。

2. 从广义和狭义分

广义地说，凡是智力正常的人都是人力资源。狭义上的人力资源则有多个层面的含义：①在传统意义上，人力资源是劳动力的总和；②人力资源是指包含在人体内的一种生产力，有现实的生产力（已经发挥出来的）和潜在的生产力（还没有发挥出来的）之分；③人力资源是指有智力和体力的人们的总和。

（二）人力资源的构成和影响因素

一个国家或地区的人力资源应该从其多寡及程度两个方面加以考虑，即人力资源由数量和质量两个方面构成。

1. 人力资源的数量

人力资源的数量可分为绝对数量和相对数量。从宏观上讲，人力资源绝对数量的构成是指一个国家或地区中具有劳动能力、从事社会劳动的人口的总量，在量上表现为该国家或地区劳动适龄人口减去其中丧失劳动能力的人口再加上劳动适龄人口之外具有劳动能力的人口。

人力资源的相对数量即人力资源率，是指人力资源的绝对量占总人口的比例。它是反映经济实力的重要指标。一个国家或地区的人力资源率越高，表明其经济有某种优势。因为在劳动生产率和就业状况一定的条件下，人力资源率越高，表明可投入生产的劳动力数量越多，从而创造的国民收入也越多。对一个企业来讲，它反映了企业的竞争力。人力资源率越高，企业的包袱就越小，企业的竞争力就越强，反之亦然。

一个国家或地区的人力资源（劳动力人口）由以下八个部分组成：

（1）适龄就业人口。它是指那些处于劳动年龄、正在从事社会劳动的人口。这部分人是构成人力资源的主体，在人力资源数量中占较大的比例。

（2）未成年就业人口。它是指那些虽未达到劳动年龄，但已经从事社会劳动的人口，也称为未成年劳动者。

（3）老年就业人口。它是指那些虽然已经超过规定的劳动年龄，但仍然继续从事社会劳动的人口，也称为老年劳动者。

（4）求业人口（待业人口）。它是指那些处于劳动年龄之内、具有劳动能力并要求从事社会劳动的人口。

以上四部分人口一起构成了现实社会中的经济活动人口，这部分人口的数量就是现实的人力资源数量。

（5）就学人口。它是指那些虽已处于劳动年龄，但正在从事学习，没有从事社会劳动（在学习结束前也不会要求从事社会劳动）的人口。

（6）家务劳动人口。它是指那些处于劳动年龄之内，正在从事家务劳动的人口。

（7）服役人口。它是指那些处于劳动年龄之内，正在部队服役的人口。

（8）其他人口。它是指那些处于劳动年龄之内的其他人口。

以上四部分人口均为因各种原因未就业的人口，是在现实国民经济活动中可以被利用但尚未被利用的人力资源，这部分人口的数量也被称为潜在人力资源数量。

一般来讲，影响人力资源数量的因素主要有三个方面：

（1）人口总量及其再生产状况。人力资源的数量体现为劳动人口的数量，而劳动人口是总体中的一部分，因此，人力资源的数量首先取决于人口总量及其通过人口的再生产形成的人口变化，人口的状况就决定了人力资源的数量。

（2）人口的年龄构成。人口的年龄构成是影响人力资源数量的一个重要因素。在人口总量一定的情况下，人口的年龄构成直接决定了人力资源的数量。

（3）人口的迁移。人口的迁移可以使一个地区的人口数量发生变化，从而使人力资源的数量发生变化。

2. 人力资源的质量

人力资源的质量是指人力资源所具有的体质、智力、知识和技能水平以及劳动者的劳动态度。它一般体现在劳动者的体质水平、文化水平、专业技术水平和劳动的积极性上，可以用健康卫生指标、教育状况、劳动者的技能等级状况和劳动者的劳动态度指标来衡量。

与人力资源的数量相比，其质量方面显得更为重要。一方面，在内部替代性上，人力资源的质量对数量的替代性较强，而数量对质量的替代性较差，有时甚至不能替代；另一方面，随着社会的发展，现代科学技术对人力资源的质量提出了越来越高的要求，人力资源质量的提高对社会经济的发展将发挥越来越大的作用。

人力资源的质量主要受以下三个方面的因素影响：

（1）遗传等先天因素。人的智能和体能具有一定的继承性，它来源于人类代系间遗传基因的保持，并通过遗传和变异，使人类不断进化、发展。人类的遗传，从根本上决定了人力资源质量及可能达到的最大限度，但一般来讲，不同的人在体质与智力水平上的先天差异是很小的。

（2）营养因素。营养因素是人体发育的重要因素，一个人儿童时期的营养状况对其未来成为人力资源的体质和智力水平影响很大；营养也是维持人体正常活动的重要条件，只有充足而全面地吸收营养，才能保持人力资源原有的质量水平。

(3) 教育因素。教育是人为传授知识、经验的一种社会活动，是赋予人力资源质量的一种最重要、最直接的手段，它能使人力资源的智力水平和专业技能水平都得到提高。所以一定要重视教育，以提高人力资源的全面素质。

(三) 人力资源的特征

人力资源是四大资源之一，但它又有别于其他三类资源。人力资源不仅像自然资源一样其本身就能被利用并满足某种需要，更重要的是其生产性贡献也能满足社会的需要，同样的个体人既是生产的承担者又是生产的目的。人们利用资本资源去生产和创造新的产品和新的价值，而人力资源不仅具有手段的作用，它接受教育和训练的时间和水平等因素影响其身上凝结的人力资本的多少，所以人力资源本身也具有资本资源的性质。人力资源是第一资源，它的重要性决定了这种资源与其他经济资源相比有其特殊性。

1. 能动性

人力资源具有能动性，是其与其他资源最根本的区别。人力资源的主体是人，它具有主观能动性，能有目的、有意识地利用其他资源去推动社会和经济的发展，因而在经济建设和社会发展中起着积极的主导作用，而其他资源则处于被动地位。人力资源还具有主观创造性的潜能，发挥这种创造性思维的潜能，一方面是在社会和经济的发展中能创造性地提出一些新方法，加速社会的进步和经济的发展；另一方面，人能够适应环境的变化和要求，担负起应变、进取、创新的任务，从而使组织更加充满活力。

具体地讲，人力资源的能动性体现在以下三个方面：①自我强化，即通过接受教育，主动学习，使得自身的素质得到提高；②选择职业，每个人都可以按照自己的爱好和特长在人力资源市场上自由地选择职业；③积极劳动，人在劳动过程中会产生敬业、爱业精神，能够积极主动地利用自然资源、资本资源、信息资源和本身的知识与能力为社会和经济发展创造性地工作。

2. 两重性

人力资源既是生产者，又是消费者；既是投资的结果，同时又能创造财富。根据舒尔茨的人力资本理论，人力资源的投资主要由个人和社会双方，对人力资源用于教育的投资、用于对卫生健康的投资和用于对人力资源迁移的投资，对人力资源的投资程度决定了人力资源质量的高低。对人力资源物质上的投入构成了投资的直接成本，同时人力资源由于投入了大量的时间用于接受教育来提高自身的素质，而失去了许多的就业机会和收入机会，这构成了投资的间接成本。从生产和消费的角度来看，对人力资源的投资是一种消费行为，但这种投资是必要的也是值得的，没有这种先前的投资就没有后期的收益，而且具有高增值性。从以下的一些数据也不难发现这一特点：美国 1929 ~ 1957 年的经济增长贡献表明，教育对经济增长率的贡献最大，为33%；根据挪威 1900 ~ 1995 年的统计测算，对固定资产、普通劳动者和智力的投资额度分别每增加 1%，则与其相应的社会生产量分别增加 0.2%、0.76% 和 1.8%。

3. 时效性

时效性是指物质形态在一定时间内的效用。有些自然资源（如矿产资源）无论在什么时间和经历多长时间都能保持自身的效用，它们就不具有时效性；而有些物质就具有时效性，它们超过一定的阶段就失去了效用，无法弥补，人力资源就是这样一种物质。人力资源存在于人的生命之中，它的形成、开发和利用都要受时间的限制；作为生物有机体的人，要经历幼年时期、青壮年时期和老年时期，在每个时期人的体能、智能、劳动能力各不相同，因此，在每个时期的可利用程度也不相同；从个人成长的角度看，随着时间的推移，社会不断发展，科学技术也不断发展，这使得人的知识和技能会变得相对老化和不适应，所以需不断学习和更新。

4. 再生性

物质资源在使用过程中会出现有形磨损和无形磨损，人力资源也一样。对于人力资源来说，有形磨损是指人自身的疲劳和衰老，这是一个不可避免、无法抗拒的损耗；无形磨损是指人的知识和技术能力无法赶上科学技术的快速发展而表现出来的相对老化，可以采取一定的方法减少这种损耗。相对于物质资源来讲，人力资源在使用过程中还有一个可持续开发、丰富再生的独特过程：人在工作中，可以积累经验，充实提高；闲暇时候，可以通过不断学习更新自己的知识，提高技能。也就是说，人力资源能够实现自我补偿、自我更新、自我丰富、持续开发。

5. 社会性

人是社会的人，每个人都受到自身民族文化和个人所在社会环境的影响。由于每一个民族都有自身的文化特征，每一种文化又都反映出每一个民族的不同价值取向，所以每个人的价值观也不尽相同。人们在生产经营活动中，在人与人的交往等社会活动中会发生矛盾，这就要求注重团队建设，注重人与人、人与群体、人与社会的关系及利益的协调与整合，应倡导团队精神与民族精神。

二、人力资源管理的含义和作用

（一）人力资源管理的含义

人力资源是构成生产力的最重要的资源，必须对其进行科学有效的管理才能最大限度地发挥其作用，从而造福人类。那么，何谓人力资源管理？可以从以下几个方面进行探讨分析：

（1）人力资源管理的管理主体和客体都是人，但人力资源管理并不是直接管理社会劳动过程，也不是简单地对人和事进行管理，而是对社会劳动过程中人与事之间的关系进行管理，使得人与人、人与事、人与社会相互适应。

（2）人力资源管理是通过组织、协调、控制、监督等手段进行的。人力资源管理是基本管理职能之一，它运用有效的管理手段和方法以实现其目的。

（3）人力资源管理是积极动态的管理。它并不是使人消极地、被动地去适应某一件事情的需要，而是根据每个人的能力、特点和水平，把人安排在合适的工作岗位上，给每个人都提供充分施展才华的条件和机会。

（4）人力资源管理不仅要注重人力资源量的管理，更要注重质的管理。前面已经讲过，人力资源包含数量和质量两个方面，所以一方面要进行量的管理：根据人力和物力及其变化，对人力进行恰当的培训、组织和协调，使两者经常保持最佳的比例和有机的结合，使人和物都发挥最佳的效应；另一方面，也要进行质的管理：采用现代化的科学方法，对人的思想、心理和行为进行有效的管理，充分发挥人的主观能动性，达到组织的目标。

总之，人力资源管理就是运用现代化的科学方法，对相关的人、事、物及其之间的关系进行合理组织、协调、培训、调配，使人力和物力经常保持最佳比例，同时对人的思想、心理和行为进行恰当的引导、控制和监督，以充分发挥人的主观能动性，做到事得其人、人尽其才、人事相宜，以实现组织目标。

（二）人力资源管理的作用

社会组织的正常运转和企业的生产经营活动，均离不开人力资源、经济资源、自然资源和信息资源。其中，人力资源、自然资源和信息资源均表现为有一定的使用价值，而经济资源则是一个比较抽象的东西，它既可以用来购买人力资源，也可以用来购买自然资源和信息资源，即经济资源是人力资源、自然资源和信息资源的价值体现，表现为一定的货币量。所以，从根本上来说，社会组织的正常运转和企业的生产经营活动就是由人力资源和经济资源两大要素构成的。这两大要素缺一不可，但相较而言，人力资源的地位更突出、作用更大。人是一切社会活动的主体，人力资源管理是整个社会管理的核心部分。人力资源管理的重要地位决定了它对政治、经济、文化等社会的各个方面都发挥着重要的作用。

1. 人力资源是企业最重要的资源

随着生产力的迅速发展和科学技术水平的不断提高，企业之间的竞争也越来越复杂、越来越激烈。在这种复杂激烈的生存发展竞争中，人力资源的作用更加突出，已经成为企业能否获胜的关键。从根本上说，企业之间的竞争就是人力资源优劣的竞争。日本是一个自然资源极度匮乏的岛国，但从第二次世界大战结束到20世纪80年代中期，其经济实现了飞速发展，原因就是日本在人力资源上的投资得到了丰厚的回报。因此，完全有理由判断，发达工业国家的主要资本，不是其有形的矿藏、厂房、设备，而是它积累的经验、知识和训练有素的人力资源。IBM公司总裁华生（T. J. Watson）曾说过："你可以搬走我的机器，烧毁我的厂房，但只要留下我的员工，我就可以有再生的机会。"由此可见，人力资源在企业生存发展中起着非常重要的作用。

2. 人力资源是创造利润的主要来源

商品的价值是由转移价值和附加价值这两个性质不同的主要部分构成的。转移价值是指在商品构成过程中"采购"过来的那部分，如材料、能源、设备等生产要素，这些生产要素在商品的价值中不会增加价值，只能将其原价值转移到商品的价值中，因而不会产生利润。附加价值是商品价值与转移价值的差额部分，它对企业的意义与转移价值截然不同。附加价值基本上是由劳动创造（附加）的，它才是企业利润的真正来源。由于商品的附加价值越高，企业的利润就会越大，所以企业如果期望获得高额利润，就必须使商品的附加价值增加，这就必须依赖人力资源的质量和结构。因为人力资源（资本）具有低投入、高产出的特征，是企业以最少的资源获得最大经济效益的保证，所以，人力资源的重要性越来越被广泛认识。

3. 人力资源是一种战略性资源

进入知识经济时代，社会经济的发展已经削弱了工业化时代对经济资源、自然资源和劳动者体力的依赖，而增强了对劳动者知识的依赖。这是因为物的资源的特点常常表现为被动的、自然性的和硬性的，或者说是"死"的，是服从于纯理性规律的；而与物的资源相比，人力资源的特点则常常表现为主动的、人为性的和软性的，或者说是"活"的。任何一个企业或组织，要想实现它的战略及组织目标，必须拥有优秀的人力资源。因此，人力资源，特别是拥有高科技产业相关知识的人才，就成为21世纪最重要的、最具有战略意义的资源。

三、人力资源管理理论体系

（一）工作分析是人力资源管理的基础

工作分析是公司整个人力资源管理体系中其他所有工作的基础，它为招聘、培训、考核和薪酬等其他人力资源管理工作提供了基本的依据。如果一个企业职位分析工作没有开展，连每个职位的具体工作内容和要求都没有搞清楚，那么，人力资源管理就缺乏坚实的基础，建立起来的人力资源管理体系也只会成为空中楼阁。一般来讲，工作分析的主要目的有两个：①弄清楚企业中每个职位都在做什么工作，并审视公司整个职位体系设置的合理性；②明确这些职位对任职者具体的从业要求。

进行工作分析一般有两种方法，一种是以工作为中心分析，另一种是以能力为中心分析。在职位设置上应该具有系统性，每一个职位都要有较明确的要求，包括核心能力（如团队合作、谈判、变革与发展、领导艺术、沟通技巧、注重成效等）和专业技能（职位所需的专业知识和专业能力）。这不论是对求职者，还是对管理者，都十分必要。对求职者来说，有效的工作分析可以使其更好地了解自己是否具有这家企业要求的专业技能，自己的价值取向能否与这家企业的文化氛围相融，并且明确职业生涯发展的目标与通道。对管理者来说，有效的工作分析不仅很好地树立了企业形象，同时对开展具体工作也很有帮助，可以改善招聘的效果，使面试有的放矢；在安排薪酬福利时，使绩效考评具有很好的参照，可以根据某个职位的人员是否达到了原定的工作要求来判定他是否称职。

（二）考核和薪酬制度是人力资源管理的核心

如何调动员工的积极性和主动性、发挥员工的创造性是人力资源管理的重要目标，而合理和完善的激励体系是实现这一目标的关键。激励是指组织通过设计适当的外部奖酬形式和工作环境，以一定的行为规范和惩罚性措施，借助信息沟通来诱发、引导、保持和规划组织成员的行为，以有效地实现组织及其成员个人目标的系统活动。来自绩效考核的压力和来自薪酬制度的牵引力共同作用于激励机制，促使其发挥作用。

激励作为一项系统性工作，在其制定、实施过程中应当有自己的原则，而不是任意决定的，既要兼顾物质与精神，又要保证其公平性并使员工效用最大化。一般来讲，激励机制遵循以下原则：

1. 物质和精神相结合的原则

物质和精神是激励过程两个相互配合的手段，应当发挥其综合效应。一方面，企业要从具体实际出发，引导员工客观地认识他们各自的目标需求和所肩负的责任，通过适当的物质手段刺激员工，激发他们的上进心；另一方面，企业要注意运用精神激励，增强员工对企业的认同感和归属感，培养员工的主人翁意识，使员工把自己的目标与企业的目标有效地结合起来。

2. 公平原则

一个人的公平感来源于其对自己工作投入和所得报酬与他人工作投入与所得报酬之间的比较。如果一个人感到自己的工作投入与所得报酬之比与他人的工作投入与报酬之比相等，便认为公平，这属于人们对激励机制的心理评价问题。员工只有认为自己得到了公平待遇，才会更加主动地工作。

3. 效用最大化原则

人的生命是有限的，所以企业在建立激励机制时，应针对不同的员工，采用不同的激励方法，这样不仅能为员工提供个人发展机会，更能提高企业效益。

（三）吸引合适的员工、留住优秀的员工以及激励员工是人力资源管理的三大目标

人力资源部通过职能系统向公司的管理者提供技术培训和咨询系统，促进各部门管理者进行有效管理和人力资源的开发。两者的有机结合形成"引得进，用得好，留得住"的机制，共同达到人力资源管理的目标。

在具体的实施措施上，企业可以根据自己的实际情况，采用适合自身的不同方法。例如，企业首先可以把完善用工制度和塑造企业（组织）的新型劳动关系结合起来，建立一种灵活的引进人才和推动人才成长的机制；可以完善工作绩效评价系统，将定性考核与定量考核结合起来，结合用工制度，建立起有效的晋升、晋级制度与灵活的激励机制，体现公平与公正原则，使奖励、晋升有助于激励员工勤奋工作与创新精神和团队精神，尽可能降低其负面影响。企业也可以通过建立健全先培训后上岗和培训终身化相结合的制度，不断地提高员工素质，增强员工的创新能力。在保险、福利的基本项目社会化保障的基础上，可以根据不同的工作性质、特点，开展不同层次和多样化的福利项目，量力进行"感情投入"，增强员工的群体观念，培养其团队精神，持续地改善员工的生活质量。

四、人力资源部的组织架构和职责

（一）人力资源部的组织架构

人力资源部的功能和机构取决于组织规模大小及其管理方式。对较小的组织而言，人力资源管理工作较少，所需管理人员也较少，其组织架构也简单（见图 1-1）；对较大的组织而言，人力资源管理活动多、工作量大，所需的管理人员就多，其组织架构就复杂（见图 1-2）。例如，在人力资源部内部设立一些独立的部门承担不同的工作，可以使组织的人力资源管理工作更加规范、分工明确、责任到位，人力资源经理也能更多地参与到具有重大价值的活动中去。

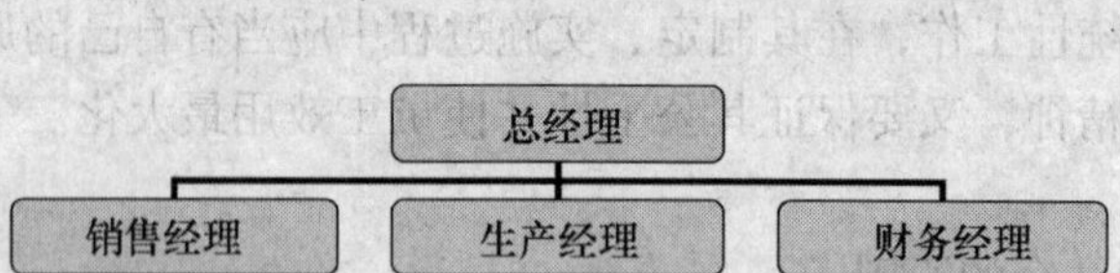

图 1-1 小型组织的人力资源部组织架构图（一）

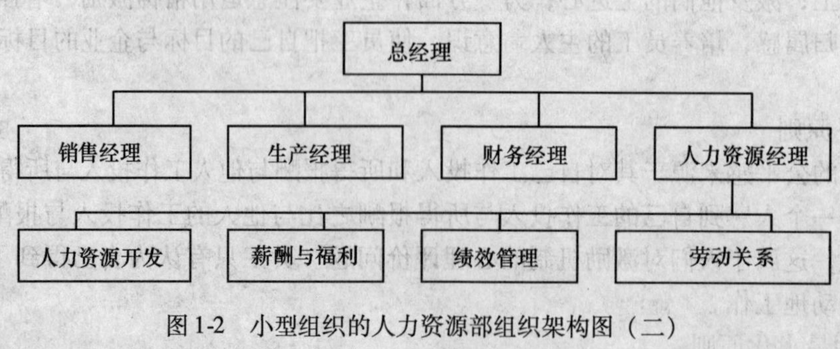

图 1-2 小型组织的人力资源部组织架构图（二）

（二）人力资源部的职责

人力资源部是企业中非常重要的部门，它主要负责与人力资源相关的事务。人力资源部的主要工作职能如表 1-1 所示。

表 1-1 人力资源部的主要工作职能

雇用与招聘	面试、招聘、测试、临时性人员调配
培训与开发	上岗培训、绩效管理性技能培训、生产率的提高
报酬	工资与薪金管理、工作描述、激励工资、工作评价
福利	保险、休假管理、退休计划、利润分享、股票计划
雇员服务	雇员援助计划、雇员重新安置、被辞雇员新职介绍
员工关系与社区关系	员工态度调查、劳动关系、公司出版物、劳动法遵守、惩戒
人事记录	信息系统、记录
健康与安全	安全检查、健康保障
战略规划	国际人力资源、预测、规划、并购

（三）人力资源经理的人力资源管理职责

人力资源部的工作内容决定了人力资源经理的工作职能，在对人力资源经理的角色定位中，称其是战略伙伴：参与规划公司业务的长期发展；是行政专家：拟定并完善公司的政策和制度；是员工的领头人：了解员工需求，并设法通过各种途径满足，提供周到的人事支持服务，促进内部沟通、协调，加强凝聚力；是变革引擎：变革的催化剂、促进者和设计者。具体地讲，人力资源部经理的工作职能包括以下几方面：

（1）制定人力资源规划。一是保证企业的人力资源管理与企业的发展战略方向和目标相一致；二是保证企业人力资源管理的各个过程和环节互相协调。

（2）编制人力资源计划。例如，人员数量、招聘计划、裁员计划、人力成本计划、培训计划等。保证用合理经济的人力资源满足企业生产经营活动正常运行的需要。一个合格的人力资源部经理对这项工作的重视度是非常高的。

（3）工作分析与工作设计。这是人力资源经理的一项重要工作。企业在不断发展，必然会衍生新的工作任务需要人去做，人力资源经理就需要对衍生的工作任务进行分析，根据工作内容、工作量，让一个或几个员工兼顾，或完成新的职务设计，编制职务说明书、岗位制度，招聘新员工完成衍生的工作。

（4）招聘工作。为企业的生产经营发展挑选最合适的人员，适时录用安排在一定的工作岗位上。

（5）考核与激励。根据考核指标对员工的工作表现、工作业绩进行评价，制定激励的方法与手段，奖勤罚懒、奖优罚劣，激励员工提高工作绩效，为企业作贡献。

（6）完善企业人事制度。企业在发展扩大，对管理程度的要求也越来越高，相应的人事管理制度需要充实完善，保证企业有序发展。

（7）培训与开发。通过各种培训手段对员工的技能和工作态度进行培养训练，旨在不断提高员工的素质，不断开发员工的潜在能力。

（8）处理劳务纠纷。正确处理好员工与企业就工资、福利、社会保障、工作条件等的矛盾和纠纷，按相关的国家政策法规协调好双方之间的关系、维护好双方的利益，不把事态激化扩大，不留后遗事宜。

(9) 安全与保障。为保障员工的安全生产、减少事故的发生所采取的措施，如制度订立、培训教育、加强防护设施等。

(10) 日常事务。其包括社会保障金的办理缴纳、考勤工作、工资结算、各项制度的实施与监督、办理员工退工手续等。

(四) 非人力资源经理的人力资源管理职责

(1) 按照未来的人事要求，制定职位规格，确保招聘优秀员工，按照团队及组织要求评核挑选应聘者。

(2) 策划及推行发展团队的活动，借以改善其表现，订立、评审并改善发展个别员工的活动，按自己的职责范围发展自我，分析、改善先行的发展程序。

(3) 订立并更新团队及个人工作目标，策划活动，决定工作方法，达成工作目标，分派工作，并按目标评核团队、个别员工及自己的表现，对团队及个别员工的表现提出反馈意见。

(4) 建立和维护下属对自己的信任和支持，建立和维护上司对自己的信任和支持，建立和维护自己与同事间的关系，调解和减少人与人之间的冲突，执行纪律和申诉程序，辅导员工。

第二节 人力资源管理的目标与任务

人力资源在社会组织中的作用越来越重要，已经成为一种不可或缺的战略性资源。人力资源管理已不再仅仅是人力资源部门的工作，而是在更高的层次上不断得到强化，更加强调人力资源管理的战略职能，其地位也上升到了管理决策层。随着人力资源管理的地位被不断强化，人力资源管理的目标越来越明确，其任务也越来越清晰。

一、人力资源管理的目标

人力资源管理的最佳目标就是让最合适的人做最合适的事，使员工个人发展与组织发展保持高度一致。

(一) 取得最大的使用价值

在一个社会组织（企业）中，有不同的工作岗位，这就涉及如何给这些岗位配置员工。其基本原则应该是对各个岗位员工的使用都能取得最大的使用价值。

根据价值工程理论

$$V\text{（价值）}=\frac{F\text{（功能）}}{C\text{（成本）}}$$

想要取得最大价值 V，有四条途径：①成本不变，功能提高；②成本降低，功能不变；③成本提高，但功能提高得更多；④成本降低，功能提高。

其中第四条途径是最理想的方法，称为做大、高、低目标管理原则，即大价值、高效能、低成本。真正的财富在于用尽量少的价值创造出尽量多的使用价值。换句话说，就是用尽量少的资源创造出尽量丰富的物质财富。

在人力资源管理方面，要通过合理地配置和使用人力资源，实现人力资源的精干和高效；在人力资源使用方面，不求每个岗位都有最优秀的人才，但求每个岗位都有合适的人来履行岗位职责。唯有如此，企业才能在人力资源的使用上达到成本最低而功能最大的目的，才能取得最大的使用价值。具体来说就是：人的使用价值达到最大化等于人的有效技能得到最大程度的发挥。

人的有效技能 = 人的劳动技能 × 适用率 × 发挥率 × 有效率

其中

适用率 = 适用技能/拥有技能（即是否用其所长）

发挥率 = 耗用技能/适用技能（即干劲如何）

有效率 = 有效技能/耗用技能（即效果如何）

因此，努力方向是提高适用率、发挥率和有效率。

（二）发挥最大的主观能动性

与其他资源不同的是，人力资源是活的资源，在使用过程中具有主观能动性。早期美国学者作过一个调查：如果按时计酬，员工每天只需发挥自己 20% ~30% 的能力，他就可以保住自己的饭碗；若充分调动其创造性和积极性，则其潜能可以发挥出 80% ~90%。如此悬殊的差距，凸显了人的主观能动性对人力资源在企业生产管理中的重要性，因此，将具有不同性格、不同特质、不同能力的人配置到与其最匹配（也是其最感兴趣）的岗位，以最充分地发挥其主观能动性，这也是人力资源管理十分重要的目标。

人的主观能动性的发挥会受到四个因素的影响：

1. 基本因素——价值标准和基本信念

人是有各种需要的。需要会产生动机，不同的动机则会导致人的不同行为。人的需要具有客观性，而人们的动机则是纯主观的，但它却是人们行为产生的直接原因。人的主观能动性的大小，主要受动机驱使。人的价值标准和基本信念是深刻影响人的行为动机产生的基本因素，同样是对人的主观能动性起制约作用的重要因素之一。

具体而言，有以下三个层次：

（1）社会价值观。每个社会都有自己的主导价值观，它能决定社会风气和方向，也决定了社会对个人行为的评价，因此，对人的主观能动性的发挥影响十分大。

（2）群体价值观。尽管处在同样的社会大气候中，但在每个具体的企、事业单位，由于有不同的群体价值观和组织文化，可能会形成不同的传统和风气。组织内部的群体价值观构成组织的心理气氛和文化气氛，它随时随地影响着组织成员的能动性的发挥。名列世界 500 强前列的美国 IBM 公司有三条价值观：第一，尊重个人；第二，顾客至上；第三，追求卓越。几十年来，企业外部环境发生了剧烈变化，但这三条价值观却从未改变。正是这种积极向上的价值观，激励着 IBM 公司的员工不仅创造出质量最好的产品，而且创造出使用户满意的最佳服务。有人形容 IBM 员工的积极状态“可以与狂热的教徒”媲美。

（3）个人价值观。外因通过内因发挥作用。相比客观因素，主观因素会发挥更加重要的作用。在一个组织或群体内部，各个成员主观能动性的发挥程度并不一样，这与组织结构、人员任用、奖励方法、领导作风、人际关系等客观因素密切相关，但关键的是主观因素，即个人价值观的差异。有些人的价值观指向集体和事业，而另一些人的价值观则只是指向个人和金钱。这两部分人在积极性、创造性、责任感和事业心等方面都会有很大的差异。

工作上的先进与落后、积极与消极，为人上的忠与奸、善与恶，其本质的差别就在于个人价值观的不同。它不仅决定了个人能动性的大小，同时也决定了个人能动性的取向。

2. 现实因素——各种外部环境的影响

尽管外因只有通过内因才能起作用，但良好的外部环境会促使内在因素更好地发挥作用。给员工以激励，常常是促使员工更好地发挥主观能动性的有效手段。现实激励因素的优劣，决定了对员工工作动机激发的强弱，只有强有力的激励，才会使员工的主观能动性更加高涨。在现实生活中，能够激励员工发挥主观能动性的因素包括以下方面：

（1）得到任用。在一个组织里，领导要知人善用。知人就是善于观察人，较快地认识到每个人的兴趣、爱好、志向、才能、知识水平和倾向；善用就是按事选人、平等竞争，使每个人都有同样的机会找到最适合发挥自己才干的舞台。如果组织的领导在用人时真正做到了量才而用，用其所长、补其所短，就会使事得其人、人尽其才、人事相宜，使人的主观能动性得到充分发挥。

（2）受到信任的程度。组织员工之间的互相理解、互相信任是同心协力、发挥能动性的前提。想要让组织的员工更好地发挥主观能动性，组织里的各级领导对下级都应贯彻“用人不疑，疑人不用”的原则，充分信任下级，给他们足够的权力，鼓励他们放手大胆地工作。

（3）职业发展前景。员工在组织内能不能很好地发表自己的意见，所提供的意见和建议能否得到重视，在组织中能否通过自己的努力获得正常的晋升，使自己的潜能充分地发挥出来，代表员工自身的价值能否在组织中得到体现，也反映了员工的职业发展前景如何。一个人在组织中越是得到尊重，越是感到自己的发展前景光明，在工作中就越能充分地发挥自己的主观能动性。

这就要求有一个合理的晋升制度，其要点是公正、公平，严格考核，重视绩效，平等竞争，择优晋升，以激励员工不断提高技能，充分发挥自己的主观能动性，凭自己的优秀绩效在竞争中获胜；创造宽松和谐的环境，广泛听取员工对工作的意见和建议，在决策过程中鼓励下属积极参与，参与程度越深，越易于发挥下属的主观能动性。

（4）经济待遇状况。在社会主义市场条件下，人们不仅要享受精神生活，同样需要享受物质生活。能否得到任用、受到信任，职业发展前景如何，是体现一个人价值的重要标志；同时，员工通过努力工作获取经济报酬的高低，也是员工自身价值的具体体现。因此，员工从组织中获得的经济待遇的高低，会影响员工发挥自己的主观能动性。

涉及员工经济待遇的因素主要是工资制度以及与经济待遇有关的福利状况。

工资性收入是员工取得劳动报酬的主要形式，也是员工维持一定生活水平的物质基础。在企、事业单位里，工资仍然是一种鼓励员工更加努力工作的有效激励手段。要想真正发挥工资的激励作用，就需要有一套好的工资制度，并按照员工的工作绩效水平进行分配，也就是要做到“按劳取酬”。具体来讲，就是要解决好以下两个问题：

1）按劳分配中“劳”的计量问题，即劳动数量、质量的考核问题。其中，对脑力劳动的计量和考核更具复杂性。

2）处理好工资关系问题，包括不同工种、不同岗位、不同职位之间的工资差距；脑力劳动与体力劳动工资报酬的合理区别；管理者与被管理者的工资差距等。从宏观上看，应该处理好不同所有制的企业之间、不同地区之间的工资关系问题。

生活福利包括住房、医疗保障、养老保险、工作环境、福利设施（如食堂、浴室、图书馆、体育场馆）等，这些是满足员工生存、安全、社交需要的重要途径，也是外在激励的组成部分。良好的福利条件会使员工感受到组织的温暖，增强组织的凝聚力，从而激励员工更积极地工作，自觉发挥出主动性与创造性。

（5）奖励与处罚的制度。奖励与处罚均是促使员工努力工作的手段。

1）奖励包括物质奖励和精神奖励，用来满足员工的生存、社交、自尊和自我实现的需要，进而不同程度地提高其主观能动性。

要想有效地激发员工的劳动积极性，必须制定正确的奖励制度，否则会适得其反。正确的奖励制度应该考虑以下方面：①本着物质奖励与精神奖励相结合的原则，根据员工的需要层次和结构，合理地确定物质奖励与精神奖励的比例结构；②要制定切合实际的考核制度，进行公平的考核，并根据公平的考核给予公平的奖励；③随着社会经济的发展，人们会更多地追求精神层面的东西，因此，应该考虑将奖励的重点由物质奖励向精神奖励转移，在保持一定外在激励水平的基础上，着重提高内在激励的强度。

2）处罚是与奖励这种正强化手段共生的一种负强化手段，二者缺一不可。处罚可以有效地防止和纠正各种非期望行为，借以保护多数员工的主动性和积极性。

相对奖励而言，处罚应该慎重使用，因此，制定有效的处罚制度就应特别注意：①制定处罚制度是一个非常严肃的问题。确定的处罚内容应在调查研究的基础上反复推敲，做到宽严适度，并经过职工代表大会讨论通过。②要维护制度的严肃性。处罚制度一旦制定，就应有章必循，违章必究，但必须按章行事，防止以言代法。③要谨慎使用处罚制度并尽量减少处罚的频率和范围。处罚制度主要是针对少数人的，而且是一种辅助手段，应防止过分夸大惩罚作用和以罚代管的倾向。

3. 偶然因素——偶发事件对员工的影响

在组织中偶然发生的一些事情，有时也会影响组织成员主观能动性的发挥。例如，称赞、表扬、友好的表示、善意的交往、尊重的举动等，这些都是积极的偶发事件，会加强组织成员的满意感、归属感、成就感、责任感，激发出更大的主观能动性；而那些消极的偶发事件，如讽刺、挖苦、批评、贬损、冷落、不公正对待、不友好的举动、恶意的中伤等，则会减弱或破坏组织成员的满意感、归属感、成就感、责任感，甚至产生不满和敌意，自然也就无从谈起主观能动性的发挥了。

4. 个体因素——员工的兴趣和爱好

常言道，兴趣是最好的老师。一个人如果对某件事或某个岗位的工作特别感兴趣，甚至表现出偏好，那么，他就会积极主动地付出全力来做好这件事情，履行好这个岗位的职责。因此，有必要作好对员工的调查研究和测评，了解员工的兴趣和爱好，将员工安排到合适的岗位工作，以发挥员工的主观能动性；还要通过不同的途径和方法对员工进行教育和培训，引导员工对所从事的工作产生兴趣，培养他们对所从事工作的热爱，使员工从内心把工作当成一种享受，其主观能动性自然也能得到较好的发挥。

（三）组织发展与员工职业生涯协调发展、共生双赢

一个组织的所有活动，就是要合理配置和使用所拥有的资源（包括人力资源），以实现组织的战略目标：或者是获得组织所期望的经济效益，或者是为社会公众提供有效的社会服务，或者是完成某一项重大工程。但是，人力资源是有别于其他资源的特殊资源，它的载体

是人。员工在用自己的体力和智力为组织服务、为组织创造良好绩效的同时，会有自己的追求，会考虑自己的职业生涯如何发展，会筹划如何使自己今后的职业更加辉煌。因此，组织在瞄准自己战略目标的同时，必须要兼顾到员工的个人发展，只有使员工在为组织作出贡献的同时，其自身知识、能力和才干也有长足的进步，才能够更好地激发员工在工作中的主观能动性。

一方面，组织为了实现其战略目标，需要在不同的工作岗位配置合适的人力资源，做到因事设人；另一方面，要根据员工的特点安排合适的工作，在特别情况下，甚至可以调整岗位职责以适应那些情况特殊的员工，达到充分挖掘他们潜力的目的。同时，在使用员工的过程中，还要注意对员工在知识、能力、技术等方面的教育、培训和指导，把员工的个人发展要求纳入到组织的战略目标中来，也为员工的职业生涯规划提供必要的条件，保证员工在积极为组织作出贡献的同时能得到锻炼和培养，实现员工的职业生涯发展与组织的发展协调一致、共生双赢。

二、人力资源管理的任务

人力资源管理的基本任务，就是根据组织发展战略的要求，有计划地吸收补充员工并对人力资源进行合理配置，做到事有合适的人做，人有合适的事做；搞好组织员工的培训和人力资源的开发；采取各种措施，激发员工的积极性，充分发挥他们的潜能，做到人尽其才，才尽其用，更好地促进生产效率、工作效率、组织经济效益和社会效益的提高，进而推动整个组织各项工作的开展，以保证组织战略目标的实现。人力资源管理需要做好以下工作，才能圆满完成上述基本任务。

（1）作好人力资源规划。人力资源规划是根据组织的发展战略，审视组织内外部环境，然后对整体的人力资源按组织目标进行分析后给出数量上和质量上的明确需求并付诸实施的一系列程序、措施、政策和时间安排。其主要工作是通过以下活动来完成的：一是工作分析，即提出在一定结构框架下组织内各种工作或职务的责任、任务以及任职者的任职资格，为人力资源规划作准备；二是作出人力资源战略规划，即对组织在一定时期、一定经营战略下所需员工作出数量上和质量上的规划。

（2）员工招聘。招聘是指为组织补充所缺员工而进行的寻找和发现符合工作要求的申请者的活动，即从众多应聘者中择优挑选最适合者从事相应的工作。这是一项艰苦细致的工作，要在一定的经费限额内尽可能地进行大范围的招聘，以保证有足够的选择余地，同时又要通过最可行的方式在尽可能短的时间里选拔出适合工作岗位的劳动者。

（3）员工培训与开发。为了使企业现有人力资源适应企业未来发展的需要和满足员工进步的要求，就需要组织对员工进行教育培训与智力开发。通过各种方式和途径，有计划地加强对现有员工的培训与开发，不断提高他们的职业道德、文化知识和业务技术水平，使员工个人、群体以及整个企业员工队伍的知识得以增长，能力得到提高，工作态度获得改善，进而使员工达到更加优异的绩效水平，满足企业生产经营活动的发展需要。同时，还要根据员工个人的性格、气质、能力、兴趣、爱好、价值观等特点，结合组织的需要，为员工制订一个职业生涯发展的计划，并且不断地开发员工的潜能。针对每一个员工的具体职业生涯发展目标，做好对员工的选拔、使用、考核和奖惩工作，真正实现发现人才、合理使用人才和充分发挥人才才能。

（4）员工绩效管理。员工绩效是指员工所做出的与组织目标相关的、可观测的、具有可评价要素的行为，这些行为对个人或组织具有积极或消极的作用。绩效管理是管理者确保员工的工作活动以及工作产出与组织的目标保持一致的过程。组织实施绩效管理，就是要改进和提高绩效水平，从而推动企业达到既定的战略目标，实现企业的持续、稳定发展。

（5）员工薪酬管理。劳动报酬就是物质利益。物质利益原则是现代社会和市场经济条件下的一个十分重要的原则。根据员工工作绩效的高低和优劣，企业给予员工不同的报酬和奖励，这是企业人力资源管理最基本的工作。同时，企业人力资源管理工作还要重视员工福利的发放和劳动保险工作的开展。通过这些工作，员工感到“有干头，有想头，有奔头”。

（6）员工激励。激励是指通过管理者的行为或组织制度的规定，对企业员工的行为给予某种刺激，使其有意愿去努力实现管理目标、完成组织任务的过程。事实上，激励就是一种刺激，以适当、健康的刺激促使个人实现既定目标的行为总是处于高度激活状态，从而最大限度地调动员工的积极性。激励的目标就是通过目标导向，使人们产生有利于组织目标的优势动机并按组织所需要的方向行动。激励的方式有两种，一种是物质激励，另一种是精神激励。通常情况下，要做到物质激励和精神激励相结合。

激励包括正向激励，即奖励；负向激励，即惩罚。奖励是对取得突出成绩、作出卓越贡献的先进单位和个人的表彰与鼓励；而惩罚则是在消极行为发生后，给予某些令人不喜欢的对待，或取消某些为人喜爱的东西，从而减少或消除消极行为的方法。总之，奖惩两者尽管方法不同、着眼点不同，但都有一个核心内容，即激励。通过奖励或惩罚能够激发、鼓励人们向着信息发布者确定的目标调整或增强自己的行为指向和力度。

（7）劳动关系管理。简单地说，劳动关系就是劳动者参加到社会组织从事生产劳动时所形成的各种关系。企业的劳动关系主要是指企业的所有者与劳动者（企业员工）在实现劳动的过程中所结成的一种社会经济利益关系，也就是指企业的所有者、经营管理者、普通员工及工会组织之间在企业的生产经营活动中形成的各种责、权、利关系。具体来说，就是企业劳动力使用者或雇主与企业劳动者或员工在实现劳动的过程中所结成的与劳动相关的社会经济利益关系。市场经济条件下的企业劳动关系主要涉及企业所有者、企业员工（包括经营管理者及普通员工）和政府三方。

由于企业的劳动关系是一系列复杂的关系，因此需要很好地规范和协调。劳动者与投资者（企业所有者）的矛盾即劳资矛盾，是永恒的矛盾，是企业最基本的矛盾。能否实现投资者与劳动者的双赢，关键是对劳动关系的管理，即如何规范和协调劳动关系。企业与员工签订劳动合同，形成契约关系，就是通过规范劳动关系来保护劳动关系当事人双方的合法权益。企业所有者（企业经营管理者）与企业的员工群体就工资、福利、工作条件与环境、员工的安全与保健等问题进行谈判，是协调劳动关系的最佳途径。

第三节　人力资源管理的演进历程

人力资源管理是生产力发展到一定阶段的产物，人力资源的产生与发展都是生产力发展的结果，是与市场环境相适应的。随着生产力的发展，人力资源素质的提高，管理理念和模式也不断地被调整，以适应新的管理环境的要求。实际上，人力资源管理活动的起源可以追溯到非常久远的年代，如中国历史上有许多知人善任的例子。但由于人力资源管理是一个舶来品，所以从某种程度上说，市场经济的产生和发展是决定人力资源管理演进的关键因素。

一、人力资源管理的演进

根据美国学者的看法，人力资源管理的产生和发展过程可以划分为四个阶段：产业革命阶段、科学管理阶段、人际关系管理阶段和行为科学阶段。

（一）产业革命阶段

在古埃及和古巴比伦时代，经济中的主要形式是家庭手工作坊的生产模式。当时，工场主以有组织的方式对工人进行技能培训，以保证具有合格技能的工人的供给。到了13世纪，西欧的手工艺培训非常流行，与此同时，开始出现手工业行会，这是管理机构的雏形。当时的手工业行会负责监督生产的方法和产品的质量，并对各种行业的员工条件作出不同的规定。这种家庭手工业占主导地位的产业结构一直持续到工业革命前。产业的所有者就是管理者，而不需要专职的人事管理者。随着工业革命的兴起，农村人口大量涌入城市，出现产业阶层，雇佣劳动随之产生，同时又促成了劳工管理的出现。

在这个阶段，生产力水平低下，组织结构也非常简单，企业的所有权和经营权合一，企业所有者既是出资者又是经营者，决策权力集中在企业所有者手上，企业规模很小。因此，对生产的管理和对工人的监督都比较容易，不需要科学的管理手段，也不需要庞大的管理机构和复杂的管理制度；企业基本上都是依靠企业所有者的经验和直觉，管理的主观随意性较大，稳定性较差；生产和经营基本上不需要专门的人员，更不用说设立专门的机构来处理人事问题，人事问题通常由企业主亲自处理并凭其喜好和需要来决定。而且由于信息的不对称，企业主几乎掌握着生产和经营的所有信息，雇员在相关信息上的绝对劣势决定了企业主拥有绝对控制权，生产过程的管理也主要是控制和监督。企业主很少考虑雇员的需要，更谈不上激励，如果说有激励的话，也只是金钱等物质上的刺激。这个阶段的管理的效率和员工士气都处于低下水平。

这一时期劳工管理的显著特点是：把人视为经济人而完全无视他们的心理需要，雇用工人只是在固定的岗位上从事简单、机械的劳动。这一时期出现了一些不做工的工头，他们的主要任务就是招聘雇用工人，并监督他们的工作，工人被当成工具使用，工人与资本家的对立关系日趋激化。但在当时的生产和经济状况下，这种管理模式是与之相适应的，产业革命阶段一直持续到19世纪末。

（二）科学管理阶段

在19世纪末20世纪早期，欧洲出现了工业革命，由此逐渐形成了大机器生产方式。工业革命有三个主要特征：机器设备的发展；人与机器的联系；需要雇用大量人员的工厂的建立。这次工业革命导致了劳动专业化水平的提高和生产率的提高，与之相适应的技术进步的加快不断促使人事管理方式发生变革。同时，工业革命还对生产过程提出了建立监督层级的需要，因此，生产过程中出现了管理人员。从这一时期开始，人事管理被组织所接受，人事管理作为一种管理活动也正式进入了企业的管理活动范畴。

在这一时期，管理先驱罗伯特·欧文（Robert Owen）创建了最早的绩效评价系统。他将一块四边分别涂上白、黄、蓝、黑四种颜色的木板安装在机器上，每天将对应于工作表现好坏的颜色转向通道，以反映工人前一天的工作状况。这种做法激发了工人工作的积极性，获得了较好的效果。由于欧文在改善对工作中的人进行管理方面所作的贡献，因而被称为

"现代人事管理之父"。

20 世纪初，美国的机械工程师泰勒提出的科学管理理论在美国被广泛地采用，引起了人事管理理论和实践上的一次革命。在科学管理理论出现之前，企业管理员工最有效的方式就是监督员工并以辞退手段来威胁，因为他们认为所有员工的生产率都是相同的，谁没有达到标准，就会被解雇。而科学管理理论却认为所有员工的生产率是不可能相同的，其最根本的假设是认为存在着一种最合理的方式来完成一项工作，这种最好的工作方式是最有效率、速度最快、成本最低的。企业应该采取科学和客观的方法来研究如何最有效地设计工作，找到这种最有效的方式。泰勒被称为"科学管理之父"，他提出了科学管理的四个原则：

（1）运用时间—动作研究对工作的每一个要素进行科学分析，设计最合理的工作程序、动作和工具。

（2）工作机器、工具、材料和作业环境的标准化，并科学挑选工人，对他们进行培训、教育并使之拥有工作所需的技能；在过去，则是由员工自己挑选工作，并尽可能地进行自我培训。

（3）与员工齐心合作，以保证一切工作按已形成的科学原则去做。

（4）将计划职能和操作职能分开，推行职能制。但管理者与员工在工作和职责的划分上几乎是相等的，管理者把自己比工人更胜任的各种工作都承揽过来；而在过去，几乎所有的工作和大部分的责任都被推到员工的身上。

泰勒认为，如果企业遵循上述原则，会实现双赢，员工会获得更多的收入，企业也会获得更多的利润。企业管理员工的关键是设计有效的工作方案来选择员工并以此来支付员工的报酬。泰勒还创造了最初的劳动计量奖励管理制度——差异计件率系统，即员工在完成每天规定的产出标准后，每增加一件产出就将获得额外奖金。

在这一时期，经营者不再仅仅依靠个人的经验和直觉进行管理，因此，复杂的企业管理制度不断建立和完善，通过严格的外部监督实现对雇员的控制。这个阶段强调纯理性的管理，排除了感情因素。但为了激发员工的积极性，实现企业利润最大化，管理者开始重视对员工的激励。从雇员的角度看，雇员的受教育程度不断提高，加上企业对员工的培训增加，使整个企业的人力资本价值大大提高。为了顺应这种要求，人事管理慢慢独立出来，人事管理部门逐步独立，人在生产中的重要性有所提高，但人事管理的重心还是工作。

科学管理理论首次运用了科学的工作分析方法并提出了以金钱为主要激励要素的激励理论。20 世纪 20 年代，科学管理理论已经被广泛应用，但其没有顾及员工的感受，使员工对工作开始产生不满情绪，因此并没有真正起到激励作用。总的来说，这个阶段管理效率大大提高，但员工士气还是比较低落。在这种情况下，一些企业开始实施早期的员工福利计划，如建立员工的休闲娱乐设施、员工援助项目和医疗服务项目。但由于当时的家长式管理方式使这些福利设施不能完全为企业所接受，大工业生产的工作体系决定了工人只能沦为机器的附庸，同时遭遇 20 世纪 30 年代美国经济大萧条以及全球经济危机，使得原有的一些计划被取消，科学管理理论也逐渐被新的理论所代替。

（三）人际关系管理阶段

社会因素在机器化大生产中的作用是在著名的霍桑试验中被发现的。由于科学管理理论中关于金钱是激励员工和提高员工生产率因素的理论在实践中难以得到证实，人们开始寻找新的领域和研究方向。20 世纪 30 年代，霍桑试验的结果使人事管理从科学管理转向人际关系的研究，进入了人际关系管理阶段。

1924～1932 年间，哈佛商学院的梅奥（E. Mayo）等人在芝加哥的西方电器公司霍桑工厂进行试验，这一试验的目的本来是研究照明对工人生产率的影响，但结果却有了新的发现：员工的生产率不仅受到工作方式设计和员工报酬的影响，而且受到某些社会和心理因素的影响；在工作中，影响生产率的关键变量不是外界条件，而是员工的心理状态。在试验中，由于请员工们进行合作，使员工感到自己是被公司重视的一个组成部分，自己的建议和帮助对公司有重要意义，正是因为员工对公司的积极态度，使得在试验中生产效率得以提升。

霍桑试验的研究结果启发人们进一步研究与工作有关的社会因素的作用，这些研究的结果导致了所谓的人际关系运动，它强调组织要理解员工的需要，对员工要关心、支持，要增强员工与管理人员之间的沟通，这样才能提高员工的生产效率。这些管理理念也被许多企业所采用，但后来的实践证明，良好的人际关系对生产效率提高的作用并不是很明显，其原因主要有以下几点：

（1）这种方法是建立在简单组织中人的行为分析基础之上的，然而“快乐的员工就是一个好员工”的推论并没有得到证实。

（2）没有考虑到个体的差异性，对每一个员工有激励作用的事物是不同的。

（3）这种方法未能认识到对工作结构和员工行为控制的需要。在很大程度上，它忽视了生产过程、标准和指导员工朝组织目标努力的规章制度的重要性。

（4）这种方法没有看到人际关系只是保持高水平员工激励的许多必要条件之一，生产率的提高还可以通过绩效管理等方式来加以实施。

从 20 世纪 50 年代开始，人际关系管理方法逐渐衰落，已经不能适应当时人事管理的需要，不再成为组织中的主要管理风格，但追求良好的人际关系仍然是组织的一个重要目标。

（四）行为科学阶段

人际关系管理理论建立在简单的员工行为分析的基础上，认为组织中员工的行为方式就是人际关系，这种认识是不全面的。因为组织本身对人们的表现就具有造就、限制和调整的作用，而且人的行为还要受到各种职位上的权威、工作和技术要求的影响，组织中员工的行为也是多种多样、复杂多变的。原有人际关系管理理论的衰退急需新的理论的指导，组织行为学的发展适应了这种需要，它使人事管理对个体的研究与管理扩展到了对群体与组织的整体研究与管理，人事管理进入了行为科学管理阶段，并在 20 世纪 60～70 年代达到了顶峰。

组织行为学是指研究与人们的行为有关的社会学和心理学，其分支包括组织心理学——研究人在工作中的行为；社会心理学——研究人们如何相互影响；组织理论——研究组织存在的原因、组织的职能、组织设计、组织效率提高的方法等；组织行为学——研究个人和群体行为的原因，以及如何利用这一研究在组织环境中使人的生产效率更高、工作更令人满意；社会学——研究社会、社会机构和社会关系的学科。组织行为学对形成个体、群体行为的动机和原因的研究促进了员工激励理论的完善和应用，在激励理论发展卓有成效的 20 世纪 50 年代，形成了三大理论：马斯洛的需求层次理论、麦格雷戈的 X 理论和 Y 理论以及赫茨伯格的激励—保健双因素理论，它们都在不同程度上影响了人事管理的理论和实践。

马斯洛的需求层次理论认为，人的需要影响人的行为，但是一个已获得满足的需求并不能成为行为的动因，唯有不能得到满足的需要才能刺激行为的发生；人的需要是由低到高逐级上升的，只有在低层次的需要被逐渐实现以后，高层次的需要才会出现而寻求满足。马斯洛将需要分为五级，依次是生理需要、安全需要、社会需要、尊重需要和自我实现需要。在人力资源管理中，应首先通过薪酬体系、工会合同等外部活动来满足员工的生理需求和安全需求；再通过提供培训、开发职业生涯、晋升职务等内部活动来满足员工高层次的社会需要、尊重需要和自我实现需要。

麦格雷戈的X理论和Y理论是建立在一组假设的基础上的：一个是“坏”员工的四种假设，即X理论；另一个是“好”员工的四种假设，即Y理论，“好”员工的管理方式和激励方式不同于“坏”员工的管理方式和激励方式。他还提出了一些促进员工工作动机的方法，如参与决策过程、提供有责任性和挑战性的工作、建立融洽的群体关系等。

赫茨伯格的激励—保健双因素理论认为，员工对工作的态度在很大程度上将决定其成败，但带来工作满意的因素与导致工作不满意的因素可能是不相关的，管理者努力消除带来工作不满意的因素却不一定具有激励作用。赫茨伯格把需要分为两类：一类称之为保健因素，这类因素主要与工作环境有关，如个人生活、薪金、职业安定、工作条件、监督、公司政策、人际关系、地位等；另一类称之为满足因素，这类因素主要与职务内容有关，如赏识、晋升、负有责任、工作中的成长、成就、挑战性的工作等。保健因素对一个组织内的成员起不到激励作用，但却非有不可，否则会引起员工不满；而真正起激励作用的是满足因素，只有这类因素才有产生满足感的潜在能力。所以管理者必须重视提高工作满足感的因素，这样才会激发员工工作的意愿。

二、现代人力资源管理与传统人事管理的比较

现代人力资源管理是从传统的人事管理转变而来的。这是一种进步，是历史发展的必然，人们可以从近30年来企业及社会的一些变化中体会到：

（1）大型企业的高层管理层中，有人事工作背景的经理越来越多。

（2）人事部门和人事经理的权限得到进一步加强。

（3）“以人为本”的管理观念被越来越多的企业所接受。

（4）企业越来越重视员工素质的提高，特别是员工培训。

人事管理与人力资源管理都是为实现企业的目标而进行的一系列涉及人、事、企业之间关系的活动。现代人力资源管理源于传统的人事管理，但在一定程度上又取代了人事管理，人力资源管理的作用日益强化。显然，两者又是有区别的。两者的具体比较见表1-2。

表1-2　人力资源管理与人事管理的比较

项　目	人力资源管理	人事管理
观念	视员工为有价值的重要资源	视员工为成本负担
目的	满足员工自我发展的需要，保障组织长远利益的实现	保障组织短期目标的实现
模式	以人为中心	以事为中心
视野	广阔、长远性	狭窄、短期性
性质	战略、策略性	战术、业务性

（续）

项　目	人力资源管理	人 事 管 理
深度	主动、注重开发	被动、注重管理
功能	系统、整合	单一、分散
内容	丰富	简单
地位	决策层	执行层
工作方式	参与、透明	控制
与其他部门的关系	和谐、合作	对立、抵触
本部门与员工的关系	帮助、服务	管理、控制
对待员工的态度	尊重、民主	命令、独裁式
角色	挑战、变化	例行、记载

（1）人事管理多从事战术性和事务性的工作，内容相对简单，主要任务是招聘、选用、为事择人，人事相宜后担当调配、薪资福利、安全保健等一系列的管理监督任务；人力资源管理则更重视战略性管理工作，内容丰富，除担当传统人事管理的职责外还负责工作分析、工作设计、预测人力资源的需求与供给、制订人力资源计划、协调工作关系、组织创新等多项管理任务。

（2）人事管理实行的是控制型管理，将人单纯地看做成本，其管理以降低成本为宗旨，缺乏激励机制；人力资源管理则将人看做是一种在生产过程中起能动作用的经济资源，实行开发型管理，以人为本成为现代人力资源管理的指导思想。

（3）人事管理将企业看做是一个不受环境影响的封闭系统，实行封闭型管理；人力资源管理将企业看做是一个开放的系统，实行开放型管理。

（4）在传统人事管理中，管理者与被管理者身份界限分明，员工只能被动地接受管理，无责任主动参与管理，而且管理手段是硬性控制，制定的规章制度和惩罚手段具有不可抗拒性；在现代人力资源管理中，管理者与被管理者双向沟通，员工积极参与企业的管理，而且实行柔性管理，员工把实现企业的目标作为一种自觉的行为。

三、21 世纪人力资源管理的发展趋势

随着经济全球化和世界经济一体化的发展，国际贸易的自由化程度进一步提高，与此同时，世界交通、运输、通信也进一步发展，在这一大背景下，各国、各地区的生产力不断提高，技术进步加快，因此，市场的竞争变得高度国际化和空前激烈。这就是未来的市场环境。在这种高度国际化和空前激烈的市场环境下，市场调节资源配置，尤其是人力资源配置的重要性和作用会加强；与此同时，面对高度激烈竞争、情况瞬息万变的市场，企业决策需要高度分权，企业对市场的反应要快，这就要求企业员工要具有良好的知识和技术素质、高度的责任心和自觉性。人力资源管理就是朝着满足这些要求的方向发展的。概括地说，其未来发展的趋势可以简单地表述为以下两点：

（1）市场化配置人力资源的作用越来越重要。

（2）员工的素质和积极性也越来越重要，要加强培训、吸收员工参与管理。

其实，上述人力资源管理的趋势在一些国家的成功的企业中已经看到了影子。例如，福特公司在加强员工培训、吸收员工参与管理、实行全面质量管理等方面已经卓有成效；又如英特尔等一些高科技公司为调动员工的积极性，充分发挥他们的主动性、能动性和创造性，采用让员工持股、让员工参加董事会等独到的做法，也收到了不错的成效。

关于人力资源管理的发展趋势，中国的学者纷纷提出了各自的看法。中国人民大学劳动人事学院的彭剑锋教授认为，21 世纪的人力资源管理发展呈现出十大趋势：一是策略导向性的人力资源规划成为企业战略不可分割的一部分；二是人力资源管理状况成为识别企业优势的重要指标；三是人力资源管理人员要具备人力资源管理的专业知识和经营管理才能，人力资源管理职位成为通往 CEO 的途径；四是以人为本的业绩辅导流程管理方式成为主流；五是人力资源管理的某些服务活动开始外包；六是注重企业与员工共同成长的规划和职业生涯设计；七是动态目标管理绩效评价体系的建立成为人力资源的核心课题；八是激励导向的薪资制度与自助餐式的福利制度；九是实行开放式的管理，企业内部股份由高级经理人、中层管理者及员工持有；十是充分开发利用人力资本，使之成为企业巨大的竞争优势。

中国人民大学劳动人事学院的曾湘泉教授认为，对于中国而言，21 世纪的人力资源开发和管理“必须走三条路：第一条道路就是市场化的道路；第二条道路是规范化道路；第三条道路叫做国际化道路”。市场化道路有三个特点：①利益主体多样化，不仅要承认国家的利益，还要承认企业和员工的利益；②员工和组织只是一种契约关系；③利益和风险的分享与共担。规范化道路就是构建一个程序化、流程化的制度。国际化道路有两个含义：①国际化的经营理念，也就是思想、行动和销售都要国际化；②国际化的人才战略。因此，中国企业的人力资源管理需要做的是：首先，构造新的人力资源管理理念，以能力、绩效为导向，激励员工发挥最大的潜能，使绩效最大化；其次，从建立科学的人力资源管理入手，反向推动企业战略和制度改革；最后，学习和引进发达国家的技术方法，推动人力资源管理队伍的专业化和职业化，从技术和方法层面解决我国人力资源管理存在的问题。

在 21 世纪，面对新的挑战，企业人力资源管理发生着更为深刻的变革，以适应环境的变化。有些企业的人力资源管理甚至先于环境而进行变革，以期成为变革的领导者。

1. 人力资源管理部门职能的弱化趋势

随着经济全球化和信息技术的发展，企业的组织形式和管理方式也随之发生了巨大的变化。传统的规模经济在知识经济社会里已不再占有昔日的优势，取而代之的是规模小但技术含量高、能为顾客提供高附加值的产品和服务的小型企业。这些小型企业的人均产出远远高于传统的大企业，其总产出也相当可观。在小型企业里，管理部门，尤其是职能管理部门的浓缩是降低成本的有效方式。在这些企业中，人力资源管理部门、行政管理部门，有时甚至还有财务会计部门都可能合并为一个部门，统一为企业提供综合职能支持。这也就是说，将来的企业人力资源管理部门职能有可能弱化，人力资源管理第二次向直线管理部门回归。

在上述情况下，人力资源管理的一些职能，像招聘、员工晋升和降级、绩效考核等职能都会以不同的方式重新回到直线管理部门直接管理，重新整合于一般管理之中。例如，招聘在很多企业里是由用人部门负责直接进行，从招聘、面试、录用到起薪的确定，几乎全部由这些部门独立进行，人力资源管理部门的某些职能可能会由此被削弱。

另一方面，巨型跨国公司在新的市场环境下，其巨大的规模可能不再是优势，尾大难掉头。迫于激烈竞争的压力，这些企业也会在其内部实行所谓“内部企业家”式的管理方式，把公司整编成数百个相对独立、自负盈亏的成本—利润—投资中心。它们享有高度的自主权，在财务、人事、生产、销售等企业管理方面享有独立的管理权。这样成本—利润—投资中心与上面提到的单个中小公司十分相似，其人力资源管理部门的职能被弱化同样不可避免。

2. 人力资源管理的强化趋势

人力资源管理的强化趋势，看起来似乎与上述第一个趋势相矛盾，但人力资源管理部门被弱化的只是部分职能。事实上，在某些职能不断弱化的同时，人力资源管理部门的另一些职能却在逐步加强。人力资源管理部门也正在更高的层次上得到不断的强化，更趋于强调战略问题，强调如何让人力资源为实现组织目标作更大的贡献。那些被弱化的职能可能由企业其他管理部门承担，或者外包给其他企业。从总体上看，企业的人力资源管理并没有被削弱。人力资源管理的强化主要应关注：组织对风险共担者的需求是否敏感、开发人力资源迎接未来挑战、确保员工精力集中到增加组织投入的附加价值上等。在现代市场竞争中，这种更为重视人的进步与发展、强化人力资源管理的倾向正越来越被人们所接受。

3. 人力资源管理的重心有偏向知识型员工的趋势

在信息时代，知识型员工是企业的核心，企业之间经营管理的竞争重点在于知识、信息、科技的综合体——知识型人才，而经营管理中各种要素的管理归根到底是对高素质人员——知识型员工的管理，知识型员工管理将成为企业成败的关键因素。这势必要求企业的人力资源管理的重心向知识型员工的管理偏移。

与非知识型员工相比，知识型员工在个人特质、心理需求、价值观念及工作方式等方面有着诸多特殊性：①具有相应的专业特长和较高的个人素质；②具有实现自我价值的强烈愿望；③高度重视成就激励和精神激励；④具有很强的创造性和自主性；⑤强烈的个性及对权势的蔑视；⑥工作过程难以实行监督控制；⑦工作成果不易加以直接测量和评价；⑧工作选择的高流动性。所有这些特点，给如何开发与管理知识型员工带来了许多新的课题，要求企业在管理知识型员工过程中采用不同的战略与策略。

为适应人力资源管理发展的趋势，我国人力资源经理也应该走出传统人力资源管理的误区，实施人力资源管理的改革和创新。

（1）人力资源管理部门要从传统的，主要从事人事行政管理和事务工作中走出来，把人力资源能力的开发与广纳人才放在战略的位置，作为工作的重中之重。提高人力资源管理人员的业务素质和思想水平，将人力资源部门建设成既是人事行政管理的办事机构，又是领导班子实施人才战略的参谋部。

（2）必须打破常规去发现、选拔和培养杰出人才。首先，发现人才，要看到人才的层次性，不能将人才仅仅理解为高层管理人才和技术尖子，有时由于中层和基层缺乏人才也会严重阻碍事业的发展。但是也要看到，杰出的创新型人才，在任何时候都是人才竞争争夺的焦点。所以，必须对人才有全面的理解。其次，评价人才，不能仅仅根据学历、学位，还必须根据实践，依其能否胜任其岗位、是否有创新精神来判定，但对人才也不能求全责备。再次，吸纳人才，不能只依赖从外部引进，还要注意从内部发现和培养。总之，对人才的理解要走出片面性的误区。

（3）人才工作的立足点、着眼点，不是以静止的目光着眼于留住人才，而是要以动态的目光着眼于吸引、发现和发挥人才的作用。所谓“士为知己者死”，对人才的理解是第一位的。在市场经济条件下，人才的流动是客观法则，应该把吸引人才作为一项系统工程，在整个企业（组织）营造尊重知识、尊重人才的环境和氛围，不单领导者和人力资源部门成为伯乐，全体员工都要关心人才的发现与培养，争当伯乐。也就是说，尊重人才、关心人才成长，要成为企业文化的核心。

(4) 改变传统把任用人才作为最高领导层的个人行为。要建立和不断完善组织制度，把发现、开发、聘用、考核人才制度化，包括灵活的人才聘用制；科学、公平、可操作的考核评价制度；有效的激励机制；公平、公正的晋升制度，等等，从制度上保证人才脱颖而出。

第四节　实践与应用

一、案例评析：打网球、划船、捕鱼与管理

（一）打网球和晋升

甲和乙参加网球赛决赛，如果奖金为10万元，冠、亚军均分5万元，选手为了冠军的荣耀仍然会付出足够的努力争胜。但如果10万元奖金全部归冠军所得，那么胜利本身的吸引力会更大，激发两位选手的努力程度也就更高。

评析：这就表明，不同职位、不同表现之间的工资差异越大，员工为获得更高职位、更优表现所付出的努力就更多。绩效管理即要给员工提供“参赛”（晋升或加薪）的机会，并尽可能给予其最大的激励。激励会使员工付出更大的努力，从而增加企业的利润。

（二）台风与考评标准

如果甲和乙是在一场台风中打网球赛，那么与比赛结果相联系的干扰就会更大，比如风向。甲和乙无论赢得哪一分，主要取决于那一刻风是往哪边刮的，而个人的努力程度对比赛结果几乎没有什么影响，这样甲和乙都会放弃努力，让运气决定比赛的胜负。

评析：当管理者没有一个合理的考评标准，根据一些非员工个人所能控制的因素来考核员工时，员工就会放弃努力。比如，销售部经理将产品质量列为销售员的考评标准之一，但产品质量是销售员所无法控制的，这样销售员的努力与报酬之间的联系就会中断，他的努力水平就会下降。

（三）手表与考评标准

如果一个人有一块手表，则他能很肯定现在的时间；如果一个人同时拿着两块手表，他反而会失去对手表指示时间的信心。同理，对同一件工作不能采用两种不同的考评标准。考评标准不仅要合理，同时要相对稳定，至少在一段时间内保持稳定。

评析：对于初创或成长型企业来说，企业经营战略及人员结构的不断变化可能会使制定稳定的考评标准变得非常困难。在这样的情况下，管理者可以建立相对绩效，即在组织内部对员工排个座次。例如甲和乙打网球，判定甲胜利并不代表甲的技术一定有多么好，而只是在那场比赛中甲战胜了乙。

（四）划船与搭便车

很多人强调团队精神，比如一个足球明星总是强调离开队友他就不会有那么出色的表

现。而在实际工作中，团队的成功或失败会掩藏单个员工的表现，从而削弱了员工的积极性。

例如很多人在一艘船上划船，有人会想，既然自己不用承担自己行为的全部后果，那自己就少出一点力；而本来拼尽全力付出辛苦的员工不能得到全部的好处，他也会少用一点力。这样便造成许多划船者未尽全力，从而使整艘船的速度低于正常水平，这就是搭便车效应。

评析：这个道理说明，进行整个团队的绩效管理尽管有利于团队的协同合作，但会造成搭便车效应带来的产量损失。管理者通常有两个办法解决这个问题：①进行准确的观察；②将团队绩效分解为个人绩效。

（五）捕鱼与卖鱼

在一个大型渔场中，一次大规模的捕鱼活动需要许多人分工协作完成，如有人撒网、有人操作机械、有人收网……而个人不可能独立完成。因此，对捕鱼工作的考核应该以团队为考核对象。选择团队考核还是个人考核，效益是优先考虑因素。如果员工之间的工作互补性很强时，团队的效益最大；反之，则没有价值。比如对卖鱼的工作，就应选择个人考核，把卖鱼者组成团队进行考核会导致大量的搭便车行为和更低的销售量。

评析：管理者要学会分辨何时强调整体协同，何时突出个人业绩，不要让优秀或低效益的员工隐藏在团队之后。

（六）船长与管理成本

在一艘只有两个人划船的船上，搭便车的行为不大容易出现，因为两人之间很容易做到相互监督——某个人偷懒会严重损害另一个人的利益并立刻被对方察觉；而在一艘100人划船的船上，一个人偷懒对其他99人的利益损害均摊后就不那么明显，也不易被察觉，搭便车行为就会很普遍。

因此，在100人划船的大船上设置一个船长是必要的，其付出的管理成本远低于搭便车行为造成的损失；而在2个人划船的船上，相互监督便能达到管理的目的，再设一个船长反而会因重量的增加而延缓划船的速度。

评析：管理者应根据团体的规模使用恰当的绩效管理。对于小型企业来说，如果人员少、管理结构扁平、人员之间可便捷地进行沟通，则无须建立烦琐的绩效管理体系，而应突出考核的明确性、实用性、重点性和时间性。任何制度都不是一次性消费，它应该随着组织的变化而逐步完善，逐渐成为企业的长期战略。

（七）教练和权力

足球队员的工资并不由教练发放，但他们却要服从教练，因为教练决定着他们的上场次数，而这与他们的经济利益联系紧密。如果一个教练没有决定出场阵容的权力，那么他的权威就会遭到队员的挑战，最终无法让队员履行他的战术。

评析：绩效管理给予员工机会，同时也赋予管理者权力。只有通过合理运用绩效管理，在一定程度上影响员工的经济利益，管理者才能更便利地分配工作及实施各种管理行为。仅有温和的语气是不够的，温和的语气再加上一把“枪”，后者比前者要有效得多。

（八）政治行为与绩效管理

即使一个人不是教练，他也很容易在一个每场得30分的前锋和一个每场得5分的前锋中作出选择，前者显然更优秀。但如果只能在每场得15分和每场得16分的两个人中选一个的话，该怎么办？这时候就不能仅仅考虑量化的指标（得分），而要考虑许多诸如比赛经验、比赛态度、发展潜力、对球队的忠诚度等非量化指标。事实上，大多数的管理决策总是在15分和16分之间作选择，而不是在30分和5分之间作选择。正是由于这些非量化考核指标存在着一定的模糊性，使得事实不一定能完全反映真相，就会导致政治行为（如投机、小团体）的出现。

评析：管理的理想境界是在保持公司基本平衡的状态下，所有员工为了一个明确的目标和谐工作，但现实中是不太可能的。因此，管理者不能因为苛求绝对的公正而放弃考核。

放大一点来说，即便企业有一套最完美的管理制度，由于组织中存在对资源的分配，而资源总是有限性的，因而潜在的利益冲突总是存在。因此，政治行为并非都是不道德行为，管理者所要做的是控制政治行为的程度与范围，让资源分配趋向合理，让员工最大限度地感受到公平，从而使员工的各种行为最终向企业的目标倾斜。

二、案例思考：管理的真谛：把“人力”变“资源”

法国的拿破仑是很多人崇拜的英雄，他有一句名言，“替才能开路”，这样的思想使得众多的人才云集在他的麾下，为他成就一番霸业。当公司航行在当今的经济大潮中时，能否网罗人才，为人才提供施展才华的天地，是公司能不致被大潮冲得前仰后翻，反而能从大潮中捞取宝贝的关键。

日本东京吉信公司就是一个重用人才，从而为公司带来巨大发展的成功范例。该公司有一个刚刚毕业不久的大学生，名叫大桥秀次，他具有非凡的才能。大桥秀次刚到公司时，被按照惯例安排到最基层。工作不久，他展现出非凡的才华，引起了总经理的注意。在意识到大桥秀次的价值后，他立刻给大桥加薪并委以重任。不仅如此，他甚至把大桥秀次的家人接到自己家，把自己的住房让出一部分供他们居住。像大桥秀次这样有才干的人，是不愿总居于人下的，本来他已打算好跳槽到另一家公司，就任一个更高的职位，但总经理的这些举动，使他感觉到自己被重视、被信任，他被总经理的爱才之心所感动，终于留了下来。后来，正是靠着大桥先生的卓越才能，在短短的几年里，开发出一系列出类拔萃的新产品，使吉信公司不断发展壮大，在国内外市场屡创佳绩。在这个事例里，一面是“惜才若金”、“礼待人才”；另一面则是“士为知己者死”。这里，“惜才”不是口头上的一句话，而是对人才一片诚心，给人才以施展才华的天地，为他们开路，结果是人才运用自己的才能和勤奋创造了巨大价值。“士为知己者死”的说法看来已经不太合适，改成“士为知己者财”可能更贴切。爱才、用才，给公司带来的就是增财。

日本的吉信公司重视人才，获得的回报是公司的大发展。而法国一家服装公司总裁“三顾茅庐”的回报则是“起死回生”。

一天，法国艾尼制衣公司的总裁心事重重地在街上行走，他的公司因业绩不佳，困难重重，几乎面临破产。在无意之间，他走进了路旁的一个小裁缝店。令他惊奇的是，在他进去以后竟然遭到了裁缝的讥讽，说他堂堂制衣公司的总裁，衣着品位竟如此之差。他很奇怪，为什么这个小店的裁缝会认识自己？

好奇之余，他仔细看了看这个裁缝的活，发现他的设计非常新颖，如果这些样式拿到自己的服装公司去卖，一定会畅销的。他觉得这个人肯定不是一个普通的裁缝。回去之后，他立刻派人打听。一问才知道，原来这人名叫西蒙尼，是个服装设计的奇才，曾在法国最大的服装公司当过设计师。只是这个人性格不太好，不善于与人相处，老是和同事处不好关系，受人排挤，他一气之下辞职，自己开了个小裁缝店。在了解这些之后，他决定亲自去请西蒙尼来自己的服装公司当设计师。第一次总裁去请，西蒙尼没有理他——因为他的店虽小，但毕竟是自己的店，且因为他的设计和手工均很出色，所以生意也很好；第二次总裁去请，西蒙尼还是没答应；第三次总裁去请，西蒙尼终于被打动了。他成为了艾尼公司的首席设计师，拿着丰厚的薪水，住着公司提供的豪华公寓，且工作时间非常自由，主要由他自己安排。西蒙尼在享有这一切后，感念总裁的知遇之恩，心境好，思维不受局限，创作的灵感源源不断。由于他的设计兼实用性和美观性于一身，既有个性又高雅，产品一经投放就供不应求，订单源源不断，挽救了整个公司。

与这两个事例相比，美国容器公司的董事长威廉·伍德希德唯才是举的具体措施更是堪称大手笔。他的公司想在金融市场谋求发展，只是苦于找不到合适的人选。后来，他慧眼识英才，看中了来自上海的金融家蔡志勇。为获得这个人才，他不惜动用了1.4亿美元，收购由蔡志勇为董事长兼首席执行董事的“联合麦迪逊”财务控股公司，并立即邀请蔡志勇出任容器公司的董事。这以后，蔡志勇凭借容器公司的强大财力和自己在金融界的经历及才华，在金融界进行大手笔运作，在四年时间里，为容器公司增加了10亿美元的资产，并使得容器公司逐步形成完整的金融体系和不断发展的金融网络。这就是高明的生意人，对真正的人才进行大的投入——因为相对于这些人将来为公司创造的财富而言，这样的投入是微不足道的。

问题思考：

结合你的理解，谈谈如何将“人力”变成“资源”？交流你知道的关于识人、用人的案例。

三、案例讨论：为什么人力资源部门得不到尊重

李泳平在设于北京的A公司做了四年的人事经理之后，于2001年11月加入到广州的B公司。他为自己能在新公司升迁为人力资源部主任兴奋不已。B公司和他原来所在的公司一样，也是一家中美合资企业，双方各占一半的股份。B公司设在美国的总部是一家大型跨国公司，在那些生产范围较广的建筑设备制造企业中位居前列，其产品包括混凝土搅拌机、压路机和风钻。

B公司的广州厂是一个新建的专门生产小型混凝土搅拌机的企业。该合资企业自从1992年成立以来，运作得非常成功，在头四年里，利润以每年近25%的速度递增。初期运营阶段的大部分成就都归功于其强有力的总裁——西蒙·卞，他是来自新加坡的外籍雇员，在过去的21年里一直和美方搭档在东南亚地区工作，来广州厂上任是他第一次奉派来中国工作。在2001年12月，卞认为这个合资企业已经走上正轨，自己的使命已完成，便接受了一个在澳大利亚的职位，代表美国合作方去那里帮助他们建立和经营一家新的独资子公司。新总裁是个名叫尹德阳的我国台湾人，他是从美国合作方在台北的公司加入到B公司来的，对他的任命得到了董事会和高级管理层的一致赞同，大家都承认这次最高层的变更是一次平稳的过渡。

但是，自从卞离开以后，事情就发生了变化。人事更迭急骤加剧，公司的获利能力也受到了不利的影响。接着，在2002年，四名中方最高层管理人员离开了公司，一名“跳”到了竞争对手的公司，一名去了咨询公司，还有两名决定合伙自己办企业。看来在广州厂，卞本人已经成了B公司企业文化的化身，是他的个人魅力和领袖气质使得人们为公司效劳；

同样是他的人格和魄力吸引了高层管理人员在此创业。他一走，公司里的一部分力量也就随之而去了。

李泳平来B公司时没有意识到这些问题。虽说是初来乍到，但对于做人力资源经理，他是个行家里手；而且在他以前的雇主——A公司那里有着骄人的工作履历。他相信，随着政府最近对基础设施项目的大规模投资，在一个充满活力和生机的产业部门，B公司出现的变化对于个人发展来说是个绝好的机会。

他对新公司的最初印象使他明白：新任总裁不具备卞那种招贤纳士的本领。以前，公司从未对人力资源部的事如此关注过，因为没这个必要。在卞的领导下，这个部门当时只有一项行政职能。尹德阳值得称道的地方就是他认识到了这点，并为此聘用了李泳平。

但是在公司的18个月使李泳平感到非常沮丧。他不仅没能减少骨干分子的流失，更糟的是，他还招募不到合适的新人来顶替他们。这就意味着人力资源部仍旧只能被看成是一群做做福利表格，查查考勤和休假，定定薪酬标准的办事员。

李泳平非常清楚，人力资源部能够并应该为公司在吸引和留住人才方面作出巨大贡献。可说实在的，他的部门没有发挥好这个作用。尽管他在任职的18个月里已经进行了一些有意义的变革，但并没得到他所期望的来自一线管理人员的支持。

回顾在公司的这段日子，他试图对他的部门作一个评价。

他们的确有过一些小的过失，像2001年就出现了给高级管理人员发错年终奖金支票的问题，可那在第二个月底之前就解决了。在他到任之前，由于不公正的解雇引发的一个问题拖了好几个月，但最终还是朝着对公司有利的那一面摆平了，况且这是他来B公司之前的事，很难归咎于他。其他还有一些现实工作中的微小失误，但没有哪个部门能做到无懈可击。也有值得赞许的一面，他的几个想法已付诸实施，这些想法在北京被证实是成功的。他初进公司时，花了很多时间挨个儿地去找那些高级管理人员，面对面地向他们了解那些曾使公司成功运作的人都是什么样的，再有，他们对目前聘用的员工都有些什么样的看法；他还接触了许多别的员工，包括经理、销售人员、行政人员和他所在部门的全体员工；他花了很多工夫来分析公司惯用的招聘来源：人才市场、高等院校、媒介和当地的猎头公司。

在召开的员工会议当中，他感到B公司的症结并不仅仅在于招聘或挽留人才，分歧似乎还发生在人们是否认为B公司是个理想的工作单位。除此之外，大多数的管理人员都让他产生了这样的印象——他们对人力资源部派来给他们找症结的人不太适应。自从西蒙·卞走后，士气也一年比一年有所下降。

但不管怎么说，有了这些先期探讨研究出的结果，他就可以采取一些措施了：

(1) 他为人力资源部引入了一套包括内部服务标准、绩效保证和不断衡量客户满意程度的方案。

(2) 他设立了“情报站”，要求他的每一个员工每月花一天的时间在各个不同的部门接受提问并提供建议。

(3) 他推行“人力资源特使”计划，指定他的员工各自分管不同的部门，以便他们能与各不同领域的一线管理人员紧密联系。

(4) 建立了他和各部门负责人之间的例会制度。

最后，他草拟了几项计划，用来推行一个方案，该方案是向全公司的员工宣传人力资源部所扮演的角色，特别要提到这一角色在制定成功策略并支持该策略实施方面会作出什么样的贡献。在B公司任职的最初六个月里，他全都扑在了这些工作上。在2003年5月召开的高层会议上，他把调查结果摆了出来并提出了自己的建议。当时在会上，他以为这些提议被他的同事们欣然接受了，因为没有什么人提出质疑，也没有什么人提出商榷；现在他却开始怀疑了：那天他们在会上的沉默也许并不意味着对他的新想法和新提案的默许，而只不过是没有认真听罢了。

尽管他的某些倡议收到了一点儿效果，但并未获得像他在北京前任A公司时为本部门争取支持和地位所取得的那种突破性进展。为了使所有的倡议都能得到其他部门无条件的支持，他还应进一步采取哪些措施？

问题讨论：

1. B公司问题的症结出在哪里？
2. 李泳平为解决以上问题采取了哪些措施？简要分析其有效性。
3. 结合案例，谈谈人力资源部在公司中的地位及其职能是什么？
4. 你对上述B公司存在的问题有何看法？

四、实践模拟

组成5~8人的研究小组，每个组收集五家中外知名企业人力资源管理的具体做法资料，了解其人力资源管理的演变过程，然后分别给予简单的点评。课上老师组织集体研讨、交流。

【本章小结】

1. 人力资源是第一资源，其重要性也决定了人力资源管理的重要性。人力资源管理就是运用科学的方法，有效地利用人力资源来实现组织的目标。

2. 人力资源管理起源于人事管理，但又在某种程度上取代了后者。人事管理与人力资源管理的主要区别在于：人事管理基于单纯的人事观点，是一种人事行政型、控制型、封闭型的管理；人力资源管理基于人事经营观点，是一种战略型、开发型、开放型的管理。

3. 为了实现人力资源管理的目标，人力资源管理的活动通常由一些相互联系的活动组成。它们包括：预测、分析和计划，制订人力资源计划，员工的招聘和录用，职前教育与员工培训，员工的绩效考核，员工的薪酬计划，人力资源保护，人力资源关系等方面。人力资源管理对组织乃至整个社会的发展都有重要的作用。

4. 人力资源管理随着社会生产力的发展而发展，从它产生到现在可以分为四个阶段：产业革命阶段、科学管理阶段、人际管理阶段和行为科学阶段。

【思考题】

1. 什么是人力资源？什么是人力资源管理？
2. 人力资源管理的主要特点和主要任务是什么？
3. 人力资源的数量和质量是如何构成的？哪些因素会影响人力资源的质量？
4. 人力资源具有哪些特征？
5. 人力资源的作用体现在哪些方面？
6. 你认为人力资源管理最核心的职能是什么？
7. 人力资源管理的目标和任务是什么？
8. 人力资源管理的产生和发展经历了哪几个阶段？

第二章　工 作 分 析

【本章精要】

1. 工作分析的概念。
2. 工作分析的具体步骤。
3. 工作分析的各种方法。
4. 工作说明书与任职资格的制作与区别。
5. 工作设计。

【学习目标】

工作分析是组织获得关于一项工作全部信息的过程，是人力资源管理的基础工作，也是提高组织工作效率、改善人力资源状况的重要环节。通过本章的学习，学生能够在理解工作分析概念的基础上，掌握工作分析的内容、程序和方法，熟悉工作设计的几种形式。通过学习，能够应用定量定性的分析方法，对工作内容、岗位和职务条件进行准确描述，并在深入分析的基础上进行初步的工作设计。

【篇首案例】

阿莫科公司

阿莫科公司（Armco Inc.）是一个钢铁公司，它在准备雇用新的钢铁工人时，会先把他们安置到一个临时性的普通劳动备用库中，直到永久性的岗位有了空缺。临时分配和永久分配不同。因为新雇用的钢铁工人可能会被安置到普通劳动备用库的任何岗位上，所以每个求职者在被雇用时必须具备从事任何工作的能力和资格。但是阿莫科公司并不知道备用库中每项工作所要求的具体能力和资格，因而无法测定求职者是否具备完成其工作的资格。而一名不合格的工人如果被安排到不合适的岗位，可能造成的人身伤害以及由此所引起的各种费用，必然导致公司成本的上升。为了解决这个问题，阿莫科公司首先通过工作分析确定普通劳动备用库中每项工作的必需资格，然后对所有求职者进行测验，以测定其资格水平。结果，通过测验挑选出来的人比未用这些测验挑选出来的人，每人每年要多产出4900美元，而公司每年平均雇用2000名具备入门水平的钢铁工人，由此给公司带来了近1000万美元的收益。

第一节　工作分析概述

早在20世纪初泰勒（F. Talor）提倡科学管理运动的时候，就提出了工作分析的概念。泰勒开创了动作研究的方法之后，吉尔布雷斯夫妇在技术方法和某些指导思想上作了一些改进。随后，在泰勒等人的研究基础上，产生了工作分析的制度。第二次世界大战后，工作分析不仅在美国继续普及，而且还传播到西欧、前苏联、日本等国家和地区。美国与前苏联创立了“人类工程学”，使得工作分析这一概念得到了进一步拓宽与发展。现代人力资源管理倡导用科学、量化的手段来进行管理的理念，注重管理的技巧与实践，工作分析则是实现这一目标的最佳手段与工具。

一、工作分析的含义

工作分析又称职务分析、工作岗位分析，简单地说，就是通过调查研究，决定一项工作的特定性质与职责，明确工作的各个环节，使人们详细了解工作对员工行为的要求，以确定什么样的人员适合担任组织中的哪一项工作。其实质就是研究某项工作所包含的内容及工作人员必备的技术、知识、能力与责任，并区分本工作与其他工作的差异，亦即对某一职位的工作内容及有关因素作全面、系统的描述。

工作分析是人力资源管理中一项重要的常规性技术，是人力资源管理的基础，它与人力资源管理的许多活动都有着相当紧密的联系。离开工作分析去奢谈人力资源管理的科学化，无异于在沙滩上建大厦。工作分析提供了一个架构，通过这个架构可以让人力资源管理人员得到许多相关的信息，并将企业中各项工作的内容、责任、性质与员工所应具备的基本条件，包括知识、能力等各方面要求加以综合研究分析，以得到最适合这个职位的人选。

系统的工作分析必须依照下列项目来进行，通常称为工作分析公式，即员工为什么要做（目的）；员工要做什么（内容）；员工如何做（方法）；所需技术如何（程度）。

工作分析应从以下八个要素（6W2H）入手：

（1）What。做什么，即岗位的工作内容是什么，负什么责任。

（2）Who。谁从事此项工作，责任者是谁，任职者具体需要哪些知识和技能，包括受教育程度、经验、专业知识与技能、职位条件、心理素质、性格、特殊技能等。

（3）Whom。为谁做，即工作职务的服务对象。这不仅包括企业外部的客户，也包括企业内部的员工、与从事该工作的人有直接关系的人。

（4）Why。为什么做，即为什么要设立该职位，这项工作对从事其他职位者乃至整个企业的运转有什么重要意义。

（5）When。工作时间要求，即工作时间如何安排，是否需要经常加班，是否需要夜间作业，该工作的时间与其他工作的时间有没有联系等。

（6）Where。工作的场所在哪里，工作环境如何，是否需要经常出差等。

（7）How。如何从事或要求如何从事此项工作，即工作程序、规范以及为从事该工作所需的权利。

（8）How Much。为此项工作所需支付的费用、报酬、福利待遇等。

二、工作分析的基本术语

工作分析以工作活动作为对象进行系统研究，和工作活动紧密联系的一些专业术语（如职位、岗位、职级、职责等）在生活中经常使用，但往往容易混淆，因此，理解并掌握它们的含义对科学有效地进行工作分析十分必要。

1. 要素

要素（Element）是指工作活动中不便再继续分解的最小单位。工作要素是形成职责的信息来源和分析基础，比如，秘书接听电话前拿起电话是一个要素，司机开车前插入钥匙也是一个要素。要素的描述可以使工作说明书非常细密，使工作过程的每一个步骤达到标准化，操作性的关键工作任务需要对动作或要素进行详细描述，如制造业的生产线需要编制关键工作岗位操作指南，以便规范操作，保证质量。但是，如果每一项工作岗位都使用要素作为描述指标，会导致工作说明书的内容庞大，难以在实践中应用。此外，要素指标在工作分析中对于那些以脑力劳动、心理过程为主的工作任务难以全面描述分析。要素描述主要用于制定操作岗位关键工作任务的操作指南使用。

2. 任务

任务（Task）是指工作活动中为达到某一目的而由相关要素直接组成的集合，是对一个人从事的事情所作的具体描述。任务可以由一个或多个工作要素组成。例如，酒店帮客人运送行李这项工作任务中包含了把行李搬运到行李推车上、推动行李推车、打开客房行李架、将行李搬到行李架上四个工作要素。任务表明为了达到工作岗位的目的，完成本职工作所需要做的事情。在工作分析中，需要对工作岗位任务作尽可能详细、清楚的描述。

3. 职责

职责（Responsibility）是指由某人在某一方面承担的一项或多项任务组成的相关任务的集合。例如，打字员的职责包括打字、校对、简单维修等一系列任务。职责表明工作岗位在组织的运作过程中需要承担的责任领域和范围，不同的工作职责履行情况构成了工作岗位、工作业绩的总体结果。职责的重要性和耗时程度是组织绩效管理工作的重要依据。

4. 职位

职位（Position）是指由一个人完成的一项或多项相关职责组成的集合，又称岗位。例如，人力资源部经理这一职位，它所承担的职责有以下几个方面：员工的招聘录用、员工的培训开发、企业的薪酬管理、企业的绩效管理、员工关系的管理等。职位表明工作岗位的职能类型和工作岗位在组织内的地位。例如，生产部经理，表明该职位的职能类型是生产部门，岗位等级是经理级。在组织的同一职能领域中，职位名称表明了职位的等级，如生产部总监、生产部经理、生产部副经理、生产部主管、生产线线长、生产部员工等，这一系列职位形成了生产部门自上而下的职位等级。

5. 职务

职务（Job）也称工作，是指主要职责在重要性和数量上相当的一组职位的统称。在企业中，通常把所需知识技能及所需要的工具类似的一组任务和责任视为同类职务，从而形成同一职务、多个职位的情况，如企业的副经理是职务，可以对应生产副经理、财务副经理、行政副经理等具体职位。

6. 职业

职业（Occupation）是指由不同组织中的相似工作组成的跨组织工作集合，例如，教师职业、秘书职业等。

一般而言，工作说明书会综合使用上述多项不同层次的描述指标。描述指标的层次不同，其描述内容会有差异；繁简程度不同，在人力资源管理中的作用也会有差别。因此，工作分析过程要根据工作分析的目的、所需形成的结果来选择采用何种工作描述指标。

三、工作分析的作用

工作分析对人力资源研究和人力资源管理都具有非常重要的作用。全面、深入地进行工作分析，可以使企业充分了解工作的具体特点和对工作人员的行为要求，为作出人力资源决策奠定坚实的基础。

企业人力资源管理过程包括人力资源规划、人才招聘、员工选拔、培训开发、绩效评估和薪酬体系、职业规划与指导等环节，每个环节的工作均需要以工作分析为基础。

(一) 工作分析是预测人员需求、制定人力资源规划的基础

工作分析有助于制定企业战略目标的人力资源规划。例如，可以利用现有工作分析的信息，预测未来工作的变化，重新设计工作，扩大工作内容，确定未来对雇员数量以及能力等方面的要求。此外，利用工作分析数据，还可以将某一特定工作所要求的技能与企业现有雇员的实际技能相比较。如果雇员的实际技能不能满足现有岗位的需要，企业就可以采取一些措施来进行调整。例如，企业可以从外部招聘录用那些具有企业所需技能的人员来弥补不足；也可以有针对性地对现有雇员进行培训，提高或更新其技能；还可以对工作重新设计，使工作所需技能更加接近企业目前可获得的技能。

(二) 工作分析为招聘录用提供了标准

明确的工作描述和工作规范为确定招聘人员的类型、工作内容、职责以及对知识、能力、经验、个人特质等方面的要求提供了基本标准。如果有明确的工作描述，求职者可以将申请应聘的工作与劳动力市场上的同种工作相比较，以便确定自己愿意接受的报酬水平等。否则，有可能造成员工应聘后因对工作不满而跳槽，增加企业的招聘成本。如果有详细的工作规范，规定了对所招聘人员的基本要求，就可以以此为标准衡量，判断其是否合格。

(三) 工作分析的内容可以作为员工培训和发展的目标

工作分析规定了对员工知识、能力、技能等的要求，通过比较员工在工作中实际表现出来的知识、能力、技能，可以发现二者之间的差异，以便确定员工需要接受哪方面的培训；反过来，工作分析确定的标准可以用来评估培训是否取得了应有的效果，即是否满足工作分析确定的要求。从员工的职业生涯发展来看，员工希望通过努力得到升迁。工作分析为企业中的每一职位确定了所需要求，员工从低一级向高一级职位晋升，其要求是不同的，这实际上为员工确定了晋升的路线和标准。

(四) 工作分析为员工绩效评估确立了依据

工作分析中对工作的描述，为评估从事这一工作的员工的绩效提供了标准。在进行员工绩效评估时，其标准必须是与工作相关的，否则就易导致评估的不公平，使从事该项工作的员工感到评估结果不可信。因此，使用或参照工作分析中对工作要求的标准，更容易被员工接受。

(五) 工作分析有助于确定员工的报酬

在确定从事某一工作的员工的工资水平时，其工作的价值是一个重要因素。这种价值要根据该项工作对员工的要求来确定，如技能、努力程度、职责以及工作条件和安全程度等，这些在工作分析中都作了具体的说明，因此，工作分析中对工作的描述和对员工的要求便可以作为测量工作价值的参考标准。

（六）工作分析可以改善工作设计和环境

通过工作分析，不仅可以确定职务的任务特征和要求，建立工作规范，而且可以检查工作中不利于调动员工积极性和主动性的方面，并发现工作环境中有损工作安全、加重工作负荷、造成工作疲劳与紧张，以致影响社会心理气氛的各种不合理因素，有利于改善工作设计和整个工作环境，使员工在更有利于身心健康的安全舒适的环境中工作，从而最大限度地调动员工的工作积极性，并充分发挥其技能水平。

（七）工作分析有助于加强职业咨询和职业指导

工作分析可以为职业咨询和职业指导提供可靠而有效的信息，职业咨询和职业指导是人力资源管理的一项重要内容。

总之，工作分析在整个人力资源管理中有着极其重要的意义，是整个人力资源管理活动的基础和前提，从它与人力资源管理各项职能的关系可以看出，人力资源管理的主要职能都在某种程度上依赖于科学的工作分析。换句话说，如果一个企业不进行工作分析，或不重视工作分析，那么其想要有效地进行人力资源开发与管理是不可能的。

第二节　工作分析的程序

工作分析是一个细致和全面的评价过程，大致可以分为以下几个步骤。企业可以根据自身的情况和需求，灵活制定合适的工作分析程序。

一、确认目标与工作分析小组

（一）确认目标

企业运作过程中可能出现的问题错综复杂，工作分析的首要任务是明确所要解决的问题，以便有针对性地收集信息。例如，当发现公司的人才流失率逐年增高时，必须考虑的问题是：公司的薪酬、福利制度是否得当，工作环境是否令人满意，企业文化是否能够激励员工奋进等。只有明确了要解决的问题和期望达到的目标，才能着手收集相关信息，以提高工作分析的效率。

（二）成立工作分析小组

为了确保工作分析的准确性、客观性，选择适当的人员来组建工作分析小组是很关键的。一般来说，工作分析人员要有丰富的经验，较高的受教育程度，认真负责的态度，公平、公正的精神，准确的分析能力，并且还要对所分析的岗位有较深的认识和了解。

工作分析人员通常有三类：工作分析专家、主管人员和在职者。

工作分析专家的优点在于能够客观分析问题，并且在分析方法的选择上有专长，但公司因此付出的成本也很高，而且他们可能会因对企业的情况缺乏了解而忽略工作中某些无形的方面；主管人员对所要分析的工作具有全面而深入的了解，工作费用相对于前者来说要低，并且收集信息的速度要比前者快，缺点是需要对他们进行工作分析方法、技巧的培训，这样会占用其正常工作时间，并影响其积极性，使分析的客观性得不到保证；在职者对工作是最为熟悉的，因此，他们能提供快速、准确的工作信息，但是这些信息比较零散、缺乏完整性。

（三）工作信息的分类

针对要解决的问题，收集到相关信息以后，要对信息进行分类，以便提高工作分析的效率。工作信息的分类如表 2-1 所示。

表 2-1 工作信息的分类

工作信息的分类
一、工作活动 1. 工作任务的描述 承担工作的人必须进行的与工作有关的活动有哪些；如何执行工作中的每一项活动；为什么要执行这些活动；何时执行这些活动 2. 与其他工作和设备的关系 3. 进行工作的程序 4. 承担这项工作所需要的行为 5. 动作与工作的要求
二、工作中人的行为 感知、沟通、决策、撰写等人员行为方面的信息
三、工作中所使用的机器、工具、设备以及其他辅助工作用具 1. 生产什么样的产品 2. 加工什么样的材料 3. 涉及什么样的知识 4. 需要提供何种服务
四、工作的绩效标准 1. 工作的质量 2. 工作的数量 3. 工作的每一方面所耗费的时间
五、工作背景 1. 工作的物理环境 工作在室内还是室外；是否在噪声很大的环境中工作 2. 工作时间表 3. 工作的社会环境 4. 激励：包括经济的和非经济的
六、工作对人的要求 与工作有关的特征要求；特定的技能；特定的教育和训练背景；相关的工作经验；身体特征；工作态度

二、拟订工作分析计划

工作分析计划的内容包括企业内需要进行工作分析的岗位和在岗人数、工作分析的进度、费用的预算、分析人员的人数及其责任划分、其他条件等。

当需要分析的工作较多而且彼此差异不大时，就需要选择典型的工作岗位来进行分析。一般来说，越是关键的工作越要进行分析，越是难度大、需要培训的工作越要进行分析；由于工作内容发生变化，使得原先的工作说明已不再适用时，需要进行工作分析；新设置的岗位也应该进行工作分析。

对于进行工作分析的工作人员，要科学、合理地划分职责、分配任务，利用团队的协作能力来提高工作分析效率。

三、收集、整理相关信息

收集、整理相关信息就是针对确定的工作分析目标，对有关工作的活动、工作中人的行为、所使用的机器设备和辅助设施、工作环境、工作对员工的要求等方面的信息进行收集，来进行实际工作分析的过程。其中所涉及的信息收集的方法将在下一节详细介绍。

分析人员应制定工作分析的时间计划进度表，以保证这项工作能够按部就班地进行调查。同时收集有关职位的相关信息。这一阶段包括以下几项内容：

1. 选择信息来源

信息主要来源于：工作执行者本人、管理监督者、顾客、分析专家、职业名称辞典以及以往的分析资料。信息来源的选择应注意：不同层次的信息提供者提供的信息存在不同程度的差别；工作分析人员应站在公正的角度收集不同的信息，不要事先存有偏见；使用各种职业信息文件时，要结合实际，不可照搬照抄。

2. 选择收集信息的方法和系统

信息收集的方法和分析信息适用的系统由工作分析人员根据企业的实际需要灵活运用。由于分析人员有了分析前的计划，对可省略和重复之处均已了解，因此可节省很多时间。但是分析人员必须切记，这种计划仅仅是预定性质，以后必须将其与各单位实际情况进行验证，才不致出现错误。

3. 收集职位的相关信息

（1）工作活动，包括承担工作所必需进行的与工作有关的活动和过程；活动的记录；进行工作所运用的程序；个人在工作中的权利和责任，等等。

（2）工作中人的活动，包括人的行为，如身体行动以及工作中的沟通；作业方法分析中使用的基本动作；工作对人的要求，如精力的耗费、体力的耗费，等等。

（3）在工作中所使用的机器、工具、设备以及工作辅助用品，如电话、传真机、汽车、仪器、机床等。

（4）与工作有关的有形和无形因素，包括完成工作所要涉及或者要运用的知识，如会计需要运用会计方面的知识等。

（5）工作绩效的信息，如完成工作所耗费的时间、所需要投入的成本以及工作中所出现的误差等。

（6）工作的背景条件，包括工作时间、工作地点、工作环境。

（7）工作对人的要求，包括个人特征，所需要的教育与培训水平，工作的经验等。

值得注意的是：第一，收集信息要避免信息失真。可供选择的信息来源是多种多样的，有来自在职者的，有来自主管人员或下属的，也有来自文献资料的，还有来自产品消费者的，面对不同的信息要认真加以鉴别，判断其可靠性。第二，要避免从具有利害关系的来源中提取信息。例如，不应该从在职者中提取有关工作负荷、薪酬福利等方面的信息，因为人们往往会出于利害关系的考虑而片面夸大自己工作的重要性。

在信息的整理过程中，应该让在职者和直接主管确认所收集到的信息，以保证资料的完整性。

四、分析信息

分析信息主要包括岗位名称分析、工作规范分析、工作环境分析和任职资格分析，主要是对所收集、整理的信息进行系统的分析，为编写工作说明书和任职资格作好准备。在实际分析过程中，各个项目可以根据具体的目的加以调整。该阶段包括信息的整理、审查和分析三项相关活动，是整个工作分析过程的主要部分。其具体要分析的项目包括：

(1) 工作名称。该名称必须明确，使人看到工作名称，就可以大致了解工作内容。如果该工作已完成了工作评价，在工资上已有固定的等级，则名称上可加上等级。

(2) 聘用人员数目。同一工作所聘用工作人员的数目和性别，应予以记录。如聘用人员数目经常变动，其变动范围也应说明；若所聘人员是轮班使用，或分于两个以上工作单位，也应分别说明，由此可了解工作的负荷量及人力资源配置情况。

(3) 工作单位。工作单位是显示工作所在的单位及其上下左右的关系，也就是说明工作的组织位置。

(4) 职责。所谓职责，就是一项工作的权限和责任。其主要包括以下几方面：

1) 对原材料和产品的职责。

2) 对机械设备的职责。

3) 对工作程序的职责。

4) 对其他人员的工作职责。

5) 与其他人员合作的职责。

6) 对其他人员安全的职责。

(5) 工作知识。工作知识是指为圆满完成某项工作，工作人员应具备的实际知识。这种知识应包括任用后为执行其工作任务所需获得的知识，以及任用前已具备的知识。

(6) 智力要求。智力要求是指在执行工作过程中所需运用的智力，包括判断、决策、警觉、主动、积极、反应、适应等。

(7) 熟练及精确度。该因素适用于需用手工操作的工作，虽然熟练程度不能用“量”来衡量，但熟练与精确度关系密切，在很多情况下，工作的精确度可用允许的误差加以说明。

(8) 机械设备工具。在从事工作时，所需使用的各种机械、设备、工具等，其名称、性能、用途均应记录。

(9) 经验。工作是否需要经验，如果需要则以何种经验为主，其程度如何。

(10) 教育与训练

1) 内部训练。它是指由企业所组织的训练。无论是否在本企业中举行，只要该训练是为企业中某一专门工作而举办的，就属于内部训练。

2) 职业训练。它是指由职业学校所进行的训练。其目的在于发展普通或特种技能，并不是为任何企业现有某一特种工作而训练。

3) 技术训练。它是指与工作相关的技术性的训练。

4) 一般教育。它是指员工所接受的系统的大、中、小学教育。

(11) 身体要求。有些工作必须站立、弯腰、下蹲、跪下、旋转等消耗体力的要求，对此应加以记录并作具体说明。

(12) 工作环境。工作环境包括室内、室外、湿度、宽窄、温度、振动、油渍、噪声、光照度、灰尘等，各有关项目都需要作具体说明。

(13) 与其他工作的关系。应表明该工作与企业中其他工作的关系，由此可表示工作升迁及调职的关系。

(14) 工作时间与轮班。该项工作的时间、天数、轮班次数和长度都是聘用时的重要信息，均应予以说明。

(15) 工作人员特性。工作人员特性是指执行工作的主要能力，包括手、指、腿、臂的力量及灵巧程度、感觉辨别能力、记忆、计算及语言表达能力。

(16) 选任方法。此项工作应用何种选任方法，也应加以分析。

总之，工作分析的项目很多，凡是与工作有关的资料均在分析的范围之内，分析人员视不同目的，可全部予以分析，也可选择其中必要的项目予以分析。

工作分析时应注意：对工作活动是分析而不是罗列；针对的是职位而不是一个人；分析要以当前的工作为依据。

五、编写工作说明书和任职资格

完成工作分析的前阶段程序后，就要将所得到的结论通过文字、图表的形式表达出来，使它成为可以使用的管理文件，也就是编写工作说明书和任职资格。

工作说明书和任职资格明确了工作任务、责任及职权范围，确定了评估员工工作成绩的主要标准，为招聘与安排员工提供了依据，为培训与改善管理提供了有关资料，有助于员工了解工作内容和评估工作成绩，也有利于新员工熟悉业务和执行工作。

工作说明书的内容包括工作概况、详细的工作职责、明确的工作要求和任职者的资格等。对这些项目和内容的叙述必须清楚明了、细致具体，以便为员工更好地完成任务提供有效的信息。这就是说，要使员工取得满意的工作成绩，就必须首先让员工清楚他们应该做什么、怎样做、何时做以及公司对他们的期望是什么。

编写工作说明书和任职资格时要有足够的灵活性，以适应不断变化的情况。随着企业内外环境的变化，各个岗位的责任和工作要求等也会发生相应的变化，因此，应当定期或不定期地对工作说明书和任职资格进行修改，一般而言，至少一年要修改一次。另外，工作说明书和任职资格作为管理的一个积极工具，其主要目的是为了更好地激励员工，而不应作为惩戒手段来约束员工的行为，否则就将失去其应有的作用。关于工作说明书和任职资格，将会在本章第四节进行专门介绍。

六、实施和控制

实施的过程就是根据工作分析的结果，制定人力资源管理的各种应用性文件，并培训文件的使用者，使其能够按照文件的具体规定实施管理，把工作分析的成果运用到实际中去。培训文件使用者是企业进行工作分析的重要步骤和工作，目的是使管理者和各个工作岗位上的人员都了解工作说明书中的内容和工作分析的各种文件，以便加强企业的管理和员工的自我管理。

实际上，对工作分析活动的控制是贯穿于整个工作分析过程的，其目的是为了控制和纠正可能出现的各种偏差。例如，在收集信息的阶段，要对用不同方法收集的信息进行对照审核，排除虚假信息，使信息更准确、更完整；在编写工作说明书和工作规范的过程中，注意方案和计划中有关名称的规范性使用、格式的统一和有序化；检查应用文件的具体性和可操作性；特别是在文件的使用过程中，由于各方对文件的认识和理解不一致，可能使得对文件的执行不力，为此，需加强对文件使用者的培训；工作分析者也应对其中一些疑难问题进行认真的解释，有必要的话还应进行一些现场演示；当工作内容发生变化时，还要及时修改相关文件的内容，以确保管理活动的适用性和连续性。

第三节　收集信息的方法

在工作分析中，如何收集到有效的信息是非常关键的，并且在实际应用中要充分考虑成本和效率，因此，采用何种方法直接关系到整个工作分析工作的成败。本节介绍几种较为常用的信息收集方法。

一、问卷法

问卷法是指让有关人员以书面形式回答有关工作问题的调查方法。通常，问卷的内容是由工作分析人员编制的问题和陈述，这些问题和陈述涉及实际的行为和心理素质，要求被调查者对这些行为和心理素质在他们工作中的重要性和经常性按给定的方法作答。

（一）问卷的分类

问卷可以分成职务定向和人员定向两种。职务定向问卷强调工作本身的条件和结果；人员定向问卷则集中于了解工作人员的工作行为。问卷又可设计为结构式、开放式和混合式三种。结构式问卷，即问卷上罗列多种备选的特定任务或工作，要求被调查者从问卷所提供的清单中选择一个答案。结构式问卷经常使用封闭式问题，它提供的回答有较大的统一性，并且容易打分。开放式问卷多用问答题的形式，要求被调查者陈述个人看法，限制较少，但不易评分。因此，结合了以上两种方式的混合式问卷（见表 2-2）应用较广。

（二）答案的层次

一般而言，答案应具备三个层次：

（1）各种特殊品质的需要性：必须具备；需具备；不需具备。

（2）各种特殊品质在某种工作中应用的时间次数：常常应用到；有时应用到；从未应用到。

（3）各种特殊品质如加以训练可否收到效果：大有进步；稍有进步；未必得到进步。

（三）问卷法的优缺点

（1）优点：比较规范化、数量化，适合于用计算机对结果进行统计分析。

（2）缺点：①不易激起被调查对象的兴趣；②除非问卷很长，否则不能获得足够详细的信息，但太长的问卷又易使人厌倦；③不能面对面地交流信息，不容易了解被调查对象的态度和动机等较深层次的信息。

表 2-2 工作分析调查表

工作分析调查表

一、基本信息

姓　　名：　　　　填写日期：　　年　　月　　日

职务名称：　　　　职务编号：

所属部门：　　　　部门经理姓名：

二、调查信息

1. 请准确、简洁地列举你的主要工作内容（若多于四条可以附纸填写，下同）：

（1）　　（2）

（3）　　（4）

2. 请认真、详尽地描述你的日常性工作（如果有工作日志，请附后）：

3. 请详尽地列举你有决策权的工作项目：

（1）　　（2）

（3）　　（4）

4. 请详尽地列举你没有决策权的工作项目：

（1）　　（2）

（3）　　（4）

5. 请简明地描述你的上级是如何监督你的工作的：

6. 请简明地描述你的哪些工作是不被上级监督的：

7. 请详细地描述你在工作中需要接触到哪些职务的其他员工，并且讲明接触的原因：

8. 请简明地列举你编写的需要作为档案留存的文件名称和内容提要：

（1）　　（2）

（3）　　（4）

9. 请列举工作中需要用到的主要办公设备和用品：

10. 请描述你在人事和财务方面的权限范围：

11. 你认为胜任这个职务需要几年的相关工作经验？

不需要　1 年　2 年　3 年　4 年　5 年及以上　不好估计

12. 你认为胜任这个职务需要什么样的文化程度？

初中　高中　大专　本科　硕士及以上　不好估计

13. 你认为一位没有相关工作经验的大专学历的人员，需要多长时间的培训可以胜任该工作？

不需要培训　3 天以内　15 天以内　1 个月以内

3 个月以内　半年以内　半年以上　不好估计

14. 你认为什么样性格、能力的人能更好地胜任该职务？

15. 你认为什么样心理素质的人员能更好地胜任该职务？

16. 你认为什么样的知识范围能够更好地胜任该职务？

17. 请描述该职务的工作环境，你认为什么样的工作环境更适合工作？

18. 请列举你直接领导的下属的职务、姓名和工作内容：

19. 你对该职务的评价：

20. 你认为怎样做才能更好地完成工作？

21. 请将该表没有列出，但你认为有必要的内容写在下面：

三、注意事项

1. 填写人应保证以上填写的内容真实、客观，并且没有故意地隐瞒。

2. 该问卷的内容将作为职务晋升的重要依据，如果填写人在填写时发现有遗漏、错误，或其他需要说明的情况，请立即与人力资源部工作分析小组联系。

填写人签字：

工作分析负责人签字：

二、访谈法

访谈法是指由工作分析人员分别访问任职者本人及其主管人员，与他们讨论工作的特点和要求，从而获得有关信息的调查研究方法。与任职者的面谈倾向于工作内容、工作背景等信息，要求任职者描述他们做什么、怎样做以及完成其工作所需的条件；主管的作用主要是评审和证实任职者回答的准确性，并提供涉及任务重要性、所期望的绩效水平、新员工的培训需要和工作的必要条件等的进一步信息。

通过访谈法可以了解工作说明书中原来填写的各项目的正确性，如对原填写事项有疑问的，可以通过面谈方式加以澄清。因此，访谈法的作用一是可以获得观察所不能得到的资料；二是对已获得的资料加以证实。访谈法是美国企业界使用最广的方法之一。尽管它不像问卷法一样具有完善的结构，但具有问卷法不可替代的作用。

（一）访谈的内容

（1）工作目标：为什么设立这一职务，根据什么确定对职务的报酬。

（2）工作内容：任职者的具体工作及其产生的影响。

（3）工作性质和范围：这是访谈的核心，主要了解该工作在组织结构中所处的位置、其上下属职能的关系、所需的一般技术知识、管理知识、人际关系知识、需要解决问题的性质以及自主权。

（4）所负责任：涉及组织、战略决策、控制、执行等方面。

工作分析访谈问题样本如表2-3所示。

表2-3 工作分析访谈问题样本

1. 请问你的姓名、职务名称、职务编号是什么？
2. 请问你在哪个部门工作？你的部门经理是谁？你的直接上级是谁？
3. 请问你主要担任哪些职务？可以举一些实例。
4. 请你尽可能详细地讲讲你昨天一天的工作内容。
5. 请问你对哪些事情有决策权，哪些事情没有决策权？
6. 请讲讲你在工作中需要接触到哪些人？
7. 请问你需要哪些设备和工具来开展你的职务工作？其中哪些是常用的，哪些只是偶尔使用？你对目前的设备状况满意吗？
8. 请问你在人事审批权和财务审批权方面有哪些职责？可以举些实例来说明。
9. 请问你认为做好这项职务需要什么样的文化水平？需要哪些知识？需要什么样的心理素质？
10. 如果对一个大专学历层次的新员工进行培训，你认为需要培训多长时间才能正式上岗？
11. 你觉得目前的工作环境如何？是否还需要更好的环境？你希望哪些方面得到改善？
12. 你觉得该工作的价值和意义有多大？
13. 你认为怎么样才能更好地完成工作？
14. 你还有什么要补充的？
15. 你确保你回答的内容都是真实的吗？

（二）访谈的形式

访谈的形式可分为个人访谈、集体访谈和管理人员访谈三种。由于有些工作可能主管人员与现职人员的说明不同，分析人员必须把双方的资料合并在一起，予以独立的观察、证实、权衡。因此，应该把这三种方式加以综合运用，这样才能真正把工作分析做得透彻。

（三）访谈的准则

（1）与主管人员密切合作，找到那些对工作最为了解的员工，以及最有可能对工作任务和职责进行客观描述的工作承担者。

（2）与被访谈者建立起融洽的关系。知道对方的名字，简单介绍访谈的目的，向他们解释是如何挑选到他们作为被访谈对象的，用通俗易懂的语言交谈等。

（3）对重大的原则问题，调查者应避免发表个人观点，要“引而不发”。

（4）依照具有指导性和开放性的问卷来提问。

（5）当工作承担者的工作没有规律时，应要求他按照任务的重要性程度和发生频率将它们一一列举出来。

（6）与被访谈者或上级主管人员一起对所收集到的工作信息进行最后核查。

（四）访谈法的优缺点

（1）优点：用访谈法可以获得标准和非标准的资料，也可获得体力和脑力劳动的资料。工作者本身也是自己行为的观察者，他常常可以提供用其他方法不易观察到的情况。

（2）缺点：分析人员对某一工作固有的观念会影响对分析结果的正确判断。而工作者可能出于对自身利益的考虑，采取不合作的态度或有意无意地夸大自己所从事工作的重要性、复杂性，导致工作信息失真。若分析人员和被调查者相互不信任，则不适用该方法。因此，访谈法一般不能单独作为信息收集的方法，只适宜与其他方法一起使用。

三、关键事件法

关键事件法的主要原则是认定员工与职务有关的行为，并选择其中最重要、最关键的部分来评定其结果。一般是由熟悉职务的专家、领导、员工等找出工作中对绩效有重大影响的关键事件和行为。关键事件是指使工作成功或失败的行为特征或事件，如成功或失败、盈利或亏损、高效或低产等。在收集了大量的关键事件以后，可以对它们作出分析，并总结出职务的关键特征和行为要求。关键事件法既能获得有关职务的静态信息，也可以了解职务的动态特点。对每一关键事件的描述内容包括：导致事件发生的原因和背景；员工特别有效或无效的行为；关键事件的后果；员工自己能否掌控关键事件的后果。

（一）关键事件法的内容和过程

首先从领导、员工或其他熟悉职务的人那里收集一系列职务行为的事件，请管理人员和员工回忆、报告对他们的工作绩效来说比较关键的工作特征和事件，从而获得工作分析资料。要求管理人员、员工以及其他熟悉工作职务的人员记录工作行为中的“关键事件”——使工作成功或者失败的行为特征或事件。在大量收集关键事件以后，要对它们作出分析，并总结出职务的关键特征和行为要求，然后描述“特别好”或“特别坏”的职务绩效。描述的内容包括：

（1）导致事件发生的原因和背景。

（2）员工的特别有效或多余的行为。

（3）关键行为的后果。

(4) 自己能否支配或控制上述后果。

在收集了这些关键事件以后，可以对它们作出分类，并总结出职务的关键特征和行为要求。

(二) 关键事件法的优缺点

(1) 优点：①既能获得有关职务的静态信息，也可了解职务的动态特点；②可以确定行为的任何可能的利益和作用。

关键事件法被广泛应用于人力资源管理方面，如识别招聘录用标准及确定培训方案，尤其可以用于绩效评估的行为确定；由于行为可被观察与测量，所以对职务行为的描述和行为标准的确立才更加准确；同时，通过这种方法也可以确定职务行为可能带来的利益和效用。

(2) 缺点：①比较费时，收集关键事件并对之加以概括和分类需要花费大量的时间。②关键事件的定义是显著的对工作绩效有效或无效的事件，这就忽略了平均绩效水平。而对工作来说，最重要的一点就是要描述"平均"的职务绩效。因此，仅使用关键事件法，难以顾及中等绩效的员工，因此不能完成全面的工作分析。

四、观察法

观察法是指工作分析人员到现场去实地查看员工的操作情况，并予以记录、分析、归纳，然后整理为适用的文字资料的方法。在分析过程中，应参考员工手册、分析工作指南。实际中，直接观察法通常与访谈法结合使用：首先对员工在一个完整工作周期中所完成的工作进行观察和记录，然后就此信息进行访谈，由员工说明一些你没有观察到的活动情况。

分析人员观察工作时，必须注意员工在做什么，如何做，为何要做，以及员工工作技能如何，而对于可以改进、简化的工作事项，也应予以记录说明。在某一工作场所观察完毕后，最好再去其他若干工作场地进行观察，以证实其工作内容，避免因被观察员工的个人习惯所产生的偏差。

(一) 观察法的分类

1. 直接观察法

直接观察法是指工作分析人员直接对员工工作的全过程进行观察。直接观察法适用于工作周期较短的职位，如保洁员、钟点工等，他们的工作基本上是以小时或天为周期，工作分析人员可以一整天跟踪他进行直接观察。

2. 阶段观察法

有些员工的工作具有较长的周期性，为了能完整地观察到员工的所有工作，必须分阶段进行观察。比如行政文员，需要在每年年终时筹备企业总结表彰大会，工作分析人员就必须在年终时再对该职位进行观察。

3. 工作表演法

有时由于时间跨度太长，分析工作无法拖延很长时间，这时采用工作表演法更为合适。它对于工作周期很长和突发性事件较多的工作比较适合，如保安工作，除了有正常的工作程序以外，还有很多突发安全事件需要处理，如盘问可疑人员等，职位分析人员可以让保安人员表演盘问的过程，来进行对该项工作的观察。

(二) 观察法的程序

1. 观察准备阶段

（1）检查现有文件，形成工作的总体概念：工作的使命、主要职责和任务、工作流程。

（2）准备一个初步的观察任务清单，作为观察的框架。

（3）为数据收集过程中涉及的还不清楚的主要项目作一个注释。

2. 进行观察

（1）在部门主管人员的协助下，对员工的工作进行观察。

（2）在观察中，要适时地作记录。

3. 进行面谈

（1）根据观察情况，最好再选择一个主管人员或有经验的员工进行面谈，因为他们了解工作的整体情况以及各项工作任务是如何配合的。

（2）确保所选择的面谈对象具有代表性。

4. 合并工作信息

（1）检查最初的任务或问题清单，确保每一项都已经被充分回答或确认。

（2）进行信息的合并：把所收集到的各种信息合并为一个综合的工作描述，这些信息包括主管、工作者、现场观察者有关工作的书面材料。

（3）在合并阶段，工作分析人员应该随时获得补充材料。

5. 核实工作描述

（1）把工作描述分发给主管人员和工作的承担者，并附上反馈意见表。

（2）根据反馈意见表，认真检查整个工作描述，并在遗漏和含糊的地方作出标记。

（3）召集所有观察对象进行面谈，补充工作描述的遗漏，明确其含糊的地方。

（4）形成完整和精确的工作描述。

（三）观察法的优缺点

（1）优点：①通过对工作的直接观察和工作者的介绍，能使分析人员更深刻地了解工作要求，从而保证所获得信息的客观性和正确性；②分析者能够通过对照观察笔记来核查结果的一致性。

（2）缺点：①不适用于工作周期长和主要是脑力劳动的工作，如律师、教师等；②不适用于不易观察、紧急而又偶然的工作，如急救站的护士、公司经理等；③当被观察者觉察到他们正在被观察时，可能就会不典型地去工作，例如，他们会提高速度以便给观察者留下深刻印象，或者会用某种努力减慢某个过程以显示其工作有多困难。

五、工作日志法

工作日志法是指为了了解员工实际工作的内容、责任、权利、人际关系及工作负荷，而要求员工坚持记工作日记，然后对工作日记进行归纳提炼，取得所需工作信息的一种职务信息获取方法。

使用这种方法所获得信息的可靠性很高，适用于获取有关工作职责、工作内容、工作关系、劳动强度等方面的信息。同时，所需费用也较低。但它的使用范围较小，不适用于工作循环周期较长、工作状态不稳定的职位，且信息整理量大、归纳工作烦琐。工作执行者填写工作日志的认真程度，也在一定程度上影响工作分析的效果。

工作日志范例如表2-4所示。

表 2-4 工作日志范例

工作日志	
姓　　名：	年　　龄：
职务名称：	所属部门：
直接上级：	填写日期：　　年　　月　　日
工作活动内容：	
工作日志填写说明： （1）请您在每天工作开始前将工作日志放在手边，按工作活动发生的顺序及时填写，切勿在一天工作结束后一并填写。 （2）要严格按照表格要求进行填写，不要遗漏那些细小的工作活动，以保证信息的完整性。 （3）请您提供真实的信息，以免损害您的利益。 （4）请您注意保留，防止遗失。	

六、工作参与法

工作参与法是指由工作分析人员亲自参加工作活动，体验工作的整个过程，从中获得工作分析资料的方法。要想对某一工作有深刻的了解，最好的方法就是亲自去实践。通过实地考察，可以细致、深入地体验、了解和分析某种工作所需的心理因素及工作所需的各种心理品质和行为模型。例如，前佛罗里达州州长鲍伯·格雷尼姆为了了解工人的工作状况，在竞选期间的三个多月里，体验了 100 种不同的工作。

与其他方法相比，参与法的优势是可获得有关岗位要求的真实、可靠的第一手数据资料，获得的信息更加准确，可以了解工作的实际任务以及在心理、体力、环境、社会等方面的要求，适用于短期内可以掌握的工作。从获得工作分析资料的质量方面而言，这种方法比前几种方法的效果更好。由于分析人员本身知识与技术的局限性，其运用范围有限，只适用于较为简单的、短期内可掌握的工作的岗位分析，或者是对专业性不是很强的职位的分析，不适于需进行大量训练或有危险性工作的分析。

七、其他方法

（一）职位分析问卷法

职位分析问卷法（Position Analysis Questionnaire，PAQ）由美国普渡大学（Purdue University）职业研究中心开发，主要用于定量分析，以便获取更为具体、详细、量化的职务信息的方法。采用职位分析问卷法进行工作分析时，首先，通过定性分析，找到有效收集各种职务信息的分析要素、指标；其次，用语言恰当地描述这些要素、指标；再次，给每一要素、指标语句赋予适当的评定等级数字，形成初步的职位分析问卷；最后，使用这一初步问卷进行规范的抽样式调查，并进行信度、效度检验，从而得到较为科学的正式职位分析问卷（见表 2-5）。使用这一工作分析问卷，可以得到较为科学的工作分析信息。

表 2-5 某医院工作分析问卷

一、工作分析情况

1. 工作分析表修订
2. 现行修订
3. 工作分析日期
4. 预分析
5. 工作分析人
6. 核定

二、职务身份

1. 职务名称
2. 其他名称
3. 科室
4. 部门
5. 主管

三、职务简述

简要说明职务目的、干什么、如何干。

四、职责

该职务首要职责最好归为：

医务　　技术　　管理　　职员　　专业

列出主要职责及每次所占时间比例：

(1)　　，　　%

(2)　　，　　%

(3)　　，　　%

哪些职责构成成功的工作？为履行这些职责达到标准绩效需要多少训练？

五、责任

该职务有哪些责任及其重要性如何？

六、人员特点/职务资格

完成该职务所需的体力特点：

以上特征哪些是需要的？其重要性如何？

该职务所需经验：

培训能够代替其经验吗？

能，如何培训？

不能，为什么？

七、工作条件

1. 描述职务工作时的体力状况。
2. 是否有与职务有关的特殊心理要求？
3. 描述为做好工作所需的条件。

八、健康或安全特征

充分描述与职务有关的任何安全和健康状况。

是否需要安全培训及装置？

九、工作标准

1. 该项职务工作成绩如何测量？
2. 对该项工作影响最大的可变因素是：
3. 该职务是否有什么应该注意之处？

工作分析者签字：　　完成日期：

职位分析问卷包含 194 个问题，分为六个主要部分：

（1）资料投入。在职人员从何处及怎样获得工作资料？

（2）智力处理。从事这项工作要使用什么样的推理、决策和计划过程？

（3）工作输出。从事这项工作需要什么样的物理劳动和工具？

（4）人际关系。从事这项工作需要与他人建立什么样的关系？

（5）工作背景。这项工作处在什么样的自然和社会背景中？

（6）其他特征。除了前面五部分描述的情况外，还与哪些其他的活动条件和特征相关？

每一个项目既要评定其是否为一个职务的要素，还要在一个评定量表上评定其重要程度、花费时间及困难程度。按照 PAQ 给出的计分标准，确定职务在职务要素上的得分。

PAQ 同时考虑了员工与职位两个变量因素，并将各种职位所需要的基础技能与基础行为以标准化的方式罗列出来，从而为人事调查、薪酬标准制定等提供依据；PAQ 按照一定的标准，可将职位分为不同的等级；由于 PAQ 可得出每一个（或每一类）职位的技能数值与等级，因此，它还可以用来进行职位评价及人员甄选；PAQ 不需修改就可用于不同组织中的不同职位，使得比较各组织间的工作更加容易，也使得职位分析更加准确与合理。

基于以上优点，PAQ 得到了广泛使用和研究，可获得的证据表明，它是一种可以用于各种目的的有效方法。相同工作的职务分析等级几乎没有差异，所以，它是可靠的，是在工作要求的能力中建立差异的有效方法。

PAQ 的不足主要表现在以下三个方面：①由于没有对职务的特殊工作活动进行描述，因此，职务中行为的共同之处就使得任务之间的差异变得模糊了，工作中的行为活动会歪曲实际任务之间的差异；②可读性不强，只有具备大学以上文化水平的人才能理解其中的项目，使用范围有限制；③花费时间较多，程序非常烦琐，完成它需要时间和耐心。

（二）管理职位描述问卷法

管理职位描述问卷法（Management Position Description Questionnaire，MPDQ）是由托纳（W. W. Tornow）和平托（P. R. Pinto）在 1976 年提出的，它与 PAQ 十分相似。对管理职位进行职务分析对职务分析人员是一个很大的挑战，因为不同职位、不同层级和不同行业（如工业、医药、政府）间是不一致的。托纳和平托试图对管理职位进行系统的分析，研究的结果是提出了管理职位描述问卷。

MPDQ 是专为管理职位设计的一种工作方法，它利用清单进行工作分析。MPDQ 列出了与管理者的工作内容和责任相关的 208 项问题，是对管理工作的综合的描述，可以用于大多数工业企业中。MPDQ 的最新版本有 15 个部分：基本信息、决策、计划和组织、管理、控制、监督、商议与改革、联系、调整、代表、监控商业指示器、全部的等级、知识技能和能力、组织图、评论反应。问题归入不同的部分可以减少填写所需的时间，还可以帮助对回答进行解释。

管理职位描述问卷法（MPDQ）是一种注重工作行为内容研究的技术方法，管理职位描述问卷的工作分析结果，对评价管理工作、决定该职位的培训需求、管理工作分类、薪酬评定、设计绩效评估方案等人事决策活动具有重要的指导作用。

MPDQ 的优点是考虑了两个特殊问题：①管理者常使工作内容适应自己的管理风格，而不是使自己适应所承担的管理工作，面谈时总谈自己做的，而忘了应该做的；②管理工作具有非程序化的特点，常随着时间变化而变化，弥补了 PAQ 难以对管理职位进行分析的不足。

MPDQ 的缺点是在分析技术、专业等其他职位时显得不够具体，受工作及工作技术的限制，灵活性差；耗时太长，工作效率较低。

（三）功能性职务分析法

美国的企业人事管理中，常用到功能性职务分析法（Functional Job Analysis，FJA）。它以员工所需发挥的功能与应尽的职责为核心，列出需要加以收集与分析的信息类别，规定了职务分析的内容。按照 FJA 进行工作分析，包括工作特点分析与员工特点分析两部分。工作特点主要包括员工的职责，工作的种类及材料、产品、知识范畴。员工的职责是指员工在工作过程中，与人、事、信息打交道的过程。任何工作都离不开人、事、信息这三个基本要素，而每一要素所包含的各种基本活动又可按复杂程度分为不同的等级。员工的特点包括正确地完成工作所必备的培训、能力、个性、身体状况等方面的特点。按照上述内容与步骤，职务分析者可以有针对性地收集信息，并按照以上各项对所收集的信息加以比较、分类及组织，最后形成详细的工作分析记录表。

功能职务分析的一个优点是每一个工作有一个定量分数。因此，可以将工作进行划分来实现薪酬和其他人力资源管理目的，因为具有相似等级的工作被假定是相似的。

第四节　工作说明书

工作分析的最终成果就是工作说明书，习惯上又把工作说明书称为工作规范或职务要求。

一、工作分析的内容

通常情况下，工作分析包含两方面内容：一是规定了对“事”的要求，确定职务的具体特征，如任务、职责等；二是规定了对“人”的要求，找出职务对任职人员的各种要求，如身体、心理、知识、职业素质等。前者称为工作描述，后者称为工作说明。

（一）工作描述

工作描述具体说明了工作的物质特点和环境特点，主要解决职务的内容与特征、责任与权力、目的与结果、标准与要求、时间与地点、岗位与条件、工作流程与规范等问题。职务描述无统一标准，规范的工作描述包括以下几个方面：

（1）工作名称。工作名称是指企业对从事一定活动所规定的职务名称或代号，以便对各种工作进行识别、登记、分类以及确定企业内外的各种工作关系。工作名称应当简明扼要，力求做到能标识职务的责任、在企业中所属的地位或部门，如车间主任、财务总监就是比较好的工作名称，而主任、业务总监则不够明确。如果需要，工作名称还可以有别名或代号。

（2）工作活动和程序。它是工作描述的主体部分，必须详细描述。应列出所需的内容、所要完成的主要任务与负担的责任；执行任务时所需的条件，如使用的原材料和机器设备；工作流程与规范；与其他人的工作关系；接受监督以及进行监督的性质和内容等。

（3）物理环境。工作描述要完整地描写个人工作的物理环境，包括工作地点的温度、光线、湿度、噪声、安全条件，以及可能发生意外事件的危险性等。

(4) 社会环境。社会环境包括工作群体中的人数及相互关系，个人的资料，如年龄、性别、品格等；完成工作所要求的人际交往的数量和程度；与各部门之间的关系；工作之外的公益服务、文化设施、社会习俗，等等。

(5) 聘用条件。聘用条件描述工作人员在正式组织中的有关工作安置等，包括工作时间、工资结构、支付工资的方法、福利待遇、该工作在组织中的正式位置、晋升的机会、工作的季节性、培训进修机会等。

(二) 工作说明

工作说明就是任职要求，即说明担任某项职务的人员所必须具备的生理和心理素质。工作说明主要包括以下几个方面的内容：

(1) 一般要求。年龄、性别、学历、工作经历等。

(2) 生理要求。健康状况、体力、灵活性及感觉器官的灵敏度等。

(3) 心理要求。观察、集中、记忆、理解、学习、解决问题、创造性、数学计算、语言表达、决策、交际、领导能力及性格、气质、兴趣、爱好、态度、事业心、合作精神等。

二、工作说明书概述

(一) 工作说明书的含义

工作分析的具体成果就是工作说明书。工作说明书是对每一职务的性质、任务、责任、环境、处理方法及对任职人员资格条件的要求所作的书面记录。它是根据工作分析的各种调查资料，加以整理、分析、判断所得的结论编写而成的一种文件，是工作分析的结果。

工作说明书是工作分析后的书面摘要，是对工作的定义，对有关工作职责、工作活动、工作条件以及工作对人身安全危害程度等工作特性方面的信息所进行的书面描述，即关于工作执行者实际在做什么、如何做以及在什么条件下做的一种书面文件。

编制工作说明书的目的是为企业的招聘与录用、培训与开发、劳动合同签订与解除、绩效考核以及薪酬制度等人力资源管理业务，提供原始资料和科学依据。工作说明书的外在形式是根据一项工作编制一份书面材料，可用表格显示，也可用文字叙述，不管什么形式，都应尽可能做到清楚准确地表达。

(二) 工作说明书的内容

全面的工作说明书应包括以下内容：

(1) 工作标识。工作标识主要包括：①工作名称；②工作代码；③工作部门；④直接主管的职位名称；⑤工资等级和范围；⑥分析日期。

(2) 工作综述。工作综述描述工作的总体性质，列出其主要功能或活动。例如，物料经理可描述为：负责生产线上所需要的所有材料的经济性购买、规范性运输以及存储和分配。

(3) 工作联系。工作联系说明工作承担者与组织内外的联系情况。

如人力资源经理可描述为：①报告工作对象：行政副总裁；②监督对象：人力资源职员、考试管理员、劳资关系员以及一个秘书；③工作合作对象：所有的部门经理和行政管理人员；④接触的公司外部人员：就业机构、管理人员代理招募机构、工会代表、公司客户等。

（4）工作的职责与任务。

（5）工作权限。工作权限包括决策、监督和经费预算等。例如，批准购买一定金额的物品，批准员工请假或缺勤，实施奖惩，建议提薪，招聘新员工等。

（6）绩效标准。绩效标准要求具体和明确。例如，“在同一个工作日内收到的发票必须在当天过账”，“在下一工作程序被拒绝的产品平均不得超过2%”等。

（7）工作条件。如噪声、热度等。

下面是两份完整的工作说明书（见表2-6和表2-7）。

表2-6 某公司销售经理工作说明书范例（叙述型）

职务名称：销售经理

职务代号：X-1

职位等级：G5

一、工作活动和工作程序

通过对下级的管理和监督，实施企业产品的销售、计划、组织、指导和控制；指导销售部的各种活动；就全面的销售事务向分管的销售副总经理汇报；根据对销售区域、销售渠道、销售定额、销售目标的初步认可，协调销售分配功能；批准对销售员的区域分派；评估销售员的业务报告；组织销售员的培训等。

审查市场分析，以确定顾客需求、潜在的销售量、价格一览表、折扣率、竞争活动；亲自与大客户保持联系；可与其他管理部门合作，建议批准用于研发的预算开支；可与广告机构就广告事宜进行谈判；可根据有关规定建议或实施对本部门员工的奖惩；可以调用小汽车两辆、送货车十辆。

二、工作条件和物理环境

65%以上的时间在市内工作，一般不受气候影响；工作环境湿度适中，无严重噪声，无个人生命或严重受伤危险，无有毒气体。有外出要求，一年中30%～35%的工作日出差在外；工作地点在本市。

三、社会环境

有一名副手，销售部工作人员50～60人，直接上级是销售副总经理；需要经常交往的部门是生产部、财务部。

四、聘用条件

每周工作40h，国家法定假日休息；基本工资每月3500元，职务津贴500元，每年完成任务奖金10000元，超额部分按千分之二提取奖金；本岗位是企业的中层干部岗位，可晋升为销售副总经理。每月的通信费、因公请客费用和出差费按级别标准报销，每三年有一次出国考察的机会。

五、组织关系

1. 接受销售总监和公司总经理、副总经理的领导。
2. 管理销售部的销售主管、市场主管及员工。
3. 协助公司内部其他部门的工作，进行销售指导和提供市场咨询。

六、任职资格

1. 本科学历以上，市场营销专业毕业。
2. 五年以上高级管理职位经验，三年以上销售管理经验。
3. 有极强的领导力和沟通力，善于分析和解决问题。
4. 较强的组织、协调能力和良好的服务意识。
5. 强烈的责任感和事业心，工作细致、踏实。
6. 有良好的心理适应能力和承受压力的能力。

表 2-7 某公司人力资源部经理工作说明书范例（表格型）

<table>
<tr><td>职位编号:AG380023</td><td colspan="2">职位名称:人力资源部经理</td><td colspan="2">所属部门:人力资源部</td></tr>
<tr><td>职位等级:G5</td><td colspan="2">上级职位:人力资源总监和公司总经理、副总经理</td><td colspan="2">下级职位:招聘主管、培训主管及部门员工</td></tr>
<tr><td>职位概要</td><td colspan="4">负责公司的人力资源规划,组织人员配备,组织开发和员工关系处理</td></tr>
<tr><td colspan="5">履行职责</td></tr>
<tr><td colspan="5">1. 根据公司战略和内外部环境的变化制订人力资源计划,并在获得批准后组织实施
2. 制订人力资源部的工作目标、工作计划以及预算,经批准后实施
3. 组织制定和完善企业的招聘、培训、绩效、薪资等制度和流程,并在批准后实施
4. 分析培训需求,制订培训计划并在批准后实施和控制
5. 负责收集公司内外的人才信息,组织招聘
6. 建立完善的公司绩效管理制度,并负责考核
7. 建立完善的公司薪资结构,审核员工薪酬,报总经理核准由财务部执行
8. 受理员工投诉,处理员工与公司劳动争议事宜并负责及时解决
9. 加强与公司外的社会团体、机构、公司和政府的联系</td></tr>
<tr><td rowspan="3">工作关系</td><td>直接下属人数:2 人</td><td colspan="2">间接下属人数:3 人</td><td>直接上级:1 人</td></tr>
<tr><td>内部主要关系</td><td colspan="3">有关人事招聘、培训、绩效、考核等事宜与企业内各部门的联系</td></tr>
<tr><td>外部主要关系</td><td colspan="3">与公司外的社会团体、机构、公司和政府劳动部门的联系</td></tr>
<tr><td rowspan="3">工作条件</td><td>工作场所</td><td colspan="3">室内,温、湿度适中,无噪声,无危险</td></tr>
<tr><td>工作时间</td><td colspan="3">上午 8:00 ~ 12:00
下午 2:00 ~ 5:00</td></tr>
<tr><td>使用设备</td><td colspan="3">计算机、直拨长途电话及独立办公室</td></tr>
<tr><td rowspan="4">职位关系</td><td rowspan="2">可转换的部门</td><td colspan="2">部门:公司办公室</td><td>职位:办公室主任</td></tr>
<tr><td colspan="2">部门:公司规划部</td><td>职位:规划部经理</td></tr>
<tr><td rowspan="2">可晋升的职位</td><td colspan="2">部门:公司办公室</td><td>职位:行政总监</td></tr>
<tr><td colspan="2">部门:人力资源部</td><td>职位:人力资源总监</td></tr>
<tr><td colspan="5">任职资格要求</td></tr>
<tr><td rowspan="4">一般条件</td><td colspan="2">最佳学历:研究生</td><td colspan="2">最低学历:本科</td></tr>
<tr><td colspan="4">专业要求:人力资源管理专业</td></tr>
<tr><td colspan="4">资格证书:人力资源管理师</td></tr>
<tr><td colspan="2">年龄要求:35 岁以上</td><td colspan="2">性别要求:不限</td></tr>
<tr><td rowspan="4">必要的知识和工作经验</td><td colspan="4">必要知识:人力资源管理知识、熟悉国家有关劳动人事制度与政策</td></tr>
<tr><td colspan="4">外语要求:不限</td></tr>
<tr><td colspan="4">计算机要求:熟练操作</td></tr>
<tr><td colspan="4">工作经验:五年以上高级管理职位经验,三年以上人力资源管理经验</td></tr>
<tr><td>必要的业务培训</td><td colspan="4">需经历较系统的人力资源管理培训</td></tr>
<tr><td rowspan="2">必要的能力和态度</td><td colspan="4">能力:有极强的领导力和沟通能力,善于分析和解决问题。有较强的组织、协调能力</td></tr>
<tr><td colspan="4">态度:强烈的责任感和事业心,工作细致、踏实,具有良好的服务意识</td></tr>
<tr><td>其他事项</td><td colspan="4">有良好的心理适应能力和承受压力的能力</td></tr>
</table>

第五节 工作设计

工作设计是管理者的一个重要课题，它涉及组织向其成员分配工作任务和职责的方式问题。工作设计是否得当，对于激发员工的工作积极性、增强员工的工作满意度以及提高工作绩效都有重要的影响。从激励理论的角度看，工作设计是对内在奖酬方面的设计。在员工需求向高层次发展时，他们的积极性主要来自与工作本身相关的因素，工作设计得当就能满足员工的内在需要。

一、工作设计的含义

工作设计就是对工作内容、工作职能、工作关系的设计。对于已经有完整工作分析体系的企业来讲，在以下情况下也需要进行工作设计：①原有的职业规范已不适应组织目标、任务和体制的要求；②现有的人力资源在一定时期内难以达到职务规范的要求；③员工的精神需求与按组织效率原则拟定的职务规范发生冲突。工作设计的目的是通过合理有效地处理员工与工作岗位之间的关系，来满足员工的个人需要，进而实现组织目标。

二、工作设计的内容

1. 工作内容

工作内容概要说明工作需完成的任务，包括确定工作一般性质的几个因素，如多样性、自主性、复杂性、难度与整体性等。

2. 工作职能

工作职能是指做每件工作的基本要求与方法，包括工作责任、工作权限、信息沟通方式、工作方法以及协作配合等方面。

3. 工作关系

工作关系是指个人在工作中发生的人与人之间的关系，包括在工作中与其他人相互联系及交往的范围、建立友谊的机会以及工作班组中的相互协作和配合等方面。

4. 工作结果

工作结果是指工作的绩效与效果的高低。它包括标志工作的完成所要达到的具体标准（如产品的产量、质量和效益等），以及工作者对工作的感受与反应（如满意度、出勤率、缺勤率和离职率等）。

5. 结果反馈

结果反馈是指工作的结果及评价，包括两个方面：一是对工作本身的客观反馈；二是来自别人对工作结果的反馈，如同事、上级和下级对工作的评价。

三、工作设计应考虑的因素

工作设计主要需要考虑三个方面的因素——环境因素、组织因素和行为因素。

（一）环境因素

环境因素主要包括人力资源和社会期望。工作设计必须充分考虑到人力的供应问题以及人力的满足欲望。人力资源是指在工作设计时要考虑到能找到足够数量的合格人员；社会期望是指希望通过工作满足什么。随着文化教育水平的提高，人们对工作生活质量有了更高的期望，单纯考虑工作效率、工作流程的组织，效率往往欲速不达，必须同时重视人的生理、心理的特点和要求。

（二）组织因素

组织因素主要包括专业化、工作流程及工作习惯。

（1）专业化。专业化就是按照所需工作时间最短、最易于操作的原则分解工作，形成合理的工作循环。

（2）工作流程。工作流程主要是考虑在相互协作的工作团体中，尽可能使每个岗位的负荷达到均衡，以便保证不出现所谓的“瓶颈”，确保工作的连续性。

（3）工作习惯。它是在长期工作实践中形成的传统工作方式，反映工作集体的水平，这是工作设计过程中不可忽视的制约因素。

（三）行为因素

工作设计不能只考虑效率，还应当考虑满足工作人员的个人需要。

（1）工作整体性。所从事的工作是完整的，而不是没有联系的零碎的部分，在工作时能使员工感觉到有意义、有成就感。

（2）自主权。给予员工一定的决策权力，让他们决定自己的工作方式，独立完成或全权负责某项工作。这不仅能增强员工的责任感，也能促使员工自发地提高自身素质。

（3）工作的重要性。强调工作的重要性及工作对其他人生活或工作的影响程度，可以使员工感到自己被重视，从而增加他对本职工作的满意度。

（4）技能多样性。技能多样性是指工作时可以使用不同的技巧和能力。如果工作缺乏多样性，就会导致疲劳厌烦，可能产生更多的失误。通过工作设计增加工作的多样性特征，能减少疲劳引起的失误，从而减少效率降低的诱因。比如，适当的工作轮换对某些工作会产生积极的作用。自主权和多样性是职工满意的主要原因。

（5）互动的反馈。如果不告知员工他们工作做得如何，那么就几乎没有了引导和激励。让员工知道自己的成绩与计划的差距，并允许他们调整自己的态度和方法，这样可以实现有效的激励。

然而，以上五大因素有时是存在矛盾的。行为因素要求工作设计增加自主权、多样性，要求任务的完整性、重要性和反馈，从而提高员工的满意度，但这往往容易导致组织效率降低，劳务成本上升；效率因素要求提高专业化程度，指挥的统一性，分工的细化，但又可能引起员工不满而导致怠工、缺勤、离职，因此必须权衡各因素的利弊，才能确保工作设计的有效性。

四、工作设计的原则

（1）因事设职原则。“因事设职”是传统工作设计的总原则，但在实践中也不能忽视人的因素。

（2）系统性原则。工作设计一定要与公司组织设计的思路相适应，不同的工作既要区别，又要相互依存，应形成一个有机的整体，从而发挥组织的最大效能。

（3）实用性原则。在将工作事件与工作目标结合的过程中，应充分考虑工作现状与人员能力等方面，既不能要求过高，也不能过于迁就，应在一定程度上让员工通过学习、努力来适应工作。

（4）简单化原则。在进行工作设计时，应尽可能地将复杂的关系包含在一个职位中，这样可减少人力成本并提高效率。

（5）匹配原则。工作设计中应考虑每个人的工作量是否饱满，时间是否均衡等。

为了搞好工作设计，美国管理学家哈克曼曾经提出了以下工作设计的原则：①充分考虑技能的多样性；②充分考虑任务的完整性；③要向员工解释、说明每项任务的意义；④要设置职务反馈环节。哈克曼认为，满足了上述四方面的原则，就可以让员工充分认识到目前工作的重要性和自己担负的责任，及时了解工作的结果，从而产生高度的内在激励作用，形成高质量的工作绩效和高度的工作满足感。

五、工作设计的方法

（一）工作轮换

工作轮换（Job Rotation）是指在不同的时间阶段，将员工从一个岗位换到另一个岗位，使其全面了解整个企业的不同工作内容，得到各种不同的经验，为其今后在较高层次上任职打好基础。但必须保证工作流程不受损失，这种方法并不改变工作设计本身，而是使员工定期地进行工作轮换。比如，自助餐厅的服务人员在面食、沙拉、蔬菜、饮品和甜点部之间轮换工作。

1. 工作轮换的优点

（1）给员工更多的发展机会，让员工感受到工作的刺激和新鲜感。一个人在取得有效完成其任务所需的技能以后通常容易产生厌倦和单调感，这种感觉会随着职务轮换得以减少。员工在一个新职务上产生的新鲜感，能够激励其作出更大的努力。

（2）给员工提供了发展技术和一个较全面地观察、了解整个生产过程的机会。更广泛的工作体验也使得员工加深了对企业不同职务之间的了解，从而为员工担任更大责任的职务，尤其是高层职务，作出更快、更好的准备，使他们在逐步学会多种工作技能的同时，也增强其对工作中部门间相互依赖关系的认识。

（3）工作轮换能促进企业员工团结合作，形成一个团队，提高协作效率。

2. 工作轮换的缺点

（1）要求员工具有较强的适应性。它只能限于少部分的工作轮换，大多数的工作是无法进行轮换的，因为很难找到双方正好都能适合对方职务资格要求的情况，不适用于专业性强的工作。

（2）这种方法如果使用不当，可能会使部门中原有的工作关系被打乱，产生新的矛盾。

（3）在对比效应的驱使下，管理者可能会追求短期绩效而忽视长远发展。

（4）轮换后由于需要熟悉工作，需要增加培训成本，可能会使职务效率下降，因为员工在先前岗位上的效率性正创造着经济效益。范围广泛的职务轮换，可能造成大量员工被安置在他们经验有限的工作岗位上。

（二）工作扩大化

1. 工作扩大化的含义

工作扩大化（Job Enlargement）是指工作范围的扩大或工作多样性，使每个员工除担负原来的工作之外，还担负其上、下工序原来由他人承担的部分工作，试图使每个人所做的工作多样化，以此减少其对某一特定工作的厌烦感，提高员工的工作兴趣，从而给员工增加了工作种类和工作强度。工作扩大化使员工有更多的工作可做，例如，邮件分类职务不局限于按单位分发收到的邮件，而是可以扩大到包括邮件运送到各个单位或者用邮资总付计数器在寄出邮件上打戳。

通常这种新工作同员工原先所做的工作非常相似。这种工作设计带来高效率的原因，是因为不必要把产品从一个人手中传给另一个人，从而节约时间。此外，由于完成的是整个产品，而不是在一个大件上单单从事某一项工作，这样员工在心理上也可以得到安慰。该方法是通过增加某一工作的工作内容，使员工的工作内容增加，要求员工掌握更多的知识和技能，从而提高员工的工作兴趣。

2. 工作扩大化的途径

工作扩大化的途径主要有两个：横向工作扩大化和纵向工作扩大化。横向工作扩大化是指增加属于同阶层责任的工作内容，以及增加目前包含在工作职位中的权力；纵向工作扩大化是指增加需要更多责任、更多权力的工作任务，扩大一个工作职位。

3. 工作扩大化的优缺点

(1) 工作扩大化的优点在于：通过职务扩大化可以增加工作程序的连贯性，降低劳动成本，增加员工的工作内容和工作量，当员工对某项工作更加熟练时，可以提高员工的工作满意度，改善工作质量（相应地也提高待遇）。工作扩大化可以避免专业化过强和工作多样性不足等问题，提高工作效率，生产管理也变得更加灵活。美国诸多公司都普遍采用此种工作设计方法来提高工效、减低生产费用。

(2) 工作扩大化也有一定的局限性：工作扩大化没有给员工提供多少工作挑战性，在激发员工的积极性和培养挑战意识方面没有太大意义；要求员工掌握更多的知识和技能，提高了对员工的要求，增加了员工的负担，而且这种方法也难以从根本上解决员工不满的缘由。

（三）工作丰富化

1. 工作丰富化的内涵

工作丰富化（Job Enrichment）是一种纵向的扩大工作范围，即向工作深度进军的工作设计方法。此种方法集中改造了工作本身的内容，使其更加丰富化，从而使工作设计本身更富有弹性。工作丰富化主要通过增加职务责任、工作自主权以及自我控制，满足员工心理的多层次需要，从而达到激励的目的。工作丰富化与工作扩大化不同，它不是简单地增加员工工作的内容，而是试图把一种更高的挑战性和成就感体现在工作中，使员工承担更多样的任务、更大的责任，员工有更多的自主权和更高程度的自我控制权。这样能增强员工的责任感、成就感和对工作的兴趣。

2. 工作丰富化的条件

工作丰富化开始于20世纪40年代的IBM。20世纪50年代，对工作内容丰富化的研究逐渐增多。而真正使工作丰富化普及开来的是弗莱德里克·赫茨伯格。他认为，工作丰富化的核心是体现激励因素的作用，实现工作丰富化的条件包括以下几个方面：

(1) 责任。不仅要增加操作者生产的责任，而且还要使他们有责任控制产品质量，并保持生产的计划性、连续性和节奏性，使每一个工人都感到自己在组织中扮演着重要的角色。

（2）决策。给工作者更多的工作自主权，以提高他们自己在工作中的权威性和自主性。

（3）反馈。把工作者所做的工作成绩和效果数据及时直接地反馈给本人，便于他们发现自己的长处或不足，在以后的工作中加以保持或改正。

（4）考核。根据工作者达到工作目标的程度，给操作者以奖励和报酬。这是激励员工最直接有效的方式。

（5）培训。为使员工更好地发挥潜力，应通过培训、学习等方式使员工掌握更多的生产技能。培训还能使员工感到自己在不断提高，可以增强他们对组织的满意度。

（6）成就。通过提高员工的责任心和决策的自主权，培养他们对所完成工作的成就感，这种成就感有利于激发他们对升迁的渴望，从而提高了员工的稳定性，减少了劳动力成本。工作丰富化的优点是明显的，它与其他常规性、单一性的工作设计方法相比，能够提供更大的激励和更高的满意度，从而提高工作者的生产效率和产品质量。美国许多企业常采用工作丰富化及其他改革来降低离职率和缺勤率。

3. 工作丰富化的步骤

如果企业想通过增加工作的多样性、完整性、重要性、自主性、反馈性以丰富工作的内容，可采取以下五个步骤完成：

（1）确定自然的工作单元。这意味着尽可能让集体工作构成一个完整和有意义的整体。工作单元可以根据地理位置、产品或生产线、业务或客户来划分。例如，企业的销售人员，不仅仅销售企业的一种产品，而是要把企业的全部产品买给顾客。

（2）合并任务。尽可能地把零散的和独立的任务结合起来，形成一个工作任务整体，这可以提高技能多样化和任务统一化。例如，企业的销售人员不仅要销售产品，而且还要负责督促企业收回应收账款，这样可以增加工作的多样性和完整性。

（3）建立和客户之间的联系。就是鼓励并积极创造条件使员工和客户（企业其他部门、顾客等）建立联系。这样可以让员工从客户那里准确地把握工作的标准。

（4）下达权责。让员工在工作过程中有更大的自主权和责任，比如员工自己可以制订工作计划、选择资金预算方案、决定工作方法、检查工作效果、把握工作进度等。这样，不需要经过专门培训，员工的控制能力就会获得提高。这种控制能力来源于更大的的权责。

（5）开发反馈渠道。这要求尽可能反馈更多有关员工的绩效信息，如成本、产量、质量、组织结构、客户的投诉等。通过反馈，员工可以了解工作绩效是提高了还是降低了，从而明确下一步工作努力的方向。

4. 工作丰富化的优点和不足

工作丰富化的优点是：这种方法能够提高对员工的激励水平和员工的工作满意度，从而提高了员工的生产效率和产品质量，同时对降低工作人员的离职率和缺勤率也有积极的影响。例如，美国得克萨斯州仪表公司把一部分生产工人和非生产工人按工作丰富化原则编成小组，收到了明显效果。据报道，让雷达装配女工安排和组织她们的工作以后，每单位产品的工时由 138h 减为 86h，后来又接受了她们要求取消监督人员的建议，装配时间进一步减为 36h。再如，美国电报电话公司首先在股东公共关系部根据工作丰富化原则重新安排工作，12 个月内节约了 55.8 万美元，并减少了 27% 的离职率，此后，还在许多其他部门内推行。

但工作丰富化仍有不足之处：要使工作丰富化得以实现，就必须使员工掌握更多的技术，企业因而会增加培训费，增加设计和扩充工作的费用，以及付给员工更高的劳动报酬。

（四）工作特征再设计

工作特征再设计是一种人性化的设计方法，是指针对员工设计工作而非针对工作特性要求员工。它主要表现为充分考虑个人存在的差异性，区别地对待各类人，以不同的要求把员工安排在适合于他们独特需求、技术、能力的环境中去。因为不同的工作者对同一种工作会有截然不同的反应，个人工作成效及其从工作中获得的满足感取决于工作的设计和对个人有重要影响的需求的满足程度。

工作特征再设计的基本条件是：

（1）组织有能力使员工获得高层次需求满足的条件和心理状态。

（2）工作设计的范围可以直接影响员工需求的满足程度和工作成果的岗位。

（3）员工需求的满足对生产效率和成果有较大的正面影响，即工作对员工主动性的要求较高。

由于工作特性再设计完全以员工为中心，因此可以最大限度地增加员工对工作的满意度，使员工以极大的热情投入工作，从而提高员工本身的工作效率。但是对企业来说，工作特征再设计的成本很高，几乎要重新制定一套工作体系。因此，很少有企业将这种方法进行大范围的应用，只是针对某个特殊的工作岗位作此设计。

（五）工作专业化

工作专业化是一种传统的工作设计方法。它通过对动作和时间的研究，把工作分解为许多很小的单一化、标准化、专业化的操作内容和程序，并对工人进行培训和激励，使工作保持高效率。这种工作设计方法在流水线生产上应用最广泛。

1. 工作专业化的基本条件

（1）机械动作的节拍决定工人工作速度的岗位。

（2）工作具有简单重复性。

（3）对工人的技术要求较低。

（4）每个工人只完成每件工作任务中很小的工序。

2. 工作专业化的优点

把工作分解为很多简单而专业化的操作单元，降低了对工人的技术要求，可以节省劳动力成本，并且有利于劳动力在不同岗位之间的轮换，而不致影响生产的正常进行；采用较单一、标准化的工序和操作方法，可以最大限度地提高工人的操作效率，有利于对产品的数量和质量进行控制，保证生产的均衡。

3. 工作专业化的不足

工作专业化只强调工作任务的完成，而没有考虑工人的心理因素，因而专业化所带来的高效率，往往会被因工人对重复单一工作的不满与厌恶情绪所造成的缺勤、离职而抵消。

第六节 实践与应用

一、案例评析：广州标致与上海大众的不同结局

广州标致汽车公司（简称广州标致）是由广州汽车制造厂、法国标致汽车公司、中国

国际信托投资公司、国际金融公司和法国巴黎国民银行合资经营的汽车生产企业，成立于1985年，总投资额8.5亿法郎，注册资本为3.25亿法郎。广州标致员工共2000余人，由广州汽车制造厂和法国标致汽车公司共同管理。1994年，广州标致开始亏损，到1997年累计亏损已达29亿元人民币。广州随后以零收购方案收回各方股份，中法合作随即终止。

广州标致采用了法国标致的组织机构设置，实行层级管理，强调专业化分工和协作，同时采用法国标致的全套规章制度。法国标致的规章制度是总结了全球20多个国家建立合资企业的经验而制定的，有一定的科学性和合理性。但由于文化背景和企业管理基础的不同，中法双方在合作过程中存在着很大的分歧。在中法合资之初，广州标致公司从总经理、各部门经理到技术监督等重要管理岗位的重要负责人几乎都是法方人员，他们采用的是生硬的、强制的方式，推行全套的法式管理模式，由此引起了中方人员的强烈不满。由于文化环境和国情的不同，中方员工与外方人员无论在观念上还是行为上，都存在较大的差异和不和谐。

德国大众汽车是最早与我国汽车业合作的跨国集团公司。1985年，大众汽车在我国的第一家合资企业——上海大众汽车有限公司（简称上海大众）成立。1985~2001年，上海大众汽车有限公司相继生产出“桑塔纳”、“桑塔纳2000”和“帕萨特”等产品。目前，大众汽车公司已被视为当今世界在跨国经营和跨文化管理中最富开拓精神的汽车制造商之一。

与广州标致公司不同的是，上海大众的中外双方都在努力寻找文化的共同点和互补性，增加相互沟通并缩短彼此之间的距离。上海大众合资初期，中德双方也经历过矛盾局面。当年，有一批冲压零部件表面有缺陷，不符合大众公司的质量标准，德国专家毫不犹豫地把崭新的配件扔进报废箱。中方员工事后偷偷地捡了回来，打磨后重新利用。德方专家知道以后，用榔头将这些配件砸坏再次扔进报废箱。中方老员工心痛不已，双方由此引发了激烈的争论。但是，在处理这样的矛盾时，双方并没有陷入对抗和对峙。而是在强调产品质量的同时，更加关注“我们之间如何有互补性”，并最终达成共识。现在，严格的质量标准已经成为中德双方的自觉追求。该公司总经理海因茨·诺德霍夫在对待文化观念的差异上给人们作出了很好的表率，他说，“只要我们认同和尊重对方的文化，求大同存小异，就不会导致激烈的冲突，我们现在已经为大众汽车公司发展创造了一个极好的外部文化大环境和内部条件。”海因茨·诺德霍夫也被称为大众汽车跨文化管理的先驱。

在大众，“国际化人力资源发展战略”是所有员工所熟知的。战略围绕提升科技开发人才队伍、全球经营管理人员队伍和技能型人才队伍三支核心队伍的素质，积极开展知识管理和人才培养。其目的是为了创造“人人争创新”的意识和企业氛围，以激励企业的全体员工投身于创新的工程中，2001年8月，上海大众启动了创新论坛，创新论坛的成立和运作，更好地给知识分子更大的活动空间，对拓展最新的管理思路、展示最新的科研成果、显露个人才华、培养科技精英、提升公司创新能力起到了积极的推动作用。按照每个人的岗位特点，上海大众形成了发动机俱乐部、车身俱乐部、底盘俱乐部、电器俱乐部和青年俱乐部五个俱乐部，共有300多名工程技术人员加入到了各类俱乐部的活动中。如今，这些俱乐部不但成为员工的技术加油站，也为员工间联络感情创造了良好条件。

评析：

德国大众董事长皮耶希认为，“尽管我们双方存在着文化上的巨大差异，但这并不可怕，最重要的是大家一定要注意多沟通，这使我们相互之间很容易地建立起了相互信赖的合作关系。”正是由于中外双方有了共识的基础，才使得彼此能做到互相支持、相互退让、积极配合、加深了解，从上到下形成良好的团结合作风气。

二、案例思考：杰拉尔德·琼斯的困惑

佩多塞科工厂的老板杰拉尔德·琼斯希望修改厂内的工作说明书，大多数的工作分析资料都已收集完毕，现在是准备具体工作说明书的时候了。他将收集到的工作分析资料交给人力资源部主管约翰·凯思。部分内容如下：

最初的工作说明书是为“点焊工人”这一职位而准备的，“工作活动”这一项主要包括将零件焊接在一起。这些零件由不到两磅重的薄钢板组成，点焊工人要从身边编了号的箱子里取出初步加工好的钢板，将工件固定好，然后将它们焊接在一起。“与其他工人的关系”这一项对一个工厂的一线工人来说，是相当标准化的。操作着同样机器的其他操作工人彼此相距不远，在20~30ft㊀范围内。起重机操作工把零件箱根据要求移到工作台上再移走，放到指定的位置，工作时几乎没有时间交谈。“监督程度”在该行业中也是很标准的。点焊工人的主管负责管理着几名工作内容基本相同的操作工人。工人应在几乎无需监督的情况下工作，并且很少向工头请示。“记录和报告”没有作为这项工作的一部分。“技能和反应速度要求”这一项可有可无。为了达到时间的定额标准，工人必须在3.2s以内分别从不同的箱子中取出两个零件，一起放到指定位置并完成加工工作。“工作条件”并不理想，工作站相对拥挤，操作者必须佩戴安全墨镜，夏天周围气温可能会高达50~80°F㊁，噪声水平在60dB左右，让人烦躁，此外，光线也过强。

约翰·凯思得知老板给他的工作后，说：“您发的这份文件要求我在两周之内修改工厂中10项工作的工作说明吗?”“对，有问题吗?”杰拉尔德问。约翰解释说，“这是在浪费时间，尤其是我还有其他更重要的事要做。它至少要花去我30h的时间。您想让我放下其他工作去写工作说明？这办不到。”“我们几年都没有检查这些工作说明了。它们需要做很大的修改。而且当它们被发到员工手里时，我还会听到各种意见。”“工作说明修改好后怎么还会有各种意见呢?”杰拉尔德问道。约翰回答说：“整个这件事就是这么复杂。让人们注意工作说明的存在，可能会使一些人认为工作说明中未规定的工作就不必做。而且我敢打赌，如果把我部门里的人实际正在做的工作写进工作说明里，无形中就强调了一些工作的现时迫切性，同时也就忽视了另外一些工作。我现在可承担不起士气低落和工作混乱的后果。”

问题思考：

1. 仔细阅读人力资源主管约翰·凯思与老板杰拉尔德·琼斯的对话，你能否找出其中对工作说明的错误认识。

2. 如果约翰·凯思不修改工作说明书，会对以后的工作产生什么样的不良后果?

3. 请根据给出的工作分析资料，完成相应的工作说明书。

三、案例讨论：工作设计——以人为本

东湖集团是湖北境内的一家较有影响力的啤酒生产企业，到2001年为止，已在全省先后设有五个生产厂。2001年，东湖集团又买下了湖北某市的一条啤酒生产线，实施改建并

㊀ 1ft = 0.3048m。

㊁ $1°F = \frac{5}{9}K$。

成立了分公司。收购后，所有人事安排都由东湖集团自主安排，这对集团的人力资源管理层来说，压力似乎要小了许多。很快，由集团人力资源总监牵头拟订了新厂的人力资源规划，从组织架构来说，此次基本上是套用了其他五个分公司以往的做法，部门设置、工作设计、人员规模等都没有太多变化。但这一规划却遭到了以董事长为代表的董事会的质疑：一是本次收购成本已隐含了对原厂职工的安置费用，如何从人力资源规划中将这部分成本节省下来，这是基本前提；二是要显示分公司今后盈利及发展的特点，人力资源规划和管理是否可以有新的思路，例如，人力成本能否从一开始就保持最低？虽然只有两点，但成了人力资源部门的一项艰巨而持久的课题。因此，结构精简、人员精干，成了分公司人力资源配置的基本要求。

在如何精简组织结构和人员方面，具有代表性的是现分公司管理部唐经理的职位设计与任命过程。分公司的高层管理者仍实行优先从集团成员中委派的方式，唐某原是东湖集团的人力资源高级主管，在委派中，通过集团管理层和唐某的沟通得知，他很愿意去尝试分公司人力资源部经理这一职位，但他也有些顾虑：一是分公司的人力资源部经理的职级和报酬比他现在职位超出不了多少；二是分公司无论是从个人能力提升还是发展机会等方面来说，可能都比不上在集团总部。管理层在综合考虑唐某的这些顾虑后，也对他的资质和能力作了全面分析，唐某在集团工作近12年，并且已取得MBA学位。对他在集团近12年来的工作成绩及表现，管理层也作了详细回顾，根据各层员工的反映，唐某被普遍看好。他在集团的工作经历、能力层次、发展潜力也给了管理层一个启迪。经过充分论证和对其能力的综合测评，最后确定设立管理部，任命唐某为管理部经理。通过综合平衡确定下来的职位权责及报酬体系，唐某也十分满意。用同样的方式，东湖集团针对分公司的“目标员工”“量身定做”了多个职位，并且大部分是高层管理和核心技术岗位，这样一来，公司的人力资源成本大大低于同层次的其他分公司，并且这样相对集中地管理各个岗位，工作流程显得更简捷高效。因此，东湖集团计划两年之内在集团上下及其他分公司全部推行该分公司这一机构、岗位设置模式。

问题讨论：

1. 董事会为何对原有的岗位状况提出质疑？
2. 东湖集团所作的新的工作设计体现了什么原则？
3. 根据以上案例说明工作设计的目的和作用。

四、实践模拟

参考第四节的内容，组织学生进行实践调查，对企业某一职位进行分析，编写一份该职位的工作说明书。在课堂上由教师组织进行交流。

【本章小结】

1. 工作分析是人力资源管理工作中其他所有工作的基础。在人力资源管理的各个环节中，工作分析是难度较大的工作之一。首先，它对工作分析的实施者（人力资源部门）有一定的专业素质要求；其次，工作分析不是一项立竿见影的工作；再次，工作分析不是人力资源部门单独可以完成的。

2. 工作分析包含两方面内容：一是工作描述，确定职务的具体特征；二是工作说明，找出职务对任职人员的各种要求。工作分析要经过准备阶段、调查阶段、分析阶段、描述阶段、运用阶段等环节。工作分析的结果形成工作说明书。

3. 常用的工作分析方法有：问卷调查法、观察法、访谈法、关键事件法、工作参与法、工作日志法等。这些方法各有自身的优点和缺点，工作分析人员要结合实际选用合适的方法。

4. 工作设计的实质是对现有工作规范的认定、修改或对新设职务的完整描述。工作设计要坚持一定的原则。工作设计的形式有：工作轮换、工作扩大化、工作丰富化、工作特征再设计、工作专业化等。

【思考题】

1. 什么是工作分析？工作分析有何重要意义？
2. 工作分析分为几个阶段或步骤？各阶段的任务和注意事项是什么？
3. 工作分析的方法有哪些？它们分别适合什么样的工作分析？
4. 工作说明书的内容有哪些？
5. 工作分析与工作设计的区别在哪里？
6. 工作设计的方法有哪些？在组织中应该怎样选择与运用？

第三章　人力资源规划

【本章精要】

1. 人力资源规划的概念和作用。
2. 人力资源规划的内容和流程。
3. 人力资源需求的预测技术和人力资源供给的预测技术。
4. 如何实现人力资源供求平衡。
5. 人力资源信息系统的内容和功能，人力资源信息系统的建立过程。

【学习目标】

为了保证企业战略目标的实现，就必须对企业的人力资源进行预测和规划。通过本章的学习，在了解人力资源规划的含义和分类的基础上，能够熟练掌握人力资源需求和供给预测的方法，从而平衡企业人力资源需求和供给，为企业战略目标服务。通过对人力资源规划相关知识的学习和理解，能够编写企业人力资源规划书。

【篇首案例】

爱立信公司的人力资源规划

爱立信公司（现为索尼—爱立信公司）是一家在世界电信及相关设备供应领域处于领先地位的大型跨国公司，公司在全球共有10万余名员工，为130个国家或地区的客户解决电信需求问题，其AXE系统的销售也在全世界居于领先地位。无论是其移动通信系统、移动电话及用户终端，还是信息通信系统，爱立信公司的产品都在引领世界电信业的发展潮流。

爱立信公司在世界范围取得的成功，在很大程度上可以归因于它对人力资源的重视。

爱立信人力资源组织采用的是网络结构。全球的爱立信人力资源机构结成一个大网络，各大市场区域的人力资源机构分别结成子网络，子网络以下的区域可以再分出小网络。瑞典总部的人力资源机构居于网络中央，主要根据公司文化及战略思想，设计出统一的组织文化、能力、领导、薪酬等人力资源理念及政策框架。

爱立信公司的人力资源总部每年组织两次子网络负责人的聚会，共同研究涉及全公司的有关政策。各级网络均指定一个负责人，起到召集、组织、协调的作用。各网络单位之间以先进的技术手段保持畅通的信息交流，在交流中彼此充分了解网络内外人力资源的状况，由本级网络相关人员成立项目组，组长由大家推选。小组成员按计划分别独立工作，每三个月正式聚会一次，共同研讨问题，最终拿出方案。方案经网络负责人确认后，由项目小组负责在网络单元内进行推介，不断达成共识。有效的政策方案可以推广到高一层网络里。正是由于各个子网络的相互协调与配合，才推动了整个网络的进步，从而逐步实现人力资源成功有效的管理与开发，同时配合公司其他战略的发展，最终全方位实现企业的战略目标。

另外，爱立信公司对人力资源的一些具体要求作了界定。管理者 = 业务经营者 + 运营管理者 + 能力开发者。管理者首先必须关注并倾力于业务工作，为此须投入到从计划、执行、回顾到改进的管理循环之中，不断开发下属及本人的能力。同时，管理者还必须着力培育和塑造良好的团队气氛，以提高组织的有效性。为防止公司由于各种原因出现管理断层和管理层缺位，爱立信非常重视管理规划工作。通过员工能力评估系统选择出管理者的候选人，并有组织地对其进行培训和开发，对确认合格的人员大胆加以任命，使其在管理工作中得到锻炼和培养。上级管理者与人力资源部门负责评估和检验任职者的资格水平。

爱立信公司认为，员工的能力是可以经后天培训而不断提高的。技能、人际能力和经营能力分别细化为能力要素，形成爱立信的能力要素库。不同的部门、职位所需的能力要素集合是不同的，而且随时间的变化，要素也有所调整。

爱立信公司在制定长期、中期经营规划时，提出适应变革和创新的能力要求，作为全球爱立信机构能力要素的指南。机构内部各级部门的领导通过研讨经营重点来确定本公司、部门及职位类型所需要的主要能力要素，并以此建立各类人员的能力模型，从而使人力资源得到更好的应用。

爱立信公司积极为员工提供机会以改善其适应能力，并从其变化中受益。注重员工的能力培养是每个企业人力资源规划的一部分，个人培训计划的制订应得到每一位员工的认同。爱立信要求所有员工都积极主动地投入到工作中，来迎接公司所面临的挑战。通过对全球人力资源的充分利用，爱立信得以占据竞争优势。

第一节　人力资源规划概述

一、人力资源规划的概念

（一）人力资源规划的定义

人力资源规划（Human Resource Planning，HRP）是指在企业发展战略和经营规划的指导下，企业进行科学的预测，分析自己在环境变化中人力资源的供给和需求状况，制定必要的政策和措施，以确保在特定时间和特定岗位上获得各种需要的人才（包括数量和质量），并使组织和个人长期利益最佳。从本质上讲，人力资源规划是一种针对人力资源的计划过程。

要准确地理解人力资源规划的定义，必须把握以下几点：

（1）人力资源规划是以企业整体目标和长远战略为基础，为企业目标的实现和企业战略的实施提供人力资源方面的保障。当企业目标和战略发生变化时，人力资源规划也随之发生变化。

（2）人力资源规划应当可以预见企业未来人力资源管理的需要，并采取有效措施来满足需求。企业的内部和外部环境都在不断地变化之中，环境的变化使得企业目标和战略也处在不断变化和调整中。人力资源规划就是要在未来环境和企业战略可能发生变化的前提下进行人力资源预测和分析，对企业的需要进行预测和准备，以确保企业短期、中期和长期的人力资源需求，使企业能够更快地对环境变化作出反应并适应，保持持续的竞争优势。

(3) 人力资源规划对企业人力资源供给需求的预测要从数量和质量两个方面来进行。企业对人力资源的需求，数量只是一个方面，更重要的是要保证质量，供给和需求不仅要在数量上平衡，而且要在结构上平衡，忽视了质量，人力资源规划的意义将大大减小。

(二) 人力资源规划的种类和基本问题

1. 人力资源规划的种类

人力资源规划的种类繁多，可以根据实际需要灵活选择。

(1) 按照规划的时间期限长短，人力资源规划可划分为短期规划、中期规划和长期规划。短期规划的期限一般为6个月到1年，是组织为了目前的发展和实现目标而制定的，在制定过程中较多地考虑微观影响与制约因素；长期规划的期限为3年以上，是组织为了长远发展，特别是为了达到组织的战略而制定的，它着眼于企业战略目标、宏观的影响和各种制约要素；中期规划则介于二者之间。

企业人力资源规划的期限长短，主要取决于企业环境的确定性和稳定性，以及对人力资源素质高低的要求。如果企业环境不确定、不稳定，企业对人力资源素质要求不高，企业可以随时从劳动力市场上补充所需劳动力，则企业的人力资源规划可以是短期的；反之，企业则必须制定长期人力资源规划。

(2) 按照规划的独立性，人力资源规划可以划分为独立性的人力资源规划和附属性的人力资源规划。独立性的人力资源规划是指将人力资源规划作为一项专门的职责来进行，最终结果体现为一份单独的规划报告，其内容往往比较详细，这类似于市场、生产、研发等职能部门的职能性计划；附属性的人力资源规划是指将人力资源规划作为企业整体战略计划的一部分，在规划整体战略的过程中对人力资源进行规划，并不是专门进行的，其最终结果大多不单独出现，其内容比较简单。

(3) 按照规划的范围，人力资源规划可以划分为企业总体人力资源规划、部门人力资源规划和某项任务或工作的人力资源规划。企业总体人力资源规划是指在整个企业范围内进行的规划，它将企业的所有部门都纳入规划的范围，因而具有多个目标和多方面的内容，涉及整个组织的人力资源管理活动；部门人力资源规划是指在某个或某几个部门范围内进行的规划，包括各种职能部门制订的职能计划；某项任务或工作的规划则是针对人力资源管理活动的特定课题作出决策。

(4) 按照规划的性质，人力资源规划可划分为战略性人力资源规划和战术性人力资源规划。战略性人力资源规划具有全局性和长远性，与企业的长期战略相适应；战术性人力资源规划则一般是指具体的、短期的、具有专门针对性的业务计划，其时间期限短，预测的准确性较高。

2. 人力资源规划的基本问题

人力资源规划是一个制定人力资源管理行动方针的过程，从实质上看，就是一个确定目标和目标实现方式的决策过程。因此，制定人力资源规划必须回答以下几个基本问题：

(1) 我们所处的环境怎样？通过回答这一问题，可以对组织所处的内外部环境有一个全面的了解。外部环境包括组织所处的政治、经济、技术、社会环境和行业环境。作为制定人力资源规划的前提，还必须从组织的外部环境中分析出人力资源外部环境状况及变化趋势；内部环境主要包括组织本身和员工个人方面的因素。通过考察内外环境，可以确定在目前的竞争环境中组织的人力资源管理状态。

(2) 我们的目标是什么？要回答这一问题，必须明确人力资源管理的战略目标，找出现状与目标之间的差距。确定目标需要考虑有哪些前提条件需要改变，具体衡量成功与否的标准是什么，等等。

(3) 我们怎样才能实现目标？为了缩小现状与目标之间的差距，需要花费组织资源从事人力资源管理活动，人力资源规划就是要在各种行动方针中作出选择，并把一系列方针整合起来，成为一个管理系统。

(4) 我们做得如何？在花费资源实施了规划的人力资源管理活动之后，需要考察组织是否已经达到了既定的目标。在通常情况下，当初设定的目标就是最终的成果评价标准；然后再回到人力资源规划的第一个问题上，并重新制订新一轮计划。

(三) 人力资源规划的影响因素

人力资源规划在企业中的主要作用是指导企业未来人员配备，以满足业务发展的需要。在制定人力资源规划的过程中，需要考虑的影响企业人力资源规划的主要因素有以下几个方面：

1. 人口结构的变化

人口结构的变化将导致劳动力供给的变化，这就意味着企业获得所需要的具有一定劳动技能的人力资源也将发生变化。例如，今天的婴儿，20 多年后就是劳动力市场上的主力军。因此，人口统计数据的变化，对企业长期人力资源规划有着重要的意义。人口统计中的人口总数、劳动适龄人口数量、性别与受教育程度等都是重要的人口信息，这些信息最终将导致企业劳动力水平和结构的变化。所以，在企业长期人力资源规划中应考虑这些因素的影响。

2. 经济发展状况

不同的经济发展状况会对企业人力资源需求产生影响，对企业人力资源规划也产生相应的影响。例如，人力资源流动成本的变化、流动方向的变化等因素，都会直接影响到企业人力资源规划中的人力资源供给，而这些因素的变化都和经济的发展状况息息相关，经济发展速度比较快，自然会使人力资源流入加快。

经济发展到一定程度，就需要有一定数量和相应质量的人力资源与其相适应。如果经济发展速度加快，对人力资源数量和结构的需求就会上升，但当经济发展速度开始减缓时，对人力资源数量的需求就会下降，而对人力资源结构的需求则有可能继续上升。

3. 科学技术的变化

科学的进步、技术的提高给企业带来诸多挑战和机会，同时也导致企业对人力资源需求的变化，包括对人力资源数量、质量和结构，都提出了新的要求。企业通常需要那些掌握更多新技术的人力资源来适应科学技术的变化，这就会导致企业人力资源结构的调整。在这种人力资源结构的调整中，一方面，需要吸纳大批具备新知识的劳动者；另一方面，又排斥知识老化的员工。技术的变化将使企业的人力资源流动加快，企业在人力资源规划中也应该考虑到这一点。

4. 法律法规的变化

为了保护劳动者的权益，中央政府和地方政府都会制定相应的法律法规，以保证人力资源活动的正常有序进行。当企业所在区域的法律法规发生变化时，企业必须对其作出迅速调整和适应。

5. 企业发展阶段的转移

企业在不同的发展阶段，对人力资源数量和结构的需要是不同的。例如，在企业的成长期，随着业务的增长、企业规模的扩大，企业对人力资源的数量需求必然会增大，对人员的素质要求偏重于开拓性的人力资源；在企业的成熟期，因为业务增长趋于稳定，人力资源数量增长开始稳定，但企业对人力资源的质量需求开始提高，要求有成熟技术、全面的人力资源，并要求外来人员能够和企业已经形成的企业文化相适应；在企业发展后期，为保持企业的活力，使企业能够持续发展，企业常常开始逐步裁减冗余人员，强调人员的经验和资历，对留下来的人员往往通过多次筛选才能最终确定。企业在进行人力资源规划时必须考虑企业所处的特定发展阶段，并根据企业所处发展阶段对人员需要的侧重点制定人力资源规划。

另外，企业战略、企业文化氛围等都会对人力资源规划产生一定的影响。企业总体上的竞争战略是制定人力资源规划的基础，而良好的企业文化则有利于企业人力资源规划的有效实施。

二、人力资源规划的作用

任何企业的发展都需要充足的人力资源作保证，因此，人力资源的成本也是必须仔细考虑的问题。人力资源决策必须成为更广泛的组织计划架构的一个有机组成部分，而人力资源规划正是架在更广泛的组织计划与具体人力资源活动选择之间的一座桥梁。应当说，人力资源规划的实施，对企业的良性发展以及人力资源管理系统的有效运转具有非常重要的作用。

具体而言，人力资源规划可以在组织的五个层面上发挥影响作用。

（一）环境层面

一个组织的人力资源决策会在不同程度上影响组织在社会上的地位和声望。企业的人力资源管理决策可以直接影响企业的生产安全性、公共关系、劳动法规的执行、就业等情况，进而影响政府对企业的评定等级、社区的态度和看法等战略环境。企业的人力资源决策还可以间接地影响一些财务指标，如股票价格、债券评级等。虽然企业的人力资源管理决策对这些财务指标的影响相对要弱一些，但在美国，市场分析人员确实对IBM、福特、通用汽车等大企业降低劳动力成本或改变企业组织结构等人力资源管理决策极为关注，而且有研究表明，证券市场会对企业的人力资源管理决策作出反应。

（二）组织层面

人力资源规划在组织层面上的影响主要在于，它致力于把组织结构、组织文化和管理理论等与企业的战略目标有机结合起来，使它们相互配合、保持一致，以利于组织目标的实现。例如，在一年之内使所有员工接受企业的管理理念和企业文化，使组织的管理层级和组织结构与成本领先战略或差异化战略相互协调，在三年之内使企业利润水平增长20%等，都属于组织层次的人力资源规划可设定的目标。在组织中，人力资源经理是其他部门的业务伙伴，他们必须考虑公司的盈亏，并与战略制定者相互配合。一般来说，组织是指整个企业，但在大型企业或分权化组织中，人力资源规划的组织层面也可以是一个部门、一个地区、一个利润中心或者一个分公司。

（三）人力资源部门层面

这一层面的规划主要是把组织的整体目标转化为人力资源管理部门的具体活动目标，典型的决策包括人力资源管理部门将如何为组织的业务发展服务、将使用多少资源、重点努力的方向等。一般而言，该层面的规划应当与企业的组织结构、管理理念、企业文化、市场定位及生产方式互相适应。那些容易遭遇人才短缺的企业，需要人力资源管理部门在外部招聘和员工保持方面发挥重要作用；那些员工过剩的传统制造型企业，需要人力资源管理部门强化公平的内部激励机制，同时保持最有价值的员工；那些强调组织文化的企业，则希望人力资源管理部门能够加强与员工的交流，了解并引导员工的需求。

虽然企业的整体目标与人力资源管理部门的工作具有密切的关系，但在有些情况下，即使人力资源管理是成功的，整个企业的目标也可能无法很好地实现。因此，判断人力资源管理工作是否有效，需要考虑人力资源管理部门的活动安排是否适当，以及其工作是否在创造价值。

（四）人力资源数量层面

一旦制定了人力资源部门层面的规划，接下来的工作就是考虑组织所使用人力资源的数量及其任用问题。这一层面上的人力资源规划需要考虑三个问题：分析人力资源的需求、分析人力资源的供给和协调人力资源的供需缺口，其典型决策包括人力资源供给和需求预测、需要弥补的缺口大小等。

人力资源规划中的需求分析描述的是企业未来的人力资源需求。在传统的人力资源管理中，这种需求是以每一个工作岗位所需要的员工人数来表示的。但是，随着工作结构的变化，工作执行单位的团队化以及组织越来越强调员工的能力，这种需求分析已经开始朝着重视员工经验、能力、技能的多样性和劳动力水平等方面转变。在现代人力资源管理活动中，实际的人力资源需求预测并不是预测未来对员工个人的需要，而是预测未来对员工整体特征的需要，这是由企业面临的经营环境特点所决定的。

（五）具体的人力资源管理活动层面

这一层面的规划是人力资源管理的行动计划，它应该能够为各种人力资源管理的继续、扩展和取消提供非常明确的指导。例如，特定的人力资源管理活动的相关员工数量、活动的成本、活动的效果、活动的影响范围以及收效或效用等，都属于人力资源管理活动层面上的规划范围。

三、人力资源规划与人力资源管理其他职能的关系

从人力资源规划的内容可以看出，作为人力资源管理的一项重要职能，它与人力资源管理的其他职能之间存在着非常密切的关系。

（一）与薪酬管理的关系

人力资源需求的预测结果可以作为企业制定薪酬计划的依据。由于需求的预测不仅包括数量而且还包括质量，因此，企业可以根据预测期内人员的分布状况，并结合自身的薪酬政策进行薪酬总额的预测，或者根据预先设定的薪酬总额调整薪酬的结构和水平。

此外，企业的薪酬政策也是预测供给时需要考虑的一个重要因素，人员供给的预测是针对有效供给来进行的。对于外部供给，如果企业自身没有吸引力，那么再大的外部供给市场对它来说也是没有意义的。因此，在进行外部供给预测时，企业需要衡量自身的吸引力，而薪酬则是衡量吸引力时的一个重要指标。对于内部供给，各职位的薪酬水平也会影响到供给的情况，薪酬水平高的职位供给量肯定会大于薪酬水平低的职位。

（二）与绩效管理的关系

在人力资源规划中，绩效考核是进行人员需求和供给预测的一个重要基础。通过对员工工作业绩以及态度能力的评价，企业可以对员工的状况作出判断。如果员工不符合职位的要

求，就要进行相应的调整，这样造成的职位空缺就形成了需求预测的一个来源；同时，对于具体的职位来说，通过绩效考核可以发现企业内部有哪些人员能够从事这一职位，这也是内部供给预测的一个重要方面。

（三）与员工招聘的关系

人力资源规划与员工招聘有着直接的关系，当预测的供给小于需求，而企业内部的供给又无法满足这种需求时，就要到企业外部进行招聘。招聘的主要依据就是人力资源规划的结果，其中包括招聘的人员数量和人员质量。

（四）与员工配置的关系

员工配置就是在企业内部进行人员的晋升、调动和降职。员工配置的决策取决于多种因素，如企业规模的变化、组织架构的变动、员工绩效的表现等，而人力资源规划也是其中一个重要的因素。员工配置的一项很重要的作用就是进行内部的人力资源供给，当然，这种供给只是针对某个层次而言的。在需求预测出来以后，企业就可以根据预测的结果和现有的人员状态制订相应的员工配置计划，从而调整企业内部的人力资源供给，以实现两者的平衡。

（五）与员工培训的关系

人力资源规划与员工培训的关系更多地体现在员工的质量方面。企业培训工作中的一项关键内容就是确定培训的需求，只有培训的需求符合企业实际，培训才有可能发挥作用。而供需预测的结果则是确定培训需求的一个重要来源，通过比较现有员工的质量和所需员工的质量，就可以确定出培训的需求，这样通过培训就可以提高内部供给的质量。

（六）与员工解聘的关系

人力资源规划与员工解聘的关系是比较明显而直接的。在长期内，如果企业的需求小于企业内部的供给，就要通过对人员的解聘、辞退等措施来实现人力资源供需的平衡。

第二节 人力资源规划的内容和流程

一、人力资源规划的内容

企业的人力资源规划按照影响的范围，可以划分为两个层次：人力资源总体规划和人力资源业务规划。

（一）人力资源总体规划

人力资源总体规划是指在计划期内人力资源管理的总目标、总政策、实施步骤和总预算的安排，它是连接人力资源战略和人力资源具体行动的桥梁。

人力资源总体规划中最主要的内容包括：①供给和需求的比较结果，也可以称为净需求，进行人力资源规划的目的就是为了得出这一结果；②阐述在规划期内企业对各种人力资源的需求和各种人力资源配置的总体框架，阐明人力资源方面有关的重要方针、政策和原则；③确定人力资源投资预算。

（二）人力资源业务规划

人力资源业务规划则是人力资源总体规划的展开和具体化，每一项业务计划都由目标、任务、政策、步骤和预算等部分构成，从不同方面保证人力资源总体规划的实现。人力资源业务规划主要包括人员补充规划、人员配置规划、晋升规划、教育培训规划、薪酬激励规划、保险福利规划、劳动关系规划、退休解聘规划等，如表3-1所示。

表3-1 人力资源规划的内容

规划类别	目标	政策	预算
总体规划	总目标:绩效、人力资源总量素质、职工满意度等	基本政策:扩大、收缩、保持稳定等	总预算:××××万元
人员补充规划	对人员素质结构及绩效的改善等	人员的素质标准、人员的来源范围、起点待遇等	招聘选拔费用
人员配置规划	部门编制、人力资源结构优化、职位匹配、职位轮换幅度等	任职条件、职位轮换的范围及时间	按使用规模、类别和人员状况决定工资、福利预算
晋升规划	后备人员数量保持、人员结构的改善	选拔标准、晋升比例、未来提升人员的安置等	职位变动引起的工资变动
教育培训规划	培训的数量和类型,提高素质、技能,改善技巧,墨迹态度和作风等	培训计划的安排、培训时间的保证,培训效果的评估等	培训总投入及脱产培训的工资费用
薪酬激励规划	人才流失减少、劳动供给增加、提高士气、绩效改进等	工资政策、激励政策、激励方式等	增加工资奖金的总额预算
劳动关系规划	降低非期望离职率,劳资关系改进,减少投诉,提升员工参与等	鼓励员工参与管理,加强沟通	法律诉讼费
退休解聘规划	编制合理,劳动力成本降低,劳动生产率提高	退休政策及解聘程序	退休人员安置费,人员重置费

二、人力资源规划的原则和前提

（一）人力资源规划的原则

企业在制定人力资源规划的过程中要遵循以下原则：

1. 目标性原则

编制人力资源规划最主要的是服从企业整体经济效益提高的需要。因此，人力资源效益、人才效益、全员劳动生产率、人均利润等指标应构成企业人力资源规划目标的核心。

2. 系统性原则

要把人力资源规划作为一个子系统，放到企业总体发展规划、甚至整个国民经济和社会发展的大系统中来考虑；同时，把企业人力资源规划作为整体，将企业内不同层次、不同部门的人力资源规划作为其子系统来统一考虑、统一规划。

3. 适应性原则

人力资源规划的方向、目标、内容、规模和速度，要适应国家经济、政治的需要，特别要注意适应市场经济体制和现代企业制度深化改革及企业自身发展特点的需要，而这是以人才的类型、才智、专业、素质、年龄、观念结构等诸多方面的广泛性为基础的。

4. 协调性原则

人力资源规划是整个企业发展规划的组成部分，在其编制和执行的过程中，自始至终要同其他因素，尤其是密切关联因素相平衡、相协调，要处理好整体和局部、当前和长远、需要和可能、数量和质量、速度和效益等关系。

5. 共同发展原则

人力资源管理不仅要为企业服务，而且要促进员工发展，两者的发展是互相依托、互相促进的关系，优秀的人力资源规划能够使企业和员工得到共同发展。

（二）人力资源规划的前提

企业人力资源规划是不能单独实行的，它必须有企业相应制度和条件的支持，否则一个孤零零的人力资源规划是无法实施也是毫无意义的。

1. 人力资源规划必须以企业战略规划为前提

人力资源规划是对战略规划的支持，是为了实现战略目标而进行的人力资源的配置和发展计划，不同的企业战略目标要求不同的人员结构、能力、素质特性及数量等。人力资源规划最终是为战略规划服务的，清晰明确的战略规划是人力资源部制定人力资源规划的方向标。

2. 人力资源规划工作需要有招聘、培训、绩效考核等人力资源基础功能的支持

人力资源规划必然涉及员工数量的增减、员工技能的提升及员工晋升等多项工作，而实现这些人力资源规划内容必须依靠招聘、培训、绩效考核等工作。其中，招聘功能的完善和效率不仅要满足规划中人员数量的补充，还要保证规划中人员质量的要求；培训功能是为了满足规划中人员技能提升的要求，当然培训方式可采取内部培训和外包方式，但其基本的培训流程和功能必须健全，否则将成为人力资源规划工作的重要障碍；绩效考核工作不仅能直接反映员工的业绩情况，而且能体现员工在技能、态度等方面的优势和不足，动态的绩效情况能为员工的职业发展通道提供最为真实可行的依据。因此，在开展人力资源规划之前，完善人力资源的基础功能建设非常必要。

3. 完善的人力资源规划流程和良好的执行文化十分重要

人力资源规划工作是个系统工程，涉及人员盘点、供求预测、策略制定等多项工作，没有详尽合理的人力资源规划流程就很难将规划成功实施。此时，人力资源经理必须就规划内容同企业高级管理层确定合理的规划实施流程，从人力资源规划的先期设计到规划实施，乃至规划评估都要做好预期安排，落实相关责任与权限，以保证规划工作的顺畅开展。另外，在规划工作的整个过程中，人力资源部是工作的主体，但还需要其他部门的配合和参与，这就需要部门间良好的工作协调。

三、人力资源规划的流程

人力资源规划的最终目的是通过人力资源管理获得和保持企业竞争优势的机会。随着组织所处的环境、企业战略与战术计划、组织结构与员工的工作行为等方面因素的变化，人力资源规划的目标也在不断地变化。因此，制定人力资源规划不仅要了解企业现状，更要认清企业的战略目标方向和内外环境的变化趋势；不仅要了解人力资源实际的表现，更要认清人力资源的潜力和问题。

人力资源规划的制定流程通常包括以下四个步骤：分析准备阶段、供给和需求预测阶段、规划的制定和实施阶段、规划的评估和反馈阶段。

（一）分析准备阶段

人力资源及其发展的背景信息是人力资源规划的重要基础，信息质量的好坏对人力资源规划的结果影响重大。因此，制定人力资源规划时，必须首先对人力资源相关信息认真收集，并进行研究分析。

(1) 外部环境信息。外部环境信息首先包括企业所处的宏观环境因素，如社会的政治、经济文化以及法律环境等。由于人力资源规划同企业的生产经营活动是紧密联系在一起的，因此，这些影响企业生产经营的因素都会对人力资源的供给和需求产生影响。外部环境信息还包括直接影响人力资源供给和需求的信息，如外部劳动结构和供求状况、劳动力择业心理、国家的教育政策以及竞争对手的人力资源管理政策等。

(2) 内部环境信息。内部环境信息包括组织环境信息和管理环境信息，如企业的经营战略、经营规划、生产技术及产品结构、企业的组织结构、企业文化、管理理念及人力资源管理政策等。内部环境还包括对现有人力资源的盘点和核查，如现有人力资源的数量、质量和结构等，只有准确掌握了现有人力资源的状况，才能制定出完善、实际的人力资源规划。

（二）供给和需求预测阶段

这一阶段是人力资源规划中最重要、最具技术性且最有难度的一部分。在充分掌握人力资源信息并认真分析信息的基础上，选择合适有效的预测方法，对未来某一时期的人力资源供给和需求进行预测。预测可采用主观经验判断和各种统计方法及预测模型，并与所实施或假定的人力资源政策相关，它对组织的管理风格和传统往往会产生重大影响。预测的准确性则直接决定着整个人力资源规划的质量和可行性。

（三）规划的制定和实施阶段

在人力资源的供给和需求预测完成后，对两者的预测结果进行比较，根据人力资源战略、组织目标，制定并实施人力资源规划。通常，企业首先形成人力资源战略，根据人力资源战略制定总体规划，再制定各项具体的业务规划以及相应的人力资源政策，以便各部门贯彻执行。人力资源供需达到平衡是人力资源规划的最终目的。人力资源规划的制定要保持各项计划和政策的一致性，确保通过计划的实施使人力资源战略目标得以实现。

人力资源规划的方案最终要在方案执行阶段付诸实施。方案执行阶段的关键问题在于，必须要有实现既定目标的组织保证，除分派负责执行的具体人员外，还要保证实现这些目标所需的必要权力和资源。

（四）规划的评估和反馈阶段

人力资源规划的制定和实施，要体现动态性的特点，因为人力资源规划是一个长久持续的动态过程。企业将人力资源的总体规划和各项业务规划付诸实施后，要根据实施的结果对人力资源规划的各个环节进行评估，明确规划的有效性，总结出现的问题，将评估结果反馈给相应部门和人员，以修正人力资源规划。

对人力资源规划的反馈与评估可以采用定期报告执行进展的形式。通过定期的报告和检查，可以确保所有的方案都能够在既定的时间里执行到位，并且方案执行的初期成效与预测的情况是一致的。若企业只重视人力资源规划的制定和实施，而忽视人力资源规划的评估工作，可能导致人力资源规划流于形式，最终导致战略目标无法实现。对人力资源规划进行评估和反馈，既是对前期人力资源工作的总结，同时也可以为今后人力资源规划的制定和实施留下宝贵的修改意见。

第三节 人力资源规划的预测技术

人力资源预测是整个人力资源规划工作的重要一环和难点，它是企业在评估和预测的基础上，对未来一段时期内人力资源状况的假设。通过人力资源规划，企业可以及早发现人员不足或人浮于事的现象。为了保证人力资源规划的合理性，必须对人力资源的需求和供给进行准确预测。对企业外部环境考察所获得的信息和对企业内部优势与弱势的分析资料，可以用来进行企业的人力资源供求预测。随着现代科学技术的突飞猛进，当代人力资源规划的预测技术也不断进步，包括各种定性和定量技术，知识应用非常广泛，这就对人力资源规划人员提出了更高的要求。

一、人力资源需求预测

人力资源需求预测是指以企业的战略目标、发展规划和工作任务为出发点，综合考虑各种因素的影响，选择适当的预测技术，对企业未来人力资源需求的数量、质量和结构等进行预测的活动。首先，预测要在内部条件和外部环境的基础上做出，必须符合现实情况；其次，预测要为企业的发展规划服务，这是预测的目的；再次，应该选择恰当的预测技术，预测要考虑科学性、经济性和可行性，综合各方面因素作出选择；最后，预测的内容是未来人力资源的数量、质量和结构。

人力资源需求预测既是制定人力资源规划的起点，也是人力资源规划的核心内容，其准确性对人力资源规划的成效有着决定性的作用。在通常情况下，人力资源需求预测都是围绕与组织当前及未来某种状态相关的具体工作类型和技能领域来进行的。

（一）人力资源需求的影响因素

人力资源需求预测是建立在企业人力资源现状、外部人力资源环境等基础之上的，因此，在进行人力资源需求预测时，要考虑以下影响因素：

1. 企业外部环境因素

企业的外部环境因素主要包括经济、政治、法律、技术和竞争对手情况等因素。经济环境包括未来的社会经济发展状况、经济体制的改革进程等，其可预测性较弱；政治、法律因素虽然容易预测，但何时对企业产生何种影响却难以确定；技术革新，特别是生物、新材料、信息技术等为代表的技术革命势必对企业的劳动生产率产生重大影响；企业外部竞争对手的易变性致使社会对企业产品或劳务需求发生变化，这也会影响企业的人力资源需求。

2. 企业内部环境因素

企业的整体战略规划决定了企业的发展速度、新产品开发和试制、市场覆盖率等，它是企业内部影响人力资源需求的最重要的因素。企业产品的销售预测以及企业预算对人力资源需求也有直接的影响。此外，企业劳动定额的合理程度也影响着企业人力资源的需求量。

3. 人力资源的自身因素

企业现有人员的状况对人力资源需求量也有重要影响。例如，退休、辞职人员的数量、合同期满后终止合同的人员数量以及死亡、休假的人数等，都直接影响到人力资源需求量。

（二）人力资源需求的预测方法

人力资源需求预测的方法通常可以分为定性预测和定量预测两种方法。

1. 人力资源需求的定性预测方法

（1）经验预测法。经验预测法是最简单的预测方法之一，广泛应用于实际工作当中。它是由不同等级的管理人员根据自己过去的工作经验和对未来变化的估计，预测企业未来人力资源的需求量的方法。

由于经验预测法是以管理人员的经验为基础，所以又被称为管理估计法，它主要有自下而上和自上而下两种方式。自下而上法认为，基层员工和管理者最了解实际工作，最有资格评断本部门未来的人员需求；而自上而下法则认为，企业高层领导者更加了解企业的发展战略和整体规划，可以从宏观的角度对企业人力资源规划进行布局。

在实际工作中，企业并不拘泥于只使用其中一种方式，很多时候是将“自上而下”和“自下而上”两种方式结合起来使用：先由公司提出人力资源需求的指导性意见，再由各部门按公司指导性建议的要求，会同人力资源部门、技术部门、员工培训部门等确定具体的人力资源需求；同时，由人力资源部汇总确定企业的人力资源总需求；最后将形成的人力资源需求预测交由公司总经理审批。

经验预测法具有简单、实用、易于操作等特点。但是，它只适用于短期的人力资源需求预测，对于规模较小、发展稳定的企业，效果会好一些。如果企业规模变大、环境变化迅速时，经验预测法通常就不能很好地把握影响企业人力资源需求的所有信息，因而就不能得到一个很好的预测结果。

（2）德尔菲法。德尔菲法（Delphi Method）是在 20 世纪 40 年代由 O. 赫尔姆和 N. 达尔克首创，经过 T. J. 戈尔登和兰德公司进一步发展而成的。1946 年，美国兰德公司为避免集体讨论存在的屈从于权威或盲目服从多数的缺陷，首次用这种方法来进行定性预测，后来该方法被迅速广泛采用。

德尔菲法是指由有经验的专家对某些问题或管理决策进行直觉判断和预测，其精度取决于预测者的经验和判断能力，有时也称专家征询法或集体预测法。邀请的专家既可以是来自一线的管理人员，也可以是高层管理人员和外部专家。例如，在预测企业未来人力资源需求上，就可以选择人事、市场、销售和生产部门的经理作为专家。

德尔菲法的具体实施主要包括以下几个步骤：

1）组成专家小组。按照课题所需要的知识范围，确定专家。专家人数的多少可根据预测课题的大小和涉及面的宽窄而定，一般不超过 20 人。

2）向所有专家提出所要预测的问题及有关要求，并附上有关这个问题的所有背景材料，同时请专家提出还需要什么材料。然后，由专家作书面答复。

3）各个专家根据他们所收到的材料，提出自己的预测意见，并说明自己是怎样利用这些材料并提出预测值的。

4）将各位专家的第一次判断意见汇总，列成图表，进行对比，再分发给各位专家，让专家比较自己同他人的不同意见，修改自己的意见和判断。也可以把各位专家的意见加以整理，或请身份更高的其他专家加以评论，然后把这些意见再分送给各位专家，以便他们参考后修改自己的意见。

5）将所有专家的修改意见收集起来，汇总后再次分发给各位专家，以便作第二次修改。逐轮收集意见并为专家反馈信息是德尔菲法的主要环节。收集意见和信息反馈一般要经过三四轮。在向专家进行反馈的时候，只给出各种意见，但并不说明发表各种意见的专家的具体姓名。这一过程重复进行，直到每一个专家不再改变自己的意见为止。

6）经过多轮调查及专家意见整理、汇总后，专家的意见基本趋于一致。然后将最后一轮的预测结果加以整理和分析，以文字或图表的形式表达出来。

例如，某书刊经销商要采用德尔菲法对某一专著销售量进行预测。该经销商首先选择若干书店经理、书评家、读者、编审人员、销售代表和海外公司经理组成专家小组，将该专著和一些相应的背景材料发给各位专家，要求大家给出该专著最低销售量、最可能销售量和最高销售量三个数字，同时说明自己作出判断的主要理由。然后将专家们的意见收集起来，归纳整理后返回给各位专家，要求专家们参考他人的意见对自己的预测重新考虑。专家们完成第一次预测并得到第一次预测的汇总结果以后，除某一书店经理外，其他专家在第二次预测中都作了不同程度的修正。在重复进行的第三次预测中，大多数专家又一次修改了自己的看法。第四次预测时，所有专家都不再修改自己的意见。因此，专家意见收集过程在第四次以后停止。最终预测结果为最低销售量 26 万册，最高销售量 60 万册，最可能销售量 46 万册。

德尔菲法作为一种主观、定性的方法，不仅可以用于预测领域，而且可以广泛应用于各种评价指标体系的建立和具体指标的确定过程。例如，企业在考虑一项投资项目时，需要对该项目的市场吸引力作出评价。可以列出与市场吸引力有关的若干因素，包括整体市场规模、年市场增长率、历史毛利率、竞争强度、对技术的要求、对能源的要求、对环境的影响等，市场吸引力的这一综合指标就等于上述因素加权求和。每一个因素在构成市场吸引力时的重要性，即权重和该因素的得分，需要由管理人员的主观判断来确定。这时，同样可以采用德尔菲法。

利用德尔菲法进行人力资源需求预测时，还应该遵循一些原则：为专家提供充分的信息，使其有足够的依据作出判断；所提的问题应该是专家能够回答的问题；允许专家粗略的估计数字，不要求精确，但可以要求专家说明预计数字的准确程度；尽可能将过程简化，不问与预测无关的问题；资料中应包含一些人力资源管理方面的专业术语和概念解释，确保所有专家能够从同一角度进行理解；向专家说明预测对企业和下属单位的意义，以争取他们的支持。

德尔菲法采用匿名答卷或书信的方式，多次往返征求专家的意见，使专家能够充分发表自己的预测意见。然后对专家意见运用各种统计方法，进行定量评价和处理，使预测结果更加准确。整个预测过程匿名进行，使这种预测方法既广泛征求了专家的意见，又节省了预测成本的支出，同时还避免了会议预测法中专家相互影响的弊端，能够收集到各类专家的真知灼见。正是由于德尔菲法具有很多其他方法不可比拟的优势，因而在各个领域得到迅速运用。这种方法的主要缺点是过程比较复杂，花费时间较长。

（3）驱动因素预测法。某些与企业本质特征有关的因素主导着企业的生产活动或运营，进而影响着人力资源需求。驱动因素预测法就是要找出这些因素，并根据这些因素来预测人力资源的需求量。

影响人力资源需求的驱动因素很多，如产出变化、服务水平变化、客户关系变化等方面。但并不是所有的因素都是关键因素，因此，在预测过程中只需找出起主导作用的驱动因素即可。而且由于企业的性质不同、经营重心和盈利模式不同，主导的驱动因素也有所不同。

驱动因素本身也处于一个动态变化过程中。由于它的变化会引起人力资源需求的变动，因此，要预测人力资源需求，必须首先预测驱动因素的变化趋势。通常驱动因素主要是企业战略的体现，企业战略中的关键因素常常能够体现驱动因素的所在。

2. 人力资源需求的定量预测方法

（1）趋势分析法。趋势预测法是指通过对企业在过去5年或者更长时间内的员工变化情况进行分析，然后以此为依据来预测企业未来人力资源需求的方法。这种方法既可以对企业进行整体预测，又可以对企业的各个部门进行结构性预测。

趋势分析法一般遵循以下步骤：

1）选择相关变量。选择一个相关的变量，该变量直接影响到企业人力资源的需求，如销售量、生产率等。

2）分析相关变量与人力资源需求的关系。分析该因素与所需员工的比率形成一种劳动生产率指标。

3）计算生产指标。根据以往5年或更长时间以上的生产率指标，计算该指标的均值。

4）计算所需人数。用该指标的均值去除目标年份的相关变量，即可得到目标年份的人员所需数量。

例如，某洗衣机制造企业2006～2012年的产量、劳动生产率和员工需求量如表3-2所示。

表3-2 某洗衣机制造企业的人力资源需求

年　份	产量/万台	劳动生产率/(台/人)	员工需求量/人
2006	20	50	4000
2007	30	55	5455
2008	40	55	7237
2009	60	50	12000
2010	70	60	11667
2011	80	54	14815
2012	100	54	18519

在表3-2中，2011年和2012年的数据为预测值。产量、劳动生产率和员工需求量的关系按照以下公式进行计算

$$\text{员工需求量}=\text{产量}/\text{劳动生产率}$$

根据历史数据，可以计算出2006～2010年的平均劳动生产率为54台/人，由上述公式就可以预测得知

$$2011\text{ 年该企业的员工需求量为}\frac{800000\text{ 台}}{54\text{ 台/人}}=14815\text{ 人}$$

$$2012\text{ 年该企业的员工需求量为}\frac{1000000\text{ 台}}{54\text{ 台/人}}=18519\text{ 人}$$

趋势分析法作为一种简单、初步的预测方法是很有价值的。但是，它的成立要依靠众多假设前提，如需要假定企业生产技术不变、单位产品的人工成本大致保持不变等，才可以根据相关变量来预测员工需求量。因此，仅仅依靠该方法进行企业人力资源预测远远不够，还需要结合其他方法一起使用。

（2）比率分析法。比率分析法是指根据某种可变指标与所需人数之间的比例关系来进

行预测的方法。比例的大小通常来源于企业的历史数据或本行业的经验数据以及国家颁布的行业标准。

比率分析法基于对员工个人生产效率的分析来进行。进行预测时，首先要计算出人均生产效率，然后再根据企业未来的业务量预测出人力资源的需求，即所需人力资源 = 未来的业务量/人均生产效率。以产量为例，假设产量和人力资源需求量之间的关系为

$$\frac{Y_t}{M_t}=\frac{Y_o}{M_o}$$

式中，Y_t 为未来 t 时刻的产出水平；M_t 为要预测的未来 t 时刻的人员需求量；Y_o 为目前的产出水平；M_o 为目前的人员实际需求量。

根据以上假设，可以得出未来 t 时刻的人员需求量 M_t 为

$$M_t=\frac{Y_t}{Y_o}M_o$$

例如，对于一个学校来说，目前一名老师能够承担 40 名学生的工作量，如果明年学校准备使在校生达到 4000 人，就需要 100 名老师。

需要指出的是，与趋势分析法一样，比率分析法也有很多假设条件，这常常影响了预测的准确性。

（3）回归分析法。回归分析法通过建立人力资源需求与其影响因素之间的函数关系，利用影响因素的变化来推测人力资源需求量的变化。回归分析既有一元回归分析、二元回归分析和多元回归分析之分，又有线性回归分析和非线性回归分析之分。这里主要讨论一元线性回归分析和多元线性回归分析。

一元线性回归分析有时又称简单的单变量预测模型，它仅考虑人力资源需求本身的发展情况，不考虑其他因素对人力资源需求量的影响。该方法以时间或产量等单个因素为自变量，以人力资源需求数量为因变量，且假设过去人力资源的增减趋势保持不变，一切内外影响因素也保持不变。假设以时间为自变量，预测方程即为

$$y=a+bx$$

式中，y 是人员数量；x 是时间；a、b 是常数。

运用最小二乘法可以推导出求 a、b 的公式，其中

$$a=\frac{\sum y}{n}-b\frac{\sum x}{n}$$

$$b=\frac{n\sum(xy)-\sum x\sum y}{n\sum x^2-(\sum y)^2}$$

在实际工作中，影响企业人力资源需求的因素很多，往往是多个主要因素共同决定企业的人力资源需求量。多元线性回归分析作为建立在统计技术上的人力资源需求预测方法，不仅考虑时间或产量等单个因素，还考虑了两个或多个因素对人力资源需求的影响。该方法不是单纯地依靠拟合方程、延长趋势线来进行预测，而是更加重视变量之间的关系，运用事物之间的各种关系，根据多个自变量的变化来推测各变量的变化，而推测的有效性可以通过一些指标来加以控制。

人力资源需求的变化总是与某个或某几个因素有关，通常都是通过考察这些因素来预测人力资源的需求情况。首先应找出与人力资源需求量有关的因素作为变量，如销售量、生产

水平、人员流动比率等，然后找出历史资料中的有关数据及相关的人力资源需求量，要求至少有20个样本以保证有效性。对这些因素利用Excel、SPSS等统计工具中的多因素回归计算来拟合出方程，从而利用方程进行预测。

二、人力资源供给预测

人力资源供给预测是指为了满足企业未来对人力资源的需求，根据企业的内部条件和外部环境，选择适当的预测技术，对企业未来从内部和外部可获得的人力资源的数量和质量进行预测。首先，预测供给是为了满足需要，不是所有的供给都要预测，只预测企业未来需要的人员；其次，人员供给有内部和外部两个来源，因而必须考虑内部和外部两个方面；再次，应选择适当的预测技术，用较低的成本达到较高的收益；最后，需要预测出可获得供给的人力资源的数量和质量。

（一）人力资源供给的影响因素

没有一个企业可以脱离环境而生存，因此，企业制定人力资源规划同样要对环境进行分析，既要跟踪和了解外部环境的发展趋势，掌握这些发展趋势对人力资源管理的影响，又要对内部环境进行分析。人力资源供给的影响因素也分为外部环境因素和内部环境因素两个方面。

1. 外部环境因素

（1）企业所在地区的特征。企业所在地区的人力资源现状对人力资源的吸引程度直接影响到企业潜在的人力资源的供给。所在地区的人力资源整体情况、人力资源数量、质量和结构分析等，都是影响企业人力资源供给预测的重要因素。一个对人力资源具有强大吸引力的地区更容易为企业提供充沛的外部人力资源，同时，不同地区对不同类型人力资源的吸引程度也不同。分析企业所需人才是否容易被所在地区吸引是企业人力资源供给预测的基础之一。

（2）宏观经济状况。宏观经济状况包括一个国家或地区的经济状况、行业的经济状况，甚至其他国家的经济状况。对宏观经济的预测，如所在行业的预期经济增长速度、预期失业率，是一个企业进行人力资源供给预测时需要考虑的因素。如果所在行业的预期经济增长速度较高，那么其他企业对相关人力资源的需求会增加，将导致本企业相关人力资源的供给减少。通过预期失业率，在一定程度上可以了解到企业从劳动力市场上获得人力资源的补充情况，通常失业率越低，人力资源供给越少；反之，则人力资源供给越多。

（3）科学技术的发展。科学技术是第一生产力。科学技术的发展不但会对各个行业所需要的人力资源产生很大影响，而且也会对企业的人力资源供给产生影响。科学技术的飞速发展使企业对高技术、高素质的人才的需求比例变大。例如，以前需要大量蓝领员工的纺织业、冶金业正在不断更新、裁员，对普通蓝领员工的需求部分转变为对高级蓝领员工（如高级技工）的需求，而电子工业、生物工程、材料工业等领域则需要大量白领员工。

（4）政策法规。企业外部人力资源供给或多或少会受到国家和地方政策法律法规的限制。各地政府为了促进本地区经济的发展，保护本地劳动力的就业机会，通常会颁布一些相关的地方性政策法规。例如，禁止国外劳动力无序进入本国劳动力市场；防止外地劳动力盲目进入本地劳动力市场；禁止歧视妇女就业；保护残疾人就业；禁止雇用童工；员工安全保护法规；从事危险工种保护条例，等等。企业在进行外部人力资源供给预测时，必须考虑这些法律法规。

在西方发达国家，有关聘用关系的政策法规十分详细繁杂，它规范和界定了聘用关系的性质以及人力资源管理活动的合法范围。无论是工会与资方之间通过集体谈判达成的劳资协议，还是资方与员工个人之间签订的劳动合同，都要严格依法进行，其结果具有法定约束力，受到法律保护。从表面上看，聘用关系是在一系列人力资源管理政策和实践的基础上建立的，但这些政策和实践必须遵守有关的政策法律法规。

(5) 外部劳动力市场。外部劳动力市场可供企业吸引、选拔、录用新的人力资源；个人则可以通过外部劳动力市场进行求职活动。企业所在行业的人力资源供求状况、市场上该行业从业人员的薪酬水平、全国相关专业大学毕业生的人数及流向等，都直接影响企业从外部劳动力市场获取人力资源的数量和质量。

以招聘为例，从量的方面来说，当劳动力市场的劳动力供不应求时，招聘活动会变得既困难又昂贵，因为不易招聘到适当数量的人员；而当劳动力供过于求时，企业则可以识别并选用足够数量的人员。从质的方面来说，劳动力需求方会对求职者的素质提出具体要求，而劳动力供给方的素质结构在一定时期相对稳定。能否满足企业特定的人员需求，取决于劳动力市场上人力资源的数量、质量和结构。

2. 内部环境因素

内部环境因素主要包括企业内部劳动力状况以及与人力资源管理相关的活动。一方面，企业必须清楚自己组织内部的劳动力状况，特别是员工的结构和多样性，否则就无法制定切合实际的人力资源政策和活动项目，从而无法实现理想的员工结构和多样性；另一方面，企业还必须了解员工志向、偏好和兴趣的转变，特别是工作报酬方面的转变。例如，随着经济的不景气，一些西方国家双职工家庭的数目有稳定增加的趋势，家中有婴幼儿的员工希望企业提供产假、日托之类的福利，企业如果对此不重视，这些员工很可能会转而投奔提供这些福利的企业。通过对企业内部环境因素的分析，可以帮助企业预测已有员工的损失数量或者吸引的新员工的数量。

（二）人力资源供给的预测方法

人力资源供给的预测分为内部供给预测和外部供给预测。其中，内部供给预测是指在对企业内部人力资源开发和使用状况考察的基础上，对未来企业的人力资源状况的预测；外部供给预测则在大多数情况下不为企业所了解和掌握，因而大多通过对本地劳动力市场、企业雇用条件和竞争对手的策略分析来实现。

1. 人力资源的内部供给预测

组织现有的人力资源是企业满足未来人力资源新需求的基础，是人力资源供给的内部来源，也是组织人力资源供给的主要部分。人力资源预测一般先进行内部供给预测，预测时需要考虑以下因素：组织内部人员的自然流失，如伤残、退休、死亡等；人员内部流动，如晋升、降职、平调等；人员离职，如辞职、解聘等。同时，需要详细评估组织内部现有人力资源状态和他们的运动模式，即离职率、调动率和升迁率。另外，还应充分利用组织的人力资源信息系统，分析组织现有人力资源的整体结构状况，全面了解员工的个体情况，由此来预测现有人力资源状况满足组织需求的程度。

(1) 技能清单法。技能清单法有时也称岗位资料分析，是指通过对企业内部员工的档案资料进行分析，以此来预测企业内部人力资源的供给情况。技能清单就是用来反映员工工作能力特征的一张列表，主要包括知识、技能和经验三个方面，如表3-3所示。

表3-3 技能清单示例

<table>
<tr><td colspan="2">姓名：</td><td>职位：</td><td colspan="3">部门：</td></tr>
<tr><td colspan="2">出生年月：</td><td>婚姻状况：</td><td colspan="3">到职日期：</td></tr>
<tr><td rowspan="4">教育背景</td><td>类别</td><td>毕业日期</td><td colspan="2">学校</td><td>专业</td></tr>
<tr><td>大学</td><td></td><td colspan="2"></td><td></td></tr>
<tr><td>硕士</td><td></td><td colspan="2"></td><td></td></tr>
<tr><td>博士</td><td></td><td colspan="2"></td><td></td></tr>
<tr><td>技能</td><td colspan="2">技能种类</td><td colspan="3">所获证书</td></tr>
<tr><td>特长</td><td colspan="2"></td><td colspan="3"></td></tr>
<tr><td rowspan="3">训练背景</td><td>训练主体</td><td>训练机构</td><td colspan="3">训练时间</td></tr>
<tr><td></td><td></td><td colspan="3"></td></tr>
<tr><td></td><td></td><td colspan="3"></td></tr>
<tr><td rowspan="4">个人意向</td><td colspan="3">你是否愿意承担其他类型的工作？</td><td>是</td><td>否</td></tr>
<tr><td colspan="3">你是否愿意调换到其他部门工作？</td><td>是</td><td>否</td></tr>
<tr><td colspan="3">你是否愿意接受工作轮换以丰富工作经验？</td><td>是</td><td>否</td></tr>
<tr><td colspan="3">如有可能，你愿承担哪种工作？</td><td></td><td></td></tr>
<tr><td colspan="2" rowspan="2">你认为目前最需要的培训是什么？</td><td colspan="4">改善目前的技能和绩效：</td></tr>
<tr><td colspan="4">晋升所需要的经验和能力：</td></tr>
<tr><td colspan="6">你认为自己现在可以接受哪种工作指派？</td></tr>
</table>

通常情况下，人员档案中包括年龄、性别、工作经历、受教育程度、技能等方面的内容，更完整的档案还包括员工参加过的培训课程、对待换岗的态度、职业兴趣、业绩评估记录、发明创造以及发表的学术论文和获得专利情况等信息资料。

技能清单是对员工竞争力的反映，可以用来帮助人力资源的计划人员估计现有员工调换工作岗位的可能性大小，决定有哪些员工可以补充企业以前的空缺。企业的人力资源计划不仅要保证为企业空缺的工作岗位提供相应数量的员工，同时还要保证每个空缺都有合适的人员来填充。因此，有必要建立员工的工作能力记录，其中包括基层操作员工的技能和管理人员管理能力的种类及所达到的水平。技能清单的一般作用是服务于晋升人选的确定、管理人员接续计划、对特殊项目的工作分配、工作调动、培训、工资奖励计划、职业生涯规划和组织结构分析。对于要求其成员频繁调动的组织或者经常组建临时性团队或项目组的组织，其技术档案中应该包括所有员工的信息资料。

现在，越来越多的企业开始借助计算机手段来管理人员档案，这就为利用人员档案预测企业内部人力资源供给提供了更有利的条件。

（2）人员接替模型。人员接替模型的目的是确认特定职位的内部候选人，其涉及面比较广，对各职位之间的关系也描述得更具体。建立人员接替模型的关键，是根据职位分析的信息，明确不同职位对员工的具体要求，然后确定一位或几位达到这一职位要求的候选人；或者确定具有潜力的员工，然后将各职位候补人员的情况与企业员工的流动情况综合起来考虑，对企业人力资源进行动态管理。借助人员接替模型，可以了解每一个职位从外部招聘的人数、提升上来的人数、退休和辞职的人数、具备提升实力的人数等信息。

人员接替模型主要针对企业中的管理人员，通过管理人员的工作绩效、晋升的可能性和所需训练内容的记录进行预测。这种预测方法简单有效，已被国外许多大企业（如IBM、通用汽车等）采用。

这种方法的一般步骤是：①根据企业未来几年中可能出现的各层次、各部门管理岗位的空缺，制定一份组织各层次各管理岗位的继任计划；②按照组织结构图绘制出管理人员关系图，每个管理岗位确定1~3名继任候选人，继任候选人通常从下一层级的管理人员中物色；③每年对这些人的晋升潜力进行评估，列出候选人的次序；④当某个管理岗位出现空缺时，由具备晋升条件的继任候选人替补；⑤统计最终岗位的空缺数。这一过程如图3-1所示。

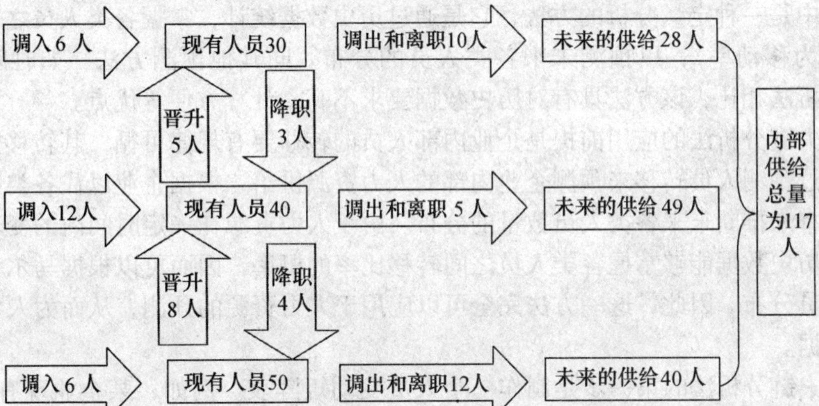

图3-1 人员接替图

（3）管理人员置换表。图3-1说明了各部门的总体人力资源供给情况，表3-4则将这一信息进行了处理，主要描述的是可以胜任组织中关键岗位的个体。据此，可以将每位管理人员的工作绩效、晋升的可能性和所需要的训练等内容列入其中，为人员的接替提供决策意见。最理想的情况是将个人的职业发展目标与组织目标相互结合。

表3-4 管理人员置换表

职位	总经理					
现任者	王强					
候选者	李刚	A	王江	C	赵亮	B
候选者现职	甲业务部经理	2	乙业务部经理	3	丙业务部经理	4

表3-4中，A、B和C分别表示现任者被晋升的先后位次，相应的数字表示业绩评分的结果，1~5分别表示从最差到最好。

由于这张表是对过去一个时期管理人员的评价，并不代表这些候选者的未来成绩，因此，应对管理人员的业绩进行动态评估，具体时间段可以根据实际生产经营情况确定。

对各部门的管理人员进行评价有多种方法，其中有些方法可以有效地将定性与定量分析结合起来。已经在许多领域得到广泛应用的一种较为成熟的方法是层次分析法（Analytical

Hierarchy Process，AHP 法）。层次分析法由美国运筹学家 T. L. Saaty 于 20 世纪 70 年代提出，其特点是在对复杂问题的本质、影响因素及其内在关系等进行全方位深入分析的基础上，利用较少的定量信息使决策的思维过程数学化，从而为多目标、多准则或无结构性特性的决策问题提供简便的方法。

（4）马尔科夫链分析法。马尔科夫链（Markov Chains）是随机过程中应用最为广泛的数学模型之一，最初由俄国著名数学家 A. A. 马尔科夫（A. A. Markov）提出，后经 W. 费勒和 P. 莱维广泛深入的研究，在自然科学、工程技术和公用事业中得到了广泛的应用。由于马尔科夫链分析法具有较高的科学性、准确性和适应性，其在现代预测方法中占有重要地位，不仅广泛应用于自然科学领域，还应用于经济领域。在我国，一些学者将其应用于产品市场占有率预测、经济决策和企业人力资源规划预测之中。马尔科夫链分析法在企业人力资源规划预测中是一种定量分析的方法，它是通过历史数据统计，掌握各类人员之间转移比率的概率（称为移动率），以预测未来各类人员的分布。同其他预测方法，如时间序列分析法、回归分析法相比，该方法具有对历史数据要求不高、计算方便等优点。

马尔科夫链分析法的应用前提是企业内部人员的转移要有规律可循，其转移概率有一定的规则，通过预测人员转移来预测企业内部的人力资源供给，根据企业以往各类人员之间流动比率的概率来推断未来各类人员数量的分布。由于人力资源在一定时间内的变动是相对稳定的，通过历史数据能够掌握各类人员之间转移比率的概率，因而可以根据马尔科夫链来推断未来的人员分布。因此，这一方法完全可以应用于人力资源的预测，从而为人力资源管理提供理论依据。

马尔科夫链分析法的第一步是制作一个人员变动矩阵表。例如，某企业现有四类职位，从高到低依次为 A、B、C、D。每年平均有 90% 的 A 留在原职，10% 退出；每年平均有 70% 的 B 留存原职，10% 晋升为 A，20% 退出，等等。因此该企业第一年的人员变动矩阵表如表 3-5 所示。

表 3-5　某企业人力资源供给（马尔科夫链分析法）

初始人数	职位	A	B	C	D	离职率
40	A	0.90				0.10
80	B	0.10	0.70			0.20
100	C		0.10	0.75	0.05	0.10
150	D			0.20	0.60	0.20

根据初始人数，利用上述转移矩阵就可以计算出次年的人员供给情况（见表 3-6）。

表 3-6　次年人员供给情况

初始人数	职位	A	B	C	D	离职
40	A	36				4
80	B	8	56			16
100	C		10	75	5	10
150	D			30	90	30
供给预测		44	66	105	95	60

应用马尔科夫链进行供给预测的好处在于它考虑了个人晋升的前景，由于人员转移是“推进式”的，所以在预测过程中也直接包括了晋升政策的产生。

马尔科夫链分析法可以用来进行多期分析，其方法是把目的期所提出的劳动力供给数据作为分析的起点，然后重复上述过程。

马尔科夫链不仅可以处理员工类别较为简单的组织中人力资源供给的预测问题，也可以解决员工类别复杂的大型组织中内部人力资源的供给预测。

值得注意的是，尽管马尔科夫链分析法在一些大公司（如 IBM 等）已得到广泛应用，但是关于这种方法的精确性与可行性还需要进一步研究。显然，转换矩阵中的概率与预测期的实际情况可能有差距，因此，使用这种方法得到的内部劳动力供给预测的结果也可能不精确。在实际应用中，一般采取弹性化方法进行调节，即估计出几种概率矩阵，得出几种预测结果，然后对不同预测结果进行综合分析，寻找较合理的结果。

（5）主要供给预测方法的简单比较。技能清单法的主要特点是基于微观的个人知识、能力和技能，以及未来的发展潜力进行全方位的判断，适用于内部调配的工作，而不适用于大范围、频繁的人事变动预测。

人员接替模型的主要特点是简单，适用于对企业中高层人员的供给预测；需要进一步完善之处是应不断进行动态评价，以反映相关人员的最新情况，为决策部门提供更合理的依据。

马尔科夫链分析法的最大特点是可以在符合前提条件的基础上，提供科学的人事决策依据，尤其是为一些大型企业进行长期的人事决策提供依据。然而，由于现实情况的复杂性，人力资源部门在具体的工作中必须注意到各种方法使用时的约束条件。

2. 人力资源的外部供给预测

企业外部人力资源供给预测主要是指在未来一段时间内，企业对劳动力市场上的相关人力资源供给状况进行预测的过程。应当注意的是，由于劳动力市场上的有效供给量取决于整个社会的劳动力供给状况，因此，在这个过程中，企业不应仅仅局限于劳动力市场表层上的供给分析，同时应该对整个社会的人力资源供给状况进行合理预测。劳动力市场上的供求关系会受到诸如社会经济整体走势、政府的相关政策、整个社会的就业观念等多种因素的影响，因而必须对这些因素进行综合考虑，才可能准确地把握劳动力市场上的人力资源供给状况及其未来发展趋势。

在进行企业外部人力资源供给预测的过程中，需要注意以下几点：

（1）为了提高外部人力资源供给预测的准确性，对许多业已公开且具有一定可信度的资料要加以充分利用。一些政府机构公告、经济团体的年度报告和工会发布的信息都是可以利用的信息来源。

（2）外部人力资源供给会由于经济形势波动，人员离职、退休和伤亡，以及人们教育和就业观念的改变而受到影响，从而造成劳动力供需失衡的情况。因此，关注社会经济动态、组织或者经济团体的员工年龄分布结构，以及教育机构的招生、毕业人数变更趋势等，都有一定意义。

（3）那些适用于人力资源需求预测的德尔菲法、驱动因素预测法等方法，同样也适用于对企业外部人力资源供给的预测。

第四节 人力资源的供求调节

一、人力资源供求平衡

一般来说，人力资源的需求与人力资源的供给之间存在四种关系：

（1）供求平衡，即人力资源的供给和需求在数量、质量及结构等方面都基本相等。

（2）供不应求，即人力资源的供给小于人力资源需求。

（3）供过于求，即人力资源的供给大于人力资源需求。

（4）结构失衡，即人力资源的供给和需求在总量上平衡，但结构上不匹配。

在企业的整个发展过程中，人力资源供求状况不可能始终自然地处于平衡状态，更多地会出现后三种情况。即便是出现第一种情况也并不是不需要采取任何措施，因为这种平衡是在一定条件下出现的，一旦条件发生变化，供给和需求就会出现不平衡。因此可以说，企业人力资源的供求状况始终处于失衡状态，大体上有以下几种情况（见表3-7）。

表3-7 某企业发展过程中的人力资源供求状态

企业发展阶段	现 象	人力资源状态
扩张时期	企业人力资源需求大，人力资源供给不足	供不应求
稳定时期	企业人力资源在表面上可能会达到稳定，但企业局部仍然同时存在着退休、离职、晋升、降职、补充空缺、不胜任岗位、职位调整等情况	结构失衡
萧条时期	人力资源需求不足，供给变化不大	供过于求

人力资源供求平衡作为人力资源规划的最终目的，是指从企业的现实情况出发，通过增员、减员和人员结构调整等措施，对人力资源规划的各项指标进行统筹安排，使其与企业的总体发展和运营计划相互协调、保持一致。

人力资源供求平衡分析的内容包括编制人力资源供求平衡表和对人力资源供求平衡的对策分析。企业人力资源的需求和供给平衡需要在对企业人力资源的现状分析和人力资源的晋升、平调及补充预测的基础上，利用人员核查方法进行综合平衡的分析。只有通过人力资源的平衡过程，企业才能有效地提高人力资源利用率，降低人力资源成本，从而最终实现企业的发展目标。

二、人力资源供求失衡的调整

如果人力资源规划得不到切实执行，那么为制定规划所作的所有努力都将是徒劳的。具体行动则取决于对人力资源供求失衡的预测，而人力资源供求失衡的不同状态有不同的应对方法。过剩的人员可以在规划中通过各种方法加以解决。但不论采取什么方法，由于涉及解雇和裁减部分员工，具体行动总显得困难重重。

表3-8中列举了人力资源规划人员可以用来减少人力资源过剩的一些方法，而表3-9中则列举了人力资源规划人员可以用来避免人力资源短缺的一些方法。

表 3-8 减少出现人力资源过剩的方法

方法	速度	员工受伤害的程度
裁员	快	高
减薪	快	高
降级	快	高
职位调动	快	中等
临时解雇	快	中等
冻结雇用	慢	低
自然减员	慢	低
提前退休	慢	低
再培训	慢	低

表 3-9 避免出现人力资源短缺的方法

方法	速度	员工受伤害的程度
加班	快	高
临时雇用	快	高
外包	快	高
培训后换岗	慢	高
降低流动率	慢	中等
从外部雇新人	慢	低
技术创新	慢	低

可供人力资源规划人员选择的各种不同方法在成本、速度、有效性、受到影响的人员数量及可撤回程度（如取消已经发生的改变的难易程度）等方面的差别可能是非常大的。例如，如果企业能提前足够的时间预测到未来可能会出现人力资源过剩，那么企业就可以冻结人员雇用，然后通过自然减员来缩小自己的人力资源规模。如果这种做法取得成功，企业就可能不用解雇员工，从而不让任何人失业。

（一）人力资源过剩的管理

1. 减少人员补充

减少人员补充是人力资源供过于求时的常用方式。当企业出现员工退休、死亡或离职等情况时，企业对于空闲的职位并不进行人员补充。企业采取这种做法无需裁减员工，不用造成紧张的气氛就能减少企业内部的人员供给，从而达到人力资源的供求平衡。但是采取减少人员补充的方式往往数量有限，除非人员流动非常迅速。

2. 裁员

裁员是指为了强化企业竞争力而进行的有计划的大量人员削减。一般来说，裁员的主要原因有四个：①降低成本。由于劳动力成本在企业成本中往往占很大一部分，因此，它很自然地成为企业最先下手的地方。②在有些企业中，关闭过时和落后的工厂或者是在老工厂中引进新技术，都会导致企业对劳动力需求的减少。③进行兼并和收购后，企业都会削减一些官僚性质的日常事务，从而置换出多余的管理人员和一些专业技术人员。④当企业改变经营地点时，也可能导致大面积的裁员行动。

适时、得当的裁员计划可以使企业降低成本、精简人力资源结构、提高灵活性和竞争力，但是不当的裁员行动则会导致企业竞争力下降。高级行政管理人员把裁员看做是对付经济效益下降的首选方法。但是，在裁员中得以侥幸留在企业里的员工，其绩效水平以及同企业的沟通效果在很大程度上会受到影响，也可能会变得焦虑、不愿意冒风险。这样一来，由于裁员增加了现有员工的工作负担或使士气有所下降，因此会降低劳动生产率。

3. 提前退休计划

提前退休计划是指鼓励年龄较大的员工在退休年龄之前离开企业，企业则会给这些员工一定期限的额外补偿。对于企业来说，虽然老员工经验丰富、稳定性高，但同时也存在许多问题。例如，老员工的成本有时比年轻员工要高。当老员工所具有的经验的价值能够抵消成本时，对于雇主来说还可以接受；但是如果他们的经验的价值无法弥补成本时，多出的成本就会转嫁给消费者，同时也降低了产品的竞争力。另外，老员工通常占据着一些薪酬水平较高的职位，所以有时会阻碍企业雇用年轻员工或者阻碍年轻员工的晋升。

面对这类人员过剩的压力，很多企业都试图通过提前退休计划来达到使老员工自然减员的目的。尽管提前退休计划可以起到诱使低绩效的老员工提前退休的作用，但是这种计划到底能否取得成功，在很大程度上取决于预测的准确性。很多企业把提前退休计划改为逐步退出的退休计划，这使企业能够在减少老员工工作时间的同时，还能继续利用老员工的工作经验。这种做法通常也符合员工的心理要求，他们可以很自然地逐渐进入退休状态，而不是突然改变生活方式。

4. 临时解雇

临时解雇是指员工暂时停止工作，雇主在这段时间内不支付工资的行为。如果企业经营有所需要，那么这些员工还将被雇主联系回去工作。如果整个行业经济有所下滑，临时解雇将是一种适当的规模缩减战略。进行临时解雇规划时，必须考虑以下几个问题：临时解雇的决策如何作出，是依据工龄还是员工绩效？临时解雇是否需要额外补偿？如果员工在临时解雇期间进行其他工作，是否应该撤销对他们的召回权利？企业在法律上没有义务为临时解雇的员工提供经济补偿，但是也有企业会支付一定的补偿金。

（二）人力资源短缺的管理

1. 外部招聘

外部招聘是人力资源短缺时最常用的调整方法。当企业生产工人或技术工人供不应求时，从外部进行招聘人员可以比较快速地得到熟悉生产和技术的员工，从而及时满足企业生产的要求。当然，如果从外部招聘管理人员，由于他们熟悉企业内部情况需要一段时间，可能见效比较慢。一般来说，企业如果有内部调整、晋升计划，则应该优先考虑这些计划，其次才考虑外部招聘。

2. 内部招聘

内部招聘是指当企业出现职位空缺时，从企业内部调整员工到该职位，从而弥补职位的空缺。从企业内部进行招聘可以节约企业的招聘成本，提高员工的工作兴趣。但对于比较复杂的工作，内部招聘的员工可能需要经过一段时间的培训才能胜任。

当较高层次的职位出现空缺时，可以采取内部晋升和外部招聘两种方法，企业一般会优先考虑提拔企业内部员工。在许多企业中，内部晋升是员工职业生涯规划的重要内容，对员工有较大的激励作用。而且，由于内部员工更了解企业的情况，会比外部人员更快地适应工作环境，可以提高工作效率，同时节省外部招聘成本。但当企业缺乏生机或面临技术和市场的重大变化时，可以适当地考虑从外部进行招聘。

3. 雇用临时性员工

雇用临时性员工是企业从外部招聘员工的一种特殊形式。尽管裁员是企业为削减剩余劳动力而采取的一种普遍做法，但是雇用临时性员工和外包也已经成为削减剩余劳动力的重要手段。

临时雇用的做法便于企业在产品和服务需求出现急剧变化时保持高效率。它除了有利于保持企业的灵活性之外，还使得企业免除了与“雇主责任”相联系的许多管理任务及财务负担。一些没有能力制订甄选计划的小企业往往从提供临时就业服务的机构租用一些经过其甄选的员工。这些临时就业服务机构在将员工选派到需要他们的企业之前都会对其进行培训，这既降低了企业的培训成本，同时又使临时性员工和公司之间的相互适应变得较为容易。另外，由于临时性员工在企业中的工作经验较少，所以他们对于企业中所存在的问题及工作程序等往往能够有一种比较客观的视角，而这种视角有时是非常有价值的。

为了有效地利用临时性员工这一劳动力供给来源，企业还必须注意克服雇用临时性员工所产生的某些不利因素。例如，在企业所使用的临时性员工和企业正式的全日制员工之间常常会存在一些比较紧张的关系，这种紧张关系可能导致双方之间的合作水平降低，并且在有些情况下如果管理不当，还很有可能直接导致破坏活动的产生。

4. 加班加点

企业在面临人力资源短缺时，也可以不增加雇用全日制员工或非全日制员工，而是让现有员工每天工作更长的时间或加班作业。

尽管企业必须向加班加点的员工支付相当于正常工作时间 1.5 倍或 2 倍的工资，但是有时加班加点仍被看成是比雇用和培训新员工更好的一种选择，尤其是在当前对产品或服务的需求持续时间可能不会太长的时候。此外，加班加点还可以让员工在短期内获得薪酬增加的好处。但是，如果需要在很长一段时间内加班加点，员工就会因为这种工作方式使其过于劳累而感到压力增大、挫折感增强。这时，企业就需要考虑增加雇用新的全日制员工或非全日制员工。

5. 技能培训

对企业现有员工进行必要的技能培训，使其不仅能适应当前的工作，还能适应更高层次的工作，这样就为内部晋升政策的有效实施提供了保障。如果企业即将出现经营转型，企业应该及时给员工培训新的工作技能，以保证企业运转时原有员工能够符合职位任职资格的要求。技能培训的最大好处是可以防止企业的冗员现象。

6. 调宽工作范围

当企业某类人员紧缺，而在劳动力市场上又难以招聘到相应的人员时，可以通过修改职位说明书、调宽员工的工作范围或职责范围，达到增加员工工作量的目的。需要注意的是，调宽工作范围必须与提高待遇相对应，不然会造成员工的不满，影响企业的生产活动。

7. 外包

尽管企业可以通过引进临时性员工来应对某项单一的或突发性的工作，但在另一种情况下，企业也可以将范围更大的整块工作都委托给外面的组织去完成，这种做法称为外包。

外包的主要推动力是规模经济。当企业目前或在相当长的时期内，对某一业务需求量仅能维持在小规模生产，而达不到规模经济的产出时，企业可以考虑把此项业务外包给专业公司来做。另外，当企业既缺乏某一方面的特定技术经验，同时又不愿意投入时间和精力来进行开发时，外包也是一种很自然的选择。这样做的好处是可以让企业把更多的时间和精力投入到主营业务上，提高主营业务的竞争力。外包的另一个主要原因是降低成本。例如，在制造业中，通常会把一些通用部件或技术含量、保密程度较低的部件外包给生产成本较低的制造商，低廉的劳动成本在其中扮演了重要角色。

（三）人力资源结构性失衡的管理

人力资源结构性失衡的调整方法通常是上述两类方法的综合运用。实际上，在制定人力资源平衡措施的过程中，不可能是单一的供不应求或供过于求，企业人力资源往往会出现结构性失衡，例如，可能是高层次人员供不应求，而低层次人员供过于求。企业要根据具体情况，对不同的某类员工采用相应的调整方法，制定出相应的人力资源规划，使各部门人力资源在数量、质量和结构等方面均达到平衡。

这里需要注意的是，如果企业并非欠缺生机，应以内部调整为主，把某类富余员工调整到需要人员的岗位，需要培训的制订相应的培训计划。但是，如果企业比较僵化，则应从外部招聘一些人员，给企业输入新鲜血液，带来一些新的生产技术和新的管理措施等。

第五节 人力资源信息系统

传统的人力资源管理技术主要依靠纸、笔及以其为载体的档案文件，不仅耗费了大量的人力资源和物质资源且效率低下。随着知识经济时代的到来，特别是以互联网技术为代表的信息技术的发展不断地冲击着传统的人力资源管理模式，传统的人力资源管理必须要进行信息化改革。因此，建立符合企业管理现状的人力资源管理信息系统，使企业的人力资源得到最大限度的使用，从而使企业效益得以提高，就显得相当必要。

一、人力资源信息系统的定义

人力资源信息系统（Human Resource Information System，HRIS）是指企业为了对人力资源管理的所有领域提供支持而用于收集、汇总和分析有关人力资源信息的系统，涵盖了从人力资源规划、招聘、选拔到薪酬管理、培训与开发等各个环节，并提供各种查询统计功能与报表输出功能。

一个有效的人力资源信息系统能够动态直观地反映企业人力资源的现状，并为人力资源管理提供高效的决策信息支持。一般而言，在规模较小的组织中，使用人工的档案管理和索引卡形式的人力资源管理系统就可以满足需求；而对于规模较大的组织，则较难使用人工的方式管理人事资料，而需要采用计算机化的信息系统对人力资源各方面的信息进行收集、整理、分析和报告。

在人力资源管理中，信息技术和管理技术的有机结合，使人力资源管理人员能够从繁冗的日常事务性工作中解脱出来，从而在复杂多变的环境中应对自如。因此，通过实现人力资源管理的信息化，企业在提高人力资源管理工作效率，规范人力资源管理业务流程，为企业决策者、管理层和员工提供增值服务等方面都能收到良好的效果。

二、人力资源信息系统的内容和基本功能

（一）人力资源信息系统的内容

人力资源信息系统是从组织目标出发，对与职务和职员有关的工作信息进行收集、保存、分析和报告的整个过程。例如，记录职位和员工代码、员工的知识与技能、行业工作经验、培训方式、调职意愿、个性特征和绩效评估结果等。

一个完善的企业人力资源信息系统应当包括以下内容：

（1）企业战略、经营目标及常规经营计划信息，根据这些内容可确定人力资源规划的种类及框架。

（2）企业外部的人力资源供求信息以及这些信息的影响因素。例如，外部劳动力市场上各类人员的供求状况及未来趋势、各类需求人员的供职条件、国家政府部门对劳动用工制

度的政策法规等，都会对企业人力资源规划产生影响。

(3) 企业现有人力资源的信息。只有在及时、准确、客观、简明、相关、完整的人力资源信息的基础上，才能制定出最有效的人力资源规划。

(二) 人力资源信息系统的基本功能

人力资源信息系统不仅能对人力资源管理者提供强大的功能支持，而且还具有针对企业内部人员的扩展功能。

典型的人力资源信息系统解决方案主要包括两个方面的功能：一方面是面向人力资源管理者的信息收集、处理、决策功能，具体包括人力资源规划、招聘管理、人事信息管理、劳动合同管理、考勤管理、休假管理、绩效评估、培训与开发、薪资福利管理、离职管理等；另一方面是面向其他管理者以及普通员工的信息服务和互动决策功能，具体包括总经理自助服务、直线经理自助服务、员工自助服务等。

三、人力资源信息系统的建立和实施

一个有效的人力资源信息系统，其建立和实施过程主要包括以下几个步骤：

1. 可行性研究

在这一阶段，应组织有关方面的专家对开发人力资源信息系统的计划和实施步骤、具体措施进行可行性研究，对人力资源信息系统进行项目开发预算，并对实施后的可能效果进行估计。

2. 组织项目小组

若企业决定购买人力资源信息系统后，就必须组建一个精悍的项目小组。有效的项目小组是成功地选择和实施人力资源信息系统的一个基本要素。这个项目小组通常包括来自企业几个不同部门的代表，如企业管理人员、人力资源专业人员、计算机专业人员等。这个项目小组主要负责整个项目的组织协调、进度控制，总体把握人力资源信息系统使用者的需求，明确这个系统的期望功能，选择系统供应商并取得报价，了解信息系统的安装过程，以及对系统进行调试和人员培训等。

3. 确定需求

项目小组需要与高层管理者、各级部门管理者和人力资源管理人员进行充分沟通，并了解他们希望通过人力资源信息系统解决的问题，以确保人力资源信息系统的使命与管理人员对它的需要之间能够很好地匹配。

4. 选择合适的信息系统

面对众多的人力资源信息系统软件，企业在选择适合自身需要的软件时，应该注意以下几个问题：①要与企业现行的管理模式相适应。不同企业的组织形式、发展目标和管理模式都不尽相同，其人力资源管理水平也不一样。当企业选择软件时，首先要考虑自身的人力资源管理处于何种水平，然后再考虑哪种软件能满足其管理上的需要。②要与企业信息化建设的总体规划相一致。人力资源信息系统是企业管理信息系统的有机组成部分，必须与其他部分相协调，与企业信息化建设的总体规划相匹配。③考虑软件供应商的产品服务质量。软件供应商所提供软件产品的性能、服务能力、性价比和长期发展能力等应是企业重要的考察因素。较好的人力资源信息系统应具备用户界面友好、标准兼容、简单易用、性能可靠等特点。④考察人力资源管理的要求。企业所选择的软件应能够满足本地区和行业相关部门对各基层组织人力资源管理的有关政策、标准和规范的要求。⑤考虑本企业管理人员和员工的素质。软件需要由人员来进行操作和使用，相关人员的素质也直接决定软件所能发挥的作用。而软件的使用可能涉及全部管理者或全体员工，因此，提高相关人员的计算机应用能力十分重要，通常需要"软件未用，培训先行"。

5. 人员培训

要想使人力资源信息系统真正发挥应有的效用，必须对相关人员进行针对性的培训。培训包括三个不同的层次：一是转变观念，特别是中高层领导的思维方式和行为方式，即让他们重视人力资源信息系统，了解系统和功能和运行方式，学会并习惯于通过系统来进行科学的管理，从而探讨改进企业管理的方案；二是对企业人力资源管理人员进行系统应用和简单维护的培训；三是对企业中所有有机会接触人力资源信息系统的员工进行系统操作方法的培训，这种培训的程度则必须以授权访问系统权限的高低来加以区别。

6. 调试系统

在系统建立完毕之后，项目小组成员就应组织有关人员对该信息系统进行试运行，针对试运行过程中所发现的问题，积极地进行修改和完善。

7. 收集相关信息

在系统调试完成并正式投入使用前，项目小组成员必须组织人力资源管理人员以及有关管理部门将以往手工作业的信息逐步输入系统。

8. 正式启动

当所有基本数据和指令都输入系统并完成报告之后，人力资源信息系统项目小组的主要工作就基本结束，人力资源管理工作可以由人力资源管理部门根据系统的要求来进行具体的实施。

9. 维护和评价

企业应当专门安排系统维护人员，以保证信息系统的平稳运行。此外，在人力资源信息系统运行一段时间后，还应该对其进行跟踪评价，以不断提高人力资源信息系统的信息质量和管理效果。

从理论上来讲，信息系统所涵盖的信息越详细越好，但这势必会增加企业的管理成本，而且也不利于突出重点，反而会给管理人员提取有效信息带来困难。因此，企业人力资源信息系统的建立应该符合企业的特点和需要，选择适合企业自身实际情况的人力资源信息系统解决方案。

在企业建立人力资源信息系统的过程中，尤其需要注意以下几点：要对人力资源管理流程有一个清晰完整的把握；要考虑使用过程中系统的可修改性和企业发展时系统的可扩展性；应帮助管理者和员工了解信息系统的内容和使用方法，使信息系统真正成为实际工作中的有效工具。

第六节　实践与应用

一、案例评析：手忙脚乱的人力资源经理

D集团在短短五年之内由一家手工作坊发展成为国内著名的食品制造商。企业最初从来

不制订计划，缺人了，就去人才市场招聘。企业日益正规后，开始每年年初制订计划，包括收入多少、利润多少、产量多少、员工定编人数多少等，人数少的可以新招聘，人数超编的就要求减人，一般在年初招聘新员工。可是，因为一年中不时有人升职、有人平调、有人降职、有人辞职，年初又有编制限制不能多招，而且人力资源部也不知道应当招多少人或者招什么样的人，结果人力资源经理一年到头总往人才市场跑。

近来由于3名高级技术工人退休，2名跳槽，生产线立即瘫痪，集团总经理召开紧急会议，命令人力资源经理3天之内招到合适的人员顶替空缺，恢复生产。人力资源经理两个晚上没睡觉，频繁奔走于全国各地人才市场和面试现场之间，最后勉强招到2名已经退休的高级技术工人，使生产线重新开始了运转。人力资源经理刚刚喘口气，地区经理又打电话说自己的公司已经超编了，不能接收前几天分过去的5名大学生。人力资源经理不由怒气冲冲地说："是你自己说缺人，我才招来的，现在你又不要了！"地区经理说："是啊，我两个月前缺人，你现在才给我，现在早就不缺了。"人力资源经理分辩道："招人也是需要时间的，我又不是孙悟空，你一说缺人，我就变出一个给你？"

评析：

很多企业都出现过这种情况，以前没觉得缺人是什么大事情，什么时候缺人了，什么时候再去招聘，虽然招来的人不是十分满意，但对企业的发展也没什么大的影响，所以从来没把时间和金钱投入在这方面。即使在企业规模日益扩大以后，也只是每年年初制订人力资源定编计划，而对于人力资源战略性储备或者人员培养都没有给以足够的重视，认为不可能缺人。造成这种现象的原因是：中国市场在20世纪90年代以前处于机会主义时期，企业的成功往往不需要战略，抓机会、抓资源、抢速度、快节奏成为中国企业的制胜之道。中国企业的这种战略无意识状态，使它不需要对组织的人力资源进行长远的规划，即使有战略，竞争战略的模糊性和易变性也使规划无从进行。因此，企业并不需要人力资源规划。

随着市场的日益规范，企业的日益壮大，企业出现了发展的瓶颈——缺少人才，想要进一步发展壮大、长治久安，必须依靠源源不断的人才。但是，很多企业仅限于缺人，却不知道为什么缺人，以及如何解决这一问题。

二、案例思考：华日公司的人力资源规划

华日公司的前身是一家主要经营地毯等纺织品的集体所有制性质的工厂，由于经营观念落后，以及经营体制等各方面的束缚，企业连年亏损，濒临倒闭。1995年，企业改制，吸引了部分外资，成立了华日公司。华日公司与原来的老企业相比，从组织结构到管理体制等各方面都作了重大改革。华日公司主要有家具部、纺织品部和纤维部三个生产部门，其中纺织品部下辖六个分厂，分别生产服装、地毯以及其他工业用纺织品。应该说这种改革顺应了当时的经济潮流，使公司能够轻装上阵，转变经营理念，及时把握商机。改制后的两年多，华日公司取得了长足的发展，企业的规模也得以扩大，员工人数达900多人，管理人员也增加为140人，此外还有产品开发与设计人员10人、营销人员20名。

华日公司的总经理钱明从公司成立伊始，就被公司董事会任命为总经理。钱明始终强调公司包括管理人员在内所有员工的受教育程度和学历的重要性。公司制定了详细的规章制度，为管理人员和员工的培训和学习提供了有利条件，钱明本人也经过两年多的在职学习，获得了工商管理硕士学位。在华日公司，受教育和培训的经历是员工进行工作流动和升职的

必要条件。

华日公司的这些举措收到了明显的效果。公司的员工都热爱自己的工作，乐意通过提高自己的素质和技能来提高工作的质量和效率。员工之间的人际关系十分融洽，由于公司的效益良好，员工的报酬也很丰厚，每个员工都为自己是华日公司的一员而自豪。

但到了1998年，公司的效益出现了大幅度的滑坡，1999年年度的财务报告显示，公司已经出现了严重的亏损。

导致公司衰退的原因是多方面的。从公司的外部环境来看，日益加剧的竞争，导致很多原来是公司拳头产品的市场萎缩，消费需求的下降也是公司产品销路不畅的一个原因；从公司内部的原因来看，产品的质量问题被忽略了，迟迟没得到彻底解决。随着竞争的加剧，许多竞争对手价廉物美的产品赢得了消费者的青睐，相比之下，华日的产品更显得质次价高。另外，公司产品缺乏创新也是华日产品日渐失去消费者的原因所在。

处于窘境的华日公司总经理钱明向董事会提出了精简组织结构以及裁员的报告，获得了董事会的同意。但华日究竟应该保留多少员工？这是钱明面临的一个难题。在前几年，由于公司发展迅速，人力资源部的主要任务是不断为新增加的职位招聘员工，并且为公司所有员工薪酬福利等事务服务，至于人力资源规划上的问题，从来没有提到人力资源部经理的议事日程上。

经过董事会和公司管理部门的多次开会讨论，最终决定了裁员后的公司组织结构，新的公司有两个主要的生产部门：家具部主要生产各类家庭及办公用家具；纺织品部有两个分部：一个分部生产地毯；另一个分部以来料加工方式制作各类服装。这样，重组后公司将保留一线员工625人，其中家具部400人，地毯部125人，服装分部100人。此外，公司将削减管理人员至88人，产品研发人员的数量增加至32人，营销人员36人。钱明深信，在具体执行减员下岗工作时，一定还有许多困难。

（资料来源：http://www.xzpsy.com/bbs/showtopic-234.aspx）

问题思考：

1. 谈谈人力资源规划工作对企业的重要性。
2. 人力资源规划与公司战略之间存在什么样的关系？
3. 你将采用哪些人力资源供求的预测方法？

三、案例讨论：编写人力资源计划

新年快到了，G公司的人力资源主管小琴又在为编写明年的人力资源规划而苦恼了。她还记得，去年这个时候，因为编写的人力资源规划不够理想，经理一顿数落。…

前几天，小琴参加了一个人力资源管理沙龙，于是她就把“如何编写一份优秀的人力资源规划”这个话题抛了出来。与会者都是人力资源从业者，大家对此展开了热烈的讨论，其中有些言论对小琴启发很大。

A公司的张经理说：“编写人力资源规划书，关键是要理清楚企业今年的发展方向以及对人力资源工作的要求，比如今年我们公司开始扩展内地市场，所以对营销人员、物流人员需求增大，生产人员也要增加一些，我的招聘计划就必须为这些变化服务。”

B公司的王经理接着说道：“而且人力资源规划涉及的是一系列人事工作，相互之间还要有一定的牵连配合，不能仅考虑到人多人少的变化，还有培训、薪酬的调整、绩效考核的完善等。我们公司今年人员变化就不大，但是培训的要求很高，我今年估计要全国到处飞着给各处分公司上课了。”

C公司的李经理也感慨着发表了意见：“除了这些，还有很关键的一点，一定要设计一些应急方案！我去年就吃了这个亏。去年夏天我们公司受房地产市场的影响，生意一下子好了，人手吃紧，因为没有准备应急方案，整个夏天和秋天都是处于人手不够生意做不过来的局面。所以我们今年编计划时，重点下力气琢磨了一些应急预案出来。你们也要当心哦!”

一直比较沉默的D公司的赵经理也补充说：“还要注意一点，规划书编写过程中要和各部门经理通气，不能自己拍脑袋，否则老板那里过了，部门不支持也是白搭。”

大家你一言我一语的还补充了很多其他内容，小琴感觉这次沙龙没白来。回公司后，她立即行动起来，先是研究公司的年度总结与明年的工作计划，然后与各个部门经理一起商讨，比如对人员的需求、内部人才供给情况、对薪酬和绩效管理有哪些改进意见等。然后又和自己的上司、人力资源部杨经理一起探讨了一下公司明年的发展与变化趋势等。这下小琴终于做到了心中有数，只用了一天时间就把明年的人力资源规划书写好了。

下面就是这份计划书的结构内容：

（一）公司2012年战略与业务趋势分析

概要：分析公司2012年的战略与业务发展趋势中与人力资源工作有较大关联的部分，以此作为依据分析对人力资源工作带来的变化与要求。

（二）公司2012年组织调整建议与岗位变动预测

概要：对上一节分析得出的可能涉及的组织调整及岗位变动的预测分析及调整建议。

（三）公司2012年人员配备计划（需求分析、供给分析）

概要：根据上节分析，在需求分析中阐明需求岗位名称、数量要求、素质要求、到岗计划等；在供给分析中主要阐述人员的供给方式、内部供给流动政策、外部流动政策等，通过分析预测未来的供给情况。

（四）公司2012年招聘与劳务计划

概要：主要是依据上一节分析结果，以需求与供给之间的缺口为依据，提出招聘与劳务配给计划。招聘可以是外部招聘，也可以是内部招聘，招聘计划需要列明招聘方式、途径、岗位、数量、人员素质要求等。

（五）公司2012年培训与提升计划

概要：依据前面两节的分析内容，确定提升现有人员素质及培训新入员工的配给计划，包括培训制度、培训需求、培训内容、培训方式、培训评估等。

（六）公司2012年薪酬与激励调整建议

概要：主要阐述薪酬与激励方面一些调整建议的调整原因、调整范畴、调整计划等，比如调整薪酬的结构、发放方式，调整激励政策等。

（七）公司2012年绩效管理完善建议

概要：主要阐述绩效管理方面一些调整建议的调整原因、调整范畴、调整计划等，比如调整绩效管理政策，某些部门的考核指标、考核流程、考核方式、考核兑现等。

（八）公司2012年人员流失控制与劳资关系处理预案

概要：主要阐述如何合理控制企业人员流动比率及协调处理好劳资关系，比如控制人员流失率的目标值、流失情况预测、人才流失控制方式、人员分流渠道与措施、劳资关系协调原则、劳资事务处理预案等。

（九）公司2012年人力资源工作费用预算

概要：主要是指招聘费用、培训费用、增加福利费用、额外激励费用等费用的预算，人工成本的预测与计划应另外成文。

（十）公司2012年人力资源工作危机处理预案

概要：主要是针对人力资源工作过程中可能遇到的意外风险，比如招聘不及时、招聘失败、培训没有效果、薪酬与激励政策引起员工不满等，通过危机识别、风险评估、危机处理、风险监控等一系列预案措施来防范风险的发生或降低风险的危害。

小琴拿着这份新鲜出炉的人力资源计划书和各个部门经理都沟通了一番，获得了充分肯定，这下她有信心向老板提交了！

（资料来源：http://www.chinahrd.net/zhi_sk/jt_page.asp? articleid = 179045）

问题讨论：

你认为案例里面的人力资源计划书编写得如何？有什么优点和不足？案例给人们什么样的启示？

四、实践模拟

编写人力资源规划的实训

（一）实训目的和要求

通过实训，使学生认识到人力资源规划对企业发展的重要性，清楚企业当前存在的问题，学会如何制定相应的人力资源战略，以此解决企业面临的问题。

（二）基本能力点与能力拓展点

基本能力点：对企业的当前状况进行分析，找出企业存在问题的原因，综合分析后拟订一份企业的人力资源规划方案。

能力拓展点：掌握编写人力资源规划的步骤和方法，运用所学知识对企业问题加以分析，制订一套相应的人力资源规划方案。

（三）实训计划

1. 能力目标：认真思考以上公司所面临的问题，根据该企业的具体情况和存在的问题，制定适合该企业发展的人力资源规划。

2. 实训内容：结合实训小组的课题，对相关案例进行分析，经小组协商讨论，最终确定人力资源规划的内容。

3. 实训方法：课堂演练。

4. 实训形式：以小组为单位，进行讨论、分析，各抒己见。任课教师进行技术指导，学生自主完成。

5. 实训要求：要充分应用逻辑判断、综合分析等方法，根据企业的具体情况设计规划方案。

6. 实训成果：形成一套科学、合理的企业年度人力资源发展规划。

7. 实训地点：课堂。

8. 实训时间：2课时。

【本章小结】

1. 人力资源规划是指在企业发展战略和经营规划的指导下，企业进行科学的预测、分析自己在环境变化中人力资源的供给和需求状况，制定必要的政策和措施，以确保在特定时间和特定岗位上获得各种需要的人才（包括数量和质量），并使企业和个人获得长期最佳利益。

2. 制定人力资源规划要了解企业现状。人力资源规划的流程通常包括分析准备阶段、供给和需求预测阶段、规划的制定和实施阶段、规划的评估和反馈阶段。

3. 人力资源规划预测包括人力资源的需求预测和人力资源的供给预测，各自都有不同的方法和步骤。

4. 人力资源信息系统是指企业为了对人力资源管理的所有领域提供支持而用于收集、汇总和分析有关人力资源信息的系统，涵盖了从人力资源规划、招聘、选拔到薪酬管理、培训与开发等各个环节。

【思考题】

1. 什么是人力资源规划？它包含哪些内容？
2. 制定人力资源规划有什么重要作用？
3. 人力资源规划的制定流程包括哪些阶段？
4. 常用的人力资源规划的预测技术有哪些？
5. 人力资源信息系统包括哪些主要内容？

第四章　员 工 招 聘

【本章精要】

1. 员工招聘的含义、特点以及作用。
2. 招聘的内容和程序、招聘的渠道和方法。
3. 选拔的程序和方法。
4. 影响招聘的因素。

【学习目标】

招聘是人力资源管理的起点，对于今后的人力资源管理有着重要的影响。通过本章的学习，了解员工招聘与录用的意义、原则和影响因素，全面认识员工招聘的全过程，熟悉员工招聘与录用的评价指标，掌握员工招聘的策略和方法。在全面了解员工招聘与录用知识的基础上，能灵活运用合适的策略和方法，完成招聘工作，并知道如何进行招聘评估。

【篇首案例】

英特尔的招聘

英特尔领导这样说："我们最大的成就就是发现了人才，他们比绝大多数首席执行官都要优秀。"

一、英特尔的用人标准

"英特尔的业务范围越来越广泛，不仅局限于芯片，也有大量比如广告、通信，对因特网的投资。所以我们需要多方面的人才。从过去的经验看，那些真正能从工作中得到乐趣而不是仅仅为了拿钱的人能干得更好。所以我们招收的人都精力充沛、聪明，聪明人能吸引聪明人。他们把公司当做自己的公司，所以他们能把自己的想法说出来，公司也鼓励他们这样做。他们都喜欢变化，因为这个行业的变化越来越快；他们还能明智地冒险，愿意对自己行为的结果进行评估。"英特尔公司中国区总裁简杰先生如是说。

英特尔公司对经理有更高的要求。首先要有专长，如计算机、公关等，这是最基本的素质；然后是他与人相处的能力，因为经理得与大家一起来开展工作。英特尔对经理的评价也是看他领导组织的业绩，而不是看他本人。

二、英特尔如何管理人才

英特尔公司是一个民主开放的公司，员工都坐在同一个格子间里，包括现任董事长格鲁夫。公司没有固定的停车位，格鲁夫上班也得开车打转转找空地方，他与每个人一样在餐厅吃饭。英特尔公司的员工都喜欢讲述这样一件趣事：当年开发386芯片的时候，工作人员十分辛苦，开发人员基本上一天工作24小时，大多数人带着铺盖上班，晚上有人送饭到实验室，以便让他们不停地工作。在会议间歇，他们为了放松一下，就在走廊扔球玩，他们玩的一时兴起，并没有太在意，直到忽然格鲁夫加入进来后他们才发现自己正在董事长的格子间外面玩，由于被拦在了办公室外面，他干脆与民同乐。与此相应，公司领导者的管理风格也很随意，他们经常开玩笑，管理方法也很轻松。在轻松的氛围下创造举世瞩目的成果，优秀人才能不纷至沓来吗？

三、英特尔的招聘三部曲

确定了自己所需人才的基本条件后，英特尔公司的招聘围绕这一要求展开了。第一步应确定是从有经验的人还是从新人中招收这类人。这实际上涉及是自己培养还是挖别人墙脚的问题。众所周知，有经验的人才有新人无法比拟的优点：这些人已经具备了相当的能力和技巧，能够独当一面，公司使用他们投资少，却可以立竿见影，而且由于经验丰富，犯低级错误的可能性小（他们已经付过必要的学习成本），这也是许多公司所看重的。他们的缺点也很明显：首先，其忠实性很值得怀疑；其次，可塑性受到局限，他们的思维往往已经定型，而且深受以往单位作风的影响。

新人的优缺点也一目了然。这些人的优点在于：学历高，与公司融合快，适应性强，潜力大，而且一旦融入公司，他们的思维定式便以公司为导向，容易培养认同感。缺点在于：投资大，短期内不合算，而且还要承受他们可能的学习成本。通常，在企业新设之初，企业为解燃眉之急，倾向于招收有经验的人才；而企业站稳脚跟后，如果实力雄厚，一般更喜欢吸收新人加以培养。毕竟，挖别人墙脚不是长久之计。

第二步就是如何进行招聘工作，保证所招收的人正是公司所需要的人才。英特尔公司的招聘比较常规化，或者说循规蹈矩。它的招聘工作基本上是按下面三个步骤进行的：

(1) 进行初步面试。通常，初步面试由公司人力资源部主管主持进行，通过双向沟通，使公司方面获得有关应聘者学业成绩、相关培训、相应工作经历、兴趣偏好、对有关职业的期望等直观信息，同时，也使应聘人员对公司的目前情况及公司对应聘者的未来期望有个大致了解。面试结束后，人力资源部要对每位应聘人员进行评估，以确定进入下一轮应试的人员名单。

(2) 进行标准化的心理测试。通过测试进一步了解应聘人员的基本能力素质和个性特征，包括人的基本智力、认识的思维方式、内在驱动力等，也包括管理意识和管理技能、技巧。

(3) 进行模拟测验。这是最终面试，也是决定应聘人员是否入选的关键。其具体做法是，应聘者以小组为单位，根据工作中常碰到的问题，由小组成员轮流担任不同的角色，以测试其处理实际问题的能力。模拟测试最大的优点是应聘者的智商和情商都能集中表现出来，能客观反映应聘者的综合能力，使公司避免在选择人才时感情用事。

第一节 员工招聘概述

为了适应不断变化的经营环境和激烈的市场竞争，企业需要不断提高自身的竞争能力，发展新业务，而这些都相应地对企业在人力资源的数量和质量上提出新的要求。企业在发展中需要不断补充或更新员工，招聘是企业补充人员的主要方法，也是使企业得以生存与发展的重要手段。成功和有效的员工招聘意味着组织能获得合格人才，从而为企业带来竞争优势。企业间的竞争本质上是人才的竞争，如果招聘等工作没做好，企业将因人才危机而使经营受挫。因此，做好招聘工作对企业日常运营及其未来发展均有十分重要的意义。

一、员工招聘的含义和特点

（一）员工招聘的含义

员工招聘是指组织为了正常经营和未来发展的需要，根据工作分析的数量与质量要求和组织的人力资源规划，从组织内部或外部寻找、发现和吸引有条件、有资格和有能力的人员来填补组织的职务空缺的活动过程。

招聘是现代企业管理过程中一项重要的、具体的、经常性的工作，是人力资源管理的基础和关键环节之一，直接关系到企业各级、各类人员的质量和企业各项工作的顺利开展。员工招聘对企业的意义重大，主要体现在以下几个方面：

（1）有助于改善组织的劳动力结构与质量。员工招聘以组织战略目标和战略计划为基础，根据人力资源计划确定人员需求数量，并根据工作分析确定所需人员的质量，然后在一定的时间和地点招聘所需要的员工。通过有目的、有计划地录用工作人员，组织可以控制人员类型和数量，改善组织在人力资源年龄、知识、能力等方面的结构和人力资源的总体质量。通过招聘，可以为组织注入新的知识、思想和理念，带来新的技术，从而提高人员的整体素质。

（2）有助于员工充分发挥自身能力。招聘为员工提供了公平竞争上岗的机会，促使每个员工充分发挥自己的主动性和能力，以在公平竞争中取胜。因而，成功的招聘一方面可以使组织外的劳动力更多地了解组织，结合自己的能力和发展目标决定自己是否参加组织并与组织共同发展；另一方面可以使组织发现合适的人选，帮助员工找到适合自己的工作，减少人员任职后离职的可能性。

（3）有助于提高组织的管理效率。员工招聘是一项有成本的职能管理活动。一方面，有效的招聘可以通过有序的事先计划、宣传和组织实施工作，有效地控制招聘成本；另一方面，有效的招聘能保证组织获得高效的人员，减少再次招聘的费用，减少人员流失，从而使管理效益得以提高。

（4）有助于树立良好的企业形象。招聘过程中所运用的大量招聘广告，能使外界更多地了解组织，提高组织的知名度。正因为招聘广告有此功能，所以许多企业打出招聘广告，并在其中不失时机地宣传本企业。另外，有的企业以极具吸引力的高薪酬、颇具规模和档次的招聘过程来表明企业对人才的渴求和企业的实力，有利于树立良好的企业形象。

（二）员工招聘的特点

与传统的招聘相比，现代人员招聘具有以下几个特点：

（1）前瞻性。现代人力资源招聘，需要根据组织的战略目标、经营现状和未来发展需要来确定组织人员的基本素质要求、数量和结构。组织要按照人力资源规划，进行人员的需求预测和供给分析，使招聘呈现一定的前瞻性，以避免在组织出现人员短缺后临时发出招聘信息的情况。

（2）双向选择性。招聘过程是应聘者与组织间双向和相互选择的过程。成功的招聘需要组织与应聘者双方对所申请的职位达成共识。传统的员工招聘是以组织为中心的单向选择过程，组织在招聘中占主动地位，而应聘者只能被动地等待组织挑选。

（3）多标准性。传统的招聘往往只注重员工的技术、知识和能力，而现代招聘除了强调职务申请者的技术、知识和能力满足组织的需求外，还考察申请者的人格、兴趣和爱好是否适合职务说明书、企业文化和价值观等。

（4）相互合作性。传统的员工招聘中，其决策与实施完全由人事部门负责，用人部门的职责仅仅是负责接受人事部门所招聘录用的人员及其安排，完全处于被动地位；而现代人力资源招聘中，用人部门承担重要的作用，它直接参与整个招聘过程，在招聘中处于主动地位，人力资源部则在招聘过程中起到组织、服务和监控作用，有效的人力资源招聘有赖于人力资源部门和用人部门之间良好的合作（见表4-1）。

表4-1 人力资源部门和用人部门的招聘职责分工

人力资源部门的工作内容和职责	用人部门的工作内容和职责
（1）负责招聘广告的审批手续办理	（1）负责招聘计划的制订和报批
（2）负责招聘广告联系刊登	（2）负责招聘岗位要求的撰写
（3）负责应聘信件的登记	（3）负责新岗位工作说明书的撰写
（4）负责笔试组织和公司情况介绍	（4）负责协助外地招聘广告的刊登
（5）负责体检和背景调查	（5）负责笔试考卷的设计
（6）负责正式录用通知的寄发	（6）负责应聘者初选
（7）负责报到手续的办理	（7）负责面试和候选人的确定
（8）负责加盟公司的培训	

（资料来源：陈维政，余凯成，程文文．人力资源管理与开放高级教程［M］．北京：高等教育出版社，2001.）

二、招聘与录用的基础工作

1. 人力资源规划

人力资源规划是在企业发展战略和经营规划的指导下进行人员的供需平衡，以满足企业在不同发展时期对人员的需要，为企业的发展提供符合质量和数量要求的人力资源保证。

人力资源规划与员工招聘有着直接关系：当预测的供给小于需求，而企业的内部供给又无法满足这种需求时，就要到外部进行招聘，招聘的主要依据就是人力资源规划的结果，这其中包括招聘人员的数量和质量。

2. 工作分析

工作分析也叫职位分析、工作岗位分析，是指了解组织内的一种职位并以一种格式把与这种职位有关的信息描述出来，从而使其他人能了解这种职位的过程。工作分析主要解决以下问题：某一职位是做什么事情的；什么样的人最适合做这些事情。工作分析是进行员工招聘与录用的重要基础之一，通过工作分析形成各个职位的工作描述，是对员工招聘与录用的主要依据和标准；通过工作分析可以界定出各个职位的任职资格条件，这是进行员工需求分析所要考虑的一个重要因素。

三、影响招聘的因素

在现实生活中，招聘活动的实施受到多种因素的影响，为了保证招聘工作的效果，必须对这些因素有所了解。归纳起来，影响招聘活动的因素主要有外部因素、内部因素及应聘者自身因素三类。

（一）外部因素

1. 国家的相关政策与法律法规

国家有关经济发展的重大政策以及颁布的与人才市场相关的法律法规是影响企业招聘与选拔工作的重要因素。

（1）国家政策引导的资金流动和经济发展将会在当地产生大量的人才需求，从而给企业的招聘工作带来影响。

（2）国家颁布实施的大量法律法规文件在规范劳动力市场发展与企业招聘工作方面也影响深远。例如，我国在劳动就业方面的法律法规主要有《中华人民共和国劳动法》(1995)、《人才市场管理规定》(2001)、《女职工禁忌劳动范围的规定》(1990)、《集体合同规定》(2004)、《中华人民共和国劳动合同法》(2008) 等。因此，企业在制订招聘计划和相应的录用决策过程中，必须充分考虑现行法律法规和政策的有关规定，防止发生违背法律法规的行为，避免产生法律纠纷，以免给企业的人力、物力、财力以及企业形象带来不必要的损失。

2. 社会经济制度与经济发展状况

社会经济制度会对劳动力供求状况产生影响。当社会经济高速增长时，市场的繁荣给企业发展带来机遇，而企业的发展壮大又会产生大量的岗位空缺和人才储备需求，这时候劳动力市场供不应求，同行业企业间的招聘竞争加剧；当社会经济增长缓慢甚至出现萧条景象时，企业需求大大降低，则会使劳动力市场供过于求。

3. 外部劳动力市场

外部劳动力市场是招聘与选拔工作的直接影响因素之一。外部劳动力市场的供求情况、供给质量、竞争程度以及发育水平等都会直接影响企业的招聘和选拔工作。从招聘成本的角度来具体分析，如果外部劳动力市场供过于求，那么企业的招聘活动就会相对容易；反过来，如果劳动力市场供不应求，那么企业要完成招聘工作就不得不提高招聘条件，从而增加成本。

4. 竞争对手活动

在招聘活动中，竞争对手也是非常重要的一个影响因素。应聘者往往对不同企业进行比较之后才会作出决策，如果企业的招聘政策和竞争对手存在差距，那么就会降低企业的吸引力，从而影响招聘的效果。因此，在招聘过程中，取得对竞争对手的比较优势是非常重要的。

除此之外，社会文化与教育发展状况、科学技术的进步以及社会发展水平等因素都会给企业的招聘与选拔工作带来相应的影响。

（二）内部因素

不仅国家的法律和社会环境、劳动力市场的供求关系等外部因素影响着组织的招聘工作，许多内部因素也对组织招聘起着决定作用，如企业的发展战略、企业所提供职位的性质、企业文化与形象、企业的用人政策以及企业的招聘成本等。

1. 企业的发展战略

作为企业经营发展的最高纲领，发展战略对企业各方面的工作都具有重要的指导作用。

在不同的发展战略下，企业人员招聘配置的活动重点也是不同的。①企业的发展战略会影响企业招聘的数量。不同的发展战略对人员的需求量不同。例如，扩张型战略需要加大招聘力度，而紧缩型战略就需要裁减人员。②企业发展战略的选择决定了企业招聘人员的素质与类型。例如，选择多元化发展战略的企业需要招聘背景多样化的员工，选择国际化发展战略的跨国企业决定了其招聘来源的国际化。③企业的战略选择决定了选择录用新员工的工作作风与风格。例如，选择探索型战略的企业，希望招聘的员工具有开拓性、创新意识与探索精神，如微软就非常注重应聘者的创新性思维能力。

2. 招聘职位的性质

企业人力资源招聘的主要目的，一是为企业未来发展储备人才，二是填补职位空缺，其中后者较为常见。空缺职位的性质由两方面决定：一方面，人力资源规划决定的空缺职位的数量和种类；另一方面，职位分析的空缺职位的工作职责、岗位工作人员的任职资格要求等。因此，空缺职位的性质就成为整个招聘过程的关键，它决定了企业需要招聘多少人员，招聘什么样的人以及到哪个相关劳动力市场上进行招聘。同时，它可以让应聘者了解该职位的基本概况和任职资格条件，便于进行求职决策。

3. 企业文化与形象

企业文化是企业全体员工在长期的生产经营活动中培育形成并共同遵循的最高目标、价值标准、基本信念及行为规范的总和。每个企业都有自己的企业文化，因此，在招聘过程中，不同公司对应聘者的行为就有不同的评判。

企业文化影响着企业招聘人员的渠道。当企业的开放程度比较高时，它不会排斥外部的人员，因此，在招聘录用时，就可以从内部和外部两个渠道来进行；反之，企业的开放程度比较低时，由于企业员工不欢迎外部的人员填补职位空缺，尤其是高级职位空缺就要更多地从企业内部来选拔晋升。

企业的社会声誉和企业在求职者心目中的形象决定着求职者的择业倾向，决定了企业对求职者是否具有一定的吸引力。因为每个人都希望自己成为优秀组织中的一员。业绩突出的大公司或在公众中有良好声望的知名企业，容易吸引大量的求职者。因此，企业录用到优秀员工的概率就比较高，从而有利于公司进一步的甄选录用工作。

4. 企业的用人政策

企业高层决策人员对企业内部招聘或外部招聘的倾向性看法，会决定企业主要采取哪种方法招聘员工。有的决策者认为自己人好用、可靠，因此采取内部招聘方式；有的决策者认为从职业中介机构获取人才方便快捷、信息量大，因此通常采取招聘外包和到人才市场招聘的方式；有的决策者认为熟人介绍的人员可靠且风险小、成本低，因此采取熟人介绍的方式；有的决策者认为过去所做的业绩最可靠，因此接受猎头公司的推荐或选择有较高知名度的人才。

企业的薪酬及福利待遇水平高低是影响企业招聘工作的一个重要因素。人才竞争中形成的工资福利待遇，使劳动力市场中的人才流动最终达到均衡。但在实际招聘中，为了吸引优秀人才来应聘，很多企业根据自身的条件都提出了诱人的政策，其中包括较高的工资福利等物质待遇条件，在企业的实践中，高薪揽才仍然是一种有效的手段。在普通员工招聘过程中，公平，优厚的工资、奖金，以及完善的各种福利保障制度也是很实际且有力的“武器”。这里除了“有劳有得，多劳多得”被人人视为当然的公平准则之外，薪酬待遇水平也被认为是员工自身价值的体现。

5. 企业的招聘成本

不同的招聘渠道、不同的招聘信息发布方式、不同的选拔方法所需要的时间周期不同，花费的成本差异也很大。因此，企业投入招聘的资金是否充裕将会影响上述方式的效果，并最终影响招聘的效率与成果。招聘资金充足的企业在发布招聘信息时，可以花较多的费用做广告，选择在全国范围内发行的报纸、杂志等传播媒体上刊登招聘信息，也可以参加大型现场招聘活动；在对应聘者进行筛选时，可以选择更多或更精细的筛选方法，可以更广泛地调查、检查应聘者的资料和背景等，这样可以在更大范围内更准确地选择所需要的人才，提高招聘的准确率。

除了上述因素以外，招聘新员工的时间紧迫性、企业的承受能力、企业生产对人才需求的紧迫性、企业招聘人员的专业素质等，都会对招聘工作产生一定的影响。

（三）应聘者自身因素

“双向选择”是招聘单位与应聘者之间最基本的互动模式。企业自身相关的因素会影响其对应聘者的选择，同样，应聘者自身的因素也会影响其对招聘单位的选择。

1. 求职动机的强弱会影响应聘者的择业

求职动机是指应聘者在求职过程中的努力程度，或者期望得到工作职位的迫切程度。显然，求职动机强的个体在对职位的要求方面相对较低，并且愿意作出妥协的空间也相对较大。他们在应聘过程中，考虑不会太多、太苛刻，也较容易作出选择。

2. 应聘者的职业兴趣和气质、性格特征会影响其对招聘单位和岗位的选择

美国心理学家、职业生涯指导专家霍兰德（Holland）曾于1959年提出了著名的“职业—个性匹配理论”，认为可以将职业兴趣区分为六种模型，即现实型、研究型、艺术型、社会型、开拓型和常规型，每一种职业兴趣适合的职业种类都不一样。例如，开拓型的个体通常更适合从事各级管理者、政治家、推销员之类的职业。当然每个人并不是精确地属于哪一种具体的类型，而是同时具有几种类型的特征，但是具有最高倾向的都只会有一种，而这一种职业兴趣对其职业选择的影响也最大。

除了职业兴趣，应聘者的气质、性格特征同样会影响其择业。一个内向、文静、不善于交际交往的应聘者显然不适合从事诸如销售人员、人力资源经理等职位。应聘者在应聘的过程中，总是倾向于选择那些与自己的职业兴趣和气质、性格特征等相匹配的职位。

3. 应聘者个人的职业生涯规划也会影响其在求职过程中的选择

求职生涯规划关注的是个人对自己所要从事的职业、要去的工作组织、在职业发展上想要达到的高度等进行的总体规划和设计。职业生涯规划促使个人在事业上做得更好。例如，那些将人力资源总监作为自己职业发展目标的个体显然不会去选择诸如教授、研究人员之类的工作。

4. 应聘者受教育水平和工作经验也对其职业选择有重要影响

一般来说，受教育水平越高，职业期望也越高。而工作经验在个人求职过程中通常发挥着一种“先入为主”的作用。如果去应聘自己熟悉的行业，求职者已有的工作经验一方面可以成为自己的优势之一；另一方面也可以给招聘单位带来现实的意义，因为这样的新员工只需经过很少的培训就可以直接上岗。这也是实际的招聘与选拔过程中很多企业都非常重视应聘者工作经验的一个重要原因。

四、招聘的基本流程

招聘工作是为空缺岗位配备合适人选的关键工作，因此，应当遵循一定的流程以保证招聘工作的科学性。招聘工作的基本流程包括以下五个步骤：

（一）对员工需求的预测

当对员工需求进行预测时，要根据企业的情况把企业主要业务活动放在中心位置，这就要求组织成员具备较高的技能，并能最大限度地满足客户的需求。可以通过科学的定员方法来确定需招聘的员工数，通过各部门的报告来确定空缺情况。

（二）制订员工招聘计划

员工招聘计划是指在人力资源规划的指导下，在对预期设定的职位分类和定编定员的基础上，参考人员需求预测结果，以内部或外部的应聘者作为人才库而制订的一个填补未来职位的用人计划。招聘计划一般包括以下内容：人员需求清单，包括招聘的职务名称、人数、任职资格要求等内容；招聘信息发布的渠道和时间；招聘小组人选，包括小组人员姓名、职务、各自的职责等；应聘者的考核方案，包括考核的场所、大体时间、题目设计者姓名等；招聘的截止日期；新员工的上岗时间；招聘费用预算，包括资料费、广告费、人才交流会费用等；招聘工作时间表，尽可能详细，以便于他人配合；招聘广告样稿，等等。下面请看一则员工招聘计划范例：

公司招聘计划范例

一、招聘目标（人员需求）

职位名称	需求人员数量	其他要求
软件开发工程师	5	本科以上学历，35岁以下
营销代表	3	本科以上学历，3年以上营销工作经验
办公文员	1	专科以上学历，女性，30岁以下

二、信息发布渠道和时间

1. ××日报　　3月20日
2. ××招聘网站　　3月20日

三、招聘小组成员名单

组长：李成功（人力资源部经理）——全面负责招聘活动

成员：王　林（人力资源部薪酬专员）——具体负责应聘人员接待、应聘资料整理

赵　芳（人力资源部招聘专员）——具体负责招聘信息发布，面试、笔试安排

四、招聘方案及时间安排

1. 软件开发工程师

资料筛选	开发部经理	截至3月27日
初试（面试）	开发部经理	3月29日
复试（笔试）	开发部命题小组	3月31日

2. 营销代表

资料筛选	营销部经理	截至3月27日
初试（面试）	营销部经理	3月29日
复试（面试）	营销副总	3月31日

3. 办公文员

资料筛选	行政部经理	截至3月27日
面试	行政部经理	3月29日

五、新员工的上岗时间

预计在4月3日左右。

六、招聘费用预算

××日报广告刊登费6000元，××招聘网站信息刊登费2000元，资料费等其他费用500元。合计预算费用：8500元。

七、招聘工作时间表

3月11日：起草招聘广告

3月12日~3月13日：进行招聘广告版面设计

3月14日：与报社、网站进行联系

3月20日：报社、网站刊登广告

3月21日~3月27日：接待应聘者、整理履历资料、对资料进行筛选

3月28日：通知应聘者面试

3月29日：进行面试

3月31日：进行软件工程师笔试（复试）、销售代表面试（复试）

4月1日：向通过复试的人员通知录用

4月3日：新员工上班

人力资源部

2011年3月5日

（三）确定招聘渠道

依据人才来源不同，招聘渠道分为两种：内部招聘和外部招聘。内部招聘的来源是企业内部员工；外部招聘的来源是企业的外部，如大中专院校、人才交流中心、猎头公司等。在填补职位空缺时，不论是内部招聘还是外部招聘，都各有利弊，这就要求企业权衡利弊进行选择。

（四）录用过程

首先要填写申请表，接着根据具体职位需要对应聘者进行测试。测试的类型有多种，如算术测试、心理人格测试、书写能力测试、管理能力测试、知识测试、职业技能测试等。然后进行面试，面试的主要目的是能够对应聘者性格和各方面能力有一个综合的评价，面试的效果取决于面试的方式和负责面试人员的能力。通过面试，组织招聘的人员可以获得在笔试中所无法提供的信息。下一步就要对应聘者进行背景考察、体格检查。最后确定人选，组织在确定理想的人选后，发出录用通知。

（五）评估员工招聘效果

员工招聘效果好与差，需要进行评价，并把评价分析报告反馈到员工招聘计划和下一轮招聘需求预测中，有利于以后员工招聘工作取得更好的效果。员工招聘效果的评估一般采用录用比、招聘完成比和应聘比来测定。

第二节 员工招聘途径

招聘就是通过各种途径和方法获得候选人的过程。招聘的途径主要有两条，即内部招聘和外部招聘，而且每一种招聘途径又有多种形式。企业可以根据以往的经验来确定一些基本准则，规定哪些人员主要从内部选拔，哪些人员主要从外部招聘，并制定清晰的流程来指导企业开展招聘工作。一般来说，招聘渠道与方式的选择，取决于企业拟招聘职位的性质、企

业的规模、企业的关联政策等一系列因素。

一、内部招聘

内部招聘又叫内部选拔，是指从企业内部选拔合适的人才来补充空缺或新增的职位。

（一）内部招聘的方式

一般来说，内部招聘的方式包括晋升、职位调动和岗位轮换。

1. 晋升

当某个职位需要那些熟悉组织人员、工作程序、政策以及组织特性的人去做时，或者企业内部员工更有能力胜任空缺的职位时，可以采取内部晋升的方式。在企业内部进行有效的晋升可以激励员工更好地工作。从时间和金钱两个方面来看，内部晋升也更为经济。如果一个组织有内部晋升政策，它必须对候选人进行筛选并施加压力。一个常被掩盖的问题是在企业迅速发展的时候，由于组织面临严重的管理人员短缺，大部分员工都会得到晋升而不重视其任职资格。快速的发展可能会暂时掩盖管理上的不足，但当公司的增长率下降时，就会出现管理者剩余的现象，此时，这些管理者的不适便暴露无遗了。

2. 职位调动

内部招聘的另一种方式是进行职位调动而不是晋升。职位调动能够为员工提供一个更全面了解组织的机会，这对其今后的晋升是至关重要的。此外，当员工不适合现任职位时，也可以通过职位调动做到人尽其用。

3. 工作轮换

职位调动通常是永久性的，而工作轮换往往是临时性的。工作轮换不仅可以使接受培训的管理人员适应组织各种不同的环境，还可以减轻那些处在高度紧张职位上员工的工作压力。例如，海尔集团提出"届满轮流"的人员管理思路，即在一定的岗位上任期满后，由集团根据总体目标并结合个人发展需要，将员工调到其他岗位上任职。工作轮换也可以作为职业生涯管理与设计的一个部分。

（二）内部招聘的方法

在进行内部选拔时，一般是先列出各职位所需的管理技能明细表，在企业内部公告出现的职位空缺，然后由愿意填补空缺职位的人员通过公开竞争的方式来进行。

1. 工作职位公告

职位公告即将职位空缺公之于众，并列出工作的特性，如资格要求、职位要求、薪资等级等。职位公告是企业内部招聘人员所采用的普遍方法，可以通过在企业的布告栏发布工作岗位空缺的信息，或在企业的内部报刊、局域网上发布。符合任职资格的员工，可以提交正式的申请书参加该职位的竞争。

2. 人员信息记录卡

人员信息记录卡也称技能清单。随着现代信息技术的普及，许多企业的员工信息资料都已经计算机化。越来越多的企业倾向于利用人员信息记录卡来进行内部招聘。人员信息记录卡对于维系企业的持续运转十分重要，它包括了诸如员工的资格、技能、智力、经历、健康状况、教育背景和培训方面的信息，而且这些资料是经常更新的，能够全面、及时、动态地反映所有员工的最新情况。这些信息不仅能够帮助决策者获得职位申请者的相关信息，而且还可以帮助企业及时发现那些具备相应资格，但由于种种原因没有进行申请的员工。

3. 员工推荐法

员工推荐法是指根据需要，由组织和员工推荐其熟悉的合适人员，供用人部门和人力资源部门进行选择和考核的一种内部招聘方法。有人认为，员工推荐法是所有招聘渠道中最好的一种方法，因为这种方法有以下优点：

（1）由于推荐者比较了解公司的招聘要求，他们会根据空缺岗位的要求搜索周围的适合人选，从中选择最优人选作为推荐的对象。

（2）推荐者推荐的人选一般是自己比较了解、认可的，由于被推荐者的素质也与推荐者自己有关，所以只有在他们认为被推荐者不会给他们带来不利的影响时才会主动推荐，这在一定程度上也是被推荐者在推荐者心目中的一次筛选，所以能够提高招聘的质量。

（3）被推荐者对企业有比较现实的基本了解。

（4）由于对用人部门与被推荐者均比较了解，因此，推荐者更容易获得组织的信任，从而提高了被推荐者被聘用的可能。

当然，员工推荐法也有一定的不足：

（1）由于推荐的大部分是自己熟悉、关系要好的人，所以容易形成小团体和非正式组织，对组织可能形成致命的伤害。

（2）当员工推荐的人被拒绝时，这个员工可能会产生不满。

由于员工推荐法的优点较多，而且这种方法无论是对内招聘还是对外招聘都适用，所以很多企业都乐于采用此方法来招聘员工。微软招募人才的渠道主要依靠公司内员工的推荐，特别是当公司进入一个新的市场时，微软有将近40%的员工是通过这种途径进入公司的。

（三）内部招聘的优势和不足

（1）从选拔的有效性和可信度来看，管理者和员工之间的信息是对称的，不存在“逆向选择”（如员工为了入选而夸大长处、弱化缺点），甚至“道德风险”问题。因为有来自本企业的有关资料和工作表现记录，其历史资料有案可查，管理者对其工作态度、素质能力以及发展潜能等方面有比较准确的认识和把握，对于内部候选人会有更加准确的评价。

（2）从企业文化角度来看，内部选用加强了企业文化，并且传达了一个信息：忠诚和出色的工作会得到晋升的奖励。员工与企业在同一个目标基础上形成的共有价值观、信任感和创造力，体现了员工和企业的集体责任及整体关系。员工在组织中工作过较长一段时间，已融入到企业文化之中，视企业为其事业和命运的共同体，对组织的忠诚度较高，较少可能由于对公司适应性差而不能适应工作。

（3）从组织的运行效率来看，与外部招聘相比，对于内部员工通常需要较少的技能评估和较少的时间来决定任用与否，且他们拒绝公司待遇的可能性也小得多，所以能更快地开展工作。现有的员工还由于熟悉企业业务、管理方式以及企业文化，因此，更容易接受指挥和领导，易于沟通和协调，易于贯彻执行方针决策，易于发挥组织效能。

（4）从激励方面来看，一个内部人员的晋升会引起多个内部人员的晋升。由于很多人得到晋升以填补空位，因此，每次晋升产生的空位都会成为晋升者们的动力。制订内部优先选用方案增强了公司提供长期工作保障的形象，有助于公司人员的稳定，有利于吸引那些寻求工作保障的员工，使员工的成长与组织的成长同步，能够鼓舞员工士气，形成积极进取、追求成功的氛围。

（5）从成本来看，首先，由于减少了投入昂贵的广告费用，费用较低；其次，内部晋升使得对外招聘集中在“初级层次”上，填补初级层次的职位比较容易，求职人才库更大，即便招聘失误，雇用到“劣质”的员工，金钱上的损失会较低。再次，一般来说，内部候选人由于不会受到其他外部公司的待遇诱惑，工资待遇会更符合企业的现状。

但是，内部选拔也存在一些不足：

（1）内部员工竞争的结果必然是有胜有败，这可能会影响组织的内部团结。晋升人员之前，可能会出现谋求职位的欺骗手段和派别间的钩心斗角。

（2）一些内部选拔系统僵化，晋升计划陈旧，晋升制度不具备评价其有效性的标准或措施，以致公司内部最好的人才不能被发现，甚至导致优秀人才外流。

（3）企业内的“近亲繁殖”、“团体思维”、“长官意志”现象，使得企业缺乏多样性的观念和见解，不利于个体创新。可能出现的“裙带关系”，滋生组织中的“小帮派”、“小团体”，削弱组织的效能。此外，晋升那些最有经验和技能最好的人并不总是意味这个被晋升者会成功。当其没有达到预期时，与外部招聘人员相比，许多企业更加不愿意解雇（或降职使用）一个内部晋升者。

二、外部招聘

（一）外部招聘的渠道和方法

1. 招聘广告

招聘广告是企业进行外部招聘常用的方法，在补充各种工作岗位时都可以使用。它通过新闻媒介向社会传播招聘信息，招聘信息力求做到内容准确、详细，聘用条件清楚，能起到扩大组织影响的作用，收到一举两得的效果。

招聘广告应包括以下内容：组织的基本情况；招聘的职位、数量与基本条件；招聘的范围；薪资待遇；报名的时间、地点、方式及所需的资料；其他有关注意事项。

广告的传播媒体包括报纸、杂志、广播电视、互联网、传单等，各种媒体有其各自的优点和适用范围。

（1）报纸招聘的优点是标题短小精练，广告版面大小可以灵活地选择；报纸的发行集中于某一特定地域，而且栏目分类编排合理，便于求职者查找。报纸广告最适合招聘那些高流失率行业的人员，如零售业、餐饮业等，对一些销售人员和服务人员采用报纸广告招聘是比较好的选择。选择报纸招聘的单位，目前以大中型企业为主，它们往往借招聘对企业进行广告宣传。报纸招聘广告比单纯做广告的宣传效果要好很多，特别是整版的招聘广告，从总经理到清洁工、保安员等职位全招的企业，90%以上是为了给企业做广告而并非真的招聘。另外，在进行报纸广告招聘时，先要了解一些相关信息，如采用什么报纸，该报纸的发行量如何、读者数量如何，该报纸有无类似的广告，选择多大的版面合适等。

（2）杂志招聘的优点是专业杂志会到达特定的职业群体手中，广告版面大小富有灵活性；广告的印刷质量较高，有较高的编辑声誉；时限较长，求职者可能会将杂志保存起来再次翻看。缺点是杂志发行的地域太广，故在希望将招聘限定在某一特定区域时通常不宜使用；广告的预约期较长。杂志广告的适用条件是所招聘的工作承担者较为专业；时间和地区限制不是很重要；与正在进行的其他招聘计划有关联等。

（3）广播电视招聘的优点是不容易被观众忽略，能够比报纸和杂志更好地让那些不是很积极的求职者了解到招聘信息；可以将求职者来源限定在某一特定区域，极富灵活性；比印刷品广告能更有效地渲染雇用气氛，较少因广告集中而引起招聘竞争。它的缺点是只能传递简短的、不是很复杂的信息，缺乏持久性，求职者不能回头再了解（需不断地重复播出才能给人留下印象）；商业设计和制作（尤其是电视）不仅耗时而且成本很高，缺乏特定的兴趣选择，为无用的广告接受者付费。它的适用条件是处于竞争的情况下，没有足够的求职者看印刷广告；职位空缺有许多种，而在某一特定地区又有足够的求职者；在两周或更短的时间内足以对某一地区展开“闪电式轰炸”；用于引起求职者对印刷广告注意等。

（4）互联网招聘的优点是覆盖面更加广泛（世界范围内），可以在更大范围内起到广告作用。详细分析见本部分后文中“5. 网络招聘”。

（5）传单招聘的方式是在特殊场合较为有效的一种方法。这种方法的灵活性非常强，但自身的作用有限，一般应与其他方法结合使用。这种方法一般用于招聘会和就业服务会上。

2. 校园招聘

校园招聘也是外部获取人才的一种方式，通常是指企业直接从应届毕业生（包括专科生、本科生、硕士研究生、博士研究生）中招聘所需的人才。作为储备和培养人才的重要手段，校园招聘越来越受到企业，特别是实施投资型人力资源战略的企业的重视。

（1）校园招聘的方式。校园招聘的方式通常有三种：

1）企业直接派出招聘人员到校园去公开招聘。这种招聘通常是在每年的 11 月到次年的 4 月进行。派出的招聘人员一般要对校园生活、校园环境和大学生的心理状态有相当的了解，以便与其直接联系和沟通。

2）由企业有针对性地邀请部分大学生在毕业前（大约前半年的时间）到企业实习，参加企业的部分工作，企业的部门主管直接进行考察，了解学生的能力、素质、实际操作能力等。由于这种考察实地进行，因此收集的信息较全面。

3）由企业和学校联合培养人才。这些联合培养的人才从学校毕业后全部去参加培养的企业工作，这种方式通常用于某些特殊专业的专门人才。例如，厦门大学和美国太古集团公司联合培养飞机维修专业的学生，学生在校期间所学科目主要由厦门大学确定，由厦门大学的教师授课，但学生每年有两个月时间到太古公司实习，毕业后全部进入太古公司工作。

（2）校园招聘的优点。校园招聘的优点主要体现在以下几个方面：

1）针对性强。可以根据企业的需要，选择学校、专业、具有特殊专长的学生等。

2）选择面大。学校是培养人才的基地，可供选择的人数多，具备各种专长的也大有人在。因此，选择的机会要比校园外多得多。

3）选择层次是立体的。校园招聘有较低层次的中专、大专，也有中等层次的本科，还有较高层次的硕士和博士，这种选择的立体性只有校园招聘具备。

4）适宜进行战略性人才选择和储备部分优秀人才。由于校园人才的层次多、人数多，可供选择的机会多，便于企业进行战略性人才选择，各种优秀人才均可根据企业的需要按图索骥。

5）校园招聘的人才一般比较单纯。由于学生社会资历浅，思想单纯，因此，接受能力和可塑性均强于其他来源的人才。如果培养、任用得当，人才对企业的认可度较高，忠诚度也较高。

(3) 校园招聘的缺点。校园招聘的缺点主要体现在以下几个方面：

1) 由于学生没有任何阅历，企业对应聘者今后可能的表现和绩效缺少充分的把握。

2) 由于学生缺乏各种经验，企业投入的培训成本高。很多企业不喜欢招聘刚出校门的学生，主要原因是想节约培训成本，先让别的企业培养3~5年，再想办法把较成熟的人员挖到自己企业来。

3) 由于学生常有眼高手低、对工作期望值过高的缺点，因此，新员工一年内跳槽的概率高，招聘成本高。

4) 如果培养、任用不当，学生可能会不认可企业的文化和价值观，影响企业的团队建设。

3. 现场招聘会

随着人才流动的日益普遍，人才交流中心、职业介绍所、劳动力就业服务中心等媒介应运而生。这些机构承担着双重角色：既为组织择人，也为求职者择业。其中，人才交流会（现场招聘会）可以使供需双方面对面地进行商谈，增进了解，缩短了招聘与应聘的时间，是一条行之有效的招聘与就业途径。

在招聘会上，用人企业和应聘者可以直接进行接洽和交流，节省了企业和应聘者的时间，还可以为招聘负责人提供不少有价值的信息。随着人才交流市场的日益完善，招聘会呈现出向专业方向发展的趋势，例如有中高级人才洽谈会、应届生双向选择会、信息技术人才交流会等。招聘会上，由于应聘者集中、人才分布领域广泛，企业的选择余地也较大。通过参加招聘洽谈会，企业不仅可以了解当地人力资源素质和走向，还可以了解同行业其他企业的人事政策和人力需求情况。此外，现场招聘通常会与媒体广告同步推出，并且有一定的时效性，可以直观展示企业的实力和风采。

然而，由于现场招聘时间较紧，不能进行充分有效的沟通，不能收集到更多、更深层次的资讯，因此，现场招聘主要适用于临时补充个别岗位的少量人员，如补充少量的营销人员、中层管理者（技术人员）等。目前，有少数企业参加现场招聘时并不是真正在招聘，只是想利用现场招聘来给自己做免费的宣传，于是只安排一至两名文员到现场收集资料，这样做既浪费了别人的时间与资金（资料），也是不负责任的表现之一。

4. 猎头公司

猎头的英文名称是 headhunting，来源于拉丁文。第二次世界大战以后，欧美一些国家作为战胜国，从德国等国家寻找自己需要的科学家，他们像丛林狩猎一样，到处派专业公司帮他们物色高级人才，因此，叫做高级人才寻访。

目前，人们所说的猎头是指一种由专业咨询公司利用其储备人才库、关系网络，在短期内快速、主动、定向寻找企业所需要人才的招聘方式。作为中介机构，猎头公司和简单的中介公司有很大的不同：猎头公司不对个人进行收费，中介公司则是谁有需要就对谁收费——个人要找工作就对个人收费，企业要找人就向企业收费，层次比较低；猎头公司收费很高，而中介服务收费往往比较低；猎头主要是主动寻找人才，中介更多的是在现有资源中撮合。另外，中介公司更多的是为找工作的人服务，而猎头公司更多的是为能力强、职业道德好的人才服务。

猎头行业的兴起是企业间人才争夺战的结果。猎头公司在企业人才争夺战中起到了推波助澜的作用，加上供求关系的失衡，也为高级人才的身价增长起到了积极的推动作用。由于猎头公司主要面向的对象是企业中高层管理人员和企业需要的特殊人才，其具体操作基本上是由企业高管直接负责，因此，正规的猎头公司收费比较高，通常为被猎成功人员年薪的20%～30%。由于猎头公司利润高，进入门槛低，市场前景好，所以许多人蜂拥去开猎头公司，结果导致猎头之间互相残杀、相互挖墙角，恶性竞争。因此，猎头的服务素质也大大下降，许多猎头顾问胡乱推荐，其整体的专业性和职业性受到破坏。所以在选择猎头公司的时候，考察他们的实力和口碑是至关重要的：一是要了解他们所服务的客户情况；二是了解他们的内部运作；三是评估猎头顾问的专业水准；四是合同条款的约定，特别是对被推荐过来的人才干了几个月就跳槽的情况如何处理；最后才考虑服务的收费价格。

5. 网络招聘

所谓网络招聘，就是通过公司网站或专业招聘网站发布招聘信息进行招聘。它是公司的人力资源部门通过互联网或内部网发布招聘信息，并通过电子邮件或简历库收集应聘信息，经过信息处理后，初步确定所需岗位人选的一种招聘方法。网络招聘是近几年来新兴的招聘方式，目前主要有两种类型：一是人才交流公司或中介机构组织的网上招聘，二是企业直接在网上招聘。

（1）网络招聘在实际应用中表现出很多优点：

1）成本较低。据专业人士介绍，一次招聘会的费用可以做两个月的网络招聘。

2）信息收集及时、充分，缩短了企业的招聘时间。

3）网上的招聘广告不受时空限制，受众时效性强，招聘信息还可以发布到海外。

4）网络本身就是一层屏障，通过网络应聘的人员一般在计算机使用、网络，甚至英语上都具备一定的水平，这也间接地考核了应聘者的能力。

5）网络招聘中企业是完全主动的，可以随时按自己的要求发布招聘职位、修订招聘信息、刷新资料等。

（2）网络招聘同样存在许多缺点：

1）投递的简历资料过度，海选工作量大；多数简历都经过了求职者的精心包装或存在艺术性的夸大，这就需要负责招聘的人练就一双火眼金睛，快速从海量信息中提取符合自己需要的简历，尽量挤掉那些水分。

2）不能进行面对面的交流，不适用于经济不发达地区。

3）网络招聘在我国目前形势下，不适合招聘知识技能要求较低的职位，因为考虑到上网的人群特征，如果公司发布的招聘信息没有被应聘人员看到，也就不会招到合适的人选。

网络招聘现已成为相当普及的招聘渠道。有影响力的招聘网站主要有：前程无忧、中华英才网、中国人才热线、卓博人才网、南方人才网、智联招聘等。网络招聘的招聘信息可以定时定向投放，发布后也可以管理，其费用相对比较低，理论上可以覆盖到全球。通过在知名的人才网上发布招聘的信息，可以快捷、海量地接收到求职者的信息，而且各网站提供的格式简历和格式邮件可以降低简历筛选的难度，加快简历处理的速度。这种形式对于白领阶层尤其适用，基本上是“找工作，一键搞定”。另外，对于招聘IT行业人才也有着很好的效果，这也与IT人员经常使用网络的特点密切相关。

6. 职业介绍所

随着劳动力市场的逐渐完善，我国的就业服务机构也出现了分化，目前我国的就业服务机构可分为两类：一类是私人职业介绍机构，一类是公共就业服务机构。其中，公共就业服务机构又分为劳动力市场和人才市场。

（1）私人职业介绍机构。我国的私人职业介绍机构产生得比较晚，在经营上还存在许多不规范的问题，发展也受到一定的限制。通常，企业只是在招聘临时员工时才会利用私人职业介绍机构。

（2）公共就业服务机构。相对私人职业介绍机构来说，公共就业服务机构要发达得多。由于在计划经济体制下我国就存在劳动局和人事局的传统分割，因此，现在的公共就业服务机构也分化为劳动力市场和人才市场。企业一般在劳动力市场上招聘“蓝领”工人，在人才市场上招聘“白领”员工。

就业服务机构作为一种专业的中介机构，掌握着丰富的人力资源资料，而且招聘甄选的方法也比较科学，效率较高，可以为企业节省时间。同时就业服务机构作为第三方，能够坚持公事公办，公开考核，择优录用，公正地为企业选择人才。但另一方面，也正因为就业服务机构不是企业本身，不能清楚地了解企业对人才的要求，有时选择到不合格的人，会增加企业的招聘成本。

7. 租赁试用

租赁试用员工兴起于20世纪80年代，目前仅在美国有人应用这种形式。拟租赁的员工一般都是高级管理者或高级技术人员，很多人拥有硕士、博士等学位。于是，一些用人单位就将招聘目光投向了租赁公司的拟租赁员工，先通过租赁的方法试用他们，再从中挑选中意者。

8. 劳务派遣

劳务派遣是近几年发展起来的一种新型的招聘方式，主要是招聘一些一线人员，对员工的素质要求不高。对此在“劳动关系”一章中有详细介绍。

9. 其他招聘方式

在传统的招聘方式之外，还存在一些其他方式，包括兼职、假期临时雇用学生、雇用退休人员等。教师、工程师、文艺表演等职业的兼职现象也已经越来越普遍。雇用假期中的学生不仅成本低，还可以由此选拔优秀者，争取他们毕业后到本企业来效力；退休人员的工作积极性高，在某些行业和职业上，他们的工作经验是很宝贵的财富；现在我国的城市中存在大量的下岗人员，他们也已经成为重要的劳动力资源。

（二）外部招聘的优点

（1）能够为企业注入新鲜血液。外聘人员能够给企业带来新的管理方法和经验，由于他们新加入企业，没有太多的程序束缚，工作起来可以放开手脚，而且很少顾及复杂的人情网络，常常能给企业带来创新机会。

（2）比培训专业人员要廉价和快速。外部招聘的一大特点就是快速，组织能够在较短的时间内从外部引进具有相应能力的员工，这也省去了相关培训的费用，同时减轻了人员培训的工作量。

（3）外聘人员受到束缚较少。内部提升的员工，由于上下级对其成长过程比较了解，对其失败的教训印象较为深刻，从而可能影响员工能力的发挥。而企业对外聘人员以往的成绩和职业生涯中失败的记录知之甚少，这也使得外聘人员的束缚较少，有利于其迅速地打开局面。

(4) 回避内部竞争的矛盾。由于空缺职位有限，企业内可能有多个候选人，他们之间的不良竞争可能导致钩心斗角、相互拆台等问题发生。当员工未被提升时，可能就会产生不满情绪，尤其是以往处于同一层次的员工得到提升时，这种不满情绪就会更加强烈，甚至导致消极懈怠、不服管理等内部不和谐状况。外部招聘可以使内部竞争者得到某种心理平衡，避免组织内部成员间的不团结。

(5) 有利于企业树立形象和提高知名度。外部招聘常常是企业通过媒体或者相关渠道与外部接触，通过宣传企业的文化、经营理念、发展状况、规模以及发展前景来吸引人才，是企业与外部交流的机会。企业可以利用这个机会向外界宣传自身的优势，从而树立企业的良好形象，提高企业的知名度。

(6) 产生"鲶鱼效应"。外聘人才的进入无形地给原有员工带来压力，对其造成危机感，从而激发内部员工的斗志和潜能。

(三) 外部招聘的缺点

(1) 由于信息不对称，往往造成筛选难度大、成本高。企业容易被应聘者的表面现象，如学历、资历等所蒙蔽，而无法清楚地了解其真实能力。

(2) 外聘员工需要花费较长时间来适应企业文化，进行培训和定位，可能会影响组织的整体绩效；外聘人员有可能出现"水土不服"的现象，无法接受本企业的企业文化。

(3) 从外部招聘的"空降兵"可能会影响企业内部一些员工的士气：若组织内部有能力胜任的人员未被选用，而从外部招聘，会使其感到不公平，容易产生与外聘人员不合作的态度。

(4) 有可能给竞争对手提供偷窥商业机密的机会。

(5) 招聘企业可能成为外聘员工的培训基地、中转站。

第三节 员工的选拔和录用

员工选拔是对应聘者的资格审查，一般程序是初步筛选应聘资料、笔试、心理和能力测试、面试。研究表明，同一职位上最好的员工比最差的员工劳动生产率要高三倍，可见选拔工作对组织来说至关重要。员工选拔是招聘工作中技术性较高的一步，难度较大。

一、员工选拔的程序

从控制人力成本费用和发挥现有人员的工作积极性这两个角度考虑，企业内部人员调整应先于组织外部的选拔工作，特别是对高级职位或重要职位的人员选拔工作更是如此。但无论采取哪一条线路，基本上都遵循以下选拔程序：

(一) 应聘材料审查

通过对应聘者各种申请材料和推荐材料的审查，可以对该应聘者有一个较为初步的了解，有助于推测出其适应未来工作的可能性。

(二) 选拔测试及面试

选拔测试内容包括知识、技能及心理等方面，目的是通过测试，初步评估应聘者的工作能力。面试是整个选拔过程中最重要的，也是最有效的一个环节，它对于较真实、直观、准确地收集应聘者的信息非常重要，面试的结果对决策者的决策行为有很大影响。

（三）体检

对于初步确定录用的应聘者进行身体检查，以确定其一般健康状况，是否有慢性病或职位所不允许的生理缺陷。员工的身体素质对将来的工作影响很大，一名身体素质良好的员工更能发挥出自己的能力。

（四）录用人员岗前培训

经测试、面试和体检的合格者成为企业的试用员工。在试用员工上岗前，要对他们进行多种形式的岗前培训，使他们充分了解企业和工作岗位的状况。必要时，岗前培训也包括有关知识、技能和各种能力的内容。

（五）试用期考察

这一阶段的主要目的是通过工作实践，考察试用员工对工作的适应性。同时，也为试用员工提供进一步了解企业及工作的机会。实际上，这一阶段是企业与员工的又一次双向选择。

（六）试用期满进行任职考核

对试用期满员工的工作绩效和工作适应性进行考察评价，若考核合格，则正式录用为组织的员工，双方签订劳动合同或其他形式的契约。

（七）上岗任用

至此已完成员工招聘与选拔工作的全部操作，企业已挑选出所需要的人才。

二、员工选拔的主要方法

（一）心理素质测验

心理素质测验也称心理测验，即通过客观、标准化的测量程序了解不同个体间的心理差异。在过去的几十年里，心理素质测验技术得到了很大的发展，在社会生活的各个领域都有广泛的应用。现在，心理测验已经成为企业人员招聘和选拔过程中考核应聘者的重要工具之一。有调查表明，心理测验在企业招聘与选拔决策中的应用频率已经高达83%。

1. 心理测验的种类

一般来讲，可以将心理测验分为认知测验和非认知测验两大类。前者包括智力、性向、成就、语言、操作协调等几方面，而后者则包括人格、兴趣、动机、态度和价值观等内容。现代企业在员工招聘与选拔工作中使用较多的测验形式主要有智力测验、人格测验、能力倾向测验、职业兴趣测验以及价值观测验。

（1）智力测验主要用来了解个体的思维能力、学习能力和适应环境的能力。现代心理学认为智力是指人类学习和适应环境的能力，包括观察能力、记忆能力、想象能力以及思维能力等许多方面。智力水平的高低虽然不能决定个体成就的大小，但是却对个体在社会上是否能够取得成功具有重要影响。迄今，比较有名的智力测验包括斯坦福—比奈智力量表、韦克斯勒成人智力量表（WAIS）以及瑞文智力测验等。

（2）人格测验主要用来了解深层次的个体动机、气质、性格以及情绪稳定性等特征。人格特征之所以受到关注，很重要的一点就是个体的人格特征对其外在的行为表现具有非常重要的影响。考虑到自陈式问卷的方便和易操作性等特点，企业在招聘时一般都倾向于采用这种方法来了解应聘者的人格特点。当然，有时候由于特殊需要也会采用投射测验的方法。

（3）能力倾向测验主要用来了解个体在一般或者某些特殊能力上的表现。这里所说的能力和智力是不同的概念。前面提及的智力是一种普遍性的能力（即一般能力），先天的成分多一些；而这里说的能力倾向则更多地侧重于个体通过后天的学习能够提高的那些能力（即特殊能力）。一个人要想胜任某项工作或者期望在工作中取得一定成就，就必须具备一定的能力水平。任何一项工作都对任职者的一般能力（如言语表达和理解能力、数学运算能力、逻辑推理能力、动手操作能力等）水平有要求，同时，因为工作的不同，还需要任职者对某些特殊能力（如飞行能力、美工能力、音乐能力、创造力等）有一定的掌握。在实际的企业招聘和选拔过程中用得比较多的还是一般能力倾向测验，如一般能力倾向测验（GATMAC）、一般能力倾向成套测验以及高级人员一般能力倾向测验等。

（4）职业价值观测验的目的是了解个体内心深处的价值序列，回答的是个体“看重什么”，即个体认为职业当中的哪些东西对自己最重要，最希望工作给自己带来什么。职业价值观具有内向、稳定性的特点，对个体行为发挥着深刻的影响。目前很多企业在招聘和选拔中可能不会考虑价值观测验，而更多的是通过考察其与企业文化的匹配程度来间接了解应聘者的价值观。现在使用比较多的职业价值观测验都是基于美国著名的职业咨询专家 Donald Super 提出的 15 项职业价值编制的。

2. 心理测验的优势和劣势

（1）心理测验之所以在企业的招聘和选拔中得到广泛应用，主要是因为其在以下许多方面拥有独特的优势：

1）迅速便捷、易操作。

2）科学性较高。目前得到广泛应用的一些心理测验都是经过严格的开发程序、反复地修改及完善发展而来的，在专业性、科学性上有比较高的保障。

3）公平、公正性较高。心理测验的正确使用有助于规避企业招聘过程中的不公平倾向。

4）可比性强。因为目前使用的心理测验量化程度都比较高，因此最后得到的测验结果便于比较。

（2）心理测验也有不足的地方：首先，心理测验本质上还是间接测量的方法，依据测验结果得出的推论不可能完全正确；其次，心理测验对测试环境、条件等要求较高，容易受一些无关因素的干扰，以致影响最后测验结果的稳定性和准确性。

因此，企业选择在招聘过程中使用心理测验时，首先要有一个正确的定位，即只能将心理测验的结果作为最后录用决策的参考之一，而不能完全依赖。为了更好地保证心理测验的效果，企业必须科学、严肃地对待心理测验，应该聘请专业的测评人员进行正确指导和使用。

（二）面试

面试是一种在特定的场景下，通过主考官与应聘者双方面对面地观察、交谈等双向沟通方式，了解应聘者求职动机、心理素质和潜在能力等的人员甄选方法。

面试是招聘选拔过程中的一个重要环节，也是组织最为常见的一种人员选拔方法。它能更好地了解简历和职位申请表所不能反映出的应聘者在知识、个性和能力等方面的信息。通过面试中的正式交谈，组织能够客观地了解应聘者的业务知识水平、外貌风度、工作经验、求职动机等信息，应聘者能更全面地了解组织信息，因而，选拔面试是组织和应聘者双向选择的一个重要手段。

1. 面试的主要内容

面试的内容主要是指面试时所考察的信息和内容。一般而言，面试主要包括以下几个方面：

（1）当前的工作情况。例如，申请者现在的职务，为何要申请新的工作（工作变化的动机），如果被录用何时能够到岗等。

（2）工作经历。例如，最近的工作单位、地点、担任职务、职责、待遇、离职的原因等。

（3）教育和培训背景。比如接受过何种教育和培训等。

（4）工作兴趣。例如，申请工作的动机，对该职位的了解程度等。

（5）爱好特长。个人是否有业余爱好和特长。

（6）个人问题。例如，是否喜欢出差，个人的长短处等。

2. 面试的种类

（1）初步面试和诊断面试。这是根据面试所达到的效果来划分的。初步面试相当于面谈，比较简单随意，一般由人力资源部门中负责招聘的人员主持，初选不合格者将被筛选掉。诊断面试是对初步面试合格者进行实际能力与潜力测试，使招聘单位与应聘者互相补充深层次信息，由用人部门负责，人力资源部门参与，这种面试对组织录用决策与应聘者是否加入组织的决策至关重要。

（2）个别面试、小组面试和成组面试。这是根据参与面试过程的人员数量来划分的。

1）个别面试就是一个面试官与一个应聘者面对面地交谈。它有利于双方相互沟通，但面试结果易受个人偏见的影响。

2）小组面试是指由用人部门和人力资源部门共同组成的面试小组对每个应聘者分别从多种角度进行的面试。在小组面试中，通常要求应聘者进行小组讨论，相互协作解决某一问题，或者让应试者轮流担任领导主持会议、发表演说等。小组面试有利于提高面试结果的准确性，克服个人偏见。这种面试方法主要用于考察应聘者的人际沟通能力、洞察与把握环境的能力、领导能力等，但对面试官的要求也比较高，因而当内部面试官达不到要求时，需要外聘专家。

3）成组面试也叫集体面试，是指面试小组对若干应聘者同时进行的面试。一般成组面试的效率比较高。

（3）结构化面试、非结构化面试和半结构化面试。这是根据面试的结构化或标准化程度的高低来划分的。

1）结构化面试是指依据预先确定的内容、程序、分值结构进行的面试形式。在面试过程中，主考官根据事先拟定好的面试提纲逐项对应聘者进行测试，不随意改变面试提纲，应聘者必须针对问题进行回答，面试各个要素的评判按分值结构合成。在结构化面试中，面试的程序、内容以及评分方式等标准化程度都比较高，使面试结构严密、层次性强、评分模式固定。

结构化面试的优点是：由于对所有应聘者均按同一标准进行，因而可以提供结构与形式相同的信息，进行全面分析、比较，减少了主观性，且对主考官的要求也较低。结构化面试的缺点是：有时过于僵化，难以随机应变，因而所收集信息的范围受到限制。

2）非结构化面试就是没有既定的模式、框架和程序，主考官可以“随意”向应聘者提出问题，而对应聘者来说也无固定答题标准的一种面试形式。在非结构化面试中，主考官所提问的内容和顺序取决于其本身的兴趣和现场应聘者的回答。

非结构化面试的优点是：由于灵活自由，问题可因人、因情景而异，可深入浅出，因而能得到较深入的信息。非结构化面试的缺点：由于此方法缺乏统一标准，因而容易产生偏差，且对主考官要求较高，要求主考官具备丰富的经验与很高的素质。

3）半结构化面试就是介于非结构化面试和结构化面试之间的一种面试形式。其主要特征是提问和回答部分地按固定的格式和程序进行，即一部分问题可以是探讨性的、非固定的问题，而另一部分则是一系列的固定问题。它结合了结构化和非结构化面试的优点，可以有效地避免单一方法上的不足。

（4）一般面试和压力面试。这是根据面试问题给应聘者所带来的压力划分的。一般面试所涉及的问题没有敌意或者不具有攻击性。而压力式面试是指在面试开始就给应聘者以敌意的、或是具有攻击性的意想不到的问题，以了解应聘者承受压力、情绪调整的能力，测试应聘者的应变能力和解决紧急问题的能力。压力面试可以较真实地测定应聘者承受压力和情绪调整的能力，为诸如销售、公关及高级管理层等需要上述能力的职务的人员招聘提供了较好的招聘方式。

3. 面试中的提问技巧

在面试中，主考官常常要向应聘者提问，若提问颇有技巧，则主考官能获取更多、更深入的信息，从而提高面试质量。下面是一些面试的技巧。

（1）合理安排提问内容。面试提问的内容应与拟聘职务相关，且更多的是应聘者书面材料之外的东西，这便于更全面、更真实地了解应聘者与拟聘职务胜任方面的情况。表4-2列出了一些在面试中经常采用的问题。

表4-2 面试中经常采用的问题

1. 工作经历问题
● 请描述一下您现在从事的工作情况。
● 您是怎样度过一天平凡的工作的？
● 请讲述一下您在工作中遇到的某个问题。
● 您认为现在或从前的工作中的基本成绩是什么？
2. 非工作经历问题
● 您是怎样看待所申请的这份工作的？
● 您认为自己的哪一方面使您有资格做好这项工作？
● 如果您被雇用，在哪些方面能立即发挥作用？
● 您受的教育和培训对这项工作在哪些方面会有帮助？
3. 优势和弱点
● 您目前的工作哪些方面做得较好？
● 您在哪些方面需要上司的帮助和指导？
● 您的主管领导在哪些方面称赞过您？
4. 工作动力
● 您为什么选择这份工作？
● 您的长期职业生涯目标是什么？
● 您想怎样实现这一目标？
● 对您以前做过的工作，您最喜欢什么？最不喜欢什么？

（续）

- 从现在起5年内，您希望自己干到哪一职位？

5. 工作变化及其职业生涯
- 您离开目前工作岗位的原因是什么？
- 您为什么现在要找工作？
- 您最初的职业生涯目标是什么？

6. 创新思维
- 请讲述一下您在工作中遇到的棘手问题。
- 您当时是怎样解决这些问题的？
- 当你一个人解决不了问题时，您会找谁商量？
- 到目前为止，您一生中的最大失望是什么？

7. 合作性
- 您在哪些部门工作过？
- 您在部门中的作用是什么？

（2）合理调节面试的氛围。一般在面试刚开始时，主考官可以采用简单提问来缓解面试的紧张气氛，消除应聘者的心理压力，使应聘者能较为轻松地进入角色，更好地展现自己的水平和潜力。简单提问常以问候性语言开始，如“一路上辛苦了”等。

（3）合理运用递进式的提问。在开始轻松简单的提问后，可采用递进式提问将问题引向深一层次，如可以引导应聘者详细描述自己工作和学习的经历、技能、成果、工作动机、个人兴趣等。这些递进提问采用诱导式提问，如“您为什么要离开目前的公司”，“您为什么应聘本公司目前的岗位”等。

（4）合理运用比较式提问。主考官要求应聘者对两个或更多事物或者现象进行比较分析，以了解应聘者的个性、工作动机、知识技能和未来工作的潜能，如“您在以往的工作经历中，认为自己最成功的地方是什么”等。

（5）合理运用举例提问。这是面试的一项关键内容。在这一提问中，主考官要求应聘者举例回答问题，引导应聘者回答解决某一问题或完成某项任务所采用的方法和措施，以此鉴别应聘者解决问题的实际能力，如“请举例说明您对下属员工管理的成功之处和经验教训”。

（6）客观评价提问。这一提问方式是指主考官有意让应聘者介绍自己的情况，客观地表述自己的优缺点或曾经发生在主考官身上的某些类似的事情，如“您刚才提到您曾经有过这么一个教训，请谈谈以后如何改进自己的工作方式”。通过客观评价提问，主考官能更客观地判断应聘者各方面的知识、潜能和品质。

4. 常见的面试错误

面试的有效性取决于如何实施面试，但在面试的实施过程中，常常因为一些错误的操作影响面试的最终成效。下面简要说明一些面试中应注意的问题：

（1）第一印象。主考官通常在面试刚开始的几分钟就凭借对应聘者的第一印象作出判断，随后的面试过程通常不能改变这一判断。

（2）强调负面信息。主考官受不利信息的影响要大于受有利信息的影响。例如，主考官从好的印象转变为坏的印象，要比从坏的印象转变为好的印象容易得多，事实上面试本身经常就是寻求负面信息的过程。

(3) 不熟悉工作。主考官未能准确地了解工作包含的内容，以及什么类型的应聘者最适合某项工作，通常就会形成关于“什么是好的求职者”的错误框架。他们往往会根据这一框架去判断、选择候选人，而不是基于职位要求进行这一选择。

(4) 面试次序差异。面试次序差异是指对应聘者面试次序的安排会影响主考官对其的评定。一项研究发现，主考官在面试了数位“不合格”的应聘者以后，被安排面试一位“仅仅是一般”的应聘者，结果主考官对其的评价均高于其实际能得到的评价。这样的结果只是因为这位一般的应聘者安排在不合格的应聘者之后，表现得格外突出；但相反，当他被安排到一些优秀的应聘者之中进行面试时，其结果会出现较大的差异。“次序差异”是面试过程的一个很突出的问题。一些研究发现，只有对小部分的应聘者的评定是根据他的实际潜力作出的，对多数应聘者的评定是在与前面一位或几位求职者相比较的影响下作出的。

(5) 非语言行为。在面试中，作为主考官应尽量避免应聘者的非语言行为对判断所造成的影响。例如，几项研究表明，表现出更多的眼神接触、微笑以及其他非语言行为的求职者得到的评价更高，但没有任何证据表明非语言行为和能力、素质有任何程度的相关性。因此，主考官应在面试中尽量避免非语言行为对判断造成的影响。

(6) 刻板效应。刻板效应是指主考官以某人所在的群体知觉为基础看待应聘者，比如看见衣着时髦的就认为是思想开放，认为大学生就总是很激进等。这种程式化思维往往会影响主考官客观、准确地评价应聘者。

(7) 类我效应。当主考官听到应聘者的某种背景和自己相似（如与自己是老乡、在同一所大学毕业等），可能对其产生好感或同情，导致面试失去公允和客观。

（三）无领导小组讨论

无领导小组讨论采用情景模拟的方式对应聘者进行集体面试，是评价中心常用的一种形式，现在已为许多企业采用。

在无领导小组讨论中，通过给一组应聘者（一般是5~8人）一个与工作相关的问题，让应聘者们进行一定时间（一般是1h左右）的讨论，来考察应聘者的组织协调能力、口头表达能力、辩论能力、说服能力、情绪稳定性、处理人际关系的技巧、非言语沟通能力（如面部表情、身体姿势、语调、语速和手势等）等各个方面的能力和素质是否达到拟任岗位的要求，由此来综合评价应聘者之间的优劣。在无领导小组讨论中，主考官或者不给应聘者指定特别的角色（不定角色的无领导小组讨论），或者只给每个应聘者指定一个彼此平等的角色（定角色的无领导小组讨论），但不指定谁是领导，也不指定每个应聘者应该坐在哪个位置，而是让所有应聘者自行排位、自行组织。主考官只是通过安排应聘者的活动、观察每个应聘者的表现来对应聘者进行评价，这也就是无领导小组讨论名称的由来。无领导小组讨论主要测试应聘者的论辩能力，其中包括对法律、法规、政策的理解和运用能力，也包括对拟讨论题目的理解能力、发言提纲的写作能力、逻辑思维能力、语言说服能力、应变能力、组织协调能力等。

1. 无领导小组讨论的实施流程

(1) 准备阶段。在正式讨论开始之前进行，首要任务是设计并选择合适的讨论主题；其次，需要对应聘者进行分组，一般以每个讨论组5~8人为宜；最后，场地的选择并进行相应的布置，一般采用圆桌会议的形式（便于组员之间进行目光、言语交流），主考官席设在考场四边（或集中一边，以利于观察）。

（2）讨论阶段。这是无领导小组讨论的核心环节，从应聘者落座开始直至讨论结束。通常的做法是：应聘者落座后，主考官为每位组员发空白纸若干张，供草拟讨论提纲用；然后由主考官负责讲解无领导小组讨论的具体要求（纪律），并宣读讨论主题；接下来应聘者会有5～10min的时间了解试题，独立思考，并草拟出自己的发言提纲；随后，主考官宣布讨论开始，每位组员轮流（具体顺序视实际情况而定）发言，阐述自己的观点（2～3min为宜）；发言结束后开始自由讨论，组员之间交叉讨论，继续阐明自己的观点，或对别人的观点提出不同的意见，并最终得出小组的一致意见。无领导小组讨论一般以40～60min为宜，时间用完时不管小组是否已经得出一致结论，讨论都自然终止。

（3）评分阶段。小组讨论结束后，负责人员可以收回应聘者的发言提纲，应聘者退场。因为各考官在讨论过程中已经依据观察结果和评分标准对每位应聘者进行打分，并填写了评分表格，此时由主考官统一收集所有评分表格，进行分数统计。通常的统计分数的方法是计算每位应聘者的平均分，也可以依据需要灵活确定统计分数的方法，只要保证科学、公平、公正即可。

2. 无领导小组讨论的优点和缺点

（1）无领导小组讨论的优点主要体现在：能够检测出笔试和单一面试法所不能检测出的能力或者素质；可以依据应聘者的行为、言语来对应聘者进行更加全面、合理的评价；能使应聘者在相对无意中展示自己各个方面的特点；使应聘者有平等的发挥机会，从而很快地表现出个体间的差异；节省时间，并能对竞争同一岗位的应聘者的表现进行同时比较（横向对比），观察到应聘者之间的相互作用；应用范围广，能广泛应用于非技术领域、技术领域、管理领域等。

（2）无领导小组讨论的缺点主要表现在：对测试题目和主考官的专业素质要求比较高；对应聘者的评价容易受许多因素（特别是主考官的主观因素）的干扰，可能产生偏差和误解，从而影响最后结果的一致性和准确性；因为有些讨论会选择角色指定的形式，这可能导致组员地位之间的不平等，影响组员的发挥。

3. 无领导小组讨论的类型及注意事项

（1）无领导小组讨论中有几种常见题目类型，包括开放式题目、两难式题目、多项选择式题目和资源争夺类题目，它们的特点及优劣势分析如表4-3所示。

表4-3　无领导小组讨论中几种常见题目类型的对照

题目类型	主要特点	优劣势分析	题目举例
开放式题目	考察受测者思考问题的全面性、针对性，思路是否清晰、是否有创新	容易出题，但不容易评价；不容易引起受测者之间的争辩；所测的能力范围有限	你认为什么样的领导是好领导
两难式题目	考察被评价者的分析能力、表达能力以及说服他人的能力等	易引出充分的辩论；对把握能力要求较高，必须确保两种被选答案均具有同等程度的利弊	你认为以工作为取向的领导是好领导，还是以人为取向的领导是好领导
多项选择式题目	考察受测者分析问题等方面的能力	有利于考查受测者各个方面的能力和人格特点等内在倾向性；但是设计难度比较大	

（续）

题目类型	主要特点	优劣势分析	题目举例
资源争夺类题目	考察受测者的语言表达能力、概括和总结能力、发言的积极性以及反应的灵敏性等	适用于指定角色的无领导小组讨论，可以综合反映出其知识、能力、价值观等多方面的信息；题目的设计难度较大	

（资料来源：唐思群．人力资源管理丛书：心理测评的理论与技术［M］．长春：吉林人民出版社，2003.）

（2）无领导小组讨论在实际应用中的注意事项有以下几点：

1）讨论题目的设计和选择。这是无领导小组讨论的关键环节。题目的设计和选择可能直接影响整个讨论的效果，因此，在设计题目时应该坚持审慎、认真、全面考虑的原则。

2）组建合适的考官团队。是否选择了合适的评价者也是讨论是否成功的关键因素之一。一般来讲，无领导小组讨论的现场考官以3～4人为宜。具体职位的配备可以是这样：选择一名精通业务的人员，由人力资源部招聘专员控制讨论进程；针对总体考察，应有用人部门的行政人员参加；另外可加入一名助理人员。考官级别的高低应该根据需要招聘的岗位类别来决定。例如，某科技软件公司招聘地区经理，参加讨论的考官就可以由公司技术副总、营销副总、人力资源总监以及招聘部门经理组成。

3）控制进程、注意细节。无领导小组讨论是一项非常复杂、操作难度比较大的工作，因此，在实施过程中对进程的控制以及细节的把握非常重要。首先是小组规模、讨论时间以及场地选择等。整个无领导小组讨论的持续时间应该控制在1～2h，并且具体到每一细节都应该有明确的时间安排。讨论活动应尽量安排在安静的环境中，组员的座位形式和考官的位置应该坚持两个原则，既要便于组员的讨论，又要便于考官的观察。在准备方面，考虑到讨论是为了选拔最优秀的人才，因此，考官对讨论主题应备有一个或几个比较完善的答案（也称期待答案），这些答案应该建立在对公司背景的认识和应聘者的经验基础之上。

4）确保评价中的公平、公正。无领导小组讨论的评价完全由考官团队来决定，许多潜在的因素都可能干扰考官的评价。因此，企业实际运用无领导小组讨论的时候应该综合考虑以下几个方面：首先，组建合适的考官团队；其次，考官在讨论过程中应该做到观察全面、客观，既要留意应聘者的言语行为（内容、思路等），也要关注其非言语行为表现；最后，讨论结束后，考官团队还应该交换意见，补充自己观察时的遗漏，以对应聘者作出更加全面、客观的评价，从而形成对每一个应聘者的一致、公平和公正的评估意见。

（四）文件筐测验

文件筐测验又称为公文处理模拟测验，是指评价担任特定职务的管理人员在典型职业环境中获取有关资料，进行整理、分析各类信息并且准确作出管理决策、有效开展智慧的协调和控制能力及现场行为表现的综合性测验。作为一种个人综合性笔试测验，它特别适合于中、高级管理人员岗位招聘与选拔时的能力测验。

该测验常常设计一个管理者非常熟悉的、具有代表性的工作情景，将与工作相关的各类信息和待处理的问题形成8～12份书面材料放在被测试者办公桌上的文件筐内（这些文件可以是信函、备忘录、报表、账单、投诉文章、电话记录、命令、请示、汇报、通知以及其他任何可能的形式）。当应聘者坐到办公桌前打开第一份文件的时候，测验就正式开始了。

所有的问题都是棘手问题，并且不少问题之间相互影响、关系错综复杂，应聘者只有全力以赴地认真分析和统筹考虑才能有效应对。另外，时间（一般是90min以内）和可利用资源都有限制，个体必须借助于丰富的知识、大胆的设计、勇敢的推理和果断的决策才能摆脱困境。最后个体必须在孤立无援的情况下对所有问题迅速理清思路，对文件筐中的材料——形成文字处理意见或者报告。同时，应聘者还要力争自始至终保持处变不惊的管理风度。

1. 文件筐测验考察的能力内容

有效进行计划、组织、预测、决策和沟通的能力水平是衡量企业管理团队核心能力的标尺，对于企业可持续发展优势的保持和提升具有重大意义。这五大能力的考察是文件筐测验关注的重点。

（1）计划能力。计划能力即受测者分析已有信息所反映的问题及其产生的原因以及各问题间的相互关系并据此确定工作目标、任务、方法和具体实施步骤的能力。例如，对市场总监来讲，应该重点考察其在特定的内外部竞争环境下进行产品规划、价格设置、营销计划以及计划的可行性分析、具体时间安排和风险评估等方面的能力。

（2）组织能力。组织能力是指受测者对众多工作任务的重点和紧急程度进行排序，合理调配人力、物力和财力资源，科学分工、有效授权并进行相应的组织和协调的能力。例如，当某大区的市场占有率出现大幅度下滑时，市场总监往往需要组织、调整促销人员配置，考虑新的营销方案，或者临时加大对大区市场经理的授权力度等来加以应对。

（3）预测能力。预测能力是指受测者对模拟工作情景下相互关联的各类因素及总体形势的发展趋势进行准确判断、预测，并预先采取措施进行应对的能力。例如，竞争对手在某中心城市的各大商场刚刚投放一种明显优于公司现有主导产品的新产品，而该城市正好是公司计划重点开拓的目标市场，这时，对市场形势的发展和可能的影响进行准确预测并思考有效的应对策略对于企业的市场总监来讲就显得非常重要。

（4）决策能力。决策能力是指受测者在解决实际工作问题（特别是重要且紧急的问题）时策划并选择高质量决策方案的能力。在这种情景下，决策目标的清晰程度，备择方案的可行性，对各方案的评价、比较和最终确定的方式是考评管理者决策能力的关键指标。

（5）沟通能力。沟通能力在这里特指受测者通过书面形式准确表达个人思想和意见的能力。在实际工作中，管理者会经常以电子邮件、传真、信函或公文的形式与下属或者上级领导进行工作布置、汇报和交流，这就需要良好的书面沟通能力。沟通方式的选择、信息传递的准确性、思维的逻辑性、层次结构的清晰度、文字表述的流畅度等，都是考评管理者沟通能力的关键指标。

2. 文件筐测验的优势和劣势

（1）文件筐测验的优势。首先是测验高度仿真和接近管理实践，非常有利于激发被测者的积极性和创造性，对于在很短的时间内全面、准确掌握管理者的能力、潜能以及个性心理特征的某些关键要素具有不可替代的重要作用，是不折不扣的“管理者实战演习”。

其次是考查的内容范围广。作为纸笔形式的文件筐测验，测评的依据是文件处理的方式及理由，是静态的思维结果。因此，除了必须通过动态过程才能体现的要素外，任何背景知识、业务知识、操作经验以及能力要素都可以寓于文件之中，通过受测者对文件的处理实现对其各项能力的考察。

同时，文件筐测验效度也比较高。由于文件筐测验所采用的文件类似于应聘者应聘职位上常见的文件（优势就是真实的文件），因此，如果受测者能够妥善处理测验文件，就理所当然地被认为具备职位所需的素质。

此外，文件筐测验还具有跨文化、跨地区、跨行业和跨企业规模的普遍适应性，并且拥有比较理想的信度、效度。据统计，西方许多发达国家的企业在招聘、选拔和评价管理人员时最常用的技术是评价中心，而评价中心中文件筐测验的使用频率高达95%。

（2）文件筐测验的劣势。一是评分比较困难。对于一份文件的处理，除了个人能力的原因之外，机构、氛围、管理理念等不同的组织具有不同的评价标准。例如，政府机关与公司企业、私营企业与国有企业之间对有关文件的处理显然是不一样的。国内从事实际工作的人往往缺乏对招聘单位管理或经营状况的深入了解，因此，文件如何处理才能充分反映受测者是否具备招聘职位所需素质，专业人员与实际工作者往往存在理解上的差异，从而较难对评分进行准确、客观的把握。二是投入要求高、不经济。整个测验的设计、实施、评分都需要较长时间，投入的精力和费用比较大。

三、人员录用

1. 录用前的工作

在人员录用前，先要进行两项准备工作：应聘人员的背景调查和体检。

企业在进行外部招聘的时候，考虑到一些重要管理或者技术岗位对企业发展的重要性，有必要对其开展进一步的背景调查。这里所说的背景调查，主要是指帮助求证拟录用人员的教育和工作经历、个人品质、交往能力、工作能力等重要信息。背景调查是国际范围内企业招聘过程中对外部申请者进行筛选的最基本、最常用的方法之一。

背景调查之后，企业已经可以基本确定是否对应聘者进行录用了。接下来，就是对拟录用对象进行全面的身体检查，了解他们的一般身体状况和特别情况，主要检查是否有传染性疾病、是否具有严重影响工作的生理缺陷以及酗酒、药物滥用等问题。如果体检不合格，企业通常会作出拒绝录用的决定，但是在通知应聘者时，应注意对拒绝原因作明确、充分的说明。

2. 新员工录用

经过前面一系列的全面考核、检查之后，企业所要进行的就是通知应聘者。通知包括录用通知和辞谢通知。在录用通知中，应该写清楚报到时间、报到地点，还应该附上如何抵达报到地点的详细说明和其他应该说明的信息。

一般来说，录用阶段的最后一个环节是与应聘者签订正式的劳动合同，这意味着应聘者真正成为企业的正式员工。

在实际录用过程中，最后的录用名单应该由整个招聘团队共同决定。既要以对应聘者的全面考核结论为依据，择优录取，同时也要做到公开、公平和公正。录用应聘者的公布通常由人力资源部门组织实施，常用的方法有张榜通知、电话通知以及书面通知等。在这个时候，容易被很多企业所忽略的是还应注意对未录用的应聘者进行辞谢。这一方面表达了企业对应聘者的尊重，另一方面有利于维护企业在人才市场上的良好形象和声誉。现在越来越多的企业还会选择对应聘者资料进行整理，并将其储存在企业的人才信息库当中。因为有些应聘者虽没有被录用，但并不代表他们能力不足，很有可能仅仅是因为现阶段企业还不需要那方面的人才。这样，当以后企业发展壮大对这类人才有需要的时候，就可以直接、快捷地联系到那些应聘者。这不但给企业储备了丰富的人才信息，同时可以有效节省招聘成本，提升招聘效率。

第四节 招聘评估

为了确定各种招聘渠道和方法的有效性，企业需要对招聘的各环节进行评估。在招聘效果评估中，成本分析是确定招聘活动是否合理有效的首要方法。

一、招聘评估遵循的原则

招聘是需要企业在人力、物力等方面进行高投入的一项工作，对企业发展壮大具有重要意义。因此在招聘结束之后，对整个招聘过程进行全面评估也很有必要。通过成本与收益核算，能够使企业清楚地知道费用的支出情况，区分哪些是应该支出项目，哪些是不应该支出项目，这有利于降低今后招聘的费用，为组织节省开支。招聘评估通过对录用员工的绩效、实际能力、工作潜力的评估，检验招聘工作成果与方法的有效性，有利于以后招聘方法的改进和完善。企业在进行招聘评估的时候，应该遵循下面几个原则：

（1）有效性，即考核应围绕岗位要求拟订测评方案，内容必须正确、合理，必须与工作性质相符合。

（2）可靠性，即考核结果能反映应聘者的实际情况，测评成绩能有效代表应聘者在受试科目方面的才能、学识高低。

（3）客观性，即招聘团队不受个人主观因素（如成见、偏好、价值观、个性、思想、感情等）的影响，同时应聘者的身份、种族、宗教、党派、性别、籍贯和容貌等因素不会成为考官认知偏见的来源。

（4）广博性，即测评的内容必须广泛到能够测出所要担任工作的每一种能力，并且每一测试科目的试题都应该是广泛的，而不是褊狭的。

二、招聘评估的内容

（一）招聘的成本和收益评估

由于招聘是企业的重要活动，企业应对相关的成本和收益进行分析。在评估招聘效果的成本—收益分析中，成本包括直接成本（如广告费、招聘人员的工资、差旅费、中介费、电话费）和间接成本（如经营部门经理的参与、公共关系活动和建立企业形象的费用），每种招聘活动的成本—收益都可计算在内。比较各种类型的应聘者在企业的任职时间与招聘成本，对于以后的招聘也是有益处的。

（二）招聘的时间评估

评估招聘活动最常用的方法之一，是考查其填补职位空缺所花费的时间。如果不能迅速招聘到合适的人选，将会影响企业的工作和生产能力。总的来说，计算从各种渠道招聘人员所花费的时间是有必要的，因为从某些渠道进行招聘可能比其他渠道更快捷。

（三）招聘的数量与质量评估

1. 录用人员的数量评价。

录用人员的数量评价可采用以下几个指标：

（1）录用比。录用比是录用人数和应聘人数的比值，也是最终产出率，是反映从参加招聘的人员中最终被录用的人员所占比例情况。如果录用比越小，相对来说，录用者的素质越高；反之，则可能录用者的素质较低。录用比公式如下

$$录用比 = \frac{录用人数}{应聘人数} \times 100\%$$

（2）招聘完成比。招聘完成比是录用人员和计划招聘人数的比值，是反映招聘完成情况的一个指标。一般来说，该指标越接近100%，则招聘的效果越好；如果招聘完成比等于或大于100%，则说明在数量上全面或超额完成招聘计划。招聘完成比公式如下

$$招聘完成比 = \frac{录用人数}{计划招聘人数} \times 100\%$$

（3）应聘比。应聘比是应聘人数和计划招聘人数的比值，反映的是招聘宣传的力度和招聘广告的吸引力。应聘比越大，说明发布招聘信息的效果越好，同时说明录用人员可能素质较高。应聘比公式如下

$$应聘比 = \frac{应聘人数}{计划招聘人数} \times 100\%$$

2. 录用人员质量的评估

可以根据招聘职位要求或工作分析中的要求对录用人员进行等级排列来确定其质量。下面的指标是录用人员在质量方面的指标：

（1）录用人员受教育年数，可以反映录用人员的知识水平。

（2）录用人员参加工作年数，可以反映录用人员从事工作的经验和能力。

（3）录用人员担当的职位，可以反映录用人员的重要程度。

这几个指标能够有力地说明录用人员的总体素质情况。

三、招聘小结

在招聘活动结束后，企业通常要将活动内容和结果进行整理，尤其是将综合分析的结果进行整理，在整理的基础上形成招聘小结，为下一次成功的招聘提供借鉴。

（一）撰写招聘小结的原则

（1）真实地反映招聘的全过程。将招聘活动的一般过程和重要细节记录下来，不能带有主观色彩，以便于过后客观、正确地分析问题。

（2）由招聘的主要负责人撰写。在招聘过程中，主要负责人对招聘全过程有清楚的了解，能够全面地记录整个招聘过程，而其他招聘人员大多只熟悉其中的某一个步骤。

（3）明确指出成功经验和失败教训。在客观描述的基础上，再用独立的段落写出招聘活动的经验，对于下一次招聘有重要的参考价值。

（二）招聘小结的主要内容

（1）招聘计划简述。招聘计划是在制定人力资源规划之后，实施招聘活动之前产生的，在这里只需要说明招聘岗位名称、数量、招聘计划何时完毕、人员何时能够上岗工作、招聘工作由哪个部门负责实施等。

（2）招聘进程。招聘进程则以时间表的形式描述招聘与录用的时间安排与落实。

（3）招聘结果。招聘结果记录每次通过测试的人员的数量和最终录用的结果。

（4）招聘经费。该部分内容应该详细地叙述招聘费用的使用和支付情况。

（5）招聘评定。该部分内容实质上就是对招聘综合分析的结果。在撰写招聘评定时，既要总结出合理的有借鉴意义的成功经验，又要客观地指出招聘工作中存在的不足。在招聘小结完成后，招聘负责人应将小结给参与招聘活动的人员阅读和学习，并妥善存档。

第五节 实践与应用

一、案例评析：招聘经理李文华的博弈

背景介绍：《杜拉拉升职记》是一本畅销职场小说，内容描写的是在华某美国500强DB公司人事行政经理杜拉拉的职业成长经历。小说中描写了很多白领，尤其是外企HR和行政部门员工在工作中遇到的问题，以及如何解决问题的思路和技巧，生动展现了外企公司工作状态和职场环境。本文节选自小说中的一节“招人难，求职也难”，写的是杜拉拉的上司人力资源总监李斯特和招聘经理李文华为上海公司招聘一名行政经理的情景。

李斯特把招聘经理李文华找来催问道：“行政经理的人选有什么进展？”

李文华是南京人，生得五官清秀，身形又瘦又高。他分管招聘和员工关系，一方面是天性使然；另一方面，做员工关系平时常要进行各种牵涉到炒人、处分、降职等不愉快的谈话，他历练得为人十分灵活而且善于处理各种关系，平时见人未曾开口先带三分笑，人称笑面虎。李文华比较有城府，平时轻易不肯得罪人，小事情上不计较、能吃亏，顺便的话也愿意帮人家一把。

他和李斯特之间最大的问题就是两人的匹配度有问题。李文华正当经验和体力俱佳的时期，胸怀鸿鹄之志；而但求安稳的李斯特最重视的是薪酬福利团队，因此，身为招聘经理的李文华一直忍受着不被重视的失落。

男人和女人是很不同的两种动物，李文华是不会像拉拉那样去找李斯特为自己的利益再三斗争的，至多也就方便的时候温和地提一提，说了不见效，便闭嘴了——他清楚，拉拉作为女性那样做或者有效，至少无害；他要那样做，就很搞笑了，甚至是危险的。

表面上李文华对李斯特一直言听计从、恭敬有加，和薪酬经理王宏也搭档得有板有眼，旁人看不出蹊跷，李斯特也以为没有大碍，而李文华内心的郁闷只有他自己品味了。

今见李斯特动问，李文华笑着答道：“上回给您看了两个，您都不满意。最近两周看的人选，还不如那俩。不是大项目管理经验不足，就是沟通技巧不够好。咱们这儿总监多，不好伺候的也多，EQ不够高的，来了怕很多事情搞不定，到时候还得您给他收拾局面就麻烦了。”

李斯特说：“直接找做经理年限长的，经验就足了。”

李文华说：“是的，也有这么个人，但是谈下来，感觉他做得太久了，人都皮了，没有什么激情，做事不太积极主动。我们这儿的事情其实是不少的，懒人肯定不行。”

李斯特连连摆手说：“懒人不要。得积极主动的，经验要足，和各部门的沟通要好。”

李文华笑着说：“是的，我明白。这样的人，也不是那么好找的。过了您这道关，还得到何好德那儿。您知道的，他的要求向来高，有时候咱们千辛万苦找来的人，好不容易过五关斩六将过了相关部门的关，到了他那儿，‘嘭’一枪就给干掉了。咱们有的经理职位都招

了六个月了还没把空填上，用人部门天天催，我这个招聘经理压力大呀。”

李斯特说：“这么大个上海，就没有个好的行政经理?”

李文华说：“肯定有好的。不过猎头公司去 approach（接触）他们的时候，人家不考虑咱们这个职位。做得好好的那些人，一般都不愿意随便动。他现在就是500强的经理了，到咱们这儿，还是经理，没有什么明显的利益增值，不是咱们加些钱就能对他有足够的吸引力的。”

李斯特叉着两手想了想，身子前倾一些说：“文华，招聘是你强项；行政也是很典型的一个岗位系列。平时轮岗的机会不好安排，我想趁着行政经理空缺这一两个月，让你先带一带行政这条线，也好增加一下职业竞争力，你的意思如何?”

李文华愣了一下，马上说：“那当然好。不过，您是知道的，目前几个月内，公司需要填补的岗位空缺太多，招聘团队的几个人都已经忙得喘不过气来了，各部门还在拼命催我们。就怕再分心，这边的压力更大。”

李斯特答应着，做思考状。

李文华试探说：“老板，行政这条线让拉拉先带着，怎么样？她不是带过六个月，带得挺好的吗?”

李斯特苦笑着把拉拉那封邮件的意思告诉了李文华。

李文华脑子飞快地转了起来。乔治·盖茨四个月前访华后，对中国市场很看好，美国快速作出了对华投资的侧重决定。从总部来了一帮老外，天天伙着顾问公司的人和各部门的经理们开会，一个野心勃勃的战略扩张项目“China Focus”（中国聚焦）的初稿很快就要出台。

这个项目已经策划出大致的组织框架，据此，李文华的团队将要在短短的三四个月内完成大量招聘，而关于可利用猎头公司的部分，柯必得给出的预算不多，主要集中在二线经理以上岗位，这意味着不少岗位，如一线经理岗位，都将依靠李文华团队自身的力量去完成招聘。

而李文华的团队本来今年压力就不小——公司的生意好，规模一年一年在扩大，但他的人手一直没有加过。他带着一个主管和两个专员在做全国的招聘以及员工关系，还要负责合同档案等人事信息的管理，显得人手很紧张。

其中一个专员表现很好，在目前岗位已经干了五年多了，是李文华手下的得力干将，但是此人的薪水至今不过6000出头。李斯特三年前调来中国区后，李文华几番要求将其升为高级专员，李斯特都压着不批，又没有个说得过去的不批的理由，只说李文华的团队规模也不大，再升个高级专员起来，何好德会有意见。

对于李文华这样老资格的HR经理来说，他当然明白这根本不是个理由。何好德可是总裁，怎么会过问到经理以下级别呢？况且这样的晋升，又没有任何违背公司晋升流程规定的地方。李文华真是不明白李斯特是怎么想的。

李文华要求的次数多了，李斯特就和他说：“要是我们给予员工的是低于市场的待遇，他自然会走；他这么多年都不走，就证明我们给的待遇是和他的贡献以及竞争力相吻合的。”

李文华对李斯特的这套逻辑推理不好当面太过争辩，只得慢慢等机会。这次趁着China Focus的项目，他又和李斯特说：“现在是用人的时候，杰生的忠诚度不错，老板咱们能不能给他一个认可呢，加些钱?”

李斯特打着官腔道：“谈钱就不好了，公司有一定的加薪制度，不要随意额外给员工加钱，这样会让团队风气不好的。”

李文华说：“我怕他跳槽。”

李斯特不为所动道：“流动也不见得就是坏事，合理的流动，能给我们的团队带来新鲜血液嘛。”

李文华气得够呛，真想自己马上就“合理流动”一把。杰生是个工作了快十年的三十出头的小伙子，李文华就算脸皮再厚，也找不到好借口哄他。他只能暗自祈祷，杰生不要在未来的五个月内跳槽。

现在看到拉拉对李斯特的反抗，李文华觉得有点爽，看不出来只会干活的拉拉还能写出这样的邮件，看来斗争中果然成长得快呢。

李文华想，拉拉为人可比玫瑰好多了，一门心思干活，不爱生事。要是她能马上把这个空填上了，自己这边好歹能减少点招聘压力。而且行政部在各区域都有岗位设置，拉拉讲义气，自己这次要是帮了她，以后自己的团队如果忙不过来，在各区域都可以找拉拉的团队帮忙，做些琐事。

李文华就对李斯特说：“老板，我听到不少部门反映，拉拉干得比玫瑰还好。如果能用她，不是您这边就能马上省去这些个烦心的事情？拉拉也会很感激您的，我观察她的诚信度还是不错的。”

李斯特沉吟了一下，还是摇头道：“这个岗位要设在上海，她不肯到上海，何好德不会同意的。”

李文华劝说道：“老板，项目做完后，何好德不是给拉拉还写了封信吗，听说何好德在信中对拉拉大表欣赏，估计他会同意的。拉拉一直愿意多出差的嘛，两边多跑跑，她还是能把活干好的。”

李斯特不知道何好德写过这么一封信，他吃了一惊，心里有点不自在，又不好意思说自己不知道有这回事儿，犹豫了一下还是摇头说：“不可以因人设岗，还是得因岗设人。这是适用于全体员工的原则，要是我们HR自己搞特殊化，以后别的部门就会挑战我们。”

李文华心说，那您就慢慢等着我给您招聘这个行政经理吧。他不再多言，退了出来。

（资料来源：节选自《杜拉拉升职记》）

评析：

李斯特和李文华讨论招聘行政经理这段情节，展示了人力资源管理方面的若干问题，比如招聘中招聘部门与用人部门之间产生的分歧、内部晋升还是外部招聘的问题、员工的薪酬激励问题。这里只就一个方面进行评析。

李文华碰到的是作为招聘部门经常碰到，也是最为头疼的问题，虽然社会上求职者很多，但是真正符合企业要求，又让企业满意的人才难选。最为头疼的莫过于招聘部门千挑万选招来一个人，直线用人部门却不满意。

直线用人部门和招聘部门很少就用人标准进行沟通和达成一致，这也是招聘环节中容易疏忽和出问题导致招聘部门做无用功的一个点。对于对没有用人标准的企业来讲，直线用人部门和人才招聘部门常常由于对人的判断标准不一致而产生矛盾；即使是建立了用人标准的企业，也会因招聘部门和用人部门，特别是在专业能力要求方面很少进行沟通，而难以达成一致性见解。毕竟招聘人员不是全才，按照企业选才标准和用人部门的要求进行了初试，一到用人部门却不行了；用人部门也抱怨：招聘部门招的什么人。

如何避免这种矛盾，也是招聘的前期准备之一。招聘部门在招聘过程中要摆正自己的位置，就是明确谁要用这个人、招聘的目的是什么。招聘人员是从自己的专业知识上对这个人的人品、以前的工作背景等方面作一个大体的把握，保证筛选下来的人素质上应该是合格的。下面的工作就应该交给用人部门来做，以专业的眼光应该承认招聘人员还是有差距的，最后应该尊重用人单位的意见。招聘部门不是说不发表意见，在第一轮筛选的时候，这个工作由招聘人员来做，然后把筛选出来的这些人交到用人部门手上，他们再从自己的专业领域等各方面来考虑。在这些方面，招聘部门，比如说在知识上、技能上，应该和他们是互补的，把这个角度调整配合好就可以了。

还有的单位采取直接让招聘部门和用人部门一起参与面试，或者直接让用人单位面试。这种方法欠妥，比如用人单位认为这个人是可以用的，但是这个时候又容易出现其他的问题，如应聘者的背景、人品、稳定性、发展潜力等方面。有必要让招聘部门从专业的范畴、专业的眼光先筛选一遍，然后把这些人再交给用人部门。

其实，招聘部门与用人部门对面试结果存在分歧，最重要的还是需要在沟通方面多下工夫。没有沟通不了的，只有沟通不到的。两个部门沟通就是一个变通，假如不进行沟通，招聘人员只是按硬性招聘流程来做，就往往会做无用功。所以建立跨部门的沟通，引入沟通机制，才能使招聘结果更圆满。

二、案例思考：阿凡达，一次错误雇用的致命错误

上映不到一个月，《阿凡达》就以破竹之势，超越了同样由导演詹姆斯·卡梅隆执导的票房之王——《泰坦尼克号》，创造了全球票房18.4亿美元的辉煌纪录。这部充满奇幻色彩的影片，被众多影评人誉为电影史上的一次革命，而由此带来的讨论更是日益高涨。

面对众多评论，作为《阿凡达》的总设计师——导演兼编剧詹姆斯·卡梅隆表示：“这是一种预言，它会让你反思我们现在在做的一切，将来会发生什么样的后果?”

正如一千个读者就会有一千个哈姆雷特，不同观众的眼中，《阿凡达》也会带出不同的火花。那么除了电影本意，如果从企业HR的视角，这部梦幻之作又会给人们怎样的反思呢?

（一）阿凡达，人类的一次贪婪之旅

阿凡达在梵文中有“降世神通、天神下凡”的意思，而在电影中“他”也是地球人与潘多拉星球纳威人DNA结合的产物。这个有着地球人思维、纳威人外表的新型人类，被作为地球人打入纳威人世界探索新径，而其背后的主要驱动力，就是人类对潘多拉星球中常温超导物质的贪婪索取欲望。整个故事也在此背景下，由前海军队员杰克奉命前去接替与其DNA完全吻合的哥哥，继续阿凡达项目而拉开帷幕。

成功变成阿凡达的杰克，在一次意外中，幸运地被纳威公主所救，也因此成为了解纳威人与生存地形的重要纽带。但随着对纳威人的不断了解，杰克发现纳威与世界和谐相处的原则根本不可能允许地球人进行强行开采。而“武力至上”的迈尔斯·夸奇上校则不顾纳威人安危，开始对纳威人赖以生存的巨树发起进攻。最终的结果是——善良战胜了邪恶，平和打败了贪婪，除了少数地球人，大部分地球人都被永久地驱逐出了潘多拉星球。

（二）用错人的结果往往是最为致命的

从“阿凡达”整个计划来看，前期准备并不存在太大的问题。一方面，良好的科研技术支持使得人类与纳威人交流变得更为容易；另一方面，过硬的军事力量使得人类免于被潘多拉星球的致命生物所伤害。对于如此完善的准备，又是什么原因使整个计划流产，甚至最终导致地球人被“驱逐出境”呢？

首先从阿凡达计划的人员组织结构来分析，RDA 公司（地球开采潘多拉常温超导物质的公司）在潘多拉设置项目机构，并设立项目负责人，其下又分设军事与科研两个大部，各部都有一名负责人全权担当。但从整个计划的实施过程来看，三个项目负责人的行事作风却各有不同。

对于一个未知的星球，知己知彼显得格外重要，而 RDA 公司潘多拉项目的负责人帕克·塞弗里奇却被利益蒙蔽双眼，短见的结果往往就是为激进的错误埋单。在负责科研部门的格蕾丝·奥古斯汀博士不断对其短兵相接的行为表示担忧之后，塞费里奇仍然坚持大规模军事计划，这也是导致计划最终流产的主要原因。

此外，科研部门的领导作风与军事机构却截然不同。一个是强调与当地纳威人的互通互惠，一个则因为曾被潘多拉星球生物伤害过而耿耿于怀，生性暴躁，对一切问题都崇尚以武力解决。二者矛盾的做事风格，也使得矛盾不断激化，甚至影响了项目的最终走向。

因此，对于整个计划来说，由兼具理想主义与人文意识的植物学家奥古斯汀博士来打通沟通障碍并没有错误，但短识的负责人与报复心极强的夸奇上校的联手绝对是一次失败的雇用。

（三）岗位契合度比“完人”更重要

其实在现实生活中，人事经理也经常遇到这样的困扰，通过层层选拔，花费了大量的精力与成本，才招到一个“合适”的人才（比如电影中的夸奇上校，从军事经验与管理能力上来看，都符合一个军事部门主管的要求。）。但招聘入岗后却发现其行事作风与公司远期规划相差甚远。除了此前的招聘投入不说，这种错误雇用对公司经营及战略的影响更为负面。《哈佛商业评论》红极一时的单行刊 Hiring Without Firing，曾仔细分析过错误雇用给企业带来的系列阵痛——从取得成本、使用成本、开发成本，再到退出和机会成本，所有成本会带来该员工年薪的 3～10 倍的代价支出，因此对于员工，特别是高层员工的雇用更应该严谨慎重。

从实施角度来看，如果可以从录用前就发现员工的个性特征与职业行为，就可以极大程度地避免因错误雇用造成的损失。但目前许多企业，特别是我国的大部分企业仍然采取传统的招聘方式——直接面试问答，以及简单的背景、能力调查。这种招聘方式的最大问题是判断过于主观、选择标准过于单一而无法全面衡量应聘者的岗位契合度。也就是说，即使招聘到一个完全符合招聘条件的“完人”，也可能存在错误雇用的风险。

（四）依靠科学测评完善企业招聘

这一现象正在逐步改变，据此前美国权威调研显示，20 世纪 90 年代时，欧美仅有 30% 的企业使用科学的测评考试体系来进行人员初选及职位评定，而 2003 年，这一比例就已高达 71%。事实证明，“以考选才”的方式极大地解决了此前主观面试可能存在的漏选、错选人才的问题，同时也能够比较真实地反映出应聘者个性、能力以及技能与岗位需求的匹配度。

值得欣慰的是，以科学的方法进行人才选拔与招聘也逐渐被国内企业所重视。国内的外资企业，尤其是世界500强企业，基本都以科学测评作为人才选拔的手段和依据，而“以考选才”在国企及中小企业的普及率也增至19%。与此同时，国内相关测评工具也层出不穷，当然，要做到测评全面客观仍非易事。

一款完善的测评工具，除了要对面试者进行基本工作能力、岗位专业技能等测试之外，针对员工职业未来发展的职业兴趣、职业动机、团队角色等个性特征的测试也必不可少。与此同时，应“才”而异、应企业而异的灵活测评方式也极为重要。

问题思考：

1. 你如何理解“把合适的人放到合适的职位上”这句话？
2. 从以上案例中，你能得到什么启示？交流你知道的其他案例。
3. 你认为测评技术有用吗？如何评价？

三、案例讨论：李经理该留下谁

下面是一则员工招聘案例，运用本章所学知识，结合案例进行讨论。

随着产品的销售量的不断增加和营销策略的不断深化，销售公司感到人手紧缺。为此，从厂里录用了A、B、C和D四名职工，进行为期三个月的实习试用，作为正式销售人员的候选人。

目前，他们的实习期将满，销售部李经理正考虑从他们中选拔合适人员作为正式销售人员。根据平时对他们的观察和同事及用户对他们的评价，对他们的个人素质和工作状况进行了初步总结，以作为选拔的依据。

（一）个人素质方面

A是个刚进厂的小伙子，今年刚过20岁，高中毕业。他精力旺盛，工作肯吃苦，但平时做事粗心大意，说话不注意场合。

B是为了照顾夫妻两地分居而从外地调进厂里的，今年35岁。他为人热情，善于交往，本人强烈要求做销售工作。

C是某大学经济管理专业毕业生，今年25岁。她工作认真，稳重踏实，平时寡言少语。

D今年30岁，某大学公共关系专业学生。他为人热情，善于交际，头脑灵活。但对销售工作缺乏经验。

（二）工作实绩方面

A工作很主动大胆，能打开局面。但好几次将用户订购的产品规格搞错，用户要大号，他往往发成小号的。尽管经理曾多次向他指出，但仍然时常出差错，用户有意见找他，他还冲人家发火。

B工作效率很高，经常超额完成自己的推销任务，并在推销过程中与用户建立了密切的关系。但他常常利用工作关系办私事，如要求用户帮助自己购买物品等。而且，他平时工作纪律性较差，上班晚来早走，并经常在上班时间回家做饭，销售公司的同事们对此颇有微词。他曾找领导说情，希望能留在销售公司工作。

C负责广东省内的产品推销工作，她的主管曾带她接触过所有主要用户，并与用户建立了一定的联系，但她自己很少主动独立地联系业务。有一次，她的主管不在，恰巧有个用户要增加订货量，她因主管没有交代而拒绝了这一笔业务。

D负责河北省的产品推销工作，他经常超额完成推销任务，并在推销过程中注意向用户介绍产品的性能、特色，而且十分重视售后服务工作。有一次，一个用户来信提出产品有质量问题，他专程登门调换了产品，用户为此非常感动。尽管如此，但他却时常难以完成货款回收率指标，致使有些货款一时收不回来，影响了企业经济效益指标的实现。

李经理必须在月底以前作出决定，哪些人将留在销售部成为厂里的正式销售员。

问题讨论：

如果你是李经理，根据四人的个人素质和工作实绩，你将怎样决定他们的去留？

四、实践模拟

（一）实训目的

培养学生招聘工作的能力；培养与训练学生的应聘能力与心理素质。

（二）实训内容与要求

全班可分为两大组作为两个公司，分别担任招聘方与应聘方，以公司为单位组织招聘活动。

招聘方公司要制订招聘计划，包括招聘目的、招聘岗位、聘用条件、招聘程序等，特别是聘用的决定办法。

应聘方学生要提交应聘简历，作好参加面试的准备，一定要体现出应聘者的竞争优势。

根据招聘公司的战略发展计划建立相应的组织结构和部门，公司招聘由人力资源部经理主持，公司成员均为招聘组成员；招聘程序按课程讲授的内容进行，各公司根据每个应聘者的综合表现决定是否聘任。

学生应在教师的指导下进行精心准备，成功地扮演好招聘者或应聘者的角色。

（三）实训作业

招聘公司需制作招聘计划书；将所有招聘的资料整理成册，包括宣传资料、应聘简历、面试记录等，供同学间交流。

【本章小结】

1. 员工招聘是指组织为了正常经营和未来发展的需要，根据工作分析的数量与质量要求和组织人力资源规划，从组织内部或外部寻找、发现和吸引有条件、有资格和有能力的人员来填补组织的职务空缺的活动过程。它具有前瞻性、双向选择性、多标准性、相互合作性等特点。员工招聘有助于改善组织的劳动力结构与质量，有助于员工充分发挥自身能力，有助于提高组织的管理效率，有助于树立良好的企业形象。

2. 招聘的途径主要有两条，即内部招聘和外部招聘，且每一种招聘途径又有多种形式。内部招聘包括晋升、职位调动和岗位轮换；外部招聘包括广告、校园招聘、现场招聘会、猎头公司、网络招聘、职业介绍所、劳务派遣等。

3. 人员选拔的方法有心理素质测验、面试、无领导小组讨论、文件筐测验等方法，其各自有优缺点。

4. 招聘的内容包括招聘的成本和收益评估、招聘的时间评估、招聘的数量与质量评估等。

5. 影响招聘活动的因素主要有内部因素、外部因素及应聘者自身因素三类。

【思考题】

1. 试述员工的招聘与录用工作的重要意义。
2. 招聘的特点有哪些?
3. 影响招聘的因素有哪些?
4. 招聘的渠道有哪些?论述内部招聘和外部招聘的优缺点。
5. 试述员工选拔的过程。
6. 选拔有哪些方法?各有什么优缺点?
7. 怎样评估招聘的效果?

第五章　人员素质测评

【本章精要】

1. 人员素质测评的含义。
2. 人员素质测评的类型，人员素质测评的功用。
3. 人员素质测评的一般原理，测评的流程。
4. 人员素质测评指标体系的构成，以及指标要素的确定方法。
5. 人员素质测验的一些常用方法。

【学习目标】

人员素质测评是人力资源管理的重要工具和手段。通过学习，掌握人员素质测评的六种主要测评类型及测评的功用，了解人员素质测评的发展情况，熟悉人员素质测评的一般原理及其实施的一般步骤。在此基础上，能够知道人员素质测评指标体系的构成方法，可以协助完成对相关人员的素质测评。

【篇首案例】

3M中国公司人员素质测评

3M公司成立于1902年，总部位于美国明尼苏达州首府圣保罗市，是世界著名的产品多元化跨国企业，500强之一。3M中国有限公司（简称3M中国）于1984年在上海注册成立，是中国第一家在经济特区之外成立的外商独资企业，也是上海市第一家外商独资企业。

在3M中国中占有举足轻重地位的技术中心在多年的用人过程中，总结出了对技术岗位而言比较关键的九项资质。在这些关键资质的基础上，3M中国希望能采用具有较强可操作性的评价方法和手段，对招聘候选人进行评估，从而提高新进员工的适用性。经过对国内人才测评咨询行业的市场调查，3M中国将此项目委托给了著名的诺姆四达测评咨询公司。

在项目中，诺姆四达进行了如下流程的工作：

一、拟定指标

诺姆四达就3M中国技术中心提出的九项关键资质与自己已有的测评指标和方法相结合，并根据对技术岗位说明书的理解和分析，拟定出了与技术岗位相关的30项素质能力。

二、问卷调查

将30项素质能力编制成调查问卷，邀请技术中心的员工按照标准对各素质能力进行等级评定。

三、构建评估模型

将调查结果进行统计分析，确定各素质能力的理想等级要求，并挑选出等级要求较高的（既相对更为关键的）12项，作为技术岗位的评估指标，构建评估模型。

四、试用

根据评估模型，选取标准化测验和小组活动两类人才评估方法，并从技术中心选取了16位在岗人员进行尝试。

五、试用结果反馈

为16位被评估者撰写评估报告，将报告反馈给技术中心负责人、相关部门负责人以及人力资源部相关负责人，测评结果的准确性获得了他们的一致赞许和好评。

六、确定评价参考标准

对16位的评估结果进行统计分析，计算所有被评估者在各能力素质上的平均等级，作为3M中国技术中心日后招聘的参考标准。

七、正式使用

2004年8月，在3M中国公司技术中心招聘日上，全面使用了诺姆四达设计出的人才评估方案，为候选的数十位对象实施评估，并分别提供评估结果报告，为3M中国公司人才引进提供决策性参考意见。

在经过两次合作以后，3M中国公司与诺姆四达公司建立了长期合作关系。3M中国将诺姆四达的标准化测验作为技术中心人才招聘的主要评价方法之一。为了不断提高评价的准确性，诺姆四达在每次评价完一定数量的候选人之后，会对数据进行重新统计，从而调整评价参考标准。

第一节 人员素质测评概述

科技进步、经济发展，人才是最关键、最根本的因素。20世纪90年代以来，随着社会主义现代化建设进程的进一步加快，政治体制改革的推进和国有企业改革的深化，尤其是国家公务员录用考试制度的建立，人力资源的合理开发和有效利用已成为当今社会一项迫切需要的研究课题。同时，现代人员素质测评技术的发展，人才市场的形成及相关法规制度的建立，人员的频繁流动，为人员素质测评提供了广阔的舞台，人员素质测评已经成为一种新兴产业。现代人力资源的很多环节均不同程度地借鉴或引用人员素质测评技术，如公司招聘员工、政府机关录用干部、公务员竞争上岗、考核等都在利用人员素质测评技术，以此构建公开、公正、平等、竞争、择优的用人机制和选人理念。

一、人员素质测评的含义

人员素质测评是指测评主体在较短时间内，采用科学的方法，收集被测评者在主要活动领域中的表征信息，针对某一素质测评目标体系作出量值或价值判断的过程，或者直接从所收集的表征信息引发与推断某些素质特性的过程。例如，企业人员招聘录用，一般采用情况登记、面试甚至试用等测评技术，收集应聘人员的行为事实，然后针对岗位所需要的素质，作出有或无、多或少、高与低、优与劣以及可以录用与不便录用等一系列的综合判断。

人员素质测评由两部分组成："测评主体采用科学的方法，收集被测评者在主要活动领域中的表征信息"与"采用科学的方法针对某一素质测评目标体系作出量值或价值判断的过程，或者直接从所收集的表征信息引发与推断某些素质特性的过程"。显然，前一部分主要是"测"的工作，而后一部分主要是"评"的工作。

这里的“测”，包括测评者的耳闻、目睹、体察、访问与调查，它是以认识与评判被测评者的某些素质为目的，以科学的测量评价工具为手段的特定的信息收集活动。“测”既可以是测量、试验，也可以是探测与观测。这里的“评”，包括评论、评价与评定，主要针对一定测评目标体系对表征信息质、量、机制的评价，也包括直接对被测评者素质的分析与评论。虽然测评离不开测量与评价，但并不等于测评和评价的机械相加，它是指一种建立在对个体表征信息“测”与“量”的基础上的分析与判断。在测评过程中，测评者通过“测”与“量”的活动，获得所要的信息，然后将它们与所确定的标准进行比较认识。这里不是仅凭测评主体的感性经验，而是积极地借助于一定的测量评价工具，把最终的比较和判断建立在对客观行为事实与表征信息的收集、测量和分析上，并且把分析判断的结果用语言或分数的形式进行定性或定量的转化与解释，由此反映被测评者有关特性的客观情况。

就人员素质测评与人才素质测评相比而言，只有一字之差，大同小异。相异的地方就是测评所指向的范围不同。人员素质测评是指对 16 岁以上具有正常劳动能力个体素质的测评；人才素质测评是指对具有一定才能个体素质的测评，包括某些儿童测评、学生测评与人员素质测评。人员与人才具有交叉关系，因此，人员素质测评与人才素质测评所指向的范围也具有交叉关系。但是，它们在测评理论、方法与技术上却是相同的。

人才素质测评具有狭义与广义之分。狭义的人才素质测评是指通过量表对人才品德、智力、技能、知识、经验等进行的评价活动。例如，智力测验、气质测定、品德测验等都是用问卷选择题等量表形式来测评被测者的有关素质。广义的人才素质测评则是通过量表、面试、评价中心技术、观察评定、业绩考核等多种手段综合测评人才素质的一种活动。

二、人员素质测评的类型

根据不同的标准，人员素质测评可以划分为不同的类型。这里以测评的目的与用途为划分标准，可以把人员素质测评划分为选拔性测评、诊断性测评、配置性测评、鉴定性测评、开发性测评与发展性测评。

（一）选拔性素质测评

选拔性素质测评是一种以选拔优秀人员为目的的素质测评，是人力资源管理活动中经常进行的一种测评。待遇优厚、层次较高的职位通常有很多求职者，这时就需要用一种公平而科学的方法在众多的竞争者中筛选出最合适的人选，即实施选拔性素质测评。它的基本原则是确保测评的公平性、公正性、差异性、准确性与可比性。

选拔性素质测评的流程如图 5-1 所示。

选拔性素质测评和其他人员素质测评相比，其特点主要有以下五点：

（1）整个测评特别强调测评的区分功能。选拔优秀求职者，实际上是“高个子之中选高个子”或“矮个子之中拔高个子”，是一种相对性的测评，特别需要把优秀的求职者与一般性的合格者区分开来，便于雇主录用。

（2）测评标准的刚性最强。既然选拔性测评的目的是要把最优秀的求职者与一般性的合格者区分开来，那么人们对它的要求自然就非常严格、精确。因此，测评的标准无论合理不合理，一旦实施，就绝不允许有丝毫变动，否则所选拔出的“优秀者”就难以取信于民。

（3）测评过程特别强调客观性。选拔性素质测评方法的改革过程实际上就是使其测评过程不断客观化的过程。这种客观化的明显标志就是对测评方法的新的追求，表现为对数量化与计算机化的追求。

（4）测评指标具有选择性。一般来说，其他测评类型的指标都是从素质测评目标的分解直接制定，是测评标准的具体体现，而选拔性素质测评类型的指标允许具有一定的选择性，以客观、便于操作与相关性为前提，甚至可以是一些表面看上去与测评标准不相干的测评指标。

（5）选拔性素质测评的结果可能是分数或者是等级。这一点较之其他测评类型特别明显，评语式的测评结果无助于区分功用的发挥。

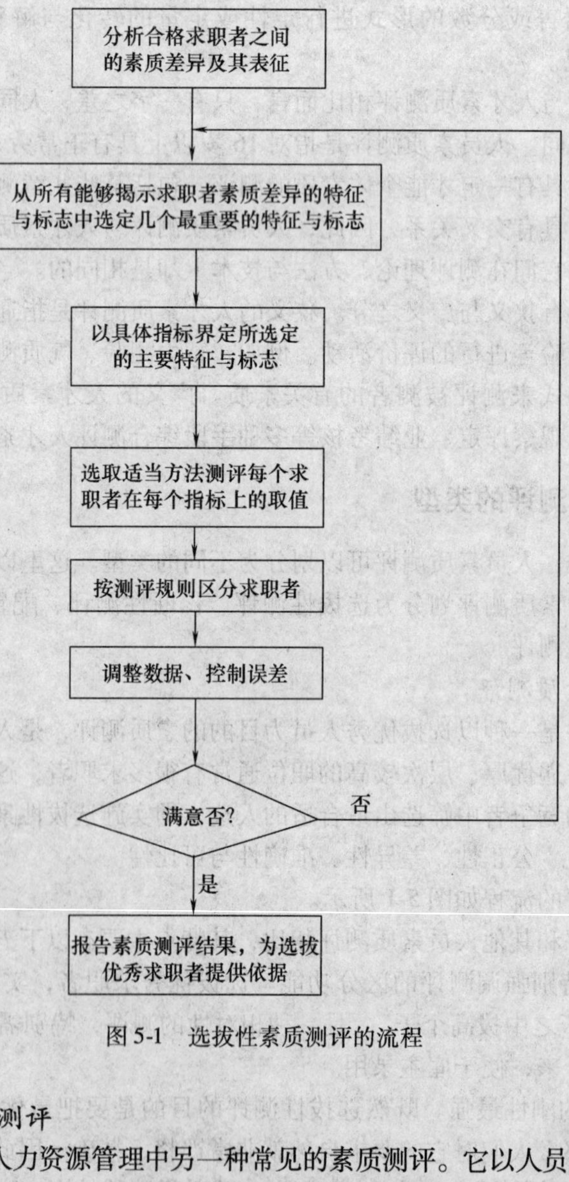

图 5-1　选拔性素质测评的流程

（二）配置性素质测评

配置性素质测评是人力资源管理中另一种常见的素质测评。它以人员合理配置为目的。现代企业的人力资源管理要求以人为中心，使人力资源发挥最佳状态。人力资源最佳发挥的前提是人事匹配，人适其事，事得其人，人尽其才，才尽其用，用显其效。实践表明，每种工作职位对任职者都有一定的基本要求，只有当任职者现有的素质符合职位要求时，个体的人力资源才能主动发挥，创造出高水平的绩效；否则，个体的人力资源就处于被动状态，甚至费尽九牛二虎之力也无济于事，低能低效。因此，在人事配置中经常需要运用配置性素质测评。

配置性素质测评的流程如图 5-2 所示。

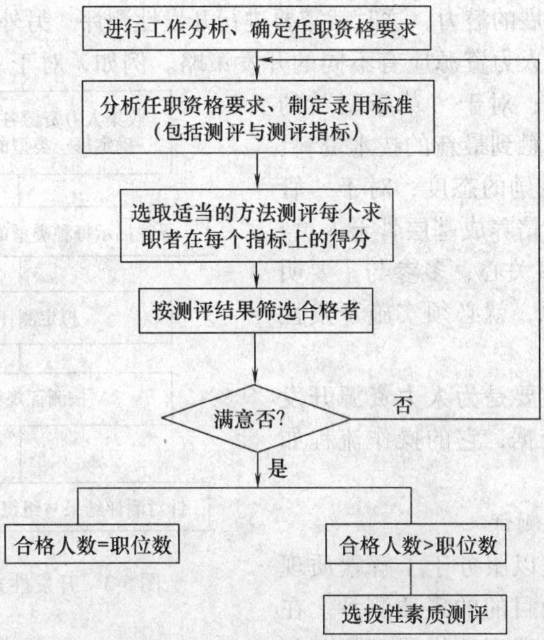

图 5-2 配置性素质测评的流程

配置性素质测评与其他类型的素质测评相比，具有以下几个特点：

（1）针对性。配置性素质测评的针对性特点，体现在整个测评的组织实施与目的上。配置性素质测评的目的是以所配置的职位要求为依据，寻找合适的申请者。整个测评活动都是围绕这一目的而进行的。适用于甲职位的配置性素质测评，不一定适用于乙职位。换句话说，针对甲职位的配置性素质测评结果不能运用到乙职位的人事配置上去，除非甲、乙两种职位要求相同。

（2）客观性。配置性素质测评的客观性特点体现在测评的标准上。其他类型的测评标准无论虚一点还是实一点，好像都可以接受；配置性素质测评的标准则必须是实实在在的，必须以职位的客观要求为标准，不能主观随意制定。

（3）严格性。配置性素质测评的严格性特点既体现在测评的标准上，又体现在测评活动的组织与实施中。有些工作，例如飞行员的驾驶工作，绝不能因为一时找不到合格的人员而降低要求。但是这并不意味着标准越高越好。实践表明，让一个大学毕业生从事看门工作的业绩，远远不如高中毕业生。为了保证人事配置的人岗匹配，不但对测评标准要求严格，对测评方法、测评实施及整个的测评过程，要求都十分严格，而且还需要考虑人员配置的环境要求与合格人群的整体情况；否则，无法保证最后测评结果的准确性与人事配置的人岗匹配。

（4）准备性。配置性素质测评的准备性，主要体现在人力资源管理过程的开端性上。依据配置性素质测评结果所做的人事配置，只是保证工作效果的一种必要条件，是一种可能性和一种准备。随着工作要求与人员素质的变化，配置之后还要进行适当的调配，不要

“一配定终身”。

（三）开发性素质测评

开发性素质测评也称为勘探性素质测评，是一种以开发潜能为目的与组织人力资源开发为目的的测评。人的素质具有可塑性与潜在性，也许目前状况下有些人还不具备某方面的素质，但其很可能具有发展的潜力，这时就需要进行开发性测评。另外，人力资源开发应该具有针对性，不同类型的人力资源应有不同的开发策略。例如，对于“运用型”的人，应把他们培养成“实干家”；对于“革新型”的人，应让他们有机会接触到最新的技术资料，并对他们抱着宽容和鼓励的态度；对于“管理型”的人，应把他们培养成基层骨干人员，引导他们对集体的事多关心、多参与。要明确不同形态的人力资源，就必须实施开发性素质测评。

开发性素质测评主要是为人力资源开发提供科学性与可行性依据，它的操作流程如图5-3所示。

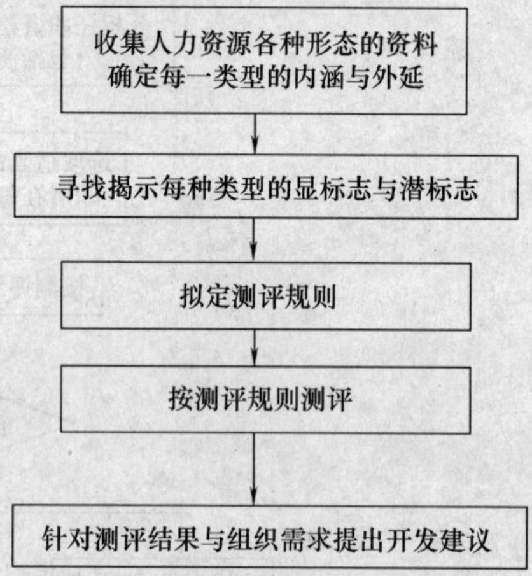

图5-3 开发性素质测评的流程

（四）诊断性素质测评

诊断性素质测评是以服务于了解素质现状或以组织诊断问题为目的的素质测评。在组织管理中，人们常常遇到这样或那样的问题，需要从人员素质方面查找原因，这就需要实施诊断性素质测评。

诊断性素质测评的操作流程图如图5-4所示。

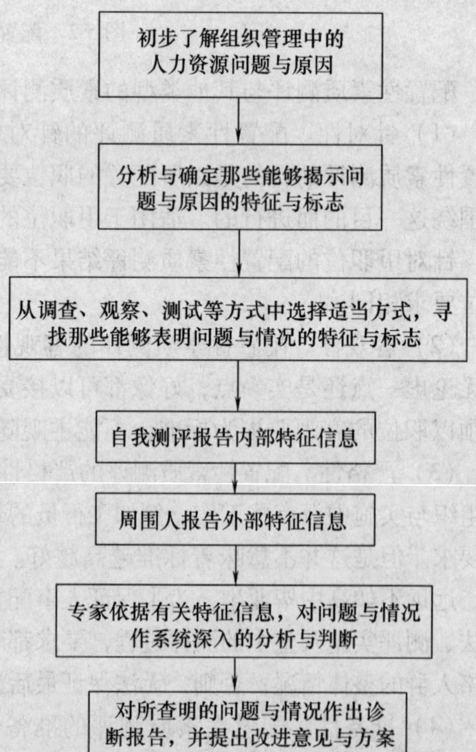

图5-4 诊断性素质测评流程图

诊断性素质测评与其他测评类型相比，有以下几个主要特点：

（1）测评内容或者十分精细，或者十分广泛。如果诊断性素质测评的目的是查找问题的原因，则测评时应像医生询问病情一样，任何细节也不放过，测评内容十分精细与深入；如果测评的目的是了解现状，则其测评的内容就十分广泛。

（2）诊断性素质测评的过程是寻根究底。诊断性素质测评一般是从现象观察出发，层层分析，步步综合，直到找到答案。

（3）测评结果不公开。其他各种类型的素质测评，结果一般都对有关人员公开，而诊断性素质测评的结果，只供内部掌握与参考。

（4）测评具有较强的系统性。诊断性素

质测评要求从表面特征与标志观察搜寻入手，继而深入分析问题与原因，诊断“症状”，接着由此提出改进的对策方案，而前面各种类型的测评则无此要求。

（五）鉴定性素质测评

鉴定性素质测评又称为考核性测评，是以鉴定与验证某种素质是否具备或者具备程度大小为目的的素质测评。鉴定性测评经常穿插在选拔性测评与配置性测评之中。

鉴定性素质测评的操作流程如图 5-5 所示。

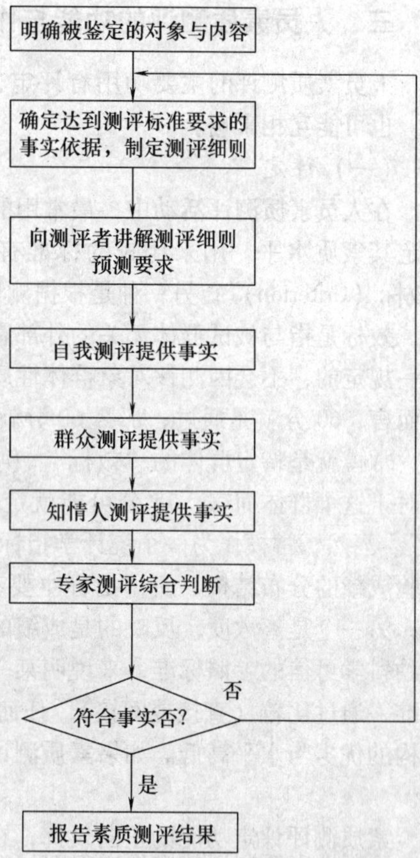

图 5-5　鉴定性素质测评的流程

鉴定性素质测评与其他测评类型相比，具有以下特点：

（1）鉴定性素质测评的测评结果主要是给想了解求职者素质结构与水平的人或雇主提供依据或证明，是对求职者素质结构与水平的鉴定，而其他类型的测评结果并非如此。

（2）鉴定性素质测评侧重于求职者现有素质的价值与功用，比较注重素质的现有差异而不是素质发展的原有基础或者发展过程的差异。

（3）鉴定性素质测评具有概括性的特点。它测评的范围比较广泛，涉及素质表现的各个方面，是一种总结性的测评，而其他类型的测评更明显的特点是具体性。

（4）鉴定性素质测评要求测评结果具有较高的信度与效度。也就是说，鉴定性素质测评较之其他类型，更要求所作的评定结论有据可查，而且充分全面，能够验证有关的结果。

（六）发展性素质测评

发展性素质测评用来确定员工的素质、业务水平的变化与发展，其主要目的是促进员工进一步提高素质、提高业务水平。

发展性素质测评不是一次性测评，而是多次性测评，它往往是在员工的素质发展、业务水平提高过程中的不同阶段进行多次测评，并把多次测评的结果进行比较，以确定员工的素质和业务水平是否比以前有进步。它特别强调的是变化与发展，强调过程。比如，某公司有两个生产班组，公司以生产利润的增长来衡量这两个班组生产管理水平的变化，班组 A 在 2006 年的生产利润为 290 万元，2007 年的生产利润是 300 万元；班组 B 在 2006 年的生产利润为 270 万元，2007 年的生产利润是 290 万元。不管是 2006 年还是 2007 年，班组 A 的生产利润都要比班组 B 高。但从变化发展的角度看，班组 A 在 2007 年度的生产利润比 2006 年增长了 10 万元，年增长率为 3.45%；而班组 B 在 2007 年度的生产利润比 2006 年增长了 20 万元，年增长率为 7.41%。评价结果，班组 B 在 2007 年度的生产管理水平提高得比班组 A 快。

通过发展性素质测评，可以了解一个员工或团体的发展轨迹，有利于总结经验，有利于员工不断进行自我反省，可以激励和促进员工持续不断地发展。

三、人员素质测评的功能与作用

人员素质测评的主要功用有评定、诊断反馈和预测三个方面，现实应用中可能有所交叉，也可能互相影响。

（一）评定

在人员素质测评活动中，最常用的就是把被测评者的特征行为与某种标准进行比较，以确定其素质水平。用来比较的标准有两种：一种是与测评对象本身无关的客观要求，如“效标（Criterion）”；另一种是根据测评对象制定“常模（Norm）”。

效标是指与被试群体无关的外部客观标准，是明显可见无所争议的。例如任职资格，是统一规定的，不会因测评对象群体性质的改变而变化；又如在一般的百分制考试中，对任何人而言，60 分就是通过，那么 60 分就是效标。

常模就是特定群体的“效标”。例如同样的百分制考试，在某个群体中分数都偏低，那么对于这个群体而言，55 分可能就定为通过分，这个 55 分就是这个群体的成绩参照“常模”。当然，常模作为一个统计学指标更加严格，其实质是指一组具有代表性的被试样本的测验成绩的分布结构，所用指标主要有两个：一个是成绩的集中趋势，通常用平均数来表示；另一个是离散度，反映的是成绩的分散状况，通常用标准差表示。常模的作用就是提供一种科学可信的参照标准，来说明某一测验成绩在同类被测者中所处的水平。无论采用哪种标准，通过比较（直接或间接），任何人的素质都被确定在一个相应的位置上，以表明素质结构的优劣与水平高低。如果素质测评缺乏评定功能，那么素质测评就纯属一般的调查与了解。

素质测评评定功能的正向发挥，在人力资源管理中首先表现为促进与形成作用。社会心理学家研究发现，自我评价、他人评价与群体评价是衡量一个人素质高低的三个重要参数。通过自我测评与群体测评，使一个人有了对他人与对自己的认识标准。一个人的行为基本上是按照这个标准进行调整与安排的，调整的需要好像是在无意识中产生的，个体仿佛是自动地调整自己的行动去适应所确认的素质测评标准，以提高自己在这些标准上的测评分数。

通过他人测评、自我测评与群体中互相测评，每个人都能够认识自己的素质，了解自己的优势素质是什么、短缺素质是什么、亟待改进的素质是什么；社会与工作需要什么素质，不需要什么素质；什么是良好的素质，什么是低劣的素质。由此激发与产生改善自身素质，加强自我修养的愿望与行为。

首先，在素质测评中，既有对良好素质的肯定，又有对低劣素质的认识；既有热情的希望与鼓励，又有真诚的批评与悔改。因此，素质测评可以把人力资源管理者的开发期望与被测评者的自我修养有机地结合起来，促进个体素质的进一步提高。

其次，素质测评的评定功能还表现出激励与强化的作用。每个人都有自我尊重与超越上进的愿望，希望自己在测评中取得好成绩、好结果。获得肯定性评价的行为将会趋于高频率出现，而获得否定性评价的行为会趋于低频率出现。

最后，评定功能的正向发挥还表现出导向作用。测评实践表明，测评过程中哪种素质的权重越大，哪种素质就越受人们重视；哪种素质的权重小，哪种素质就越被人们轻视；哪种素质不测评，它就会逐渐被人们忽视。这种现象在鉴定性、选拔性素质测评中表现尤为明显。因此，在人力资源开发中应注意到素质测评的导向作用的正向发挥。

（二）诊断反馈

素质测评的另一个特征，是它收集素质特征信息的广泛性与科学性。任何素质测评都必须广泛而系统地收集各种素质的特性信息，在充分占有材料的基础上作出分析。因此，无论是在收集素质特征信息的过程中，还是在作出评价的时候，测评者都要涉及素质形成、人力资源管理与开发的方方面面。有些问题甚至要深入到根源才能有结果。这样，经过测评，测评者对人力资源管理的全过程，对人力资源开发的效率与效果就会有一个全面而细致的了解。加上测评是根据统一的标准按一定的方法来测评的，因此，对于效果好、素质高的决定因素在哪里，素质差、效果不好的问题在哪里，均能一目了然。把所有者信息予以整理记录，转达给测评主体或第三者，就是反馈了。它可以让测评主体或第三者了解与掌握人力资源开发的不足与问题所在、人力资源开发的进程及素质形成的情况。

诊断反馈功能的正向发挥，首先表现出咨询的作用。一般来说，进行素质测评活动之后，对于诸如以下问题：人力资源管理的目标制定是否科学合理，人力资源的配置是否合理，人力资源开发的方式选择是否得当，均能一一作出有根据的回答。

其次，素质测评的诊断反馈功能表现为对人力资源开发方案的制订与选择，对开发工作的计划与改进起着重要的参考作用。在素质测评过程中，由于测评者系统而全面地掌握了素质形成的过程，找到了一些素质问题的原因所在，明确了每个被测评者的素质优劣，因此，能有的放矢地在众多开发方案与开发工作计划中选出一个最为有效的方案，能抓住素质形成与发展的关键点进行优化开发。

最后，诊断反馈功能的正向发挥表现出调节与控制的作用。从控制论的角度来看，素质培养与开发，实际上也是一个调节与优化个体思想行为发展的过程。然而这种调节与优化的作用，在相当的程度上要由素质测评来实现。

（三）预测

素质测评，尤其是心理素质测评，是在对素质现在及过去大量表现行为全面了解与概括的基础上，判断素质表征行为运动群的特征和倾向的过程。换句话说，人们并不是根据单个的特征行为来测评素质，而是根据大量的特征行为来测评素质的，这些大量的特征行为对素质的揭示具有一定的必然性。因此，人们可以依据素质表征行为发展的历史轨迹及其趋向，对被测评者的素质发展进行某种预测。这种预测的有效性取决于素质特征的稳定程度。

预测功能的正向发挥表现为选拔作用。素质测评的评定功能单独发挥时，仅表现为激励作用；然而当它与预测功能结合发挥时，就表现为选拔作用了。

素质在数量与质量上的差异，是区别不同素质结构与水平差异的重要依据。测评的预测功能使素质测评的结果具有一定的后效性，换句话说，个体素质的差异会具有一定的延续性，这样就可以根据各个被测评者目前的素质差异了解其将来的发展差异。

（四）其他功用

1. 有助于组织人力资源配置的科学化

人与事如何实现科学合理的配置，是人力资源与企业管理长期以来急需解决的一个重要问题。通过素质测评，实现人与事的科学配置，则有助于消除这些人事配置中的弊端，有助于人尽其才、才尽其用。依据素质测评结果，实现自动化与公开化的人事配置，则有助于杜绝人事配置中的不正之风。

2. 有助于人力资源开发

传统的人力资源管理对人力资源，基本上是一种物化式的“仓库管理”。管理人员把每个资源转化为档案袋，当做物资，像记录设备的型号、性能、价格等资料那样建立个人档案。“活”的人力资源管理变成了“死”的档案保管。人与人之间的判断只看得到性别、年龄、职务、工种上的区别，而看不出素质上的差异，往往会造成人员的积压与埋没，造成人力资源的巨大浪费。借助素质测评，不但能发现优秀之才与奇缺之才，而且还能明确各人所长、各人缩短，从而用人所长、避人之短、取长补短、优化组合，并通过培训，扬长修短、开发潜能。

3. 有助于人力资源的优化管理

人力资源管理包括编制定员、人员招聘录用、人员分配与培训、绩效考核与制定薪酬等工作。素质测评不但能够为人力资源管理的各个环节提供科学依据，而且能够把人力资源的配置与调控由静态改为动态。通过素质测评及时提供人力资源的变化信息，明确人事配置的现状及其科学化程度，因而在规划人力资源管理工作的近期与远期工作时，能纵观全局、明确方向，能区分与实现人事配置管理科学化的优先次序，制定切实可行的战略与措施，确定最佳方案，协调各方面的影响，形成合力，减少内耗。

四、人员素质测评的发展状况

（一）西方近代人员素质测评的发展状况

现代人员素质测评技术的真正兴起，是在西方工业革命之后。工业革命推动了西方社会生产方式的变革，劳动者在生产力体系中的作用日益突出。各类企业和组织为了在竞争中立于不败之地，需要拥有优秀的人才，而人才选拔的关键在于科学的测评，现实社会的需求为人员素质测评的发展提供了广阔的空间和坚实的土壤。

人员素质测评同心理学，尤其是心理测量学有着密切的关系。人员素质测评的发展与心理测量技术是分不开的，它以心理测量为基础。1879 年心理学成为独立学科后，高尔顿、卡特尔等一些学者开始对个体差异进行研究。1905 年法国的比奈和他的助手西蒙共同编制的世界上第一个儿童智力测验量表，开辟了智力测验的发展道路，并推动了测验与测量技术的应用。心理测量从早期的心理缺陷诊断，逐渐发展为对智能和人格的测量，从教育领域拓展到社会管理和其他领域，为升学、就业、人才选拔、晋升、培训等提供指导和服务，并最终引发了心理测验运动，使得心理测量在西方成为一个重要的产业。

一贯重视应用的美国心理学界对心理测量的发展起到了巨大的推动作用。具体而言，心理测量的发展很大程度上受到第一次世界大战的影响。1917 年美国决定参加第一次世界大战，美国心理学会建议使用智力测验来帮助军队进行官兵的选拔和配置，以提高个体的适应能力以及军队的综合素质和战斗力。由于当时的智力测验是针对个体施测的，并不适合对应征者大规模使用，因此需要开发一种操作方便并可以对群体施测的智力测验。心理学家们为此编制出陆军甲种测验和非文字的陆军乙种测验。从 1917 年 3 月至 1919 年 1 月，共有 200 多万官兵参加了测试，为该测验积累了大量的基础数据并取得了令人满意的成效。另外，根据工业部门的人才选拔、工作安置和职业咨询的需要，心理学家又开始编制各种特殊能力倾向测验，主要包括测量文书、机械、运动、运算、音乐和艺术等特殊能力的测验。斯特朗等人按照将职业选择与个人特点相结合的原则，在 1927 年编制出版了世界上第一个职业兴趣测验，至今仍受到高度重视。

第二次世界大战以后，西方各国尤其是美国经济快速发展，科学技术突飞猛进，对人力资源的开发提出了迫切的需求。在激烈的竞争环境下，各公司都急需找到各个工作岗位上的最佳人选，以便为公司创造良好的业绩、可观的利润，在同行中立于不败之地。在这种背景下，与人员素质测评相关的机构和组织相继成立，并由相关专家潜心研究开发出一系列新技术和新方法。心理学家们开始在实践中评价求职者的“岗位适合度”，开始关注人员与职位之间的匹配情况。在此过程中，人力资源测评的思想、方法和技术不断发展和完善，各种智力测验、能力测验、性向测验、成就测验、情景模拟测验相继产生并得到修订。人员素质测评技术被广泛应用于各级各类组织的人力资源管理实践中，无论是政府机关选拔公务员，还是企业录用新员工，或者是个人职业生涯规划，均要进行严格的测评。据美国人力资源协会有关资料报道，西方发达国家几乎所有的大企业在员工招募过程中都要运用人员素质测评技术。

20世纪60年代以后，人员素质测评技术发展起来并开始在许多大公司应用，测评对象不再局限于普通员工，更扩展到了中高层管理人员。由于人员素质测评综合运用了测验、面试以及情景模拟技术，测评效果更加可靠有效，在人员素质测评中获得较高评价的人比获得较低评价的人更容易得到晋升。以美国电话电报公司为代表的一批大企业，开始使用人员素质测评的方法对管理人员进行评价，取得了理想效果。由于人员素质测评的效度较高，目前它已经成为评价高层管理人员的主要工具。此后，人力素质测评的综合性技术在美国及西欧一些国家得到了快速发展。

近年来,随着测评工作更加专业化,西方许多专门提供人员素质测评服务的公司不断发展壮大。他们把人员素质测评技术应用于人力资源开发的各个领域,客观、科学的测量方法成为人才选择和评定的主要手段,许多大企业都制定了适合自身发展的人员素质测评程序和工具。

（二）我国人员素质测评的发展

在我国，早在古代就有了许多关于测评的思想，如春秋战国时期墨子提出“尚贤任能”，主张“有能则举之，无能则下之”；从隋唐到清末的科举制度，是我国古代人员测评的典型代表。现代的人员素质测评在改革开放后得到重视，随着我国经济体制逐步由计划经济向市场经济转变，为适应经济体转变的需要，人才和人力资源管理和开发被提上议事日程，一些单位对人才考核和选拔方法进行了探索，开始对人的德、智、能、绩进行定性和定量相结合的评价，与传统的重定性、轻定量，重历史、轻发展潜能的考核及选拔方法相比更为合理。20世纪80年代后，我国人员素质测评的发展可以粗略地划分为三个阶段：

1. 恢复阶段（1980～1988年）

此阶段的特点是恢复了心理测验，并开始学习和借鉴国外的测验编制技术和方法，但主要应用于教育领域，只有少数心理学工作者和测评专家在社会经济领域中初步开展人员素质测评的应用研究。例如，中科院心理研究所修订了测量领导行为的PM量表，对企业管理人员开展测评，并取得了较好的成效。但此时人员素质测评事业仍处于萌芽时期，影响比较小。整个社会对人员素质测评的认识还不够，大多数人还不了解现代人员素质测评是干什么的、有什么作用，行政、事业和企业单位的领导仍习惯于传统的选人用人办法。此外，从事该领域研究与实践的学者较少，适用于企事业单位选人、用人的测评手段和工具也很匮乏。

2. 初步发展阶段（1989～1997年）

1989年1月，中组部、人事部联合下发通知，要求县级以上国家行政机关补充非领导职务的工作人员时，要按照德才兼备的原则，公开考试，严格考核，择优录取。这标志着国家公务员录用考试制度开始建立。从此，要想进入公务员序列就要经过客观化考试，现代人员素质测评技术也开始应用于国家机关的人才选拔。到1992年年底，全国29个省及国务院3个部门都不同程度地采用了人员素质测评技术招募工作人员。在对高级干部的选拔与任用中，人员素质测评技术也开始应用。北京、上海、广东等一些省（市），组织部门也开始使用结构化面试、情景模拟面试等技术选拔厅局级领导干部。

许多企业也意识到人力资源的重要性，对如何发现、鉴定和发展优秀人才日益重视，人员素质测评开始引起人们的关注。由于企业界人力资源管理的自由度更大，所以对人员素质测评技术的研究和应用较行政、事业单位走得更远、发展更快。

3. 繁荣阶段（1998年至今）

经过多年的探索与研究，目前我国的人才选拔已从过去单一的政治考核逐步走向科学全面的测评。当今社会上存在的招聘、职称、晋升以及机关人员录用等考试都离不开人员素质测评技术。目前，各类用人单位有了相对灵活的用人自主权，个人也有了更多的择业自由和机会。特别是我国加入WTO以来，对外开放的力度不断加强，国际交流日益增多，大量外资企业和合资企业带来了先进的生产技术和管理经验，其中也包括人力资源管理与人员素质测评的技术和手段，这使得人员素质测评逐渐为大众所接受和认同。中国的人力资源异常丰富，而对高级管理和技术人才的招聘、选拔必须依赖现代的人员素质测评技术，这就促进了我国人员素质测评技术的快速发展。目前，我国人员素质测评手段不断完善，人员素质测评的研究和应用机构也不断增多，这标志着我国人员素质测评事业进入了繁荣发展的时期。

第二节 人员素质测评的理论分析与一般步骤

一、人员素质测评的理论分析

人员素质测评源远流长，是企事业单位人力资源管理实践中必不可少而且十分重要的一项活动。其实践性不容置疑，然而其理论性如何呢？

1. 配置原型

人员素质测评的原型是什么？螺母与螺栓相配套可看做是人员素质测评的一个简化原型。

螺母与螺栓配套时，人们或以螺母寻螺栓，或以螺栓找螺母，以求匹配事宜。以螺母寻螺栓，习惯的方式是以螺栓逐个试螺母，看哪个合适；以螺栓找螺母，则往往是以螺母逐个试螺栓，看哪个相符。显然两种方法都是依据配置者的经验。有经验的配置者看得准，快些；而无经验的配置者看不准，慢些。主观意志强且无经验的配置者，或以大套小松松垮垮，或以小套大紧紧绷绷。无论哪一种，效果都不好，虽然前者和后者最终都套上了，但前者无法发挥作用，后者容易开裂用不长。如果借助测量手段，标明螺母和螺栓的内外径，则螺母和螺栓配套的效率就会大大提高。

人员素质测评也是一样。事为螺栓，人为螺母。人力资源管理者进行人事配置，要使事适其人，人尽其才，才尽其用，人事相配，才能最大限度地发挥人力资源的作用。

2. 角色要求

职业、职位类别及工作角色要求，是人员素质测评的客观要求。担任一定工作角色的人，必须具备相应的素质条件。这种由职业、职位类别而产生的工作角色，对任职者的素质要求与期望提出了人员素质测评的客观要求，要求每个职位的人选都要合理配置，工作角色越是高级，其相应的要求也就越高。例如，对于总工程师或企业领导人来说，在性格上要求具有理智、独立的素质特征，要求善于思考问题和与人相处，决策果断，同时对集体和事业抱有积极态度；在气质上能控制不良情绪，精力充沛、沉着而不呆板，性格外向；在能力上，不仅具备独立解决专业问题的能力，而且有一定的管理能力，善于领导所有部属进行有效的工作。

在人事配置中，既包括宏观的部门与地区配置，也包括微观的个人与职位配置。无论哪种配置，都应借助于人员素质测评，根据每个职位与工作角色的差异，选择一定数量具备相应素质的任职者。

3. 素质差异

个体素质差异的存在是进行素质测评的前提。

心理学研究表明，个体相互间是有差异的，这种差异不仅表现在生理、性别与外貌上，而且更多地体现在心理上。心理学把个体之间的差异归纳为相互联系的两个方面：其一是个体的倾向差异，包括兴趣、爱好、需要、动机、信念、理想、世界观等方面的差异；其二是个性心理特征差异，包括能力、气质与性格三大因素及其组合的差异。

由于人们生长与工作的环境不同，所具有的生理特点与遗传素质不同，接受的教育程度与形成的素质有别，因此，其所形成的个性素质也就互相不同。正是这种个体差异，才使人员素质测评显得十分有意义。如果主体之间不存在差异，那么人员素质测评将无法获得有决策意义的结果，最终将失去其存在的价值。正因为个体，尤其是人的素质之间存在着千差万别，作为反映这种差别的人员素质测评的活动才赖以存在。

个体素质差异的存在及其研究表明，人员素质测评在人事配置与人力资源开发中具有十分重要的作用。

4. 认知理论

认知的理论与实践是人员素质测评可能性的基础。

如果说职业类别、角色要求与个体差异的客观存在，是人员素质测评的必要条件，那么对个体素质的认知理论与实践探索，则是人员素质测评的充分条件。

人员素质测评实际上是一种特殊的认知过程。在这一过程中，测评主体借助于某种科学的手段，从人力资源配置与管理的角度去认识求职者的素质。这种认识是借助于一定的测评手段和测评标准来实现的。

在长期的认识过程中，人们对素质的认识积累了丰富的经验。先秦时期已有“八观六验”，孔子提出了“视其所以，观其所由，察其所安”的思想，诸葛亮有“七观”法，刘劭有“九征”法，形成了听言、观形、试能的测评思想与测评方法。现代人们又发明了一系列的素质测评量表与方法，它们都是人类在人事配置实践活动中长期积累起来的经验总结和提炼。哲学中的认识论与认知心理学，为人员素质测评的可能性提供了理论基础，而人事配置及其测评的探索活动则提供了实践基础。

5. 管理优化

优化管理和动态调控是人员素质测评的发展方向。

人员素质测评目前主要是用来招聘与选拔人才，但是如果仅把人员素质测评局限于这两个方面是不够的。人员素质测评应向优化资源管理与动态调控的方向发展，应该把人员素质测评作为一种重要手段贯穿于整个组织管理的过程之中。

应注意把人力资源管理的总目标分化为许多子目标，以现有的组织状况与职位要求为管理的起点，以人事的和谐、协调与实现总目标为终点，借助人员素质测评不断反馈信息，调整行为，实现优化控制与管理。

借助素质整体互补原则，可以充分发挥人员素质测评在人力资源开发与管理中的优化作用。尽管特定的职位对于任职者的素质有一定的要求，但并非完全必要。某些方面素质条件的不足，可以由其他素质予以适当的补偿，基本不会影响工作任务的完成。群体素质互补的理想模式即是劳动者的优化组合。

6. 开发提高

开发人力资源和提高工作绩效，是人员素质测评的目的。

有人认为，人员素质测评的目的在于把所有求职者分成三六九等。实际上，这是对人员素质测评目的的肤浅认识。人员素质测评免不了要对不同素质的人作出区分，但这不是其最终目的。人员素质测评的真正目的是为了开发人力资源、提高工作绩效或提高生产服务质量，不能为测评而测评。

行为管理科学启示人们，通过人员素质测评揭示个体差异，按照性格的互补原则进行工作设计与人员配置，将大大提高人力资源管理的效果；按照能力特长发挥与兴趣发展来安排工作，能大大激发员工的工作积极性与潜在能力。人的特长发挥与兴趣发展是一种“自我实现”的高层次需要，它将作为一种强烈的“内驱力”激励着主体从事相应的活动。

二、人员素质测评的一般步骤

应用人员素质测评的方法和步骤依据测评目的的不同而有所不同，一般可以按照以下四个步骤进行：

（一）准备阶段

准备阶段的工作内容和工作效果是整个测评工作的基础，它直接关系到整个测评工作的展开和纵深发展。准备阶段具体要做的工作主要包括以下几个方面：

（1）确定测评目标。人员素质测评是整个人力资源管理工作的一部分。进行人员素质测评，首先要做的就是从人力资源管理的全局出发，确定人员素质测评所要达到的目标。进行任何人员素质测评都要目标明确，要预先确定本次测评应在机构改革、人员配置和变动、员工激励、人力资源开发、制度建设等方面起到哪些具体的作用，以使测评能够真正服务于人力资源管理的大目标。

（2）收集必要的测评数据。因为人员素质测评是对员工的某些特性进行定性和定量相结合的测量与评价，所以提前收集一些必要的测评数据和资料是很重要的，是实现人员素质测评定量化的前提，也是减少测评误差的一种手段。提前收集的测评数据包括测评对象的基本信息，以及以前已测得的信息或个体档案中可以为当前测评提供参考的信息。

（3）成立测评小组。人员素质测评的具体方法会给某些部门、人员增加许多工作量，所以，建立测评小组是人员素质测评工作顺利进行的重要保证，也是人员素质测评日趋完善的前提。测评小组中应有专业人员参加，他们能具体负责人员素质测评的技术工作，对如何科学地进行人员素质测评加以专业指导，这是进行人员素质测评不可缺少的基础条件。

（4）制订测评方案。测评方案的制订是准备阶段里最关键的步骤，各项测评工作的开展都必须围绕和依据测评方案来施行，所以，能否制订出合适的测评方案是测评工作能否成功的重要条件。制订测评方案应考虑被试范围、测评指标构成体系、选择测评人员和测评方法等方面的内容。

（二）测评数据获取阶段

此阶段是实施测评的核心，是测评人员对被试者进行人事测评、获取测评数据的过程，测评的主要素材、评价的客观依据和数据基础都来源于此阶段。具体的工作内容可以分为三个部分：

（1）测评前动员。测评前动员的目的是让所有被试者明确测评的意义和目的，要求大家都能以积极配合的态度来参加测评，协助组织、人事部门做好对人员的管理工作，为合理使用人才、培养人才、选拔人才尽自己的一份力量。测评前动员可在不影响日常工作的前提下进行，先由测评小组的负责人向每位中层领导进行动员，时间不要过长，要有鼓动性，然后再由中层领导回单位进行动员。测评前动员必须由各单位、本部门的领导亲自负责，以加强测评的权威性。

（2）测评时间和环境的选择。选择时间应根据测评的不同内容来确定。例如，测评工作的成效，由于测评内容变化频率较快，被试者只要一经测评就有一定的工作绩效，所以两次测评的时间间隔可以安排得短一些；而智力、能力的成绩相对稳定，需要有一段较长时间才能发生变化，所以对智力、能力的测评就不能像测评工作成效一样将两次测评之间的时间间隔安排得那么短，而需要将两次测评时间安排在较长的时间间隔上，这样才能收到较好的效果。

对环境的选择主要是考虑测评现场是否适合被试者完成所测任务事项。测评时要让被试者在较好的环境中开展被测评工作，才能使被试者注意力集中、思维敏捷，从而提高测评的准确性和测评速度。

（3）测量数据阶段。测量数据阶段主要是主试对被试者进行实际测量，从测评开始到回收测评数据的过程。此阶段要注意保持标准化，让每个被试者都在同等的体检下接受测评。作为测评的实施阶段，要求主试严格控制整个测量的实施过程：验证被试者的身份，防止作弊，防止与测评无关的因素的干扰，控制测试的进程，在允许的范围内回答被试者的提问，作观察记录，处理意外事件。总而言之，要尽量保证测试实施过程的标准化。

（三）测评结果分析阶段

如果说上一阶段是如何进行测量的阶段，那么这一阶段就是如何进行评价的阶段。统一回收好测评数据之后，要对所获得的原始数据进行加工处理，通常数据的处理是通过计算机进行的，有专门的统计方法和标准，处理结果可以通过数字、图表等形式表现出来，然后对这些数字、图表进行综合分析，通常分析要结合数字描述和文字描述两种形式。在实际的人员素质测评中，常常会形成一个叫做“评价报告书”的文字描述材料。这种报告书一般是综合性的，在对个体进行多项测试之后进行总评，如把个体的16PF（人格测验）测试结果、专业知识测试结果、数字测试结果加以整合，形成对个体较全面的一个报告，以供用人单位和个体自己参考。

(四) 测评结果反馈阶段

一个成熟的人员素质测评方案常常需要反复进行多次校正或修订，而收集、确定校正或修订的依据就是测评结果反馈阶段要完成的任务。因此，本阶段就是在测评结束后，通过一些反馈途径来检查测评的效果。主要的途径有：

(1) 通过跟踪被测评者的工作绩效，即根据事后与事实的符合度来验证测评的结论。

(2) 可以通过在测评分数和绩效之间求相关，来判断测评的预测效度，并可据此对测评结果进行校正。

(3) 测评结果的准确度还可以通过专家判断或群众判断来评判。

(4) 测评结果的反馈还可以用测评后员工的满意度来做指标。

第三节 人员素质测评的指标体系

一、人员素质测评指标的含义

人员素质测评指标能反映被测对象特征的一系列特定考察维度，是测评人员进行人员素质测评时所依据的统一测评准则。它是由一群特定组合、彼此关联的测评指标组成的确定人员素质测评指标的纬度和用来衡量这些维度的“尺子”。评价的维度相当于测评要素，而衡量测评维度的“尺子”则相当于测评标志和测评标度。

人员素质测评指标有两种测评方式：绝对测评和相对测评。所谓绝对测评，是指测评人员根据不同的被测对象，使用与之相对应的统一测评参照标准，对被测对象进行度量和评价；相对测评与绝对测评不同，测评人员没有统一、明确的测评参照标准，而是不同测评人员使用自己心目中的标准去对测评对象进行测评。

二、人员素质测评指标体系的构成

每个人员素质测评都应该有自己的测评指标体系，因为只有通过它才能把测评客体、测评对象、测评主体、测评方法和测评结果融为一体。一个完整的人员素质测评指标体系如图5-6所示。

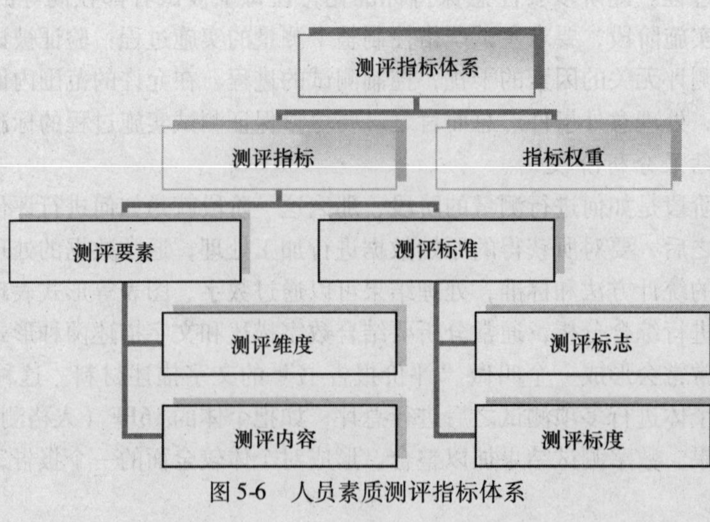

图5-6 人员素质测评指标体系

（一）测评指标

测评指标是测评指标体系的基本单位，包括测评要素和测评标准两大部分。

1. 测评要素

测评要素是指测评内容的细化条目，即对所要测评的素质要素用规范化的行为特征进行描述和规定。测评要素包括以下两个层次：一是测评维度，是指测评所指向的具体对象和范围，往往由多个维度组成，反映了该测评体系所测对象各类素质的宽度、深度和层次关系；二是测评内容，是指对测评维度的明确规定和细化。在测评指标体系结构中的每一个素质成分（也叫一级指标）又由相应的测评亚指标（也叫二级指标）组成，甚至有时还有三级指标。

测评要素范例如表 5-1 所示。

表 5-1　测评素质范例

一级指标	二级指标	三级指标
测评维度	测评内容	
管理能力	协调能力	语言表达能力
	感召能力	倾听能力
	决策能力	说服能力
	……	……

2. 测评标准

测评标准是指测评的内在规定性，使各项测评要素层层分解并导向可操作化，即对测评结果进行评判的方式。测评标准包括两个组成部分：测评标志和测评标度。

（1）测评标志。测评标志是为每一个测评要素确立的关键性考核标准，要求必须具备可辨别、易操作的特征，通常一个测评要素要由多个测评标志来说明。测评标志的表述形式有三种：评语短句式、问题提示式和方向指示式。

评语短句式标志是指用对测评要素的简短判断与评论的短句作为测评标志，多为动宾词组或动补词组，有的还加入具体的量词。例如，面试中需要测评被试的“语言表达能力”，确立出的测评要素之一是“叙述流畅性”，它的测评标志就可以设为这样一组短句：

少有不当间隔的情形，且持续时间只有数十秒。

偶有不当间断的情形，但持续时间在 1min 以内。

常有不当间断的情形，且持续时间在 1min 以上。

多次出现不当间断的情形，且持续时间有 1min 以上。

问题提示式标志是指以具体的问题来提示测评者注意某个测评要素的特征。表 5-2 就是一个问题提示式测评标志的范例。

表 5-2　职业道德测评指标设计范例（问题提示式）

测评要素	测评标志	测评标度
职业道德	1. 能遵守合同并信守承诺吗	完全能　有时能　不能
	2. 能为达到目标而尽职尽责吗	完全能　有时能　不能
	3. 能把工作安排得有条不紊吗	完全能　有时能　不能
	4. 工作时大多时候都能小心谨慎吗	完全能　有时能　不能

方向指示式测评标志只规定了测评要素特征应考察哪些主要方面，并没有具体规定测评的标志与标度，让测评者在大方向已知的情况下自己去把握细微的操作。这种测评在传统的测评中经常被采用，其优点是指标确立迅速、方便，而缺点就是很难避免测评者因不同的主观判断标准造成的差异。表 5-3 就是一个方向指示式测评标志的范例。

表 5-3 业务经验测评指标设计范例（方向指示式）

测评要素	测评标志	测评标准
业务经验	主要从应聘者的业务年限、熟悉程度、有无重要成果等方面进行测评	根据具体情况具体把握

（2）测评标度。测评标度是指对素质行为特征或表现的范围、强度和频率的规定。一般表现形式有等级式、数量式、符号式、数轴式、图表式和综合式等。

等级式标度是指用一些等级顺序明确，有程度差异的字词、字母或数字来揭示测评标志特征状况的刻度形式。例如，“A”、“B”、“ C”，“总是”、“多数是”、“偶尔是”、“从来不”，“优”、“良”、“中”、“差” 等。不同等级之间应该具有顺序关系，等级之间的距离要适当，距离太大，则测评结果太粗，区分度差；距离太小，则测评过细，有可能使测评工作量过于烦琐，不易把握与操作。研究表明，若等级数超过 9，则程度间的区分难以把握；等级数在 5 以内，测评效果最佳。目前常用的有三等级标度、四等级标度和五等级标度。等级式标度可以相应地进行赋分，以便进行测评后期的数量统计分析工作。赋分包括正向赋分和反向赋分两种，以避免被试投机取巧式的猜测因素，即有些题按由大到小的顺序赋分，有些题按由小到大的顺序赋分。例如，三等级的标度，当正向赋分时，三个等级就分别是 1 分、2 分、3 分，而反向赋分时，三个等级的分数就分别是 3 分、2 分、1 分，依此类推。

数量式标度是指直接以分数来揭示测评标志水平变化的一种刻度。它有连续区间型和离散点标型两种形式。前者的标度是设定一些数量变化的区域，允许用此区域中的某一数量表示标志的水平，如表 5-4 所示；而后者是指用一些规定好的离散数量（一般是整数）来标度标志的水平，数量之间没有其他的过渡水平，如表 5-5 所示。

表 5-4 连续区间型标度示例

测评内容	测评标志				
	3 分以下	3 ~ 3.5 分	3.5 ~ 4 分	4 ~ 4.5 分	4.5 ~ 5 分
合作性	不合作	尚能合作	愿意合作	积极合作	亲密合作

表 5-5 离散点标型标度示例

测评内容	测评标志	测评标度
综合分析能力	能抓住实质，分析透彻	5 分
	接触到实质，分析较为透彻	3 分
	抓不到实质，分析不透彻	0 分

符号式标度是以一种简便的符号来表示测评标志的不同水平，如用“□”、“△”、“○”分别表示“上”、“中”、“下” 三个水平，用“✓”、“×”分别表示“是”、“否”

等。这种标度形式的作用既能避免差异刺激的负面影响，而且形象、直观，同时不受语种和文化程度差异的影响。

数轴式标度是指用一个带有刻度的数轴来表示测评标志的不同水平。这种标度方式直观而富有变化，能在较大程度上允许测评者根据具体的差异加以自主变化，如图 5-7 所示。

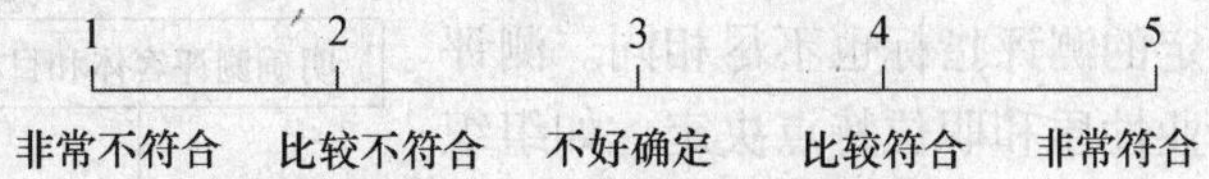

图 5-7 数轴式标度示例

图表式标度是指用图形与表格相结合的形式来表示测评标志的水平状态，优点是便于统计和比较。

综合式标度是指综合上述两种以上的标度形式来表示测评标准的不同水平。

（二）测评权重

1. 测评权重的含义

所谓权重，即测评指标在测评体系中的重要性或测评指标在总分中应占的比重，其数量表示即为权数。

测评指标的记分在相当程度上依赖于测评对象和测评目的，同样的测评指标在不同对象的测评中，其解释和计分是不一样的。例如，“语言表达能力”这一测评指标，在招聘研发人员、行政人员和市场销售人员时的要求是不一样的。即使是对于同一类人员，若这一指标同时在笔试、面试和小组讨论中被检测，则其对最后总分结果的影响因各种测评方法对不同指标适用性的不同，也是存在差异的。为体现这一差异，通常在一个测评体系内，按不同的测评对象、目的或方法，对测评指标赋予不同的权重。

对测评指标权重的分配，多数取决于测评使用者对其组织文化的主观经验。不同的组织文化对不同测评指标强调的重点是不一样的，如不同组织的所有制性质，或组织的不同发展阶段等。

2. 测评指标的加权形式

（1）赋分形式，体现为直接的各不相同的绝对分数，就是把一定数量的总分按照一定的比例分派到不同层次测评指标上的过程。赋分的关键在于分派的法则与形式。分派的法则既可以主观臆定，也可以按经验确定或根据科学研究成果确定。分派的形式可以是静态的，也可以是动态的；既可以一次确定，也可以反复多次试调后再定；既可以事先确定，也可以测评后自动生成。

（2）权重系数的形式，就是依据测评指标体系中各部分指标相对总体的不同“分量”赋予不同的百分数，以区分测评指标在总体中的重要性。加权系数可以看做是一种隐性的赋分形式。赋分一般是非常明显地把总分逐一分配到测评指标体系的各个指标上，被赋予的是绝对性的分数量，而加权系数过程实际上是把总权重分数分配到各个指标上的过程。用总分乘以权重系数即可得到每个测评指标的赋分。

三、测评指标体系的设计流程

制定一个成功的测评指标体系需要多次反复实践才能达到较为理想的效果，而测评指标体系的设计流程也是一个系统的过程，如图 5-8 所示。

1. 明确测评客体和目标

测评指标的设计，首先必须要求以一定的客体为对象，以一定的目的为依据。不同客体的特点不同，测评指标也就不同；即使是同一客体，若目的不同，则所制定的测评指标也不尽相同。测评客体的特点一般由行业性质和职位特点决定，如组织一般员工和组织高级管理人员的测评指标显然完全不同；测评目的为选拔性的测评指标，显然也有别于配置性的测评指标。

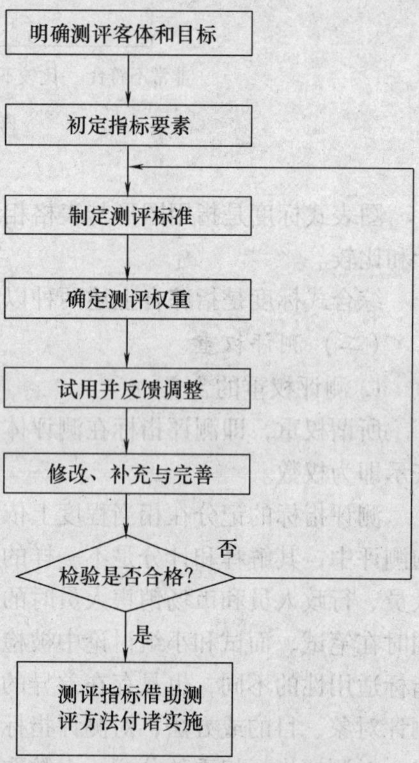

图 5-8 测评指标体系设计流程

2. 初定指标要素

测评指标的制定者首先要根据不同的测评目的、测评类型、测评客体与对象结构，借助一定的方法，收集有关内容，推论出符合理论原理和已有经验资料及工作实际需要的测评指标和体系构想。比如通过一些文献资料的收集，借助国际标准和国内标准，结合企业的自身特点推导而来。

3. 制定测评标准

这一步实际上是对测评指标进行清楚、准确的表述和界定。其中，测评标志是进行文字意义和情景意义上的定性表述和界定；测评标度是进行数量等级或程度上的表述和界定。这是使测评指标和指标体系具有可操作性的关键步骤。

4. 确定测评权重

在对每一个指标进行界定和程度表述后，还需要根据指标体系中每个指标在整个测评指标体系中所处的地位和作用，有根据地、适当地增大或减小有关测评指标在总分中的比重，而不能把每个测评指标的结果简单地累计总评。因为各个测评指标相对不同的测评对象和测评目的来说，会有不同的地位与作用，因此，要根据各测评指标对评价对象反映的不同程度，恰当地分配与确定不同的权重。

确定测评指标权重的执行者通常是组织人力资源部的资深人事主管或顾问；若聘请专家来参与确定测评指标的权重，专家可以是组织内务部门经理领导，也可以是资深人事主管，还可以是专业测评公司或研究机构的顾问等。

5. 试用并反馈调整

这个过程中，要注意试用主体和客体的选择、情景控制和对偶发情况的记录。一般而言，应该选择指标设计者自己较为熟悉的测评客体作检验，这样有利于将试用结果与实际情况对比分析；要尽可能选择各种层次的有代表性的客体进行试用，数量一般大于或等于 30；试用场景要与将来的正式场景无实质差别；试用中如果发生诸如操作时间、误解误用等情况，需要即时进行详细记录，以便修改时参考。

6. 修改、补充与完善

根据上一步试用的结果，对不理想的指标进行调整。有时在理论上推理出的指标体系构想看上去很不错，但试用中得到的因素分析资料却有可能显示某些指标并不是独立的，某些指标的实际效度并不理想。这时就应当对原来的指标体系进行调整并修改，将其补充、完善。

7. 检验是否合格

根据实践效果和各种测量学指标对指标和指标体系进行检验也很重要。如果指标经检验不合格，则需返回设计步骤的起始阶段——检验，找到出错环节，及时加以修正。在这之后，才能把合格的测评指标连同配套的人员素质测评工具付诸实施。

8. 测评指标借助测评方法付诸实施

在确定测评指标后，通过测评方法的选择和测评试题的编制来进行测评实践。

四、测评指标的确定方法

（一）测评要素的确定方法

1. 结构模块法

制定者首先要根据不同的测评目的、测评类型、测评客体与对象结构，收集有关内容，并设置不同的测评要素块；然后条块分割、各自独立，各自按不同风格拟定具体要素。实际操作中可能要采用一些统计方法来帮助确定要素模块，如因素分析、聚类分析等，并从众多测评内容中归纳出具有代表性的结构来。

2. 样例分析法

样例分析法是从特定测评对象的范围内，重点对某个调查对象或调查对象的某个方面的特征进行研究、分析，并从中寻找出测评要素。这种方法是先对少数典型的人员或工作岗位的要求、特征进行归纳，然后从中把握测评对象的特征，最终达到事半功倍的效果。具体的操作过程是：首先明确测评目的与对象；然后依据测评目的与对象，在应调查的总体范围中选择一个或几个有代表性的单位或个体，作为典型的样例进行调查；再从这些样例身上分析出典型的特征；最后在众多特征内容中找出最主要的特征，确认为最为实质的测评要素。这样既能对每个调查对象进行深入细致的解构，形成比较切合实际的要素，又能节省人力、物力和时间，操作性较强，能以较小的代价获得较大的收效，具有较好的时效性。但实施时要确保这种分析是科学而适当的，保证分析是有针对性而透彻的。

3. 培训目标分析法

有些测评是在特定培训结束之后进行的，所以可以根据培训的目标来搜寻有关的测评要素。一般来说，在培训目标中，常常可以找到有关的任职要求和职责内容，这些都可以作为拟定测评要素的素材。例如，可以在一个优秀服务者的培训计划中看到以下四条要求：

（1）理解顾客的需求，为其提供满意的服务或商品。

（2）采取不同措施让顾客称心如意，为其提供满意的服务或商品。

（3）乐于为顾客提供其他的配套服务。

（4）能抓住顾客的想法，提供令人信赖的建议忠告。

而对这四个要求稍加分析、提炼，就可以作为四个测评要素：

（1）能否准确理解顾客需求。

（2）能否灵活应变，使顾客完全满意。

（3）能否主动为顾客提供额外的配套服务。

（4）能否有针对性地向顾客提供有效的建议和忠告。

4. 调查咨询法

调查咨询法有问卷调查、座谈讨论、个别谈话和专家咨询等形式。在设计人员素质测评体系时，调查的内容很广泛，工作中的每一个环节都不能遗漏，要面面俱到，否则就会影响到人员素质测评的某一方面内容。编制测评要素的调查内容时，要根据测评目的和对象有所偏重地征集意见，广泛地加以调查、分析并将结果条理化。在调查咨询法中，德尔菲法是一种较为常用的专家意见征询法。采用德尔菲法，可以避免专家们面对面讨论时的群体压力和从众心理，从而更易于获得正确的信息。

5. 头脑风暴法

头脑风暴法是邀请一些了解测评对象、研究测评方法的专家学者或管理人员，请他们聚在一起集思广益，毫无顾虑地提出所有可以想到的测评要素，不要去干涉别人的观点，可以受他人观点的启示而提出新的测评要素的方法。使用这种方法时，会议主持者要注意对一切意见均持赞赏态度并积极引导。由于与会者所学专业、所处背景、需要、价值观和所考虑的角度不同，所提出的测评要素难免会大相径庭，而这一点恰恰能有效地实现测评要素收集的全面性。因此，这个会议的主要作用是调查和分析，还需要会后主持人对众多测评要素进行综合考评，最终选出合理的测评要素。

6. 文献查阅法

文献查阅法主张从相关的文献资料中查寻有关的测评要素，利用前人的研究成果来建构合适的测评要素。例如，某企业要测评中层管理者的社交技能，测评者收集已有的关于企业对中层管理者社交技能的理解和要求等信息，并在此基础上制定出中层管理者应有的社交技能标准，即一定的感召力、鼓动力和权威性，并能顺利与他人交流、灵活处理冲突等。将其换成测评要素的形式就可以表述成：社交技能的五个测评要素分别是感召力（有效地说服及争取支持）、交流能力（发出的信息明白无误，易被接受）、控制冲突的能力（善于沟通不同意见，解决分歧）、领导能力（能鼓励他人，引导他人）和促变能力（善于改变话题，控制变化节奏）。

目前，不少国家都有《职业分类字典》、《专业技术鉴定标准》等专门资料可供查阅。《职业分类字典》中明确说明了各类职业、具体岗位的实际工作内容以及相应的教育与职业培训要求，还有职业能力倾向和职业性格模式等，这些都是确定测评要素的重要资料。

7. 职务说明书查阅法

职务说明书上一般包括任职资格与职责内容，可以通过查阅相关的职务说明书来搜寻所需要的测评要素。

8. 理论推导法

理论推导法即从某些理论出发来逐步推导测评要素。理论推导法的理论来源有两个方面：一是心理学、生理学、运动学、社会学等有关人的学科理论，如个性心理学中的个性心理结构、个性类型论和特质论等理论。这些理论可以让人们知道从哪些维度来衡量一个人或一群人。二是与岗位相关的专业理论。这些专业理论有助于人们确定一个技术管理人员应该具有哪些专业知识、实践经验和实践能力；可以从市场营销学的理论来确定销售人员需要的人格、岗位知识和能力；可以从医学的有关理解确定一个消化内科医生应该具有哪些专业知识和实际能力。

有的测评要素的确定有更严格的要求。例如，情景模拟测验中要分解出选拔管理人员的测评要素，事先需要有大量的调查，作出初步的要素分析，然后试测，根据得到的数据进行因素分析，在初步确定的要素中进一步筛选，最终得出经过实际验证的具有代表性的测评要素。有的测评要素的确定则需要结合多种方法进行。

（二）测评权重的确定方法

1. 主观加权法

主观加权法是指依据主观经验，权衡每个指标的重要性大小，直接赋予每项指标不同的权重系统的方法。在运用主观加权法时要注意以下几个原则：①权重分配的合理性，即权重分配要反映被测对象的内部结构和规律，防止因权重分配不当而脱离实际或产生偏向；②权重分配的变通性，即权重分配要符合客观实际的需要，可以根据测评的目的与具体要求而适当地变通分配；③权重数值的模糊性，即对权重的分配不必十分精确，可以为方便测评而适当模糊，实际上有些测评指标根本无法做到精确；④权重数值的归一性，即各个测评指标的权重和应为 1 或 100。

2. 专家加权法

专家加权法是指聘请数名专家各自独立地评价指标体系加权，然后用他们的结果的平均数作为权重指标的方法。

3. 德尔菲法

所谓德尔菲法，即反复向各位专家分发咨询表，每位专家独立地就每个测评指标的重要性在五等级量表（“非常重要”、“有点重要”、“一般”、“不太重要” 和 “很不重要”）上打分，然后将专家意见集中作统计处理的方法。统计的内容有两个：一是每项指标权重系数的平均估计值；二是每位专家的估计值与平均估计值的偏差（无偏估计）。第一轮咨询处理完毕，再进行第二轮咨询。在进行第二轮咨询时，要将第一轮的统计分析情况反馈给专家，并请偏差较大的专家尽量作出新的判断。这样，通过几轮反复比较后，一般可以得到较为一致的权重系数。

4. 简单比较权重法

简单比较权重法首先确定指标中重要程度最小的指标，将其他指标与它一一进行比较，作出是它的多少倍重要程度的判断，然后进行归一化处理。

5. 对偶比较法

对偶比较法是指把指标两两配对比较计分，由此得出各个指标的权重系数的方法。

6. 回归分析法

回归分析法是指用以往测验获得的数据作为自变量，用效标数据作为因变量进行回归分析，所得各自变量的回归系数即为它们各自的权重的方法。

（三）基于工作分析的人员素质测评指标的确定方法

人力资源管理的核心原则是人岗匹配，实现因岗择人、人适其岗。由此，人员素质测评的指标确定，必须从工作本身的要求出发进行工作分析，保证测评指标与岗位要求相一致。在测评指标确定的过程中采用工作分析法，既可以根据已有的工作分析结果（主要是工作规范），亦即工作岗位对任职者的素质要求来确定测评指标，也可以直接针对要测评的工作岗位进行工作分析。不过，这时所进行的工作分析，并不一定要求最后形成职位说明书与工作规范。它既不需要阐述各个职位的具体工作性质与内容，也不需要详细分析过程和具体行为。最为关键的是分析从事某一职位工作的人需要具备哪些素质条件、履行职责与完成工作任务应以什么指标来评价，同时，提出这些素质条件与评价指标中哪些更为重要、哪些相对不太重要。

为了制定人员素质测评指标而要进行工作分析，其步骤如下：

(1) 根据测评目的与工作要求，确定需要调查的职位范围，制订调查提纲与计划。

(2) 采用一定方法广泛收集有关职位任职者的主要工作要求与工作内容素材。

(3) 通过一些方法（定性）筛选，形成内容全面的测评要素调查表，包括品德、智能、知识、经验与资历要求等方面的调查内容。

(4) 在更大的范围内进行调查，要求被调查者对调查表上的内容进行评价与补充。

(5) 对调查结果进行多元统计分析（定量），筛选主要项目，包括测评要素及其对应的测评标志。

(6) 对筛选出的主要测评项目进行试测或专家咨询，以保证人员素质测评指标的质量。

（四）基于胜任力的人员素质测评体系的确定方法

胜任力是指“能区分在特定的工作岗位和组织环境中绩效水平的个人特征”（麦克莱伦，1973）。胜任力模型更关注把相关指标与组织的战略要求联系起来，因此，胜任力特征分析法构建测评指标体系一般应经过以下步骤：

(1) 确认企业战略。需要对组织面临的竞争挑战和组织文化进行研究，同时明确胜任力模型将主要运用在何处，是侧重于绩效考评或选拔，还是职业发展或培训。只有了解企业的愿景，才能了解组织与员工的目标与共同利益，建立起符合企业文化和员工可接受的有效胜任力模型。

(2) 数据收集。需要选择合适的方法来收集模型构建中所需要的数据信息，这将是构建过程中的主要工作。通过此步骤可了解胜任力的主要模块和指标体系。其选择的方法主要包括：

1) 行为事件访谈。这是构架胜任力模型时最为常见的方法。主要是与高绩效者面谈——有时也会找一些普通绩效的员工作为对比——以引发他们讲述自己的成功故事。面谈的目的是为了了解取得高绩效的原因。通过与一批成功者的面谈并比较他们的成功故事，对照成功者中的细微绩效差距，可以找出支持高绩效的关键行为。

2) 个人访谈。有时高绩效的行为事件难以归纳，而且随着组织的变化，过去的成功并不意味着现在乃至未来的成功。在这种时候，往往需要与关键管理岗位的员工和股东进行面谈，了解他们成功的原因。

3) 焦点小组。将一些来自于不同层次的员工组成小组，让他们列出高绩效者普遍具备的胜任力项目，或者提供足够的事例。这种方法与访谈法相比，拥有更广泛的信息来源，而且能更加有效地认识与关注未来的成功因素。

4) 问卷调查。将系列行为书面列出并加以描述，要求被调查者指出哪些行为是组织中高绩效者才有的，这对于修正适合于组织的模型十分有效。

5) 专家数据库。从已有的胜任力模型中找出专家意见，在类似的模型环境中找出重要的资料信息。在数据收集过程中，不可能只选择一种方法，而一般都会寻求一个方法的组合，以保证其有效性、可靠性和广泛性的平衡。

(3) 数据集成。需要将已收集的数据进行归纳，经常会采用一些统计方法，从而得出胜任力的模型。

（4）有效性分析。模型初具规模之后，构建过程并没有结束，还需要通过绩效考评进行效度验证。只有在经过一定时间之后，员工的绩效符合胜任力模型中的预测，才能证明此模型是有效的。而这一步往往被很多企业所忽视，构建出的模型会因此失去其区分绩效的作用。

第四节 人员素质测评的素质维度及常用方法

一、人员素质测评的素质维度

传统的干部考核一般包括德、能、勤、绩、廉五方面，其中的“能”常以学历、专业以及在岗时间等指标来评价，其他涉及素质方面的指标因为概念比较抽象，评价标准过于主观，缺少客观衡量尺度，具体操作时往往难以形成一个信度和效度较高的参照系对评价工作进行约束与规范，评价结果容易受评价者个人价值观的影响，因而随意性较大。在构建新的人员评价体系时，为了防止测评中出现以上问题，保证人员评价的准确性、可靠性和易操作性，应以岗位职责为基础，建立按岗位分类的素质手册。在素质手册中，要把素质分解成最简单的元素，并给予通俗易懂的定义及评价该素质的关键行为标准，以便人才测评工作具有可操作性，这样有利于及早发现人才。

关于人员评价指标的制定，目前有多种做法。下面是有关的素质指标，既有定量指标，也有定性指标，将其分别列入品德、知识、能力和业绩四个维度之下。

（一）品德维度

品德维度是指通过行为和作风表现出来的思想、认识、品质、性格等本质，以及遵循人们共同生活及行为准则和规范的情况，是一个人在价值观影响下日常调节与处理对己对人以及对事行为的特征与倾向。

（1）政治素质。是否坚持真理，实事求是；是否遵守党纪、政纪和国法；是否密切联系群众，与群众同呼吸、共命运；是否表里如一、言行一致、光明磊落，从不隐瞒自己的政治观点。

（2）道德素质。是否遵循人们共同生活及行为的准则和规范，如先人后己、严守纪律、勤政为民、廉洁奉公、以身作则、大公无私、洁身自好等。

（3）主动性及责任感。在没有受到他人影响的情况下，主动寻求适宜的工作方法并采取必要行动的能力。

（4）事业有恒。是否对职业生涯有明确的目标，在工作中积极进取、具有强烈的责任感并能持之以恒。

（5）情商。个体认知、理解和驾驭自我以及他人情感的能力。

（6）自持力。在压力存在或危机出现的情况下，保持冷静并集中精力的能力。

（7）亲和力。是否能在一定程度上欣赏与自己不同的性格、观点和建议。

（8）凝聚力。吸引其他成员，并能有效地影响和团结他们与自己共同分担组织目标的能力。

（9）关注细节。为使工作与目标一致且不出差错，对自己和他人的工作任务进行深入管理的能力。

(二) 知识维度

知识维度是指已获得的关于工作、生活的认知和经验。

(1) 学历。曾在哪种学校及水平层次：依次为小学、初中、高中或技校、中专、大专、大学、研究生和博士生（肄业或毕业）。

(2) 专业知识。通过各种方式获得的生产、经营中特定业务领域的认识和实践经验的总和。

(3) 工作经历。个体曾经亲自做过的工作。

(4) 培训经历。个体曾经接受过的技术或管理方面的培养和训练。

(5) 技能等级或专业技术任职资格。技能等级是指工人掌握和运用某项专门技术的水平，分初级工、中级工、高级工、技师和高级技师等级别；专业技术任职资格是指接受过特定高等学历教育和一定时间的实践后，所达到的从事某种专业工作的能力水平，有职员级、助理级、中级、高级和教授等层次。

(6) 法律素质。具有的法律观念、法律意识、法律知识水平及遵纪守法的行为能力。

(7) 知识运用能力。为使工作流程更富有效率而研究、掌握、评论并应用最新科学技术的能力。

(8) 书面表达能力。具有能够进行清晰、简洁并且与实际情形相符的书面表达的能力。

(三) 能力维度

能力维度是指能否胜任某项任务的主观条件。

(1) 生理素质。体力、精力方面的健康程度。

(2) 洞察分析力。对环境感知的维持能力，能否通过系统及合乎逻辑的方式评价确定最关键、最需要处理的问题和要素，并在即将发生变化的时候作好准备。

(3) 决策能力。识别一个可信的目标，并清晰地作出如何运用明确、直截了当、简单的方法使自己和他人不断取得成功的决策的能力。

(4) 领导能力。训练、指导他人通过努力实现目标的能力。

(5) 应变能力。是否能够应对已经发生或预期发生的变化，及时制订计划，对自己和他人进行动态管理，以便更好地控制变化。

(6) 创新能力。能否创造性地将分散的信息整合成具有活力的新概念、新方法、新观点等。

(7) 沟通能力。能够与他人顺利交流，并善于反馈交流心得的能力。

(8) 解决问题的能力。能否找到合适的方式或方法来分析人们的焦虑及事物所处的困境，并提出有针对性的应对措施。

(9) 授权能力。把权力委托给他人或机构，并予以监督指导以实现个人或组织目标的能力。

(10) 团队合作能力。与其他人一起工作，利用不同的技能和经验建立起团队精神的能力。

(11) 学习能力。能否在已有知识和技能的基础上，不断通过阅读、听课、交流、研究和实践等途径提升自己。

(四) 业绩维度

业绩维度是指为实现企业目标已作出的贡献及希望作出贡献所进行的努力。

（1）业绩考核成绩。在上一个或几个考核周期内，个体贡献得到的认可程度。

（2）商业意识。高度关注市场，能以客户为导向，采用切实可行的办法负担起企业经营活动的责任，并具有为企业创造长期价值的思想动力。

（3）成本意识。在所有付出努力的工作中，具有让收获多于付出的思想追求和实际行动。

（4）结果导向。能够对个体或群体活动的最后状态（如优质服务、优秀业绩等）保持高度关注。

（5）质量导向。能够理解并执行业务流程和步骤，确保准确地向客户交付预期的产出结果。

（6）顾客导向。制定行动指南时，始终考虑竞争者和市场，特别是顾客，以此引导自己的日常工作。

（7）安全导向。能够意识到存在于日常工作场所的危险及潜在问题，并试图将它们的影响降至最小。

根据以上这些素质的内在要求，测评不同的素质有不同的方法：

（1）知识素质测评。知识素质分为一般知识和专业知识两个方面。这方面的测评主要是考察一个人的知识占有量以及理解运用知识的熟练程度，测评以笔试为主，辅以智力测试。笔试的特点是针对性强、涉猎的知识面广、经济适用、结果可以量化，它是目前各类测评普遍采用的方法。

（2）能力素质测评。能力是人所能胜任某项任务的主观条件，是运用知识、经验和体能有效地完成任务的本领。能力素质有一般能力与潜在能力之分，它是各类素质的综合表现，测评分笔试和面试两个环节。其中，笔试可采用纸笔形式，也可采用软件以人机对话的形式完成；面试可采用国际、国内通常应用的信度效度最高的结构化面试技术，也可根据职位、岗位的需要采用其他测评中心技术来完成。

（3）心理素质测评。人的行为的优劣是心理素质优劣的外在显现：心理素质是源，行为是流；心理是本质，行为是现象。只有进行心理素质测评，考察其真实的心理活动及基本特征，了解其内心世界，才称得上是对一个人内外因素的全面测评。

心理学理论认为，人与人的本质差别不在仪表或言行方面，而在于心理素质的各异，不同的职位与专业对任职者的心理素质要求也不相同。例如，按照气质类型理论，外交或公关性工作要求具有较高的灵活性，具备外向型性格、多血质气质等心理特征的人更能胜任；从事专门技术或财务工作，就要尽量选择具有黏液质气质、性格较为内向，沉着、稳重，恪守制度的人。人的心理素质特点应与工作任务的要求相匹配。每个职位的工作都由具有最大成功可能性的人去从事，才会产生事半功倍的效果。

（4）品德素质测评。品德素质考核也可称为录用考核，以对竞聘人选的品德素质考核为主，其对以上素质测评具有决定性和导向性作用。考核要做到四结合，即上级评价与群众评议相结合、工作业绩与平时表现相结合、八小时以内与八小时以外相结合、定性与定量相结合。

（5）身体素质测评。身体素质测评也是人的素质结构中最重要的组成部分，它是人的其他素质赖以生存与发展的物质基础和保障。身体素质测评标准是由工作性质与任务来决定的，包括两个部分：一是生理、病理诊断评估，一般通过医生的系统检查来完成；二是精神状态、体能状况的评估。它是针对性的测评，如体能测试、身体协调性、稳定性测试等。

二、人员素质测评的常用方法

一般来说，当企业测评对象不多、内容比较简单、对测评结果的要求不太高时，定性的方法比较简单实用，测评成本较低；而当测评对象较多、内容较复杂、企业对测评结果的要求较高时，则需要借助定量的方法，以保证测评的信度和效度，减少人为因素。

（一）心理测验

人员素质测评的主要内容就是确定人员的素质情况，而心理素质是个体素质结构中的一项重要内容，是个体发展和事业成功的关键因素。心理测验实质上是行为样组的客观的和标准化的测量。据此定义，心理测验有五个要素：行为样组、标准化、难度客观测量、信度和效度。在实际的人员测评中，常常会使用现成的一些心理测验。使用现成的心理测验，可以节省时间、人力和物力，而且有些测验经过长期不断地修订，其信度和效度都比较好，往往比自己编制的更好。下面介绍两种较为常见的心理测验：

1. 智力测验

智力测验是通过测验来衡量人的智力水平的一种科学方法。它是心理测验中产生最早也是最引人关注的测验。由于人们常把智力看成是各种基本能力的综合，所以智力测验又可称为普通能力测验。智力测验有团体实施的，也有个体实施的。目前企业中常用的智力测验方法有：

（1）韦克斯勒智力测验。此测验是美国心理学家大卫·韦克斯勒研制的成套智力测验。该套测验包括1949年发表的韦氏儿童智力量表（WISC），适用于测试6~16岁儿童的智力；1955年发表的韦氏成人智力量表（WAIS），适用于测试16岁以上成年人的智力；1967年发表的韦氏幼儿智力量表（WPPSI），适用于测试4~6岁幼儿的智力。这些量表编制的依据是韦氏独特的智力概念：智力是人理智地思考、有目的地行动、有效地应付环境的整体能力。它的主要特点是：

1）测验结构复杂，不仅包括语言测验，还包括操作测验。整个测验可以得出3个智商分数和10个分测验分数，能对人的智力整体水平和各个能力侧面作出全面的评定。

2）测验内容按一定的排列法将同一种能力的测验集中起来组成分测验，不仅可以系统地对各种能力进行测定与比较，同时还可以指导测验的时间。

3）测验适用范围广。三个量表既可以独立，又可以相互衔接，适用于4~74岁的被试者。

4）用离差智商代替了比率智商，适合进行跟踪研究，克服了计算成人智商的困难，又解决了智商在变异上长期困扰人们的问题。

5）韦克斯勒智力测验的缺点是施测复杂、费时，只能单独施测，对智力极高或极低的个体不太适用。

（2）瑞文推理测验。瑞文推理测验（Raven's Progressive Matrices，RPM）是由英国心理学家瑞文（J. C. Raven）设计的一套非文字型智力测验。这套测验包括三个测验，一个是1938年出版的标准推理测验，适用于5岁半以上的儿童至成人。另外两个测验编制于1947年，其中一个是适用于年龄更小的儿童与智力落后者的彩色推理测验（CPS）；另一个是适用于高智力水平者的高级推理测验（APM）。三个测验中，标准推理测验应用最广泛，该测验的编制在理论上依据了斯皮尔曼的智力二因素论，主要测量智力的一般因素中的引发能力，即那种超越已知条件、应用敏锐的创造力和洞察力、触类旁通地解决问题的能力。

瑞文推理测验自有了中国常模之后，就成为我国智力测验中的常用工具。其主要特点是：

1）测验适用范围广，适用于5岁半以上的儿童与成人。

2）测验能较好地测量人的流体智力（Fluid Intelligence）。

3）该测验为文化公平测验，不受文化、种族与语言的限制，并且可用于一些生理缺陷者，可以进行跨文化的测量与研究。

4）测验既可以个别进行，也可以团体实施。

5）测验使用方便、省时省力，整个测验一般在40min左右完成。结果解释直观、简单，具有较高的信度与效度。

（3）其他类型智力测验简介。除上文介绍的几种智力测验以外，还有以下类型的智力测验：

1）奥蒂斯自我管理心理测验。这种测验适用于筛选工作职责范围广泛且智力要求水平较低的申请人，如办公室的办事员、一般操作人员等。该测验是集体进行的，不必花费很多时间，但不能在较高的智力范围内很好地进行鉴别，所以在专业性强和高级管理职位中不太有效。

2）旺德利克人员测验。这项测验包括50个项目，分别测量言语、数字和空间管理能力，难度逐步提高。其测试程序比较简单，效率较高，并能用于团体测验。这项测验有很多种形式，普遍适用于企业挑选工作人员，特别是在办事员一类中，在预测成果上比较有效。

3）韦斯曼人员分类测验。这是一种团体测验，适用于挑选基层管理人员。它是特别为工业所设计的测验，有很严格的时间限制，总分是以在限定时间内写出正确答案的总数来计算的。内容分为两个方面：语文能力和数学能力，且分别计分。

2. 能力倾向性测验

能力倾向性测验是测验人们在某些方面的特长和技能表现。许多职位对任职者是否具有某些方面的特殊能力都有一定的要求，能力倾向性测验也为这类选拔提供了参考依据。

（1）特殊性倾向测验。这项测验是系列式的，包括四大类多个小测验，是国外企业常用的能力倾向性测验。这四大类分别是：机械倾向性测验，主要测量人们对机械原理的理解和判断空间形象的速度、准确性以及手眼协调的运动能力，典型的有“明尼苏达空间关系测验”、“贝内特机械理解测验”等；文书能力测验，是专门了解个人打字、速记、处理文书和联系工作的能力，常用的是“明尼苏达文书测验”、“一般文书测验”两个测验；心理运动能力测验，主要测验工业中许多工作所需的肌肉协调、手指灵巧或眼与手精确协调等技能；视觉测验，对视力的多种特征进行测验，以评定其是否符合一定工作的要求。

（2）多种能力倾向测验。这项测验主要是用来测量与某些活动有关的一系列心理潜能的考试，能同时测定多种能力倾向。其中，普通能力成套测验（GATB）是较有代表性且较常用的。GATB可以测量九个因素：

1）G-智能，是指一般的学习能力，包括对原理的理解能力、推理判断的能力、迅速适应新环境的能力。

2）V-言语能力，是指理解言语的意义及与它关联的概念，并有效地掌握它的能力，包括对言语相互关系及文章和句子意义的理解能力，也包括表达信息和自己想法的能力。

3）N-数理能力，是指在正确快速进行计算的同时，能进行推理、解决应用问题的能力。

4）Q-书写知觉，是指对词语、印刷物、各种票类的细微部分正确感知的能力，能直观地比较辨别词语和数字，发现错误或校正的能力。

5）S-空间判断能力，是指对立体图形以及平面图形与立体图形之间关系的理解、判断能力。

6）P-形状知觉，是指对实物或图解的细微部分正确感知的能力，即根据视觉能够对图形的形状和阴影部分的细微差异进行比较辨别的能力。

7）K-运动协调，是指正确而迅速地使眼睛和手相协调，并迅速完成操作的能力，即要求手能跟随着眼睛看到的东西正确而迅速地作出反应动作，并进行准确控制的能力。

8）F-手指灵巧度，是指快速而正确地活动手指，用手指很准确地操作细小东西的能力。

9）M-手腕灵巧度，是指随心所欲地、灵巧地活动手及手腕的能力，如拿着、放置、调换、翻转物体时手的精巧运动和手腕的自由运动能力。

这九个因素中不同的因素组合代表着不同的职业能力倾向，因此，GATB 也常用来测定应征者的职业倾向，对其进行职业辅导。

（二）人格测验

人格测验也称个性测验，主要用于测量个人在一定条件下经常表现出来的、相对稳定的性格特征，如兴趣、态度、价值观等。常用的人格测验有：

1. 艾森克个性测验（Eysenck Personality Questionnaire，EPQ）

艾森克个性人格测验主要用来评估内外向、情绪稳定性等人格特征，是由英国艾森克（H. J. Eysenck）根据人格三个维度（内外倾性、情绪性和心理变态倾向）的理论编制而成的。本测验分为下列四个量表：

（1）P 量表：测查个体神经质倾向，并非指神经病。高分可能具有孤独、不关心他人、难以适应外部环境、不近人情、与别人不友好等特征；也可能具有极其与众不同的人格特征，如喜欢干奇特的事情且不顾危险等。

（2）E 量表：测查内向和外向人格特征。高分反映个性外向，具有好交际、热情、冲动等特征；低分则反映个性内向，具有好静、稳重、不善言谈等特征。

（3）N 量表：测查情绪稳定性。高分反映易焦虑、抑郁和较强烈的情绪反应倾向等特征。

（4）L 量表：测查朴实、遵从社会习俗及道德规范等特征。在国外，高分表明掩饰、隐瞒；但在我国，L 分数高的意义仍未十分明了。

EPQ 的结果采用标准 T 分表示，根据各维度 T 分高低判断人格倾向和特征。它还将 N 维度和 E 维度组合，进一步分出外向稳定（多血质）、外向不稳定（胆汁质）、内向稳定（黏液质）和内向不稳定（抑郁质）四种人格特征。

2. 卡特尔 16 种人格测验（16PF）

卡特尔根据自己的人格特质理论，运用因素分析方法编制了这一测验。卡特尔认为，人的行为之所以具有一致性和规律性，就是因为每一个人都具有根源特质。为了测量这些根源特质，他首先从各种字典和有关心理学、精神病学的文献中找出约 4500 个用来描述人类行为的词汇，从中选定171项特质名称，让大学生应用这些名称对同学进行行为评定，经过因素分析后最终得到16种人格特质。卡特尔认为这16种特质代表着人格组织的基本构成，从乐群性、敏锐性、稳定性、影响性、活泼性、规范性、交际性、情感性、怀疑性、想象性、隐秘性、自虑性、变革性、独立性、自律性、紧张性16个相对独立的人格（维度）对人进行描绘，可以了解应试者在环境适应、专业成就和心理健康等方面的表现。在人事管理中，16PF能够预测应试者的工作稳定性、工作效率和压力承受能力等，可广泛应用于心理咨询、人员选拔和职业指导的各个环节，为人事决策和人事诊断提供个人心理素质的参考依据。16PF广泛用于人员的选拔和评定。

3. 其他类型的人格测验

其他还有麦耶斯·布瑞格斯类型指标（Myers-Briggs Type Indicator，MBRI）、“大五”人格（Big Five Personality）测试等。

（三）面试

一般来说，作为人员素质测评的一种方法，面试是在特定情境条件下，经过精心设计，以面谈和观察为主要手段，对被测者的相关素质进行测评的过程。面试必须在事前作较充分的准备，面试什么内容、提出哪些问题、评判的标准如何确定等都需要提前准备好。面试是一种运用范围广泛、方法灵活、收集信息量大、技巧性很强的人员素质测评技术。面试的目的在于通过积极的人际互动过程，评价应聘者与组织的适宜程度，而不是预测工作绩效。

（四）评价中心

评价中心技术被认为是一种针对高级管理人员的最有效的测评方法。一次完整的评价通常需要两三天的时间，对个人的评价是在团体中进行的。被试者组成一个小组，由一组测试人员（通常测试人员与被试者的比例为1:2）对其进行包括心理测样、面试、多项情景模拟测验在内的一系列测评，测评结果是在多个测试者系统观察的基础上综合得到的。

严格来讲，评价中心是组织选拔管理人员的一项人事评价过程，它由多个评价人员针对特定的目的与标准，使用多种主客观人事评价方法，对被试者的各种能力进行评价，为组织选拔、提升、鉴别、发展和训练个人服务。评价中心的最大特点是注重情景模拟，在一次评价中心中包含多个情景模拟测验，可以说评价中心既源于情景模拟，但又不同于简单的情景模拟，是多种测评方法的有机结合。

评价中心具有较高的信度和效度，得出的结论质量较高，但与其他测评方法比较，评价中心需投入很大的人力、物力，且时间较长，操作难度大，对测评者的要求很高。

通过正规的专业测评工具进行的测评工作，将接受测评人员的素质、性格、能力、工作态度等方面的条件以量化的形式显现出来，可以帮助企业从各个方面客观、立体地对被测评人员进行观察和了解。这样，既减少了很多传统模式中不真实、以点盖面等情况的发生，也能够使参加测试的人员更好、更全面地展现自己。

第五节 实践与应用

一、案例评析：李厂长和王厂长谁当总经理更合适

某电子电器工业公司是一个由十几家小厂组成的专业公司，公司行政领导班子由一正三

副四个成员组成。

李厂长，男，39岁，文化程度大学本科（电子专业），中共党员，原是该厂技术员。他工作积极努力，认真学习科学文化知识，善于把学到的知识用来指导工作，为本厂的产品开发、产品的升级换代、提高质量、建立科学的检测手段等都作出了重要贡献。李厂长性格开朗，精力充沛，善言谈，好交际，活动能力很强。他在全国十多个省市开设了200多个经销点，30多个加工企业，效益都很显著。他认为，要发展就要靠技术，因此千方百计、不惜重金引进人才，至今该厂已有十多位外来的高级工程师和工程师。他还很重视产品的广告，每年要花几十万元广告费，电台、电视台、路边广告牌、电车、汽车以及铁路沿线都有该厂的广告，可谓"无孔不入"。

李厂长事业心强，一心扑在工作上，早出晚归，南来北往，一年到头风尘仆仆，不辞辛苦。但李厂长也有一个明显的缺点，就是骄傲自满、自以为是，常常盛气凌人，有时性情急躁，弄不好还会暴跳如雷，不把公司的领导放在眼里，经常顶撞他们，公司的"指令"也常常被他顶回去。因此，公司领导对他这一点颇为不满，各科室也不大愿意和他打交道，他同公司下属的其他几个兄弟厂关系也不融洽，这些厂的厂长们对他敬而远之，对上级表彰他颇有微词。他也不善于做思想工作，认为这是党支部的事。所以平时遇到思想问题，他都是作为"信息"告诉书记，要党支部去做工作。他和几个副厂长关系处理得也不太好，领导几次协调也无济于事。

王厂长，男，37岁，文化程度大专（企业管理专业），中共党员，有技术员职称。他对电子行业的特点非常熟悉，自己又具有设计能力。王厂长最大的特点是精于企业管理，在学校学了计算机专业后，他率先把计算机运用到企业管理中去。他对整个厂的机构设置、行政人员的配备、岗位责任，以及各副厂长、科长、车间主任和各级管理人员的职责都有明确的规定，每年考核两次，奖惩分明。因此，平时大家各司其职，他却显得很悠闲自在，常常这个科室转转，那个车间看看，以便了解情况，发现问题。公司及有关部门召开的会议，他从来不缺席，而有的厂长则常常是忙得脱不开身。他似乎比其他厂长"超脱"得多。

王厂长性格内向、沉稳，不喜欢大大咧咧发议论，对什么事情总要深思熟虑，三思而后行，人们说他"内秀"。他很善于做职工的思想工作，他认为一厂之长，要抓好生产怎么能不做思想工作呢。因此，对一些老大难问题，他从不推诿，都是亲自处理。他还要求各级行政干部做好职工的思想工作，并把它作为考核内容。他和党支部、工会的关系都很好，积极支持他们的工作。他待人谦和、彬彬有礼，和本公司上下左右关系都不错，公司有什么事，只要打一声招呼，他就帮助解决。因此，他的人缘挺好，厂里进行民意测验，大家几乎异口同声称赞他。他认为，关键时刻还是要靠自己，所以宁愿多花些钱来培养自己厂里的技术人员，几年来，厂里也确实培养了一批自己的技术骨干，有些人还很拔尖。他也不喜欢高价做广告，他说"我们的产品质量自己有数，我不能干这边排队卖，那边排队维修的事"。他把做广告的钱用来购买先进的技术设备，为提高产品质量服务。他们厂的产品质量还是不错的，开箱抽查，合格率达98%。但也有不少人认为，王厂长缺乏开拓精神，求稳怕变，按部就班，工作没有多大起色。按照厂里的基础和实力，应该发展得更快些，他们厂的效益比不上李厂长的厂。和李厂长比，他显得保守、过于谨慎、处事比较圆通、怕得罪人。王厂长听了这些议论，不以为然，依旧我行我素。

李厂长和王厂长谁当总经理更合适，上级领导部门至今议而未定。

评析：

(1) 根据案例提供的情况：李厂长工作精力充沛、善言谈、好交际，独立性强，有开拓精神，大胆改革并取得显著成效；但情绪易波动、急躁、骄傲自满，与上级和兄弟单位关系不融洽。因此，李厂长属多血质，在性格上属情绪型。从能力上看，李厂长重技术、重人才、重视广告宣传，事业心强，业务、管理能力强，活动能力和交际能力都很强。

(2) 王厂长对工作细心谨慎，善于思考、三思而后行，对事物的感受性强、敏感多虑，内向而不太愿意交际，人缘好；但显得保守、过于谨慎、处事比较圆通、不得罪人、求稳怕变、按部就班。因此，王厂长属抑郁质，在性格上属理智型。从能力上看，王厂长个人业务能力很强，精于企业管理，尽职尽责，善于做思想工作，重视人才培养。

(3) 根据麦迪理论划分的四种个性结构，李厂长的个性属外向高忧虑型，王厂长的个性属内向低忧虑型。

(4) 作为一个统帅十几个工厂的公司总经理，在性格上要求具有理智、外倾、独立的特征；善于思考问题和与人交往，决策果断，具有改革和创新精神，同时对公司事业抱积极负责的态度；在气质上能控制不良的情绪；精力饱满，沉着而不呆板，外倾性明显；在能力上不仅具备一定的专业技术能力，而且有较强的企业管理能力，深思远虑，善于领导所属部门进行有效的工作。

(5) 根据以上分析，李厂长与王厂长相比较，更适合担任公司总经理职务。但李厂长还必须学习王厂长的理性思考，并注意上下级关系。

二、案例思考：女销售员的困境

有位女销售员在工作中一直有力不从心之感，尽管她很努力地工作，但销售业绩总是不尽如人意，这也影响了她所在团队的绩效。她感受到了巨大的压力，正在考虑是否应该换个职业。

职业生涯发展辅导人员在了解了她的困境以后，建议她先通过 MBTI 测验来了解自己的性格。结果显示她的类型是 INTP，也就是内向、直觉、思考、知觉，这个结果也得到了她本人的认同。

接下来，辅导人员从这位销售员的性格着手，和她一起分析了她的工作表现——P 型人通常不太关心“最终期限”，计划性不强，这就是为什么很多 P 型的人都喜欢在最后一刻把工作一举做完，而销售工作经常需要在多家客户之间协调和安排，客户的长期跟进也需要较好的计划。NT 一般使人在交谈中更倾向于注意对方的问题而非情绪、感受，也不太关注细节，因此，如果客户总是提出各种各样的要求，有些 NT 型人的反应有时就会让人觉得不那么贴切，甚至完全相反。另外，NT 的影响可能还会波及销售员对代销产品的兴趣，他们会更喜欢那些科技含量高的产品。最后，I 型表明，与客户迅速地建立起关系、频繁地与不同的客户打交道对她而言可能并不是一件轻松的事。总的来看，INTP 的性格可能会使人显得讲究公平，表现出较强的逻辑思考能力；另一方面，在工作的组织性、系统性方面则不那么突出。一些 INTP 型性格的人似乎很少在行事之前周密策划，自我反省的主动性与习惯性也不是很强；而且因为具有批判性又性格直率，有时不太关注他人的情绪反应，可能会在无意中惹人不高兴。从她的性格来看，从事销售工作确实需要她付出大量的心力。在市场开发、品牌建设和咨询等工作岗位上，INTP 型性格的人往往显得游刃有余，而从事强调感受力、执行力或社交能力的工作就可能需要其中的某些人付出更大的努力。

对这位销售员的性格进行详细分析，并不是说性格决定一切，但是由各种各样的因素相互作用造成了现实中的困境，性格是其中的一个重要因素。至少在统计学意义上，特定的性格类型会使人的行为表现出某种“特点”。

所以，有这样几条途径来帮助女推销员摆脱目前的困境：

(1) 重新择业，选择更适合自身性格类型的工作。

(2) 仍从事销售工作，但应针对性格中的薄弱环节进行自我完善。

(3) 切忌盲目补习个别技能。

现在这位销售员明白，自己面临的问题并不是加强职业技能培训就可以解决的，其背后另有深刻的性格动因。天性固然，难以改变，而追求适合自己性格、能够最大限度地发挥自身潜能的工作则永远为时不晚——如果有机会重新择业，那么建议她可以尝试更适合INTP型性格的工作。譬如在销售经验的基础上，转向相关行业的市场开发、品牌建设或者咨询等，那样她将能扬长避短，得心应手。

然而，更换工作要付出的代价也是不容忽视的，要放弃熟悉的一切，进入一个陌生的领域，谈何容易？对于那些如今已35岁上下、具备10年左右工作经验且收入稳定的人来说，更是难以割舍。这位销售员能不能通过努力，自我调整适应现在的销售工作呢？回答是肯定的。性格类型可以影响个人能力的发挥，但是并不足以决定一个人是否能从事何种工作。工作乃至人生的成败交织着家庭背景、个人经历、教育程度、工作经验、人际关系、社会环境甚至机遇等因素的共同作用，性格动因只是其中之一。因此，这位销售员也可以善始善终，通过有效的自我发展来改善自己的工作表现。例如，发展自己的社交技能、提高体察他人情绪感受的能力、提高计划性等。关键在于，个人必须针对性格中不利于工作的薄弱环节，有的放矢地进行培养，而非盲目补习个人技能；更应该认识到，困境源于自身性格优势与工作要求的错位，如果采取适当的方法，不仅可以使自己摆脱困境，还能合理利用自身与众不同的性格优势为团队作出独特的贡献。

问题思考：

1. 你认为这几条摆脱目前困境的途径中，哪条更适合这位女销售员？
2. 结合你的体会，你认为性格在职业中起什么作用？

三、案例讨论：M公司的人员测评

(一) 测评范围

本公司在册的非计件员工，包括财务部、公关部、外经贸部、人力资源部、生产技术部、信息部、内贸部、设备部以及各生产厂的80多个岗位上的人员，均属测评范围。

(二) 测评目的

(1) 通过科学的人员测评，对每一个非计件人员的能力进行一次全面公正的评价，以便在实践中更好地配置人力资源。

(2) 通过测评，希望更好地发现员工的潜力所在。了解员工的发展潜力，以便公司下一步的重点培养和加以运用。

(3) 希望员工通过测评能够更好地认识自己，以便在以后的工作中改进工作绩效。

(三) 素质测评的组织和准备工作

(1) 由人力资源部负责牵头组成人员测评小组实施具体工作。

(2) 利用工作分析方法，对80多个非计件工作岗位进行全面调查。用表格的形式，由各部门、各处室负责人填写上报，主要填写岗位名称、岗位职责、任职资格条件等。

(3) 收集并整理三年以来有关人员的绩效考评资料，并整理成表格的形式。

(四) 人员测评指标体系的建立

M公司人员测评指标体系的建立大致上分以下三步进行：

(1) 整合测评要素。根据能力是内在于人体之中的体力和智力的总和，而每个人的能力又是由各种素质要素组合而成的综合体这一原理，人员测评小组整理出一个表示人员素质及其功能行为的各个方面相互联系、相互制约的要素体系（见表5-6)，试图依此通过个体在各个素质要素上表现出来的差异，全面衡量人的能力。

表5-6 人员素质测评的初步要素体系

基本素质	分项要素	基本素质	分项要素
心理能力	智力、人格、价值观	文化素质	知识素质、专业知识
身体素质	健康状况、体力状况	工作技能	专业技能、工作经验

(2) 筛选测评要素并确定指标。通过对M公司非计件工作人员的学历、工作年限、工作性质等项目的总体调查，对初步要素进行了相应的筛选。因为发现被测评的非计件员工以事务性工作为主，较少参与体力劳动，因而剔除了身体素质这一项。同时，对公司各部门的员工代表进行访谈。参考岗位绩效因素与访谈结果并加以综合，进一步细化，最后，人员测评小组设计出人员测评指标体系（见表5-7)。

表5-7 M公司人员素质测评指标体系

一级指标	权重	二级指标	权重	三级指标	权重
心理素质	30%	价值观	10%	1. 事业心、进取心	10%
		智力	10%	2. 学习能力	5%
				3. 综合分析能力	5%
		人格	10%	4. 积极主动性	5%
				5. 自信与开拓性	5%
文化素质	30%	知识素质	15%	6. 学历	6%
				7. 继续教育状况	9%
		专业知识	15%	8. 专业知识	7%
				9. 专业培训状况	8%
工作能力	40%	专业能力	10%	10. 专业技能与经历	10%
		社会能力	30%	11. 人际交往能力	10%
				12. 领导与管理能力	10%
				13. 科学决策能力	10%

(3) 确定指标权重。这里各项指标的权重由人员测评小组使用专家意见法，并重复修订而得（见表5-7)。

（五）规定指标的计量

由于非计件人员的测评指标没有客观数据与结果，也没有可以参考的量化标准，所以这里利用主观性测评指标的计量方法进行模糊计量，将测评指标分为五个等级，每个等级的赋分都是2分（见表5-8）。

表5-8 M公司人员素质测评指标标准体系一览表

一级指标	权重	二级指标	权重	三级指标	评价等级及赋分					权重
					一等	二等	三等	四等	五等	
心理素质	30%	价值观	10%	1. 事业心、进取心	10	8	6	4	2	10%
		智力	10%	2. 学习能力	10	8	6	4	2	5%
				3. 综合分析能力	10	8	6	4	2	5%
		人格	10%	4. 积极主动性	10	8	6	4	2	5%
				5. 自信与开拓性	10	8	6	4	2	5%
文化素质	30%	知识素质	15%	6. 学历	10	8	6	4	2	6%
				7. 继续教育状况	10	8	6	4	2	9%
		专业知识	10%	8. 专业知识	10	8	6	4	2	7%
				9. 专业培训状况	10	8	6	4	2	8%
工作能力	40%	专业能力	10%	10. 专业技能与经历	10	8	6	4	2	10%
		社会能力	30%	11. 人际交往能力	10	8	6	4	2	10%
				12. 领导与管理能力	10	8	6	4	2	10%
				13. 科学决策能力	10	8	6	4	2	10%

（六）人员素质测评方法体系的设计

在人员素质测评过程中，确定指标标准固然重要，但科学合理的指标体系必须配以科学合理的测评方法，才能让个体能力在各项指标上表现出差异，所以M公司在测评方法的选择上投入很大的精力。测评小组在广泛征求专家意见和联系公司实际情况的前提下，对常见的素质测评方法，如心理测评、笔试、面试、情景模拟、评价中心及主观评定等，进行了一定的选择和重新组合（见表5-9）。

表5-9 M公司人员素质测评方法体系一览表

指标	测评方法	方法使用权重
1. 事业心、进取心	面试	20%
3. 综合分析能力		
5. 自信与开拓性		
8. 专业知识		
7. 继续教育状况		
9. 专业培训状况		
10. 工作经验	笔试＋情景模拟测验	30%
12. 领导与管理能力		
13. 科学决策能力		

（续）

指标	测评方法	方法使用权重
2. 学习能力	学历、工作经历评定	15%
6. 学历		
7. 继续教育状况		
8. 专业知识		
9. 专业培训状况		
10. 工作经验		
4. 积极主动性	群体评议评定法	15%
10. 工作经验		
11. 人际交往能力		
综合评定	绩效考评评定：1. 目标考核 2. 过程考核	20%

在此次测评中，没有采用心理测验和评价中心，是因为这两种方法主要用于企业招聘与甄选、人力资源开发及高层次管理人员的选拔。在使用的几种方法中，笔试被用于测评员工的工作技能；为了提高测评的效度，M公司又将情景模拟测评法与笔试结合使用，让被测评者直接针对实际或模拟的工作内容和需要解决的问题进行分析；面试则采用结构化面试为主、非结构化面试为辅的方式进行；由于M公司此次测评的大多是在岗人员，故绩效考评被当做一种分量较重的方法引入；另外，群体评议也被用于这次测评，以主观方式作为对非计件岗位工作的一种综合评定。

问题讨论：

1. 作为以确定薪酬为主要目的的测评指标标准体系，你认为M公司这一指标体系的建立是否合理？有无需要改进的地方？

2. 就该指标标准体系的权重和计量设定进行讨论。

3. M公司在此次测评中以非计件工作较少参与体力劳动为由，剔除了有关身体素质的测评项目，你认为是否得当？说明你的理由。

四、实践模拟

某企业销售部经理的测评分析

（一）工作描述

职务名称：销售部经理

职务代号：1137-118

别名：销售部主任、销售部主管、销售部总监

（1）工作活动和工作程序。通过对下级的管理和监督，实施企业的销售、计划、组织、指导和控制；指导销售部的各种活动；就全面的销售事务向上级管理部门报告；根据对销售区域、销售渠道、销售定额、销售目标的批准认可，协调销售分配功能；批转各种有助于销售的计划，如培训计划、促销计划等；审查市场分析，以确定顾客需求、潜在的消费量、价

格一览表、折扣率、竞争活动，以实现企业的目标；与大客户保持直接联系，可与其他管理部门合作，建议和批准用于研究和开发工作的预算支出和拨款；可与广告机构就制作销售广告事宜进行谈判，并在广告发布之前对广告素材予以认可；可根据销售需要在本部门内成立相应的正式群体；可根据有关规定建议或实施对本部门员工的奖惩；可以调用小汽车两辆、送货车十辆、摩托车十辆。

（2）工作条件和物理环境。75%以上的时间在室内工作，一般不受气候影响，但可能受气温的影响；湿度适中，无严重噪声，无个人生命或严重受伤危险，无有毒气体；有外出要求，一年中有15%左右的工作日出差在外；工作地点在本市。

（3）社会环境。有一名助手，销售部工作人员有25~30人，直接上级是销售部副总经理；需要经常交往的部门是生产部和财务部；可以参加企业家俱乐部、员工乐园各项活动。

（4）聘用条件。每周工作40h，法定假日休息；基本工资每月8000元，职务津贴每月2000元，每年完成全年销售指标奖金30000元，超额完成部分按1‰提取奖金；本岗位是企业中层岗位，可晋升为销售部副总经理或分厂总经理。每年工作以4~10月为忙季，其他时间为闲季；每三年有一次出国进修的机会；每年有10天公休假期。

（二）工作规范

职务名称：销售部经理

年龄：26~40岁

学历：大学本科以上

工作经验：从事销售管理工作四年以上

生理要求：无严重疾病，无传染病；能胜任办公室工作；能举重5kg；有时需要走动和站立，平时以说、听、看、写为主。

心理要求标准：

A——全体员工最优秀的10%之内。以总经理标准为100分，A即90分以上，以下同理。

B——70~89分。

C——30~69分。

D——10~29分。

E——9分以下。

心理要求：

一般智力：A	观察能力：B
集中能力：B	记忆能力：A
理解能力：A	学习能力：A
解决问题能力：A	创造能力：A
知识域：A	数学计算能力：A
语言表达能力：A	决策能力：A
性格：外向	态度：积极乐观
事业心：A	领导能力：A
合作性：B	

气质：多血质或胆汁质或含其中之一的混合型。

其他特点：有团队合作精神，爱好广泛。

实践问题：

请根据以上材料，为一个针对销售部经理的人员测评编制相应的测评指标。

【本章小结】

1. 人员素质测评是指测评主体在较短时间内，采用科学的方法收集被测评者在主要活动领域中的表征信息，针对某一素质测评目标体系作出量值或价值的判断过程，或者直接从所收集的表征信息引发与推断某些素质特性的过程。人员素质测评主要有选拔性素质测评、诊断性素质测评、配置性素质测评、鉴定性素质测评、开发性素质测评与发展性素质测评等类型。人员素质测评的主要功用有评定、诊断反馈和预测三个方面。

2. 人员素质测评是基于角色要求、素质差异、认知理论，实现管理优化和开发提高。人员素质测评的一般步骤分为准备阶段、测评数据获取阶段、测评结果分析阶段和测评结果反馈阶段四个阶段。

3. 人员素质测评指标包括测评要素、测评标志和测评标度三方面内容，而且指标内容有其各自的确定方法。

4. 人员素质测评常用的方法有心理测验、面试和评价中心等。

【思考题】

1. 什么叫人员素质测评？
2. 人员素质测评有哪些类型？
3. 人员素质测评的功用有哪些？在实际测评中，如何体现这些功用？
4. 人员素质测评的一般步骤是什么？
5. 人员素质测评指标体系包括哪些内容？如何确定？
6. 常用的人员素质测评方法有哪些？

第六章　员工培训与开发

【本章精要】

1. 人力资源培训与开发的意义、原则及内容。
2. 员工培训与开发的内容。
3. 培训需求分析的方法和内容。
4. 员工培训与开发的具体方法。
5. 员工培训方案的设计和实施。
6. 培训后的评估方法和流程。

【学习目标】

企业之间的竞争归根结底是人力资源的竞争，而培训与开发则是提高员工素质、开发人的潜能、降低产品成本、提高工作效率、实现自身价值的重要手段。通过对员工培训与开发的学习，了解员工培训与开发的意义、原则及内容；熟悉员工培训与开发的流程；掌握员工培训与开发的具体方法，能够对员工培训与开发的效果进行评价，使学生能够初步按照规范的程序，采用科学的方法进行员工培训与开发。

【篇首案例】

联想“入模教育”

“入模子”是联想的一个惯用语，它是指每个进入联想的员工都必须进入联想的“模子”，成为与联想需要相符的联想人。联想的“入模教育”分为两个层面：一个层面针对一般员工，另一个层面针对管理人员和骨干人员。

一般员工“入模”，最基本的要求就是要按照联想的行为规范做事，要接受联想的企业文化。行为规范主要由财务制度、库房制度、部门接口制度、人事制度等一系列规章制度组成，以岗位责任制为核心。这些制度以民主集中制和按劳分配为指导思想，与员工的基本利益相符，因而容易被员工接受。员工受到压力进入“模子”后，个人的综合素质和能力也随之得到了提高。

管理人员和骨干人员“入模”，除了上述要求外，还有更高层次的要求：第一，要有牺牲精神，在工作中要迎难而上、任劳任怨、胸怀宽广、不谋私利；第二，要有堂堂正气；第三，要坚持集团的统一性；第四，要有全局眼光，清楚自己负责的工作在企业中的作用；第五，要会带队伍；第六，要有求实精神；第七，要有为民族做一番事业的理想。

分两个层面进行“入模教育”，能够培养出联想需要的高素质人才。对于好员工，联想还有七个标准，即敬业精神和上进心、有韧性、有责任感、有悟性、富有创新精神、善于沟通、既会工作又会生活。

"入模"就是接受企业文化，让企业文化成为全体员工和干部的共识，加"压"是必要的促进手段。加"压"有一个非常重要的前提，就是模子足够坚硬，压不垮，还能保持原型。联想已经有了非常好的模子，这就是长期打造而成的联想文化。

联想主要通过三项工作来保证"入模"质量：一是办好联想管理学院，管理学院系统地对员工进行"入模教育"；二是加强党组织对员工的思想教育；三是每周六下午进行两小时学习讨论会。

"入模教育"是一种手段，其目的就是让全员形成统一的思想，以"平等、信任、欣赏、亲情"的做人风格，"认真、严格、主动、高效"的做事风格，"诚信为本"的道德观等一系列企业核心理念培养高素质的联想人。

第一节 员工培训与开发概述

一、员工培训与开发的含义

面对日新月异的现代科学技术和日趋激烈的市场竞争，人力资源对价值创造和工作效益的贡献日益增加，为了不断提高企业经营管理效益，企业必须重视和加强员工的培训与开发。员工培训与开发是人力资源开发与管理的重要环节和手段，在企事业单位和行政机关的人力资源开发与管理中发挥着越来越重要的作用，注重培训与开发也是现代人力资源开发与管理区别于以往人事管理的显著特点之一。

员工培训与开发是现代组织人力资源管理的重要组成部分，是组织发展最基本、最核心的制约因素。组织具有生命力与否的重要标志便是适应外部环境变化的能力，而要增强组织的应变能力，关键就是不断的培训、提高人员的素质、开发人力资源。现代组织的管理注重人力资源的合理培养和使用，代表着一种现代管理哲学观的用人原则：开发潜能，终身培养，适度使用。组织通过培训与开发，掌握用人的原则，推动组织的发展；与此同时，帮助每一位组织成员很好地完成各自的职业发展。因此，培训与开发会带来组织与个人的共同发展。

人力资源管理中的培训与开发，是指组织根据社会和经济发展，特别是自身实际工作的需要，采取多种方式对员工进行有目的、有层次、有组织、有计划的培养、教育和训练活动，使之具备完成工作所需要的知识、技能、工作态度和工作行为，改善他们的工作绩效，进而实现组织整体绩效改善和提升的过程。

具体来讲，培训是指为了使员工在自己现在或未来工作岗位上的工作表现达到组织要求而进行的培养及训练；开发主要是指一切通过提高技能、传授知识、转变观念来改善当前或未来工作效果的活动。

二、员工培训与开发的特点

员工培训与开发的对象是在职人员，其性质属于继续教育的范畴。它具有以下特点：

（1）广泛性。广泛性是指员工培训的范围广，不仅决策层管理者需要培训，而且一般员工也需要受训；员工培训的内容涉及企业经营活动或将来需要的知识、技能以及其他问题，而且员工培训的方式与方法也具有广泛性。

（2）层次性。层次性是指员工培训网络的深度，也是培训网络现实性的具体表现。不仅企业战略不同，培训的内容及重点不同，而且不同知识水平和不同需要的员工所承担的工作任务不同，对知识和技能的需要也各异。

（3）协调性。协调性是指员工培训网络是一个系统工程，它要求培训的各环节、培训项目应协调，使培训网络正常运转。首先，要从企业经营战略出发，确定培训模式、培训内容和培训对象；其次，应适时地根据企业发展的规模、速度和方向，合理确定受训者的总量与结构；最后，还要准确地根据培训员工的人数，合理地设计培训方案、培训的时间和地点等。

（4）实用性。实用性是指员工的培训投资应产生一定的回报。员工培训系统要发挥其功能，即培训成果转移或转化成生产力，并能迅速促进企业竞争优势的发挥。首先，企业应设计好的培训项目，使员工所掌握的技术、技能和更新的知识结构能适应新的工作；其次，应让受训者获得实践机会，为受训者提供或其主动抓住机会来应用培训中所学的知识、技能和行为方式；最后，为培训成果转化创造有利的工作环境，构建学习型组织——一种具有促进学习能力、适应能力和变革能力的组织。

（5）长期性和速成性。长期性是指随着科学技术的日益发展，人们必须不断接受新的知识，不断学习；任何企业对其员工的培训都将是长期的，也是永久的。速成性是指员工学习的主要目的是为企业工作，所以培训一般针对性较强，周期较短，具有速成的特点。许多培训是随企业的发展变化而设置的，如为改善经济技术指标急需掌握的知识和技能，为掌握已决定进行的攻关课题项目急需的知识和技能，为强化企业内部管理急需掌握的管理基本技能，等等。

（6）实践性。实践性是指培训应根据员工的生理、心理以及工作经验等特点，在培训方法上注重实践。应针对实际工作，多采用启发式、讨论式、研究式以及案例式的培训，提高员工培训的效果。

三、员工培训与开发的内容

员工培训与开发的内容必须与企业的战略目标、员工的职位特点相适应，应同时考虑适应内外部经营环境的变化。一般地，任何培训都是为了员工在知识、技能和态度三方面的学习与进步。

（一）知识的学习

知识的学习是员工培训的主要方面，包括科学文化知识与业务知识学习。员工应通过培训掌握完成本职工作所需要的基本知识，企业应根据经营发展战略要求和技术变化的预测，以及将来对人力资源数量、质量、结构的要求，有计划、有组织地培训员工，使员工了解企业的发展战略、经营方针、经营状况、规章制度、文化基础、市场及竞争等。依据培训对象的不同，知识的学习还应结合岗位目标来进行。例如，对管理人员主要培训计划、组织、领导和控制等管理知识，还有心理学、激励理论等有关人的知识，以及经营环境如社会、政治、文化、伦理等方面的知识。

（二）技能的提高

知识的运用必须具备一定的技能，因此，必须对不同层次的员工进行岗位所需技术性能力的培训，例如，认知能力与阅读、写作能力的培训。认知能力包括语言理解能力、定量分析能力和推理能力三个方面。有研究表明，员工的认知能力与其工作的成功有相关性。随着工作变得越来越复杂，认知能力对完成工作也变得越来越重要。阅读能力的缺乏会阻碍员工良好业绩的取得，随着信息技术的发展，不仅要开发员工的书面文字阅读能力，而且要培养员工的电子阅读能力。此外，企业应更多培养员工的人际交往能力。尤其是管理者，更应注重判断与决策能力、改革创新能力、灵活应变能力、人际交往能力等方面的培训。

(三) 态度的转变

态度是影响能力与工作绩效的重要因素。员工的态度与其培训效果和工作表现是直接相关的，管理者重视员工态度的转变会增加培训成功的可能性。受训员工的工作态度怎样、如何形成、怎样受影响，这些既是一个复杂的理论问题，又是一个实践技巧，通过培训可以改变员工的工作态度，但并不是绝对的，关键在于管理者工作本身。管理者要在员工中树立并保持积极的态度，善于利用员工态度的转变来达到所要求的工作标准，还要根据不同情况找到适合每个人的最有效的影响与控制方式，规范员工的行为，促进员工态度的转变。

四、员工培训与开发的意义

对于全球化、高质量、高效率的工作系统，企业员工培训显得更为重要。培训能够使员工的知识、技能与态度明显提高与改善，可以提高企业效益，使企业获得竞争优势。因此，员工培训与开发的重要意义具体体现在以下方面：

(1) 能提高员工的职业能力。员工培训的直接目的就是要提高员工的职业能力，使其更好地胜任现在的日常工作及未来的工作任务。在能力培训方面，传统的培训重点一般放在基本业务技能的层次上，但是未来的工作需要员工拥有更广博的知识，所以应培训员工学会知识共享，创造性地运用知识来调整产品或服务的能力。同时，培训使员工的工作能力得到提高，为其取得更好的工作绩效提供了可能，也为员工提供了更多晋升和提高收入的机会。

(2) 有利于企业获得竞争优势。面对激烈的国际竞争，一方面，企业需要越来越多的跨国经营人才，为进军国际市场做好人才培训工作；另一方面，员工培训可提高企业新产品研究与开发的能力。员工培训就是要不断培训与开发高素质的人才，从而为企业赢得竞争优势，这已为人们所认识。尤其是人类社会步入以知识资源和信息资源为重要依托的新时代后，智力资本已成为获取生产力、竞争力和经济效益的关键因素。企业的竞争不再依靠自然资源、廉价的劳动力、精密的仪器和雄厚的财力，而主要依靠知识密集型的人力资本。员工培训是创造智力资本的途径。智力资本包括基本技能（完成本职工作所需的技术）、高级技能（如怎样运用科技与其他员工共享信息、对客户和生产系统的了解）以及自我激发创造力。因此，这要求建立一种新的适合未来发展与竞争的培训观念，提高企业员工的整体素质。

(3) 有利于改善企业的工作质量。工作质量包括生产过程质量、产品质量与客户服务质量等。毫无疑问，培训使员工的素质、职业能力得到提高，将直接改善企业的工作质量。培训能改进员工的工作表现，降低成本；增加员工的安全操作知识；提高员工的劳动技能水平；增强员工的岗位意识；增强员工的责任感；规范生产安全制度；增强安全管理意识；提高管理者的管理水平。因此，企业应加强对员工敬业精神、安全意识和知识技能的培训。

（4）有利于高效工作绩效系统的构建。在21世纪，科学技术的发展引起员工技能和工作角色的变化，企业需要对组织结构进行重新设计。今天的员工已不是简单地接受工作任务、提供辅助性工作，而是参与提高产品与服务质量的团队活动。在团队工作系统中，员工扮演着许多管理性质的工作角色。他们不仅具备运用新技术获得客户服务与产品质量提高的能力、与其他员工共享信息的能力，还具备人际交往技能和解决问题的能力、集体活动能力、沟通协调能力等。尤其是培训员工学习使用互联网及其他用于交流和收集信息工具的能力，可使企业工作绩效系统高效运转。

（5）满足员工实现自我价值的需要。在现代企业中，员工的主要工作目的是为了"高级"需求——自我价值的实现。培训不断教给员工新的知识与技能，使其能适应或能接受具有挑战性的工作与任务，实现自我成长和自我价值。这使员工不仅得到物质上的满足感，而且得到精神上的成就感。

第二节　员工培训需求分析

培训作为企业的人力资本投资，其成败在很大程度上依赖于培训需求分析。因为培训需求分析是整个培训管理活动的第一个环节，它决定了培训能否瞄准正确的目标，进而影响到能否设计与提供有针对性的培训课程，因此对培训的有效性起着至关重要的作用。如果不进行有效的培训需求分析，企业培训的目标不准确，缺乏针对性的培训就会导致人力资本投资的失败，造成资源的大量浪费。因此，培训需求分析就是采用科学的方法弄清谁最需要培训、为什么要培训、培训什么内容等问题，并进行深入探索研究的过程。

一、员工培训需求分析的作用

培训需求分析（Training Demand Analysis）具有很强的指导性，是确定培训目标、设计培训计划、有效实施培训的前提，是现代培训活动的首要环节，是进行培训评估的基础，对企业的培训工作至关重要，是使培训工作准确、及时和有效的重要保证。它的具体作用如下：

（1）有利于找出差距，确立培训目标。进行培训需求分析时，首先应当找出差距，明确目标，即确认培训对象的实际状况同理想状况之间的差距，明确培训的目标与方向。差距的确认一般包括三个环节：一是明确培训对象目前的知识、技能和能力水平；二是分析培训对象理想的知识、技能和能力标准或模型；三是对培训对象的理想标准和其现实的知识、技能和能力水平进行对比分析。

（2）有利于找出解决问题的方法。解决员工素质差距的方法有很多，可以是培训的方法，也可以是与培训无关的方法，如人员变动、工资增长、新员工吸收等，或者是这几种方法的综合。目前企业所面临的问题往往复杂多变，因此，最好将这几种可供选择的解决问题的方法综合起来，制定多样性的培训策略。

（3）有利于进行前瞻性预测分析。企业的发展过程是一个动态的、不断变化的过程，当组织发生变革（不管这种变革是涉及技术、程序、人员，还是涉及产品或服务）时，培训计划必须进行相应的调整。而培训需求分析是培训计划的前提，因此，它必须作好前瞻性和预测性分析，迅速把握住这种变革，为制订完善的培训计划作准备。

（4）有利于进行培训成本的预算。当进行培训需求分析并找到了解决问题的方法后，培训管理人员就能够把成本因素引入培训需求分析中去，预算培训成本，回答“不进行培训的损失与进行培训的成本之差是多少”的问题。如果不进行培训的损失小于培训的成本，则说明当前还不需要或不具备条件进行培训。但由于很多项目不能用数字量化，且要考虑长远利益，因而做这项工作是比较困难的。

（5）有利于促进企业各方达成共识。通过培训需求分析收集了有关制订培训计划、选择培训方式的大量信息，为确定培训的对象、目标、内容、方式提供了依据，促进企业各方达成共识，有利于培训计划的制订和实施。例如，企业相关部门的员工通常支持建立在真实需求分析基础之上的培训计划，因为他们实际参与了培训需求分析的过程，亲自感受到培训的必要性和紧迫性。

二、员工培训需求分析的内容

员工培训需求分析要从多维度进行，因为培训需求是一个复杂的系统，它涉及组织、人员以及组织所处的环境等诸多因素。为保证员工培训需求分析的有效性，必须在组织分析、工作分析和人员分析三个层面上进行。

（一）组织分析

组织分析主要是指通过对组织的发展目标、市场环境、资源现状等因素的分析，准确地找出组织存在的问题，并决定培训与开发的重点的过程。具体来说，其主要包括以下内容：

（1）组织目标分析。组织目标分析是组织分析的关键。明确、清晰的组织目标既对组织的发展起决定性作用，又对培训规划的设计与执行起决定性作用。比如，如果一个组织的目标是提高劳动生产率，那么培训活动就必须围绕这一目标的实现来进行。若组织目标模糊不清，培训规划的设计与执行就非常困难。

（2）组织环境分析。组织环境分析包括外部环境分析和内部环境分析。

组织的外部环境包括市场的状况、竞争对手的情况、政策环境以及企业所处行业的发展状况等。外部环境会影响组织发展战略和目标的制定，以及影响企业的经营方式，并由此决定对人力资源数量、质量和结构的需求，这种对未来人力资源的需求会体现在组织计划和人力资源计划中。如果对现有职员的能力进行分析后，发现他们对组织发展所需要的能力还存在差距，就应该对他们进行培训，以适应组织的新变化、新形势和新岗位的要求。

对组织的内部环境条件进行分析，最重要的是分析组织运行的效率。组织运行的效率可以从很多方面体现出来，如产品的质量、次品率、工作方法、人员流动情况、组织结构、部门间的协作、计划完成的情况等。对这些方面进行分析，发现问题后就要确定到底是通过加强管理来解决，还是通过改变工作方法来解决，或者是通过培训来解决，从而最终确定是否需要进行培训。

（3）组织资源分析。组织资源分析包括对组织的财力、物力、技术、时间、人力、发展潜力等资源的描述。如果没有确定可以利用的人力、物力和财力资源，就难以确定培训目标。

（4）组织特性分析。组织特性对培训的成功与否也起到重要的影响作用。因为培训规划和组织的价值不一致时，培训的效果则很难保证。组织特性分析主要是对组织的系统结构、企业文化、人际关系、文化传播情况等方面的了解与分析。

（二）工作分析

员工培训需求的工作分析是指通过查阅工作说明书或具体分析完成某一工作需要哪些技能，了解有效完成该项工作必须具备的条件，找出差距并弥补不足的过程。其目的在于了解与绩效问题有关的工作的详细内容、标准，以及达成工作所应具备的知识和技能。

员工培训需求的工作分析主要从以下几个方面展开：

（1）工作的复杂程度。这是指工作对思维的要求，是抽象性还是形象性，或者兼而有之；是需要更多的创造性思维，还是应按照有关的标准要求严格执行等。

（2）工作的饱和程度。这是指工作量的大小和工作的难易程度，以及工作所消耗的时间多少等。例如，行政部的工作大多是琐碎而繁杂的，但是工作时间相对固定；而技术开发部的工作具体而复杂，工作时间弹性大。如果对这两个部门的员工进行培训，其培训内容自然就不同。

（3）工作内容和形式的变化。随着企业经营战略和业务的不断发展，有些部门的工作内容和形式变化较大，有些部门的工作变化则较小，这就需要从企业整体发展的角度分析工作层面的培训需求。随着企业的发展壮大，对各个部门的要求不是一成不变的。企业发展对岗位工作的要求，既是分析培训需求时需要充分考虑的一个重要因素，也是培训所追求的一个目标，因为培训是一个循序渐进的过程，是随着企业的发展而发展的。

（三）人员分析

人员分析是指从培训对象的角度分析培训的需求，通过人员分析确定哪些人需要培训以及需要何种培训的过程。人员分析一般需要对照工作绩效标准，分析员工目前的绩效水平，找出员工现状与标准的差距，以确定培训对象以及培训内容和培训后要达到的效果。培训需求分析主要是对员工的工作背景、知识结构、专业、资历、年龄、个性以及工作能力进行分析。

（1）员工的知识结构。对员工知识结构的分析，不但可以准确地制订培训方案，更可以充分利用各种有效的资源，从而使培训取得更大的经济效益。在对企业员工的知识结构进行分析时，一般从文化教育（如正规的学历教育）、职前教育培训（如社会办教育及业余教育等）和专项短期培训（如各类认证培训等）三个方面进行。

（2）员工的专业。工作岗位上的一些员工并不是在从事自己专业（专长）的工作，因此，进行员工专业结构分析主要应解答以下问题：有多少员工在从事与自己专业对口或不对口的工作，有多少员工在从事自己喜欢或不喜欢的工作，有多少员工认为自己有必要调换岗位并认为这样能力发挥的余地更大。

（3）员工个性。员工个性分析主要应明确某一岗位的工作特点要求任职者具备什么样的个性。在不少工作中，员工个性不作为一个必须考虑的因素；但是在有些工作中，为了提高工作效率，就必须考虑员工的个性。例如，某人如果具有大大咧咧、易激动、情绪变化大、持久力不够等个性特点，则其在一定程度上不适合从事要求稳重、细心和耐心的财务工作。

（4）员工能力。员工能力分析是指分析员工实际拥有的能力与完成工作所需的能力之间的差距。例如，小王是一位出色的销售人员，但是自从他晋升为销售经理后，销售部门业绩有所下降，员工的抱怨也有所增加。经过能力分析发现，小王缺乏团队合作及协调、领导等方面的能力。

组织、工作和人员三个层面的培训需求分析是一个有机的系统，缺少任何一个层面都不能进行有效的分析。在现实中，组织、工作和人员三方面的需求往往并不完全一致，而是呈交叉现象，因此，确立培训需求应选取组织整体、工作业务单位及个人三方的共同需求区域，并以此作为组织的培训目标。

三、员工培训需求分析的任务

培训需求分析的任务就是要回答以下几方面的问题：

(1) 为什么要培训（Why）。人力资源的开发就是要最大限度地挖掘组织中人的潜力，使人在工作中充分发挥其优势。

(2) 谁需要培训和需要什么培训（Who and What）。组织培训的主体是组织的全部员工，而员工担任的职位不同，因此，培训方向具有多样化的特征。不同层次的员工需要不同的培训，培训的内容也不尽相同。

(3) 培训的时间（When）。正确的培训时间是与组织的经营战略密切结合在一起的。对于基本的知识、技能和素质，应在员工上岗前就进行培训；而进一步的技能培训则有可能要求受训者具备一定的工作经验，这样才能最大程度地理解和吸收培训的内容。对新任务要求掌握的技能培训则既不能太早，也不能太晚。

(4) 培训的成本（Cost）。在将不同的培训方案报至领导层决策前，应对不同方案成本进行估计。培训的成本包括直接成本，如教师的工资、培训的材料费、培训场地使用费等；还包括间接成本，如因培训耽误的工作等。

(5) 如何进行培训（How）。根据培训的目的不同，可以采取脱产培训、半脱产培训、在职培训等不同的方式进行员工培训。

(6) 培训的地点（Where）。根据培训的不同安排，可采用内部培训、公开课程、研讨会等形式，在公司内部或公司外部选择不同的地点进行培训。

四、员工培训需求分析的实施程序

（一）做好培训前期的准备工作

培训活动开展之前，培训者就要有意识地收集有关员工的各种资料，以便在进行培训需求调查时方便调用。

(1) 建立员工培训档案。培训部门应建立起员工的培训档案，档案应注重员工素质、员工工作变动情况以及培训历史等方面内容的记载。员工培训档案可参照员工人事档案、员工工作绩效记录等方面的资料来建立。另外，培训者应密切关注员工的变化，随时为档案增添新的内容，以保证档案的监控作用。

(2) 同各部门人员保持密切联系。培训工作的性质决定了培训部门应与其他部门保持更密切的合作联系，以便随时了解企业生产经营活动、人员配置变动、企业发展方向等方面的变动，使培训活动更能满足企业的发展需要、更有效果。

(3) 准备培训需求调查。培训者通过某种途径意识到有培训的必要时，在得到领导认可的情况下，就要开始调查的准备工作。

（二）制订培训需求调查计划

培训需求调查计划应包括以下几项内容：

（1）培训需求调查工作的行动计划。行动计划即各项工作的时间进度以及各项工作中应注意的一些问题，这对调查工作的实施很有必要。

（2）选择合适的培训需求调查方法。应根据企业的实际情况以及培训中可利用的资源选择一种合适的培训需求调查方法。例如，工作任务安排非常紧凑的企业员工不宜对其采用面谈法；专业技术性较强的员工一般不适合用观察法；对于大型培训活动可以数种方法并施，如将问卷调查和个别会谈结合使用，扬长避短，但会增加成本费用。

（3）确定培训需求调查的内容。首先要分析这次培训调查需要哪些资料，然后确认手中已有的资料，即需要调查的内容。培训需求调查的内容不要过于宽泛，以免浪费时间和费用，对于某一项内容可以从多角度调查，这样易于取证。

（三）实施培训需求调查工作

在制订了培训需求调查计划以后，就要按计划依次开展工作。实施培训需求调查主要包括以下步骤：

（1）提出培训需求动议或愿望。培训需求动议是指提出培训动态，由培训部门发出制订计划的通知，请各责任人针对相应岗位的工作需要提出培训动议或愿望。它应由理想需求与现实需求、预测需求与现实需求存在差距的部门和岗位提出。

（2）调查、申报、汇总培训需求动议。这是指相关人员根据企业或部门的理想需求与现实需求、预测需求与现实需求的差距，调查、收集来源于不同部门和个人的各类需求信息，整理、汇总培训需求的动议或愿望，并报告企业培训组织管理部门或负责人。

（3）分析培训需求。申报的培训需求动议并不能直接作为培训的依据。因为培训需求常常是由一个岗位或一个部门提出的，存在着一定的片面性，所以对申报的培训需求进行分析，就是要消除培训需求动议的片面性，也就是要全方位考虑、从整体工作计划来考虑，这就需要由企业的组织计划部门、相关岗位、相关部门以及培训组织管理部门共同协商确定。

（4）汇总培训需求意见，确认培训需求。这是指培训部门对汇总上来并加以确认的培训需求列出清单，参考有关部门的意见，根据重要程度和迫切程度排列培训需求，并依据所能收集到的培训资源制订初步的培训计划和预算方案。

（四）分析与输出培训需求结果

1. 对培训需求调查信息进行归类、整理

培训需求调查的信息来源于不同的渠道，信息形式有所不同，因此，有必要对收集到的信息进行分类，并根据不同培训调查内容的需要进行信息的归档，同时要制作表格对信息进行统计，并利用直方图、分布曲线图等工具将信息所表现的趋势和分布状况予以形象的处理。

2. 对培训需求进行分析、总结

对收集上来的调查资料进行仔细分析，从中找出培训需求。此时应注意个别需求和普遍需求、当前需求和未来需求之间的关系；要结合业务发展的需要，根据培训任务的重要程度和紧迫程度对各类需求进行排序。

3. 撰写培训需求分析报告

对所有的信息进行分类处理、分析总结以后，就要根据处理结果撰写培训需求调查报告。报告结论要以调查信息为依据，不能以个人主观看法作出结论。

五、员工培训需求信息的收集方法

员工培训需求信息的收集方法有很多种，在实际工作中，培训管理人员通常使用一种以上的方法，因为采用多种方法研究目标员工和他们的工作时，分析的准确程度会显著提高。一般来说，在进行培训需求与开发需求分析过程中常用的分析方法有以下几种：

（一）面谈法

面谈法是指培训组织者为了了解培训对象在哪些方面需要培训，就培训对象的工作或对自己的未来抱有什么样的态度，是否有具体的计划并且产生相关的工作技能、知识、态度或观念等方面的需求而进行的面谈方法。

面谈法有个人面谈法和集体面谈法两种具体操作方法。个人面谈法是指分别和每一个参加培训的对象进行一对一的交流，可以采用正式或非正式的方式进行；集体面谈法是指以集体会议的方式，培训者和培训对象集体参加讨论，但讨论中不宜涉及有关人员的缺点和隐私问题。

面谈法是一种非常有效的需求分析方法。培训者和培训对象面对面进行交流，可以充分了解相关方面的信息。通过面谈，培训者可以推心置腹地和面谈对象交流其工作情况以及个人发展计划，对工作中存在的问题也可以进行双向沟通。面谈法有利于培训双方相互了解、建立信任关系，从而使培训工作得到员工的支持。而且，面谈中通过培训者的引导提问，能使培训对象更深刻地认识到自己工作中存在的问题和不足，激发其学习的动力和参加培训的热情。

但是，面谈法也有其自身的缺点。培训者和培训对象对各种问题的探讨需要较长时间，因此，面谈对培训者的面谈技巧要求较高；而且一般员工不会轻易吐露自己工作中存在的问题和自身的不足，在没有了解面谈者真实意图的时候，员工可能不会将其个人发展计划告诉培训者。

（二）重点团队分析法

重点团队分析法是指培训者在培训对象中选出一批熟悉问题的员工作为代表参加讨论，调查培训需求信息的一种方法。重点团队成员不宜太多，通常由8～12人组成。

重点团队成员的选取要符合两个条件：一是他们的意见能代表培训对象的培训需求，一般是从每个部门、每个层次中选取数个代表参加；二是选取的成员要熟悉需求调查中讨论的问题，他们一般在其岗位上有比较丰富的工作经历，对岗位各方面的要求和其他员工的工作情况都比较了解。

这种需求调查方法是面谈法的改进，优点在于不必和每个员工逐个面谈，花费的时间和费用比面谈法要少得多；各类培训对象代表会聚一堂、各抒己见，可以发挥出头脑风暴法的作用，各种观点意见在小组中经过充分讨论以后，得到的培训需求信息更有价值。

这种方法的局限性在于对协调员和讨论组织者要求较高，由于一些主观和客观方面的原因，可能导致小组讨论时大家不会说出自己的真实想法，不敢反映本部门的真实情况，某些问题的讨论可能会流于形式。

（三）工作任务分析法

工作任务分析法是指以工作说明书、工作规范和工作任务分析记录表作为确定员工达到要求所必须掌握的知识、技能和态度的依据，将其和员工平时工作中的表现进行对比，以判定员工要完成工作的差距所在的一种方法。工作任务分析法通过岗位资料分析和员工现状对比，得出员工的素质差距，结论可信度较高。但这种培训需求调查方法需要花费的时间和费用较多，所以一般只是在非常重要的一些培训项目中才会运用。

（四）观察法

观察法是指培训者亲自到员工的工作岗位上去了解员工的具体情况，通过与员工在一起工作，观察员工的工作技能、工作态度，了解其在工作中遇到的困难的一种方法。观察法是一种最原始、最基本的需求调查方法之一，它比较适合生产作业和服务性工作，对技术人员和管理人员则不太适用。这种方法的优点在于培训者亲身接触培训对象，对他们的工作有直接的了解。但观察员工需要较长的时间，观察的效果也受培训者对工作熟悉程度的影响。另外，观察者的主观偏见也会对调查结论产生影响。

为了提高观察效果，通常要设计一份观察记录表，用来核查需了解的细节。

（五）问卷调查法

利用问卷调查员工的培训需求也是培训者较常用的一种方法。培训部门首先将一系列的问题编制成问卷，发放给培训对象填写之后再收回分析。问卷调查发放简单，可节省培训者和培训对象双方的时间；同时其成本较低，又可针对许多人实施，所得资料来源广泛。其缺点在于调查结果是间接取得的，无法断定其真实性；而且问卷设计、分析工作难度较大。

在进行调查问卷的设计时应注意以下问题：

（1）问卷清楚明了，不会产生歧义。

（2）语言简洁。

（3）问卷尽量采用匿名的方式。

（4）多采用客观问题，易于填写。

（5）主观问题要留有足够的空间填写意见。

（六）关键事件法

当组织内部或外部发生对员工或顾客影响较大的事件时，往往采用关键事件法来收集培训需求信息。常见的典型事件包括：①产品质量投诉；②服务投诉；③产品供应出现断货；④重大事故；⑤员工违反纪律并造成损失；⑥经常性的失误；⑦员工集体辞职或大量换人；⑧经销商（代理商）产品大批滞销；⑨经销商（代理商）出现信用危机；⑩竞争对手行动对组织产生重大冲击。

（七）绩效考核法

绩效考核法即应用定期或不定期的考核结果来进行培训需求分析，将绩效考核结果与计划、标准相比较的一种方法。要注意的是，有时绩效考评不够全面，进行培训需求分析时会感到欠缺，此时需要专门进行一次为培训需求分析提供依据的绩效考评。

培训需求分析信息收集所使用的方法各有利弊，要根据企业的实际情况开确定。表 6-1 列出了多种培训需求信息收集方法的对比分析。

在表 6-1 中，采用培训对象参与程度、管理层参与程度、分析过程耗时程度、培训需求分析成本、分析过程量化程度等几项指标对上述方法进行分析，会发现在具体应用过程中，这些方法有着不同的效果。这启发人们在面对不同的实际问题时，应寻找最合适的方法，必要的情况下也可以将它们组合起来使用。

表 6-1　培训需求信息收集方法的对比分析

培训需求分析方法	培训对象参与程度	管理层参与程度	分析过程耗时程度	培训需求分析成本	分析过程量化程度
面谈法	高	低	高	高	中
重点团队分析法	高	中	中	中	中
工作任务分析法	高	低	高	高	高
观察法	中	低	高	高	中
问卷调查法	高	高	中	中	高
关键事件法	高	低	中	低	高
绩效考核法	中	高	中	低	高
调查管理层	低	高	低	低	低
态度调查	中	低	中	中	低
评估过去项目	中	低	中	低	高
绩效考核法	低	中	低	低	中

第三节　员工培训方法的选择

员工培训方法的选择要和培训内容紧密相关，不同的培训方法适用于不同的培训内容。在实际工作中，应依据企业的培训目的、培训内容以及培训对象，选择适当的培训方法。

一、直接传授型培训法

直接传授型培训法适用于知识类培训，主要包括讲授法、专题讲座法、研讨法、视听法等。

（一）讲授法

讲授法是指教师按照准备好的讲稿，系统地向受训者传授知识的方法。它是最基本的培训方法。讲授法适用于各类学员对学科知识、前沿理论的系统了解，主要有灌输式讲授、启发式讲授和画龙点睛式讲授三种方式。授课教师是讲授法成败的关键因素。

1. 讲授法的优点

传授内容多，知识比较系统、全面，有利于大面积培养人才；对培训环境要求不高；有利于教师的发挥；学员可利用教室环境相互沟通；也能够向教师请教疑难问题；平均培训费用较低；培训者能够对培训的过程进行有效的控制。

2. 讲授法的局限性

由于授课的内容往往比较概括和一般，因此要求受训人员同质程度比较高，例如，文化程度和工作要求比较相似，以便使培训者有可能讲授得更具体和实用；传授内容多，学员难以完全消化、吸收；单向传授不利于教学双方互动，很少有对话、提问和讨论的机会，缺乏反馈、联系，受训人员比较被动；不能满足学员的个性需求；教师水平直接影响培训效果，容易导致理论与实践相脱节；传授方式较为枯燥单一；没有练习的机会，不适用于技能的培训。因此，这种方法大多用于一般性的知识培训。

（二）专题讲座法

专题讲座法形式上和课堂教学法基本相同，但在内容上有所差异。课堂教学一般是系统知识的传授，每节课涉及一个专题，连续多次授课；专题讲座则是针对某一个专题知识，一般只安排一次培训。这种培训方法适合于管理人员或技术人员了解专业技术发展方向或当前热点问题等。

1. 专题讲座法的优点

培训不占用大量的时间，形式比较灵活；可随时满足员工某一方面的培训需求；讲授内容集中于某一专题，培训对象易于加深理解。

2. 专题讲座法的局限性

讲座中传授的知识相对集中，内容可能不具备较好的系统性。

（三）研讨法

研讨法是指在教师引导下，学员围绕某一个或几个主题进行交流，相互启发的培训方法。

1. 研讨法的类型

（1）以教师或受训者为中心的研讨。以教师为中心的研讨从头至尾由教师组织，教师提出问题，引导受训者作出回答。教师起着活跃气氛、使讨论不断深入的作用。讨论的问题除主题本身外，有时也包括由受训者的回答引出的问题。讨论也可以由教师先指定阅读材料，然后围绕材料提出问题，并要求受训者回答。研讨结束后，由教师进行总结。

以受训者为中心的研讨常常采用分组讨论的形式。其主要有两种方法：一是由教师提出问题或任务，受训者独立提出解决办法；二是不规定研讨的任务，受训者就某议题进行自由讨论，相互启发。

（2）以任务或过程为取向的研讨。任务取向的研讨着眼于达到某种目标，这个目标是事先确定的，即通过讨论弄清某一个或几个问题，或者得出某个结论。组织以任务为取向的研讨需要设计能够引起讨论者兴趣、具有探索价值的题目。

过程取向的研讨着眼于讨论过程中成员之间的相互影响，重点是相互启发，进行信息交换，并增进了解、加深感情。

任务—过程取向的研讨既能得出某个结论，又能达到相互影响的目的，这需要对讨论进行精心的组织。例如，先分成小组讨论，小组内进行充分的交流，意见达成一致后，由小组推举一人在全体学员的讨论会上发言。

2. 研讨法的优点

（1）多向式信息交流。在讨论过程中，教师与学员间、学员与学员间相互交流、启发和借鉴，及时反馈，有利于学员取长补短、开阔思路，促进能力的提高。

（2）要求学员积极参与，有利于培养学员的综合能力。研讨法要求在调查准备的基础上，就研讨内容提出自己的观点，找出解决办法，因而学员必须独立思考，收集、查阅各种资料，分析问题，并用语言表达，同时还要能判断评价别人的观点并及时作出反应。

（3）加深学员对知识的理解。通过对实际问题的研究、讨论，为学员提供了运用所学知识的机会，加深了学员对原理知识的理解，能够提高其运用能力，并激发进一步学习的动力。

（4）形式多样、适应性强，可针对不同的培训目的选择适当的方法。

3. 研讨法的难点

（1）对研讨题目、内容的准备要求较高。

（2）对指导教师的要求较高。

4. 选择研讨题目注意事项

（1）题目应具有代表性、启发性。

（2）题目难度要适当。

（3）研讨题目应事先提供给学员，以便其作好研讨准备。

（四）视听法

视听法是利用幻灯、电影、录像、录音、计算机等视听教材进行培训的方法，多用于新员工培训。

1. 视听法的优点

由于视听法是利用人体的五官感觉去体会的一种培训，其视听内容与现实情况比较接近，所以相比单纯的讲授，更能给受训人员留下深刻的印象；生动形象且给受训者以新鲜感，所以比较容易引发其关心和兴趣；视听教材可以反复使用，从而能更好地适应受训人员的个体差异和不同水平的要求；可以作为其他培训方法的辅助工具。

2. 视听法的局限性

视听设备和教材的购置需要花费较多的费用和时间；选择合适的视听教材较为困难；受视听设备和视听场所的限制较多。

二、实践型培训法

实践型培训法简称实践法，主要适用于以掌握技能为目的的培训。实践法是通过让学员在实际工作岗位或真实的工作环境中亲身操作、体验，掌握工作所需的知识、技能的培训方法，在员工培训中应用最为普遍。这种方法将培训内容和实际工作直接相结合，具有较强的实用性，是员工培训的一种有效手段。其主要适用于从事具体岗位所应具备的能力、技能和管理实务类培训。

实践法有很多优点：①经济，受训者可以边工作边学习，一般无需特别准备教室及其他培训设施；②实用、有效，受训者通过实干来学习，使培训的内容与其将要从事的工作紧密结合，而且受训者在实践的过程中，能迅速得到关于他们工作行为的反馈和评价。

实践法的常用方式如下：

（一）工作指导法

工作指导法又称教练法、实习法，是指由一位有经验的员工或直接主管人员在工作岗位上对受训者进行培训的方法。指导教练的任务是教导受训者如何做，提出如何做好的建议，并对受训者进行激励。

1. 工作指导法的优点

应用广泛，可用于基层生产工人的培训，让受训者通过观察教练的工作和实际操作，掌握机械操作的技能；也可用于各级管理人员培训，让受训者与现任管理人员一起工作，后者负责对受训者进行指导，一旦现任管理人员因退休、提升、调动等原因离开岗位时，训练有素的受训者便可立即顶替，如设立助理职务培养和开发企业未来的高层管理人员。

2. 工作指导法应注意的培训要点

这种方法并不一定要有详细、完整的教学计划，但应注意培训的要点：一是关键工作环节的要求；二是做好工作的原则和技巧；三是须避免、防止的问题和错误。

（二）工作轮换法

工作轮换法是指让受训者在预定时期内变换工作岗位，使其获得不同岗位的工作经验的培训方法。以管理岗位的工作轮换培训为例：让受训者有计划地到各个部门学习，如生产、销售、财务等部门，在每个部门工作几个月，实际参与所在部门的工作，或仅仅作为观察者，了解所在部门的业务，这样可扩大受训者对整个企业各环节工作的了解。

1. 工作轮换法的优点

（1）能丰富受训者的工作经验，增加对企业工作的了解。

（2）使受训者明确自己的长处和弱点，找到适合自己的位置。

（3）改善部门间的合作，使管理者能更好地理解相互间的问题。

2. 工作轮换法的局限性

工作轮换法鼓励“通才化”，适合于一般直线管理人员的培训，不适用于职能管理人员。

（三）特别任务法

特别任务法是指企业通过为某些员工分派特别任务对其进行培训的方法。此方法常用于管理培训，其具体形式如下：

1. 委员会或初级董事会

这是为有发展前途的中层管理人员提供的、培养分析全企业范围问题的能力、提高决策能力的培训方法。一般初级董事会由 10～12 名受训者组成，受训者来自各个部门，他们针对高层次的管理问题，如组织结构、经营管理人员的报酬、部门间的冲突等提出建议，并将这些建议提交给正式的董事会，通过这种方法为这些管理人员提供分析企业高层次问题的机会。

2. 行动学习

这是让受训者将全部时间用于分析、解决其他部门而非本部门问题的一种课题研究法。4～5 名受训者组成一个小组，定期开会，就研究进展和结果进行讨论。这种方法为受训者提供了解决实际问题的机会，可提高他们分析、解决问题，以及制订计划的能力。

（四）个别指导法

个别指导法和我国以前的“师傅带徒弟”或“学徒工制度”相类似。目前，我国仍有很多企业在实行这种“传帮带”式培训方式，主要是通过资历较深的员工的指导，新员工能够迅速掌握岗位技能。

1. 个别指导法的优点

（1）新员工在“师傅”的指导下开始工作，可以避免盲目摸索。

（2）有利于新员工尽快融入团队。

（3）可以消除刚从高校毕业的受训者开始工作时的紧张感。

（4）有利于企业优良传统工作作风的传递。

（5）新员工可从“师傅”那里获取丰富的经验。

2. 个别指导法的局限性

（1）为防止新员工对自己构成威胁，指导者可能会有意保留自己的经验和技术，从而使指导浮于形式。

（2）指导者本身的水平对新员工的学习效果有极大影响。

（3）指导者不良的工作习惯会影响新员工。

（4）不利于新员工的工作创新。

三、参与型培训法

参与型培训法是调动培训对象的积极性，让其在与培训者之间的双方互动中学习的方法。这类方法的主要特征是每个培训对象都积极参与培训活动，从亲身参与中获得知识、技能，掌握正确的行为方式，开拓思维，转变观念。主要形式有自学、案例研究法、头脑风暴法、模拟训练法、敏感性训练法和管理者训练法。

（一）自学

自学适用于知识、技能、观念、思维、心态等多方面的学习。它既适用于岗前培训，又适用于在岗培训，而且新员工和老员工都可以通过自学掌握必备的知识和技能。

1. 自学的优点

（1）费用低。自学只需要为自学者创造一定的学习条件或者对自学进行必要的组织即可，如购买书籍；而不需要聘请教师、购置大件教学设备，不需要解决学员的食宿问题，因此，自学费用比课堂培训低得多。

（2）不影响工作。与集中培训不同，自学往往是在业余时间进行，学习和工作不会发生矛盾，对工作一般不会产生影响。

（3）自学者自主性强。自学者可根据自己的具体情况安排时间和进度，有重点地选择学习内容。若自学者自主性强，则可弹性安排学习计划。

（4）可体现学习的个性差异。自学者可以对学习内容进行选择，着重学习自己不熟悉的内容。同时，自学者可按照自己习惯的方法学习。

（5）有利于培养员工的自学能力。在信息时代，每个人都必须终身受教育，学会如何学习对于每个人都非常重要。自学的过程是自学者主动地掌握知识的过程，必然会提高学习能力。

2. 自学的局限性

（1）学习的内容受到限制。自学时缺少交流、演练和指点，通过交流、演练和指点才能掌握的东西显然不适合自学。

（2）学习效果可能存在很大差异。因为每个员工的自学能力和主动性不同，所以学习效果可能存在很大差异。

（3）学习中遇到疑问和难题往往得不到解答。在课堂培训时，教师会对重点和难点进行着重讲解，使受训者能够听懂；而在自学时，自学者遇到不懂的问题可能无法得到解答。

（4）容易使自学者感到单调乏味。在讲授时，教师一般通过生动的讲解引起学员的兴趣，营造良好的学习气氛；而自学是单个进行的，如果恰好自学者对学习的内容缺乏兴趣，就会产生单调、乏味的感觉。

（二）案例研究法

案例研究法是一种信息双向性交流的培训方式，它将知识传授和能力提高两者融合到一起，是一种非常具有特色的培训方法，可分为案例分析法和事件处理法两种。

1. 案例分析法

案例分析法又称个案分析法，它是指围绕一定的培训目的，把实际中真实的场景加以典型化处理，形成供学员思考分析和决断的案例，通过独立研究和相互讨论的方式，来提高学员分析及解决问题能力的一种培训方法。

（1）用于培训的案例应具有三个基本特点：①内容真实。为了保密，有关人的姓名、单位、地名可以改用假名，作为掩饰，但基本情节不得虚假；有关数字可以乘以系数加以放大或缩小，但相互之间的比例不能改变。②案例中应包含一定的管理问题，否则不具有学习与研究的价值。③案例必须有明确的目的，它的编写与使用都是为某些既定目的服务的。

（2）案例分析可分为两种类型：①描述评价型，即描述解决某种问题的全过程，包括其实际后果（不论成功或失败）。这样，留给学员的分析任务只是对案例中的做法进行事后分析，以及提出"亡羊补牢"性的建议。②分析决策型，即只介绍某一待解决的问题，由学员去分析并提出对策。这一方法更能有效地培养学员分析决策、解决问题的能力。上述两种方法不是截然分开的，二者之间存在着一系列过渡状态。一般来说，解决问题的过程有七个环节（见图 6-1）。

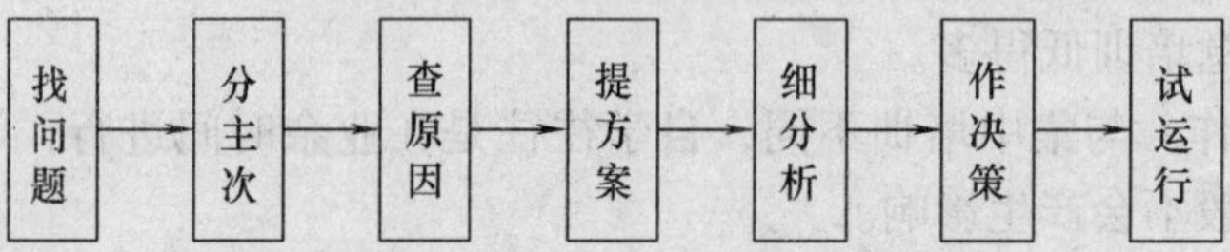

图 6-1 解决问题的七个环节

一个案例可以终止于七个环节中的任一个环节。例如，若写到第三个环节，即问题产生原因已找出，留给学员去做的事便是对症下药，列出若干备选方案，逐一权衡比较，然后制定出决策等；若只找出了问题，分清了主次，则查明原因这一环节也有待学员去做，学员的任务便加重了，案例的分析难度也相应增加。如此逐步上溯，若案例只介绍了头绪纷繁的一种管理情景，则学员应找出此情景中究竟存在哪些问题，案例研究的难度也就更大了；反之，若案例中七个环节均已覆盖，即介绍了解决问题的全过程及其后果，学员已能对此做法作一番评价，这才属于描述评价型的案例。

2. 事件处理法

事件处理法是指让学员自行收集亲身经历的案例，将这些案例作为个案，利用案例研究法进行分析讨论，并用讨论结果来警戒日常工作中可能出现的问题的一种培训方法。学员间通过彼此亲历事件的相互交流和讨论，可使企业内部信息得到充分利用和共享，同时有利于形成一个和谐、合作的工作环境。

（1）事件处理法的适用范围：适宜各类员工了解解决问题时收集各种情报及分析具体情况的重要性；了解工作中相互倾听、相互商量、不断思考的重要性；通过自编案例及案例的交流分析，提高学员理论联系实际的能力、分析解决问题的能力，以及表达、交流的能力；培养员工间良好的人际关系。

（2）事件处理法的优点：参与性强，变学员被动接受为主动参与；将学员解决问题能力的提高融入知识传授中；教学方式生动具体，直观易学；学员之间能够通过案例分析达到交流的目的。

（3）事件处理法的缺点：案例准备的时间较长且要求高；案例分析法需要较多的培训时间，同时对学员能力有一定要求；对培训顾问的能力要求高；无效的案例会浪费培训对象的时间和精力。

（三）头脑风暴法

头脑风暴法又称研讨会法、讨论培训法。头脑风暴法的特点是培训对象在培训活动中相互启迪思想、激发创造性思维，能最大限度地发挥每个参加者的创造能力，为解决问题提供更多、更好的方案。

1. 头脑风暴法的操作要点

只规定一个主题，即明确要解决的问题，保证讨论内容不泛滥；把参加者组织在一起无拘无束地提出解决问题的建议或方案，组织者和参加者都不能评议他人的建议和方案；事后再收集各参加者的意见，交给全体参加者，然后排除重复的、明显不合理的方案，重新表达内容含糊的方案；最后组织全体参加者对各可行方案逐一评估，选出最优方案。头脑风暴法的关键是要排除思维障碍，消除心理压力，让参加者轻松自由、各抒己见。

2. 头脑风暴法的优点

培训过程中为企业解决了实际问题，大大提高了培训的收益，可以帮助学员解决工作中遇到的实际困难；培训中学员参与性强，小组讨论有利于加深学员对问题理解的程度；集中了集体的智慧，达到了相互启发的目的。

3. 头脑风暴法的局限性

对培训顾问要求较高，如果不善于引导讨论，可能会使讨论漫无边际；培训顾问主要扮演引导的角色，讲授的机会较少；研究的主题能否得到解决也受培训对象水平的限制；主题的挑选难度大，并不是所有的主题都适合用来讨论。

（四）模拟训练法

模拟训练法是指以工作中的实际情况为基础，将实际工作中可利用的资源、约束条件和工作过程模型化，学员在假定的工作情境中参与活动，学习从事特定工作的行为和技能，提高其处理问题的能力的一种培训方法。其基本形式是由人、机器与计算机共同参与模拟活动。

1. 模拟训练法的优点

学员在培训中，工作技能将获得提高；通过培训，有利于加强员工的竞争意识；可以带动培训中的学习气氛。

2. 模拟训练法的局限性

模拟情景准备时间长，而且质量要求高；对组织者要求高，要求其熟悉培训中的各项技能。

这种方法与角色扮演类似，但并不完全相同。模拟训练法更侧重于对操作技能和反应敏捷程度的培训，它把参加者置于模拟的现实工作环境中，让参加者反复操作，解决实际工作中可能出现的各种问题，为进入实际工作岗位打下基础。这种方法比较适用于对操作技能要求较高的员工的培训。

（五）敏感性训练法

敏感性训练（Sensitivity Training）法又称 T 小组法，简称 ST 法。敏感性训练要求学员在小组中就参加者的个人情感、态度及行为进行坦率、公正的讨论，相互交流对各自行为的看法，并说明其引起的情绪反应。它的目的是要提高学员对自己行为和他人行为的洞察力，了解自己在他人心目中的"形象"，感受与周围人群的相互关系和相互作用，学习与他人沟通的方式，提高在各种情况下的应变能力，并在群体活动中采取建设性行为。

敏感性训练法适用于组织发展训练、晋升前的人际关系训练、中青年管理人员的人格塑造训练、新进人员的集体组织训练、外派工作人员的异国文化训练等。

敏感性训练法常采用集体住宿训练、小组讨论、个别交流等活动方式。具体训练日程由指导者安排，内容可包括问题讨论、案例研究等。在讨论中，每个学员充分暴露自己的态度和行为，并从小组成员那里获得对自己行为的真实反馈，由他人给自己提出意见，同时了解自己的行为如何影响他人，从而改善自己的态度和行为。

（六）管理者训练法

管理者训练（Manager Training Plan）法简称 MTP 法，是产业界最为普及的管理人员培训方法。这种方法旨在使学员系统地学习，深刻地理解管理的基本原理和知识，从而提高他们的管理能力。

管理者训练法适用于培训中低层管理人员掌握管理的基本原理、知识，提高管理能力，一般采用专家授课、学员间研讨的培训方式。企业可进行大型的集中训练，以脱产方式进行。

管理者训练法的操作要点是：指导教师是管理者训练法的关键，一般采用外聘专家或由企业内部曾接受过此法训练的高级管理人员担任。

（七）游戏活动法

游戏活动法是模拟在实际状况下可能发生的情况，一边体验一边学习如何解决现实问题的方法。游戏活动可以分为两种：普通游戏和商业游戏。

（1）普通游戏。普通游戏是指经过精心设计，表面上与其他游戏相差无几，但实际涉及很多管理或日常工作的活动。这种游戏很受欢迎，受训者很愿意参加，但若要达到培训目的，则对游戏的设计要求较高。

（2）商业游戏。此类游戏需要受训者依据事态的发展作出一系列决策，可以看做是案例研究的动态化。这种游戏效果较好，培训对象参与性较高、实用性较强，但设计难度较大，操作费用也较高。

四、态度型培训法

态度型培训法主要针对行为调整和心理训练，具体包括角色扮演法和拓展训练等。

（一）角色扮演法

角色扮演法是让参加者身处模拟的日常工作环境之中，并按照其在实际工作中应有的权责来担当与实际工作类似的角色，模拟性地处理工作事务，从而提高处理各种问题的能力的方法。这种方法的精髓在于"以动作和行为作为练习的内容来开发设想"。也就是说，学员们不是针对某个问题相互对话，而是针对某个问题采取实际行动，以提高个人及集体解决问题的能力。

角色扮演者在弄清各自所处情景及各自扮演角色的特点与制约条件后，即进入角色，自发地即兴进行表演，如交往、对话、主动采取行动或被动作出反应，合情合理地演进，直至教师发出中止信号为止。表演虽是自发的，但却是学员按各自对所演角色的说明特点与条件的理解而进行的，不能完全任意发挥。

角色扮演的情景具有高拟真性，与案例分析相比，它要求学员更自发地投入、更认真地参与。同时，它给全体学员提供了人们的真实言行，而不是理论地分析人们会怎样或该怎样说和做的观察机会，也为人们提供了新行为方式的试验机会。角色扮演尤其能使人了解和体验别人的处境、难处及考虑方式，学会移情，即能设身处地，从交往的对手的角度想问题，并能使人看出自己和别人为人处世的弱点。成功的角色扮演需要规划，培训者应该做到：

（1）确保团体中的每个成员都彼此相处愉快。

（2）介绍具体的情景选择和准备角色扮演者。

（3）为了帮助参与者准备，要求他们描述潜在的性格。

（4）明白自愿者是最佳的演出者。

（5）通过给具体的任务（如评论或反馈）来准备观察者。

（6）通过不断地争论和摩擦（毕竟这不是写好的剧本），指导角色扮演的进行。

（7）越短越好。

（8）讨论表演的内容，并且列举出学习到的内容。

行为模仿法是一种特殊的角色扮演法，它通过向学员展示特定行为的范本，由学员在模拟的环境中进行角色扮演，并由指导者对其行为提供反馈的训练方法，它适宜于中层管理人员、基层管理人员和一般员工的培训。它能使学员的行为符合其职业、岗位的行为要求，提高学员的行为能力，使学员更好地处理工作环境中的人际关系。这种培训方法根据培训的具体对象确定培训内容，如基层主管指导新雇员、纠正下属的不良工作习惯等。它的操作步骤是：首先，建立示范模型；其次，角色扮演与体验；再次，社会行为强化；最后，培训成果的转化与应用。

1. 角色扮演法的优点

（1）学员参与性强，学员与教师之间充分的互动交流，可以提高学员培训的积极性。

（2）角色扮演中特定的模拟环境和主题有利于增强培训效果。

（3）在角色扮演过程中，学员之间需要进行交流、沟通与配合，因此可增加彼此之间的感情交流；可以培养学员的沟通、自我表达、相互认知等社会交往的能力。

（4）在角色扮演过程中，学员可以互相学习，及时认识到自身存在的问题并进行改正，明白本身的不足，使各方面能力得到提高。

（5）提高学员的业务能力，加强其反应能力和心理素质。

（6）具有高度的灵活性，实施者可以根据培训的需要改变受训者的角色，调整培训内容；同时，角色扮演对培训时间没有特定的限制，可以视要求而决定培训时间的长短。

2. 角色扮演法的局限性

（1）场景只是人为设计的，如果设计者没有精湛的设计能力，设计出来的场景可能过于简单，使受训者得不到真正的角色锻炼、能力提高的机会。

（2）实际的工作环境复杂多变，而模拟的环境却是静态的、不变的。

（3）角色扮演中的问题分析局限于个人，不具有普遍性。

（4）有时学员由于自身原因，参与意识不强，角色表现漫不经心，会影响培训效果。

综上所述，角色扮演法既有优点，也有不足之处，是一种难度较高的培训和测评方法。

要想达到理想的培训和测评效果，就必须进行严格的情景模拟设计，同时，保证角色扮演全过程的有效控制，随时纠正可能产生的问题。

(二) 拓展训练

拓展训练是指通过模拟探险活动进行的情景式心理训练、人格训练、管理训练。它以外化型体能训练为主，学员被置于各种艰难的情境中，在面对挑战、克服困难和解决问题的过程中，使人的心理素质得到改善。它主要包括场地拓展训练和野外拓展训练两种形式。

1. 场地拓展训练

场地拓展训练是指需要利用人工设施（固定基地）的训练活动，包括高空断桥、空中单杠、缅甸桥等高空项目和扎筏泅渡、合力过河等水上项目等的一种训练形式。场地拓展的特点如下：

(1) 有限的空间，却充满了无限的可能。例如，训练场地的几根绳索，却是能否生存的关键；几块木板，就成为架设通往成功的桥梁。

(2) 有形的游戏，锻炼的是无形的思维。在培训师的引导下，利用简单的道具，整个团队进入模拟真实的训练状态，团队和个人的优点得以凸显，问题也会不同程度地暴露出来。在反复的交流回顾中，学员也许找到了某些想要的答案，也许为今后问题的解决提供了思路。

(3) 简便，容易实施。场地拓展训练既可以在会议厅里进行，又可以在室外的操场上进行，因此，它既可以作为一次单独的完整团队培训项目来开展，又能很好地与会议、酒会、其他培训相结合，使团队从以下几个方面得到收益和改善：

1) 变革与学习。项目中将会设置和日常环境中不同的困难，迫使团队以新的思维方式解决问题，建立新的学习和决策模式。

2) 沟通与默契。有意识地设置沟通障碍，建立团队新的沟通渠道，培养团队的默契感。

3) 心态和士气。变换环境，调整团队状态，通过新因素的刺激提升团队士气。

4) 共同愿景。在微缩的企业团队实验室中检验和明确团队的努力方向，从而在大的环境中把握正确的方向。

场地拓展训练可以促进团队内部和谐，提高沟通的效率，提升员工的积极性，对形成从形式到内涵真正为全体员工认同的企业文化起着明显的作用，也能作为企业业务培训的补充。

2. 野外拓展训练

野外拓展训练是指在自然地域，通过模拟探险活动进行的情景体验式心理训练。它起源于第二次世界大战中的海员学校，英文是 Outward Bound，意思是一艘小船离开安全的港湾，勇敢驶向探险的旅程，去接受一个个挑战，战胜一个个困难。它旨在训练海员的意志和生存能力，后被应用于管理训练和心理训练等领域，用于提高人的自信心，培养把握机遇、抵御风险、积极进取和团队精神等素质，以提高个体的环境适应能力与发展能力，进而提高组织的环境适应能力与发展能力。

野外拓展训练的基本原理：通过野外探险活动中的情景设置，使参加者体验所经历的各种情绪，从而了解自身（或团队）面临某一外界刺激时的心理反应及其后果，以实现提升学员能力的培训目标。

野外拓展训练包括远足、登山、攀岩和漂流等项目。这些活动是参加者的一种媒介，使他们可以了解自身与同伴的力量、局限性和潜力。

3. 野外拓展训练和场地拓展训练的区别

（1）野外拓展训练借助自然地域，轻松自然。

（2）野外拓展训练提供了真实模拟的情境体验。

（3）野外拓展训练使参与人员拥有开放、接纳的心理状态。

（4）野外拓展训练使参与人员拥有了与以往不同的共同生活经历。

五、科技时代的培训方式

随着现代社会信息技术的发展，大量的信息技术被引进到培训领域。在这种情况下，新兴的培训方式不断涌现，如网络培训、虚拟培训等培训方式在很多企业受到欢迎。

（一）网络培训

网络培训是近年来流行的一种新型的计算机网络信息培训方式。它是将现代网络技术应用于人力资源开发领域而创造出来的培训方法，是指通过企业的内部网或因特网对学员进行培训的方式。网络培训投入较大，但使用灵活，符合分散式学习的新趋势，能够节省学员集中培训的时间与费用。这种方式信息量大，新知识、新观念传递优势明显，特别受实力雄厚的组织所青睐，也是培训发展的一个重要趋势。

1. 网络培训的优点

（1）培训者可随时、随地向受训者传送培训内容。

（2）可节约培训成本。

（3）提高培训管理效率。

（4）受训者可进行自我指导培训。

（5）受训者可自控学习进度。

（6）具有监督受训者业绩表现的功能。

（7）培训的渠道可以控制。

2. 网络培训的局限性

（1）网络培训要求企业建立良好的网络培训系统，这需要大量的培训资金，而中小企业由于受资金限制，往往无法花费资金购买相关培训设备和技术。

（2）某些培训内容不适用于网络培训方式，如关于人际交往的技能培训。

（二）虚拟培训

虚拟培训是指利用虚拟现实技术生成实时的、具有三维信息的人工虚拟环境，学员通过运用某些设备接受和响应环境的各种感官刺激而进入其中，并可根据需要通过多种交互设备来驾驭环境、操作工具和操作对象，从而提高培训对象各种技能的培训方式。

虚拟培训的优点在于它的仿真性、超时空性、自主性和安全性。在培训中，学员能够自主地选择或组合虚拟培训场地和设施，而且学员可以在重复中不断增强自己的训练效果；更重要的是，这种虚拟环境使学员脱离了现实环境培训中的风险，并能从这种培训中获得感性知识和实际经验。

虚拟培训的缺点在于建立三维信息的人工虚拟环境对于技术要求较高，交互设备的投资比较大，前期投入和后期运行的成本都比较高。

第四节 员工培训评估及成果转化

一、培训评估的含义

培训评估是指收集培训成果资料来衡量培训是否有效的过程。培训评估是培训工作的最后阶段，企业培训评估的价值与作用在于，培训评估是通过建立培训效果评估指标及评估体系，对培训是否达到预期目标、培训计划是否具有成效等进行检查与评价，然后把评估结果反馈给相关部门作为下一步培训计划与培训需求分析的依据之一。

二、培训评估使用的成果或标准

培训的成果或标准，即培训者和企业用来评价培训项目的尺度。无论是培训实践人员还是理论研究人员，都认为需要全面的培训标准模型，也就是说，还存在许多其他对评估培训项目有用的培训成果。这些成果包括态度、动机及投资回报率。这样，就将培训成果分为了五大类：认知成果、技能成果、情感成果、绩效成果及投资回报率。这些成果及衡量的方法如表 6-2 所示。

表 6-2 培训成果及衡量方法

成果	举例	衡量方法
认知成果	安全规则 评价面谈的步骤	笔试 工作抽样
技能成果	使用拼图 倾听技能 指导技能	观察 工作抽样 评分
情感成果	对培训的满意度 其他文化信仰	访谈 关注某小组 态度观察
绩效成果	缺勤率 事故发生率 专利	观察 从学习系统或绩效记录中收集数据
投资回报率	资金	确认比较项目的成本与收益

三、培训评估的内容

培训评估主要有四个方面的内容：一是对学员的学习成果进行评估；二是对培训教师的教学进行评估；三是对培训的组织管理情况进行评估；四是对培训后组织取得的效益进行评估。

（一）学习成果的评估

为了检查培训效果，对学员的学习成果进行评估主要从两方面进行：一是培训结束时对学习成绩进行检查，这种评估一般在培训结束后进行，主要考察学员对所学知识和技能的掌握情况；二是培训结束后，考察学员的工作态度、工作方法和工作业绩等有无改善和提高。

（二）培训教师的评估

对培训教师的评估可在培训前和培训后进行。培训前可以采用试讲或审查教材等方法；培训后可采用访谈、问卷调查等方法。评估要考虑以下几个方面的内容：课程的内容是否符合培训项目的要求？课程的形式是否被学员接受？培训方法是否适当？教师的语言表达如何？课程还需要进行哪些修改？

（三）培训组织管理的评估

对培训组织管理的评估在培训课程结束后进行，在许多情况下常与对教师的评估结合在一起进行。评估的主要内容有以下几个方面：培训时间安排是否合适？培训场所的环境如何？培训使用的设备或器材准备如何？学员的生活和娱乐活动安排如何？学员的投入和情绪反应如何？

（四）组织培训效益的评估

对培训的经济效益进行评估：一是核对培训的预算，检查是否超支；二是计算培训的投入产出比，检查培训的效率和效益，比如投资利用率、投资收益率等；三是评估培训直接取得的经济效益或收入。

四、培训评估的层次

组织可以从多个角度来评估人力资源培训开发项目，首先必须确定从哪些角度来评估。评估什么取决于人力资源培训项目的种类、组织本身和评估的目标。活动的数据可以分为不同的层次和级别，不同的层级和级别需要运用不同的评估方式。

最常用的培训效果评价模式是美国现代培训专家唐纳德·科克帕特里克教授提出来的（见表6-3）。科克帕特里克教授认为，评价培训效果有四个层次，即反应层、学习层、行为层和结果层。

表6-3 科克帕特里克模型

评估层次	结果标准	评估方法
反应层	受训者对培训的印象和感觉	观察、面谈、问卷、电话调查
学习层	受训者在培训前后，在知识、技能、态度有多大程度的提高	书面测试、操作测试、等级情景模拟
行为层	工作行为的改进	绩效评估、观察、问卷、面谈、工作进度记录、成果分析
结果层	组织是否因为培训而经营得更好	利润、成本、质量、生产率、流动率、事故率、士气

（一）反应层

对反应层的评估是第一级评估，即在课程刚刚结束时，了解学员对培训的主观感觉或满意程度。第一级评估目标往往包括对培训项目的肯定意见反馈和既定计划的完成情况。

反应层需要评估以下几个方面：内容、教师、方法、材料、设施、场地、报名的程序等。对这个层次的评价，首先要有总体的评价。比如询问学员：是否喜欢这次培训？你感觉这门课怎么样？你会向其他人推荐这门课吗？是否认为培训教师与众不同？是否认为这次培训对自己很有帮助？有哪些地方需要进一步改进？但是这样也容易产生一些问题，如以偏概全、主观性强、不够理智等。因此，还必须有涉及以上内容的更细致的评估方法。适合的方式有问卷、面谈、座谈、电话调查等。这个层面的评估易于进行，是最基本、最普遍的评估方式。但它的缺点显而易见，比如，因为对教师有好感而全部给高分，或者因为对某个因素不满而全盘否定。这种评价往往在一次或一天的授课结束后立刻进行比较有效。培训组织者也可以通过亲自参加培训，观察受训人员的表现来获得直接的反馈意见。

（二）学习层

对学习层的评估是第二级评估，着眼于对学习的度量，即评估学员在知识、技能、态度或行为方式方面的收获。其评估的方法很具体，无论是测试、模拟、技能练习还是教师的评价，都是为了评估学习的情况。此项评估往往在培训之中或之后进行，由教师或培训辅导员来负责实施。

学习层主要的评估方法有考试、演示、讲演、讨论、角色扮演等。这个层面评估的优点是：对培训学员有压力，使他们更加认真地学习；对培训教师也是一种压力，使他们更加负责，更加精心地备课、讲课。学习是行为改善的第一步，但问题在于压力是好事也可能是坏事，因此可能使学员报名不太踊跃。

（三）行为层

对行为层的评估是第三级评估，即评估学员在工作中的行为方式有多大程度的改变。行为层的评估方法主要有观察、主管的评价、客户的评价、同事的评价等。这个层面评估的优点是：培训的目的就是改变学员的行为，这个层面的评估可以直接反映课程的效果；可以使高层领导和直接主管看到培训的效果，使他们更支持培训。

对于第三级评估来讲，其目标涉及更广泛的领域，即培训的应用领域，包括重要的在岗活动。该评估的实施时间往往是在培训结束后的几周或几个月之后。由于这种评估将涉及多个方面的人员参与，包括培训和开发人员、区域培训教师和地方经理，所以在运作的初期就明确这个问题是很重要的。但是，这个层面的评估要花费很多时间和精力；问卷的设计非常重要却比较难做；因为要占用相关人员较多时间，大家可能不太配合；员工的表现多种多样，如何剔除其他因素的影响也是一个问题。

（四）结果层

对结果层的评估是第四级评估，其目标是着眼于由培训项目引起业务结果的变化情况，通过诸如质量、数量、安全、销售额、成本、利润、投资回报率等企业或学员的上司最关注的并且可量度的指标来考察，判断培训成果的转化率，与培训前进行对照，看最终会产生什么样的结果。评估的时间取决于学员多长时间才能取得持续不变的业务效果，往往是培训后的几个月。收集评估的数据涉及的责任包括学员自己、主管、区域培训协调员或者外部的评估人员。

这种评估方式的优点显而易见，因为企业及企业高层主管在培训上投资的根本目的，就是为了提高这些指标。如果能在这个层面上拿出翔实的、令人信服的调查数据，不仅可以打消高层主管在培训上投资的顾虑，而且可以指导培训课程计划，把有限的培训费用用到可以为企业创造经济效益的课程上来。但是，这个层面的评估首先需要时间，在短期内很难有结果；其次，对这个层面的评估，人们刚刚开始尝试，缺乏必要的技术和经验；最后，必须取得管理层的合作，否则无法取得相关的数据。

五、培训评估的方法

（一）“成本—效益”分析

“成本—效益”分析是一种运用会计学的方法来计算培训项目的经济收益的程序。确定培训经济收益的过程包括确定培训成本和培训收益两部分内容。在运用“成本—效益”评估培训效果时，关键要掌握以下培训成本的信息：

1. 确定成本

培训成本可分为直接成本、间接成本和机会成本三类。直接成本包括培训项目中所使用的原材料以及其他培训用品、设备或教室的租赁或购置费用、差旅费等；间接成本是指与培训项目设计、开发或者提供等不具有直接关系的一些费用，主要包括一般性的办公用品、办公设施、设备以及相关费用等；而机会成本主要是指由于培训导致机会丧失而失去的收入或者增加的成本。其具体包括以下几个方面：

（1）培训需求分析成本，即培训需求分析的费用、培训设备费用。若设备可重复使用，则可按其折旧费计算。

（2）培训人员、受训人员的工资。若为外聘人员则还应包括交通费和食宿费。由于员工培训需占用一定的工作时间，从企业角度来看，这段时间员工没有为企业创造价值，如果培训时完全脱产，则这部分费用更高。

（3）受训者、培训者、顾问以及培训方案设计者的薪资和福利。

（4）培训教材和手册费用以及培训的管理费用。

以上四项为培训的直接费用。

（5）培训的机会成本，即所有用于培训的投入在其他领域可获得的收益。

（6）记入某一培训项目的差旅费以及其他费用；不直接与任何一个培训项目联系在一起的培训部门的管理人员和工作人员的薪资；支持性管理人员和一般员工的薪资。

（7）培训的其他间接费用。培训需要其他环节的支持，比如形成规范、构建程序、界定方法等所耗的物质、时间和信息资源等。

因此，培训成本 TC =（培训人员平均工资 + 受训人员平均工资）× 培训时间 + 培训教材设备等费用 + 培训管理费用 + 培训间接费用 + 培训机会成本（计算时以实际发生额为准）。

2. 确定收益

为了确定培训的潜在收益，企业必须从当初进行培训的原因进行考察。人力资源培训的收益可归纳为以下几个方面：

（1）员工工作效率提高，产出水平提高。

（2）培训提高了顾客满意度，企业形象上升，有利于企业长期收益的增加。

（3）群体合力收益，即培训提高了团队的工作绩效，发挥团队优势，产生“1 + 1 > 2”的效果。

若以上三个方面的收益均用员工的工作绩效表示，则培训的收益可用公式表示为

$$培训的总收益\ TR = NdwT$$

式中，N 为受训人数；d 为受训人员与未受训人员的工作绩效的平均差，即培训的影响程

度；w 为受训人员与为受训人员的平均工资差额；T 为培训对绩效产生持续影响的时间。

3. 效用分析

培训效用分析就是根据对以下几个方面因素的估计来对培训的价值进行评价：

（1）受过培训的和未受训者的员工在工作绩效方面的差异。

（2）受训人员的数量。

（3）一项培训对受训者的绩效产生影响的预期时间的长短。

（4）受培训员工在工作绩效方面会出现的变化。

（5）政府为培训项目所提供的资助。

（6）员工在完成培训之后所得到的加薪以及税率、折扣率等。

培训的“成本—效益”分析的计算方法可以将成本和收益直接相减进行比较，即 $\Delta TR = TR - TC$。若结果分别是 $\Delta TR = 4$ 和 $\Delta TR = 3$，则认为 $\Delta TR = 4$ 的培训效果更好。但这种直接相减的方法没有考虑投入量，缺乏比较的基础，因此，引入另外一种“成本—效益”的分析方法：用收益表示培训效果的收益性。培训效果的收益率计算公式为

$$R = \frac{\Delta TR}{TC} = \frac{TR - TC}{TC}$$

若 $R > 1$，则说明培训可取；若 $R \leqslant 1$，则说明培训不可取。企业通过“成本—效益”分析，在比较培训成本和收益的基础上衡量培训的成果。

（二）投资回报率

投资回报率是将培训项目的成本和效益进行比较之后所得出的实际价值，也就是说，投资回报率是指企业所投入资金的回报程度，通常用百分比来表示。投资回报率往往具有时效性，通常基于某些特定年份。因此，在评估报告中看到的统计表之一是有关资金回收期的，即投入的资金得到全部回报所需要的时间。

这里介绍一种投资回报率的计算公式，即

$$投资回报率 = \frac{培训项目效益 - 培训项目成本}{培训课程成本} \times 100\%$$

如果某培训项目的投资回报率是75%，那么就表示已经全部收回了成本，而相当于成本0.75倍的额外效益则作为“收益”编入报表。投资回报率计算公式的计算过程很容易被高级经理人员和高级财务人员所理解，因为他们通常也在其他投资中采用计算投资回报率的方法。

（三）标杆瞄准

标杆瞄准是指企业以最强的竞争对手或某些行业中领先的、最有名望的企业作为基准，将本企业的产品、服务和员工培训与管理等方面的实际状况与这些基准进行定量化评价和比较，分析这些基准企业的绩效达到优秀水平的原因，在此基础上选取改进策略的方法。标杆瞄准的优势主要表现在：建立了外部标准，即以竞争对手或同业中挑选的具有效率的企业为标准，具有赶超竞争对手和同行业先进水平的动力。外部标准的建立为企业提供了一种可信、可行的奋斗目标，使企业不断地追踪和把握外部环境的变化，不断改进和提高，提升企业的竞争力。

六、培训评价的功能

（1）对培训效果进行准确合理的判断，评估培训规划的总体状况。

（2）测量和追踪培训过程的各个环节，提出改进方案。

（3）发现新的培训需求，以便为新一轮培训提供依据和参考。

（4）为研究培训过程中一些非量化的或者不可预测的因素提供素材。

七、培训成果转化

培训的终极目标是增加部门自身的价值，使培训成果转化为员工的职业行为和组织绩效。部门培训成果转化是指将员工培训成果应用到组织实际工作之中，在促进员工知识、技能和态度的提高与改进的基础上，增进组织绩效的途径与机制。培训活动仅仅是一个开始，成果转化机制的建立才是问题的关键。但该环节极易被组织所忽略，造成部门培训的“功亏一篑”。

（一）培训成果转化的含义

培训成果转化又称培训成果迁移（转移），是指受训者将在培训中学到的知识、技能和行为应用到工作当中的过程。

培训的根本目的是学以致用，切实提高员工的工作技能。无论企业采取什么样的培训方法与手段，受训者在获得知识技能和理念上的进步之后，要巩固培训效果，必须通过实践运用才能有效且持续地将所学到的知识、技能、能力等运用于生产、管理、研发工作中，而企业应建立相应的机制来对这种转化过程进行跟进和强化。

（二）培训成果转化的影响因素

有关培训的研究表明，一般的培训仅产生10%～20%的转化率，即80%～90%的培训资源和成果被浪费了，这是任何一个企业都不应容忍的浪费。因此，培训后返回岗位，员工需要一个能够促进培训成果转化的环境，企业要激励员工学以致用。然而在现实的工作环境中，存在着诸多阻碍员工进行培训成果转化的因素，主要包括：

（1）管理者不支持。如果管理者不支持培训工作，就不可能营造一个有利于培训成果转化的环境。甚至有些管理者自身都不参加培训，也就根本不知道应提倡员工做什么。因此，要提高各级管理者的支持程度，积极提倡将培训运用到工作中并奖励运用得好的员工，关注新的受训员工，与他们讨论如何将培训成果运用到工作中。

（2）同事不支持。同事的不支持也会影响培训成果的转化。比如，有的同事对受训者抱有排斥的态度，认为别人培训是享受一种福利，别人参加培训会增加自己的工作量等，因此，对培训者返回工作岗位后的工作不配合，使受训者在工作中处于孤立的地位，降低了培训成果的转化。

（3）自我管理能力薄弱。受训者自我管理能力薄弱，不善于将培训过程中学得的知识、技能转化到实际工作中。

（4）运用所学知识的机会缺乏。由于工作本身的限制，如工作中资金短缺、设备匮乏等，让受训者难以应用新的技能。受训员工经常学了就忘，培训对工作帮助不大，培训没有与激励、反馈机制挂钩。

（5）技术不配套。有时受训者在培训中掌握了新的知识和技能，然而企业的机器、设备的水平没有得到相应提高，受训者学到的知识和技能没有用武之地，也就难以转化培训成果。

（6）制度不健全。要促使培训成果转化为生产力，就要把培训与考核相结合、培训与使用相结合、培训与工作报酬相结合、培训与员工职业生涯相结合。

（三）培训成果转化机制

培训成果转化机制由以下三个机制组成：

（1）设计子机制。为了加速培训成果的转化，操作层在进行培训项目设计时应尽量注意培训活动、环境与工作状态的相似性，促进受训者将所学技能顺利地转化到工作中去。一般而言，采用情景模拟、视听培训、行为模拟、角色扮演、管理游戏的培训方法有助于成果的转化。

（2）激励子机制。激励子机制作用的发挥主要通过建立技能工资体系来实现。在此工资体系中，薪资直接与员工所拥有的知识或技能挂钩，促进员工参加培训的积极性，提高员工将培训成果转化为工作技能的主动性。该制度要求对员工的工作技能进行阶段性评估，对表现优异的员工给予适当加薪，避免培训成果递减的问题（技术遗忘）。从发展趋势看，最终要形成以物质激励为主、精神激励为辅的激励体制。

（3）反馈子机制。员工参加培训之后，培训部门有义务将员工的培训成绩和培训评价结果，通过书面材料、小型会议或组织局域网的方式反馈给他们，让员工了解自己的参与是否发挥了应有的作用，同时还能帮助员工进一步了解组织的培训目标和期望的绩效水平。快速有效的反馈机制也使得组织高层及培训部门既能照顾到组织整体问题，又能及时了解一些重要的细节，增强培训效果。

（四）培训成果转化的改进设想

就培训成果转化来说，很多人接受美国管理学者雷德蒙·诺埃（Raymond A. Noe）提出的培训成果转化模型。根据此模型，要提高培训的转化率，可以有适应性培训转化（如培训项目的设计和工作环境）和刺激转化（如受训者的动机和能力）两种方法。在以往的经验中，人们往往关注于培训转化环境的创造，而较少从人的角度考虑转化的问题，将转化看做受训者个人的一种本能行为，而实际情况常常由于个体差异，培训成果转化的效果千差万别。人们不应该因为个人差异的存在就去接受转化效率的差异，应该通过合理的激励措施来提高培训成果转化的效率。有人的地方就需要激励，激励在刺激受训者转化动机上将发挥重要的作用，这是培训成果转化的内在动力。

培训本身就是一种激励。杰克·韦尔奇说过："我要让最好的人才聚集到这里（克罗顿维尔——GE 的培训中心），而不是让那些已疲惫不堪的人到这里讨取最后一次奖赏。"培训是企业对受训者个人的一种开发，是企业对受训者的重视和尊重。但是培训这种激励正在逐渐由以往的激励因素向保健因素转变（F. Herzberg 的"双因素理论"），对企业的作用更多地表现为增加了员工的忠诚度和减少了不满意感，对培训成果的转化并没有直接的作用。所以无论任何形式的培训，培训成果转化中的激励都是非常必要的。

培训成果转化分为两个步骤：个人转化和组织转化。个人转化是指培训内容转化为个人的知识和观念，即外显知识内隐化、组织知识个人化；组织转化是指个人将所学到的知识和观念应用于培训所期望的提高企业业绩或组织目标的活动中，即将个人内隐知识外显出来的过程。一般来说，第一步转化干扰因素较少，员工个人的积极性较高，所以转化效率较高；但对于第二步转化，由于复杂的企业环境以及各种各样难以控制的干扰因素，加之员工的动力不足，转化率非常低，因此，需要在这个过程中发挥激励引导作用，这是培训转化中激励作用的重点。

总之，培训成果转化中的激励是使受训员工主动将所学应用于工作之中，从而提高个人能力和企业业绩的动机。有动机才有动力，才有较强的转化力和自我管理能力，这些都是决定转化的重要因素。

第五节 实践与应用

一、案例评析："六级人才，五大法则"——美国通用电气的培训体系

500强公司中排名前列的美国通用电气公司之所以持久而强大，很重要的一个原因在于人才培训，尤其是在培训管理人员上的一贯投入。美国通用电气每年花在培训方面的费用超过6亿美元，约为研究与开发费用的一半。美国通用电气的培训体系可概括为："六级人才，五大法则"。

（一）六级人才培训系统

美国通用电气管理发展学院是公司最重要的"领导者培养基地"。公司每年向学院划拨10亿美元，每年在此接受培训的人数超过一万人，包括新任经理和高级管理人员。其培训课程大致可以分成两大类：一类是以尚未走上管理岗位，但具有领导潜能者为对象的课程；另一类则是以经理以上现任企业管理人员为对象的高级课程。前者分为两个等级，后者分为四个等级。

韦尔奇先生说过："美国通用电气公司是用人才经营的。我的最大成就就在于发现了一大批这样的人才，他们远比大多数公司的总裁更优秀、更精明。这些第一流领导人才在美国通用电气公司中如鱼得水。"

第一级：在这个类似于金字塔形的人才培训系统中，最基本的是"领导基础"课程，参加学习的主要是在美国通用电气公司工作了6个月至3年、有培养前途的20来岁的年轻职员。为了培养代表本公司文化的管理人员，美国通用电气公司在培训上面下足了工夫。"领导基础"课程每年要举办16次，约有800多人参加，在一个星期内打好进一步深造的基础。基础内容有：答辩技巧、与不同国籍的学员组成小组顺利开展教学活动的方法、财务分析方法等。美国通用电气公司要求所有管理人员都具备本公司的价值观，尽可能最大限度地保持员工的统一性，增强其作为公司一员的归属意识。

第二级：是以未来经理为培养对象的"新经理成长"课程，参加这个课程的人都是具有较高的潜在能力、在公司内达到"A"级的30岁左右的职员。在这里主要学习经营决策的方法、成功案例分析、评价下属的方法、财务知识等。曾经接受过培训的一位公司CEO说："公司不是为了培养普通的管理人才，而是要培养实战性的人才，他能够预料今后可能出现的问题并制定出决策和战略。"

第三级：是进入了美国通用电气公司首席执行官韦尔奇亲自参与执教的现任经理培训队伍。韦尔奇每月亲自担任讲师一次，直接对管理人员讲课。作为公司领导人如此潜心管理人才培训，这在全世界都是罕见的。这个课程每年举办7次，由六七十人组成一个班，进修期为3个星期。在这里学习的都是在美国通用电气公司工作8~10年、持有本公司股份购股权资格的职员。参加者有30%是来自美国以外的员工。学习内容包括：经营战略的制定方法、如何管理国际性集团、为解决目前美国通用电气公司面临的问题提供思路等。

第四级：是以来自世界各地的美国通用电气公司下属企业负责人为对象的名为“全球性经营管理”的课程。每年举办3次，每次3个星期，一个班级40人，学员要求至少在美国通用电气公司有8年的工龄。生产、销售、市场和保障部门差不多以相等的比例派员进修。

美国通用电气公司在全世界拥有30多万名员工，每个人平时都随身携带一张卡，名为“美国通用电气价值观”卡。卡中对管理人员的警戒是：①痛恨官僚主义；②开明；③讲究速度；④自信；⑤高瞻远瞩；⑥精力充沛；⑦果敢地设定目标；⑧视变化为机遇；⑨适应全球化。这些价值观都是美国通用电气公司进行培训的主题，也是决定公司职员能否晋升的最重要的评价标准。

第五级：是美国通用电气公司在领导者培训中最重视的“在实践中学习”课程，此课程的学习对企业发展战略的影响是相当大的。这种学习差不多就是一种共同探究美国通用电气公司面临的问题及解决方法的智囊团的活动。学员们同奋战在海外的智囊顾问一样发挥自己的聪明才智。具体的学习课程有：企业领导方法、美国通用电气公司所处的竞争环境、组织变革、企业伦理学、财务分析以及战略运作方式等。其中最后一个内容就是在以首席执行官司韦尔奇为首的美国通用电气公司30位最高领导的面前汇报成果、回答提问。

第六级：是以高级企业负责人为对象的“经营者发展”课程。该课程一年举办一次，一个班级40人，历时3个星期。学员都是美国通用电气公司有10年以上工龄的高级经营管理者。这项培训的不同之处在于其活动的独立性，由美国通用电气公司所属集团CEO提供赞助资金，将自己行业发展的某个设想提交给这个班级进行研讨，提出实施方案，就像出钱请管理顾问公司帮助解决实际问题一样。当然，除此以外，还要学习一个跨国企业领导者必须掌握的有关政治、经济、社会的发展趋势的知识以及参加美国通用电气公司面临的各种经营课题的探讨等。

（二）培训管理人员的五大法则

美国通用电气公司的人才培养机构不仅为自己培养了一批卓越的经营管理者，也为美国企业界输送了不少能力过人的企业家。它究竟有什么秘密呢？作为美国通用电气公司董事长兼总经理的韦尔奇先生认为，公司决策层应该是由被物色出的第一流的领导组成。

第一流的领导应具备如下条件：

(1) 他应该有远见，而且能把这个远见生动而有力地传达给团队，使之成为团队的共同远见。

(2) 他应该有巨大的潜力，不但如此，他还能激发别人的潜力，并把别人的长处挖掘出来（通常是在全球范围内）。

(3) 他应该有“棱角”，即有提出强硬要求的本事和勇气，在提出强硬要求时必须态度坚决，但也必须公正和绝对廉明。

(4) 他应是教练，不但自己是“世界之最”，而且还能设法派出全部由第一流人员组成的团队去上场参加竞赛。

美国通用电气公司经营开发研究所的宗旨就是为公司培育领导人才和管理人才，每年大约有6000多名来自美国通用电气公司在世界各地下属企业的负责人或经营管理人员来这里进修，经理级以上的课程半数以上是由通用电气公司的领导授课。首席执行官韦尔奇平均每星期要来这里讲一课。他担任这里四门课程的教授，每次都以教师的身份为学生进行3个小时以上的授课，一年约有1000名学员聆听他的授课。当然，这种授课并不是像人们在一般大学里经常看到的那种单向的教师向学生的“灌输”，而是一种双向互动的交流。韦尔奇先生说：“我十分希望那是一种敢于反驳上级的发自内心的对话。”学生——也就是那些来自基层的干部们，都会直言不讳地向他们的最高领导陈述自己的见解，一旦出现对公司实际经营有益的建议就会得到采纳。

自从1981年就任CEO以来，韦尔奇直接面授过的学员已达1.7万人，每年听他讲课的学员近1000名。总结起来，美国通用电气公司在用人方面有下面五大法则：

1. 忘掉资历，忘掉经验

在美国通用电气公司，只要是一个被看做有管理潜能的人，不管他的资历和经验如何，都会得到各种锻炼的机会。

48岁的藤森就是受惠于美国通用电气公司良好的培训机制，一步一步升到美国通用电气总部副总裁的。藤森在工作10年以后才进入美国通用电气公司。仅仅半年之后，藤森就在韦尔奇面前提出要开发南美医疗器械市场的建议，获得了韦尔奇的赏识。“当时我十分紧张，幸亏事先在美国同事面前已操练过几十次，才顺利地过关。”从此，这个名叫藤森的日本人给韦尔奇留下了深刻的印象。

没多久，藤森便被任命为美国通用电气亚洲医疗器械系统公司的市场开发部经理，10个月以后又被提升为美国通用电气横河医疗器械公司的市场开发部部长，后来又被提升为美国通用电气公司总部的副总裁。

2. 培养下属是义务

在一般的企业里，经常可以看到晋升欲望强烈的上司总爱掠获下属的功绩占为己有，总是千方百计地排挤可能成为竞争对手的人，特别是在看重实力的企业，员工之间的这种竞争十分激烈。为避免这种现象的发生，美国通用电气公司把“将下属当做未来的领导来培养”，作为提拔管理人员的一个条件来看待。

当然，在具体的实施中，是有着严格的检验措施的，这就是不仅上司可以评价下属，下属也可以评价上司的“360度评价”机制。如果某一级管理人员不热心于下一代领导者的培养，就会立刻被他的下属打上“失去领导者资格”的烙印。“360度评价”可以称得上是通用电气公司的一大特色。尽管评价是按工作成绩和公司价值观两项标准进行的，不过公司更关注的是员工所具有的价值观。韦尔奇反复明确表示：“即使工作成绩出色，但如果不具备公司的价值观，那么，这样的人公司是不会要的。”

3. 掌握普遍的“真理”

美国通用电气公司还致力于培养未来的领导者掌握在任何事业部门都能用得上的“具有普遍意义的经营本领”。因为美国通用电气公司有涉及11个行业的事业部。在通用电气公司管理发展学院进修的、来自公司不同行业的学员们会组成一个个小组，大家一起探讨各自在经营上所遇到的难题的解决方案。这一个个小组虽然都是美国通用电气公司的成员，但其作用就像来自公司以外的专家顾问团。小组成员回到各自的岗位以后，会就诸如“六西格玛”等在全公司开展活动，不断交换看法，哪个事业部有了好的经验，就立即拿来供大家借鉴。

4. “能者”就必须“多劳”

在美国通用电气公司有这么一条方针：越是优秀的人才，越要让他到新兴的行业或者经营不景气的行业中去从事棘手的工作。因为如果连优秀的人才都不能改变困难企业的面貌，那企业的竞争力就无从谈起。在他们完成了“脱困”任务以后，公司又会再派给他们其他困难的任务。“最难的是要找到将困难引向成功的道路，走上正轨以后就谁都干得了了”，河田肯定地说。

河田同藤森一样，1992 年调任美国通用电气公司医疗器械系统公司负责全球的 CT 事业部工作以来，五年时间里总共换过四次工作岗位。看看美国通用电气公司其他领导者的经历，也是在频繁地变换岗位。有能力的领导者反而不断被派给艰巨的任务，以锻炼他们的经营能力，这是美国通用电气公司培养优秀领导者的又一个法宝。

5. 屡败屡战，必有所成

当然，向困难挑战多了，失败也就不可避免。此时给予“从头再来”机会，是统一培养人才的又一个法则。只要抓住机会，不管怎么样都可以振作精神、重新再来。

评析：

美国通用电气公司将人才分为六级来培训，因材施教、对症下药、目标明确，提高了培训效果，激励了员工积极向上的精神。其中“美国通用电气价值观”卡更是充分体现了对人才成长的渴望和对未来发展的信心。可以看出，在六级培训中，层层要求、层层选拔、循序渐进，培训时间长、课程丰富，且不失目标，都体现出人本主义的公司文化。从这里走向美国 500 强公司 CEO（首席执行官）的就有 160 多位，美国通用电气对世界经济与发展和管理人才开发作出了巨大的贡献，这正是美国通用电气公司的强大与魅之所在。

美国通用电气的培训方法仍旧是普通管理理论和哲学的运用，但它结合了自己宏大的企业目标，因而具有不同寻常之处。比如，要求忘掉资历、忘掉经验；培养下属是领导的义务；“能者”必须“多劳”；鼓励屡败屡战等。这些都带有鲜明的企业个性。

二、案例思考：北电网络的培训之道

北电网络培训员工的宗旨是：确信员工有非常高的水平做现在的工作，如果有所不足就要进行培训；为了在北电网络有更大的发展，也要对员工进行培训。北电网络的员工每年大约要接受两个星期的培训。培训的目的一方面是为了做好现在的工作；另一方面是为了将来的工作，通过培训来指导员工在北电的职业发展。如果身为管理人事的经理，北电网络一定要对其进行带领团队技能的培训。北电网络通过对员工评估和分析，发现员工的潜能；也通过员工的意愿，看员工将来喜欢做什么事情，然后为其提供相关培训。

北电网络在总部有一个研究学院，专门对员工进行职业培训。随着电信市场的变化，竞争的加剧，目前北电研究学院正在改组，将保留与公司业务紧密相关的培训，将一般的通用技能的培训外包给培训公司来做。北电网络公司在亚太有一个培训部，在中国专门有一个员工管理培训部，经常和亚太的培训部接洽。北电网络的培训教师许多是各部门的骨干。如果需要更多的培训力量，公司就会引进培训公司的力量。

北电网络的员工培训可以在网上进行申请，申请表格由人力资源部转给员工的直接经理，直接经理同意了员工的申请后，会将培训提交人力资源部。公司鼓励员工参加培训，如果因为工作原因员工不能参加培训，次数多了，人力资源部可能就会追究该员工直接经理的责任。

（一）网络进阶学习

北电网络非常重视网络技能的培训，专门有人员在互联网上建立网络学习的环境，北电称之为IP挑战（IP Challenge）项目，北电的销售人员、行政人员都要接受这种培训。IP挑战的培训根据不同的难度分为几个步骤：第一阶段的要求是员工可以在网络上听课，提问题。然后是进入第二阶段的课堂上的研习，最好是在网络上测试。最后会发给合格的人一个IP证书（IP Certificate）。北电网络公司的所有培训在课堂上学习后，全部要发送到网络上，如新员工的迎新课程、各个部门的运行流程等。

（二）新员工培训

每个新员工进入北电网络，都要经过北电文化的培训。对新员工的培训还包括北电网络全球电信的发展方向、产品趋势、盈利状况、公司在中国的组织结构图、市场特点和各部门的职能和工作范围。北电新员工培训要告诉新员工相关经理的工作流程，报销、出差、人事等情况，还会告诉员工发展方向、奖励机制、培训内容等。在对应的岗位上也有对员工能力培训的内容。每个岗位都有对该工作基本情况的介绍，例如，做人力资源工作有一个通用的北电在人力资源上一些项目的培训，做销售的有销售培训。员工更深入地通过工作一边学一边用，其实进行班级培训的时间并不多。

新员工的培训并不限定在一段时间里，而是根据每个员工的工作情况进行，也有根据员工工作的具体内容做一些培训项目。如果招聘进来的员工是要管理人员的经理，企业就会对员工进行管理人员的培训；做技术的员工，进来之后到团队里面，部门会专门对他们进行职位的培训；而且为了让员工能够在网络上办公，会测试这个员工的IP Challenge能力，如果员工离要求还有一定的距离，北电要对在这些方面对其继续进行培训，直到其达到一定的水平能够做自己的工作。在新员工里面，也有跟进速度不一样的员工，北电并没有直接请他们离开。如果员工跟进速度慢，北电会继续对其培训；如果员工还是不能胜任，北电会看这个员工是否喜欢这个工作，是否适合这个工作，有没有别的工作适合他，没有考核不合格就让员工走人的先例。新员工在自己部门一般会有人来帮助他们，每个新员工需要什么样的帮助，由该员工的部门领导决定。

（三）给经理人的培训课程

北电网络公司给管理层的培训有几个级别：一是管理领导论坛1（Management Leadership Forum1，MLF1），这是针对那些刚刚要带人的经理进行的初级培训。这种培训往往通过一群人一起讨论，参加者可能有更高层的经理，大家通过这种方式来培训自己的领导能力。MLF1的课程有领导艺术、决策能力、团队工作、变革管理、对业务的洞察能力等，这些都是一个经理人员最初需要培养的能力。

二是管理领导论坛2（Management Leadership Forum2，MLF2）。MLF2是针对高级管理人员进行的培训，这些培训包括进一步提高领导能力、增长对业务的洞察力。课程中还有培养经理人发展他人的能力，还有有效授权、变革管理、预见未来等课程。招聘人员、激励员工、资源配置管理、沟通技巧和更高的领导艺术也是MLF2的课程。

三是最高级别的总裁领导论坛（Executive Leadership Forum，ELF），这针对的是更高级的管理层，他们除了有管理人员的责任，还需要指出公司业务的发展方向。MLF系列经理培训是全北亚的课程，还有一个专门针对中国经理的培训计划为核心管理技能（Core Management Skill），其中包括：团队管理（Managing Team）、人员管理（Managing People）、业务管理（Managing Business）等内容。

（四）精英培训

北电网络除了对普通员工进行大量的培训，还有一个专门对精英的培训，北电称这些人为领导前沿（Leadership edge，L. E.）。这是北电网络公司在优秀人才里面选出来的更为优秀的人才，对其进行重点培训，他们可能成为北电网络公司在中国的新领导层。一个L. E.的挑选过程通常是这个人已经很优秀，而且正担任管理职位。北电挑L. E. 的过程特别严格，通过人员的业绩和行为选出优秀人才，再从这些人中挑选人才，然后由专门的训练人员去训练他们，教他们如何做一个好的L. E. 。通过对这些L. E. 的测试，看他们是在业务方面特别强，还是在领导方面特别强，发现员工什么方面特别欠缺，根据这些员工所缺然后去培训。"我们选L. E. 的时候，有许多测试，然后觉得他是一个我们认为可以做领导的人，然后让他到其他地区，比如中国香港、新加坡、澳大利亚等地方进行项目训练。可能是发展他的技能，也可能是发展他的组织能力，每个发展项目的目标都很清楚，列出一些要点给他们。"北电网络对这些选出来的人才，还要看他们的兴趣在哪里，会专门有一个负责人跟踪他们的学习情况，观察他的发展方向。北电网络对L. E. 的培训往往会长达几年。

在北电网络公司的400多种培训计划中，有一项内容是培训员工如何做一个好公民，其中包括员工做生意的职业道德、环境教育、如何资助社会和搞好社区关系。北电每年有大量投资用于社会科教活动，公司内部商店的收入也捐赠给社会，并允许员工占用工作时间参加大型的社会公益活动。北电网络的分支机构遍布世界各地，员工来自不同国家，北电网络尊重员工的文化背景，为员工创造了一种宽松的工作氛围。

（资料来源：中国劳动网 http：//www. labournet. com. cn/）

问题思考：

1. 北电网络是如何对管理人员进行培训的？对跨国公司来说，进行这些培训的意义何在？

2. 谈谈你对"领导前沿"的认识。你认为"领导前沿"的做法有推广价值吗？

三、案例讨论：康佳集团的新员工入职培训

康佳集团自成立之始，就相当重视新员工的入职培训，一直把它作为集团培训体系中的重点，给予了相当多的关注，而且还专门成立康佳学院来统筹安排并规划新员工的入职培训。多年新员工入职培训的组织实践，使康佳学院针对企业用工的特点，摸索出了一套行之有效的新员工入职培训方案，最大限度地发挥了新员工培训的作用，使新入职的员工通过康佳学院的系统培训，能够迅速地转变成为具有康佳企业文化特色的企业人，敬业爱岗，为企业的发展作出应有的贡献。

康佳集团新员工入职培训的最大特色是能够针对不同的新员工类型，规划出不同的新员工培训方案，而且运用多种培训手段和培训方式来实施新员工培训。

比如，康佳集团针对新员工的学历、岗位及工作经验的不同，将新入职的员工分成一线员工入职培训、有经验的专业技术人员入职培训和应届毕业生入职培训三种类型，不同类型的培训内容和培训重点也各有不同。针对一线员工的入职培训，除了共同的企业文化、人事福利制度、安全基本常识、环境与质量体系等内容以外，还规划了一线优秀员工座谈、生产岗位介绍、生产流程讲解、消防安全演练等课程，而且还采用"师带徒"的方式，指定专

人对新员工进行生活和工作方面的指导；针对有经验的专业技术人员的入职培训，除了共同的必修内容外，还增加了企业环境与生产线参观、企业历史实物陈列室讲解、集团未来发展规划、团队建设与组织理解演练、团队与沟通展能训练、销售与开发介绍及公司产品销售实践等课程；而针对应届毕业生的入职培训，除了一些共同的课程外，还针对其特点安排有校友座谈、公司各部门负责人讨论、极限挑战、野外郊外等活动，同时，还规划有三个月生产线各岗位轮流实习、专业岗位技术实习等内容，采取导师制的方式，派资深员工辅导新员工进行个人生涯规划设计，并对一整年的工作实习期进行工作指导与考核，使其能尽快熟悉企业，成为真正的企业人。

另外，针对企业用工的特点，康佳还配合人力资源部，对不定期招聘的单个新员工采取报到教育的方式。每一个新招聘的员工，不管是何时进入企业，在办理入司手续之前，必须经过康佳学院的报到教育，即由康佳学院指派专人进行个别的单独培训，培训时间为3h，培训内容安排有作为一个新入职的员工必须掌握的内容，如上下班时间与规定、公司基本礼仪、办公室规定、公司基本组织架构等。只有等新员工人数达到康佳学院规定的培训人数后，才会针对新员工的类型，组织实施新员工入职培训。

通过不同形式、不同内容的新员工入职培训方案的实施，有效地贯彻了集团公司选才、用才、留才的人力资源宗旨，并且通过培训，缩短了新入职人员在公司实习的过程，使部分有能力、有才干的人能够很快脱颖而出，成为公司的骨干，这降低了招聘成本，规避了选才风险，成为公司人力资源管理中最为重要的一环。

附：康佳学院应届毕业生入职培训规划书

入职培训规划为六天，全部项目由以下三部分组成：

一、相见欢

1. 破冰术（Ice Breaking）：“我的画像”

通过康佳学院精心设计的游戏，让新员工自我介绍、相互认识，使相互间有一个初步的了解。

2. 组织团队：建立高绩效团队的起步

把新员工分成若干个小组，每组人数3～7名（最好是5名），每个小组成员要求搭配合理（性别搭配、学校搭配、体能搭配、家庭背景搭配），每个小组民主选出一名组长，带领全组成员完成本小组团队建设的内容，包括组名、组徽、组口号、组歌及其他。

3. 举行入司式：培养对公司的热爱

伴随着中华人民共和国国歌和康佳集团司歌，新员工代表带领大家向公司总裁庄严宣誓（宣誓词为公司晨读内容）。

二、培训内容展开

1. 人事福利制度介绍

由人力资源部负责人介绍公司在劳动用工合同、工资、奖金、福利、休假等人事方面的相关制度，使学员清楚地了解自己能享受的权利和应承担的义务。

2. 康佳发展历史、组织架构、发展规划等介绍

这些介绍使学员对企业有一个较清晰的了解，帮助新员工发现企业的优势、特点，从而树立起对企业的崇敬之情，培养作为一名康佳人的自豪感。这部分内容由企业文化中心、发展中心负责人讲授。

3. 通信及电视的开发管理课程

由通信与电视开发中心负责人带领新员工参观开发中心，并在参观过程中逐项介绍公司新产品在投产前产品开发的主要流程及各个阶段，使新员工初步了解新产品开发过程中各个流程的重要作用。

4. 营销管理课程

由营销公司负责人介绍公司产品的营销战略、市场定位、销售策略及竞争对手分析，使新员工能够迅速了解公司产品的营销方式和所面临的竞争压力。

5. 安全、健康、纪纲教育课程

这部分内容由安全委员会负责讲授，主要介绍公司基本的规章制度和违规处罚标准，目的是培养新员工的安全意识，养成良好的生活与工作习惯，同时提醒学员在日后的工作中注意遵守，共同创造文明有序的工作环境。

6. 岗位礼仪及公司礼节、5S 教育课程

由康佳学院讲师讲授，主要涉及集团公司在问候、着装、汇报工作等方面商务礼仪的培训和个人办公中应注意的礼节问题，目的是创造公司内部文明的工作环境，维护公司对外文明的企业形象，推行企业 5S 观念。

7. 商场促销活动（实践课程）

由康佳学院和销售公司共同组织，安排学员到各个商场进行现场促销，亲身体验市场上各个家电厂商间的激烈竞争气氛，培养新学员居安思危的思想观念。活动结束后，通过激烈的讨论，来深化新员工的认识能力。

8. 公司各部门及产品生产线参观

由康佳学院带领，参观公司的各个职能部门，由各个部门负责人介绍本部门的业务范围与业务重点，参观公司的产品生产线，了解产品的各个生产流程，进一步加深对公司的感性认识。

9. 角色转变课程

由康佳学院讲师讲授，主要包括以下几个课程：

(1) 组织理解游戏。通过游戏，让学员认识到组织中不同成员对目标理解存在的差异，并初步认识个体与组织间的关系。

(2) 团队、沟通技能培训。通过科学设置的系列课程项目，让学员体会团队的作用，以增进对集团的参与意识，消除抱怨与负面冲突，同时，还可以培养自我授权的团队领导力。

(3) 企业模拟挑战赛。运用相关软件，通过挑战赛的形式来达到培养学员正确面对竞争的观念，培养学员既要勇于冒险，又要勇于承担责任的精神，同时还培养了小组成员的团队意识和团队成员间的合作能力。

三、室外活动（选择实施）

1. 极限能力（自我挑战）培训

通过一次长途拉练（如爬深圳梧桐山）来锻炼学员的意志力和团队合作精神。

2. 野外郊游

通常安排在深圳的大、小梅沙海滨。全部培训结束，学员们在宁静的大海边放松自己，

体会生活的美好。同时，对培训进行最后的总结，提交书面培训总结报告，并评选出本次培训的各种奖项（如最有成就的小组、最富有合作精神的小组、康佳之歌唱得最好的小组、本次培训最潇洒先生、最靓小姐、最有前途的组长等），由康佳学院予以表彰。

问题讨论：

1. 康佳集团的新员工入职培训有什么特色？

2. 你认为康佳集团的入职培训在规划上和时间安排上合理吗？有什么可以改进的地方吗？提出你的培训计划（一份培训计划书）。

四、实践模拟

设计用于分析员工个人培训需求的调查问卷

通过实训，使学生明确进行员工个体培训需求分析的重要性，掌握进行员工个人培训需求分析的主要内容，通过调查问卷的设计，提高学生分析问题、探讨问题的能力。

（1）以小组为单位，小组长为问卷审核组组长，经过前期的资料收集，设计一份适用于分析员工个人培训需求的调查问卷。

（2）形成适用于分析员工个体培训需求的调查问卷。

（3）在任课教师指导下，在课堂上进行交流，对调查问卷进行完善和补充。

【本章小结】

1. 员工培训与开发是指企业有计划地实施有助于提高员工学习与工作相关素质和能力的活动。

2. 完成一项培训之前要经过培训需求分析。培训需求分析包括组织分析、任务分析和人员分析。组织分析是需求评估的开端，必须确定培训内容，如需要哪方面的培训、它如何与战略目标相联系，以及组织资源被最佳利用等；任务分析主要是用来找出所需的知识、技能和能力；个人分析是确定哪些员工需要进行培训。

3. 培训的方法有很多种，常见的有讲授法、研讨法、案例研究法、角色扮演法、网络培训、头脑风暴法、游戏活动法等。

4. 培训课程的评估应该注意几个标准：参与者的反应、学习和工作中的行为变化和基本效果。培训成果转化是通过受训的技能被用到工作中的程度来计量的。

【思考题】

1. 员工培训与开发对企业和个人有什么重要意义？
2. 简述员工培训与开发的程序。
3. 常用的培训方法有哪些？各有什么特点？
4. 如何进行组织的培训需求分析？
5. 为什么说员工培训在如今比过去更为重要？

第七章　职业设计与职业选择

【本章精要】

1. 职业、职业生涯、职业生涯管理的含义及特征。
2. 职业生涯管理理论。
3. 职业生涯规划的含义，职业生涯规划中员工和企业的责任。
4. 员工个人和组织的职业生涯规划。
5. 职业生涯的周期及不同周期的职业生涯管理方法。

【学习目标】

职业管理与发展对企业和个人都具有相当重要的意义。通过学习，对现代人力资源管理中注重个人的职业发展有深入的认识，通过职业管理留住优秀员工，为企业长期持续发展注入活力。要求学生掌握职业生涯管理的相关理论，清楚地理解职业生涯规划中员工和企业的责任，可以指导员工个人进行职业生涯规划的设计。

【篇首案例】

像刘翔那样做好职业定位

2009 年 9 月 20 日晚，在上海黄金大奖赛上，25 岁的刘翔以 13 秒 15 的成绩获得亚军，上演了中国飞人完美复出的精彩一幕。伤病让他与 2008 奥运金牌失之交臂，沉寂了 13 个月的刘翔成功复出，国人的目光再次聚焦在他的身上。他在 110 米跨栏的出色表现，为世界所震惊，为国人所骄傲。他成功的背后有着怎样鲜为人知的秘密？某机构职业规划师认为，刘翔之所以能够取得如此骄人的战绩，重要原因就是他做了准确的职业定位。

作为一个田径运动员，刘翔练过短跑，学过跳高，但比世界顶尖短跑的好手跑得慢，不如世界顶尖跳高好手跳得高，进不了世界一流运动员行列。经过详细的分析对比，刘翔发现了自己的独特优势——他比世界顶尖短跑好手的弹跳力更好，比世界顶尖跳高选手的奔跑速度更快。缘于这一特点，他最终选择了 110 米栏，“以己之长，克敌之短”。经过持续不断地科学训练，刘翔终于取得了 110 米栏所有级别的世界冠军，赢得了“大满贯”，迎来了他职业生涯的巅峰。

根据某机构七年来对上万个咨询案例的研究表明，职场的成功往往来自于准确的职业定位、明确的目标设定和可行的通道设计，其中职业定位是最基础、也是最关键的环节。通常来说，一个人拥有准确的职业定位，并将其最强的竞争优势发挥最大效应，他的成功率将比其他人至少多出 5 ~ 10 倍。某机构的职业规划与职业定位模型告诉人们，一个人的最佳职业定位及职业规划由三个系统来协同决定，即职业取向系统、商业价值系统及职业机会系统。刘翔的成功正暗合了这个模型的运作机理。而刘翔的成功机理，不仅适用于体育界，还对每个职场达人都具有十分重要的借鉴意义。

一、职业取向作决定

职业取向包含的关键因素有个人的兴趣、性格、价值观、需要以及愿景等，而其中尤为重要的是职业兴趣，兴趣对职业的选择影响很大。刘翔从小就喜欢并热爱体育项目，7 岁开始与体育结缘，10 岁主练跳高、辅练100 米短跑，开始了他的职业运动生涯。他 12 岁开始练习跨栏，并很早就立志成为一名世界顶尖的优秀运动员。刘翔说过，“跨栏是我的工作，我热爱它”。洪向阳认为，正是基于他对职业的这种热爱，并较早地确定了职业方向，通过教练的科学训练及他的个人努力，才取得了他今天的成功。

二、商业价值为支持

商业价值包括能力、学力、经历、天赋以及资源等内容。顶极就业力专家闫岭指出，一个人要想获得最大的商业价值，需要遵循三大原则，即做最擅长的、最喜欢的、自己认为最有价值的事。启蒙教练顾宝刚评价刘翔，身体条件好、弹跳力出众。恩师孙海平认为，刘翔的胆子大、节奏感非常好，在跨栏方面有天赋。刘翔在跨栏运动方面有着得天独厚的天赋，加上他有着较强的自我成就意愿，于是他勤学苦练，把握住了机会。1996 年，13 岁的刘翔在上海市少年田径锦标赛乙组比赛中，获得了他记忆中的第一个跨栏冠军，也从此开启了他走向世界冠军之梦的大门。

三、职业环境是基础

跨栏比赛是一项速度快、对运动员的技术性要求很高的短跑运动，其中最核心的技术就是跑栏，因此，必须通过对运动员的平跑速度和专项技术进行科学、系统的训练，才能达到较高的运动水平。1999 年，在孙海平的全力争取下，刘翔回到了二少体练跨栏并进入一线队伍，从此与师傅孙海平结缘，并最终创造了12 秒 91 的神话。向阳生涯资深职业规划师闫岭指出，通常在找到了自己的兴趣和优势后，还需要对职业机会进行评估。试想，如果没有启蒙老师的发现，如果没有孙海平教练的指导，如果没有一个良好的训练平台以及系统的训练，如果没有各种大赛的积累，刘翔能有今天的成功吗？

职场人士在选择企业、职业，或者在创业时选择目标、时机时，都可以从刘翔的成功中找到方法和规律，为自己作出正确的抉择。只有先做好职业定位，才能发现自己的优势，避开劣势、发挥所长，形成自己独特的核心竞争力，最终成为某领域的卓越人才。

想成功吗？那就像刘翔那样做好自己的职业定位吧！

第一节 职业生涯管理概述

一、职业

研究职业生涯管理首先必须明确职业的概念与内涵，而要理解这一概念，还必须弄清楚职业与行业、产业、职位等相关概念的区别与联系。

职业的产生与发展是人类文明的标志，是社会发展与进化的反映。但职业不是伴随人类社会的形成而产生的，而是社会劳动分工的必然结果，并随着社会劳动分工的深化而发展变化。

（一）职业的含义

职业是社会劳动分工发展的必然产物，而社会分工是职业划分的基础和依据。在人类社会经济发展的历史长河中，职业并非一成不变，而是在多种因素作用下不断变化与发展的。社会生产力的发展引起的社会分工的变化，决定和制约着职业的发展和变化，历史上三次社会大分工的出现都引起了职业分工的变化。社会经济因素是直接制约和影响职业变化的重要因素，社会政治制度、宗教、文化、经济发展等诸多因素也都会引起许多职业的兴衰。总之，职业的产生和发展变化根源于生产力水平和社会分工的发展，同时，人们也不可忽视社会因素对职业的主要影响作用。

从词学的角度分析，“职业”一词由“职”和“业”两字组合而成。“职”包含着责任、工作中所担当的任务等意思；“业”含有行业、业务、事业等意思。可以说，“职业”在这里反映着个人与社会两个方面的内容，是一个人与社会互动的范畴。《现代汉语词典》将职业解释为个人在社会中所从事的作为主要生活来源的工作。

职业的概念由来已久，但由于研究目的的不同，学者们从不同角度、不同侧面对职业的内涵进行了不同的界定。概括来看，主要是从社会学和经济学意义上进行的界定。

美国社会学家泰勒指出：“职业的社会学概念，可以解释为一套成为模式的与特殊工作经验有关的人群关系。这种成为模式的工作关系的整合，促进了职业结构的发展和职业意识形态的显现。”总结诸多社会学家对职业的界定，社会学的职业含义包括四个方面的内容：

（1）职业是社会分工体系中的一种社会位置。这种位置是个人进入社会生产过程之后获得的，其取得途径可能是通过社会资本的继承或社会资本的获取。但职业位置一般不是继承性的，而是获得性的。

（2）职业是已经成为模式并与专门工作相关的人群关系和社会关系，或者说已成为模式的工作关系的结合。它是从事某种相同工作内容的职业群体。

（3）职业同权力和利益紧密相连。①拥有垄断权。每一种职业（群体）在社会分工中都有自身的位置和作用，使别人依赖他们、需要他们，这就在一定程度上拥有了对他人的权力，而且总是要维护这种权力，以保持自身的垄断领域。②拥有经济收益权。任何一种职业（群体）凭其被他人所需要、所依赖而获得经济收入。

（4）职业是国家确定和认可的。任何一种职业的产生，必定为社会所承认，为国家的职业管理部门所认可，并具有相应的职业标准。因此，职业的存在必须有法律效力，为国家授予和认可。

经济学上的职业概念与社会学上的职业概念，存在着明显不同，它更强调职业的经济特性。人们从事某种职业，必然要从中取得经济收入。也就是说，劳动者就是为了不断从中取得收入，才较为稳定、长期地从事该项社会职业的；而没有经济报酬的工作，即使其劳动活动较为稳固，也并非职业。经济学家同样也认为职业是一种社会活动，是社会分工体系中劳动者所获得的一种社会劳动角色。日本劳动问题专家保谷六郎认为，职业是有劳动能力的人为了生活所得而发挥个人能力，向社会作贡献的连续活动。美国著名哲学家、教育家杜威认为，职业是人们从中可以得到利益的一种“生活活动”。法国的一部权威词典将职业界定为：“为了生活而从事的经常性活动。”美国学者阿瑟·萨尔兹撰写的社会科学百科全书将职业定义为：人们为了获取经常性的收入而从事连续性的特殊活动。

可见，经济学的职业概念有其特定的内涵，概言之，主要包括以下四个方面的内容：

（1）职业是社会分工体系中劳动者所获得的一种劳动角色。职业根源于社会分工，在整个社会生产过程中，有诸多工种、岗位或特定环节的职业赋予劳动者以不同的工作内容、不同的职责、不同的声誉和社会地位，以及不同的劳动规范和行为模式，于是劳动者便具有了特定的社会标记和专门的劳动角色，如农民、工人、医生、教师、企业家、科学家、编辑、邮递员、乘务员等。

（2）职业是一种社会性的活动，具有社会性。职业是劳动者所进行的社会生产劳动或社会工作，均为他人所必需并为国家所认可。

（3）职业具有连续性和稳定性。劳动者连续、不间断地从事某种社会工作，这种工作才能成为劳动者的职业，或者相对稳定地从事某项工作的劳动者，才称其为该职业的劳动者。如果不相对固定地从事某项专门工作，朝秦暮楚，离开了工作的稳定性，就无所谓职业。

（4）职业具有经济性。劳动者从事某项职业，必定要从中取得经济收入。换言之，劳动者就是为了不断取得个人收入，才较为长期、稳定地承担某项社会分工，从事该项社会职业的。没有经济报酬的工作，即使其劳动活动较为稳固，也不是职业，例如家庭主妇，便没有职业而言。

从以上的叙述中可以看出，对于职业的不同理解，只不过是社会学家和经济学家对职业概念分析的侧重点不同而已。在此可以为职业下一个相对全面而规范的定义：职业一般是指人们在社会生活中所从事的以获得物质报酬作为自己生活来源并能满足自己生理需要和精神需要的、在社会分工中具有专门技能的工作。职业往往还会成为一个人最基本的符号、最主要的特征。人们说某人是“什么”人，最重要的特征之一就是职业，因为职业能反映一个人的身份、社会地位与自身的文化、能力、素质水平等。

（二）职业的特征

通过对职业的进一步分析，可以看出职业具有以下特征：

（1）经济性。从社会角度看，职业是构成社会经济制度运行的主体，职业劳动创造出社会财富，从而为社会的存在和发展奠定了物质基础；从个人角度看，人们从事特定的职业，必然要从职业劳动中获得经济收入，以达到满足自身生存和发展的需要。因此，可以说职业是个人获得经济收入的主要来源，是个人维持家庭生活的手段。

（2）时代性。职业的时代性特征有两个含义：一是职业随着时代的变化而变化，一部分新职业产生，代替一部分被淘汰的职业；二是每一个社会都有自己的“时尚”，它表现为该社会中人们所热衷的职业。

个人与时代精神的关系，往往也反映在人的职业取向上。例如，中国古代把职业分为四大类：士、农、工、商，可见，当时商人的社会地位是比较低的。但是在新中国成立以后，特别是在改革开放以来，许多人把从事商业经营当做最称心的工作，其社会地位也日益提高。

（3）同一性。某一类别的职业内部，其劳动条件、工作对象、生产工具、操作内容、人际关系等都是相同的或相近的。由于情景的同一，人们就会形成同一的行为模式，有共同的语言，很容易认同。同行、同事就是有一定类似之处的人群。正是基于职业的同一性，才能构成工会、行会等社会组织，才有从业者的利益共同体。

职业的这种同一性，往往会给人们打上社会印记。例如，某人去当教师，人们认为他有学问；某人改行搞文艺，人们就认为他活泼而浪漫，等等。

（4）差异性。不同职业之间，可能存在着巨大的差异，这些差异包括职业劳动的内容、职业的社会心理、从业者个人技能和经验要求等。一般来说，人类社会作为一个有机体，必然存在分工，存在多种多样的职业。古人说世上有“三百六十行”，现代社会则有着多达几千甚至上万种职业，各类职业之间各有特色，可能“隔行如隔山”。职业的这种差异，导致了不同职业者具有不同的社会性格，以及人在职业转换过程中存在着矛盾与困难。

随着劳动分工的细化、技术的进步、经济结构的变动和社会的发展，新职业不断产生，其数量要大于被淘汰的旧职业。在当今社会，职业差异还在继续加大。

(5) 技术性。任何一个职业岗位，都有相应的职责要求，而要完成职业岗位的职责要求，必须具有特定的知识和技能。所有的职业岗位都对任职者的身体条件、经验要求、技能要求、专业工作年限、接受教育和培训年限等有具体的规定，只有达到职业规定的基本要求才能上岗。

(三) 职业的分类

职业是现实经济运行和社会生活中客观存在的社会现象，职业的产生与发展是社会经济发展的结果，是社会分工的必然产物。职业分类的实质是精细的社会劳动分工。现代社会的职业体系是一种人力资源的配置，是社会经济制度的重要组成部分，通过这种配置建立起与社会发展相适应的社会分工体系。正确地进行职业分类，就要正确体现社会分工，遵循经济运行的客观规律，这无疑对促进社会经济合理有效、健康有序地发展具有重大意义。同时，职业分类恰当地赋予劳动者以劳动角色，有利于劳动者能力和劳动积极性的充分发挥。但在社会经济运行过程中，具体如何划分职业，则是人们根据客观经济运行和社会经济发展的需要而设置、划分和归类的。由于各国社会经济发展水平的差异，社会发展历史各异，国情也有所不同，因此，各国具体的职业分类也不尽相同。

对职业分类最早予以重视的是英国、美国等西方国家。作为人口统计的一项基础性工作，英国在1841年将职业分列了431种。美国早在1820年的人口普查工作中即已列出职业统计项目。1850年，美国进行了专门的职业普查，划分了15个行业、323种职业，1860年又增至584种，1965年确定为21741种。1980年的《美国百科全书》认定美国有25000种职业。法国自1982年以来采用了新的职业分类方法（PCS），将职业分为8个大类、24个种类、42个详细类别。加拿大1982年出版的《加拿大职业分类辞典》，将职业分为23个主类、81个子类、499个细类。日本1985年的社会分层与流动调查（SSM）将288种职业分成了9大类。

各国社会经济发展水平不同，职业分类标准不一，国际间职业分类不具有可比性。为便于国际比较，1958年，国际劳工组织制定了《国际标准职业分类》（ISCO）。1966年，在日内瓦第十一届国际劳工统计专家会议上通过了《国际标准职业分类》的修订版。国际劳工组织将职业分成8个大类，包括：专家、技术人员及有关工作者；政府官员和企业经理；事务性工作者和有关者；销售工作者；服务工作者；农业、牧业和林业工作者，渔民和猎人；生产和有关工作者，运输设备操作者和劳动者；不能按职业分类的劳动者。在8个大类之下又划分为83个小类、284个细类及1506个职业项目，所列职业共计1881个。国际劳工组织这一工作的开展为各国职业分类提供了一个范本，增强了国际之间职业资料的可比性，有利于国际交流与合作，因而具有非常重要的意义。

中国的职业分类与国际劳工组织的分类方法基本相似，参照国际标准，在区分物质资料生产与非物质资料生产的基础上，按从业人员所从事的社会经济活动的同一性或工作性质的同一性进行了职业分类。1982 年 3 月，国家统计局、国家标准局、国务院人口普查办公室公布了中国的《职业分类标准》，将全国范围内的职业分为 8 个大类。这 8 个大类依序是：各类专业技术人员；国家机关、党群组织、企事业单位负责人；办事人员和有关人员；商业工作人员；服务性工作人员；农林牧渔劳动者；生产工人、运输工人和有关人员；不便分类的其他劳动者。其中第一、二大类主要是脑力劳动者，第三大类包括部分脑力劳动者和部分体力劳动者，第四、五、六、七大类主要是体力劳动者。在大类之下分设有 64 个中类、301 个小类。1986 年 6 月 21 日，国家统计局和国家标准局公布了《中华人民共和国国家标准——职业分类与代码》，将全国职业仍分为上述大类，下列 63 个中类、303 个小类，于 1987 年 5 月 1 日开始实施。

需要指出的是，职业分类与职位分类是有明显区别的，弄清二者的区别对深入理解职业生涯发展理论具有重要意义。职位分类是根据企业内部岗位职责与权限大小而进行的人员层次的划分。一般企业中可以把雇员分为四个层次：高层管理人员（Top Managers），是企业的领导决策者；中层管理人员（Middle Managers），是企业资料的分配组织协调者；基层管理人员（First Line Managers），是企业一线操作的指挥者；操作者（Operatives），是企业一线工作的完成者。

由于企业兼并与企业集团的形成，企业管理人员的职位体系呈现出日益复杂化的趋势，且不同国家管理人员职位的划分也存在明显的区别。

在美国，企业基层生产管理人员称为业务督导（Supervisor）；基层行政管理人员称为行政督导（Administrator）；中层管理人员称为经理（Managers）；集团内事业部经理（Director of Division）属于高层管理人员；企业最高一层的行政职务是首席执行官，简称 CEO（Chief Executive Officer）；协助首席执行官处理日常工作的助手是总裁（President）；总裁得到充分授权后，也可能成为事业部经理和子公司总经理的直接上级；如果董事长担任 CEO，可以设 COO（Chief Operating Officer）；董事（Director of Board）和董事长或董事会主席（Chairman of the Board）是受股东方委托的负责企业战略决策的最高一层管理人员。

在法国，企业管理人员也称为干部（Cadre）职位，按性质可分为等级管理人员（Les Cadres Hierarchiques）和职能管理人员（Les Cadres Functionnels）。等级管理人员对一定数量的职员行使指令，领导并协调公司的业务活动；职能管理人员不一定需要有自己的部下听从其指令，更确切地说，他们是从事着一些鉴定、科研、顾问等活动，如法律顾问、财务专家、研究人员、工程师等。法国企业还可按级别将管理人员分为高级、中级和基层管理人员。在企业中，每个管理人员的管理工作都针对一个或多个具体业务，因此，法国企业管理人员还可分为不同类别。

在日本，企业中管理人员也被称为干部，其职位级别从系长、课长、部长、社长由低向高排列。

中国企业的各级、各类职业经营管理人员，按职位从低到高一般包括班组长、车间主任、项目经理、地区经理、部门经理、副总经理、总经理、董事、董事长。

二、职业生涯

（一）职业生涯的含义

职业生涯对应的英文词汇是“Career”，西方学者对这一概念有不同的解释。

早期的概念是沙特列（Shartle）提出的。他认为，职业生涯是指一个人在工作生活中所经历的职业或职业的总称。

麦克法兰德（McFarland）指出：职业生涯是指一个人依据理想的长期目标所形成的一系列工作选择以及相关的教育或训练活动，是有计划的职业发展历程。

美国著名职业问题专家萨帕（Dond E. Super）给出了“职业生涯是指一个人终生经历的所有职位的整体历程”的定义（1957 年），之后他又进一步指出：“职业生涯是生活中各种事件的演进方向和历程，是人一生中的各种职业和生活角色，由此表现出个人独特的自我发展模型；它也是人自青春期到退休之后，一连串有酬或无酬职位的综合，甚至包括了副业、家庭和公民的角色”。(1976 年)

在现实生活中，一个人选择一种职业后也许会终身从事，也许会马上放弃，一旦开始进入职业角色，他的职业生涯就开始了，并且随着时间的流逝而延续。其实，职业生涯就是指一个人一生在职业岗位上所度过的、与工作活动相关的连续经历，不管其在职业上是否成功。尽管不同学者对职业生涯的内涵有不同的认识，但作为一种客观存在，职业生涯主要包括如下内容：

(1) 职业生涯是一个个体概念，只指个体的行为经历，而非群体或组织的行为经历。

(2) 职业生涯是一个职业概念，实质是指一个人一生之中的职业经历或历程。

(3) 职业生涯是一个时间概念，意指职业生涯期；职业生涯期开始于第一份工作开始之前的职业探索（包括专门的专业学习和训练），终止于完全结束或退出职业工作。实际的职业生涯期在不同个体之间差异很大。

(4) 职业生涯是一个发展和动态的概念，包括个体具体职业内容和职位的发展和变化。职业生涯不仅表示职业工作时间的长短，而且包括职业变更与发展的经历和过程，包括从事何种职业、职业发展的阶段、职业的转换和晋升等具体内容。

(二) 职业生涯的特征

从总体上看，个人的职业生涯具有以下特征：

(1) 独特性。由于每个人的家庭背景、教育经历、心理和生理素质等都存在着差异，所以个人的职业条件、职业理想、职业选择以及为实现自己的理想职业所做的种种努力也各不相同，从而每个人都有着与别人相区别的、独特的生涯历程。

(2) 发展性。每个人的职业生涯都是一个发展、演进的动态过程。就整体而言，职业生涯是一个具有一定逻辑性的过程。随着个人生理和心理的成熟以及技能和经验的不断积累，个人的能力和素质也会逐步提高，在其职业生涯中也会不断进步和发展。

(3) 阶段性。每个人的职业生涯发展过程都有不同的阶段，一般可以分为职业生涯早期、职业生涯中期和职业生涯晚期。个人在不同的职业生涯阶段有不同的目标和责任，职业生涯各个阶段之间具有传递性。

(4) 终生性。一般来说，当一个人选择一种职业以后，他会分析自己是否适合这个职业，以及是否会把这一职业当成自己终身从事的职业。经过不断的实践和比较分析，最终绝大部分人都会选择一个职业作为自己终身要从事的职业，只不过由于每个人的情况和所处的环境各不相同，有的人很快就确定自己终身要从事的职业，而有的人则需要花费相当长的时间才能确定，当然，也可能会有人一辈子都没有作好这一决策。

(5) 整合性。评价一个人是否成功，有两个要素：一个是事业（也就是个人所从事的职业），另一个是生活（包括家庭生活和社会生活）。如果事业成功，而生活不成功，则认为这个人不算是真正的成功。当然，一个人的职业往往会决定他的生活状态，而且职业与生活两者之间有时候又很难区别，因此，职业生涯应具有整合性，涵盖人生整体发展的各个层面，而不是仅仅局限于工作或职位。

(6) 互动性。人的职业生涯是个人与他人、个人与环境、个人与社会互动的结果。个人的职业生涯能否成功，不仅仅取决于个人的能力和素质，还受多种因素的影响。人的“自我”观念、人的主观能动性、社会经济环境、所在组织的环境、个人所掌握的社会职业信息、个人把握机会的能力等，对其职业生涯都有着重要的影响。

三、职业生涯管理

（一）职业生涯管理的含义

职业生涯管理是指组织和员工对企业及员工个人的职业生涯进行设计、规划、执行、评估、反馈和修正的综合性的过程，是组织提供的用于帮助组织内部从事某类职业的行为过程。通过员工和组织的共同努力与合作，使每个员工的职业生涯目标与组织发展目标一致，使员工的发展与组织的发展相吻合。因此，职业生涯管理包括以下两个方面：

从个人角度讲，职业生涯管理就是一个人对自己所要从事的职业，在职业发展要达到的高度等方面作出规划和设计，并为实现自己的职业目标而积累知识、开发技能的过程。它一般通过选择职业、选择组织（工作组织）、选择工作岗位，在工作中技能得到提高、职位得到晋升、才干得到发挥等来实现。个人可以自由地选择职业，但任何一个具体的职业岗位，都要求从事这一职业的个人具备特定的条件，如教育程度、专业知识与技能水平、体质状况、个人气质及思想品质等。并不是任何一个人都能适应任何一个职业的，这就产生了职业对人的选择。一个人在择业上的自由度很大程度上取决于个人所拥有的职业能力和职业品质，而个人的时间、精力、能量毕竟是有限的。要使自己拥有不可代替的职业能力和职业品质，就应该根据自身的潜能、兴趣、价值观和需要来选择适合自身特长的职业，将自己的潜能转化为现实的价值，这就需要对自己的职业生涯作出规划和设计。因此，人们越来越重视职业生涯的管理，越来越看重自己职业发展的机会。

从组织的角度对员工的职业生涯进行管理，集中表现为帮助员工制定职业生涯规划，建立各种适合员工发展的职业通道，针对员工职业发展的需求进行适时的培训，给予员工必要的职业指导，以促进员工职业生涯的成功。

组织是个人职业生涯存在和发展的载体。同样，组织的存在和发展依赖于个人的职业工作，依赖于个人的职业开发与发展。在人才激烈竞争的今天，如何吸引和留住优秀人才是人力资源管理工作面临的难题。如果一个人的职业生涯规划在组织内不能实现，那么他就很有可能离开，去寻找新的发展空间。所以，员工的职业发展就不仅是其个人的行为，也是组织的职责。事实上，筛选、培训、绩效考评等人力资源管理活动在组织中扮演了两种角色。首先，从传统意义上来讲，人力资源管理的重要作用在于为组织找到合适的人选，即用能够达到既定兴趣、能力和技术等方面要求的员工来填补工作岗位的空缺。同时，人力资源管理活动还越来越多地扮演着另外一种角色，这就是确保员工的长期兴趣受到企业的保护，其作用尤其表现在鼓励员工不断成长，使他们能够争取发挥其全部潜能。人力资源管理的一个基本假设就是企业有义务最大限度地利用员工的能力，为每位员工提供一个不断成长以及挖掘个人最大潜力和创造职业成功的机会。这种趋势得到强化的一个信号是许多组织越来越多地强调重视职业规划和职业发展。换言之，许多组织越来越多地强调为员工提供帮助和机会，以使他们不仅能够形成较为现实的职业目标，而且能够实现这一目标。

要深入理解职业生涯管理的内涵，必须注意以下三个方面的问题：

（1）职业生涯管理是组织为员工设计的职业发展与职业援助规划，与员工的个人职业规划有明显不同。个人职业生涯规划是以自我价值实现和增值为目的的，而自我价值的实现和增值并不局限于特定的组织内部，员工可以通过跳槽实现个人发展目标。职业生涯管理则是从组织的角度出发，根据组织发展对职业的需要，将员工视为可开发增值而非固定不变的资本。通过协助员工在职业目标上的努力，谋求组织的持续发展。职业生涯发展带有一定的指导性和功利性。它帮助员工完成自我定位，克服完成工作目标过程中遇到的困难和挫折，鼓励将个人职业生涯目标同组织发展目标紧密相连，并尽可能多地给予他们发展机会。对于其他员工，职业生涯开发与管理同样应给予必要的帮助。由于职业生涯管理是由组织发起的，通常由人力资源部门负责，所以具有较强的专业性、系统性。与之相比，个人职业规划并不一定非常正规和系统。只有在科学的职业生涯管理之下，才可能形成规范、系统和科学的个人职业生涯规划。

（2）职业生涯管理能够满足个人与组织的双重需要，实现二者的共同目标。职业生涯管理着眼于帮助员工实现个人职业生涯目标，即力求满足员工的职业生涯发展需要。因此，要实行有效的职业生涯管理，必须了解员工现实的职业生涯目标；以及在实现职业生涯过程中会遇到哪些方面的问题，如何解决这些问题；员工的职业生涯历程分为几个阶段，每个阶段的典型矛盾和困难是什么，如何加以克服和解决，等等。组织只有在对这些信息有充分的了解之后，才可能相应地制定有关政策和措施帮助员工解决这些问题，并为员工提供相应的发展机会。同样，在满足员工职业发展需要的同时，还须满足组织自身职业发展的需要。这可以通过两个方面的工作来实现：一方面，在满足员工职业发展需求的时候，使全体员工的职业技能得到提高，进而带动组织整体人力资源水平的提升；另一方面，在职业生涯管理中对员工的有意引导使同组织目标方向一致的员工脱颖而出，从而为组织培养高层经营、管理或技术人员提供了人才储备。对职业生涯管理的精力、财力投入和政策注入可以看成是组织为达到以上目的而进行的长期投资。组织的需要是职业生涯管理的动力源泉，无法满足组织的需要将导致职业生涯管理因失去动力而终止；员工的个人职业发展需要是职业生涯管理活动的基础，无法满足员工个人基本职业发展需要将导致职业生涯管理活动的失败。

（3）职业生涯管理的形式多种多样，涉及的内容十分广泛。凡是组织对员工职业活动的帮助，均可列入职业生涯管理范畴之中。其中既包括针对员工个人的措施，如各类培训、咨询、讲座以及为员工自发扩充技能、提高学历的学习给予便利，等等；同时也包括针对组织的诸多职业发展政策和措施，如规范职业评议制度，建立和执行有效的内部升迁制度，等等。从时间上来看，职业生涯管理自招聘新员工进入组织开始，直至员工流向其他组织或退休而离开组织的全过程中一直存在。从内容上来看，职业生涯管理既包括对员工个人状况的深入了解，又包括对组织的深入了解；既包括生涯规划目标的确定，又包括实现生涯目标所需的各种管理方法和手段；同时还涉及职业活动的各个方面，既应了解组织过去的发展及未来的目标，预测外在政治、经济、社会、文化等环境的变化及可能产生的影响，规划出长远性、前瞻性的发展方向，主动提供各种信息给员工，强化彼此之间的回馈、沟通、信赖与支持，又应了解员工的个别差异及绩效表现、发展目标等，以提高员工的工作积极性和凝聚力。因此，一套系统、有效的职业生涯管理制度和体系要涉及企业管理与员工发展诸多方面的内容，是一个庞大的系统工程。

（二）职业生涯管理的特点

（1）职业生涯管理是组织与员工双方的责任。组织和员工都必须承担一定的责任，双方共同完成对职业生涯的管理。在职业生涯管理中，员工个人和组织需按照职业生涯管理工作的具体要求做好各项工作，无论是个人或组织都不能过分依赖对方，因为许多工作是双方不能替代的。从员工的角度看，个人职业生涯规划由个人决定，要结合自己的性格、兴趣和特长进行设计。而组织在进行职业生涯管理时，所考虑的因素主要是组织的整体目标，以及所有组织成员的整体职业生涯发展。其目的在于通过对所有员工的职业生涯管理，充分发挥组织成员的集体潜力和效能，最终实现组织的发展目标。

（2）职业生涯信息在职业生涯管理中具有重要意义。组织必须具备完善的信息管理系统，只有做好信息管理工作，才可能有效地进行职业生涯管理。在职业生涯管理中，员工个人需要了解和掌握有关组织各方面的信息，如组织的发展战略与经营理念、人力资源的供求情况、职位的空缺与晋升情况等。组织也需要全面掌握组织成员的情况，如员工的个人性格、兴趣、特长、智能、情绪以及价值观等。此外，职业生涯信息总是处于变动过程之中，组织的发展在变，经营重点在变，人力需求在变，员工的能力在变，员工的需求在变，员工的生涯目标也在变，这就要求必须对管理信息进行不断的维护和更新，才能确保信息的有效性。

（3）职业生涯管理是一种动态管理，它贯穿于员工职业生涯发展的全过程和组织发展的全过程。每个组织成员在职业生涯的不同阶段及组织发展的不同阶段，其发展特征、发展任务以及应注意的问题都是不同的。每个阶段都有各自的特点、各自的目标和各自的发展重点，所以对每个发展阶段的管理也应有所不同。由于决定职业生涯的主客观条件的变化，组织成员的职业生涯规划和发展也会发生相应的变化，职业生涯管理的侧重点也应有所不同，以适应情况的变化。

四、职业生涯管理的意义

职业生涯管理必须从员工个人和企业两个层面来理解，职业生涯管理的意义也可以从员工和企业两个层面来阐述。

（一）职业生涯管理对员工的意义

职业生涯管理对于员工个人来说意义重大。正如本·富兰克林所言：“一个人，拥有一份工作就拥有了一定的资产。但只有那些做他们最擅长的事情的人，才能赢得富裕和荣誉。”可以说，拥有一份工作是重要的，更进一步，则是要拥有一份适合自己的工作。拥有一份有成就感和自我实现感的职业是生活幸福、个人充分发展的重要基础，而个人职业生涯的成功都需要每个人的认真规划。

1. 职业生涯管理有助于帮助自己确定职业发展目标

职业生涯发展要有计划、有目的，不可盲目地“撞大运”。很多时候人们的职业生涯受挫就是由于职业生涯规划没有做好。好的计划是成功的开始，古语讲：“凡事预则立，不预则废”，就是这个道理。职业生涯规划的重要内容之一，就是对个人进行分析。通过分析，认识自己、了解自己，估计自己的能力、智慧以及性格，找出自己的特点，明确自己的优势，正确设定自己的职业生涯发展目标，并制订行动计划，使自己的才能得到充分发挥，以实现职业发展目标。

2. 职业生涯管理有利于鞭策自己努力工作

对许多人来说，制定和实现职业生涯规划就像一场比赛，随着时间的推移，一步一步地实现职业生涯规划，这时的思维方式和工作方式也会渐渐改变。有一点很重要，职业生涯规划必须是具体的、可以实现的。

3. 职业生涯管理有助于帮助自己抓住工作重点

制定职业生涯规划的一个最大好处是有助于员工个人安排日常工作的轻重缓急。通过职业生涯规划，能使他们紧紧抓住工作的重点，增加成功的可能性。

4. 职业生涯管理有助于评估目前的工作成绩

职业生涯规划的一个重要功能是提供了自我评估的重要手段。员工可以根据规划的进展情况评价自己目前取得的成绩。

5. 职业生涯管理有助于引导个人发挥潜能

职业生涯规划能帮助员工集中精力，全神贯注于自己优势大并且会有高回报的方面，这样有助于员工发挥尽可能大的潜力，最终实现成功的目标。一份行之有效的职业生涯规划将会引导员工正确认识自身的个性特质；对自己的综合优势和劣势进行对比分析；树立明确的职业发展目标和职业理想；评估个人目标和现实之间的差距；学会如何运用科学的方法采取可行的步骤与措施，不断增强自己的职业竞争力，进而实现职业目标与理想。

6. 职业生涯管理有助于提升个人应对竞争的能力

当今社会处在变革的时代，充满激烈的竞争。物竞天择，适者生存，职业活动的竞争非常突出，要想在这场激烈的竞争中脱颖而出并立于不败之地，必须设计好自己的职业生涯规划。只有这样才能做到心中有数，不打无准备之仗。

（二）职业生涯管理对企业的意义

对于组织来说，职业生涯管理同样具有重要价值。现代企业能否赢得员工献身精神的关键因素之一，就是能够与员工确立共同的目标，达成一致，使员工感到企业、部门的发展目标与其个人的发展目标息息相关，从而激发他们的主动性、成就感和创新意识。那么，要做到这些，在管理中首先应当考虑的是，企业是否为员工发展创造了条件，使员工感到企业总是在帮助他们寻找机会获得一个有成就感和实现个人理想的职业。现代人力资源管理的基本假设是，企业有义务最大限度地利用员工的能力，并且为每一位员工提供最好的机会以及挖掘个人最大的潜力，创造成功职业的机会。因此，现代管理者最为重要的一项管理技能就是员工职业生涯管理。

1. 职业生涯管理能使企业有效开发人力资源

职业生涯管理是企业人力资源合理配置的基础。人力资源是一种可以不断开发并不断增值的可持续发展资源，通过人力资源的开发能不断更新人的知识、技能，提高创造力，更进一步使无生命的“物”充分尽其所用，因此，企业应注重人的智慧、技艺、能力的提高和全面发展。如果离开“人”的合理配置，企业资源的合理配置就是一句空话。

2. 职业生涯管理能使企业留住优秀的核心人才

职业生涯管理是企业保持常青的关键。任何成功的企业，其成功的根本原因是拥有高质量的企业家和高质量的员工。人的才能和潜力能得到充分发挥，人力资源不会虚耗、浪费，企业的生存成长就有了取之不尽、用之不竭的源泉。发达国家的主要资本不是有形的工厂、设备，而是他们所积累的经验、知识和训练有素的人力资源。通过职业生涯管理努力给员工提供施展才能的舞台，充分体现员工的自我价值，这是企业留住人才、凝聚人才的根本保证。

3. 职业生涯管理能使企业保证未来的人才需要

职业生涯管理能充分调动人的内在积极性，更好地实现企业目标。职业生涯管理的目的就是帮助员工提高在各个需求层次的满足程度，不仅使员工的低层次物质需求满足度逐步提高，也使他们的自我实现等精神方面的高级需求满足度逐步提高。真正了解员工在个人发展上想要什么，协助其制定职业生涯规划，帮助其实现职业生涯目标，这样必然会激起员工强烈的为企业服务的精神力量，进而形成企业发展的巨大推动力，更好地实现企业目标。

4. 职业生涯管理能使企业塑造优秀的企业文化

企业文化的核心是员工的共同价值观，其主要内容就是如何认识企业的使命、如何看待客户和员工。对于这些问题的认识水平，决定了一个企业的文化水平。现代企业要正确认识其使命及员工，就应树立职业生涯发展观。树立职业生涯发展观，实质上就是肯定和强调人的重要性，这是现代优秀企业的企业文化的基本特征。

第二节 职业生涯理论与职业发展

一、职业生涯的相关理论

（一）职业生涯选择理论

职业生涯管理是一项系统工程，必须运用科学的管理方法。关于职业生涯管理的理论主要有“职业生涯选择理论”和“职业生涯阶段理论”两大类。在此首先分析“职业生涯选择理论”。

选择职业对个人来说是一件非常重大的事情，这是因为职业基本上决定了一个人的未来生活和工作状况。进行职业生涯管理，首先要掌握有关个人的兴趣特点、人格、技能、需要和素质等影响职业选择与发展的信息。关于职业的选择，不管是初入职场时的第一次选择，还是在职人员的再次选择，都是人生中最重要的选择之一。西方学者对职业选择课题进行了大量研究，从最初的匹配理论发展到现在的择业决策理论，其中最有影响力的理论有以下四种：

1. 帕森斯的职业—人匹配理论

职业—人匹配理论是用于职业选择、职业导向的经典理论，最早由美国波士顿大学教授佛兰克·帕森斯（Frank Parsons）提出。1909 年，帕森斯在其《选择一个职业》著述中，明确阐述了职业选择的三大要素和两种类型。

（1）职业选择的三大要素。①应清楚地了解自己的态度、能力、兴趣、智谋、局限和其他特征；②应清楚地了解职业选择成功的条件及所需知识，在不同职业工作岗位上所具有的优势、不利、补偿、机会和前途；③上述两个条件的平衡。帕森斯的理论内涵就是在清楚认识了解个人的主观条件和社会职业岗位需要条件基础上，将主客观条件与社会职业岗位

（对自己有一定可能性的）相对照、相匹配，最后选择一个与个人匹配相当的职业。

（2）职业与人匹配的两种类型。①因素匹配，即需要专门技术和专业的职业与掌握该种特殊技能和专业知识的择业者相匹配。例如，脏、累、苦等劳动条件很差的职业，需要吃苦耐劳、体格健壮的劳动者与之匹配。②特性匹配，即需要一定特长的职业与具有这些特长的择业者相匹配。例如，具有敏感、易动感情、不守常规、个性强、理想主义等人格特性的人，宜于从事审美性、自我情感表达的艺术创作类型的职业。

作为职业选择的经典理论，帕森斯的职业—人匹配理论至今仍然是正确和有效的，并对职业生涯管理、职业心理学的发展起到了重要的指导作用。

2. 霍兰德的人业互择理论

约翰·霍兰德（John Holland）是美国约翰·霍普斯金大学心理学教授、美国著名的职业指导专家，他于1959年提出了具有广泛社会影响的人业互择理论。这一理论首先根据劳动者的心理素质和择业倾向，将劳动者划分为六种基本类型，相应的职业也划分为六种类型。

约翰·霍兰德指出，人格或人的个性是决定一个人选择何种职业的一个重要因素。人的个性互不相同，不同个性的人适宜从事的工作也各不相同。所以，组织应努力把人们恰当的个性与相适宜的工作加以匹配，从而提高人力资源利用率和工作效益。个人选择和规划自己的职业时，也应认真权衡自己的个性特点与职业特点的相互匹配问题，在其他条件不变的前提下，个性与职业吻合度高的员工，其职业生涯发展更为顺利和成功。

霍兰德认为，员工对工作的满意度和离职的倾向性，取决于个体的个性与职业环境的匹配程度。同样类型的劳动者与同样类型的职业互相结合，便是达到了人业互择的良好状态。社会型的个体应该从事社会型的工作，传统型的个体应该从事传统型的工作，依此类推。一个现实型的人从事现实型的工作比从事研究型的工作更为和谐，社会型的工作对于现实型的人则可能最不合适。在这种状态下，劳动者找到了适宜的职业岗位，其才能与积极性才会得以充分发挥；职业岗位找到了适宜的劳动者，其要求才会得到充分满足。霍兰德以大量的调研资料为依据，把劳动者分为六大类型，并与这六大类型相联系，把社会上的职业也分成六种（见表7-1）。职业选择的过程，就是尽量使不同类型的劳动者与相应类型职业匹配的过程。

表7-1 劳动者类型与职业类型对应表

类型	劳动者	职业
实际型	①愿意使用工具从事操作性工作 ②动手能力强，做事手脚灵活、动作协调 ③不善言辞，不善交际	主要是指各类工程技术工作、农业工作，通常需要一定体力，需要运用工具或操作机器 主要职业：工程师、技术员；机械操作、维修、安装工人、矿工、木工、电工、鞋匠等；司机、测绘员、描图员；农民、牧民、渔民等
研究型	①抽象思维能力强，求知欲强，肯动脑，善思考，不愿动手 ②喜欢独立的和富有创造性的工作 ③知识渊博，有学识和才能，不善于领导他人	主要是指科学研究和科学实验工作 主要职业：自然科学和社会科学方面的研究人员、专家；化学、冶金、电子、无线电、电视、飞机等方面的工程师、技术人员；飞行驾驶员、计算机操作员等

（续）

类型	劳 动 者	职 业
艺术型	①喜欢以各种艺术形式的创作来表现自己的才能，实现自身的价值 ②具有特殊艺术才能和个性 ③乐于创造新颖的、与众不同的艺术成果，渴望表现自己的个性	主要是指各类艺术创作工作 主要职业：音乐、舞蹈、戏剧等方面的演员、艺术家、编导、教师；文学、艺术方面的评论员；广播节目的主持人，作家；绘画家、书法家、摄影家；艺术、家具、珠宝、房屋装饰等行业的设计师等
社会型	①喜欢从事为他人服务和教育他人的工作 ②喜欢参与解决人们共同关心的社会问题，渴望发挥自己的社会作用 ③比较看重社会道德	主要是指各种直接为他人服务的工作，如医疗服务、教育服务、生活服务等 主要职业：教师、保育员、行政人员；医护人员；衣、食、住、行等服务行业的经理、管理人员和服务人员；福利人员等
开拓型	①精力充沛，自信，善交际，具有领导才能 ②喜欢竞争，敢于冒险 ③喜欢权力、地位和物质财富	主要是指那些组织并影响他人共同完成组织目标的工作 主要职业：经理，企业家；政府官员；商人；行业部门和单位的领导者、管理者等
常规型	①喜欢按计划办事，习惯接受他人指挥和领导，自己不谋求领导职务 ②不喜欢冒险和竞争 ③工作踏实，忠诚可靠，遵守纪律	主要是指各类与文件档案、图书资料、统计报表等相关的各类科室工作 主要职业：会计、出纳、统计人员；打字员；办公室人员；秘书和文书；图书管理员；旅游、外贸职员、邮递员、审计人员、人事人员等

霍兰德的人业互择理论丰富和发展了帕森斯的职业—人匹配理论，指明了劳动者进行职业选择时要尽量选择与自己类型一致的职位。其关键意义在于：指出了个体之间在个性方面存在着本质的差异；工作具有不同的类型，应尽可能地寻求个性与工作的一致性；只有当工作环境与个性类型协调一致时，才会产生更高的满意度和更少的离职可能性，才有利于个人职业生涯发展。但是，同一类型职业，往往有多种职务可供选择，劳动者应如何选择？对于这一问题，该理论尚未给出解释。

3. 弗鲁姆的期望理论

维克多·弗鲁姆（Victor H. Vroom）是美国心理学家。1964 年，他在《工作和激励》一书中，提出了解释员工行为激发程度的期望理论。

（1）期望理论的公式

$$竞争系数 = \frac{职业缺口数}{求职者数目}$$

$$职业实现概率 = 职业需求 \times 竞争力 \times 竞争系数 \times 随机概率$$

$$职业效价 = 职业价值观 \times 职业中各要素评估值$$

$$职业动机强度 = 职业效价 \times 职业实现概率$$

员工个体行为动机的强度取决于职业效价大小和职业实现概率的高低。职业效价越大，职业实现概率越高，员工行为动机越强烈，也就是说为达到一定目标，个人将付出极大努力；如果职业效价为零乃至负值，表明目标实现对个人毫无意义。在这种情况下，目标实现的可能性再大，个人也不会产生追逐目标的动机，不会为此有任何积极性或付出任何努力；如果职业实现概率为零，那么无论目标实现意义多么重大，个人同样不会产生追求目标的动机。

（2）期望理论运用的步骤。弗鲁姆将期望理论用于解释个人的职业选择行为，具体为择业动机理论。该理论的应用，即个人如何进行职业选择，分以下两步走：

第一步，确定择业动机。用公式表示为

$$择业动机强度 = 职业效价 \times 职业实现概率$$

式中，择业动机强度表明择业者对目标职业的追求程度，或者对某项职业选择意向的大小；职业效价是指择业者对某项职业价值的评价；职业实现概率是指择业者获得某项职业可能性的大小。

第二步，比较择业动机，确定选择的职业。择业者对其视野内的几种目标职业评估和获取了该项职业可能性的评价后，在测定了对几种职业的选择动机的基础上，横向进行择业动机比较。择业动机是对职业的全面评估，它已经对多种择业因素进行了全面考虑与利弊得失的权衡。一般来讲，大多数择业者都会以择业动机强度分值高的职业作为自己选定的结果。

弗鲁姆的期望理论丰富和发展了霍兰德的人业互择理论。劳动者在选择与自己类型一致的职业时，对于同一职业的不同职务如何进行选择的问题，弗鲁姆从择业动机的强弱给予了恰当的解释。然而，当今处于一个快速变化的社会，职业之间的界限逐渐模糊，弗鲁姆的理论运用时受到了挑战。

4. 伽勒特的择业决策理论

随着欧美等发达国家向信息时代迈进，社会经济结构发生了较大的变化，一些职业在消失，一些新的职业又纷纷出现，职业之间的界限也逐渐模糊。在这个变化节奏加快的时代，职业的不确定性很高。因此，一个人的职业成功与否并不取决于其第一个职业，而是取决于其对纷繁复杂的世界的自我决策能力，以职业指导来培养与增进个人决策能力或解决问题的能力。

（1）择业决策理论的主要内容。择业决策理论强调职业决策意识与决策行为在个人职业成熟与发展的整个过程中所起的重要作用，认为职业发展过程就是职业决策或解决问题的过程。

在以往的经济学决策理论中，以价值和几率两者为其主要内涵，个人决策取决于效用价值。效用就是收获或效果，与效用有关的事项，如成本、冒险性及损失都被纳入考虑范围。决策者针对每一种可能的选择方案收集各种资料，在分析出每一方案的预期效用后，以最大预期效用者为其决策对象。由于对效用不易进行客观的分析，故必然涉及主观的判断，因此，最后的决策实际上是价值与可能性两者主观的结合。

由于决策过程涉及决策者复杂的内部过程，因此，尽管效用价值标准是决策的主要依据，但它却不足以对决策过程作出完整的解释。在日常生活中，效用价值往往因人而异，而且在实际决策过程中，诸如个人的年龄、经验、反应方式等因素也都会对决策产生重要影响。因此，心理学家常常从态度改变、认识失调、意愿、价值澄清等不同的角度去探讨个人对效用价值的分析过程、价值改变或强化的条件、资料的收集与使用方式以及不当决策的原因等与决策行为密切相关的方面。

（2）择业决策理论的评价。择业决策理论不断吸收心理学和其他行为科学的思想，从个人与环境之间的交互作用过程来分析个人的职业决策行为，并在这一基础上提出职业决策选择中的基本问题，强调从影响个人职业决策的环境、遗传、学习经验等因素分析中提出职业选择的主要任务。

（二）职业生涯阶段理论

每个人在一生中，其职业生涯都要经历许多阶段，而每个阶段又都有各自不同的特征。因此，认清各阶段的特点和需要也就显得非常重要：对于员工而言，有利于正确制定个人发展计划；对于企业而言，则有利于引导和协助员工的职业发展，协调企业与员工个人目标，提供相应的培养机会和晋升机会，从而吸引人才、用好人才、留住人才，最终实现最大限度地开发员工潜能为企业作贡献这一目标。

孔子根据自己的亲身经历，将人生十年作为一个阶段，形成“三十而立，四十而不惑，五十而知天命，六十而耳顺，七十而从心所欲，不逾矩”。（《论语·为政篇》）其基本含义是：30 岁确立人生目标，40 岁就不会困惑了；50 岁就会知道哪些事情可以做，哪些事情不能做，较客观地了解自己；60 岁更能理解他人，判别是非，分清真假；70 岁便能随心所欲，任何念头都不会越出规矩。

一些著名的管理学家对职业生涯发展过程这一课题进行了长期研究，他们发现并总结了许多关于职业生涯阶段的理论和规律，其中比较有影响力的主要有以下四种：

1. 萨伯的职业生涯阶段理论

唐纳德·萨伯（Donald E. Super）是美国一位很有代表性的职业生涯发展大师。萨伯集差异心理学、发展心理学、职业社会学及人格发展理论之大成，通过长期的研究，系统地提出了有关职业生涯发展的观点。1953 年，他根据自己“生涯发展形态研究”的结果，将人生职业生涯发展规划分为成长、探索、建立、维持和衰退五个阶段。

（1）成长阶段（0～14 岁）。成长阶段属于认知阶段。在这个阶段，孩童开始发展自我概念，学会以各种不同的方式来表达自己的需要，并且经过对现实世界的不断尝试，修饰自己的角色。这个阶段发展的任务是发展自我形象、发展对工作世界的正确态度，并了解工作的意义。这个阶段共包括三个时期：①幻想期（0～10 岁），它以“需要”为主要考虑因素，在这个时期幻想中的角色扮演很重要；②兴趣期（11～12 岁），它以“喜好”为主要考虑因素，喜好是个体抱负与活动的主要决定因素；③能力期（13～14 岁），它以“能力”为主要考虑因素，能力逐渐具有重要作用。

（2）探索阶段（15～24 岁）。探索阶段属于学习打基础的阶段。该阶段的青少年，通过学校的活动、团体的活动、打零工等机会，对自我能力及角色、职业作了一番探索，因此选择职业时有较大弹性。这个阶段发展的任务是使职业偏好逐渐具体特定化，并实现职业偏好。这个阶段也包括三个时期：①试探期（15～17 岁），考虑需要、兴趣、能力及机会，作暂时的决定，并在幻想、讨论、课业及工作中加以尝试；②过渡期（18～21 岁），进入就业市场或专业训练，更重视现实，并力图实现自我观念，将一般性的选择转为特定的选择；③试验承诺期（22～24 岁），生涯初步确定并试验其成为长期职业生活的可能性，若不适合则可能再经历上述各时期以确定方向。

（3）建立阶段（25～44 岁）。建立阶段属于选择、安置阶段。由于经过上一阶段的尝试，不合适者会谋求变迁或作其他探索，因此，该阶段较能确定在整个事业生涯中属于自己的职位，并在31~40岁开始考虑如何保住该职位并固定下来。这个阶段发展的任务就是统整、稳固并追求上进。这个阶段又可细分为两个时期：①尝试期（25~30岁），个体寻求安定，也可能因生活或工作上若干变动而尚未感到满意；②稳定期（31~44岁），个体致力于工作上的稳固，大部分人处于最具创意的时期，由于资深往往业绩优良。

（4）维持阶段（45~64岁）。维持阶段属于升迁阶段。个体仍希望继续维持属于他的工作职位，同时会面对新的人员的挑战。这一阶段发展的任务是维持既有成就和地位。

（5）衰退阶段（65岁以上）。衰退阶段属于退休阶段。由于生理及心理机能日渐衰退，个体不得不面对现实，从积极参与到隐退。这一阶段往往注重发展新的角色，寻求不同方式以替代和满足需求。

萨伯以年龄为依据对职业生涯阶段进行了划分，但在现实生活中，职业生涯往往是一个持续不断的过程，各个阶段的时间并没有严格的界限，其经历时间的长短常因个人条件的差异以及外在环境的不同而有所不同。有的人在每个阶段都发展顺利，有的人则在不停地转换工作或变动职业，有时还可能出现阶段性反复。

2. 施恩的职业生涯阶段理论

美国著名职业指导专家埃德加 H. 施恩教授立足于人生不同年龄段面临的问题和职业工作的主要任务，将职业生涯分为九个阶段。

（1）成长、幻想、探索阶段（0~21岁）。处于这一职业发展阶段的主要任务是：①发现并发展自己的需要和兴趣，发现并发展自己的能力和才干，为进行实际的职业选择打好基础；②学习职业方面的知识，寻找现实的角色模式，获取丰富的信息，发现并发展自己的价值观、动机和抱负，作出合理的受教育决策，将幼年的职业幻想变为可操作的现实；③接受教育和培训，开发工作世界中所需要的基本习惯和技能。在这一阶段所充当的角色是学生、职业工作的候选人、申请者。

（2）查看工作世界（16~25岁）。在该阶段，主要是查看劳动力市场，谋取可能成为一种职业基础的第一项工作。

（3）进入工作世界（16~25岁）。与上一个正在查看职业工作或组织阶段不同，这一阶段要担当实习生、新手的角色。也就是说，已经迈进职业或组织的大门。处于这一职业发展阶段的主要任务是：①了解、熟悉组织，接受组织文化，融入工作群体，尽快取得组织成员资格，成为一名有效的成员；②适应日程的操作程序，应付工作。

（4）早期职业的正式成员资格（17~30岁）。处于这一职业发展阶段的主要任务是：①承担责任，成功地履行与第一次工作分配有关的任务；②发展并展示自己的技能和专长，为提升或进入其他领域的横向职业成长打下基础；③根据自身才干和价值观，以及组织中的机会和约束，重估当初追求的职业，决定是否留在这个组织或职业中，或者在自己的需要、组织约束和机会之间寻找一种更好的配合。在这一阶段所充当的角色是组织新的正式成员。

（5）职业中期（25岁以上）。处于这一职业发展阶段的主要任务是：①选定一项专业或进入管理部门；②保持技术竞争力，在自己选择的专业或管理领域内继续学习，力争成为一名专家或职业能手；③承担较大责任，确定自己的地位；④开发个人的长期职业计划。在这一阶段所充当的角色是正式成员、任职者、终身成员、主管、经理。

（6）职业中期危险阶段（35~45岁）。处于这一职业发展阶段的主要任务是：①现实地评估自己的进步、职业抱负及个人前途；②就接受现状或者争取看得见的前途作出具体选择；③建立与他人的良好关系。在这一阶段所充当的角色是正式成员、任职者、终生成员、主管、经理。

（7）职业后期（从40岁以后直到退休）。处于这一职业发展阶段的主要任务是：①成为一名良师，学会发挥影响，指导、指挥别人，对他人承担责任；②扩大、发展、深化技能，或者提高才干，以担负更大范围、更重大的责任；③如果求安稳，就此停滞，则要接受和正视自己影响力和挑战能力的下降。在这一阶段所充当的角色是骨干成员、管理者、有效大贡献者。

（8）衰退和离职阶段（在40岁之后到退休期间）。处于这一职业发展阶段的主要任务是：①学会接受权力、责任、地位的下降；②基于竞争力和进取心下降，要学会接受和发展新的角色；③评估自己的职业生涯，着手退休。

（9）退休（离开组织或职业的年龄因人而异）。处于这一职业发展阶段的主要任务是：①保持一种认同感，适应角色、生活方式和生活标准的急剧变化；②保持一种自我价值观，运用自己积累的经验和智慧，以各种资源角色，对他人进行"传帮带"。

施恩关于职业生涯阶段的划分基本上是依照年龄增加的顺序，并根据不同时期的职业状态、任务、职业行为等进行的划分，但其划分只是给出了一个大致的年龄跨度，并且不同职业阶段所包括的年龄还有所交叉。这种划分比萨伯仅仅按年龄划分职业生涯阶段更加清楚明了。

3. 金斯伯格的职业生涯阶段理论

伊莱·金斯伯格（Eli Ginzberg）是美国著名的职业指导专家、职业生涯发展理论的代表人物之一，同时也是职业生涯发展理论的先驱者。他的研究重点是从童年到青少年阶段的职业心理发展，其研究对象则是美国富裕家庭的人。

通过比较人们从儿童期到成年早期和成熟过程中的各个关键点上有关职业选择的想法和行动，金斯伯格把人的职业选择心理的发展分为幻想期、尝试期和现实期三个阶段。

（1）幻想期（11岁之前）。在这一时期，儿童对于大千世界，特别是对于他们所看到或接触到的各类职业工作者，充满了新奇、有趣的感觉。此时期职业需求的特点是单纯凭自己的兴趣爱好，不考虑自身的条件、能力水平和社会需要与机遇，完全处于幻想之中。

（2）尝试期（11～17岁）。这是由少年儿童向青年过渡期的时期。在此时期，人的心理和生理在迅速成长发育和变化，有独立的意识，价值观念开始形成，知识和能力显著增长和增强，初步懂得社会生产和生活的经验。在职业需求上呈现出的特点是有职业兴趣，但不仅限于此，更多的是客观地审视自身各方面的条件和能力；开始注意职业角色的社会地位、社会意义以及社会对该职业的需要。

（3）现实期（17岁以后的青年和成年时期）。在这一时期，人即将步入社会劳动，能够客观地把自己的职业愿望或要求同自己的主观条件、能力以及社会现实的职业需要紧密联系和协调起来，寻找适合自己的职业角色。这一时期所追求的职业不再模糊不清，而是有着具体、现实的职业目标，表现出的主要特点是客观性、现实性，讲究实际。

金斯伯格的职业生涯发展理论，事实上是前期职业生涯发展的不同阶段，也就是说，是最初就业前人们职业意识或职业追求的变化发展过程。金斯伯格的职业生涯发展理论对实践产生过广泛影响。

4. 格林豪斯的职业生涯阶段理论

美国职业生涯发展研究专家格林豪斯（Greenhouse）从人生不同年龄阶段职业生涯发展所面临的主要任务的角度出发，对职业生涯发展进行了研究，并以此将职业生涯划分为五个阶段。

（1）职业准备（0~18岁）。这一时期的主要任务是：发展职业想象力，对职业进行评估和选择，接受必需的职业教育。

（2）进入组织（18~25岁）。这一时期的主要任务是：在一个理想的组织中获得一份工作，在获取足量信息的基础上，尽量选择一个合适的、较为满意的职业。

（3）职业生涯初期（25~40岁）。这一时期的主要任务是：学习职业技术，提高工作能力；了解和学习组织纪律和规范，逐步适应职业工作，适应和融入组织；为未来的职业成功作好准备。

（4）职业生涯中期（40~55岁）。这一时期的主要任务是：对早期职业生涯重新评估，强化或改变自己的职业理想；选定职业，努力工作，有所成就。

（5）职业生涯后期（55岁直至退休）。这一时期的主要任务是：继续保持已有职业成就，维护尊严，准备隐退。

萨伯和金斯伯格的研究侧重于不同年龄阶段对职业的需求与态度，而格林豪斯的研究侧重于不同年龄阶段职业生涯所面临的主要任务。

总之，以上各种职业生涯发展的阶段理论对职业发展阶段的划分并不完全一致，但是它们的出发点和基本思路是相同的。它们都假设生命的发展阶段和职业的发展阶段是高度相关的，所以，它们都是以年龄作为划分职业生涯发展阶段的一个重要的依据。它们都认为，个人的职业心理在童年时代就开始逐步产生，随着年龄的增长、受教育程度的提高、经验的积累和社会环境的变化，人们的职业心理也会发生变化。职业生涯的发展常常伴随着年龄的增长而变化，尽管每个人从事的具体职业各不相同，但在相同的年龄阶段往往表现出大致相同的职业特征、职业需求和职业发展任务。据此可以将一个人的职业生涯划分为不同的阶段。认识职业生涯发展的不同阶段有哪些任务和发展趋势，可以帮助个人更有效地管理自己的职业生涯，也可以帮助企业更好地管理和开发人力资源。当然，职业生涯发展的阶段的划分只是一个大概的区间，而不是一个绝对的标准。

二、职业发展

（一）个人职业发展

1. 自我评价的含义

职业规划与发展应从自我认识开始，然后才能建立可实现的目标，并确定怎样达到这些目标。这一行为也让人知道自己的目标是否现实。

认识自己称为自我评价（Self-assessment）。进行自我评价时所有可能影响一个人未来工作业绩的事情都应考虑到。符合实际的自我评价，可以帮助一个人避免影响他（她）的整个职业生涯。全面准确的自我评价，对个人的特殊能力及目标与合适的工作或职业相匹配方面有很大帮助。

在进行自我评价时，人们需要考虑那些对个人而言十分重要的因素。最重要的内部因素是一个人的学术资质和成就、职业态度和技能、社会能力、沟通能力、领导能力，以及兴趣和价值观等。

2. 自我认识的工具

自我认识的工具包括优/缺点平衡表和好恶调查表。当然，任何合理的辅助方法对自我认识都是有益的。

(1) 优/缺点平衡表。由本杰明·富兰克林（Benjamin Franklin）开创的帮助人们认识自己优点和缺点的自我评价程序被称为优/缺点平衡表。通过认识自己的缺点，个人可避免不良的品质或不擅长的技能。

编制这个平衡表的方法很简单：首先，在一张纸的中间画一条竖线，左边标明“优点”，右边标明“缺点”；接下来，记录自己觉察到的所有优点和缺点即可。在编制这个平衡表时，关键要考虑诚实问题。

表7-2是一个优/缺点平衡表的示例。填写这张平衡表时，要花费一定的时间（一般为1周）。

优/缺点平衡表的优点是：通过填写这种表，可以使自己对自己有更深刻的认识；其缺点是：它不能提供一个人的全部优点和缺点，而且填表时还需要花费一定的时间。

表7-2　优/缺点平衡表

优　点	缺　点
有团队意识	与少数人非常亲密
乐于接受任务并按照自己的方式完成	不喜欢连续不断的监视
受人称赞的好管理者	不喜欢跟上级交朋友
公正无私	极度紧张
精力充沛	经常说一些没有意识到后果的话
思想相当开放	好动
一旦工作确定下来，就干完它	有时在不熟悉的环境中会紧张
有大量的感情投入	不喜欢琐事
能与他人配合做好工作	性情有点急躁
	情绪不稳定

(2) 好恶调查表。好恶调查表能够帮助个人认识加在自己身上的约束。例如，某些人不愿住在某个国家的某些地方，这种感觉应视为一种约束。有些职位要求一个人花相当多的时间去学习。因此，估计一个人愿意学习的时间也是有益的。认识到这种自我强加的限制条件，可以减少将来的职业问题。另一种限制是一个人将考虑为之工作的企业类型。例如，企业的规模可能是重要的。有些人喜欢产品知名度大的组织；有些人喜欢较小的组织，认为提升的机会可能更多或者环境更适合他们。所有可能影响一个人工作业绩的因素都应列在好恶调查表中。表7-3给出了这种类型调查表的一个例子。

表7-3　好恶调查表

喜　好	厌　恶
喜欢旅行	不想为小公司工作
喜欢住在闹市区	不愿在大城市里工作
喜欢做自己的老板	不喜欢整天在桌子后面工作
喜欢住在中等城市	不喜欢一直穿套装
爱看足球赛和棒球赛	工作时间不喜欢说话
爱玩篮球	

好恶调查表的优点是：首先，它能使自己认识到自己的基本动机，并且有针对性地满足自己的需要；其次，它能为职业规划与发展提供前进的方向；最后，它能够帮助自己发现自己的“职业锚”。其缺点是：不能罗列出自己的所有好恶，并且需要很长的时间对自己进行考察，以求更确切地表明自己的好恶。

认识自己不是一件简单的事，随着个人在人生中的进步，其优先考虑的事情会产生变化。个人可能在人生的某一阶段认为他们对自己非常了解，后来逐渐对自己有了不同的看法。因此，自我评价应被看成一个连续的过程。

3. 个人技能与竞争力的发展

职业自我管理（Career Self-management）是一种跟上企业及所在行业变化的速度以及为未来作好准备的能力。职业自我管理强调个人不断学习的必要，因为今天还存在的工作可能明天就发生了变化，或者可能完全消失了。职业自我管理包括明确并获得新的技巧的能力，以使自己具备可以转到新的工作职位的工作能力。进行职业自我管理，可以为具备高超技能、为自己适应企业并赶上行业变化提供一个平台。

职业自我管理是针对个人而言的。因此，对员工个人来说，它具有一定的价值。那么，它是如何实施的呢？表 7-4 是职业自我管理的实施步骤。

表 7-4 职业自我管理的实施步骤

步骤一：确定或再次确认目标所必需的能力及最终行为，并定期进行再检查是非常重要的
步骤二：保证自己背景资料的准确性与完整性，并进行再检查
步骤三：进行需求分析比较，共同考察个人及其目标职位
步骤四：将自己的职业期望、发展需要及目标职位要求与企业的职业管理协调起来。当有环境保证时，个人要正式制定出自己的职业目标，或修正它们
步骤五：采用时间—活动定位，不断提高自己，明确自己为目标职位取得进步所需的个人行动（工作、教育及培训经历）
步骤六：制订职业自我管理蓝图活动的计划，这是一个绘制时间导向型的蓝图或图表来指导个人的过程

除了自我评价以外，个人按表 7-5 给出的指南来准备一条新的职业道路也是很明智的。职业规划与发展应当在一个人最初工作安排和初始定位时开始。管理者将观察员工的工作业绩，并把它跟工作标准相比较。在这一阶段，优点和弱点将被记录下来，从而使管理者能够帮助员工制定暂时的职业决策。当然，这一决策随着进程的推移可以改变。这一暂时的职业决策是以许多因素为基础的，包括个人的需求能力、志向以及组织的需要。然后，管理者可以制定跟员工具体需求相关的人力资源发展规划。例如，一个想从事人力资源职业的人可能需要一些法律知识的培训。

表 7-5 设计新职业道路的步骤

1. 接受工作场所的新价值观
2. 不断寻找对组织更有价值、更新、更好的方法
3. 不要使自己陷入“信息真空”的困境
4. 不要被动。凡是现在取得成功的人都是提前作好准备的人，等待问题和机遇的来临，并使一切准备就绪
5. 不断获得新知识。扩张的知识、增加的信息以及新的技术正在以创纪录的速度出现。成功者是那些找出他们需要的新技术和新知识，并利用额外时间努力学会的人

（续）

6. 制定重要的职业和财务目标及实现目标的详细计划
7. 避免拒绝状态。拒绝是使人们变得顽固、对公司里的问题和变化不作准备的主要原因之一
8. 为在自己目前的职业中谋生及采取下一步工作或职业步骤作准备，探索可选的方案及寻找工作技巧
9. 要被自己的目标所激励，而不要为愤怒、担忧或失望所影响
10. 积极推销自己。不论自己是有一份工作还是正在寻找工作，为了顺应当今的世界要求，为了生存和成功，必须学会推销自己
11. 改善自己的动机和承诺。组织不再寻找那些足够好的人，而是寻找那些最富激情的人，要求并使自己尽最大努力。如果研讨会涉及动机的内容，就去参加讨论，使自己的热情焕发活力展示在工作之中
12. 正确对待自己的弱点和不足
13. 改变自己。经过培训与教育学习新技术，使自己适应这个社会，而不是让社会适应自己
14. 超越自我。在不改变自己本性的前提下，灵活地使用各种行为方式

职业发展是一个不断发展的过程，它要考虑到个人、组织和环境发生的变化。在当今的动态组织环境中，这种灵活性是绝对必要的。不仅企业的需求会改变，个人也可能发生变化。在整个企业里，员工可能不得不考虑最终可能通往较高层次的其他路径。例如，他们可能通过横向调动到一个更有活力的部门工作，而薪资和职位不变；也可能离开该公司到其他地方从事薪资更高的职业；也许留在原来的职位上，努力提高他们的技能、开阔新视野；或者降职到某一压力小但发展机会多的职位。但无论何种路径，员工个人都必须不断地提升自己。

综上所述，在个人职业规划与发展中，影响其发展的因素是多方面的，因此，一个人不应该仅仅留心于获得特定工作所需的知识和技能。显然，工作诀窍是必需的，但是一个人要想成为一名成功的员工，就必须发展其他的技能，或者在本职状态下向专精化方向发展。

（二）职业锚理论

1. 职业锚的含义

职业锚理论是由美国著名职业指导专家埃德加·施恩（Edgar Schein）在对麻省理工大学斯隆管理学院44名毕业生长达10年的职业生涯发展跟踪研究后提出来的。埃德加·施恩认为，职业规划与发展实际上是一个持续不断的探索过程。在这一过程中，每个人都在根据自己的天资、能力、动机、需要、态度和价值观等，慢慢地形成较为明晰的与职业有关的自我概念。施恩认为，随着一个人对自己越来越了解，这个人就会越来越明显地形成一个占主要地位的职业锚（Career Anchor）。职业锚是一个人“自身的才干、动机和价值观的模式”，是一种职业的自我观。

“职业锚”是一种人们选择和发展自己的事业时所围绕的中心。它是指当一个人不得不作出职业选择时，无论如何都不会放弃职业中的那种至关重要的东西或价值观。它是个人进入早期工作情境后，由习得的实际工作经验所决定的，与在经验中自省的动机、需要、价值观和才干相协同，达到自我满足和补偿的一种长期稳定的职业定位。了解职业锚概念要注意以下几个方面：

（1）职业锚以员工习得的工作经验为基础。职业锚发生于早期职业阶段，新员工已经工作若干年，习得工作经验后，方能够选定自己稳定的长期贡献区。个人在面临各种各样的实际工作生活情境之前，不可能真切地了解自己的能力、动机和价值观事实上将如何相互作用，以及在多大程度上适应可行的职业选择。因此，新员工的工作经验产生、演变和发展成为职业锚。换言之，职业锚在某种程度上由员工实际工作经验所决定，而不只是取决于个人潜在的才干和动机。

（2）职业锚是内在的职业定位。职业锚不是对测试出来的能力、才干或者择业动机、价值所作的预测，而是新员工在工作实践中，依据自省的和已被证明的才干、动机、需要和价值观，现实地选择的准确的职业定位。

（3）职业锚是逐步整合的结果。职业锚是员工自我意识中的动机、需要和价值观相互作用和逐步整合的结果。在实际工作中，新员工重新审视自我动机、需要、价值观及能力，逐步明确个人需要与价值观、明确自己的擅长所在及其发展的重点，并且针对符合个人需要和价值观的工作以及适合于个人特质的工作，自觉地改善、增强和发展自身才干，达到自我满足和补偿。经过这种整合，新员工才能寻找到自己长期稳定的职业定位。

（4）职业锚是变动的。职业锚是个人稳定的职业贡献区和成长区，但是这不意味着个人将停止变化和发展。员工以职业锚为其稳定源，可以获得该职业工作的进一步发展，以及个人生物社会生命周期和家庭生命周期的成长和变化。此外，职业锚本身也可能变化，员工在职业生涯的中、后期，可能会根据变化了的情况重新选定自己的职业锚。

2. 职业锚的类型

施恩根据自己的研究，提出了以下五种类型的职业锚：

（1）技术型职业锚。有这种职业锚的人，总是倾向选择能保证自己在既定技术或功能领域不断发展的职业，往往不愿选择带有一般管理性质的职业。他们认为自己的职业成长只有在诸如工程技术、财务分析、营销等特定的技术或职能领域才能够进步。

（2）管理能力型职业锚。有此类型职业锚的个体，表现出成为管理人员的强烈动机。他们相信自己具备提升到一般管理性职位所需要的各种能力和价值倾向，倾向于追求担任较高管理职位是其最终目标。他们具有或自认为具有三种能力的组合：一是分析问题的能力——在信息不完全以及不确定的情况下发现、分析、操纵以及控制他人的能力；二是人际能力——妥善处理组织内外关系的能力；三是情感能力——在情感和人际危机面前会受到激励而不受其困扰和削弱的能力。

（3）创造型职业锚。具有创造型职业锚的个体往往有这样一种需要——“建立或创设某种完全属于自己的东西”，要依靠创造性努力，创造出新的产品或服务，搞出新事业、新发展等。他们以创造为自我扩充的核心，要求有自主权，施展自己的特殊才华，创建新组织、新事业等。成功的企业家大多具有这种职业锚。

（4）独立型职业锚。具有这种职业锚的人希望随心所欲地安排个人的工作与生活方式，追求能够施展个人职业能力的工作环境，尽量摆脱组织的限制和约束。他们追求在工作中享有个人的自由，有较强的个人认同感，认为工作成果与自己的努力紧密相关。

（5）稳定型职业锚。具有稳定型职业锚的人的特点是极为重视职业的长期稳定性和工作保障性，他们追求稳定安全的前程，追求有保障的工作、体面的收入以及可靠的未来生活——良好的退休计划和较高的退休金保证。具有稳定型职业锚个人的职业发展依附于组织或社区对他们能力和需要的识别和安排，为此，他们甘冒风险，愿意以对组织价值观和准则的高度服从来作为交换。

职业锚作为一个人自省的才干、动机和价值观的模式，在员工职业生涯规划与管理中发挥着重要的功能和作用。职业锚有助于识别个人的职业抱负模式和职业成功标准；有助于增强个人的职业技能和工作经验，提高工作效率；职业锚能够促进员工预期心理契约的发展，有利于个人与组织稳固的相互接纳；可以为员工未来的职业生涯发展奠定基础。但是个人的职业锚在不断在发生变化，是在一个不断探索的过程中所产生的动态结果。人们往往在不得不作出某种重大职业选择时，才会意识到自己的职业锚。

3. 职业锚的个人开发

职业锚是个人早期发展过程中逐渐确立的职业定位。从个人角度来看，应如何开发职业锚呢？

（1）提高职业适应性。职业适应性是指在职业活动实践中验证和发展了的适合性。针对个人来说，可以从以下几个方面提高职业适应性：

1）端正工作态度。新员工进入企业后，必须端正工作态度，遵守和熟悉该工作的角色规范，如纪律、技术规范等，并迅速掌握工作技能。这样有利于员工个人尽快进入新的角色。

2）培养工作兴趣，扩展知识。兴趣是员工个人工作的动力之一。只有培养进取心、对工作有浓厚的兴趣，才能不断地扩充知识，从而提高对工作的适应性。

3）要在动态中适应。虽然人们强调目标专一，但是不能期望一劳永逸、稳固不动，应对发展和变化有足够的心理准备，对新兴的事物持开放、采纳和吸收的态度。与此同时，适应发展变化的职业工作，还要有知识技能的准备。随着知识内容、知识结构的更新，员工个人要不断学习和掌握新知识、新技能，锻炼出一种动态、科学的思维方式和判断能力。

（2）借助组织的相关量表，发展自己的职业角色。每个企业的规划表都有所不同，因此，选定职业目标时，要注意到这点。职业规划表是一种工作结构图，而工作说明书则是工作剖视图，它们是互相补充的。通过这些量表，可以清晰地了解企业的哲学思想及企业目标。因此，在进行个人职业规划时，必须借助企业的相关量表，结合个人的需要和价值观，客观地选定目标，发展自己的职业角色形象。

职业角色形象是员工个人向其工作群体的自我职业素质的全面展现，是企业或工作群体对个人关于职业素质的一种根本认识。职业角色形象的构成主要有两个要素：一是职业道德素质，通过敬业精神、对本职工作热爱与否、事业心、责任心、工作态度、职业纪律、道德等体现；二是职业工作能力素质，主要看员工所具有的智力、知识、技能是否胜任本职工作。员工个人应当从上述两个主要的基本构成要素入手，很好地塑造自己的职业角色形象，为自己确定职业锚创造条件，打好基础。

（3）培养和提高自我职业决策能力和决策技术。所谓自我职业决策能力，是指个人习得的用以顺利完成职业选择活动所需要的知识、技能及个性心理品质。职业决策能力运用于实际的职业决策之时（如职业锚），需讲究决策技术，掌握决策过程。

自我职业决策能力是一种重要的职业能力。决策能力大小、决策正确与否，往往影响整个职业生涯发展乃至人的一生。在个人的职业生涯发展过程中，特别是职业转折关头，例如首次选定职业锚、重新择职等，具有强职业决策能力和决策技术十分重要。所以，个人在选择、开发职业锚之时，必须着力培养和提高职业决策能力。

（4）设定职业目标实现的途径。首先，增加个人对组织的价值，做好现有工作，为个人职业目标实现奠定基础。要请求担当更繁重或责任更大的工作，并切实完成好工作任务。

一方面，显示并增大对组织的价值；另一方面，向组织表明和证实自己的实际能力，为个人职业目标实现、获得职业成功创造条件。其次，预计未来目标成功需要什么知识和技能，并设计以何种方式来获得这些知识与技能。这是个人职业规划中的核心内容，是职业成功的决定性因素。再次，接受适时的培训。在自我职业得到提升后，还要适时地予以培训，这是职业锚得以强化的一个因素。而且适当的培训有利于阻止由于缺乏知识或技能导致的停滞不前。

第三节　职业生涯规划

一、职业生涯规划概述

（一）职业生涯规划的含义

职业生涯规划是指组织或个人把个人发展与组织发展相结合，对决定个人职业生涯的个人因素、组织因素和社会因素等进行分析，制定有关个人一生中在事业发展上的战略与计划安排。

“凡事预则立，不预则废”。通过职业生涯的规划，员工有了明确的目标，就会主动根据目标找到自己的不足，寻找发展机会；企业也会更容易将员工个人的发展愿望和组织的发展需要相结合，实现企业发展。

目前，在一些卓越的公司中，如联想、新浪、摩托罗拉、格兰仕等，都实行了职业生涯管理。职业生涯规划是基于企业远景之下的规划，是近几年企业人力资源管理中常见的人才发展模式。

（二）职业生涯规划的分类

根据职业生涯规划的定义，职业生涯规划首先要对个人特点进行分析，再对所在组织环境和社会环境进行分析，然后根据分析结果制定一个人的事业奋斗目标，选择实现这一事业目标的职业，编制相应的工作、教育和培训的行动计划，并对每一步骤的时间、顺序和方向作出合理的安排。

职业生涯规划按照时间的长短来分类，可分为人生规划、长期规划、中期规划与短期规划四种类型，具体如表 7-6 所示。

表 7-6　职业生涯规划的类型

类　型	定义及任务
人生规划	整个职业生涯的规划，时间长至 40 年左右，设定整个人生的发展目标。例如，规划成为一个有数亿资产的公司董事
长期规划	5 ~ 10 年的规划，主要设定较长远的目标。例如，规划 30 岁时成为一家中型公司的部门经理，规划 40 岁时成为一家大型公司副总经理等
中期规划	一般为 2 ~ 5 年的目标与任务。例如，规划到不同业务部门做经理，规划从大型公司部门经理到小公司做总经理等
短期规划	2 年以内的规划，主要是确定近期目标，规划近期完成的任务。例如，对专业知识的学习，2 年内掌握哪些业务知识等

人的职业生涯是一个很长时间的过程，所以应有一个整体的职业生涯规划，但整个职业生涯规划是一个笼统的概念，很难具体实施。比如，某人制定了一个人生职业生涯规划，要成为一个掌握上亿资产公司的总经理。为了达到这个目标，他就要把这个规划分成几个中等的规划，如什么时候成为一个部门的主管、什么时候成为一个部门的经理。然后再把这些规划进一步细分，把它分为可直接操作的具体计划，如为了达到总经理的要求，攻读工商管理硕士学位，丰富管理理论知识，从事不同的职业，丰富各个业务流程，等等。这样就可以先把整个人生职业生涯规划分成几个长期规划，长期规划再分成几个中期规划，中期规划再分成几个短期规划，从而一步一步来实现它。

二、职业生涯规划中员工的责任

职业生涯规划中员工的责任就是员工根据自身的主观因素和客观环境的分析，确立自己的职业生涯发展目标，选择实现这一目标的职业以及制订相应的工作、培训和教育计划，并按照一定的时间安排，采取必要的行动实施职业生涯目标。

在职业生涯规划中，员工应进行的工作主要有：自我评估、对发展机会进行分析判断、确定自我发展目标、制订具体的发展计划或规划、实施发展计划等。

（一）确定志向

志向是一个人事业成功的基本前提。在设计职业生涯时，首先要确定志向，这是设计职业生涯的关键。

（二）评估自身的优势

评估自身的优势就是要全面了解自己。一个有效的职业生涯规划必须是在充分且正确认识自身条件与相关环境的基础上进行的。要审视自己、认识自己、了解自己，作好自我评估，包括自己的价值观、个人需求、兴趣、气质、性格、能力等，即要弄清楚自己想干什么、能干什么、应该干什么，在众多的职业面前自己会选择什么等问题。只有了解自己，才能选定适合自己发展的职业生涯路径，才能对自己的职业发展作出最佳决策。

1. 分析自身的价值观

价值观能够左右一个人的生活，对人的一生产生异常重要的作用，如果一个人作出的职业选择是违背自身价值观的，那么他就不会心甘情愿地为之付出时间、精力和金钱，就不会有为了事业努力奋斗的激情，就不会有百折不挠的意志力。

2. 分析自身的需求

行为科学理论认为，人的行为是由动机决定的，而动机又是由需求决定的。因此，要想在职业上取得成功，必须准确地分析自身的需求，根据自身需求选择职业、设定职业目标、选定职业生涯路径等。马斯洛认为，人的需求包括生理需求、安全需求、社交和归属需求、尊重和自尊需求、自我实现需求这五个由低到高循序发展的需求，它们对人们规划职业生涯都有重要的意义。例如，人们为了满足生理和安全层面的需求，就会选择能够带来足够收入的、可以满足自己衣食住行和繁衍后代等方面需要的职业；为了满足归属和尊重层面的需求，就希望通过职业活动为自己开辟一方新天地，结识并归属一定的群体，获得一定的声望；为了满足自我实现层面的需求，就期望在职业活动中不断发展自己的长处，提升自己的能力，从而在有成就地为社会服务的过程中对自己更加充满信心，更加清楚地看到自身生命的价值。

3. 分析自身的兴趣

兴趣对人生事业的发展至关重要，当人的兴趣对象指向职业活动时，就形成了人的职业兴趣，其对人的职业活动有着重要影响。一份符合自己兴趣的工作常常能够给人带来愉悦感和满足感。在选择职业时，人们往往把是否对此有兴趣作为考虑因素之一。如果从事的是自己感兴趣的职业活动，就会激发出强烈的探索精神和创造的热情，可以在良好的体能、智能和情绪状态之下从事职业活动，可以激发自己全身心地投入而感觉自己心甘情愿。例如，喜欢从事具体的工作，喜欢制作看得见、摸得着的产品并从中得到乐趣，希望很快看到自己的劳动成果，并从完成的产品中得到满足的人，则适合选择室内装饰、园林、美容、理发、手工制作、机械维修、厨师等职业。

4. 分析自身的气质

气质是指一个人稳定的心理活动的个性心理特征。心理学家把气质分为多血质、胆汁质、黏液质和抑郁质四种类型。不同气质类型的人在生活和工作中会表现出不同的心理活动和行为方式。气质本身并无好坏之分，每种气质都有积极和消极的一面。多血质和胆汁质的人比较适合一些要求作出迅速、灵活反应的工作，黏液质和抑郁质的人则比较适合做要求细致的工作。气质是制约人们选择职业的重要因素之一，不同职业对人的气质也有特定要求，如医务人员要求耐心、细致，飞行员要求机智灵敏、注意力集中等。气质具有相对的稳定性，但后天也可以锻炼改造。况且纯粹属于某一气质类型的人很少，大多数人都是几种气质类型兼具的混合体，在选择职业时要注意扬长避短。

5. 分析自身的性格

性格是指一个人对待现实的态度和行为方式中比较稳定的个性心理特征。许多工作对性格品质有着特定的要求，要选择某一职业就必须具备这一职业所要求的性格特征。比如说，传统型的人在事务性的职业中最为常见，这一类人容易组织起来，喜欢与数据型及数字型的事实打交道，喜欢明确的目标，不能接受模棱两可的状态；艺术型的人喜欢选择音乐、艺术、文学、戏剧等方面的职业，他们认为自己富有想象力、直觉强、易冲动、好内省、有主见；现实主义型的人真诚坦率、较稳定、讲求实利、害羞、缺乏洞察力、容易服从，他们一般具有机械方面的能力，乐于从事半技术型的或手工型的职业（如管道工、装配线工人等），这类职业的特点是有连续性的任务需要，却很少有社会性的需要，如谈判和说服他人等；社会型的人喜欢为他人提供信息、帮助他人，喜欢在秩序井然、制度化的工作环境中发展人际关系和工作，他们适合从事护理、市场营销、销售、培训与开发等工作；创新型的人喜欢领导和控制他人（而不是去帮助他人），其目的是为了达到特定的组织目标，这种类型的人自信、有雄心、精力充沛、健谈；调查研究型的人为了知识的开发与理解而乐于从事现象的观察与分析工作，生物学家、社会学家、数学家多属于这种类型。

6. 分析自身的能力

能力是直接影响活动的效率、使活动顺利完成的个性心理特征。人们的能力可以分为一般能力和特殊能力两大类。一般能力通常又称为智力，包括注意力、观察力、记忆力、思维能力和想象力等，是指人们顺利完成各项任务都必须具备的一些基本能力。特殊能力是指从事各项专业活动的能力，也称为特长，如计算能力、音乐能力、动作协调能力、语言表达能力、空间判断能力等。这里所说的能力是指劳动者从事社会生产活动的能力，亦即职业工作能力。职业工作能力是能否进入职业的一个先决条件，是能否胜任职业工作的一个主观条件。无论从事什么职业，总要有一定的能力作保证。职业工作能力不同，对职业选择就有差异；没有任何职业工作能力，就根本谈不上进入职业工作，对个人来讲也就没有职业生涯可言。

（三）评估职业生涯机会

员工进行职业生涯规划时，除了对自身的优势和劣势进行分析和评价外，还要对外部环境进行分析，分析环境发展的变化情况、环境条件的特点、自己与环境的关系等，以便评估职业生涯机会，设计合理的职业生涯路径。外部环境因素包括企业环境和社会环境两个方面。

1. 企业环境

企业环境对一个人的职业有重要的影响。对企业环境的分析，可以确保员工对企业环境的了解，分析企业中是否存在自己发展的机会，以及这些机会能否满足自己职业发展的需要，以便抓住企业环境给自己职业发展带来的机会。对企业环境分析主要包括：对企业性质的分析，对企业发展目标的把握，对企业最需要人才类型的了解，对企业已有竞争对手和潜在竞争对手的把握，以及会影响职业选择和职业发展的企业其他因素。

2. 社会环境

社会环境是指企业环境之外的宏观环境，这些因素不仅会影响员工的职业，还会影响员工生活的方方面面。对社会环境的分析，可以帮助员工把握企业外部环境中与职业选择和职业发展相关的问题。对社会环境的分析主要包括：了解企业所在地区的经济发展形势和该地区所提供的发展机会，分析所属行业的发展态势和该行业所能提供的发展机会，考虑其他地区、行业或企业是否存在更好的发展机会，以及会影响职业选择和职业发展的其他社会因素。

（四）职业定位

职业定位就是选择职业，是指为自己的潜能、主客观条件以及职业目标谋求最匹配的职业。良好的职业定位是以自己的最佳职能、最优性格、最大兴趣、最有利的环境信息为依据的。在职业定位过程中，要考虑专业与职业的匹配、兴趣与职业的匹配、性格与职业的匹配、特长与职业的匹配等条件。

1. 职业定位的原则

个人在进行职业定位时要遵循以下几条原则：

（1）实事求是。职业定位时要依据客观现实，考虑个人与企业、社会的关系。

（2）鉴别比较。职业定位时要比较职业的条件、要求、性质与自身条件的匹配情况，选择条件更合适、更符合自己特长、自己更感兴趣，经过努力能很快胜任，有发展前途的职业。

（3）扬长避短。在进行职业定位时要看主要方面，不要追求十全十美的职业。

（4）审时度势。在进行职业定位时要及时调整，要根据情况的变化及时调整择业目标，不能固执己见、一成不变。

2. 职业定位的步骤

在职业定位时，一般要遵循先选择行业、再选择企业、最后选择部门的顺序。

（1）选择行业。在选择职业阶段，一般先选择行业，再选择行业中的某一类职位。在选择行业时，个人先拟定几类合适的行业进行考察，收集行业发展的相关资料。在对某行业进行考察时，应拟出该行业某职位的相关知识门类和能力特点，如果选定了该行业，就列出清单，结合自己的情况逐一加以学习和培养。

（2）选择企业。在了解自己对职业前途的需求状况之后，选择最适合的企业是关键的一步。什么是最适合的企业呢？薪酬待遇固然重要，但更多的是要注重企业的发展机会，要注意这个企业的企业文化的优越性与管理系统的规范性因素。

（3）选择部门。接下来则是找准自己适合就职的部门了。客观地说，这是一件非常复杂的事情，必须和个人的学业专长、爱好、学习体验结合起来考虑。员工应该选择最能适合自己发展的职能部门，比如说，有些职能部门工作量大、业务复杂，但同时有比较多的发展机会，员工可以优先考虑这些部门。

（五）选择职业生涯路径

一旦确定了职业之后，就面临着职业生涯路径的选择。所谓职业生涯路径，就是指当一个人选定职业后从什么方向实现自己的职业目标，比如说是向专业技术方向发展，还是向行政管理方向发展。可以说，职业生涯路径是整个人生规划的展开。

由于发展路径不同，对个人的要求也就不同。而且在现实生活中，即使是同一职业也有不同的岗位。因此，在职业生涯规划中须作出抉择，以便使学习、工作和各种行为沿着自己的职业生涯和预定的方向前进。实际上，职业生涯路径选择也是职业发展成功的重要的步骤之一。

1. 职业生涯路径的模型

在一个企业中，最常见的职业生涯路径有三条：第一，向专业技术方向发展；第二，向行政管理方向发展；第三，先向专业技术发展，再转向行政管理方向发展。

典型的职业生涯路径是一个“V”形图。假定一个人 22 岁大学毕业参加工作，即 V 形图的起点是 22 岁。从起点向上发展，V 形图的左侧是专业技术路径，右侧是行政管理路径，中间则是技术→管理路径。将路径分成若干等分，每等分表示一个年龄，并将专业技术等级、行政职务等级分别标在路径图上，作为自己的专业生涯目标。个人可以通过对自身因素进行系统分析，权衡利弊，作出路径选择，从而挑出能够实现自身目标的最佳的路径。

2. 选择路径时的考虑因素

在选择职业生涯路径时，要对职业生涯各要素进行系统分析，可以从以下几个方面对其进行考虑：一是自己想往哪一条路径发展。在这方面应当考虑自己的价值、理想、成就动机等主观因素，以便确定自己的目标取向。二是自己适合往一条路径发展。在这方面主要应当考虑自己的性格、特长、经历、学历、家庭影响等一些客观条件对职业生涯路径选择的影响，以便确定自己的能力取向。三是自己可以往哪一条路径发展。一旦选定自己希望和适合自己的发展路径后，还应当进一步综合分析各方面的因素，判断自己职业目标的实现路径是否可以取得发展。

从职业路径角度讲，员工发展大致可以分为传统职业路径、横向技术职业路径、网状职业路径及双重职业路径四种类型。

（1）传统职业路径，即纵向发展，是指职务等级由低级到高级的晋升，从而获得自身发展所需要的经历。该路径的不足在于粥少僧多且适用面窄。

（2）横向技术职业路径，即横向发展，是指在同一层次的不同职务之间进行调动。这种横向发展可以帮助员工发现自身才能与工作的最佳结合点，同时又可以积累各个方面的工作经验，获得新的发展机会。对处于职业中期的员工来讲，这是一条行之有效的职业路径。

（3）网状职业路径，是指纵向职业发展的职务序列与横向发展的职务机会综合交叉的职业路径。该路径可使员工升到较高层职业务之前丰富经历和经验。

（4）双重职业路径，即向核心方向发展。虽然员工的职务没有晋升，但是却担负了更多的责任，有了更多的机会参与企业的各种决策活动，使组织既可以培养拥有高技能的管理者，又可以培育和造就拥有高技能的技术人员。

（六）设定职业生涯目标

职业生涯目标的设定，是选择职业和职业路径后对人生目标作出的一次抉择，是职业生涯规划的核心。一方面，职业生涯目标的选择应该是实际可行的；另一方面，职业生涯目标应该是具有挑战性和激励性的，能够激励个体不断发展和提高自己。

职业生涯目标的制定包括短期目标、中期目标、长期目标和人生目标的制定。其中，短期目标一般为 1 ~ 2 年，中期目标一般为 3 ~ 5 年，长期目标一般为 5 ~ 10 年。短期目标必须清楚明确、现实和可行；中期目标应既有激励价值，又要现实可行；长期目标、人生目标尽可能远大，但不要求具体详细，而且应在符合自身价值的基础上，与社会发展需求相适应。

（七）制定职业生涯策略

在确定了职业生涯路径和职业生涯目标后，还必须有相应的职业生涯策略作保证，这就需要制订行动计划。如果没有行动，职业生涯目标就只能是一种梦想。这里所说的行动，是指落实自己目标的具体措施，包括工作、训练、教育、轮岗等方面的措施。

1. 提升个人对企业的价值

提升个人对企业的价值，不仅能够保住现有工作，而且能够为个人职业生涯目标的实现奠定基础。一个人只有对企业有用，才能长期留在企业中，因此，如果决心在一个企业内发展，首要的一步就是保住现有工作。为此，在个人职业生涯规划中要明确预期自己在哪里、哪个岗位或哪个工作上能为企业持续地提供增值服务。

2. 承担更多的工作任务

人个应请求担当责任更大、更繁重的工作，并切实完成好工作任务。这样做一方面可以增加自己对企业的价值贡献；另一方面，也可以展示和证明自己的实际能力，为实现个人职业生涯目标、获得职业成功创造条件。

3. 补充知识和技能

预计成功实现未来目标将需要何种知识和技能，并事先设计好以何种方式获得这些知识和技能，这是个人职业生涯规划成功的核心内容。职业成功与否固然有机遇因素，但是起决定作用的还是在于个人的知识和解决问题的能力。在这一过程中，个人的职业期望必须与培训开发活动相结合，通过不断地调整知识结构、提高运用能力来拓展职业成功的要素。

4. 培养和提高沟通能力

个人应培养和提高沟通能力，搞好企业内工作场所的人际关系。工作场所的人际关系包括与上级的关系、与同级同事的关系以及与下属的关系。人际关系反映了员工的一种工作环境，如果处理不好，就会成为个人职业成功的障碍。人际关系的好坏不仅反映了员工人际关系交往的能力，也反映了员工适应环境、能动地改造环境的能力，同时还能折射出员工的思想意识和个人特质。因此，职业成功要求个人在处理人际关系时应当努力加强人际交往，建立良好的人际关系，为个人职业目标的实现寻求支持与帮助，从而促进职业生涯目标的顺利实现。

总之，如参加企业教育、培训与轮岗，构建人际关系网，参加业余时间的课程学习，掌握额外的技能与知识等，都是实现职业生涯目标的具体策略。

（八）评估与调整

职场上常说，“计划赶不上变化”。随着职业生涯设计因素的不断变化，为使职业生涯设计行之有效，员工在行动过程中往往需要不断地对职业生涯规划进行评估和调整，调整的内容侧重于职业生涯路径的选择、职业生涯目标的修正以及职业生涯策略等。

三、职业生涯规划中企业的责任

职业生涯规划中企业的责任就是企业根据自身的发展目标，结合员工的发展要求，制定企业职业发展需求战略、职业变动规划与职业通道，并采取必要的措施对其实施，以实现企业目标与员工就业发展目标的统一。

（一）对员工进行分析和定位

企业应当帮助员工进行比较准确的自我评价，同时还必须对员工所处的相关环境进行深层次的分析，并应根据员工自身的特点设计相应的职业发展方向和目标。这一阶段的主要任务是开展员工个人评估、企业对员工的评估和环境分析三项工作。

（1）员工个人评估。职业生涯规划的过程是从员工对自己的职业生涯需求、兴趣、能力及目标的评估开始的。个人评估的重点是分析自己的条件，特别是个人的需求、兴趣、性格与特长等，至少应考虑兴趣与职业的匹配、性格与职业的匹配以及特长与职业的匹配。个人评估是职业生涯的基础，直接关系到员工职业成功与否。个人评估可采取多种方法，同时还可以应用相关的计算机软件。

（2）企业对员工的评估。企业对员工的评估是为了确定员工的职业生涯目标是否实现。企业可以通过以下几种渠道来对员工的能力和潜力进行评估：①利用招聘筛选时获得的信息进行评估，包括能力测试、兴趣爱好、受教育情况以及工作经历等；②利用当前的工作情况，包括绩效评估结果、晋升记录以及参加各种培训的情况等；③利用个人评估的结果。

目前，许多国际著名的公司都建立或使用评估中心来直接测评员工从事某种职业的潜力。评估中心的评估可以帮助企业确定员工可能的发展路径，同时也能帮助员工知道自己的优势与劣势，以便员工更加现实地设定自己的职业发展目标。

（3）环境分析。人是社会的人，任何一个人都不可能离群索居，必须生活在一定的环境中。环境为每个人提供了活动的空间、发展的条件、成功的机遇。环境分析主要是通过对企业环境、社会环境、经济环境等有关问题的分析与探讨，弄清环境对职业发展的作用、影响及要求，以便更好地进行职业选择与职业目标规划。

（二）帮助员工选择职业

职业的选择是事业发展的起点，职业选择正确与否，直接关系到事业的成败。企业应开展必要的职业指导活动，通过对员工的分析与组织岗位的分析，为员工选择适合的职业岗位。

在具体的实施上，企业首先要分析员工的理想型职业选择和现实型职业选择。两者的距离越近，双方的冲突就越小，因此，职业的选择往往是个人理想与企业现实二者之间的折中。但必须看到，对于一个参加工作的成年人来说，职业生涯的开发是始终不断调整适应的过程。

（三）帮助员工选择职业生涯路径

员工职业生涯路径的选择，既需要员工自己决定，又要受到企业的职业生涯路径体系的客观限制。

（1）传统职业生涯路径体系。一般企业的职业路径分为技术和管理两大系列。在传统职业生涯路径中，技术路径所提供的升迁机会十分有限，而管理人员的职业发展道路要比技术人员职业发展道路所提供的经济报酬高得多，所以传统的职业生涯路径体系显示出重管理、轻技术的特点，这在知识型员工日益重要的今天，对于企业而言有着巨大的危害。

在这样的职业生涯路径体系下，一方面，由于地位低、工资少、晋升机会有限，技术人员很可能会选择离开企业，跳槽到更有利于他们发展的地方去，这样会损害企业的核心竞争力；另一方面，如果科技人员希望提高地位和薪酬，他们也可能放弃科研技术工作而去从事他们并不擅长的管理工作，而很多企业也认为对科研技术人员最好的非物质激励就是将其提拔到管理层。其实这样对企业来说是一种极大的浪费，是用一个出色的专家换来了一个蹩脚的经理。

（2）双重职业生涯路径体系。美国很早便在一些企业实施“双阶梯激励机制”（Dual Ladders）。双阶梯激励也叫双重职业生涯路径，它是为了给企业中的专业技术人员提供与管理人员平等的地位、报酬和更多的职业发展机会而设计的一种职业生涯路径系统和激励机制。

双重职业生涯路径的具体形式就是在企业内通过设计两条平行的职业生涯路径，一条是行政管理路径，即管理阶梯；另一条是专业技术路径，即技术阶梯。管理人员沿管理阶梯的提升意味着员工享有更多的制定决策的权利，同时要承担更多的责任；技术人员沿技术阶梯的提升意味着员工具有更强的独立性，同时拥有更多从事专业活动的资源。在两条路径的平行层级结构中，相同级别的人员具有同样的地位、报酬和奖励。这就是走技术阶梯的人员能与管理人员享有平等的发展机会和发展层级。同时，这种双重职业生涯路径允许技术人员自行决定其职业发展方向，他们可以继续沿着技术阶梯发展，也可以转入管理阶梯发展。

“双阶梯激励机制”的另外一种拓展形式是“多阶梯激励机制”，也就是设计多条平行的职业生涯路径，例如，美国道康宁公司一共分为管理、研究、开发、工艺工程和技术服务五个阶梯，后四个统称为专业技术阶梯；天津天士力集团设计的多元晋升通道，将所有职位分为管理类、专业类、技术类、营销类和操作类五大晋升阶梯，其原理和“双阶梯激励机制”是一样的。

双重职业生涯路径体系的运用具有以下优点：①降低员工离职率。采用双重职业生涯路径体系后，沿技术阶梯发展的优秀专业人才可获得更大的工作满足感，提高了专业人才的地位，降低了其离职率。②提高雇用成功率。对于那些无管理兴趣和管理能力的专业人员来说，技术阶梯是一个极具吸引力的职业生涯选择。③降低人才培训和开发的成本。传统的培训和开发重点是使专业人才成为既懂得技术又懂得管理的全能员工；在双重职业生涯路径体系下，人才培训和开发的重点是提高专业人才的专业技能和能力，而无需将90%的时间浪费在提高管理能力上。④降低管理成本。专业人才的专业技能不断提高，使管理者花费在他们身上的沟通、协调、组织、控制的时间减少，降低了对管理人员的需求。⑤提高技术生产率。专业技术人员拥有和管理人员对等的地位、报酬和奖励，这将对他们产生极大的激励作用，从而大大提高生产率。

（四）帮助员工制定职业生涯目标

企业内部的职业信息系统是员工制定职业生涯目标时的重要参考。在员工确定职业目标之前，他们往往还需要了解有关职业选择及其机会方面的情况，包括可能的职业方向、职业发展道路以及具体的职位空缺。

为此，企业的职业信息系统要做好以下工作：①提供职务工作说明信息。例如，不同职位工作的关系、各自所需要的知识和技能、对教育和经历的要求等。②提供绩效考评信息。这是个人职业生涯规划的中心内容。定期考评员工并及时反馈给个人，能够帮助员工在认清自身差距的同时明确今后的发展方向。③建立好各种职业发展的信息。提供有关职务开发与调整的信息、职位空缺信息，开展员工职业发展咨询等工作。

（五）帮助员工制定职业生涯策略

在积极实施员工职业生涯规划的同时，根据员工的不同情况采取不同的职业生涯策略，对企业和员工的发展同样具有十分重要的意义。一般来说，在人生的不同年龄阶段，个人的价值取向、兴趣等都会有所转变。因此，企业应当对不同年龄阶段的员工采用不同的职业生涯策略方法。

（1）对新员工的职业生涯策略是：提供一个富有挑战性的最初工作。大多数人都认为，企业能够做的最重要的事情之一，就是争取为新员工提供一份富有挑战性的工作。提供富有挑战性的起步性工作是帮助新员工取得职业发展的最有力、最简单的途径之一。

（2）对中期员工的职业生涯策略是：提拔晋升，使员工的职业道路顺畅。这一策略主要应用于有培养前途、有作为、能独当一面的员工，对于他们，企业依然要充分信任，大胆地将富有挑战性的工作和新的工作任务交给他们。

（3）对老年员工的职业生涯策略是：到职业后期阶段，员工的退休问题必然提到议事日程上来。大量事实表明，退休很可能伤害了员工，对企业的工作也会产生影响。为减少和避免可能的伤害与影响，应对员工退休事宜给予细致周到的计划和管理。在老年员工的职业生涯规划上，要注意做好细致的思想工作，完善退休后的计划与安排，并及时完成退休之际的工作衔接。

（六）评估与调整

由于种种原因，最初企业为员工制定的职业目标往往都是比较抽象的，有时甚至是错误的。经过一段时间的工作以后，可以有意识地回顾员工的工作表现，检验员工的职业定位与职业方向是否合适，这样，在实施职业生涯规划的过程中评估现有的职业生涯规划，企业就可以修正对员工的认识与判断，通过反馈与修正，纠正最终职业目标与分阶段职业目标的偏差。同时，通过评估与修正，还可以极大地增强员工实现职业目标的信心。

第四节　职业生涯周期管理

一、职业生涯早期管理

职业生涯早期主要是指从进入职业前的职业选择、职业培训到进入企业的这一段时期。在这段时期，职业生涯管理可以分成两个阶段：进入企业前的一段时间和进入企业后的一段时间。进入企业前主要以员工的自我职业生涯管理为主；进入企业后的职业生涯管理则是双主体的，既有企业的职业生涯管理，又有员工的自我职业生涯管理，其中企业的作用更为重要。

（一）职业生涯早期的特点

了解职业生涯早期的特点，是确立职业生涯管理对策的基础。职业生涯早期的特点体现在以下方面：

1. 初步接触职业

员工在确定了职业生涯领域后，开始接触职业生涯领域的知识、技能，并逐步尝试在所确立的职业生涯领域中积累工作经验。刚进入企业，员工除了对工作岗位缺乏经验外，对企业文化也比较陌生，对周围的工作环境也不熟悉，需要逐步适应环境、适应主管的管理方式、适应与同事之间的交往合作方式等。另外，职业探讨也是这一时期的一个重要特点，尽管员工已作出了初步的职业选择，但是否合适，还需要通过实际的学习、工作予以验证；如果觉得工作不合适，就需要调整和变更。

2. 精力充沛

处于职业生涯早期的员工，一般还没有成立家庭，或刚准备成立家庭，因此精力充沛，家庭负担比较轻，有足够的精力来应对可能出现的工作困难。

3. 存在独立和依赖的矛盾

员工刚开始参加工作，独立担当某种重要的岗位责任的机会比较少，常常会处于配合、支持其他有经验的人的地位。但是依赖是独立的前奏，当经过一段时间的学习和积累，员工的工作经验和能力发展到一定程度后，就应该逐步地寻求独立，如果不能及时地克服依赖，就难以发展其独立性，对职业生涯发展造成消极影响。

（二）职业生涯早期的问题

在职业生涯早期，员工需要确立合适的职业、进入合适的企业、适应企业的文化，良好的开端是成功的一半，大多数人在职业生涯早期所要解决的问题包括以下几个方面：

1. 选择自己喜欢的职业

青少年期间，人生的追求在不断变换，对职业的认同完全是情境性的，缺乏稳定性。随着认识能力的提高，这种状况逐渐有所改变，兴趣、能力的作用开始加大，出现了以自我心理特点为中心选择职业的时期。然而，正如前面所分析的那样，职业的选择要受到自身因素的制约。因此，员工在确定职业方向时，需要尽可能全面地考虑自己的价值观、能力和其他个人特点。

此外，社会因素的制约也必须考虑到自我是可以把握和控制的，社会则是个人力量难以改变的。由于学生时代很少接触社会现实，因此，个人的职业目标往往充满了理想化色彩。但个人喜欢的在现实社会中可能没有机遇，而社会提供的选择和机会个人可能又不愿意接纳。因此，如何综合考虑个人理想、自身条件和社会实际作出合理的选择，就成为职业生涯早期面临的一大难题。

2. 确立职业生涯目标

科学合理的职业生涯目标对职业生涯的成功有着重要的意义。然而职业生涯目标的确立需要考虑多方面因素，因而也是处于职业生涯早期的员工所面临的一大困惑。简单来说，在确立职业生涯目标时，除了要考虑个人的实际能力、价值观等内部因素外，还要对社会环境、组织的现状和前景、人际关系等方面进行分析。

3. 与组织文化存在冲突

一般员工在进入企业前，对企业文化的了解通常有以下几种情况：一是已经相当了解，二是有一些推论性的认识，三是基本不了解。通常，由于不同的企业有不同的经营管理理念，因此，企业在挑选员工时，与企业理念相似的员工就会被吸引过来，企业对这些员工进行筛选，从中招聘合适的员工。如果挑选和被挑选者双方没有发生误解，所挑选的员工就会与企业文化相一致，这些新员工就会很快融入企业，建立良好的同事关系，持续地在企业中发展；如果员工发现自己的价值观与企业所宣传的价值观，或者是自己感觉到的价值观发生冲突、产生摩擦，就需要个人或企业中的一方作出调整或让步，即进行工作调试，如果调试失败，个人就可能离开企业。

4. 难以适应工作群体

工作群体是企业的一个部分。尽管企业有自己的企业文化，但工作群体的文化有时与企业文化并不一致，这也是新员工需要适应的一个方面。此外，在企业中，常常会遇到一些非正式群体，特别是在企业管理不十分规范的情况下，这些非正式群体往往起着十分重要的作用。新员工在面对这些非正式群体时，往往处于两难境地：如果损害了非正式群体的利益，可能会使工作寸步难行；如果能融入非正式群体，与他们打成一片，则可能如鱼得水，工作和生活都会更顺利。

（三）组织对员工早期职业生涯的管理

1. 对新员工进行心理疏导

新员工进入企业，与企业处于相互熟悉、磨合、适应的过程，或多或少要面临许多问题和困惑，比如自己是否会被群体接纳、企业价值观是否与自己一致等。这些问题如果得不到及时解决，不但会延长适应的时间，对员工以后的发展也十分不利，会加大其跳槽的可能性，导致企业的前期努力付之东流。因此，企业要以应有的真诚和热情去接纳并感动每一位新员工。企业不光是通过各种欢迎仪式来迎接新员工，而且还要在与他们的每一次接触中都给他们留下和善、友好、亲近的印象；上司要尽快熟悉新员工，企业和员工通过互相沟通，理解彼此的价值观和道德标准。美国著名的管理咨询师赫尔曼在他的《留住雇员》一书中提到：无论是现在还是未来，成功的公司都必须基于坚实的道德准则。公司的价值观将被视为留住人才和积累人才的生命线。这一观点表明，企业的核心价值观不仅已成为企业吸引人才的重要砝码，而且也逐渐成为企业聚留优秀人才的向心力。

2. 引导员工客观自我评估，进行职业定位

员工最初选择进入某一企业、应聘某一职业是建立在对自己兴趣和能力单方面评价的基础上的，这种自我评价不可避免地带有个人的主观色彩；而且员工对企业的了解不够深入，选择的职位有可能不是最适合自己的。这就需要企业引导他们进行客观的自我评估，协助其进行职业探索，寻求人—职最佳匹配。

企业可以根据每种职业锚类型的特征，决定采取不同的职业支持措施。在企业的引导和资源支持下，员工可以对自身有更充分的了解，增强评估的客观性，使得个性倾向性与职业相吻合、个性心理特征与职业相匹配。企业从职业定位可以判断员工职业成功的标准，从而有针对性地对员工开展职业生涯规划。

3. 指导员工早期职业生涯规划

职业发展规划属于满足人的自我实现需要的范畴，会产生强大的激励作用。因此，企业

要留人、要发展，就应该尽早为员工规划职业生涯。职业生涯规划是员工谋求自我发展的个人设计，但企业可以通过企业文化、制度体系等辅助性措施从外部对其加以指导。恰当地参与员工早期职业生涯规划，可以使企业尽早掌握员工的个性化特征和职业发展动向，了解员工的需要、能力及自我目标，加强个体管理；再辅以按照员工兴趣、特长和公司需要相结合的培训发展计划，充分挖掘其潜力，使员工真正安心于企业工作并发挥最大潜能，创造出企业与员工持续发展的良好氛围与条件。管理者和员工应就个体的职业需要和发展要求等问题进行沟通，企业对个体的职业发展提供咨询和建议。公司可以设立职业发展辅导人制度，即上层直接主管或资深员工可以成为员工的职业辅导人，有条件的可以使用测评工具对员工进行个人特长、技能评估和职业倾向调查，帮助员工明确职业发展意向。员工谋求职业发展是一个不断提升自我的过程，以企业为主导的培训应成为辅助员工职业发展的有力工具。企业应重视通过有效的新员工培训提升员工的职业安全感和工作能力，变利用员工能力为开发员工潜能。

从组织角度来看，要保证员工早期生涯规划的有效开展，企业有必要提供职业需求信息、职业提升路线或策略以及岗位需要的能力和个性特征，作为员工职业发展的客观依据。员工可根据企业提供的信息对自己的优势和劣势、面临的机会和威胁进行分析，保证起步阶段就找准路子、选对方向，从而沿着正确的生涯轨道发展。由于组织结构趋于扁平化，企业中可晋升的职位将会越来越少。企业应给新员工灌输这样一种思想：晋升存在但并不是唯一的出路，个人发展才是最重要的。企业可通过对新员工的工作轮换使其在不同岗位上积累经验，为提升或工作丰富化打基础，满足组织发展的要求。

4. 重建与员工之间的“心理契约”，创建基于能力的企业文化

员工的心理契约是员工对组织的期望和对自己应承担义务的承诺，这种期望和对义务的承诺是员工个体对于相互责任的单方面的主观知觉，而不是相互责任这一事实本身。员工和组织对心理契约内容的理解和认知经常是不一致的，从而有可能在管理工作中造成对员工心理契约的破坏。员工刚刚进入企业时，可能对企业抱有很多不现实的期待，因此，在职业生涯的早期就要有意识、有计划地对其加以引导和管理，避免因企业无法满足个人愿望而造成对员工的打击。另外，不同的人有不同的需求和动机，有些人希望通过努力工作换取更高的薪酬和别人的尊重，有些人的满足感则来自挑战性的工作，应区别对待，以员工期望的方式提供其想要的东西。

企业文化是组织的生活方式，是组织内共有的价值观信仰和习惯体系，该体系与正式的组织结构相互作用形成行为规范。企业文化一旦形成，对企业成员就会产生角色规范和价值导向作用。这种对群体角色的认同，最终以社会角度和心理契约的形成发挥作用。组织的心理契约是企业文化的内化，企业文化决定了将要存在的心理契约类型。企业文化是一种能够激励、激发和培养员工为实现组织的目标，根据组织的价值观协同工作的组织体系。这种文化创造出使员工全身心投入工作、迎接挑战、积极工作的氛围，使管理层与员工之间有更多的沟通和交流，为员工提供施展才华的空间和发展机会，为维持企业和员工双方满意的心理契约创造良好的环境。

5. 企业量力而行，给予员工适度承诺

企业开展生涯管理意味着企业和员工之间建立了一定程度的心理契约，也就是企业和员工彼此向对方作出了在一定时期内合作的承诺。在逻辑上，这样的双向承诺应首先表现为企

业对员工发展作出承诺。在员工职业生涯的早期，企业对员工的承诺一定要适度，应根据各方面的因素有所侧重，可选择对不同承诺项目不同程度的组合来满足员工需求。企业对员工的承诺必须以企业的兑现能力为基础，要综合考虑企业因素、员工因素以及外部因素。企业方面，如果现阶段的管理模式是“胡萝卜加大棒”式的粗放型人力资源管理模式，在向生涯导向的人力资源管理模式转变的初期，往往要采取低承诺决策；若企业处于成熟的发展阶段、治理结构比较完善，属于风险小、稳定性大的行业，则可以对其作出较高程度的承诺。员工方面，如果员工的个性状况越接近自我实现，受教育程度越高，企业可以对其作出的承诺程度就越高。外部因素方面，由于人力资源在行业内部的易流动性，若同一行业内的竞争对手竞相展开生涯管理，并对员工发展作出较高程度的承诺，企业从竞争角度出发，也必须提高承诺程度。

二、职业生涯中期管理

（一）职业生涯中期的特点

1. 职业发展逐步稳定

在职业生涯中期，员工往往能取得事业上的成功。但是由于各人所处的环境不同、发展状况不同，这个时期人与人的差距也比较大。同时，到了职业生涯中期，进一步往上发展的压力很大，因为人才济济，而企业所能够提供的高级职位有限，竞争过于激烈，这种发展瓶颈是许多步入职业生涯中期的人都要面对的。

2. 家庭方面的负担逐步减轻

在职业生涯中期，绝大多数员工已经组建了家庭，生活逐步稳定。由于已经具备相关的工作技能和经验，员工的收入比职业生涯早期有较大的提高；再加上早期的经济积累，员工在家庭方面的负担逐步减轻，生活质量逐步提高。

3. 身体健康状况开始下降

在职业生涯早期阶段，员工往往处于身体状况最好的青年时期，精力充沛。但随着工作年限的增加，员工的身体状况往往开始下降，这一方面是自然趋势；另一方面，前期的工作往往也会给员工带来身体和精神的压力，积累到一定程度，就直接危害了员工的身体健康。

（二）职业生涯中期的问题

1. 职业生涯发展机会减少

处于职业生涯中期的员工，面临的主要问题之一是个人的发展机会减少，即个人的发展愿望不能得到满足，企业成为制约个人发展的瓶颈。造成这种状况的原因之一是组织结构的制约。通常企业对各类人员的需求量不同，初级层次的人员较多，中间层级次之，高级层次的需求则相对较少。整个企业的人员层次分布类似于金字塔。由于企业对低、中、高级人才需求呈金字塔形，初期和中期的竞争可能不会十分激烈，但争取高级职位就比较困难。许多人由于缺乏竞争力，会感到前途渺茫。此外，企业成熟度本身也是一个十分重要的制约因素。在企业的开拓时期，由于事业发展很快，不断产生新兴事业，不断需要人才配合，个人发展机会比较多；一旦企业发展走向成熟期，新的岗位增加缓慢，老的岗位基本已经被占据，就会导致高升机会减少，个人发展困难。

2. 出现技能老化

所谓技能老化，是指员工在完成初始教育后，由于缺乏对新的工作流程、技能和技术知识的了解，而导致能力下降。员工的技能老化使企业不能为客户提供新产品和新服务，从而丧失竞争优势。

3. 出现工作与家庭的冲突

在职业生涯中期，是工作和家庭相互作用最强烈的时间段。工作与家庭的冲突有三种基本形式，即时间性冲突、紧张性冲突和行为性冲突。时间性冲突是指个人由于把时间投入到一个角色中而使执行另一角色提出的要求变得困难；紧张性冲突是指在工作和家庭两个角色矛盾中带来的精神压力造成的紧张；行为性冲突是指个人在一个角色中要求的行为使执行另一个角色提出的要求变得困难。处于职业生涯中期的员工，从家庭和事业角度看，对时间和精力的需求都在增加；而从生理角度看，个人的精力又有下降趋势，因此冲突在所难免，从而导致很多人精神压力过大，健康状况不佳。

（三）组织对员工职业生涯中期的管理

企业要实现自身的发展目标，就必须加强对员工职业中期的管理，帮助员工渡过心理危机时期。

1. 工作重新设计

经验表明，如果组织成员长期从事某一项工作，会感到枯燥乏味，工作满意度下降，最终陷入停滞状态。工作重新设计的方法有三种：工作轮换、工作丰富化和工作项目化。工作轮换是指员工在同一水平的岗位上轮换工作。通过多样化的职业活动来提高能力，避免职务专业化所产生的厌倦。适当的工作轮换能使员工保持工作的敏感性和创造力，培养员工多方面的能力，提升岗位价值。岗位轮换带来的这些好处，是金钱和晋升所不能替代的。工作丰富化是指工作的纵向扩张，它增加了员工对计划、执行以及工作评价控制的程度，丰富化后的工作允许员工以更大的自主权、独立性和责任感去从事一项完整的活动，缓解因晋升困难而产生的心理压力，减轻员工对工作的倦怠感，增加工作的吸引力。工作项目化是指团队成员相互学习、相互协作，共同完成工作任务，它不仅能使组织获得更大的灵活性，而且可以不断拓展个人职业经验的要求。

2. 提供员工帮助计划

员工帮助计划（Employee Assistance Program，EAP）是由组织（企业、政府部门等）为其成员设立的一项系统的、长期的援助和福利计划。通过专业人员对组织的诊断、建议和对组织成员一起进行专业指导、培训和咨询，帮助解决组织成员及其家属的心理和行为问题，以维护组织成员的心理健康，提高其工作绩效，达到改善组织管理的目标。通过EAP，对员工进行职业咨询，协助员工确立现实的职业生涯目标，寻求达成职业生涯目标的差距，制订切实可行的实现职业生涯目标的计划。

3. 完善培训体系

针对处于职业生涯中期的员工的不同状况和需求，企业可以采取不同的方式对其进行培训。对于要求改变工作性质的员工，应该实施转岗培训，使其掌握新岗位的工作技能；对于知识技术老化，但仍有进取心的员工，应该实施定期培训以帮助其更新知识、提高工作效率。完善企业培训体系，一方面可以提高组织的工作绩效，增加组织的灵活性；另一方面可以提高员工的工作技能和拓宽员工的工作范围，从而最终提高员工的自我认同感，增加工作满意度。

4. 制定公平的晋升机制

管理者通过制定客观公正、科学规范的晋升体系，并严格执行，选拔优秀的员工晋升上岗，必然会使员工相信，只要有技术、有能力，就会在企业获得良好的发展前途，从而最终让员工获得心理上的平衡。

三、职业生涯晚期管理

（一）职业生涯晚期的特点

一般而言，职业生涯晚期可以划定在退休前5~10年左右的时间。这一阶段主要是完成交接班，为退休作准备，以便适应退休生活、安度晚年。这一阶段具有以下特点：

（1）经验丰富。不论是工作上，还是人际关系上，处于职业生涯晚期的员工都处于成熟时期，尽管经历下降较多、身体状况较以前差，但其知识和经验相当丰富。

（2）个人的社会地位和影响力较高。经过一生的职业生涯发展，人们多少积累了一定的成就，取得了一定的地位，相对于一般的年轻人，具有更高的影响力。

（3）知识观念相对老化。当今科学技术的进步可谓一日千里，及时赶上知识更新换代的速度并不是一件容易的事情，需要持续地改进和不断地学习。而处于职业生涯晚期的员工，不论是体力上还是脑力上往往都不允许他们自身的知识技能不断进行更新，同时，由于这个时期的员工在性格上比较固执、守旧，因而直接导致了其知识和观念的老化。

（4）对新生事物的敏感性下降。虽然经验丰富，但处于职业生涯晚期的员工对新事物的态度趋于保守，喜欢根据经验办事和思考问题。处于这个阶段的人喜欢回忆过去的成功，通过追忆过去来评价和回味人生。

（二）职业生涯晚期的问题

（1）不安全感增加。即将退休的人员不安全感很多，如经济上的不安全感、心理上的不安全感等。

（2）疾病增多。职业生涯晚期的员工，一般在年龄上已经步入中老年，身体的各方面机能往往大不如从前，抵抗力和免疫力也逐步下降，再加上多年工作压力的积累，因此，这个时期的员工是疾病的高发人群，身体健康状况比较差。

（3）不适应退休后的生活。有些员工在职期间过度专注于工作，个人的业余爱好没有得到很好的培养，除了工作别无所好。当他们从工作岗位上退下来后，便不知道该干些什么，很容易产生空虚感和失落感，甚至导致身体状况恶化。

（三）组织对员工职业生涯晚期的管理

1. 学会接受和发展新角色

处在职业生涯晚期阶段，个人要勇敢地面对和欣然接受生理机能衰退以及所导致的竞争力、进取心下降的客观现实，另辟蹊径，寻求适合于自己的新职业角色，以发挥个人的专长和优势。比如说，自己当师傅，带徒弟，培育新员工；充当教练，对员工进行技能培训；充当参谋、顾问等角色，为企业出谋划策，提供咨询；或者从事力所能及的事务性工作等。

2. 学会接受权力、责任和中心地位的下降

首先，要从思想上认识和接受“长江后浪推前浪”的必然规律，心悦诚服地认可个人职业工作权力、责任以及中心地位的下降，求得心理上的平衡；其次，将思想重心和生活重心逐渐从工作上转移到个人活动和家庭生活方面，善于在业余爱好、家庭、社交、社区活动和非全日工作等方面寻找新的满足感。

3. 学会应对“空巢”问题

在职业生涯晚期，“空巢”的出现是家庭生活的一大变化，也是人生的一大转折。应对好这一变动，对员工职业生涯晚期的工作和个人发展都很重要。比如说，思想重心向家庭生活倾斜、发展个人的业余爱好和兴趣、注重社会人际交往、积极参加社会活动等。

4. 做好退休生活的准备工作

在职业生涯即将结束之时，员工应当很好地回忆一下自己所走过的职业生涯道路，总结和评价自己的职业生涯，为自己的职业人生画上一个完美的句号。同时，通过总结和评价自己的职业生涯成功的经验和失败的教训，现身说法地对新员工进行培训教育。

与此同时，还要做好退休前的各项准备工作：①充分作好退休的思想准备，培养个人兴趣，策划退休后的生活；②抓紧退休前的时间，使自身职业工作能够有一个圆满的结束和交代；③为退休作好财务准备。

（四）职业生涯晚期企业的管理对策

1. 灵活管理

针对退休问题，企业应该根据实际情况制定相应的政策和措施。一般情况下，应该严格地按照企业规定的相关制度对待退休员工，但也要多考虑实际，作一些适应市场变化和特殊情况的差别处理。员工有各自的情况和不同的类型，多数员工的贡献能力不会随着正式退休而结束，企业如果需要相关的人员，可以采取兼职、顾问或其他方式优先考虑聘用他们。

2. 真诚关心

企业对于即将退休的员工需要真诚关心。很多老员工对工作单位有很深的感情，非常关心单位的发展。企业可以用退休员工座谈会、联谊会等形式，向退休者通报企业的发展情况，征求他们对企业的意见和建议，加强员工之间的沟通、联系和友谊。

3. 提前准备

在退休前夕，企业应做好新老交替工作，还应该有计划地组织一些活动，帮助即将退休的员工了解退休后的生活，使其尝试适应这种生活。

4. 发挥优势

处于职业生涯晚期的员工有许多的经验和教训，这些经验和教训是宝贵的财富，如果将其传授给年轻的员工，让这些年轻的员工吸取成功的经验、避免失败的教训，无疑有利于员工的顺利成长，为企业培养优秀的员工创造了条件。

第五节 实践与应用

一、案例评析：人生没有捷径，只有靠自己去拼

邓亚萍曾经是夺取世界乒乓球冠军次数最多的女选手。身高仅 1.55m 的邓亚萍似乎不是打乒乓球的材料，但她凭着苦练，以罕见的速度、无所畏惧的胆识和顽强拼搏的精神，13 岁就夺得全国冠军，15 岁时获亚洲冠军，16 岁时在世界锦标赛上成为女子团体和女子双打的双项冠军。1992 年，19 岁的邓亚萍在巴塞罗那奥运会上又勇夺女子单打冠军，并与乔红合作获女子双打冠军；1993 年，她在瑞典举行的第四十二届世乒赛上与队员合作又夺得团体、双打两块金牌，成为名副其实的世界乒乓球坛皇后。

邓亚萍的出色成就，改变了世界乒乓球坛只在高个子中选拔运动员的传统观念。国际奥委会主席萨马兰奇亲自为她颁奖，并邀请她到洛桑国家奥委会总部做客……

邓亚萍5岁起就随父亲学打乒乓球，1988年进入国家队，先后获得14次世界冠军头衔；在乒坛世界排名连续8年保持第一，是排名世界第一时间最长的女运动员，成为唯一蝉联奥运会乒乓球金牌的运动员，并获得4枚奥运会金牌，其中包括单打和与乔红组合的双打。

1997年后，她先后到清华大学、诺丁汉大学和英国剑桥大学进修学习，并获得英语专业学士学位和中国当代研究专业的硕士学位；2002年，邓亚萍在国际奥委会道德委员会以及运动和环境委员会两个委员会担任职务；2003年，邓亚萍成为北京奥组委市场开发部的一名工作人员。

邓亚萍已经和相恋多年的男友——前国家队男乒骁将、广东队的林志刚登记结婚。从少年相恋到风风雨雨，再到牵手白头，如今的邓亚萍，可谓爱情事业双丰收。2009年4月16日，邓亚萍正式就任共青团北京市委副书记。

这是邓亚萍37年所走过的岁月，可以说有无数的荣誉加身，但是她自己最知道自己一路走来的不易。在一次中央电视台王志主持的“面对面”节目中，邓亚萍说道：“竞技体育的残酷告诉了我，人生没有捷径，只有靠自己去拼。”是的，从5岁开始练球，人生每前进一步都比同龄球员艰难得多，也正因为这个原因，她需要比其他人付出更多的努力，从这点来说，一个人在成长过程中，经历逆境对一个人来讲是很有帮助的，其意义在于精神层面，可以造就一个人超强的抗压能力和超强的心理素质，为后来迎接挑战储备了充足的精神资源。

对于一个运动员来讲，退役后的选择有很多种：有从商的，有从政的，有进演艺圈的，等等。邓亚萍选择退役的原因主要有两个：第一个原因是从5岁开始打球，一直到退役，打乒乓球打了19年的时间。相当长的时间，固然会有一些伤病，不可以让自己练得那么多，否则会加重身上的伤病。第二个原因是邓亚萍在退役之前，经常在考虑一件事情，就是因为所有的运动员都将面临着退役。她当时问自己，如果不当教练，而是走向社会，走入社会，去跟一个普通的人竞争，自己有什么优势、有什么能力就比别人要强了很多吗？所以当时觉得自己应该去读书。从退役到选择读书来看，邓亚萍的选择还是性格决定的，还是那句话，“竞技体育的残酷告诉了我，人生没有捷径，只有靠自己去拼”，她没有选择容易的事情来做，而是选择了对自己来讲最具有挑战性的事情来做。实践证明，她的选择是对的，她是一个笑到最后的人，人们常讲的两句话：“性格决定命运”，“吃得苦中苦，方为人上人”，在她身上都得到了鲜明的验证！

评析：

邓亚萍之所以能取得今天的成就，和她的天赋是有一定关系的，她的父亲和母亲都是乒乓球高手，有这方面的一些基因；同时邓亚萍的身材和长相，从一个普通人的角度来看，并没有优势，这让年少的邓亚萍意识到，对于她来讲，唯一有的就是“拼”，这是她的唯一资本。今天邓亚萍作为一个成功者来讲，大家是羡慕的，但当时对于邓家来讲，也是无奈的，“不干这个干吗去呀?”这是当时邓父在一次采访中的真实表达。环境对于一个人才的成长来说是很重要的，邓亚萍当时也是在无奈中选择了自己的天赋职业，有点歪打正着，再加上在这条道路上受到的歧视和冷眼，使她过早地意识到生活的辛酸，过早地体味到人情冷暖，过早地具备了常人所不具备的心理品质，才有日后的过五关斩六将，才有了今天的超人成就。

从邓亚萍的人生中，人们能得到哪些启示呢？第一，在作人生规划的时候，要考虑去做和自己天赋相匹配的事情，这样获得成功的概率要大得多，如果邓亚萍当年没有坚持去打乒乓球，也许人们根本就不会听到这个名字，或者至少不会像今天这样“如雷贯耳”；第二，即使选择了适合自己的人生道路，如果不去坚持，不去下工夫，也可能一事无成，如果邓亚萍当年被困难吓倒了，也就不会有今天的成就，所以，在职业规划中人的精神力量占据了很大比重。

二、案例思考：把自己托付给柯达，用三条腿走路

从每一名人才成为柯达的员工，把自己的职业生涯托付给柯达开始，柯达就开始为员工的发展殚精竭虑。适合于柯达价值观的员工肯定能够在柯达找到自己的位置，取得职业生涯的成功。

柯达有一个正式的人才发展计划，名为“员工个人发展计划”（Employee Development Planning Process，EDPP）。每一名进入柯达的员工都要了解公司对自己的期待，以及如何根据自身的兴趣与特长来进行职业生涯的设计。每年年初，公司都会与员工一起设定每年的工作目标，要求每一名员工在新的一年中挑战自己的目标。员工与主管谈自己的发展计划，每年年初都制订出一年的工作计划。通过对个人发展计划的讨论，员工可以发现自己的长处与弱项。

公司会定期对员工进行绩效考评，柯达员工的主管会坐下来，与员工面对面地沟通与交流，就一年的工作作回顾，对做得好的方面予以肯定与表扬，对做得不好的地方希望在下一年中提高。主管也有机会通过员工来了解，团队有哪些力所不能及的需要经理来协助。

在柯达，“coach”是一个非常时髦的词汇，即“教练”。柯达非常推崇在工作中由资深员工辅导帮带新员工，这也是一种融合在日常工作之中的培训，是柯达重视人才发展的重要方法之一。公司还会给有潜力的员工配一名资深领导人，员工在工作与生活上都可以与之沟通，获得帮助，从而得到更快的成长。

在柯达的六大业务部门每年都会在自己的业务部门内实施职能岗位轮换，而在柯达的六大业务部门之间也经常进行工作的轮换。让员工尝试不同职能部门的工作，会使其对柯达的发展战略与业务领域有更多的了解，也有机会把员工锻造成复合型的“多面手”人才。

表现杰出的员工会得到许多在柯达海外公司开展工作的机会，从中国大陆到中国香港或台湾，到新加坡，到亚太地区其他国家，到美国纽约罗彻斯特总部。通过这种岗位的提升与工作环境的变换，可以达到锻炼与发展人才的目的。

因此，在柯达，关心个人职业发展的不仅有员工本人，还有员工的coach以及整个组织，这样员工的发展将得到有力的支持，三方面的力量犹如员工职业生涯中的三条腿，让他们比其他企业的员工走得更稳、更远。

问题思考：

像柯达一般明智的企业明白，人力资源管理已经从传统的人—职匹配转向了现代的人—职发展，员工的职业发展在人力资源管理领域已经拥有了全新的内涵。你如何看待这一转变？

三、案例讨论：联合利华的职业生涯管理

联合利华认为，好的职业生涯管理应该是让大家拥有愉快的工作体验，并把这种体验延长。

“联合利华的职业生涯发展迅速，能带你体验未曾想象的境界。”对于广大求职者来说，通常会把这句话理解为，只要踏进联合利华的门槛，并且自身表现不太坏，就一定能获得升职。但在联合利华大中国区副总裁肖琳看来，员工职业生涯发展是一件员工、管理者和企业三方联动的事，三者缺一不可。即便是在联合利华，有时也会可遇而不可求。

虽然联合利华一直享誉职业生涯管理领域，但归纳起其职业生涯管理的经验，却显得十分朴素——“职业生涯管理的核心应该是让员工拥有愉快的工作体验，并且使之形成一种文化。当缺乏了主客观条件，所谓的制度、文件和职业地图都没有意义”。

(一) HR 的角色

“职业生涯管理就是为了员工晋升而进行的专项管理。”在随机调查中，很多职场人士都将职业生涯管理的结果之一——晋升，作为其对职业生涯管理理解的全部。

对于企业来说，这个认识所产生的最坏结果就是，当员工发现其在企业中无法获得晋升时，就会通过跳槽来满足自己的价值取向，通过“Z”形法则在另一家公司获得更高的职位。

“HR 有责任去帮助员工更正这种看法，并要通过切实可行的方式。”在联合利华，人力资源部门在员工职业生涯发展中的定位是“职业咨询顾问”和“细致的资源掌握者”。

“我们需要与员工沟通，他们的职业生涯能够获得发展，不仅仅表现为单一的升职，还有通过公司提供的锻炼机会和培训等获得个人能力的提升，以及工作满意度的提高，或者让员工获得工作与生活的平衡等多重指标。”肖琳说，“换句话说，好的职业生涯管理应该是一件让大家都感觉到愉快的事，我们要做的就是找到使员工感到愉快的理由，并把这种愉快的经历延长。”

尽管如此，联合利华还是以能为众多员工提供晋升岗位著称，这除了 HR、直线经理和企业文化的功劳，还得益于其国际性事业平台的先天优势。

这牵扯到在员工职业生涯管理上的几个重要角色——员工、管理者和人力资源部门。肖琳介绍，职业生涯管理应看做是满足管理者、员工和企业三者需要的一个动态过程。

首先，员工个人最终要对自己的职业发展计划负责，这就需要每个人都能清楚地了解自己所掌握的知识、能力、兴趣和价值观等；其次，管理者要鼓励员工对自己的职业生涯负责，在进行个人工作反馈时对其提供帮助，并提供员工感兴趣的有关组织工作、职业发展机会等信息；最后，人力资源部门要为员工提供其自身的发展目标、政策和计划等，还必须帮助员工作好自我评价、培训和发展。

“当个人目标与组织目标有机结合起来时，职业生涯管理的意义才能凸显出来。”肖琳以联合利华为例，解释个人目标与组织目标之间的联动效应。“我们是一家真正意义上的国际性公司，虽然目前国内有很多跨国公司，但未必给中国的员工以跨国工作的机会，而联合利华在全球所拥有的多个品类和品牌，为员工提供了丰富的跨部门、跨区域和跨国工作的职业发展平台。”

但在肖琳看来，在联合利华，对员工来说，最可贵的并不是众多的工作机会和发展舞

台，而是尊重人才和使之发展的文化。

每年，联合利华内部都要召开两次大规模员工职业生涯发展会议。在会上，所有管理层会一起讨论和回顾员工的业绩和领导力表现、潜力、需求和发展方向。“我们把对员工职业生涯的关注度融汇在日常管理的每个细节中。”肖琳说，“我们会时常沟通员工的表现和需求，并随时共享各个部门、大区和国外出现的新岗位，一旦机会出现，谁能胜任就已经在我们的脑子里了。”

肖琳认为，HR 要对工作机会与员工作出快速有效的匹配，需要更加了解员工和业务的需求。若 HR 掌握了足够多的资源，并具备一定的职业敏感度，员工职业生涯管理就变得不那么复杂了。

“此外，HR 还要努力培养这种文化，包括如何与直线经理沟通，通过具体的辅导，让他们具备对员工进行职业生涯管理的意识和能力等。”肖琳说，“我们需要提供给他们具体的工具，但工具仅仅是工具，让这种关注员工发展的文化在公司里生根发芽才是最重要的。”

（二）增强员工的价值主张

无论如何，在员工职业生涯发展中，占据主要地位的仍然是员工。“员工是主动的，直线经理和 HR 只是提供帮助，来促成其发生。”肖琳说，“特别是人力资源部门，并不像员工所想象的组织部那样，可以去安排谁来坐什么位置。”

正如肖琳所讲的一样，在职生涯管理上，员工的期望值与实际情况不对称。美世所做的一项全球“What’s Working”研究显示，无论身处何地，很少有员工认为他们所在的企业在充分发挥人的潜力方面做得很好。和全球总体趋势一样，在中国，有近 1/4 的员工表示他们所在的企业没有提供良好的培训机会，以帮助他们进行职业选择。

通俗地理解，所谓职业生涯管理，就是为了让员工在自己的职业生涯发展方面，拥有自由度和话语权，使自己的价值能够得到最大限度的发挥和体现。为此，美世提出“职业生涯共赢模式”。其具体解释为，是一种通过企业、管理人员和员工之间的相互合作，共同改善职业生涯管理实践和成果的模式。而该种模式的主要益处就是，可以实现人才和岗位相互匹配、留住高绩效人才、增加员工个人对职业的自主权，以及提高平行调动和垂直提升的透明度。美世指出，随着亚洲地区的许多企业纷纷寻求增强员工的价值主张，职业生涯管理已经成为一个具有战略意义的人力资源话题。

对于注重尊重和支持员工的价值主张，联合利华已经在诸多方面获益。肖琳介绍，在联合利华全球的管理层中，有半数以上来自公司内部提升，他们保持着较高的忠诚度和稳定性。“公司的职位信息和相关政策都是向员工公开的，他们了解了公司的职业发展文化，因此，他们知道该怎样通过自己的努力，并借助直线领导和人力资源部门的帮助，来使自己获得新的或者更高的职业发展机会。”

在联合利华，如果一个新人从品牌经理做起，两三年后就可以申请做其他品牌，也可以转型做销售，或者去其他国家工作一两年再回来。实现了传统职业路径、行为职业路径和横向职业路径的有机结合。

“职业生涯管理更多体现为一种文化，而不仅仅表现为制度和文件，即便人力资源部设计了再好的职业地图，如果其他方面因素不具备也是徒劳。”肖琳说，“员工本人要善于学习和上进，要有清晰的愿望和价值主张；老板要关注员工的需求；人力资源部门要营造文化氛围、提供咨询和帮助，这三点缺一不可。”

对于一些职场人士过多强调将升职作为职业生涯发展的全部，肖琳认为升职不是唯一的通道，毕竟要在公司金字塔式的组织结构中获得上升，还要取决于机会等客观因素。如果盲目追求晋升，只会让自己越来越失望。而为获得晋升频繁跳槽，也存在一定危害性。

问题讨论：

1. 从案例中可以看出，联合利华为员工进行职业生涯规划做了哪些工作？这些工作对于员工和企业本身有什么意义？

2. 在联合利华的职业生涯管理中，HR到底扮演了什么样的角色？在职业生涯管理中应怎样处理好个人和组织关系？

四、实践模拟

人们通常认为成功人士会提前计划他们的职业生涯，因此以一种非常有逻辑的方式向他们的工作目标迈进。虽然有一些成功以这种方式设计和实施的人，但是其他人的成功往往来自于洞察力、准备和利用出现的机会。

(1) 形成一个4~6人的团队。找出3个人回顾他们的职业生涯。其中一个人应当处于职业生涯早期，一个人应当处于职业生涯中期，另一个人应当处于职业生涯的晚期。

(2) 让每个人说明自己的职业目标，以及自己发生了什么改变或期望如何改变。

(3) 让每个人描述自己成为现在的自己的经过。分析他的故事与传统职业模式匹配性如何。

(4) 请每个人回答，在职业生涯中是否有什么事他愿意采取与以往不同的方式来做？让大家对他应该如何实现他的职业目标提出建议。

【本章小结】

1. 职业生涯管理是指企业通过帮助员工制订其生涯计划和帮助其职业生涯发展的一系列活动，以竭力满足员工、管理者和企业三者需要的一个动态过程，是企业帮助员工确定个人在本企业的职业发展目标，并提供员工在工作中增长职业素质的机会的人力资源管理方法。

2. 良好的职业生涯管理应具备以下四个方面的特征：可行性、适用性、适应性和持续性。它有助于帮助员工确定职业发展目标，也能使企业有效开发人力资源，留住优秀的核心人才，保证企业未来人才的需要，塑造优秀的企业文化。

3. 职业生涯是一个系统工程。其主要有职业选择理论和职业生涯阶段理论两大类。

4. 完整的职业生涯规划应该是由员工本身和所属企业双方共同努力完成的，双方都负有具体的责任。员工对自己的职业生涯规划负有主要责任；企业对员工的职业生涯规划负有次要责任。

5. 企业应根据员工职业生涯早期、中期、晚期的特点和所面临的主要问题，分析员工和企业各自的管理对策，以完善职业生涯管理，促进员工与企业的共同发展，为企业带来最大的利益。

【思考题】

1. 什么是职业生涯？什么是职业生涯管理？其意义是什么？

2. 影响职业生涯的因素有哪些？

3. 你认为一个人的职业成功与哪些因素关系密切？有人说，性格是决定职业成功的关键，你是怎么看待的？

4. 个人职业生涯规划如何与组织发展不同阶段的要求相适应？

5. 如何设计自己的职业生涯规划？以“十年后的我”为题，为你自己设计一个职业生涯方案。

第八章 绩效管理

【本章精要】

1. 绩效与绩效管理的含义。
2. 绩效管理的功能、目的以及实施绩效的影响因素。
3. 绩效考核方法选择的依据和绩效考核方法。
4. 三种主要的绩效考核方法（360 度绩效考核、KPI 考核、平衡计分卡）。
5. 绩效考核结果的应用。

【学习目标】

绩效管理是企业人力资源管理的核心。通过本章学习，了解绩效、绩效考核及绩效管理的基本概念，理解掌握绩效管理的过程，掌握绩效考评的主要方法；理解如何进行有效的绩效反馈和面谈；了解影响绩效考评有效性的主要因素及相关措施。要求学生全面理解和掌握绩效考评方法和绩效考评反馈与面谈的技巧，以便在实际的人力资源管理过程中灵活运用。

【篇首案例】

张枫的苦恼

张枫大学毕业后进入一家国内大型公司当营销员。在工作的头两三年，他的销售业绩的确不尽如人意。但是，随着对业务的熟悉，社会交际范围的扩大，他的销售额开始直线攀升，到第三年年底，他根据与同事们的接触了解，估计自己当属全公司的销售冠军。不过，公司的政策是不公布每个营销员的销售业绩，以避免造成相互比较，影响人际关系，所以张枫并不能够确定。

去年，张枫工作干得特别出色，10 月底就完成了全年的销售额，但销售部经理对此却无动于衷。尽管工作上很顺利，薪水也不低，但张枫总觉得自己的劳动没有得到应有的回报，公司从来都不公开每个人的业绩，也从不关注营销员个人的销售业绩。

张枫听说另外两家外资企业都在搞销售竞赛和奖励活动，公司内部定期将营销员的销售业绩进行通报、评价，并且通过各种形式对每季和年度的最佳营销员予以奖励。更让他恼火的是：在上星期与经理的谈话中，经理以这是既定政策，是公司的文化特色为由，拒绝了他关于公开销售业绩的建议。

因此，当猎头公司与张枫接洽时，他毫不犹豫地辞职而去。

正是由于缺乏有效、正规的绩效考核系统，使该公司无法根据员工绩效对张枫的骄人业绩给予肯定和应有的奖励，从而使竞争对手有可乘之机，使公司失去了一名优秀的员工。那么，到底什么是绩效考核？怎样的绩效考评才能留住优秀员工呢？让我们一起走近绩效管理的世界。

第一节 绩效管理概述

绩效管理是现代企业广泛运用的一种以开发人力潜能为中心的科学管理模式。它采用科学的方法对员工履行职责的程度、工作目标完成情况进行公正的评定，将评定结果与分配、晋级、人力选拔挂钩，并且通过绩效考核指导企业的培训计划和下一步的人力资源开发计划。

一、绩效

（一）绩效的含义

随着管理实践深度和广度的不断增加，人们对绩效的概念和内涵的认识在不断变化。德鲁克认为："所有的组织都必须思考'绩效'为何物。这在以前简单明了，现在却不复如是，越来越需要策略地拟定对绩效的新定义。"因此，人们首先要对绩效进行界定，弄清它的确切含义。

从字面上理解，绩效就是业绩与效能。然而业绩与效能又是如何表现的呢？不同的职位、员工之间以及员工与团队、组织之间是否具有相同的绩效呢？通常的理解有以下四种：

1. 绩效就是结果

绩效就是对企业具有效益、具有贡献的结果。由此可以得出，成功说明一切，只要工作业绩优秀，就可以在考评中获得晋升、奖励和加薪的机会。这种绩效观在销售部门的考评中尤其常见。把绩效看做是员工的工作业绩，是考核员工的一种有效的方法。但是工作业绩不仅受外界环境的影响，而且受员工个体内因的直接控制，只看结果必然有失偏差，缺少主客观因素的综合考虑，具有一定的片面性和形而上学性。把绩效看做产出来管理，容易导致员工行为的短期化，不注重团队合作及资源合理配置，由此导致企业的长期战略目标难以实现，还会造成企业内部资源的浪费，以及由于员工之间的相互竞争造成彼此之间难以信任，工作之间缺乏互相合作的诚意。这样企业的员工就会各自为营，难以形成现代企业必备的核心竞争力。

2. 绩效是行为，而不是结果

绩效行为论者认为，绩效是员工在完成工作的过程中表现出来的一系列行为特征，诸如工作能力、责任心、工作态度、协作意识等。这种绩效观在一定程度上比绩效结果观更加客观、公平、合理。但是这种绩效观疏忽了企业存在的根本前提。企业要想在竞争中生存，就必须把自己的产品（服务）销售出去，这样才能收回资金，进行下一步的运作，企业内外部的一切职能才能正常运行，这时绩效考评才具有实际意义。所以，这种绩效观的缺点是缺少目标激励，在员工的要求方面对其产生误导，导致预期产出无法实现。从现实操作性来讲，单纯的行为评判尚无切实可行的评判标准，实施困难。

3. 绩效是结果与过程（行为）的统一体

衡量一个人的绩效不仅看他做了什么，也要看他是怎么做的。优秀的绩效不仅取决于一个人做事的结果，还取决于他做这件事所拥有的行为或素质。用公式可以简单表示为：结果（做什么）+行为（如何做）=绩效。

现在比较统一的观点认为，绩效就是行为和产出的综合。只有将绩效定义为二者的综合，人们才能清楚地明白绩效的含义。因此，管理员工的行为是促进产出的合理实现；管理员工的产出，旨在形成目标导向，二者不可偏颇。这里把绩效定义为是组织为了实现既定的目标而进行的各种体力和脑力劳动的客观过程的产物。

绩效对于企业组织而言，是指企业为实现生产经营目标，在从事生产经营活动的过程中完成的各种任务的数量、质量和效率，或者是指投入一定数量的人力、物力以后，获得的产出的数量。企业员工的工作绩效，是指员工经过考评，并被企业领导认可的行为、工作表现、工作成绩或工作结果。员工的工作行为、成绩与结果之所以要经过考评并被企业领导承认以后才能称为绩效，是因为员工的行为并不完全都符合企业的目标，所以才要经过考核。

4. 绩效不是对历史的反映，而是强调员工潜能与绩效的关系，关注员工素质，关注员工未来发展

用公式可以表示为：绩效 = 做了什么（实际收益） + 能做什么（预期收益）。

实际上，上述绩效的含义面对不同的考核对象具有不同的实用性。表 8-1 对绩效含义适用的对象进行了列举。

表 8-1　绩效含义适用对象

绩效含义	适用对象
1. 结果或产出	* 高层管理者 * 销售、售后服务等可量化关注性质的人员 * 事务性或例行性工作的人员
2. 行为	* 基层员工
3. 结果 + 过程	* 普遍适用各类人员
4. 做了什么（实际效益） + 能做什么（预期收益）	* 知识工作者，如研发人员

（资料来源：付亚和，许玉林．绩效管理 [M]．上海：复旦大学出版社，2006.）

（二）绩效的特点

员工的绩效是企业的绩效考评人员对其工作成绩的客观评价，既是鼓励也是动力。绩效一般具有以下特点：

1. 多因性

多因性主要是指绩效的高低要受到多种客观因素的影响。这种受制于主客观多种因素而不决定于单一因素的特点，使得绩效具有多因性的特征。现代科学技术与心理学的研究表明，员工的绩效是由以下四个因素决定的：一是技能（S），二是机会（O），三是激励（M），四是环境（E）。绩效（P）可以用以下公式来表示

$$P = F(S,O,M,E)$$

这个公式表示，绩效是技能、机会、激励和环境这四个变量的函数。在其他因素不变的情况下，员工的技巧与能力越高，绩效越显著，因此，技能与绩效成正比。而技能的高低又取决于多种因素，这些因素包括个人的体质、智力、所受教育培训的状况、本人已具备的知识和经验等。激励是指员工的工作状态，也就是其积极性能达到的程度。员工的积极性也取决于主、客观两方面的因素：主观因素是员工的世界观与价值观、个人兴趣、需要、个性等；客观因素主要有工作环境、领导评价、协作关系等。机会与员工的工作绩效有很大的关系，特别是在风险很大的行业中，机会好坏在很大程度上影响着员工与组织的绩效。环境是指员工工作的软、硬两方面的环境。软环境是指人际关系、与领导的关系、组织的气氛等；

硬环境主要是指工作条件。

在影响员工绩效的诸多因素中，环境与机会对员工来说都是客观的，但对于企业来说却是可以创造和争取的；技能是由员工的主观因素决定的；激励主要取决于主观因素，同时也与企业的政策有密切关系，企业应当采用科学有效的方法调动员工的积极性，以争取最大的绩效。

2. 多维性

多维性是指一个员工的绩效要从多方面去考核，而不能只看一个方面。例如，对一名生产工人，不仅要考核他工作的数量，而且要考核他工作的质量、原材料消耗、能源消耗、工具损耗、与他人的协作关系等。因此，对员工进行绩效考核，要多维度进行，才能全面地掌握员工的绩效情况，并作出恰如其分的考评。

3. 动态性

动态性是指从时间上来说，员工的绩效并不是固定不变的，而是处于动态的变化之中。因而对员工的绩效考核要用发展的眼光来考察，从激发员工的积极性着眼，进行绩效考评工作。

绩效的这些特点是认识绩效的重要内容，也是绩效考核中极其重要的理论问题，只有弄清这些问题，才能够正确理解绩效考评的重要意义和作用。

二、绩效管理

（一）绩效管理的含义

绩效管理是管理者与员工之间在目标设定与如何实现目标上所达成共识的过程，是帮助员工成功地达到目标的管理方法以及促进员工取得优异绩效的管理过程。绩效管理主要是对组织层面和部门层面的绩效进行管理。绩效的三个层次如图 8-1 所示。

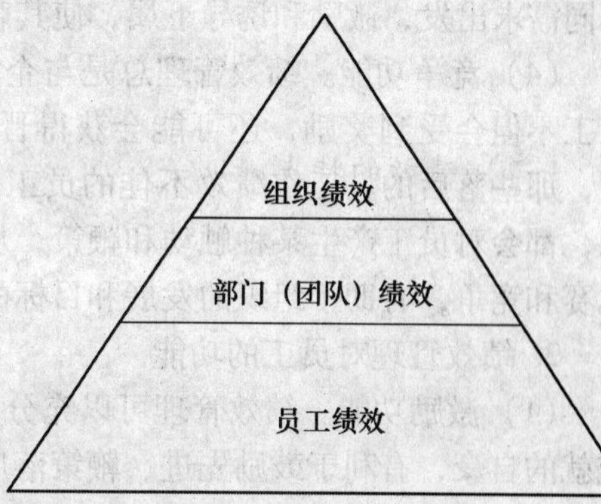

图 8-1 绩效三层次图

绩效管理是一个动态的沟通过程，是指为了达成组织的目标，通过持续开放的沟通，形成组织目标所预期的利益和产出，并推动团队和个人做出有利于目标达成的行为。通常可将其理解为系统对一个组织或员工所具有的价值进行评价并给予奖惩，以促进系统自身价值实现的过程。对绩效管理的认识主要有以下三种观点：

（1）绩效管理是管理组织绩效的系统。这种观点是将许多管理思想、观念和实践结合而成的产物，它的核心在于侧重对组织绩效的关注，认为绩效管理就是对整个组织绩效的管理，绩效管理是决定组织战略以及通过组织结构、技术事业系统和程序等来加以实施。

（2）绩效管理是管理员工绩效的系统。这种观点将绩效管理看做组织对个人关于其工作以及发展潜力的评估和奖惩，通常将绩效管理视为一个周期。

（3）绩效管理是管理组织和员工绩效的综合系统。这种观点将绩效管理看做管理组织和员工绩效的综合体系。在综合考虑绩效管理系统各个因素的基础上又各有侧重。例如，有的人强调对员工干预，认为绩效管理通过将各个员工和管理者的工作与整个工作单位的工作宗旨连接在一起，来支持组织的整体目标；也有人认为绩效管理的中心目标是挖掘员工的潜力，提高他们的绩效，并通过将员工的个人目标与组织战略结合在一起来提高组织的绩效。

（二）绩效管理的功能

1. 绩效管理对企业的功能

（1）诊断功能。绩效管理的一个重要功能就是它的组织诊断功能。绩效管理是企业各个职能和业务部门主管的基本职责，在绩效目标明确的前提下，不但需要对企业中每个成员的活动进行跟踪，及时沟通和分析、反馈绩效管理信息，而且要及时发现企业中存在的共性问题，采用科学的方法进行组织诊断，通过调查掌握企业组织机构的现状及其存在的问题，并对照工作岗位说明书、组织功能图、管理业务流程图等文件，进行组织职能分析、组织关系分析和决策分析，找出组织中存在的问题症结所在，指出有哪些部位、流程、程序、授权和协作关系需要改进和调整，从而为组织的变革和发展提供依据。

（2）监测功能。绩效管理的第二个重要功能是它的监测功能。通过有效的绩效管理体系的运行，可以显示出企业中从高层领导到中层管理人员，以至一线员工，从劳动环境、生产条件、技术装备、工作场地等硬件条件，到企业文化、经营理念、领导方式、工作方法、工时制度等软件条件方方面面的实际运行情况。在企业绩效管理的过程中，各级主管必须对人力、物力和财力等资源的配置及实际运行情况进行及时测定和监督，这样才能达到有效的组织、协调和控制，从而实现预定的绩效目标。

（3）导向功能。绩效管理的基本目标是不断改进企业氛围，提高企业整体效率和经济效益，促进员工与企业的共同发展。要达到这一目标，各级主管在企业绩效管理的过程中，应该充分发挥绩效管理的导向功能，通过积极主动的绩效沟通和面谈，采用科学的方法，从不同需求出发，激励和诱导下属，使其朝着一个共同的目标努力学习、积极进取。

（4）竞争功能。绩效管理总是与企业的薪酬奖励、晋升等制度密切相关。绩效优秀的员工不但会受到奖励，还可能会获得晋级，这也就为全体员工树立了工作的“榜样”；同时，那些落后的、工作绩效不佳的员工，也可能受到一定的批评或处罚。无论是受奖或受罚，都会对员工产生某种触动和鞭策，从而在组织中形成竞争的局面。这种员工之间的相互比赛和竞争，有助于组织的发展和目标的实现，使企业和员工同时受益。

2. 绩效管理对员工的功能

（1）激励功能。绩效管理可以充分肯定员工的工作业绩，使员工体验到成功的满足与成就的自豪，有利于鼓励先进、鞭策落后、带动中间，从而对每个员工的工作行为进行有效的激励。

（2）规范功能。绩效管理为各项人力资源管理工作提供了一个客观而有效的标准和行为规范，并依据这个考核的结果对员工进行晋升、奖惩、调配等。通过不断的考核，按照标准进行奖惩与晋升，会使企业形成按标准办事的风气，促进企业的人力资源管理标准化。

（3）发展功能。绩效管理的发展功能主要表现在两个方面：一方面，组织根据考核结果可以制订正确的培训计划，达到提高全体员工素质的目的；另一方面，可以发现员工的特点，根据员工的特点决定培养方向和工作安排，充分发挥个人的长处，将个人与组织的发展目标有效地结合起来。

（4）控制功能。通过绩效管理，不仅可以把员工工作的数量和质量控制在一个合理的范围内，还可以控制工作进度和协助关系，从而使员工明确自己的工作职责，按照既有制度和规定做事，提高工作的自觉性和纪律性。

(5) 沟通功能。绩效考核结果出来以后，管理者将与员工进行谈话，说明考核的结果，听取员工的看法与申诉。这样就为上下级提供了一个良好的沟通机会，使上下级之间相互了解，增进相互间的理解。

(三) 绩效管理的目的

绩效管理服务于三个目的：战略目的、管理目的和员工发展目的。

1. 战略目的

企业人力资源管理是在企业战略目标的引领下开展的与人的获取、配置、评估、定薪等相关的管理活动。现在企业绩效管理的作用，远远超过了人力资源管理的领域。企业首先要根据组织的战略目标制定部门目标，然后根据部门目标确定岗位任务和员工的岗位绩效指标及其评估标准，并据此考评员工的工作成果是否达到相应的绩效标准。通过绩效管理，还可以加强管理者与其同事和下属之间的有效沟通，凝聚各类人才，提高企业的核心竞争力，便于企业的战略实施和战略调整。此外，企业还能根据绩效结果及时调整计划，确保企业长期目标的实现。总之，绩效管理有利于企业战略目标的实现，成为企业在竞争环境中得以继续生存和发展的有效手段。

2. 管理目的

绩效管理作为企业人力资源的职能之一和支撑企业人力资源管理的重要手段，在提高组织的有效性方面具有多种功能。通过绩效管理，企业管理者可以衡量员工的优缺点，评定工作效果的好坏，决定员工的薪资或奖金的调整，决定员工晋升、降级或终止聘用，提供员工定期与上级就绩效进行沟通的机会等。

3. 员工发展目的

现代企业应用绩效管理这一手段，其主要目的是为了提高员工的工作绩效，进一步开发员工的能力。无论员工处在组织的哪个工作层面，绩效管理体系都会通过各种绩效反馈过程，为员工指出缺点、不足和导致绩效不佳的原因。此外，还可以在绩效反馈基础上为员工制定培训、发展和成长计划，使员工未来绩效的更高。

(四) 影响绩效管理实施的因素

从绩效考核到绩效管理，是一个系统提升过程，许多组织在这个过程中并不是一帆风顺的。尽管绩效管理的推进过程在不同组织中会有不同的表现，而且在不同组织的实践过程中遇到的困难也各不相同，但归纳起来主要有以下几点：

1. 观念的问题

目前，在我国组织中，绩效管理的观念还比较落后。管理者的思维方式和行为方式不能跟上时代潮流，不能前瞻性地看待问题，不能接受新的管理理论和管理方法，视绩效管理为累赘和额外的负担，这成为组织实施绩效管理道路上的最大障碍。因此，要使绩效管理得到有效的实施，必须强调全员绩效意识，改变管理者的观念，为绩效管理的实施铺平道路。

2. 高层管理者执行乏力

在绩效管理问题上，许多组织的高层管理者只是给予一般的支持，听听报告、作作指示，并没有真正把绩效管理当做一件重要的事情来抓，导致了管理者支持乏力，并由此造成了绩效管理的推进者——人力资源管理者的执行乏力。

3. 人力资源管理者的尴尬地位

目前，人力资源管理的地位还比较尴尬。在许多组织中，人力资源管理依旧停留在人事管理层面，人力资源管理者忙于处理具体事务，继续充当高级办事员的角色，其权限和工作积极性都受到了诸多限制。由于人力资源管理者的尴尬地位，使得他们威信不足、说服力不够，因而导致了组织实施绩效管理的力度跟不上，在推广绩效管理观念和体系方面都遇到了很大的障碍。

4. 人力资源管理者的自我修炼不足

高层管理者的执行乏力和人力资源管理者所处的尴尬地位进一步导致人力资源管理者自我修炼不足。在许多人力资源管理者的头脑中，绩效管理还只是一个理念；加之人力资源管理者往往比较喜欢务实性的东西，强调实践而排斥理论学习，这些都会使得人力资源经理在追求绩效的过程中走入了自己设定的误区，无法成功地实施组织绩效管理。

5. 各级管理者对绩效管理有抵触情绪

由于许多组织不能系统地看待绩效管理，不能将绩效管理融入管理的过程中，只是满足于为管理者提供一些简单的考核表，空洞且缺乏说服力；绩效管理的过程也相对简单，缺乏过程性的沟通与辅导，只是在认为必要时，才组织一些填表和考核工作，造成各级管理者不能理解绩效管理的意义，不能认识绩效管理对于企业管理的重要性，也就很难投入精力来实现组织的绩效目标。

三、绩效管理的意义

虽然员工往往对绩效管理产生抵触情绪，但企业仍然需要绩效管理，因为无论是组织、管理者还是员工，都可以从绩效管理中获益。

（一）组织需要绩效管理

从整个组织的角度来看，组织的目标被分解成了各部门目标和员工个人目标，组织绩效有赖于各部门绩效目标的实现，而各部门绩效则由员工个人绩效来支持。因此，组织需要将目标有效地分解到各部门，再分解到员工个人，并使员工和各部门都积极向着共同的组织目标努力；组织需要监控目标实现过程中各个环节的工作情况，及时发现执行中的问题并予以解决；组织需要得到最有效的人力资源，以便高效率地完成任务，这至少需从三个方面入手：一是通过人员配备使员工充分发挥作用；二是通过加强人力资源培训与开发增强组织的整体能力；三是通过薪酬管理和建立能进能出的竞争机制激励员工的工作积极性。

绩效管理可以满足上述需要。通过绩效目标的制定，可以有效地将组织目标分解到各部门和员工个人；通过绩效沟通和绩效考核，可以发现目标实现中的问题并及时解决；绩效考核的结果则可作为员工管理、人员配备、培训与开发、薪酬管理的依据。

（二）管理者需要绩效管理

管理者的价值并非取决于其本人做了些什么，而是取决于其下属做了些什么，即员工的工作绩效，所以管理者必须通过下属来实现自己的绩效目标。绩效管理提供给管理者一个将组织目标分解到员工的机会，并且使管理者能够向员工说明自己对工作的期望和工作的衡量标准，还使管理者能够对计划执行情况进行监控。

（三）员工需要绩效管理

员工在绩效管理中通常是以被管理者和被评估者的角色出现的，绩效管理对他们来说常常是一件有压力的事情，是与不愉快的感情联系在一起的。但是每个员工在内心都希望了解自己的工作绩效，了解自己的工作做得怎么样，了解别人对自己的评价。因为他们希望自己的工作绩效能够得到他人的认可与尊重，他们也需要了解自己有待于提高的地方，使自己的工作能力得以提高、技能得以改善。

四、绩效管理的误区

绩效管理是企业人力资源开发与管理的重要内容，广泛应用于西方国家的管理活动中，我国企业界对此也广为推崇。但要真正实现绩效管理的目标，必须正确认识绩效管理，走出绩效管理的误区。

（一）把绩效管理等同于绩效考评

许多企业错误地将绩效考评与绩效管理等同起来，简单地认为绩效管理就是在年底对员工一年的工作进行一次评估。这导致主管对绩效管理的作用认识不清，使绩效管理走过场、走形式，或以工作繁忙为借口敷衍了事；员工则感觉不到主管对自己提高绩效和工作能力的帮助，而认为主管在监督自己，对绩效管理产生抵触情绪。

（二）忽视绩效管理系统与其他系统的联系

很多企业片面强调绩效管理的重要性，却忽视了与之相关联的其他人力资源管理子系统，如工作分析、岗位评价、素质测评、招聘、薪酬等。一个科学、合理的绩效管理系统，应该建立在完整的人力资源管理平台之上，如果其他子系统没有完善，是不可能做出一套令人满意的绩效管理系统的。忽视绩效管理系统与其他系统的联系，还会导致绩效结果应用的局限性。如果员工的绩效与人力资源管理的其他措施毫无关系，绩效管理就容易流于形式。

（三）角色分配上的错误

不少企业认为绩效管理是人力资源部的事情，总经理也只作一些关于实施绩效管理的指示，剩下的工作全部交给人力资源部。人力资源部对绩效管理的有效实施负有责任，但绝不是完全责任。人力资源部在绩效管理实施中主要扮演流程或程序的制定者、工作表格的提供者和咨询顾问的角色。绩效管理系统的推行、完善、更新、进步的责任在企业高层，离开了高层的努力，人力资源部的一切工作都是白费。绩效管理的实际执行主要应由直接主管负责，从绩效计划、绩效沟通、绩效信息收集、绩效考核到绩效反馈，每一步都在直接主管的工作职责之内。

（四）绩效管理是主管对员工的管理

步入这个误区的企业认为，只要管理者知道绩效管理就可以，员工无需了解。这样的绩效管理工作肯定是难以推行的。任何政策和制度都只能在充分理解的情况下才可能有效执行。如果直线经理不明白绩效管理，他们就没法认真执行，更谈不上融会贯通；员工本来就对绩效考核有恐惧心理，如不明白，更会对其敬而远之。所以，必要的培训不可或缺，只有让员工明白绩效管理对他们的好处，他们才会配合主管做好绩效管理工作，作好绩效计划和绩效沟通；只有让员工明白绩效管理对自己有好处，他们才愿意接受、参与和推动。

（五）重量化指标，轻非量化指标

很多企业在绩效管理过程中重视量化指标，轻视非量化指标，认为量化指标是客观的，不受人情因素的影响。事实上，这两类指标是同等重要的。一般来说，工作结果和工作行为容易用量化指标衡量，工作能力和工作态度多数要用非量化指标衡量。在绩效管理的实际运作中，量化指标也不完全是客观公正的，因为绩效标准的确定很难有客观性。例如，两个业务员的销售收入目标都是500万元，达到目标为3分，超过10%加1分。如果A业务员由于所在片区的市场形势太好，没怎么努力就完成了600万元，超过20%，实际得分为5分；B业务员由于所在片区的市场竞争激烈，千方百计才完成了500万元，实际得分为3分。这种方法看起来很客观公正，但却未考虑绩效达到的原因和环境的影响，当事人会觉得不公平。因此，量化指标的客观性也只是相对的，不可迷信。

（六）重个人绩效，轻团队部门绩效甚至企业绩效

不少企业存在重视个人绩效、轻视团队绩效，或重视部门绩效、轻视企业整体绩效的现象。这样势必造成个人英雄主义盛行、滋长部门本位主义，使得部门之间、团队之间和员工之间的协作精神、团队精神逐渐减弱。

（七）追求完美的考评表

在现实人力资源管理中，人们往往认为考核的形式特别重要，所以对绩效管理的形式表现出了极大的关注，总是想设计出既省力又有效的、万能的、面面俱到的评价表，以实现绩效管理。事实上，不存在能够解决一切问题、适合所有员工的评价形式，而且绩效考评的表格应尽量简明、抓住关键绩效指标。完善绩效管理，并非是追求设计出完美的考核表格，更重要的是作好绩效计划和持续的沟通。

（八）对国际新理念盲目跟从

很多企业热衷于追捧国际最新的管理理论和方法，而不考虑该理论和方法对企业的适用性，以及企业是否具备实施的条件。甚至在一知半解的情况下，不寻求专家的指导，盲目变革。新的方法和思想是否有效的关键不在于方法本身，而在于如何实施。

第二节 员工绩效考核

一、员工绩效考核概述

（一）绩效考核的含义

绩效考核是指企业依据职务标准对员工的工作行为、工作态度、工作结果进行考察、测定、评价的过程。绩效考核具有以下重要意义：

（1）它是人力资源管理的重要环节。绩效考核在人力资源管理体系中是一个中间环节，是组织发展与个人发展的基础，同时又是其他管理环节决策的重要依据。企业通过考核来了解员工，决定人力资源开发的计划与决策，决定对不同的员工采取不同的培训方式、给予不同的薪金；个人通过考评了解自己的长处与不足，知道领导与同事对自己的看法，以便扬长避短，更好地提高自己的能力。

考核又是提高企业经济效益的重要手段。企业通过考核检查企业目标的实现情况，了解各个环节之间的关系是否协调，职工的积极性如何，并有针对性地改进管理，促进企业目标的实现。

（2）人力资源配置、确定劳动报酬、员工晋升和奖惩、制订培训计划等，都要以考核的资料为依据，因此，绩效考核又是个人制订发展计划的依据，它是人力资源管理的重要基础工作。

（二）绩效考核的功能

绩效考核主要有五种功能，即控制、激励、标准、发展和沟通。

（1）控制功能。绩效考核是人事管理中主要的控制手段。通过绩效考核，可以使工作过程保持在合理的数量、质量进度和协作关系上，使各项管理工作能够按计划进行；对员工本人来说，绩效考核也是一种控制手段，可以使员工时时记住自己的工作职责，激发员工按照规章制度工作的自觉性。

（2）激励功能。激励功能是指绩效考核对员工的工作成绩给予肯定，能使员工体验到成功的满足感、对成就的自豪感，由此调动员工的积极性。

（3）标准功能。绩效考核为各项人事管理提供了一个客观而公正的标准，并依据这个绩效考核的结果决定晋升、奖惩、调配等。不断地进行绩效考核，并按照标准进行奖惩与晋升，会让企业形成按标准办事的风气，使企业的人事管理标准化。

（4）发展功能。绩效考核的发展功能主要体现在两个方面：一方面，组织根据绩效考核的结果，制订正确的培训计划，达到提高全体员工素质的目的，以推动企业发展；另一方面，它可以发现员工的长处和特点，根据其特点决定培养方向和工作安排，充分发挥个人的长处，促进个人的发展。

（5）沟通功能。绩效考核的结果出来以后，各级主管要与员工谈话，说明绩效考核的结果，听取员工的申诉与看法，这样就为领导与员工沟通提供了机会，从而增进相互了解。

（三）绩效考核的原则

1. 客观公正原则

这是绩效考核的首要原则。在制定绩效考核标准时应从客观公正的原则出发，坚持定量与定性相结合的方法，建立科学适用的绩效考核指标体系。这就要求制定的标准多采用可以量化的客观尺度，尽量避免或减少主观因素和感情色彩，要用事实说话，切忌主观武断或长官意志。应当依照明确的考评细则，针对客观的考核资料进行评价，要让被考核者与确定的标准作比较，而不是进行人与人之间的比较。在绩效考核中坚持客观公正的原则，能以统一的尺度、较为客观的评价标准来较为真实地衡量和反映员工的工作状况，使评价的结果客观公正、有较强的说服力，以减少因考核不公正而引发的矛盾，保持企业内部团结。如果绩效考核标准不够客观公正，则会造成被考核员工对于评价结果的怀疑，进而引起员工之间、员工与人力资源管理部门之间的矛盾，最终影响企业员工的士气和凝聚力。

2. 公开原则

首先要公开考评目标、标准和方法，即在绩效考核之初，就把这些信息公开地、毫无保留地传达给每一位被考核的员工。其次要公开评价过程，即在绩效考核的每一个环节上，都应接受来自人力资源部门以外人员的参与和监督，防止出现暗箱操作；最后要公开评价结果，即在绩效考核结束之后，人力资源管理部门应把评价的结果，通报给每一位被考核的员工，使他们了解自己和他人的成绩信息。公开原则有助于消除被考核人员对于绩效考核工作的疑虑，提高绩效考核结果的可信度；也有利于被考核员工看清自身存在的问题和差距，找到努力的目标和方向，进一步改进工作，提高自身素质。此外，增加绩效考核工作的透明度和公开性，可以增加人力资源管理部门的责任感，促使其不断改进和提高工作质量。

3. 反馈原则

绩效考核并不是为考核而考核，而是要通过面谈等形式将考核结果反馈给被考核者本人，否则就起不到考核的教育作用。在反馈考核结果的同时，应当向被考核者就评语进行说明解释，肯定其成绩和进步，指出不足之处，提出今后努力的参考意见。

4. 经常化、制度化原则

由于企业的生产经营活动是连续的，员工的工作也是持续不断的，因此，企业的绩效考核工作也必须作为一项长期化、制度化的工作来抓，这样才能最大限度地发挥绩效考核的各项功能。此外，经常化、制度化的考核工作也有利于调动员工的积极性，有利于激发员工改进工作、提高质量的强烈愿望。

5. 多层次、多渠道、全方位考核原则

因为员工在不同时间、不同场合往往有不同的行为表现，因此，在进行绩效考核时，应多方收集信息，建立起多层次、多渠道、全方位的评价体系，将上级考核、同级评定、下级评议、专家鉴定、员工自评等几个方面结合起来，综合运用。只有充分听取和考察各方面的意见，才能保证考核工作的客观公正。

二、员工绩效考核指标体系的确定

（一）员工绩效考核层面

常用的员工绩效考核指标体系包含三个层面考核的内容：成绩考评、能力考评和态度考评。

1. 成绩考评

成绩考评即对行为的结果进行绩效考核和评价。工作成绩是指员工在一定条件下和一定时间内工作表现的优劣和效果，即员工在企业工作中所作出的成绩和贡献。企业希望每一个员工的行为都能有利于企业经营目标的实现，为企业作贡献，因而通过考评掌握员工的价值以及对企业贡献的大小。员工希望自己的成绩得到公正、公平的评价，希望自己的贡献得到企业的认可，因此，成绩考评既要重视员工所承担任务的完成状况，还要对员工的综合素质以及其对企业的贡献作出正确的评价。

工作成绩是考核的核心。这是因为企业的中心任务就是创造价值和利润。员工的工作成绩，即所创造的利润是企业得以生存、发展的直接动力源。没有员工良好的工作成绩，企业的生存发展将无从谈起。工作成绩是从各方面表现出来的，如工作的数量、质量、出勤情况等，因此衡量工作成绩的指标和标准也是多层次、多种多样的。一般说来，主要包括三个方面：一是工作效率，包括员工在工作中体现的组织效率、管理效率和机械效率；二是工作任务，包括工作数量和工作质量；三是工作效益，包括经济效益、社会效益和时间效益。

绩效考核首先应对工作成绩三个方面的内容有一个完整、清楚和准确的认识，并将上述内容转化为如下具有可操作性的、有明确答案的问题：他按时完成了企业规定的任务了吗？任务完成得“保质保量”吗？他在完成任务的过程中，所耗费的材料，包括金钱、精力和其他资源，是在规定的限度内吗？他在完成任务过程中能很好地协调与其他同事的关系吗？他能够圆满解决在工作过程中出现的各种问题吗？他能够在工作过程中充分运用已有的知识技能，并及时总结工作经验吗？他在指定的时间内能顺利地完成工作任务吗？等等。

2. 能力考评

能力考评要考评员工在岗位工作过程中显示和发挥出来的能力，如理解指令是否正确、迅速；协调上下级关系时，是否得体、有效。

员工的工作能力包括三个方面：基础能力、业务能力和心理素质。其中，前两种能力属于能力评价范围。对于不同职位，其能力的要求也各有侧重，进行评价时，应区别对待。

基础能力或技能的高低主要通过书面测验、组织内部培训课程的成绩、技术职称或专业资格称号的取得等方面得以了解，考核较为容易；业务能力则较为抽象，考评时可能掺入较多主观因素；心理素质主要通过适应性考察来评价，一般也可以通过体检和心理测试等手段取得参考意见。为了尽量客观地考核业务能力，一般只能通过考核工作成绩间接地进行。在工作分配合理、本人职务与能力水平相适应的情况下，工作成绩大体上能够反映出本人的业务能力水平。但是工作成绩只是能力中已发挥作用部分的反映，常常可能出现能力没有完全发挥的情况，如工作分配不当、上级的命令指示不正确、工作难易度不适当、周围同事的配合帮助不够等，也会影响到业绩。所以在根据工作成绩来评价能力时，考评者应充分注意到影响能力发挥的因素，在考核中排除其影响。

3. 态度考评

态度考评主要考评员工的积极性、热忱度、责任感、纪律性、独立性和协调性等。

两个工作技能、工作能力和工作内容相近的员工，他们的工作成绩却并不总是相同，究其原因就在于他们的工作态度是不一样的。有的员工勤勤恳恳、努力工作，而有的员工则出勤不出力，由此而产生工作成绩上的差异。

工作态度是指员工对工作持有的评价和行为倾向，内容主要包括工作积极性、遵纪守法的自觉性、对待本职工作和企业组织及其他成员的热情、责任感、自我开发愿望等较为抽象的方面。工作态度的实质是一种内在的心理动力，它可以引发相应的工作行为。工作态度主要表现为员工对工作的需要、动机、自觉性、责任感、积极性和目标导向性等。工作态度作为工作的内在心理动力而引发的各种工作行为，就是工作态度的功能。这种功能主要包括对工作的知觉与判断的影响，提高工作效率，提高克服工作困难的耐性，等等。

上述这些工作态度的功能，直接关系到工作成绩的大小。一般说来，积极的工作态度对工作的直觉、判断，对学习、工作的忍耐力等会发挥积极的影响，因而能提高工作效率，取得良好的工作成绩。这表明积极的工作态度与工作成绩之间有着一致性关系。工作态度的考核是一件较困难的事，目前一般从该员工上下左右的意见和观察其表现时获得，如对于改善现状是否具有高昂的愿望和热情；是否积极学习业务知识；在工作中能否不畏困难，坚持到底；能否坚持立场促成团结与合作；是否经常与他人做无谓的争执；对工作的失误是否往往逃避责任或进行辩解；对上级领导是否有敷衍的现象；能否遵守工作规则、标准以及其他规定；是否以不实的理由请假或迟到，等等，予以主观性评价。此外尚没有其他更为有效的手段。

（二）员工成绩考评指标体系

成绩考评是对行为的结果进行绩效考评和评价。成绩考核指标确定的模式为“以战略为导向＋以工作分析为基础＋综合业务流程”。

1. 以战略为导向

成绩考核如果不坚持战略导向，就很难保证绩效考核能有效支持公司的战略。绩效考核的导向性是通过绩效指标来实现的，绩效考核能否实现匹配战略，实际上就是通过战略导向的绩效指标的设计来实现的。一般在具体设计成绩指标时都应用关键绩效指标（KPI）方法。关键绩效指标所体现的衡量内容最终取决于公司的战略目标。当关键绩效指标构成公司战略目标的有效组成部分或支持体系时，它所衡量的职位便以实现公司战略目标的相关部分作为自身的主要职责；如果关键绩效指标与公司战略目标脱离，则它所衡量的职位的努力方向也将与公司战略目标的实现产生分歧。公司战略目标是长期的、指导性的和概括性的，各职位的关键绩效指标内容丰富，针对职位而设置，着眼于考核当年的工作绩效，具有可衡量性。因此，关键绩效指标是对真正驱动公司战略目标实现的具体因素的发掘，是公司战略对每个职位工作绩效要求的具体体现。最后，关键绩效指标随公司战略目标的发展演变而调整。当公司战略侧重点转移时，关键绩效指标应予以修正，以反映公司战略的新内容。

2. 以工作分析为基础

工作分析是一切人力资源管理工作的基础，是设计绩效考核指标的基础依据。根据考核目的，对被考核对象岗位的工作内容、性质以及完成这些工作所具备的条件等进行研究和分析，从而了解被考核者在该岗位工作所应达到的目标和应采取的工作方式等；初步确定绩效考核的各项要素，从而确保每个岗位基本工作职能的完成。

3. 综合业务流程

以战略为导向，以工作分析为基础，还要综合业务流程来设计考核指标。绩效考核指标必须从流程中去把握，根据被考核对象在流程中扮演的角色及其责任以及他与上、下游工作之间的联系，来确定衡量其工作绩效的指标。此外，如果流程存在问题，还应对流程进行优化或重组。

在“以战略为导向 + 以工作分析为基础 + 综合业务流程”成绩考核指标确定的模式指导下，便可构建起三个层面的考核指标类型，如表 8-2 所示。

表 8-2 成绩考评集体指标

考核指标类型	考核指标的内涵
革新指标	以战略为导向，通过 KPI 法所分解的绩效指标
改善指标	在上一轮绩效管理循环中未完成或完成不好的绩效指标，放在本轮循环中继续执行的绩效指标
固定指标	以工作分析为基础获得的绩效考核指标

（三）员工能力考评指标体系

能力与成绩有显著的差异。成绩是外在的，是可以把握的；而能力是内在的，难以衡量和比较。这是事实，也是能力考评的难点。但是，能力也是客观存在的，可以感知和察觉，并可以通过一系列手段去把握能力的存在以及在不同员工之间的差异。

在企业绩效管理中，与一般的能力测量不同，员工能力考评是考评其在岗位工作过程中显示和发挥出来的能力，如员工在工作中判断理解指令时，是否正确、迅速；协调上下级关系时，是否得体、有效等。依据员工在工作中的行为和表现，参照标准或要求，评价其能力发挥得如何，评判其能力是大是小、是强是弱等。总之，能力考评是根据工作说明书规定的岗位要求，对应于员工所担任的工作，对其能力所作出的评定过程。常用能力考核指标如表 8-3 所示。

表 8-3 常用能力考核指标

考核指标项目	重点观察内容
经验阅历	生活、生产、社会的经验阅历如何，知识与经验丰富的程度，思想认识水平高深的程度，对外界事物分析、判断、理解的能力如何，目光是否长远
知识	业务所需要的“实际知识”、“相关知识”以及“社会常识”的程度

（续）

考核指标项目	重点观察内容
技能熟练程度	执行本岗位工作的技能熟练程度，感知力、识别力、耐力要求
判断力	以正确的知识技能经验为依据，能准确把握事物的现状及时作出正确的结论，以及随机应变地采取相应对策的能力及程度
理解力	以知识、经验为依据，能把握业务中发生的事情的本质，能充分理解其内容，以至对将来可能发生的变化，有从容应对的能力及程度
创新能力	经常保持不断探索的心态，灵活运用业务上的知识、经验并能改善业务，对业务的发展有自己独到的见解和创意的能力
改善力	能面对目前的有关问题，研究改善、提升效率或创造新的业务处理方式，以及采用何种手段、方法等的思考能力及程度
企划力	能对企业发生的事件进行综合分析，并在理论上找到依据，使其系统化，为了实现工作目标，提出具体的对策和计划的能力及程度

（四）员工态度考评指标体系

一般说来，员工能力越强，成绩就可能越好。可是在企业中常常见到这样一种现象：一个人能力很强，但出工不出力；而另一个人能力不强，却兢兢业业，干得很不错。两种不同的工作态度，就产生了截然不同的工作结果，这与能力无直接关系，主要与工作态度有关。所以，需要对员工的工作态度进行考评。

工作态度考评要剔除本人以外的因素和条件。例如，由于工作条件好而做出了好成绩，如果不剔除这一运气上的因素，就不能保证考评的公正性和公平性；相反，由于工作条件恶化使成绩受挫，并非个人不努力，考评时也必须予以充分考虑。这是态度考评与成绩考评的不同之处。常用的态度考评指标如表 8-4 所示。

表 8-4 常用的态度考评指标

考核指标项目	重点观察内容
积极性	是否经常主动地完成各种业务工作，不用指示或命令，也能自主自发地努力工作，不断改善工作方法
热忱度	是否在执行业务之际，以高度的热忱面对挑战，认真而努力工作，表现出不达目的决不罢休的态度
责任感	是否能自觉地尽职尽责工作，在执行公务时，无论遇到何种困难都能不屈不挠、永不停止。对自己或下属的工作或行为，应自始至终地表现出负责的态度
纪律性	是否遵守有关规定、惯例、标准或上司的指示，忠于职守、表里如一，有秩序地进行工作
独立性	是否在职权范围之内能进行自我管理，不依赖上级或同事，能在准确判断之下自主自立、自信地处理业务
协调性	是否能以普通一员协调好上下级、同级以及与外界的关系，并能创造和谐的工作环境，圆满完成上级指派的工作

三、员工绩效考核的步骤

绩效考核工作一般按照以下步骤和程序进行：制订考核计划，确定考核标准，选择考核方法，收集分析数据资料，评定考核结果以及对考核结果的反馈运用。

(一) 制订绩效考核计划

为了保证绩效考核能有效和顺利进行，首先应根据绩效考核的目的和要求制订考核计划，选择考核的对象，确定考核的内容，制定考核的标准和考核方法，选择参评人员和安排考核时间等。

1. 绩效计划的含义

绩效计划是指管理者与员工共同讨论以确定员工绩效管理周期内应该完成哪些工作和达到怎样的绩效标准，并最终达成一致意见、形成契约（绩效计划书）的过程。

关于绩效计划，可以从以下几个方面来理解：

(1) 绩效计划的制订主体是管理者和员工。由于绩效计划涉及如何控制实现预期绩效的整个过程，因此绩效计划应该由人力资源管理者、各职能部门经理以及员工本人三方面共同来承担。人力资源管理部门对绩效计划所应担负的责任就是帮助相关人员确保绩效计划工作在组织目标的大背景下更好地顺利进行。各职能部门经理可以看做是整个绩效计划工作的最终负责人。由于他们是最了解每个职位的工作职责和每个绩效周期应完成多少工作的人，由他们来制订绩效计划会使整个计划更加具有现实性和可操作性，更有利于各职能部门内部人员之间的整合。

员工个人的参与是提高绩效计划乃至绩效管理有效性的保证。通过参与制订绩效计划，员工能够对所制订的计划产生更高的认同感，从而更积极地投入工作。此外，绩效计划不仅使员工知道其确定的绩效目标，更重要的是能帮助员工知道如何去实现已定绩效目标。从这个角度上讲，员工需要参与到绩效计划制订过程中去。

(2) 绩效计划的内容是关于绩效周期内工作和绩效标准的契约。人力资源管理者、各职能部门经理和员工个人在参与了绩效计划的制订后，要形成一个书面的绩效契约。在这份契约中，至少应该包含如下内容：

1) 员工在这次绩效管理的周期内要达到的工作目标是什么。

2) 员工应该在何时完成何项工作。

3) 所要完成的各项工作的重要性如何。

4) 为了完成工作，员工可以拥有哪些权力。

5) 每项工作要达到什么样的结果。

6) 管理者评判员工工作好坏的标准即绩效标准是什么。

7) 管理者从哪里可以获取衡量工作好坏的信息。

8) 员工工作目标和工作结果的重要性如何。

9) 员工在完成工作时可能得到来自管理者的何种帮助。

10) 在达成绩效目标的过程中，员工可能遇到的障碍有哪些，又有哪些可以解决的方法。

绩效契约往往是以绩效任务书的形式出现，人力资源管理者、各职能部门经理和员工个人要就包含上述内容的绩效任务书达成一致，并签字认可，这样，这个绩效计划就被视为在绩效管理周期内员工开展工作、管理者对员工完成情况进行评价的依据，如表 8-5 所示。

(3) 绩效计划是一个双向沟通的过程。绩效计划的沟通方式要采用双向沟通，沟通的主要内容涉及以下各个方面：

1）在绩效周期内组织的整体目标和发展方向是什么。

表 8-5 某公司销售区域经理绩效目标计划表

受约人：刘英　　职位：区域经理　　直接主管：销售部经理

绩效项目	产出	完成期限	衡量标准	评估来源	权重
销售收入	销售额	年底	达到 2000 万元	主管评估	30%
新开发客户	新增月收入 5 万以上客户	按月评估	1～2 户/月	主管评估	20%
应收账款	应收款余额	按月评估	月均 300 万元	财务评估	15%
客户满意度	客户满意程度	年底	100% 满意	客户评估	10%
退货率	退货	年底	≤2%	主管评估	5%
区域管理	管理效果	年底	满意	下属评估	10%
大客户培养	月均销售 20 万元以上客户	年底	5 个/年	主管评估	10%

绩效周期：2011 年 1 月 1 日～2011 年 12 月 31 日

受约人签字：　　主管签字：

日期：　　日期：

2）要完成组织的目标，员工以及部门经理所在的部门承担的责任是什么？要完成的任务是什么。

3）各项任务的完成期限是什么时间。

4）员工本人对所要完成的绩效任务是如何认识的。

5）在完成工作过程中可能遇到什么困难和障碍。

6）员工需要管理人员提供什么样的支持和帮助。

（4）绩效计划内包含管理者和员工双方的心理承诺。在这个双向沟通的过程中，管理者和员工行动上的认可非常重要，但更为重要的是，双方对这一沟通过程是从心理上的认可。社会心理学认为，当人们亲身参与了某项决策的制订过程时，他们一般会倾向于坚持立场，并且在外部力量作用下也不轻易改变立场，参与程度越深，态度改变的可能性越小。在这方面，社会心理学家多伊奇曾经作过关于承诺对态度改变影响的经典心理实验。实验结果（见表 8-6）表明，承诺态度对意见改变的影响作用非常明显，没有将自己的意见明确表达出来，即没有作出承诺的一组受到群体压力时，改变自己最初意见的比例最高；而作出了比较强的私下承诺和公开承诺的两组，在受到群体压力时，改变自己最初意见的比例非常低。

表 8-6 多伊奇和杰勒测试结果表

被试组	承诺情况	改变最初想法的比例
无承诺组	只作判断、不作任何承诺	24.7%
私下承诺组	作判断并写出自己的意见，但所写意见可随时被抹去	16.3%
强私下承诺组	作判断后写出自己的意见，意见要被收上去，但可以不签名	5.7%
公开承诺组	作判断后写出自己的意见，意见要被收上去，且必须要在意见上签名	5.7%

这一结果运用到绩效计划时，原理也是一样的。在制订绩效计划时，员工和管理者参与计划的制订，通过双方充分沟通达成一致并达成绩效契约，这就相当于员工对绩效计划的内容作出了公开的承诺，那么，员工就会倾向于坚持自己的承诺，即使在遇到困难时，也会履

行所签订的绩效计划，员工遵守自己的承诺也有助于维护员工个人形象的统一性。

2. 绩效计划的实施

（1）绩效计划的准备阶段。在绩效计划的准备阶段，需要收集包括企业、部门和团队、员工三个方面的信息。

1）年度组织目标。相比组织的战略目标，以年为单位的组织目标因其具体性和可操作性而成为制定绩效计划的主要依据。

2）团队目标。目前比较流行的工作团队使得小单元内的目标责任更加明确和具体，这也为个人绩效计划的制订打下了基础。

3）个人职责描述。它规定了员工在自己的职责范围内应该做什么，而绩效计划则给出了这些任务完成所应达到的标准。

制订绩效计划的目的是为了提升员工和组织的整体绩效，最终实现组织的战略。因此，在制订绩效计划前，管理者与员工都需要重新回归企业目标，保证在进行沟通之前双方都熟悉企业的目标。对于管理者来说，熟悉了企业目标才能对企业目标进行有效的分解落实；对于员工来说，只有熟悉了企业目标，才能在制定工作目标时保持正确的方向。

企业总目标分解成部门和团队目标后，管理者与员工对部门和团队目标的理解程度也直接影响到企业目标的实现。组织的经营指标可以分解到生产、销售部门，也可以分解到业务支持性部门。例如，公司的总体经营目标是：将本地区市场占有率提高20%以上；提高销售额1亿元；返修率控制在4%以内；提高产品性能，降低产品成本。人力资源部作为一个业务支持部门，在公司整体经营目标下，可以将自己部门的目标定为：在人员招聘方面，注重招聘那些具有认真仔细、开拓创新等素质的员工；在培训方面，要提供开发新客户、客户关系管理、质量管理和成本管理方面的培训；在考核制度方面，鼓励开发新客户、创新、提高产品质量和降低成本的行为。

员工个人信息主要包括员工所在岗位的工作描述和员工上一个绩效周期的评价结果两个方面。工作描述规定了该岗位任职者的主要工作职责，它是进行工作目标分解的主要依据。绩效计划将个人的工作目标与组织的要求联系起来，最终使两者的目标都能实现。员工在每个绩效周期期间的工作目标通常是连续的或有关联的，在制定工作目标时也要参考员工以前的绩效。如果员工在上一个绩效周期内所有绩效计划表上所列的目标都达到标准，那么这一期的绩效计划就需要提出新的目标；如果上一期的目标没有完成或没有全部完成，就应该将它们转入当期的绩效计划来，作为继续考核的目标。

（2）绩效计划的沟通阶段。在沟通过程中，管理者要将自己放在和员工同等的位置上来考虑和讨论问题，不能高高在上地将自己的意志强加于员工，而应将员工看做该职位的专家，虚心听取他们的意见。当然，在沟通的过程中也要保证绩效计划不偏离组织战略。

在进行沟通的过程中，首先要回顾前期所准备的信息；然后在组织目标的基础上，每个员工需要设定自己可衡量的工作目标和关键成绩指标，管理者中则有必要向员工承诺提供解决困难的支持和帮助；最后，绩效计划的制订不是一劳永逸的，它必须依据环境和组织战略的变化来进行调整和修改。

（二）确定绩效考核标准

绩效考核的标准是评价员工的尺度，考核标准可以分为绝对标准和相对标准两类。

（1）绝对标准。在绩效考核时，大多采用绝对标准。例如，废品率不要超过2%，出勤率要达到90%，文化程度至少为大学本科等，都是绝对标准。这种标准是以现实为依据的，不随被考评员工的不同而改变，因而有较强的客观性。绝对标准又分为业绩标准、行为标准和任职资格标准。业绩标准，如对生产工人的定额要求，对独立核算单位的利税指标等；行为标准，如上班时间不许看报纸，工作场所不准抽烟等；任职资格标准，如企业财务主管必须有大学本科以上学历，具有高级会计师职称，有5年以上从事财会工作的经历等。

(2) 相对标准。例如评定先进时，规定20%的指标。此时，每个员工既是被考核的对象，又是考核的尺度，因而标准在不同的被考核群体中往往有差别，而且无法对每一个被考评员工单独作出“好”或“不好”的评价。

（三）选择绩效考核方法

在选择、设计绩效考核方法时，需要解决的问题包括：确定绩效考核目的需要哪些信息，从何处获取这些信息，采用何种方法收集这些信息。具体的绩效考核方法将在下一节进行阐述。

（四）确定绩效考核人员

确定绩效考核人员是绩效考核成败的大事。在选择绩效考核人员时，应考虑两方面的因素：一是能够全方位地对员工的工作表现进行观察；二是有助于消除或减少个人偏见。通过培训，可以使考核人员掌握绩效考核原则，熟悉考核标准，掌握考核方法，克服常见偏见。

一般来说，在选择绩效考核人员时，通常考虑以下人选：

(1) 直接主管。员工的直接主管对员工的工作表现能够全面了解，因此通常是最好的绩效考核人选。其缺点在于可能会因个人偏见、与员工的矛盾或私交等，影响考核的客观性。

(2) 高层管理者。在不少组织的绩效考核中，由一名高级管理者对员工的直接主管的考核进行检查和补充，可以消除某些直接主管的偏见。但高层管理者可能会因事实不全，出现评价的片面性。

(3) 相关部门管理者。组织中的某个员工有时要接受几个部门的管理。例如车间会计核算人员，既要接受车间主任的领导，又要接受财务主管的领导。因此，有时需要将几个与员工密切联系的部门管理者组成一个考核小组，一起对员工进行考核。这种考核可以消除个人考核的偏见。

(4) 同事。同事的评价是对上述考核的补充。作为同事，他们与被考核者朝夕相处，因此同事的评价具有较高的可信度。需要注意的是，同事之间的友情、敌意等因素常会影响到他们的评价，从而影响考核的效果。

(5) 下级人员。在绩效考核中，可以组织被考核者的下属来评价他们的上级，考核其在信息沟通、工作任务委派、资源配置、信息传递、协调下属矛盾、公正处理与员工之间关系等方面的能力。下属评价要与其他评价信息结合使用。

(6) 员工自身。自我考核可以提供有效的信息。在组织员工进行自我绩效考核时，应注意对员工正确的自我评价进行激励；让员工按照相对标准来进行评价；对员工的工作绩效进行反馈。

(7) 客户。对与组织外部的客户和社会公众有大量接触的服务性职务，客户的评价十分重要。由于客户对职务的性质及组织的目标并没有充分的了解和认识，因此评价结果往往是不全面的，但在某些方面的参考价值较大。

（8）专家。组织外部的人力资源考核测评专家，具有专业水平高、客观公正的优点；也具有费用高、时间不能保证、了解情况少和过于片面的缺点。

（五）收集绩效考核资料

信息、数据的收集与分析是一种有组织、系统地收集有关员工工作活动和组织绩效的方法。没有充足的信息，管理者就无法掌握员工工作的进度和所遇到的问题，就无法对员工工作的结果进行评价并提供反馈，就无法使整个绩效管理循环不断地进行并对组织产生良好的影响。作为绩效考核基础的资料，必须做到真实、可靠、有效。收集绩效考核资料信息，要建立一套与考核指标体系有关的制度，并采取各种有效的方法来进行。

通常来说，收集绩效信息的内容包括：①工作目标或任务完成情况的信息；②来自客户积极的和消极的反馈信息；③工作绩效突出的行为表现；④工作绩效有问题的行为表现等。

一般而言，获得绩效信息的方法主要有：①观察法，即主管人员直接观察员工在工作中的表现，并对员工的表现进行记录；②工作记录法，即通过对日常工作记录体现出来的员工工作目标完成情况的分析来获得信息的方法；③他人反馈法，即从员工提供工作服务的对象或发生业务关系的对象那里取得员工绩效信息的方法。

收集绩效记录的原则主要有：①基于事实；②尽可能真实地描述事情的发生过程，不要修饰或解释；③语句简洁、扼要，重点突出；④特定及关键事实取向，避免通俗用语。

在绩效实施的过程中，管理者要对员工的工作进行指导和监督，对发现的问题及时予以解决，并对绩效计划进行调整。员工在实施绩效的过程中非常希望能和管理者保持密切的沟通，沟通中可以根据实际情况对绩效计划及评估标准进行实时的调整，使之更加适应环境变化的需要，可以及时了解员工的工作表现，给遇到困难的员工以帮助或提供相应的资源，及时肯定成绩、指出不足，这有利于员工不断改进自己的绩效和提高自己的能力，进而促进团队的协调，掌握不同员工的工作态度，更好地发挥团队精神。

（六）分析数据资料和评定考核结果

这一阶段的任务，是对员工个人的德、能、勤、绩各方面作出综合性的评价结果。分析评价是由定性到定量再到定性的一个过程。首先，确定员工在各个单项指标的得分，根据各指标权重计算综合分数；其次，对同一项目各考核来源的考核结果进行分析，可采用算术平均法或加权平均方法；最后，再对不同项目的考核结果进行综合分析。其具体过程如下：

（1）划分等级。把每一个考核项目，如出勤、责任民主、工作业绩等，按一定的标准划分为不同等级。一般可分为个3~5等级，比如可按好、中、差划分为三个等级，也可按优、良、合格、稍差和不合格划分为五个等级。

（2）对单一评价项目的量化。为了能把不同性质的项目综合在一起，必须对每一个考核项目进行量化，即赋予不同的评价等级以不同的数值，用以反映实际特征。以五等级为例，可以把优等定为10分，良好定为8分，合格定为6分，稍差定为4分，不合格定为2分。

（3）对同一考核项目不同评价结果的综合。在有多人参与的情况下，同一项目的考核结果会有不同，为综合这些意见，可采用算术平均法或加权平均法进行综合。仍以五等级为例，假设三个人对某员工工作能力的考核分别为优等（10分）、合格（6分）和不合格（2分）。如采用算术平均的方法，该员工的工作能力应为合格（6分）。如果这三个人分别是其上司、同事和下属，其考核结果的重要程度不同，则可以通过赋予他们不同的权重反映出来。比如上司的意见最重要，则可定为50%；同事次之，可定为30%；下属再次之，可定为20%。那么采用加权平均法，该员工的工作能力为

$$10\text{分}\times 50\% + 6\text{分}\times 30\% + 2\text{分}\times 20\% = 7.2\text{分}$$

因此该员工的工作能力界于良好与合格之间。

(4) 对不同项目的考核结果的综合。有时为达到某一考核目标需要考察多个考核项目，只有把这些不同的考核项目综合在一起，才能得到较全面、客观的结论。例如，要从总体上考核一个人的能力时，就要将其知识、判断能力、社会交际能力等各方面因素综合起来。再如，在决定某个员工是否获得晋升时，就必须考察其工作业绩、工作态度、业务能力等各个方面。在综合不同考核项目的过程中，有时可采用算术平均法，但由于考核的目标、层次及具体职务不同，每个考核项目的重要性也不一样，因而在大多数情况下，对不同项目考核结果的综合应使用加权平均的方法。

（七）绩效考核结果的反馈运用

得到考核结果，并不意味着绩效考核工作的结束。在该过程中获得的大量信息可以运用到企业各项管理活动中。

(1) 把考核结果反馈给员工，可以帮助员工找到问题、明确方向，这对于其改进工作和提高绩效会有促进作用。

(2) 为任用、晋级、提薪、奖励等人力资源管理与开发措施提供依据。

(3) 诊断和检查企业管理各项政策，如人员配置、员工培训方面是否有失误，还存在哪些方面的问题等。

一般来说，一种绩效考核的步骤和程序应相对稳定和统一，组织不应随意变动，也不应对同样的员工采取不同的考核步骤和程序。当然，一个组织的绩效考核步骤和程序不一定完全按照上述步骤和程序进行。例如，一些小企业的绩效考核就可以简单得多，它们可以把其中的某几项步骤或程序合为一种。此外，虽然人们对绩效考核程序作了一定的阶段划分，但实际上，组织内的绩效考核的几种步骤和程序有时往往是同时进行的，而且也不是严格区分开的。

四、员工绩效考核中常见的心理弊病

绩效考核中的心理弊病会造成绩效考核的主观性与片面性，影响绩效考核的信度与效度。因此，在实践中应最大限度地减少绩效考核心理弊病的消极影响。

1. 晕轮效应

晕轮效应也称为光环效应，是指在考核员工工作业绩时，由于只重视一些突出特征而掩盖了被考核人的其他重要方面，因而往往影响考核结果的正确性。

晕轮效应有两种表现：一是考核人员只注重被考核人在某一特定方面表现优异，就断定其别的方面一定也好，以偏概全、一好百好；二是考核人员只看见被考核人在某一方面表现不良，便全盘否定。

2. 成见效应

成见效应也称为定型作用，是指考核者由于经验、教育、世界观、个人背景乃至人际关系等因素而形成的固定思维，对考核评价结果产生刻板化的影响，通俗的说法是“偏见”、“顽固”等。例如，考核者很容易对老乡、同学、同职务者、战友等产生认同，自觉或不自

觉地给予好评；对性格张扬、服饰夸张的青年人往往评分过低。成见效应是绩效考核中的常见问题，需要对考核人员进行考核培训以及心理辅导，以纠正他们可能导致不正确结果的个人错误观念。

3. 首因效应

首因效应是指考核者凭“第一印象”就下判断的问题，这与人的思维习惯有关。当被考核者的情况与考核者的“第一印象”有较大差距时，考核者就可能存在首因效应而产生偏见，这在一定程度上会影响员工绩效考核的得分。

4. 类己效应

类己效应是指考核者往往对与自己相类似的人有偏爱而给予较有利的评估，主要表现为考核者凭个人的好恶来判断被考核者。类己效应是绝大多数人难以察觉的弱点，甚至是人的一种本能。因此，考核者应努力反省自己是否因个人的好恶而导致了不公平的考核结果。采用基于事实的客观考核方法，由多人组成考核小组进行考核，有助于减少类己效应所导致的考核误差。

5. 近因效应

人们对不久前发生的、时间较近的事件印象较深，往往认为这便是具有代表性的典型事件或行为，把它当做被考核者的一般特征，而对较久远的事则忘记了或忽略了。近因效应是指考核者只看到考核期末一小段时间内的情况，而对整个绩效评估期间的工作表现缺乏了解和记录，以“近”代“全”，使考核评估结果不能反映整个评估期间员工的绩效表现。

6. 过宽或过严倾向

过宽倾向是指考核中对被考核者所作的评价过高；过严倾向是指考核中对被考核者所作的评价过低。出现这两类考核误差的原因在于绩效考核中缺乏明确、严格、一致的判断标准，不同的考核者掌握的评分标准各不相同，而往往依据自己的经验。在评价标准主观性很强并要求评价者与员工讨论评价结果时，很容易出现过宽倾向，因为评价者不愿意因为给下属过低的评价而招致其不满，并在以后的工作中变得不合作；而当评价者采用的标准比组织制定的标准更加苛刻时，则会出现过严倾向。

7. 趋中效应

趋中效应也可称为平均倾向或调和倾向，是指大多数员工的考核得分都居于“平均水平”的同一档次，并往往是中等或良好水平。这也是考核结果具有“集中倾向”的体现。与过宽或过严倾向相比，考核者不愿意给员工“要么优秀、要么很差”的极端评价，无论员工的实际表现如何，统统给予中间或平均水平的评价。但实际上这种中庸的态度很少能在员工中赢得好感，反而会起“奖懒罚勤”的副作用。这种平均倾向与平均主义文化有一定联系，也可能是管理者给自己下属员工普遍较高的评价，有利于本部门的薪酬预算。

还可以找出其他一些心理弊病，但都是源于主观片面，不实事求是。这些弊病常常是不自觉、无意识中出现的。所以初次绩效考核后，要进行复核，并请自己的上级审阅，以求慎重。

第三节　绩效考核的方法

企业里具体的员工绩效考核方法种类繁多，从其性质来看，可以归纳成两大类：客观绩效考核法和主观绩效考核法。前者依靠的是对两类硬性指标的考核：一是生产指标，如产量、销售额、废次品率、原材料消耗率、能耗等；二是个人工作指标，如出勤率、事故率等。后者主要依靠考核人员的主观判断，易受心理偏差的左右，但较现实可行，可适用于包括管理人员与专业人员在内的各类员工的绩效考核。它们各有优点，也各有不足，无法断言哪一种方法是最优的，而应该在人事部门进行绩效考核的实际运用中，选择一种较为合适的考核方法。同时在绩效考核工作中，还必须掌握各种考核方法的着眼点、适用范围及优缺点，以便对员工工作绩效作出客观准确的评价。

一、绩效考核方法选择的依据

绩效考核的方法有很多种，通常人们在选择考核方法时，会以下列几点作为基本依据：

（1）绩效考核的成本。在选择绩效考核方法时必须考虑成本投入（包括时间成本和资金成本），以期用较少的成本完成绩效考核。

（2）组织文化特征。在高度关心人、富有爱心的组织文化中，组织一般不会采用高绩效标准的考核方法；而在注重产出的组织文化中，就有可能对员工提出一些较高的绩效目标并采用较严厉的考核方法。

（3）考核目的和考核对象。考核是为了实现企业经营战略，还是为了企业人力资源开发，其目的不同考核方法也有所区别。从考核对象的角度看，不同的考核对象对考核方法的适应性是不同的。比如，常规性工作强调对程序、规范、工作纪律服从性的考核，而产品研发人员更强调对基本素质和创造性的考核，对企业的中高层管理人员，则强调管理技能和管理效果的考核。因此，考核方法要适合于被测评的人。

（4）绩效评估的信度和效度。信度是指考核结果的前后一致性程度，即考核得分的可信程度有多大；效度是指考评结果反映客观实际绩效的程度和有效性。一般来说，考核的效度高，信度也高；但信度高，效度不一定高。信度和效度是反映绩效考评的最重要指标，不同的绩效考核方法所产生的信度和效度是不一样的。

（5）考核要素。考核要素即绩效考核指标，它必须选自关键职责领域和目标领域，而且必须具有明确的标准，容易操作。考核指标还必须具有可靠的信息来源和随时纠偏的功能。

二、员工绩效考核方法的基本类型

员工绩效考核方法大致可以分为三类：品质基础型、行为基础型和效果基础型。

（一）品质基础型

这种考核通常要进行维度分解，从各个不同的维度分别进行评价。但所选的内容仍是较抽象的、虚而软的人的基本品质，使用的是如忠诚、可靠、主动、有创造性、较有自信、愿与别人合作之类的定性的形容词。其难以具体掌握，操作性与效度差，含混而主观，不具体、不精确、不易公正，且往往也与具体工作行为和工作绩效无直接联系。

（二）行为基础型

这种考核更加细微，不但是多维的，而且每个维度都设计了一个标准的尺度以供定量性的测定。但尺度（也称量表）中的标尺刻度，若仅有1、2、3、4、5等数字标示，在测评中仍无从下手；若各刻度用优、良、中、差、劣来对应优异、良好、一般、合格、不合格，虽然较单纯用数字标示在可操作性上有一定改进，但仍欠具体，主观判定成分很大，信度不高。较可取的办法是以一定的、具体的、可测度的行为来标示，这会使考核操作性大有改善。这种类型较适合于绩效难以量化考核、以脑力劳动为主的管理干部和工程技术等专业工作者的考核。

（三）效果基础型

这类考核着眼于"干出了什么"而不是"干什么"，虽然也是多维度分解，但考核的重点在于产出和贡献，而不是行为与活动。这样，绩效考核的标准是硬而实、具体可测、直接而且直观的，可操作性好，适用于量化的指标。既然是只测效果，不问手段，只看结果，因此，所测效果常具有短期性、表面性。对一线员工，尤其是从事具体生产操作的蓝领工人，多采用此类考核方式。

三、绩效考核的方法概述

绩效考核的方法非常多，不同的方法侧重点不同，适用于不同的评估目标和不同的企业。在使用这些方法时，一定要结合本企业的实际情况，选择合适的评估方法。

（一）绩效考核的常用方法

1. 排序法

排序法是指根据被评估员工的工作绩效进行比较，从而确定每一员工的相对等级或名次，排出全体被考核者的绩效优劣顺序。排列方向由最优排至最劣，或反之由最劣排至最优均可。排序比较可以循着某个单一的特定绩效维度（如产品质量、服务态度等）进行，但更常见的是对每人的整体工作状况进行比较。

这种考核方法的优点是简便易行，具有一定的信度，可以完全避免趋中效应和宽严倾向。缺点是一次被考核的人数不能过多，以5～15人为宜，而且只适用于考核同类职务的人员，对从事不同职务的人员则无法比较，因而大大限制了应用范围，不适合在跨部门人事调整方面应用。

排序法的操作步骤如下：

（1）拟定考核指标。考核指标的数量和内容，应当根据所考核职务的具体情况进行设计。例如对管理人员考核的指标应包括"工作业绩状况、团队精神、业务知识经验、决策能力、开拓能力、责任心、创新性"；对研究开发人员考核的指标则应注重"研究开发项目评价、项目进展状况、创新能力、沟通能力、协作能力、学习交流情况"。

（2）绩效考核评定小组就每项考核内容对被考核人员进行评定，并排出序列，第一名排序1，第二名排序2，依此类推。

（3）把每个被考核人员考核指标的序数相加、得出各自的排序总数，以总数最小者为成绩最好，即总体第一名。

排序法可分为简单排序法和交替排序法。

（1）简单排序法是指评价者将员工按照工作的总体情况从最好到最差进行排序。

（2）交替排序法则是评价者在所有将要评价的员工中首先挑选出最好的员工，然后选择出最差的员工，将他们分别列为第一名和最后一名。然后在余下的员工中再次选择出最好的员工作为整个序列的第二名，选出最差的员工作为整个序列的倒数第二名。依此类推，直到将所有员工排列完毕为止。

。

这种方法简单易行、速度快，但是由于标准单一，评估的结果存在较大偏差。此外，由于不同部门的工作难以进行比较，所以这种方法不适用于跨部门评估。

2. 配对比较法

配对比较法也称相互比较法，就是将所有要进行评价的员工与所有其他员工列在一起，两两配对比较，其价值较高者可得1分，最后将各员工所得分数相加，其中分数最高者即等级最高者，按分数高低顺序将员工进行排列，即可划定评估等级。此法要将全体员工逐一配对比较，按照逐对比较中被评为较优的总次数来确定等级名次。

这是一种系统的比较，程序科学、合理。但此法通常只考评总体状况，不分解维度，也不测评具体行为，其结果也是仅有相对等级顺序。当被考评人达10人以上时，比较次数太多，操作起来比较麻烦，对于管理者来说是一项很花时间的绩效评价方法，并且随着组织变得越来越扁平化，控制幅度越来越大，这种方法会变得更加耗费时间。该方法具体评估过程如表8-7所示。

表8-7 配对比较法评估过程

被比较对象 / 比较对象	员工A	员工B	员工C	员工D	员工E	得分合计	考核等级顺序
员工A	—	1	1	0	0	2	3
员工B	0	—	0	0	0	0	5
员工C	0	1	—	1	1	3	2
员工D	1	0	0	—	0	1	4
员工E	1	1	1	1	—	4	1

3. 强制分布法

强制分布法实际上也是将员工进行相互比较的一种员工排序方法，只不过它是对员工按照组别进行排序，而不是将员工个人进行排序。此法是按事物“两头小，中间大”的正态分布规律，确定好各等级在总数中所占的比例。例如，若划分成优、中、劣三等，则分别占总数的25%、65%和10%；若分成优、良、中、差、劣五个等级，则每等级分别占10%、20%、40%、20%和10%。然后按照每人绩效的相对优劣程度，列入其中的一定等级。

强制分布法的优点是可以克服评价者过分宽容或过分严厉的结果，也可以克服所有员工不分优劣的平均主义；缺点是实际上很多部门的员工并不服从正态分布，这样强制区别容易引起员工不满。例如，一位管理人员手下所有员工的绩效水平都高于平均水平，这位管理者也会被迫将某些员工的绩效评价为“无法让人接受”。

严格地说，强制分布法并不是一种绩效考核方法，而是一种限制考核分数的措施。这种“正态分布”的绩效假设不一定符合实际情况，所有部门中不同类型员工的概率完全一致是不可能的，如果一个部门中全部是优秀工人，则考核人员可能难以决定把谁放在最差的一个绩效类别中。如果在考核评价中人们的相互不信任感强，又涉及重大的人事决策时，则应当慎用强制分布法。

4. 图评估尺度法

图评估尺度法（GRS）是常见的一种绩效评估方法。此方法使用前必须确定成功的工作绩效所必需的个人特征（例如，合作性、适应性、成熟性、动机），每一特征都伴有一个5

分或7分的评定量表。量表上的分数用数目和描述性的词或短语加以规定，用以指示不同的绩效水平。量表的中间分数通常被定为“平均”、“适度”、“满意”或“达标”，评估者每次只要考虑一位员工，从中圈出一个与被评估员工具有的某一种特性的程度最为相符的分数即可，如表8-8所示。

图评估尺度法具有以下优点：

（1）适用范围广，大部分工作都采用。

（2）实用而且开发成本小。

（3）考核内容全面，可以设置较多打分档次。

图评估尺度法有以下缺点：

（1）评估的准确性不足。一方面，受评估者的主观因素影响比较大；另一方面，对评估项目及量表上的分数未作明确的规定。

（2）没有考虑加权，每一被评估的项目对员工绩效评估的总结果都具有同样的重要性。

（3）得出的绩效评估结果不能指导行为。员工并不知道自己该如何改善自己的行为才能得到高分，也不利于绩效评估的反馈。

表8-8 图评估尺度法举例

绩效要素	评价尺度				
绩效维度	优秀	良好	中等	需要改进	不令人满意
知识	5	4	3	2	1
沟通能力	5	4	3	2	1
判断力	5	4	3	2	1
管理技能	5	4	3	2	1
质量绩效	5	4	3	2	1
团队合作	5	4	3	2	1
人际关系能力	5	4	3	2	1
主动性	5	4	3	2	1
创造性	5	4	3	2	1
解决问题能力	5	4	3	2	1

（资料来源：雷蒙德A诺伊，约翰·霍伦拜克，拜雷·格哈特，帕特雷克·莱特．人力资源管理：赢得竞争优势[M]．3版．刘昕，译，北京：中国人民大学出版社，2001.）

5. 关键事件法

关键事件法是指对那些能够对组织效益产生重大影响（包括积极影响和消极影响）的行为进行记载考核的方法。例如，营销经理在商务谈判中的举措、销售人员对顾客退货或重大产品质量问题的处理、保安人员在面对罪犯时的行为等。在关键事件法中，管理者应当把员工在考核期间内所有的关键事件都真实地记录下来，并把这些资料提供给考核者用于对员工绩效的考核。

需要说明的是，所记载的事件既有好事（如某日被考核者提前多长时间完成了所分派给他的某项重要任务），也有不好的事（如某日被考核者因违反操作规程而造成一次重大的质量事故）；所记载的必须是较突出的、与工作绩效直接相关的事，而不是一般的、琐碎的生活细节；所记载的应是具体的事件与行为，而不是对某种品质的评判。

最后还应指出，事件的记录本身不是评语，只是素材的积累，但从这些素材中不难得出有关被考核人的长处与不足，经归纳、整理，便可得出可信的考核结论。有了这些具体事实作根据，在对被考核人进行绩效考核反馈时，不但因有具体事实作支持而易于被接受，而且可以充实那些抽象的评语，加深被考核者对它们的理解，有利于以后工作绩效的改进，因而激励功能较强。

关键事件法的优点在于：

（1）为解释员工的绩效评估结果提供了一些确切的事实依据。

（2）对员工进行绩效评估时，所依据的是在很长一段时间内的表现，而非一时的表现。

（3）关键事件法通过对记录下来的关键事件的评估，可向员工提供明确的反馈，让员工清楚地知道自己的不足之处，有助于员工改进自己的行为。

（4）关键事件法通过不断强调那些支持组织战略的关键事件而使组织朝着既定的战略方向发展。

关键事件法的不足在于：

（1）每天或每周记录下对每个员工的工作表现评价会很耗费时间。

（2）对于什么属于关键性事件，并非所有的主管都有相同的定义。

（3）对不同的员工进行比较通常很困难，因为每一个事件对于每一位员工来说都是特定的。

（4）员工会过分关注他们的上司到底写了什么，会因此而恐惧上司。

6. 行为锚定法

行为锚定法其实质是把关键事件进行量化，将量表考核法与关键事件法结合起来，兼具两者之长。具体来说，此法是将某一职务可能发生的各种典型行为进行评分度量，建立一个锚定评分表，表中有一些对典型行为的描述说明与量表上的一定刻度及评分标准相对应和联系（这就是“锚定”的含义），以此为依据，对员工工作的重要实际行为进行测评。

在行为锚定评分表中，有代表着从最劣到最佳典型绩效的、有具体行为描述的说明词，不但使被考核者能较深刻而信服地了解自身的现状，还可找到具体的改进目标。由于锚定评分表中典型行为的说明词数量有限（一般不多于 10 条），不可能涵盖员工行为千变万化的实际，被考核者的实际表现很少恰好与给定的描述性说明词完全吻合，因此具有一定的局限性。但有了量表上的这些典型行为的锚定点，考核者在评分时便有了一定的分寸感，使考核评分的大致水平定位不会出错。

行为锚定表的制定，通常是由公司领导、直接考核人员、人力资源管理人员和被考核者的代表共同研究、民主协商完成的。行为锚定法考核的关键，在于锚定评分表的合理性。为此，必须确定好该表的项目与标准。具体来说，行为锚定表的制定过程有以下步骤：

（1）记录关键事件。一般应当由工作执行者或者直接主管采用“工作记录日志”或“工作台账”的方式，随时记录那些突出的、与该员工工作绩效直接相关的重要事件。

（2）进行整理和描述。将所收集的关键事件加以归纳整理，用规范化的语言描述出来。

（3）进行系统处理。将上述材料进行系统处理，通过对已经加以规范描述的典型事件进行全面比较，确定评价等级，作为考核评分的依据。

（4）绘制锚定评分表。进行形式设计，绘制锚定评分表。考核销售经理对下级的监控和培养项目行为的锚定评分表如图 8-2 所示。

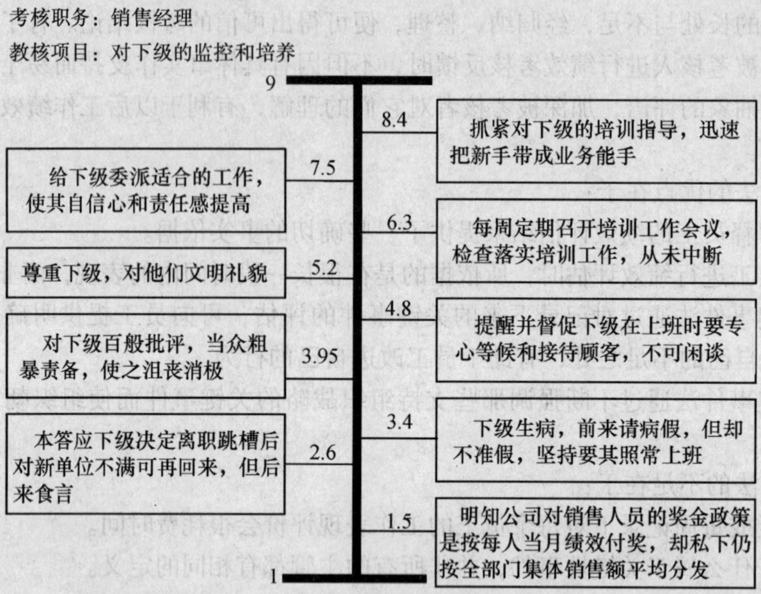

图 8-2　行为锚定评分表

从图 8-2 中可以看出，这些锚定说明词都是对某一特定情景下某种具体工作行为的描述，这与一般量表中的一般性的、空泛的“优”、“良”、“中”、“差”、“劣”之类的等级说明词相比，在评分时要易于掌握和准确得多。要注意的是，该方法的说明词须是行为实例，而不是“优”、“劣”等行为的简单判断，在实施行为锚定考核的描述中，虽不必精确定量数值，但也要尽量用实际行为去说明。

使用行为锚定法需要花费较多时间进行评分表的设计，其使用也较为复杂。但是该方法具有以下优点：①由于行为锚定表中给定的关键事件可以为考核者提供判断的直接依据，考核结果比较准确、客观；②由关键事件构成的“行为锚”是由被考核者与上级共同制定的，因而在评价时容易取得共识，从而获得合理的考核结果；③该方法具有良好的沟通效果，减少了考核评分理由不明确而引起的考核纠纷，减少了员工对考核结果的异议；④员工可以对照“行为锚”上的关键事件评价自己的行为，有利于考核反馈和绩效改进。

(二) 360 度绩效考核法

作为一种新的绩效评价方法，360 度绩效考核法得到了广泛的应用。最近的一项调查显示，《财富》500 强企业大多数已经采用了这种考核方法，将 360 度反馈系统的某些部分运用于职业发展和绩效考核中。

360 绩效考核法又称 360 度反馈考核。传统的绩效考核主要是由被考核者的上级对其进行考核。360 度绩效考核则是由与被考核者有密切关系的人，包括被考核者的上级、同事、下属和客户等，分别匿名对被考核者进行考核，被考核者自己也对自己进行考核；然后，由专业人员根据有关人员对被考核者的考核，对比被考核者的自我考核向被考核者提供反馈，以帮助被考核者提高其能力水平和业绩。目前，国内的一些组织也开始采用这种考核方法，但是，有一些公司斥巨资进行 360 度绩效考核，却收效甚微，甚至适得其反，造成考核者和被考核者关系紧张，给公司带来了不良的后果。因此，国内组织在引进、实施 360 度考核时，一定要特别谨慎。

1. 360度绩效考核的目的

360度绩效考核的主要目的应该是服务于员工的发展，而不是对员工进行行政管理，如提升、工资确定或绩效考核等。实践证明，当360度绩效考核的主要目的是服务于员工的发展时，评价者所作出的评价会更客观和公正，被评价者也更愿意接受评价的结果。如果360度绩效考核的主要目的是进行行政管理，服务于员工的提升、工资确定，考核者就会考虑到个人利益得失，所作的评价相对来说难以客观公正；而被考核者也会怀疑考核者考核的准确性和公正性。因此，当公司把360度绩效考核用于对员工的行政管理时，一方面可能会使得考核结果不可靠，甚至不如仅仅由被考核者的上级进行评价；另一方面，被考核者很有可能会质疑评价结果，造成公司人际关系紧张。

同时，要调查了解公司内部员工之间的信任程度。如果公司内部员工的互相信任程度比较低，最好不要引进360度绩效考核对个体员工进行评价；也许公司可以考虑引进360度绩效考核对公司的组织文化、组织气氛进行评价，以帮助提高内部员工的信任程度。

2. 360度绩效考核的操作方法

360度绩效考核一般采用问卷法。问卷的形式分为两种：一种是给考核者提供5分等级或者7分等级的量表（称之为等级量表），让考核者选择相应的分值；另一种是让考核者写出自己的评价意见（称之为开放式问题），二者也可以综合采用。从问卷的内容来看，可以是与被考核者的工作情景密切相关的行为，也可以是比较共性的行为，或者二者的综合。

目前，常见的360度绩效考核问卷都采用等级量表的形式，有的同时包括开放式问题，问卷的内容一般都是比较共性的行为。采用这种问卷进行360度绩效考核有两个优点：一是成本比较低；二是实施起来比较容易。采用现有的360度绩效考核问卷也有其不足，最主要的一点就是问卷内容都是共性的行为，与公司的战略目标、公司文化、具体职位的工作情景结合并不是很紧密，加大了结果解释和运用的难度，会降低360度绩效考核的效果。

因此，一些公司开始编制自己的360度绩效考核问卷。采用这种方法要求人力资源工作者能分析拟考核职位的工作，抽取出典型的工作行为，编制职位考核问卷，对考核者进行统计处理，并向被考核者和考核者提供反馈。采用这种方法所编制的问卷，能确保所考核的内容与公司的战略目标、公司文化以及具体职位的工作情景密切相关，使得考核结果能更好地为公司服务。但是，这种方法对人力资源部门的技能要求比较高，同时其成本也要比购买成熟的问卷高。

3. 360度绩效考核的考核者

在进行360度绩效考核时，一般都是由多名考核者匿名进行考核。采用多名考核者，确实扩大了信息收集的范围，但是并不能保证所获得的信息就是准确公正的。同样，虽然匿名考核可能会使考核结果更加真实，但是更真实的考核并不一定就是更有效的。因此，为了提高考核结果的准确性和公正性，在进行360度绩效考核之前，应对考核者进行选择、指导和培训。360度绩效考核一般是让被考核者的上级、同事、下属和客户对被考核者进行考核，但是并不是所有的上级、同事、下属和客户都适合做考核者，一定要选那些与被考核者在工作上接触多且没有偏见的人充当考核者。即使这样，也不一定要求所有的考核者对被考核者的所有方面进行考核，可以让被考核者确定由谁来对他（她）的某些方面进行考核。比如，对于被考核者的客户服务意识进行考核，可能由客户来考核更合适；对于被考核者的人际关系进行考核，可能由同事来考核更合适。在考核之前，还要对考核者进行指导和培训，让考核者对被考核者的职位角色有所了解，让考核者知道如何来作出正确的考核，以及在考核的过程中经常会犯哪些错误。在培训的时候，最好能让考核者先进行模拟考核，然后根据考核的结果指出考核者所犯的错误，以提高考核者实际考核时的准确性和公正性。

4. 360 度绩效考核的结果反馈

虽然考核是 360 度绩效考核中的重要一环，但是最后能不能改善被考核者的业绩，在很大程度上还取决于考核结果的反馈。考核结果的反馈应该是一个双向的反馈，一方面，应该就考核的准确性、公正性向考核者提供反馈，指出他们在考核过程中所犯的错误，以帮助他们提高考核技能；另一方面，应该向被考核者提供反馈，以帮助他们提高能力水平和业绩水平。当然，最重要的是向被考核者提供反馈。

在考核完成之后，应该及时提供反馈。一般可由被考核者的上级、人力资源工作者或者外部专家根据考核的结果，面对面地向被考核者提供反馈，帮助被考核者分析其在哪些方面做得比较好，哪些方面还有待改进，该如何来改进。还可以比较被考核者的自评结果和他评结果，找出结果的差异，并帮助被考核者分析其中的原因。如果被考核者对某些考核结果确实存在异议，可以由专家通过个别谈话或者集体座谈的方式向考核者进一步了解相关情况，然后再根据座谈结果向被考核者提供反馈。当然，如果公司有着良好的信息共享机制和氛围，也可以让员工在专家的辅导下，自由地就考核结果进行沟通交流。

5. 360 度绩效考核的优点

（1）减少考核误差，考核结果相对有效。因为考核的主体是多元化的，所以在考核结果上就显得相对比较公平，同时员工容易接受。一个考核者的考核可能出现较大误差，但多个考核者一起来考核就可以大大减少考核误差。

（2）可以使员工感觉企业很重视绩效管理。让多个考核者参与考核，要调动众多部门的人员和资源，从整体绩效管理推动力来讲，有助于员工认识到考核的重要性

（3）可以激励员工提高自身全方位的素质和能力。考核要素的多元化对员工的综合素质要求比较高，员工要取得好的考核成绩，就要从各方面都严格要求自己。

6. 360 度绩效考核的缺点

（1）成本高。因为整个考核牵涉的人力资源和其他资源比较多，而且周期也较长，时间成本和工作损失也必然存在，所以显性和隐性的成本总和是比较高的。很多企业为了考核方便、省事，都不愿意采用这种考核模式。

（2）因为侧重综合考核，所以定性成分高，而定量成分少。反映一个部门或一个员工的业绩高低和优劣，在一定程度上是要根据具体产生的定量化的绩效来衡量，定性化的考核带有很大主观性，所以在考核的指标里，定量化的指标应比定性化的指标要多一些，才能真正反映绩效水平。

（3）因部门岗位数量和岗位性质不同，会产生一定的不公平性。部门小且与外部打交道不多的部门的考核结果，与部门大且日常工作与外部打交道多的部门考核结果可能会相差很大。

7. 360 度绩效考核在实施中的障碍和克服建议

产生于西方文化背景下的 360 度绩效考核，与西方倡导的“个人主义”、“平等”、“竞争”的文化观念相适应。但在中国文化背景下推行 360 度绩效考核，可能会遇到阻力，尽

管是以匿名形式，往往也难以避免。

（1）360 度绩效考核在实施中可能遇到的障碍：

1）害怕下级评估的心理。360 度绩效考核让下级可以对上级进行评价、发表意见。管理者们认为他们的权威受到了挑战，在心理上一时难以接受。企业的中层害怕变革的心理会阻碍这种考核方法的推行。

2）文化传统观念的冲突。西方文化强调竞争、开放性、敢于冒险、鼓励创新，西方员工往往敢于自我否定，善于听取各方意见来完善自我；而中国文化强调含蓄、保守，中国员工不太愿意袒露自己真实的想法，而且也不敢面对真实的自我。中国员工对这个评价方式也会有抵触情绪。

3）下属惧怕权威心态。员工可能惧怕权威，给上级较高的评价。由于上级权力的无形压力，员工不敢得罪上级，怕上级对自己施行报复，从而影响自己的前途。尤其是管理部门，上下级关系比较固定，上下级之间还要相处很久，这样员工就不倾向于表露自己真实的想法。这种考核方式也可能导致另外一个极端，就是这种考核成为下级发泄不满的工具，尤其是即将离职的员工，反正不打算继续干了，可能就给上级一个很差的评价。

4）情感好恶与利益冲突。在同一公司工作的员工，既是合作者，又是竞争者，考虑到各种利害关系，考核者有时还会故意歪曲对被考核者的评价。比如，可能会给跟自己关系好的被考核者以较高的评价，给予自己关系不好的被考核者较低的评价。

（2）对 360 度绩效考核在实施中克服障碍的建议：

1）必须取得公司高层领导的支持，高层领导必须有坚决变革的决心，并能在公司内部倡导一种变革、创新、竞争、开放的文化，使员工摒弃旧有的传统观念，敢于竞争，敢于发表意见，也敢于接受他人的评价，能够从观念上接受这种考核方式。

2）倡导公平、参与和开放的文化理念。如果企业文化是重视员工意见与参与，也重视员工的职业发展，则导入 360 度绩效考核法后，可由各种不同的角度进行评价，以帮助员工个人的成长。此外，企业如果重视以公正客观的考核及奖励制度来激励员工，那么推行的成功几率将会提高，受到员工抗拒的阻力也会减小。

3）加强宣传与沟通。在 360 度绩效考核法推行之前和推行过程中，应加强宣传和沟通，向员工讲清其意义所在，了解考核目的，消除考核中的人为因素。必须对考核者进行有效的培训，以免考核结果产生很多误差。在施行过程中也应该就考核的准确性和公正性向考核者提供反馈，指出他们在考核过程中所犯的错误，以帮助他们提高考核技能。

（三）关键绩效指标考核法

关键绩效指标（Key Performance Indicator，KPI）是用于沟通和评估被考核者绩效的定量化和行为化的标准指标体系。它是把组织战略目标分解为可操作的工作目标的工具，是组织绩效管理的基础。关键绩效指标可以使部门主管明确部门的主要责任，并以此为基础，明确部门人员的业绩衡量指标，建立明确、切实可行的关键绩效指标体系，这是做好绩效管理的关键。

1. 建立关键绩效指标体系的意义

关键绩效指标是对公司组织运作过程中关键成功要素的提炼和归纳，它只用于衡量对公司整体战略目标影响较大、对战略目标实现起到不可或缺作用的工作。它具有以下意义：

（1）将员工的工作与公司愿景、战略对接，通过目标的层层分解和部门间的支持，使每个员工的个人绩效与部门绩效和公司的整体效益直接挂钩，促使企业部门和员工以战略目标为工作指南，从而提高企业的核心竞争力和效益。

（2）保证员工的绩效与内外部客户的价值相连接，调整和引导员工的行为，发挥战略导向的牵引作用。

（3）关键绩效指标的设计是基于公司的发展战略与流程的，因此，如果个人、部门和组织目标一致，则可以加快共同目标的实现。

所以，关键绩效指标与一般绩效指标相比，把个人和部门的目标与公司整体的成败联系起来，更具有长远的战略意义。对于员工而言，关键绩效指标体系可以促使其按照绩效的测量标准和奖励标准去做，进而真正发挥绩效考核指标的牵引和导向作用。

2. 关键绩效指标的设计原则

在设计关键绩效指标的时候，必须符合 SMART 原则。

（1）关键绩效指标必须是具体的（Specific），以保证其明确的牵引性。

（2）关键绩效指标必须是可衡量的（Measurable），即必须有明确的衡量指标。

（3）关键绩效指标必须是可以达到的（Attainable），不能因指标的无法达成而使员工产生挫折感。

（4）关键绩效指标必须是相关的（Relevant），它必须与公司的战略目标、部门的任务及职位职责相联系。

（5）关键绩效指标必须是以时间为基础的（Time-based），即必须有明确的时间要求。

3. 关键绩效指标的设计思路

企业的关键绩效指标体系由企业绩效指标、部门绩效指标和具体岗位（子部门）绩效指标三个层次构成。企业关键绩效指标是根据企业宏观战略目标建立起来的；部门关键绩效指标是在企业关键绩效指标的指导下，结合部门职责建立起来的；具体岗位绩效指标是部门关键绩效指标的分解。关键绩效指标的设计思路如图 8-3 所示。

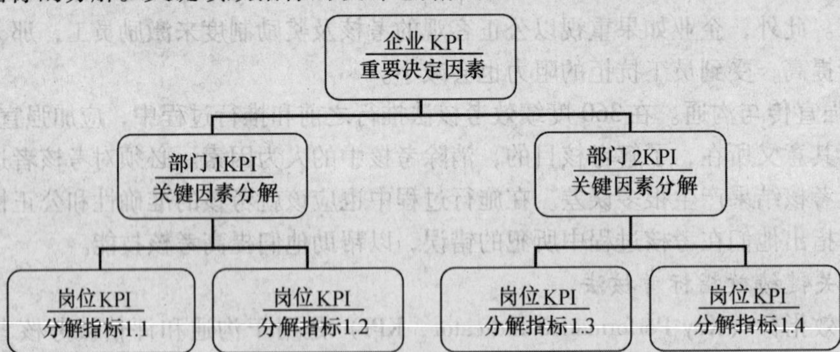

图 8-3 关键绩效指标的设计思路

（1）建立企业级关键绩效指标。KPI 体系的建立需要企业高级管理层充分了解、深入分析本企业的战略发展目标、组织结构、运营状况等内部环境，以及市场、竞争对手等外部环境，在此基础上，通过明确愿景和使命，提炼出企业的总体战略目标，找出企业的关键业务领域，并制定关键绩效目标，从而建立企业的关键绩效指标体系。

（2）建立部门级关键绩效指标。各部门对战略进行分解，找出与本部门实现战略密切关联的关键流程，制定出关键指标。

（3）建立具体岗位关键绩效指标。将部门制定的关键绩效指标细分为各项具体指标。在制定具体岗位的绩效指标时，对处于不同层次的人员，按照承担的责任范围不同确定指标和行为指标所占的不同权重。其具体编制过程可分为罗列指标、筛选指标、设置权重和修改确认四个步骤。

在提取并设定关键绩效指标时，可以通过设计如表 8-9 和表 8-10 所示的方法使整个过程更加清晰。

表 8-9 关键绩效指标分解表

企业战略目标	关键成功因素	关键绩效指标
		1.
		2.
		1.
		2.
		1.
		2.

表 8-10 关键绩效指标定义模板

指标名称	指标来源	指标定义	计算公式	必达目标	挑战目标	责任部门	考核周期（频率）
1.							
2.							
3.							
4.							
5.							
6.							

（资料来源：（美）戴维·帕门特（David Parmenter）. 关键绩效指标：KPI 的开发、实施和应用［M］. 王世权，杨威，张倩，译. 北京：机械工业出版社，2008.）

关键绩效指标一般分为效益类指标、营运类指标和组织类指标。效益类指标是指体现企业价值创造成果的最直接的财务指标，如投资资本回收率、自由现金流、利润等；营运类指标是指为实现公司价值增长，结合不同岗位特色，体现其直接工作效果的指标，包括成本费用控制指标、销售与客户管理指标、质量安全环保控制指标、资产与投资管理指标，以及反映生产与工程进度管理的指标、反映公司发展战略潜力与后劲的指标和需要测评确认的内部指标等；组织类指标是围绕对人的管理所设定的指标，如人员编制、人工成本费、培训覆盖率、员工年龄结构等。

值得注意的是，关键绩效指标不是目标，但可以借此确定目标。企业阶段性目标或工作中的重点不同，相应的各个部门的目标也将随之发生变化，在阶段性业绩的衡量上重点也将不同，因此，关键绩效指标存在阶段性和可变性。

4. 关键绩效指标考核法的优点

（1）目标明确，有利于企业战略目标的实现。关键绩效指标是企业战略目标的层层分解，通过关键绩效指标的整合和控制，使员工的绩效行为与企业目标要求的行为相吻合，不至于出现偏差，有力地保证了企业战略目标的实现。

（2）提出了客户价值理念。关键绩效指标考核法提倡的是为企业内外部客户价值实现的思想，对于企业形成以市场为导向的经验思想有一定的提升。

（3）有利于企业利益与个人利益达成一致。策略性的指标分解，使企业战略目标成为个人绩效目标。员工在实现个人绩效目标的同时，也是在实现企业总体的战略目标。

5. 关键绩效指标考核法的缺点

（1）关键绩效指标比较难界定。关键绩效指标更多是倾向于定量化的指标，这些定量化的指标是否真能对企业绩效产生关键性的影响，如果没有运用专业化的工具和手段，难以界定。

（2）关键绩效指标考核法会使考核者误入机械的考核方式。过分地依赖考核指标，而没有考虑人为因素和弹性因素，会产生一些考核上的争端和异议。

（3）关键绩效指标考核法并不是对所有岗位都适用。对于特定的一些岗位，运用关键绩效指标考核法不是很恰当。比如部分职能型的职务，它的绩效周期需要很长时间，而且外显的绩效行为不明显，运用关键绩效指标来考核就不是很适合。

同时提醒考核工作者，在运用关键绩效指标考核法时一定要先在整个企业内部有充分的沟通，让部门和员工首先认可自己的关键绩效指标后才进行考核，这样可以大大减小考核阻力，而且可以保证考核结果被广泛认同。

（四）平衡计分卡

平衡计分卡（The Balance Score－Card，BSC）是将战略目标逐层分解转化为各种具体的相互平衡的绩效考核指标体系，并对这些指标的实现状况进行不同时段的考核，从而为战略目标的完成建立起有可靠执行基础的绩效管理体系。其把对组织业绩的评价划分为四个部分：财务、客户、内部流程、学习与成长。它不仅是一个指标考核系统，而且还是一个战略管理系统。

1. 平衡计分卡的基本框架

平衡计分卡的基本框架如图 8-4 所示。

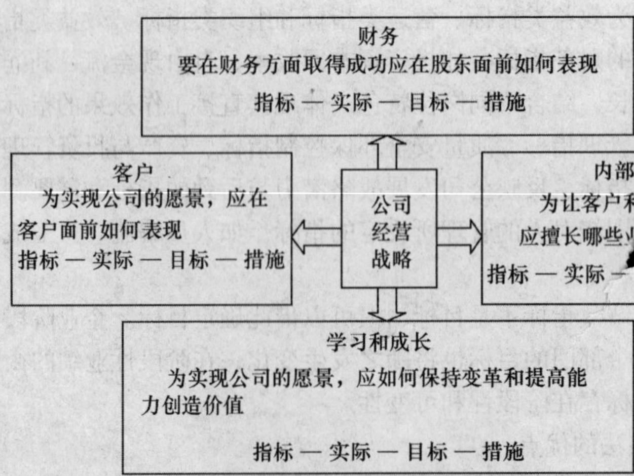

图 8-4 平衡计分卡的基本框架

平衡计分卡集中体现了企业作为一个独立经营的经济实体，在运行过程中所涉及的人力、物力和财力三大要素之间的交互作用及其相互关系，充分揭示了企业的资金流、物流与人力资源流之间如何在一定的环境条件下实现有效配置的客观规律。

（1）以财务为核心。在业绩评价过程中，从股东及出资人的立场出发，树立“企业只有满足投资人和股东的期望，才能取得立足与发展所需要的资本”的观念。从财务的角度看，公司包括“成长”、“保持”及“收获”三大战略方向；与此相配合，就会形成三个财务性主题——“收益与组合”、“成本降低—生产力改进”、“资产利用—投资战略”。企业应根据所确定的不同的战略方向和战略主题，采用不同的业绩衡量指标。因为当企业所重视的战略方向和战略主题不同时，其财务的衡量内容及重点就会发生变化。例如，当公司立足于“成长”战略而追求“收益与组合”的主题时，其重视的指标就应当是“新产品（服务）及新顾客的收益百分比”；当公司重视生产力的提高时，选用的指标可能就是每位员工创造的收益等。

（2）以顾客为核心。所设计的平衡计分卡一般包括以下五个方面：市场占有率、顾客的获得、顾客的保持、顾客满意度及顾客获利能力，并且每一方面都有其特定的衡量指标。顾客因素在平衡计分卡中占有重要地位，如果无法满足或达到顾客的需求，企业的愿景及目标就很难实现。常见指标包括：按时交货率、新产品销售所占百分比、重要客户的购买份额、客户满意度、客户忠诚度、新客户增加比例、客户利润贡献度等。

（3）以内部业务为核心。内部业务维度着眼于企业的核心竞争力，是公司改善经营业绩的重点。通常企业的内部业务包括以下三个方面：革新流程、营运流程和售后服务流程。企业因资源有限，为了有效地运用和发挥内部资源，首先需要以客户的需求和股东的偏好为依据，需要重视价值链的每个环节，设法分析企业的优势在哪里、应向哪个方向发展，这样才能创造全面和长期的竞争优势。无论是按时向客户交货还是为客户创利，都是以企业的内部业务为依托的。企业应当甄选出那些对客户满意度有影响的业务程序，包括影响时间、质量、服务和生产的各种因素，明确自身的核心竞争力，并把它们转化成具体的测评指标。

（4）以学习和成长为核心。将企业的员工、技术和组织文化作为决定因素，分别衡量员工的保持率、员工的生产力、员工满意度的增长等指标，以此考核员工的才能、技术结构和企业组织文化等方面的现状与变化。如果企业改善了这些方面，则员工的潜能就可能得以充分发挥，而企业的技术结果就会进一步得到提高，企业的组织文化氛围就会向更好的方向发展。

平衡计分卡作为一种全新的绩效评价体系，既有财务衡量指标，又包括对客户维度、内部业务及组织的学习与成长进行测评的业务指标。前者用来说明已采取的行动所产生的结果，而后者则是对财务业绩的驱动系统的考察。财务、客户、内部业务以及学习和成长四个维度均包含战略目标、绩效指标、目标值、行动方案和任务几部分。其因果关系为：员工的素质决定产品质量、销售渠道等；产品/服务质量决定顾客满意度和忠诚度；顾客满意度和忠诚度及产品/服务质量等决定财务状况和市场份额。

2. 平衡计分卡的基本内容

财务、客户、内部业务、学习与成长这四个模块是相互联系、有机组合的整体，指标和指标之间互相驱动，以体现企业的战略和目标。平衡计分卡以平衡为诉求，寻求如下指标之间的平衡：

（1）财务指标与非财务指标的平衡。目前，企业考核的指标一般是财务指标，而对非财务指标（顾客、内部业务、学习和成长）的考核很少。即使对非财务指标进行考核，也只是定性说明，缺乏量化考核，缺乏系统性和全面性。平衡计分卡是从四个维度全面地考察企业，这四个维度是财务、顾客、内部业务以及学习和成长，它体现财务指标（财务）与非财务指标（顾客、内部业务以及学习和成长）之间的平衡。

（2）长期目标与短期目标的平衡。平衡计分卡主要是一种战略管理工具，如果以系统理论的观点来考虑平衡计分卡的实施过程，战略是输入，财务是输出。由此可以看出，平衡计分卡是从企业的战略开始，也就是从企业的长期目标开始，逐步分解到企业的短期目标。平衡计分卡既关注企业长期发展，又关注企业近期目标的达成，可以使企业的战略规划和年度计划很好地结合起来，解决企业的战略规划可操作性差的缺点。

（3）结果性指标与动因性指标的平衡。平衡计分卡以有效完成战略为动因，以可衡量的指标为目标绩效管理的结果，寻求结果性指标与动因性指标之间的平衡。

（4）组织内部群体与外部群体的平衡。在平衡计分卡中，股东与客户为外部群体，员工和内部业务是内部群体，认识到在有效实施战略的过程中平衡这些群体利益的重要性。

（5）领先指标与滞后指标的平衡。财务、客户、内部经营、学习和成长这四个方面包含领先指标和滞后指标。财务指标就是一个滞后指标，它只能反映公司上一年度发生的情况，而不能告诉企业如何改善业绩。平衡计分卡对领先指标（客户、内部业务、学习和成长）的关注，使企业更关注过程，而不仅仅关注事后的结果，从而实现领先指标和滞后指标之间的平衡。

根据平衡计分卡，对销售人员从以下四个方面考核：关键绩效指标（KPI，包括销售额、毛利率等，由公司的总经营指标向下分解）、管理制度建设（如内部销售报表管理制度）、客户管理（包括老顾客的维持和新顾客的开发）和学习创新（大客户管理和如何提高销售技能）。在这四个方面中，关键绩效指标是结果，其他三个方面则是导致这一重要结果所作的努力，合理地衡量员工之间的业绩差异。

3. 平衡计分卡的实施流程

（1）简洁明了地确立公司的使命、愿景与战略。

（2）成立实施团队，解释公司的使命、愿景与战略，在企业内部各层次展开宣传、教育、沟通，达成共识。

（3）建立财务、客户、内部业务、学习和成长四类具体的指标体系及评价标准。

（4）数据处理。根据指标体系收集原始数据，通过专家打分确定各个指标的权重，并对数据进行综合处理、分析。

（5）将指标分解到企业、部门和个人，并将指标与目标进行比较，从而发现数据变动的因果关系。以部门层面的平衡计分卡作为范例，各部门将自己的战略转化为自己的平衡计分卡。在此过程中要注意结合各部门自身的特点，在各自的平衡计分卡中应有自己独特的、不同于其他部门的目标与指标。

（6）预测并制定每年、每季、每月的绩效衡量指标具体数字，并与公司的计划和预算相结合。

（7）将每年的报酬奖励制度与经营绩效平衡表相结合。

（8）实施平衡计分卡，进行月度、季度、年度监测和反馈实施的情况。

(9) 不断采用员工意见修正平衡计分卡指标，并改进公司战略。

平衡计分卡考核体系是一个十分复杂的系统，在其指标的创建和量化方面，以及确定结果与驱动因素间的关系方面难度很大，有效实施的成本高，对企业的管理基础与管理手段要求也很高。因此，该方法更适用于当前国内的某些管理基础、手段较好、规模较大企业的内部考核。

4. 平衡计分卡的优点

(1) 将战略目标分解，形成具体可测的指标。因为企业战略目标是一个比较抽象也比较宏观的目标，应把它细化、具体化、内化以及落实到具体的工作行为当中，平衡计分卡帮助解决了这些问题。

(2) 平衡计分卡考虑了财务和非财务的考核因素，考虑了内部和外部客户，也有短期利益和长期利益的结合。以往的考核工具和手段往往考虑财务的、内部的、短期的考核要素比较多，而忽视了企业非财务的、外部的、长期的考核要素，这种考核是片面的，也存在一定的不公平性，采集的考核信息也不是完全对称的。

5. 平衡计分卡的缺点

(1) 实施难度大，工作量过大。首先，准确定位企业战略本身就对高层管理者的管理素质要求很高，同时也要求各级管理者和人力资源工作者对战略的解码能力要很强；其次平衡计分卡考虑的考核要素很完整，因而造成工作量很大，实施的专业度也很高。企业如果不具备完整规范的管理平台，不具有相关的高素质管理人员和人力资源专业人员，是很难推广平衡计分卡的。

(2) 不能有效地考核个人。平衡计分卡本身的目标很难分解至个人，它是以岗位为核心的目标分解。体现个人关键素质要求方面不明显，会在一定程度上造成岗位职责和素质要求不明确的问题。

(3) 系统庞大，短期很难体现其对战略的推动作用。因为战略属于长期规划的范畴，所以平衡计分卡的实施周期也是比较长的，应该是一个系统工程，短期内很难见到效果，而且需要调动整个企业所有的资源。

(五) 目标管理法

目标管理法（Management By Objective，MBO）是指让组织的主管人员和员工亲自参加目标的制定，在工作中实行“自我控制”，并共同努力完成工作目标的一种管理制度或方法。目标管理法是由美国著名管理学家彼得·德鲁克在《管理实践》一书中提出的，他认为，“每一项工作都必须为达到总目标而展开”。

衡量一个员工是否合格，关键要看他对于企业目标的贡献程度。但目标管理又并不仅仅是指领导者制定一个目标然后要求下级去完成，其特点在于，它是一种领导者与下属之间的双向互动过程。在进行目标制定时，上级和下属依据自己的经验和手中的资料，各自确定一个目标，然后双方进行协商沟通，找出两者之间的差距以及差距产生的原因；然后重新确定目标，再次进行协商沟通，直至取得一致意见，即形成目标管理的期望值。

目标管理法在管理中十分流行，主要归功于它对结果目标的重视。管理者通常较强调利润、销售额和成本这些能给企业带来成果的指标，这种趋向恰与目标管理法对工作绩效定量测评的关注一致。正因为目标管理重结果甚于手段，因此使用该方法可使工作者得到更大的自主权，以便选择达到目标的最佳路径。

1. 目标管理法的实施流程

目标管理法的实施流程如图 8-5 所示。

（1）企业经营环境调查。企业在制定总体目标之前，应当充分考察分析企业的经营环境，因为目标确定的明确、合适与否，取决于企业管理人员对外部环境的评价是否准确，以及对内部环境的分析是否完整、透彻。外部环境包括政治、经济、社会和技术环境，以及行业发展、竞争地位、市场需求、融资、劳动力等要素；内部环境包括营销功能、理财功能、生产经营及技术功能、人员功能和组织管理功能等。

（2）目标设置。首先，初步设置高层战略目标。在内外环境分析的基础上，确定企业的宗旨或使命以及战略目标。经营宗旨是企业管理人员对企业性质和活动特质的认识，是企业各项活动的最终依据，其内容包括企业的基本产品、市场和技术、经营目的和自我评价。战略目标是企业经营宗旨的具体化，一般由企业最高管理者和各部门主管共同参与制定，它可以是利润目标、销售目标、产量目标、成本目标、投资目标、管理改进目标等。总经理对企业战略目标负责。

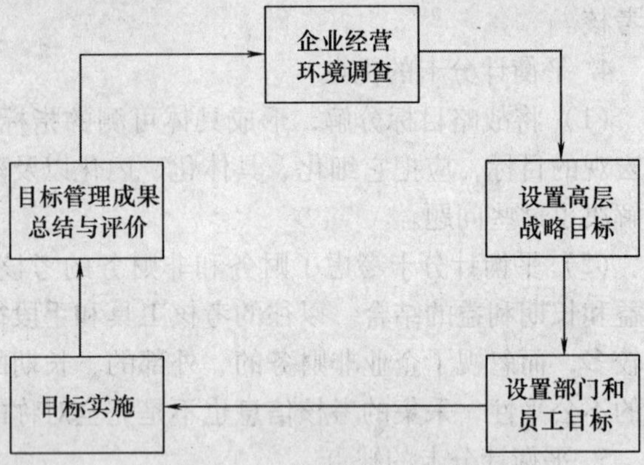

图 8-5 目标管理法的实施流程

（资料来源：（美）亚历山大·希亚姆（A. Hiam）. 总经理手册［M］. 张筱霖，译. 北京：中国对外翻译出版公司，2000.）

其次，设置部门和员工目标。在确保企业的经营宗旨和战略目标传达给下级后，由上下级共同进行可行性讨论，再设立下属员工的目标。其中，总经理将年度目标分解到各部门，并同各部门负责人共同制定部门年度目标，部门负责人对本部门目标负责；部门负责人再将部门年度目标分解到每个岗位，每个员工对其岗位目标负责。

目标的设置不仅是一个连续的过程，也是一个相互作用的过程。二者应以战略目标为导向，不断协调，最终趋于一致。

（3）目标实施。企业的目标体系一经确定，企业上下应协调一致，对自己所承诺的目标负责，把目标付诸实施。在这一过程中，首先，要进行定期检查，利用双方经常接触的机会和信息反馈渠道自然地进行；其次，要向下级通报进度，便于互相协调；最后，要帮助下级解决工作中出现的困难和问题，当出现意外或不可测事件严重影响组织目标的实现时，可以通过一系列措施修改原定的目标。

（4）目标管理成果总结与评价。目标实施后，首先，其结果将按照统一的评价标准，用于评价各部门和个人目标的完成情况，从而确定奖惩措施；其次，将实际达到的目标与设定目标相比较，分析异常绩效信息产生的原因，通过沟通，上下级共同制订绩效改进方案，记录好反馈信息；最后，根据组织战略和考核结果，调整绩效目标，为新一轮绩效循环设立绩效标准。

2. 目标管理法的优点

（1）以员工的工作结果为基础进行评估，比较客观。

（2）让员工知道绩效目标和评估采用的标准，可以给员工提供更明确的指导，为其指明前进的方向，更好地控制自己的行为；还可以更好地激励员工提高绩效，使其更快地成长。

（3）可以加强主管和下属之间的沟通，以便主管提供更好的指导方案。

（4）可以提高整体绩效，更好地协调部门之间、员工之间的目标任务，减少任务的交叉和工作的重复。

3. 目标管理法的缺点

（1）若主管指导不合理，目标管理法可能会变成片面的、独裁的管理办法，并且浪费时间。

（2）目标管理法过于强调一些可衡量的、定期的目标，导致员工忽略其他一些重要职责。

（3）强调结果的数量，往往会以牺牲质量为代价。

（4）员工可能会倾向于设定比较低的目标，以保证自己可以实现。

（5）员工会倾向于接受或设定对自己的上司比较重要的目标。

4. 目标管理法与关键绩效指标法的区别与联系

目标管理法与关键绩效指标法在绩效管理系统中互相配合、互为补充。

（1）二者的共同点在于：都是依据目标职位的工作职责和工作性质而设定，反映由公司战略目标分解得出的关键价值驱动因素，并且只反映目标职位的最主要经营活动效果，而非全部工作。

（2）二者的不同点如表 8-11 所示。

表 8-11 关键绩效指标方法与目标管理法的不同点

关键绩效指标法	目标管理法
● 定量衡量经营活动量化结果	● 定性衡量主要工作不易量化的结果
● 由客观公式计算得出	● 由管理者主管打分得出
● 侧重考察当期业绩	● 可以考察长期性工作
● 侧重考察最终结果	● 可以考察工作过程
● 侧重考察对经营成果有直接控制的工作	● 可以考察对经营成果无直接控制的工作

第四节 绩效反馈

员工绩效考核的真正目的是让员工充分了解自己的工作行为与工作表现，找到自己的优势与劣势，以便在下一考核期内作出改进，提高工作绩效。如果只考核而不进行员工绩效反馈，那么绩效考核会失去重要的激励、奖惩和培训开发功能，绩效管理的真正目的也无法实现。因此，进行有效的绩效反馈是员工绩效管理的重要环节，可以提高员工重视并参与绩效考核的主动性，帮助员工改进工作绩效。

一、绩效考核结果分析

经过认真组织并实施员工绩效考核之后，作为一个完整的绩效管理系统来说，绩效考核工作还未真正结束，还需要对绩效考核的结果进行细致分析，并将考核结果反馈给被考核者，这样才能保证绩效考核的系统性和完整性。

(一) 绩效考核的信度和效度

绩效考核的信度与效度是评价考核结果准确性和全面性的重要指标。

1. 绩效考核的信度

信度是指绩效考核的一致性（不因所用绩效考核方法及考核者的改变而导致不同结果）和稳定性（不长的时间内重复考核所测评的结果应相同）。

影响绩效考核信度的因素既有情景性的因素（如考核时机不同），也有个人性化的因素（如考核者的情绪、疲劳程度、健康等），还有绩效定义与考核方法方面的因素（如忽略了某些重要绩效考核维度、各考核者对所考核维度的意义及权重有不同认识、绩效考核方法自身也可能造成差异等）。

为了提高绩效考核的信度，需要采取以下措施：

（1）对考核者进行统一培训，促使考核者重视考核，积极参与，同时提高考核者对考核内容的理解和对考核标准的掌握。

（2）多采用全方位的360度绩效考核法，对同一维度从不同角度进行考核。

（3）如果时间允许，间隔一周左右进行重复考核。

（4）在设计考核方案时，保证考核程序的标准化。

2. 绩效考核的效度

效度是指绩效考核所获信息与需要测评的真正工作绩效间的相关程度。效度差说明所测的结果不是拟测的，无关信息被纳入，有关信息却被忽略，出现文不对题与答非所问的弊端。例如，考核设计工程师的工作绩效时，测定其在每个月内完成各类图样的数量多少，就比检查其借阅资料室文献按期归还状况的效度高。

影响绩效考核效度的主要因素是定义绩效内容的全面性和准确性。在定义绩效内容时，如果忽略了某些重要维度，或在表述各考核维度时不准确、不具体等，都可能造成绩效考核效度降低。

为保证绩效考核的效度，在进行考核方案设计时，要用具体的、可量化测定的指标来定义各个考核维度的内容，让真正了解被考核者的人来参与考核方案的设计，并且听取来自各方面的建议。同时，加强对考核者的统一培训，保证考核者真正理解考核内容、掌握考核标准，也是提高绩效考核效度的重要措施。

(二) 影响员工绩效考核的因素

影响员工绩效考核结果准确性和全面性的因素是多种多样的。分析起来，这些因素有以下四个方面：

1. 考核者的个人特点

考核者的个人特点，如个性（是否怕伤害别人感情等）、态度（是否视绩效考核为不必要的累赘）、智力（对绩效考核标准、内容与方法的理解力）、价值观（如性别、年龄歧视等）和情结与心境（如高昂、愉快时考评偏宽，低沉、抑郁时偏严）等对绩效考核常有影响。

2. 考核者与被考核者的关系

考核者与被考核者之间关系的亲疏、过去的恩怨等，都会影响绩效考核结果的公正性和客观性。另外，考核者与被考核者在工作关系上是否有联系、是否存在竞争性，以及考核者对被考核者的工作情况和职务的特点与要求的了解程度，也都会对绩效考核的结果产生重大影响。

3. 考核方案设计

在绩效考核方案设计中，考核内容及其维度的确定是否恰当、全面，与工作绩效是否相关，考核标准的定义是否具体明确等，都会影响绩效考核结果的信度与效度。再者，考核程序是否严密，考核周期是否合适，以及考核方案是否能正确地传达给被考核者，也会影响绩效考核的实施和预期结果的实现。

4. 考核的组织条件

企业领导对绩效考核工作的重视与支持；绩效考核制度的正规性与严肃性；各级主管是否进行过绩效考核教育与培训；考核结果是认真分析并用于人事决策，还是考核完便锁进档案文件柜；绩效考核是否发扬了民主，让被考核者高度参与；所用绩效考核标准与方法是长期不变，还是随形势发展而修正、增删与调整；等等，都对绩效考核效果影响很大。

二、绩效反馈面谈

最好的沟通方式就是面谈。主管和员工双方通过面谈，员工可以了解自己的考核成绩以及主管对自己的期望，还可以共同分析完成绩效目标过程中各种问题产生的原因，找出解决这些问题的办法。员工绩效不好有可能是自身的原因，也可能是管理者的原因，通过面谈可以分清责任，找出改进的方法，这对员工和主管双方都是非常有帮助的。

（一）绩效反馈面谈的种类

从内容和形式上看，绩效反馈面谈可以有多种分类方式。

1. 绩效反馈面谈按照具体内容区分

（1）绩效计划面谈，即在绩效管理初期，上级主管与下属就本期内绩效计划的目标和内容，以及实现目标的措施、步骤和办法所进行的面谈。

（2）绩效指导面谈，即在绩效管理活动的过程中，根据下属不同阶段的实际表现，主管与下属围绕思想认识、工作程序、操作方法、新技术应用、新技能培训等方面的问题所进行的面谈。

（3）绩效考评面谈，即在绩效管理末期，主管与下属就本期绩效计划的贯彻执行情况，以及其工作表现和工作业绩等方面所进行的全面回顾、总结和评估。

（4）绩效总结面谈，即在本期绩效管理活动完成之后，主管将考评结果以及有关信息反馈给员工本人，并为下一期绩效管理活动创造条件的面谈。

2. 按照绩效面谈的具体过程及其特点区分

（1）单向劝导式面谈。单向劝导式面谈亦称单向指导型面谈，是通过对员工现实工作行为和表现的剖析，说明哪些行为是正确的、有效的，哪些行为是错误的、无效的，根据工作说明书，尽可能说服下属，让他们接受并提出新的、更高的工作目标，从而不断提升其绩效水平。采用这种面谈方式，对于改进员工行为和表现，效果十分突出，尤其适用于那些参与意识不强的下属。但由于这种单向性的面谈缺乏双向的交流和沟通，容易堵塞上下级之间的言路，难以给下属申诉的机会，使沟通渠道受阻。使用这种方式要求主管具备劝服员工改变自我的能力，并且能够熟练运用各种激励下属的模式和方法。

（2）双向倾听式面谈。双向倾听式面谈并没有严格程序和格式，而是为下属提供了一次参与考评，以及与上级主管进行交流的机会。在面谈中，首先要求下属回顾总结自己的工作；然后上级主管根据下属的自评报告，在综合归纳各个方面考评意见的基础上，提出自己的看法，并作出总体评估；最后上级主管再听取下属的意见上级主管应当给予下属充分发表意见的机会，使其毫无顾忌地表达自己对考评结果的直接感受和真实看法；遇到不同意见时，也应当允许下属保留自己的看法。采用这种面谈方式时，上级主管应具有与员工沟通其工作优缺点的能力，要求主管能够认真地倾听员工的不同意见，对员工的陈述或过激的言辞不予反驳、不加评论，以缓解员工的抵触情绪。采用这种方式，可以在员工受到挫折时减少或消除员工的不良情绪。

双向倾听式面谈要求参加者事先准备一些问题，而且要掌握提问和聆听的时机。它的目的是让下属了解上级对其优缺点的评价，并就此作出反应。这种形式的主要缺点是：难以向被考评者立即提出下一步工作改进的具体目标，虽然员工对考评结果感到满意，但其工作的改进程度不会太大。

(3) 解决问题式面谈。基于上述各种面谈方式的不足，出现了一种通过绩效反馈面谈解决下属实际问题的新形式，即解决问题式面谈。使用解决问题式面谈时，应创造一种活跃的、开诚布公的、能够进行有效交流的环境和氛围，主管应倾听员工的陈述，对员工的感受作出正确的回应，并针对上次面谈以来员工所遇到的困难、需求、工作满意度等各种问题，逐一进行剖析，以达成共识，从而促进员工的成长和发展。在本次面谈中，对下属所遇到的困难和提出的问题，主管应当抓住主要矛盾，深入进行讨论和剖析，寻求解决问题的途径，提出具体措施和办法，并在此基础上帮助下属提出改进工作绩效的计划和目标。这种面谈的形式对大部分考评者来说具有一定的难度，因此，需要组织相关的培训，以提高考核者的管理水平。

(4) 综合式绩效反馈面谈。它是将上述各种面谈方式经过合理的搭配，综合而成的一种绩效面谈方式。当上级主管经过专门的管理技巧培训，掌握了一定的技能以后，在实现绩效反馈面谈的多重目标时，该方式就显得十分有效了。所谓综合式绩效反馈面谈，也就是在一次面谈中，采取灵活变通的方式，从一种面谈形式转换过渡到另一种面谈形式。例如，单向劝导式面谈适用于评估绩效计划目标的实现程度，而解决问题式面谈更适用于促进员工的潜能开发和全面发展。将两个目标区分开来进行面谈显然需要耗费很多时间和精力，如果采用综合式绩效反馈面谈，就可以“一箭双雕”，效率较高。

(二) 绩效反馈面谈的程序

主管人员在实施绩效反馈面谈时，一般按照以下步骤进行（见图 8-6）：①绩效反馈面谈准备阶段；②绩效反馈面谈进行阶段；②绩效反馈面谈总结阶段。

1. 绩效反馈面谈的准备工作

为了提高和保证绩效反馈面谈的质量和效果，考核者应当注意做好以下两项准备工作：

(1) 拟订面谈计划，明确面谈的主题，预先告知被考核者面谈的时间、地点，以及应准备的各种绩效记录和资料。

在绩效反馈面谈之前，考核者必须明确本次面谈的目的、内容和要求，即需要明确本次面谈主要交流和沟通的主题是什么，通过面谈要达到什么样的目的、解决什么样的问题。要保证绩效反馈面谈的质量，不但考核者要有充分的思想准备，被考核者也应当有充分的准备，考核者应在面谈的 1 ~ 2 周之前，以文字通知的形式预先告知被考核者，具体说明面谈的内容、会见的时间和地点，以及应准备好的各种原始记录和资料。同时，考核者还必须以口头的形式，将上述要求亲自通知到每个被考核者，再次作出确认，以便绩效反馈面谈的准备工作真正落到实处。如果仅仅让行政人员编排一份简单的绩效反馈面谈时间安排表，或者发送一份面谈的通知书就敷衍了事的话，则会带来很多不必要的误解和麻烦。此外，在面谈通知中一定要给被考核者提供明确的信息，比如，面谈是单向的还是双向的？下属可否对上级主管的工作表现或本单位的绩效进行评述？等等。尽管借助于文字和口头的通知方式会增加一定的工作量，但却是十分必要的。如果参与绩效反馈面谈的双方都能预先做好思想、技术、物质上的准备工作，各尽其职，将会使绩效反馈面谈具有更积极意义。

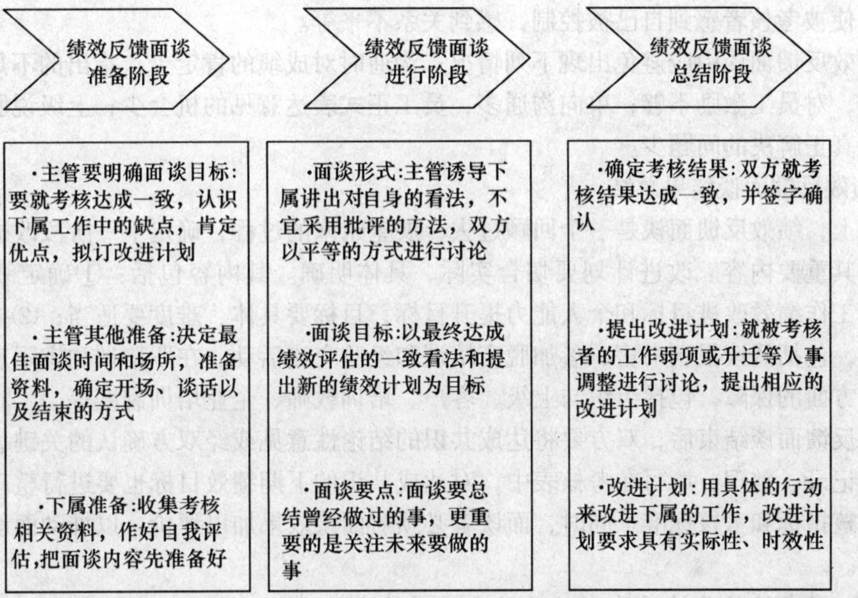

图 8-6 绩效反馈面谈的程序

（资料来源：武欣. 绩效管理手册［M］. 北京：机械工业出版社，2005.）

（2）收集各种与绩效相关的信息资料。绩效反馈面谈的质量和效果不但取决于考核者与被考核者事先的准备程度，更重要的是取决于双方所提供的数据资料的翔实和准确程度。在绩效反馈面谈中，如果主管与下属之间不是以反映客观绩效的真实数据资料为依据，就将形成主管列举不出确凿的数据说服下属、下属也列举不出足够的事实证明自己的局面，从而使绩效反馈面谈失去意义。

事先确定绩效反馈面谈的内容和时间，对双方来说都是十分有利的。考核者确认了面谈以后，可以有目的地整理汇总被考评者的各种相关资料；而被考核者接到通知后，就有充足的时间整理汇总自己以前工作表现的记录并进行自我评估，写出自评报告，并将总结报告和主要资料及时呈送上级主管审阅。在面谈之前，如果考核者能够将自己所掌握的有关资料与下属的自评报告及所提供的资料进行对比，就会大大提高绩效反馈面谈的质量，提高绩效考核的针对性和有效性。

2. 绩效反馈面谈的过程控制

一次有效成功的绩效反馈面谈应当注意以下三个方面：

（1）营造良好的沟通氛围，建立彼此之间的信赖关系。

（2）清楚地说明面谈的目的和作用。主管在面谈开始时花一点时间讲清楚面谈的目的和具体议程，这样有助于消除双方的紧张情绪，同时，也便于双方控制面谈的进程。

（3）要充分调动被考核者参与讨论的积极性，赢得他们的配合。注意倾听被考核者的个人意见，让被考核者感到自己也享有一定的权利和主动。通过倾听被考核者的意见，有利于考核者全面了解情况，印证自己的判断，把握交流的基调。问得多、讲得少，有利于为面谈营造一种积极的氛围，主管通过提问的方式向下属表明了自己对其回答问题的兴趣，会让下属感觉到他们的观点被理解，他们的想法和意见被尊重；讲得多、问得少，则会产生消极的氛围，使被考核者感到自己被控制，感到关系不平等。

在绩效反馈面谈中应避免出现下列情况：沟通时对成绩的肯定少，指出的不足及需要改进之处多，对员工激励不够；单向沟通多，员工正式表达意见的机会少；上级说服员工接受考核多，真正解决的问题少。

3. 绩效反馈面谈结果总结

实际上，绩效反馈面谈是一个回顾过去、展望未来的过程，确定下一阶段改进重点和改进计划是其重要内容。改进计划要切合实际、具体明确。其内容包括：①确定绩效改进目标，包括工作绩效改进目标和个人能力提升目标，目标要具体、难度要适当；②拟订具体的行动方案，包括阅读报刊书籍、参加脱产培训和经验交流活动、在职培训和实际观摩等；③明确资源方面的保障，包括组织与上级、客户、培训教师、企业培训制度等。

绩效反馈面谈结束后，双方要将达成共识的结论性意见或经双方确认的关键事件或数据及时予以记录、整理，填写在考核表中；对达成共识的下期绩效目标也要进行整理，以形成下期的考核指标和考核标准。同时，面谈者必须对面谈效果加以评价，以推动面谈工作的改进和完善。

（三）提高绩效反馈面谈有效性的具体措施

在绩效管理的过程中，由于目的不同，所采用的绩效反馈面谈方式也不同。各级主管应该有能力根据考核的目的和要求，以及不同下属人员工作岗位的性质和特点，决定采用一种或多种面谈形式。在绩效反馈面谈中，仅仅要求员工回顾和总结自己的工作绩效是不够的，还必须使考核双方对组织的状况和下属员工的绩效有深入、全面、具体、清晰的认识，时时保持清醒的头脑，不因一时成功、取得成绩而骄傲自满，也不因遇到眼前的一点失败就灰心丧气，因此，绩效反馈面谈必须反馈有效的信息，考核双方只有掌握完全的信息，真正地把握问题的要害，才能明确应当从何处入手、以何种方式更好地解决问题，从而提高员工的工作绩效，使企业目标得以实现。

大量事实证明，企业要保证绩效反馈面谈的质量，进一步提高其有效性和科学性，除了应做好面谈前的各种准备工作之外，更重要的是采取有效的信息反馈方式，并达到以下要求：

（1）有效的信息反馈应具有针对性。在进行绩效反馈面谈时，考核者所反馈的信息不应当是针对某个被考核者，而应当针对某一类行为，并且这种行为应当是员工通过自身的努力能够改进、可以克服的。例如，指出某个人的某一种工作行为是无效的，比批评他本人如何不成大器、如何没有出息要更为恰当。因为工作行为有改变的可能性，而后一种评价则暗指个人固有的个性特征。如果一个人意识到自己的缺点无法改变，或存在一些性格上的不足或缺陷时，往往容易自暴自弃，对自己的未来缺乏足够的信心，从而放弃在工作或学习方面的努力。

（2）有效的信息反馈应具有真实性。在进行绩效反馈面谈时，反馈的信息应该“去伪存真”，是经过核实和证明的。一个最简单的验证方法，就是让参与者再复述一下所传输信息的内容，看看是否与考核者最初的看法有所不同。不管上级主管出于何种认识、想法和目的，信息反馈总是会给下属带来一定的压力，极容易使信息接受者产生曲解和误会。此外，有效的信息反馈不仅要具有真实可靠性，还应使其明确、具体而详细，防止过于简单化的表述。

（3）有效的信息反馈应具有及时性。信息反馈有效性的一个重要表现就是它的及时迅速性，如果能针对被考核者的近期行为提出一些及时的、有意义的信息反馈，将会对工作绩效的改进具有较大裨益。

（4）有效的信息反馈应具有主动性。无论是考核者还是被考核者，都应当提高采集和接受绩效信息的主动性和积极性。特别是对被考核者来说，主动获取信息反馈比被动地接受更为有效。为了不断地提高自身素质和工作绩效，被考核者应主动提问，寻求上级主管的信息反馈，请求考核者给予必要的解释和说明，以便及时纠正不正确的工作行为。

（5）有效的信息反馈应具有适应性。这里所说的适应性有多种含义：①反馈信息时要因人而异，应适用于被考核者。不同的人有不同的特点和不同的需要，只有采用不同的反馈方式方法，才能更好地体现信息反馈的初衷。如果仅仅从考核者的角度出发，而不考虑被考核者的实际情况，则可能事倍功半，起不到信息反馈的积极作用。信息反馈的目的是为了给下属提供必要的引导和帮助，绝不是给其造成某种心理压力或情感伤害。②有效的信息反馈是为了交流和沟通某种绩效的信息，而不是给下属提出某种指令和要求。通过必要的信息交流，使下属可以根据自己的实际情况和工作能力，自主地选择适应性强的途径和方法，作出改进工作的决策。③有效的信息反馈应集中于重要的、关键的事项。尽管考核者可能掌握了大量信息，但只需提供那些关键的特定信息就足以发挥引导员工的功能。如果信息量过大，只能降低反馈信息的适应性，而起不到指导、帮助下属的作用，满足不了改进工作绩效的要求。④有效的信息反馈应考虑下属的心理承受能力，上级主管所反馈的信息应强调下属的所说、所做，而不是要解析其为什么要这样做、其心理动机是什么。如果上级主管过多揣测下属某种行为的动机和意图，就会引起下属“自我保护”的心理反应，对上级主管产生怀疑和不信任感，造成上下级之间的隔离和疏远。这种信息反馈对员工潜能的开发和利用是极为不利的。

不管采取了多么有效的信息反馈形式，为了使员工工作绩效达到要求，还必须采取相应的配套措施，因为改变员工的行为是一件很艰苦的事情。但许多上级主管却忽视了配套措施，认为只要填写了绩效考核表格，就万事大吉了，直到下一次考评时，才想起查对一下过去的考核记录。相反，有效率的管理者绝不会浅尝辄止，他们一定要将绩效管理进行到底，并辅之以必要的措施和手段，如薪酬、提升、激励、惩罚等，最终促进组织与员工绩效的提高。

（四）绩效反馈面谈的技巧

绩效反馈面谈一般都是由参与绩效考核并发现被考核下级有绩效缺陷的上级主动约见的。因为这种谈话往往具有批评性，又与随后的奖惩措施有联系，所以颇为敏感，但却又是不可缺少的。因此，掌握好此种谈话便需要技巧，乃至艺术。

1. 对事不对人

谈话的焦点应置于以硬的数据为基础的绩效结果上，先不要责怪和追究当事者个人的责任与过错，尽量不带威胁性。针对个人的批评很易引起反感、强辩与抵制，这就达不到绩效考核反馈的真正目的，所以要强调的是客观结果。例如，一位计划科科长在讲评手下一位组长的绩效缺陷时说："你们组的计划工作这回可很不理想啊。你瞧瞧这些数据，你们这次是全科任务完成得最糟的一个组，是不是？"就比当头一句"你这人真是很差劲的计划人员！"效果好多了。考核者先要表明他所关心的是哪方面的绩效，再讨论下级的实际情况与要求达到的目标间的差距，要上下级一起找差距。

2. 谈具体，避一般

不要作泛泛的、抽象的一般性评价，要拿具体结果来支持结论，援引数据、列举实例。例如，上面那位计划科科长对他手下的组长若只说"你对计划工作根本不重视，太不认真！"就不如说"你上回要求追加预算、增拨设备，还要增加加班工时，当时事态紧急，我是批了，但你们事先为什么没仔细考虑，预料到这种可能情况？这说明你们的计划作得很马虎。"上级要用事例说明自己想看到的改进结果，引导下级看到差距在哪里。

3. 不仅要找出缺陷，更要诊断出原因

这点常被人忽略，经常是发现问题后马上问："怎么办？"这就绕过了对原因的挖掘，因此，制定的措施常常无的放矢。要引导和鼓励被考核者自己分析造成问题的原因，即使浅薄牵强，也切不可反驳和嘲笑，而要启发他继续找原因，直到找准为止。

4. 要保持双向沟通

共同解决问题必须是一个双向过程，不能上级单方面说了算，由他主宰一切、教训下级。这样只会造就傀儡，不能造就人才；只会激起下级的抵制心理，而不是对克服缺点的热情。

5. 落实行动计划

绩效反馈面谈只有有利于工作改进，才算是成功的。所以在找出原因后，就应上下级共同商量出有针对性的改进计划。计划不能只列出干巴巴的几条，而要多想出一些备选方案，不过最后的重点只能放在一两项最重要的行动计划上，而且由谁干、干什么、何时干，都必须逐一落实。计划要写成书面形式，要强调改正了缺点的好处，使计划带有激励性。

6. 绩效反馈面谈中几种典型情况的处理

（1）对优秀的下属，一是要鼓励下属的上进心，帮助他们制订个人发展计划；二是不要急着许愿，答应何时提拔或给予何种特殊奖励之类。

（2）对未显进步的下属，应当开诚布公，与其讨论现任职位是否不太适合他、是否应换个岗位等问题，要让其意识到自己有哪些不足。

（3）对绩效差的下属，要找出真正的原因，如工作态度不良、积极性不足、缺乏训练、工作条件恶劣等，对原因必须具体分析，并采取相应措施。

（4）对年长的下属，要尊重他们，肯定他们过去的贡献，并为他们出主意。

（5）对过分雄心勃勃的下属，要耐心开导，说明政策是论功行赏，用事实说明他们还有一定差距，但不要泼冷水。可以跟他们讨论未来进展的可能性计划，不过不要让他们产生错觉，以为一旦达到某一目标就一定能马上获得奖励或晋升。

（6）对沉默内向的下属，要耐心启发，用提出非训导性的问题或征询意见的方式，促使其作出反应。

（7）对爱发火的下属，要耐心地听他发表意见，尽量不马上跟他争辩或进行反驳，要与他共同分析原因，冷静地找出解决问题的办法。

三、绩效改进的方法和策略

通过绩效反馈面谈可以发现绩效管理中存在的问题，分析这些问题存在的原因，并找出进一步提高绩效的方法来解决问题，这就是绩效改进。所谓绩效改进，就是指确认组织或员工工作绩效的不足和差距，查明产生的原因，制定并实施有针对性的改进计划和策略，不断提高企业员工竞争优势的过程。

设计并构建企业单位的绩效管理体系，通过培训各级主管掌握绩效面谈的技巧，能够使绩效信息有效地实施反馈。这一系列活动极大地增强了有效实施绩效管理的可能性，但要使其转变为现实，形成实际意义上的生产力，尚有几项重要的工作，需要认真研究并努力完成。

（一）分析工作绩效的差距与原因

1. 分析工作绩效的差距

在对员工绩效进行考核时，不但要对员工绩效计划的实施情况进行评价，分析其工作行为、工作结果，以及计划目标的实现程度，还要找出其工作绩效的差距和不足，具体有以下方法：

（1）目标比较法。它是将考核期内员工的实际工作表现与绩效计划的目标进行对比，寻找工作绩效的差距和不足的方法。例如，某下属绩效计划的目标是在本期内市场销售额达到 100 万元，实际他只完成了 80 万元，则实际与计划相比，有 20 万元的差距。

（2）水平比较法。它是将考核期内员工的实际业绩与上一期（或去年同期）的工作业绩进行比较的方法。例如，某员工上个季度考核时，一次产品抽查的不合格率为 3%，而本季度该员工的一次产品抽查的不合格率为 5%，则比上个季度超出 2 个百分点。

（3）横向比较法。为了查找工作绩效上的差距和不足，除了可以采用上述的目标比较法和水平比较法之外，还可以在各个部门或单位之间、各个下属成员之间进行横向对比，以发现组织与下属员工工作绩效实际存在的差距和不足。

2. 查明产生差距的原因

在找出员工工作绩效的差距之后，各级主管还应当会同被考核者，一起查找和分析产生这些绩效差距的真正原因，因为绩效管理的目标就是要不断地改进工作，提高组织与员工的业绩水平。

如前所述，影响和制约工作绩效的因素是多方面的，既有员工主观的因素，也有企业客观的因素；既有物质的影响因素，也有精神的影响因素，特别是员工的工作行为和工作表现受到多种因素的影响，如图 8-7 所示。各级主管在剖析各种绩效差距原因时，要分析这些因素，以确定真正的原因。

（二）制定改进工作绩效的策略

在查明绩效存在的差距以及产生差距的原因之后，在新一轮绩效管理期内，可以从组织的实际情况出发，制定并采取策略，促进工作绩效的改进与提高。

1. 预防性策略与制止性策略

预防性策略是在员工进行作业之前，由上级制定出详细的绩效考评标准，明确什么是正确的、有效的行为，什么是错误的、无效的行为，并通过专门系统性的培养和训练，使员工掌握具体的作业步骤和操作方法，从而有效地防止和减少员工在工作中出现重复性差错和失误。

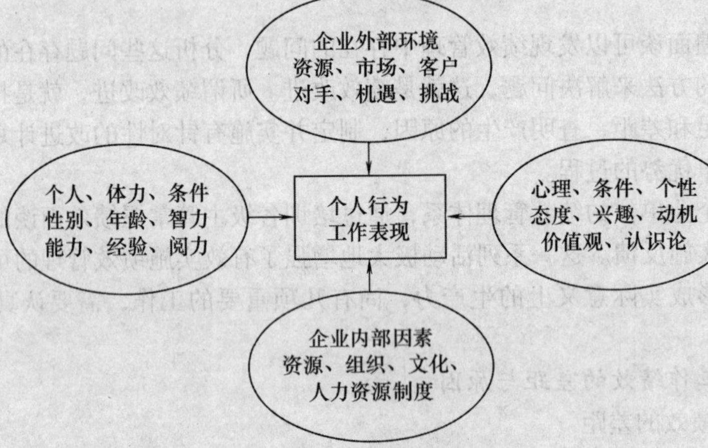

图 8-7 员工绩效的影响因素

制止性策略是对员工的工作劳动过程进行全面的跟踪检查和监测，发现问题及时予以纠正，并通过各个管理层次的管理人员实施全面、全员、全过程的监督和引导，使员工克服自己的缺点，发挥自己的优势，不断地提高自己的工作业绩。

2. 正向激励策略与负向激励策略

正向激励策略是指通过制定一系列行为标准，以及与之配套的人事激励政策，如奖励、晋级、升职、提拔等，鼓励员工更加积极主动地工作的策略。

采用正向激励策略时，必须制定高精度、高水平的工作行为和表现的衡量指标和标准。例如，若采用行为观察法，首先应该设计出可行性和适应性强、精度较高的行为观察量表，才能保证绩效考评的精度；然后，必须让组织中的所有员工对行为标准有明确了解，制订出具体的实施计划，并对实现和达到计划目标后所应受到的奖励作出具体详细的规定。

对达到和实现目标的员工所给予的正向激励，可以是物质性的，也可以是精神性、荣誉性的；可以采用货币的形式，也可以采用非货币的形式。激励的形式和内容具有多种类型和多样化的特征。例如，我国有些企业曾采用过“工时奖励”制度，即员工只要在规定的期限内完成上级下达的计划指标和工作任务，至于他们在何时上下班、如何倒班、如何考勤，企业不再过问。采用这种激励方式受到一线员工的普遍欢迎，同时还在一定程度提高了工作的质量和数量。

负向激励策略也可以称为反向激励策略，它对待下属员工的措施与正向激励策略完全相反，采取了惩罚的手段，以防止和克服绩效低下的行为。惩罚的手段主要有扣发工资奖金、降薪、调任、免职、解雇、除名、开除等。对下属员工轻微的过错，一般则采取劝解告诫的方式，以口头责备、非语言暗示（如皱眉头、耸肩膀等肢体语言），给他们敲响警钟。

采用负向激励策略能够起到三个方面的作用：①对工作表现差的员工是一种"激励"，使其看到自己的不足和差距，促进其改正错误、迎头赶上先进的员工；②对组织中的其他员工起到警示和告诫的作用，使他们在心灵上受到一定的触动，能清楚地分辨什么是正确的、符合标准的行为，什么是错误的、不符合标准的行为，从而积极努力地工作，达到组织和主管的要求及期望值；③有利于健全和完善企业的竞争、激励与约束机制，在员工之间营造良好的"比、学、赶、帮、超"的组织文化氛围。与其他激励策略一样，虽然它被企业普遍采用，可以起到"惩一儆百"的作用，但如果应用不当，也会产生消极的负面影响，如员工的工作满意度下降、各种费用开支增加等。

为了保障激励策略的有效性，应当体现以下原则要求：

(1) 及时性原则。无论是正向激励还是负向激励，都要尽早、尽快执行，如果等到"时过境迁"，时间拖得过长，再大强度的奖励或处罚也将失去意义。

(2) 同一性原则。在任何时间对任何人，应采用同一尺度进行衡量，即所得到的奖惩不能有严有松、前后不一，而应当始终保持一致，确保奖惩的同一性和公正性。

(3) 预告性原则。对员工的奖惩，应当贯彻"预先告知、清楚明确、详细具体"的原则，使他们无论对成绩还是对失误都有所警觉、有所感悟。特别是那些已经出现多次失误的人，应尽早劝导和告诫，不至于使其越陷越深、无法自拔。

(4) 开发性原则。对于各种激励策略的贯彻执行者来说，为了提高激励策略的有效性，必须重视对他们的培训和管理技能的开发，使他们能够熟练地掌握具体的方针政策与激励的技术技巧，并不断地总结成功的经验和失败的教训。

四、绩效考核结果的应用

(一) 应用于绩效改进

根据绩效考核的结果，对其与所期望的绩效之间的差距进行分析，针对员工的绩效差距，考虑该员工工作的完成情况，比如，是否有能力继续此项工作，是否有改进的空间。并根据企业现有资源，确定绩效改进的方向和重点，促进绩效的持续提高和员工能力的提高，为绩效改进方案的制订奠定基础。其内容通常包括绩效改进项目、改进原因、目前的水平和期望水平、改进方式、达标期限等。

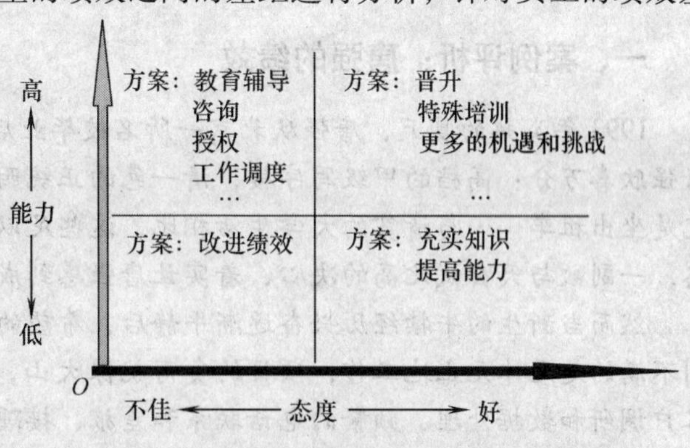

图 8-8 员工绩效改进方案

根据基本能力、态度和行为方面的不同表现，制订适合每位员工自身工作情况的绩效改进方案，并以正式的书面文件确定下来，如图 8-8 所示。

(二) 应用于人力资源管理其他环节

绩效考核结果还将应用于薪酬和资金分配、职位调换和晋升调配、培训与再教育、员工职业生涯规划与发展等方面。

(1) 薪酬奖金调整与分配。这是绩效考核结果的一种非常普遍的运用。一般来说，员工的薪酬体系中会有一部分与绩效是紧密挂钩的。将考核结果运用于薪酬的调整主要是体现对员工长期的激励，这表现在两个方面：一方面用于年度工资额的调整，即对考核结果较差的员工，下调其下年度的工资；另一方面用于工资的定期调整，即依据年度的考核结果，决定工资是否调级以及调级的幅度。

（2）职位调换和晋升调配。如果员工的连续绩效考核结果都十分突出，可以说明其综合素质和专业技能超越了现有岗位的要求，可以把连续的考核结果转化为职务晋升和干部选拔的依据。例如，通过对员工在一定时期连续绩效的分析，选择出连续绩效比较稳定的人员纳入晋升名单。

如果发现员工的工作表现与其职位不适应，要查找原因并及时进行职位调换。例如，由于个人爱好或其他原因不能适应现有职位，或能力不能得到充分发挥，可参照个人选择，有组织、有计划地将其调换到新的职位。职位调换还包括公司有计划地将一批优秀人才在各种职位间轮换、交流，以培养其全面的才干。

（3）培训与再教育。通过分析累积考核结果的记录，能够发现员工群体或个人与组织要求的差距，从而及时组织相关的培训教育活动。比如对在工作态度上不积极认真者，须参加公司适应性再培训，到生产部门接受训练、重塑自我；对能力不足者，可通过组织有针对性的培训活动，开发员工潜力，提高其工作能力。此外，还要组织各种情景模拟形式的管理者培训，不断开发和提升管理人员的管理能力。

（4）员工职业生涯规划与发展。把绩效考核结果反馈给员工，可以使员工同时了解自己工作的优、缺点和工作改进的依据和目标。这对员工不断提高工作能力、开发自身潜能大有裨益，也有助于个人职业目标的实现和个人职业生涯的规划与发展。

第五节 实践与应用

一、案例评析：唐强的绩效

1993 年炎热的夏天，唐强从北京一所名校毕业后来到 A 公司。最初进入公司的几个月，唐强欣喜万分：高档的甲级写字楼，清一色的正统西装，IBM 笔记本电脑，出门不是有专车就是坐出租车……与清贫的大学生活相比，这些足以让其彻夜兴奋难眠。风华正茂、踌躇满志，一副欲与天公试比高的决心，着实让唐强感到成功已经不太遥远。

然而当新生的牛犊经历兴奋逐渐平静后，希望的肥皂泡便开始破裂。起先，最让唐强感到不满的是无休无止地工作，项目的负荷就像大山，压得他喘不过气来：每天超 10 小时的客户调研和数据处理、频繁的电话联系和差旅、接踵而至的业务数量以及读不完的书籍和写不尽的报告……甚至紧张的时候，三个月也难得回一趟家。其实，这对于唐强来说，并不算什么，因为他认为，自己在工作中学习了很多，成长也很迅速。唯有一点让唐强不大明白：每月的业绩评估他总是一般，全部功劳几乎都归属于上级和拥有良好人脉关系的同事们，但唐强心想，自己才刚刚开始，不要太过计较。

由于唐强的刻苦努力，个人业绩上升很快，立即赢得了其他部门的青睐，纷纷向其投出橄榄枝，邀其加入。但唐强的部门领导没有同意，只是答应可以借用唐强。谁知从那以后，唐强比以前更忙了，需要给三个部门工作，而其他部门也是动不动就说：只有唐强才能解决！要求唐强出手支援。但每逢工作汇报的时候，对于唐强的贡献，他们却只字不提，大谈自己的思路如何。同时，由于唐强的介入，其他同事也开始忌妒和排挤他，一旦出现问题，大家也必定异口同声地诽谤他。

这样的日子转眼过了五年，当昔日的同学不断提升、薪资突飞猛涨后，唐强停下了脚步，回望这段辛苦历程：五年了，自己的薪资没有任何变化，虽然也常常能听到各个部门领导和同事的赞许，但现有职位依然原地踏步，丝毫没有改变；项目完成了一个又一个，大部分工作都是自己完成，但几乎是没有奖金；原先还向自己学习的马屁精们一个又一个出任要职，而自己却什么也没得到。这些让唐强痛苦万分。

在反复的思想斗争后，唐强终于走进了总经理办公室，然而出乎意料的是，总经理非但没有对唐强的业绩予以充分肯定，反而认为他是在争功好胜，抢夺他人业绩，而且认为部门之间相互支持再正常不过，何需在团队中区分你我。唐强听后非常震惊，平生第一次产生了想走的念头。

评析：

这是一个典型的中国民企管理案例，通过一名普通员工的成长历程，展示出中国民企的管理现状和运作模式。

21世纪，人才是企业最宝贵的资源，企业的发展应该与员工的发展紧密结合。在本案例中，唐强可以说是现代企业“屠刀”下的一个牺牲品，任何公司对个人绩效界定都非常复杂，因而企业管理者必须能慧眼识“英雄”，并严肃管理之风，否则就会被一些见利忘义的“蛀虫”所左右，客观、公正也就无从谈起。另一方面，企业中层管理者也有责任协助公司高层或人力资源相关部门开展管理工作，使企业的绩效管理工作尽早步入正轨。

二、案例思考：光大银行——承认“非业绩”价值

从2003年开始，一张推行了五年的“行员综合价值评估表”，让光大成都分行在两方面受益：一方面，企业文化更具人性魅力；另一方面，员工的“岗位主人翁”意识更强。

“如果全部采用定量的考核办法，员工与企业的关联程度如何体现？如何承认员工所表现出的敬业度和责任心？”五年前，光大银行成都分行人力资源部总经理李蓓珩开始思考这个问题。

银行业较为特殊，甚至从招聘时开始，大多数银行就有了非常明显的指向：新进人员能带进多少客户资源？入行后又能为银行贡献多少业绩指标？这一动因让银行业的大多数企业在进行员工绩效考评时有了十分集中的倾向，那就是“业绩领先”。

但员工在自身岗位中所表现出的很多软性的东西，并不能通过对业绩的单一考核得以体现。特别是金融行业对风险管控的要求较高，对人才和当地经济发展的贴近度要求也很高，金融行业除了注重市场拓展以外，还要重视内部管控。

“降低人为风险就要求人要德才兼备，而业绩只是结果，我们要找到一个综合的评价体系，来发现和承认更多在平凡岗位上兢兢业业工作的‘德才兼备’的人。”带着这个目标，光大成都分行开始了其长达五年的员工评价体系探索之路。

（一）“四维”综合评价

“其实当时的想法很简单，就是要通过一套考评体系，来考评员工在企业中可以发挥的

作用，考评他们和企业的关联度，而并非简单地考评员工完成了多少存款和贷款。”

李蓓珩认为，单纯的业绩考评并不能对大多数员工做到公平，比如对于某些岗位可能看不到员工做了太多的业绩，但是他们非常忠诚，很少犯错，评估体系该如何对他们做到公平？再比如，是不是员工每天下班很晚就说明他很辛苦？有些岗位需要完成很多跨部门合作、与客户沟通等交流层面的工作，怎么去评价他们的表现？还有领导交代给员工任务后是不是很放心，这其中的信任度如何评价？

“为了更全面地找到这些关联指标，我们最开始做的工作是，怎样把员工在一个企业中所做的工作、所表现出的态度等一切有形和无形的东西，都收纳进我们的评估体系之中。”李蓓珩介绍，光大总行采用的是国际通用的平衡计分卡系统。这套评估体系虽然十分专业，也非常细化，但却不太适合基层，操作效果也要大打折扣，且不能较好地体现对员工综合价值的关注。

为了找到这些“有形和无形的东西”，他们深入员工当中，做了大量调研工作。“做这项工作的意义在于，我们要了解员工在除了业绩指标所能反映出的其他方面，都为企业贡献了什么、表现怎样。说到底，就是企业要通过这项工作承认员工的价值，特别是那些做基础工作的员工的价值。”

经过长达一年的调研和讨论，光大成都分行认为，能够概括这一切的有四个维度，即辛苦度、规范度、贡献度和信任度。而这一做法亦成为光大银行系统内的一个“首创”。

这四个颇为感性的词汇，概括了光大成都分行对员工在一个岗位上的工作负荷、掌握基本的规章制度和专业知识技能的程度、业绩指标的完成情况，以及责任心、解决复杂问题的能力和企业对员工的信任程度等方面的全部内容。

“我们最看重员工在最后一个指标‘信任度’上的表现，有的员工在业绩上的得分不一定是最高的，但是总的评价结果可能很高。我们看重的不是简单的指标导向，而是要求员工全面发展。”在李蓓珩看来，这种摒弃金融系统“业绩领先”主导的评估办法，可以激发更多基层员工的工作积极性和岗位主人翁意识，而这套评价体系的真正用意则更多是提供一种“导向”，即引导员工向这四个方面综合发展，更多地让员工知道公司倡导什么、追求什么。

（二）一张 A4 纸的执行力

“首先，我们得到了分行领导的大力支持，其次，如何评价员工业绩之外的其他表现，也是各部门业务经理们比较头痛的事，他们没有办法把对员工的直觉认识作成考评，当我们把这个系统提交出来，他们的接受度很高，因此，整个推行的过程比较顺利。”

该考评每季度进行一次。为了确保考评的公平性和全局性，光大成都分行成立了专门的“考评委员会”，“考评委员会”成员由各个业务线主管和人力资源部成员组成。当自上而下完成第一轮考评后，“考评委员会”要对整体结果进行再次评估和确认，并要做到有力监督。

“在考评中，我们秉着着眼大局的原则，去公平地看待员工的表现。对得分较低的员工进行正确引导，而在各季度考评中员工的得分成绩，将作为年底评优秀员工的重要参考依据，对其进行奖金奖励。”

李蓓珩介绍，公司关键人员的流失率较小，这不仅是薪酬待遇的问题，还与这套综合价值评估体系密不可分。因为该体系不但体现了公司的文化，还对公司的价值观进行了更加明确的强调，让员工更加清楚地知道公司所倡导的东西具体是什么。

而经过五年的发展，该体系也更加明朗化，并更具可操作性，其全部考评内容和标准也从最初的几页纸，浓缩简化到如今的一张 A4 纸上。在这四个维度下，对应每个维度也只有五条具体内容。

令李蓓珩欣慰的是，这套颇具特色的“行员综合价值评价体系”，刚刚获得了 2008 年全国金融系统思想政治工作创新成果奖。除了得到行业内的认可外，光大成都分行的一些支行，甚至还对该体系进行了创新。比如最初在制定该体系时，更多考虑到如何自上而下对员工进行考评，而某些支行还把该体系运用到了员工之间的互评上。

“任何一套制度和体系都有其存在和生长的土壤，实际上，是光大以人为本的文化土壤成就了该体系，某种意义上，这套体系就是一颗种子，我们不过是了解了光大的土壤需要什么样的种子。”

问题思考：

光大银行的经验是否具有普遍意义？从以上的案例，你能得到什么启示？

三、案例讨论：一次绩效反馈面谈诊断

2007 年年底的一个周三下午，安徽合肥高新区某 IT 公司销售部员工张维被其主管销售部赵经理请到了二楼会议室。张维进门时，看见赵经理正站在窗户边打手机，脸色不大好看。约五分钟后，赵经理匆匆挂了电话说：“刚接到公司一个客户的电话……前天人力资源部长找我谈了谈，希望我们销售部能带头实施面谈。我本打算提前通知你，好让你有个思想准备。不过我这几天事情比较多，而且我们平时也常沟通，所以就临时决定今天下午和你聊聊。”

等张维坐下后，赵经理接着说：“其实刚才是蚌埠的李总打来的电话，说我们的设备出问题了。他给你打过电话，是吧？”张维一听，顿时紧张起来：“经理，我接到电话后认为他们自己能够解决这个问题的，就没放在心上。”张维心想：这李总肯定向赵经理说我的坏话了！于是变得愈加紧张，脸色也变得很难看。

“不解决客户的问题怎么行呢？现在市场竞争这么激烈，你可不能犯这种低级错误呀！这件事等明天你把它处理好，现在先不谈了。”说着赵经理拿出一张纸，上面有几行手写的字，张维坐在对面没看清楚。赵经理接着说：“这次的绩效考评结果我想你也早就猜到了，根据销售业绩来看，你今年业绩最差。小张呀，做市场是需要头脑的，不是每天都出去跑就能跑到业务的。你看和你一起进公司的小李，那小伙子多能干，你要向他多学着点儿！”张维从赵经理的目光中先是看到了批评与冷漠，接着又看到了他对小李的欣赏，他的心里感到了刺痛。

“经理，我今年的业绩不佳，那是有客观原因的。蚌埠、淮南等城市经济落后，产品市场还不成熟，跟江浙地区不能比。为了开拓市场，我可费了很多心血才有这些成绩的。再说了，小李业绩好那是因为……”张维似乎有满肚子委屈，他还想往下讲，却被赵经理打断了。

“小张，你说的客观原因我也能理解，可是我也无能为力，帮不了你啊！再说，你来得比他们晚，他们在江浙那边已经打下了一片市场，有了良好的基础，我总不能把别人做的市场平白无故地交给你啊。你说呢？”赵经理无奈地看着张维说。

“经理，这么说我今年的奖金倒数了？”张维变得沮丧起来。

正在这时，销售部的小吴匆匆跑来，让赵经理去办公室接一个电话。赵经理匆匆离去，让张维稍等片刻。于是，张维坐在会议室里，心情忐忑地回味着赵经理刚才讲过的话。大约过了三分钟，赵经理匆匆回到了会议室坐下来。

“我们刚才谈到哪儿了？”赵经理显然把话头丢了。张维只得提醒他说到自己今年的奖金了。

“小张，眼光要放长远，不能只盯着一时的利益得失。今年业绩不好，以后会好起来的。你还年轻，很有潜力，好好干，会干出成绩来的。”赵经理试图鼓励张维。

“我该怎么才能把销售业绩做得更好呢？希望经理你能多帮帮我呀！”张维流露出恳切的眼神。

“做销售要对自己有信心，还要有耐心，慢慢来。想当年我开辟南京市场时，也是花了近一年的时间才有了些成效。那个时候公司规模小，总经理整天带着我们跑市场。现在我们已经有了一定的市场占有率了，公司知名度也有所提高，应该讲现在比我们那时候打市场要容易些了。”

张维本正打算就几个具体的问题请教赵经理时，赵经理的手机突然响了，他看了一眼号码，匆忙对张维说：“我要下班接儿子去了，今天的面谈就到这里吧，以后好好干！”说罢便匆匆地离开了会议室，身后留下了一脸困惑的张维……

问题讨论：

1. 绩效反馈面谈应该如何进行才能有效？
2. 本案例中，赵经理主要存在哪些问题？

四、实践模拟

制订绩效考核方案

通过实践，学生应明确绩效管理的重要性，掌握绩效管理实施的过程，能够较熟练地掌握关键绩效指标法、平衡计分卡和目标管理法这三种重要的绩效考核方法。

通过一个绩效管理详细方案的制订，提高学生对绩效管理的总体把握。熟悉各种非系统的绩效考核方法，掌握系统的绩效考核方法。

（1）要求通过实际调查，收集并记录某企业有关职位的考核指标，以小组为单位独立制订一个绩效管理方案。根据实际情况制订的绩效管理方案要有针对性和实际指导意义。

（2）形成针对该职位绩效管理的具体资料。

【本章小结】

1. 绩效有四种含义：绩效就是结果；绩效是行为，而不是结果；绩效是就结果与过程（行为）的统一体；绩效强调员工潜能与绩效的关系，关注员工素质和员工未来发展。

2. 绩效管理是一个动态的沟通的过程，是指为了达成组织的目标，通过持续开放的沟通，形成组织目标所预期的利益和产出，并推动团队和个人做出有利于目标达成的行为。

3. 绩效管理的功能分为对企业的功能和对员工的功能。对企业的功能有诊断功能、监测功能、导向功能和竞争功能；对员工的功能有激励功能、规范功能、发展功能、控制功能和沟通功能。绩效管理服务于战略目的、管理目的以及员工发展目的这三个目的。

4. 绩效考核的方法有排序法、强制分布法、配对比较法、图评估尺度法、关键事件法、360 度绩效考核法、关键绩效指标法、平衡计分卡、目标管理法等。

【思考题】

1. 绩效的定义和特点是什么？
2. 绩效管理有哪些误区？
3. 简述绩效管理与绩效考核的区别与联系。
4. 试述绩效管理的步骤。
5. 绩效考核出现的心理弊端有哪些？
6. 绩效考核有哪些方法？各有什么优点、缺点？
7. 绩效考核结果有哪些应用？

第九章　薪 酬 管 理

【本章精要】

1. 薪酬和薪酬管理的定义，薪酬管理的原则。
2. 薪酬水平的影响因素，基本薪酬体系的设计流程。
3. 常用的职位评价的方法。
4. 薪酬管理的不同模式和各层次的激励计划。
5. 员工福利的基本形式。

【学习目标】

薪酬制度设计得合理与否，在很大程度上影响着员工的去留。合理的薪酬管理制度是企业人力资源管理的核心，对企业的发展影响巨大。通过对本章的学习，了解薪酬的概念、内容及功能；熟悉薪酬管理的内容、原则、理论、流程及调整；了解薪酬制度设计的影响因素、模式和程序；了解员工福利的内容、形式，熟悉员工福利计划，掌握福利管理的内涵及需要注意的因素。要求学生能全面了解薪酬管理的内涵，薪酬制度设计的原则、影响因素和方法，为今后进行薪酬制度设计奠定基础。

【篇首案例】

薪酬诊断——问题到底出在哪里

S公司是一家以生产加工为基础的技、工、贸一体化的高科技企业。该公司拥有一大批中青年技术骨干，并聘请了经验丰富的技术专家亲自参与和指导工作，在电子、化工、办公自动化等诸多领域，从事开发、生产、销售、咨询、维修和技术服务等经营活动。薪酬体系以职位为基础，其基本设计思路是通过对每个职位所要求的知识、技能以及职责等因素的价值进行评估，根据评估结果将所有职位归入不同的薪酬等级。每个薪酬等级包含若干综合价值相近的一组职位。然后根据市场上同类职位的薪酬水平确定每个薪酬等级的工资率，并在此基础上设定每个薪酬等级的薪酬范围。2007年，S公司产品的市场需求非常旺盛，但到年底却发现全年利润增长只有3%，而且年初公司承诺给技术员工的提成及奖金尚未扣除。

公司经理层对此感到非常震惊。在对企业内外部环境作了认真调查之后，他们发现，人力成本过高是造成公司年度利润过低的主要原因之一；其次，公司当前的薪酬结构设计并没有起到很好的激励作用，核心员工工作积极性不高。于是，一场以“薪酬与业绩挂钩，合理拉开工资差距”为核心的薪酬制度改革在该公司轰轰烈烈地展开了。新的薪酬制度对设计人员一律实行低底薪、高提成的薪酬管理办法，同时与回款率挂钩。要求每个设计人员每个月至少要完成一万元的项目，底薪一律为1500元（目前为3000~6000元）；不能完成任务者降职为设计助理，底薪为800元；同时实行自动淘汰机制。

S公司原有的薪酬制度究竟在哪些方面欠考虑呢？而新的薪酬设计方案又能否有效地发挥作用呢？

第一节 薪酬管理概述

企业要想在市场竞争中获得竞争优势，就必须为员工提供合理的薪酬。因为企业是否具有有竞争力的薪酬制度，对于吸引、维系和激励优秀人才为组织服务，提高员工满意度和对组织的归属感，促使员工完成组织的目标都是至关重要的。与此同时，企业的组织管理已步入以人为本的管理时代，调动人的积极性成为组织生存发展的头等大事。因此，科学合理地设计薪酬制度，不断完善薪酬管理方式，是人本管理理念的重要体现。

一、薪酬

员工薪酬（Employee Compensation）是指员工由于雇佣关系的存在而获得的各种形式的所有薪水和报酬。“薪酬”字面意思是指平衡、弥补和补偿。从经济学角度而言，薪酬是指劳动者依靠劳动所获得的所有劳动报酬的总和。从企业人力资源管理角度而言，薪酬是指企业以法定货币和法定形式定期或不定期对付出劳动的员工的一种劳动回报，其主要包括工资、奖金、津贴、佣金、红利、福利等。从其构成来讲，薪酬包括经济性薪酬和非经济性薪酬两部分。薪酬的构成及其结构可以建立如图9-1所示的薪酬系统模型加以直观反映。

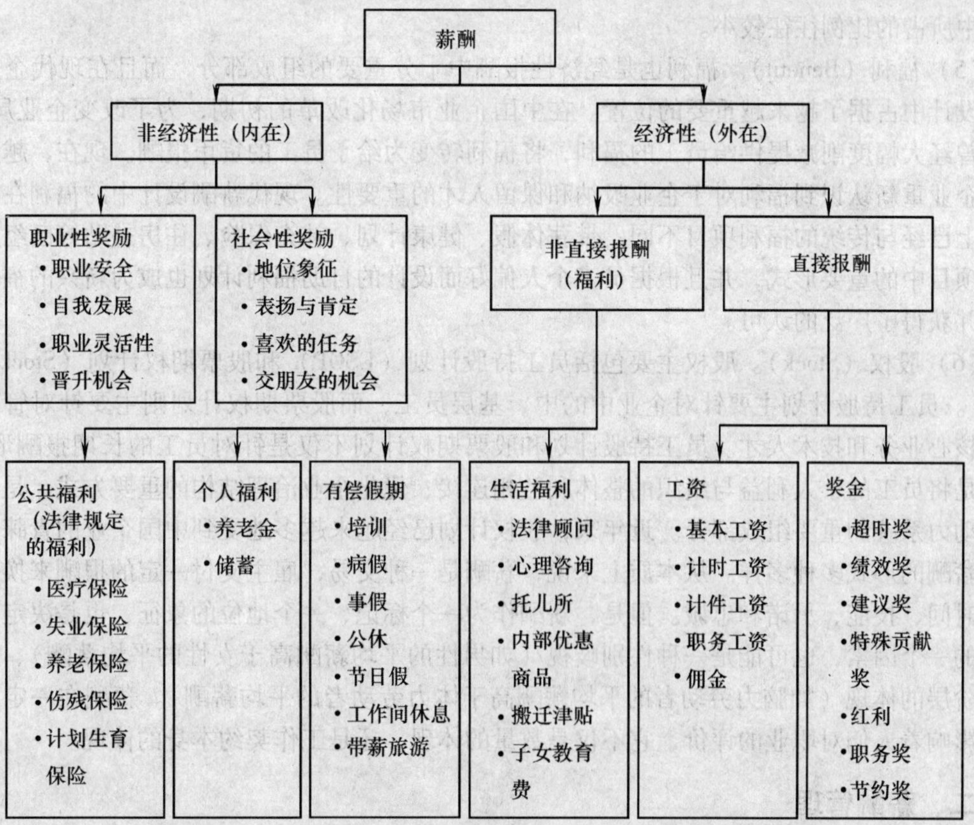

图9-1 薪酬系统模型

通过图 9-1 可以看出，对薪酬与薪酬管理的研究，应集中于企业经济性报酬的安排上。经济性报酬主要包括以下组成部分：

（1）基础工资（Base Pay）。基础工资是指企业按照一定的时间周期，定期向员工发放的固定报酬。基础工资主要反映员工所承担的职位的价值或者员工所具备的技能或能力的价值，即分别是以职位为基础的基础工资和以能力为基础的基础工资。在国外企业中，基础工资往往有小时工资、月薪和年薪等形式；在中国的大多数企业中，提供给员工的基础工资往往是以月薪为主，即每月按时向员工发放固定工资。

（2）绩效工资（Merit Pay）。绩效工资是指根据员工绩效考核的结果而确定的对基础工资的增加部分。因此，它是对员工优良表现的一种奖励。但它与奖金的差别在于，奖金并不成为基础工资永久的增加部分，而只是一次性的奖励。

（3）奖金（Incentive Pay）。奖金也称为激励工资或者可变工资，是指薪酬中根据员工的工作绩效进行浮动的部分。奖金可以与员工的个人业绩挂钩，也可以与他所在团队的业绩挂钩，还可以与组织的整体业绩挂钩，其分别称为个体奖励、团队奖励和组织奖励。但需注意的是，奖金不仅与员工的业绩挂钩，同时也与员工在组织中的位置和价值有关，它通常等于两者的乘积。

（4）津贴（Allowance）。津贴往往是对员工工作中不利因素的一种补偿，它与经济学中的补偿性工资差别相关。比如，企业对于从事夜班工作的人员，往往会给予津贴；对于出差的人员，也往往会给予一定的出差补助。但津贴一般并不构成薪酬中的核心部分，它在整个薪酬中所占的比例往往较小。

（5）福利（Benefit）。福利也是经济性报酬中十分重要的组成部分，而且在现代企业的薪酬设计中占据了越来越重要的位置。在中国企业市场化改革的初期，为了改变企业局面，企业曾经大幅度削减提供给员工的福利，将福利转变为给予员工的货币报酬。现在，越来越多的企业重新认识到福利对于企业吸纳和保留人才的重要性。现代薪酬设计中的福利在很大程度上已经与传统的福利项目不同，带薪休假、健康计划、补充保险、住房补贴等已经成为福利项目中的重要形式，并且根据员工个人偏好而设计的自助福利计划也成为新兴的福利形式，并获得了广泛的认可。

（6）股权（Stock）。股权主要包括员工持股计划（ESOP）和股票期权计划（Stock Options）。员工持股计划主要针对企业中的中、基层员工，而股票期权计划则主要针对管理人员、核心业务和技术人才。员工持股计划和股票期权计划不仅是针对员工的长期报酬形式，而且是将员工的个人利益与组织的整体利益相连接、优化企业治理结构的重要方式，是现代企业动力系统的重要组成部分。近年来，股权计划已经越来越多地受到中国企业的青睐。

薪酬的形式多种多样。从本质上来说，薪酬是一种交易，雇主支付一定的报酬来换取相应的时间、技能、承诺和忠诚。但是，薪酬作为一个标记、一个地位的象征，也是决定生活水平的一个因素，也可能是一种性别歧视（如男性的平均薪酬高于女性的平均薪酬）、一个社会阶层的体现（如脑力劳动者的平均薪酬高于体力劳动者的平均薪酬）。薪酬在一定程度上还影响着人们对职业的评价，它不仅是数量的体现，还是工作契约本身的体现。

二、薪酬管理

薪酬对于员工和企业的重要性决定了薪酬管理的重要性。所谓薪酬管理（Compensation

Management)，就是指一个企业针对所有员工所提供的服务来确定他们应当得到的报酬总额以及报酬结构和报酬形式的过程。在这一过程中，企业必须就薪酬水平、薪酬体系、薪酬结构、薪酬形式以及特殊员工群体的薪酬作出决策。作为一种持续管理过程，企业还要不断地制订薪酬计划，拟定薪酬预算，就薪酬问题与员工进行沟通。同时，企业也要对薪酬系统本身的有效性作出评价，并不断予以完善。

（一）薪酬管理的原则

美国薪酬管理专家米尔科维奇提出了薪酬设计的基本原则，主要包括四个方面：内部公平性、外部竞争性、激励性与管理的可行性。

（1）内部公平性。内部公平性是指要让员工感觉到，相对于企业内的其他员工而言，自己的工作获得了相应的报酬。它主要通过职位分析、职位评价以及建立职位等级结构来实现。

（2）外部竞争性。外部竞争性是指要让员工感觉到，相对于其他企业中从事相同工作的员工而言，自己的工作获得了相应的报酬，也就是说本企业的薪酬水平对于劳动力市场的其他人员是具有吸引力的。它主要通过外部相关劳动力市场界定、市场薪酬调查、建立薪酬政策线以及调整薪酬结构来实现。

（3）激励性。激励性主要强调将员工的报酬与业绩相挂钩，根据绩效水平的高低来对薪酬进行调整。这样从事相同工作、具有相同能力的不同员工，就可能因为绩效考核结果的差异而获得不同水平的报酬。它主要通过绩效考核，并依据考核结果来确定激励方案来实现。

（4）管理的可行性。管理的可行性主要是指对薪酬体系必须进行科学的规划，以保证薪酬体系能够有效地运行，确保前三项原则的实现。它主要通过计划、预算、沟通、评估等手段来实现。

（二）薪酬管理与人力资源管理其他职能之间的关系

薪酬管理是整个人力资源管理系统以及企业运营和变革过程中的一个重要组成部分，它与人力资源管理的其他职能共同构成了实现企业使命、愿景以及战略目标的重要基石。作为现代企业人力资源管理中的重要组成部分，薪酬管理与人力资源管理的其他职能必须紧密结合，才能发挥出最大的效用。

（1）薪酬管理与工作分析。工作分析是人力资源管理的基础性职能。通过工作分析，对某特定工作的具体特征，包括工作活动的内容、工作职责、工作关系、聘用条件及工作环境等作出明确的规定，并确定在此岗位上的员工所需要具备的一般要求、生理要求和心理要求。在工作分析的基础上进行职位评价，即对各个岗位的重要性进行评价，然后根据职位评价的结果和企业的薪酬制度和薪酬结构确定基本岗位工资。因此，工作分析是进行薪酬管理的基础。

（2）薪酬管理与员工招聘。科学合理、灵活的薪酬制度总能从不同的角度满足优秀人才的需要，这使得企业在劳动力市场上更具吸引力，能够招聘到符合企业需要的高素质员工。2007年，一项针对美国100万名员工的调查发现，对员工有吸引力的因素依次为：保持本人好的工作声望、有表现自己能力的机会、有意思的工作、喜欢共同工作、有机会得到提升和所希望的报酬。由此可见，无论是内在薪酬还是外在薪酬，一般员工关心的问题大多与薪酬有关。

（3）薪酬管理与员工培训。员工的培训机会属于非货币化薪酬的范畴。培训机会的给予是企业对员工进行的投资，也是企业给员工的一种回报，有利于员工更好地完成现在的工作，提高员工的工作满意度和组织承诺，同时提高员工的心理投入，促进员工的职业发展。因此，培训管理也是广义上的薪酬管理活动的一部分内容。

（4）薪酬管理与绩效考核。对员工进行定期和不定期的绩效考核有多种目的，主要有加薪、支付奖励性报酬、培训与晋升机会等几个方面的内容，这些都与薪酬的给付有关。越来越多的企业根据员工、团队或部门的业绩来给员工支付报酬。因此，薪酬管理与绩效考核密不可分。

第二节 基本薪酬

一、薪酬水平的影响因素

构建薪酬体系是企业的一项重要而复杂的任务。薪酬体系不仅要与组织内部的具体情况相适应，还要适应组织外部环境的要求。同时，薪酬体系也不是一成不变的。尽管它在一定时期内具有相对稳定性，但随着时间的推移和客观环境的变化，薪酬体系也应该作出相应的调整和改进。

劳动经济学中的边际收益产品理论认为，一个人劳动的价值等于有人愿意为此支付的价格。实际上，许多因素相互作用共同决定了薪酬水平，这些影响因素主要包括三个方面：个体因素、企业因素和社会因素。

（一）个体因素

个体因素是指有员工或岗位的价值特点所决定的薪酬水平，这里又包含三个层面的价值体现：岗位价值、业绩价值和能力价值。

（1）岗位价值。所谓岗位价值，是指工作设计本身所体现的价值。岗位价值是体现薪酬的内部公平性的基础，一般包含工作的重要性、工作量、沟通特点、工作环境等因素。确定岗位价值的方法是进行职位评价。目前比较流行的职位评价方法有很多种，每一种方法都有优点和缺点，必须根据不同企业的特点进行选择。

（2）业绩价值。即使是同类岗位，如果员工的投入程度不同、技能有差异，那么对公司的价值贡献也是不同的。因此，薪酬的内部公平性必须与绩效管理结合起来。然而绩效管理却往往是很多企业最头疼的问题，因为不同的评估维度会产生不同的绩效评价结果。而且并不是所有的岗位都能像销售人员、计件工人那样把考核指标直接量化出来，如果行政管理岗位的评价机制主观性太强，就可能造成两种极端现象，或民怨沸腾，或一团和气，使得绩效管理失去其本来激励和约束的意义。因此，绩效指标的设计将是绩效管理体系构建中的一项重要工作。除了指标的设计，考核程序的设计也是一项重点工作，如目标的确立、过程的监控、沟通反馈与绩效提升等。在这一系列程序中，绩效沟通贯穿整个主线。如果没有绩效沟通，就会造成上下级之间、其他部门与人力资源部门之间的情绪对立，结果导致绩效考核不仅没有能够提升绩效，反而造成一定的混乱。

（3）能力价值。对能力的评估首先是基于员工对岗位的胜任程度。很多企业对岗位胜任力的分类只有胜任和不胜任，这就造成了对胜任力的敏感和误解。其实企业完全可以从技术上将人员对岗位的胜任力划分得更细、更具体（如可以划分为不胜任、基本胜任、完全胜任、超越岗位要求等）。这样一方面可以作为按能力取薪的更为科学合理的薪酬设计方式；另一方面还可以以此为依据，制订员工的能力成长计划。

（二）企业因素

企业因素主要包含企业经营状况、企业薪酬政策、企业文化等。

(1) 企业经营状况。企业经营状况是影响薪酬水平的最直接的因素。显然，经营状况好的企业，负担能力强，一般都能保持薪酬有一定的增幅；而经营状况差的企业，不得不考虑人力成本的因素，薪酬的整体水平和增幅会受到影响。

(2) 薪酬政策。薪酬政策是指企业对利润积累和薪酬分配之间的偏重关系，企业的薪酬政策是企业分配机制的最直接体现。薪酬政策应当有助于推动公司战略目标的实现，管理层理应制定一个整体性的报酬战略。发展中的企业一般偏重于利润的积累，限制薪酬的发放，将更多的利润用于企业下一步的成长发展。这样做当然从一定层面上对企业发展有促进作用，但是如果矫枉过正，也会造成员工满意度的急剧下降。企业只有能够充分结合实际情况，才能做好二者之间的平衡。

(3) 企业文化。企业文化是企业的分配思想、价值观、目标追求、价值取向和制度的土壤。企业文化不同，必然会导致观念和制度的不同，从而影响到薪酬模型和分配机制，间接地影响薪酬水平。例如，一个劳动密集型的企业会更偏重于利用显性薪酬来激励员工；而技术密集型企业、事业单位则更喜欢利用晋升等非显性薪酬来激励员工。当然，随着社会的发展，这一因素也在发生变化，薪酬激励越来越不作为一种单一激励机制存在，而更多地和晋升等方式结合起来使用。

（三）社会因素

在社会因素中，影响薪酬水平的因素主要有地区差异与行业特点、劳动力市场的供需关系、现行工资率、相关法律法规等。

(1) 地区差异与行业特点。企业所在区域和行业特点对企业薪酬水平的影响很大。发达地区的企业人才竞争激烈，同时企业的整体支付能力也较高，因此薪酬水平也比较高。相比之下，欠发达地区不仅有企业支付能力的问题，物价水平也偏低，所以薪酬水平也相应偏低。

(2) 劳动力市场的供需关系。薪酬水平还受到劳动力市场供需关系的影响。劳动力市场是“紧缺”还是“过剩”，对薪酬结构和水平有着显著的影响。劳动力市场供求关系失衡时，劳动力价格也会偏离其本身的价值。在一个紧缺市场中，如果某种技术熟练工人的需求水平高而供给水平低，这些技术熟练工人的工资就会有上升的趋势；相反，如果劳动力的供给相对于需求来说是过剩的，工资就会下降。

(3) 相关法律法规。像在其他领域一样，有关工资的立法在影响企业实践方面发挥了非常重要的作用。与薪酬相关的法律法规有最低工资制度、个人所得税征收制度以及强制性劳动保险的种类和缴费水平等，通常这些制度和因素都直接影响到员工的薪酬水平。美国从20世纪30年代起就有相关的法案得到通过。我国1994年通过的《劳动法》、2007年通过的《劳动合同法》，以及相关配套法律法规则是我国该领域的重要法律依据。

二、职位评价

职位评价（Job Evaluation）也称岗位评价，是指在工作分析的基础上，按照一定的衡量标准，对岗位的工作任务、繁简难易程度、责任大小、所需资格条件等方面进行系统评比与估计，得出各个岗位在组织中的价值顺序。它是薪酬设计决策的关键环节。

通过职位评价可以确定本组织中每一个职位的相对价值，从而以此为依据来确定工资的等级结构，确保内部公平性。职位评价的基本原则是那些要求具备更高任职资格条件、需要承担更多责任以及需要履行更复杂职责的职位的价值，应该比那些在这几方面要求更低一些的职位的价值要更高一些。职位评价的基本程序是基于职位相对于其他职位的关系来对职位进行比较。如果现在已经知道如何（通过薪酬调查）对基准职位进行薪酬定价，然后再通过职位评价的方法来确定所在企业中所有其他职位相对于这些关键职位的相对价值，那么就作好了为企业中所有职位进行公平定价的准备。

职位评价一般包括两方面的内容：一是薪酬要素；二是根据这些薪酬要素对企业的重要性程度确定其权重分配方案。薪酬要素是所有职位都包含的一系列特定基本要素，基于这些基本要素可以对职位进行相互比较。薪酬要素决定了一种职位如何和其他职位进行比较，从而为每一种职位的薪酬确定奠定了基础。

在职位评价中，薪酬要素的确定是一个非常核心的问题，因为通常都会运用相同的薪酬要素，将每一个职位与其他所有可以加以比较的职位来进行对比。所使用的薪酬要素则取决于要评价的职位以及准备采用的职位评价方法，大多数企业采用工作所要求的技能、需要承担的责任、工作条件和承担工作需要付出的努力等工作特征作为薪酬要素。

常见的职位评价方法主要有四种：排序法、分类法、要素计点法和要素比较法。其中，前两者使用定性分析，不把工作职位划分成要素来分析，不对职位进行量化测量，主观性强；而后两者则使用定量分析，对职位进行量化测量，客观性强。

（一）排序法

排序法（Ranking Methods）是指评价者要考查每一被评价岗位工作的说明，由评价人员凭借自己的判断，根据一些标准（如工作的复杂程度、对组织的贡献大小等）进行比较，将职位按照相对价值的高低排列出一个次序的方法。

在实践中，排序法又可以分为直接排序法、交替排序法和配对比较法等。其中，直接排序法是指按照工作重要性（如对企业的贡献度）的高低顺序依次进行排列；交替排序法是指先从待评职位中找出价值最高的一个职位，再找出价值最低的一个职位，然后再从余下的职位中分别找出价值最高的和最低的，依次类推，直到将所有的职位都由高到低排列起来；配对比较法则是指将每个岗位的贡献与其他被评价岗位一一比较，获得有利比较结果最多的岗位则被排列在最高的位置。

配对比较法的具体步骤包括:①成立岗位评估小组;②对企业所有岗位进行两两对比;③在两两对比时,对价值相对较高的岗位记“+”,价值相等的记“0”,价值相对较低的记“-”;④所有岗位两两对比完后,将每个岗位的净“+”数进行汇总;⑤净“+”数最多的岗位的价值最高,依次排序,就可以评估出所有岗位的价值。配对比较法举例如表9-1所示。

排序法是最简单的一种职位评价方法，易于理解。与其他方法相比，它耗费的时间也较少。但是，排序法的主观性较强，特别是当某一岗位受特殊因素的影响（如在高空、高温、高寒或在有害有毒的环境下工作时），常会将岗位的相对价值估计过高。在实践中，排序法并不能确定一个职位的价值与其他职位的价值相比较有多大的差别，而只能知道两者价值的排列顺序；如果涉及很多职位，将任意两个职位都进行相互比较非常困难。因此，排序法一般更适用于生产单一、工作性质类似、岗位较少的中小企业，这类企业一般没有时间或费用来开发一套精细的职位评价体系。

表 9-1 配对比较法举例

	A	B	C	D	E	F	总 计
A		+	+	+	0	+	4
B	–		+	0	+	0	1
C	–	–		+	–	–	–3
D	–	0	–		–	–	–4
E	0	–	+	+		–	0
F	–	0	+	+	+		2

（二）分类法

分类法（Classification）是指按照各类岗位的作用和特征，将企业的全部岗位分成几个大的系统，如分为管理类、技术类、生产类、服务类和通用类等，再将各个系统中的各岗位分成若干层次，并进行排序的方法。

在历史上，分类法广泛地被应用于薪水制的岗位中，尤其是政府部门和服务行业。分类法包括两个基本步骤：①建立等级给出定义；②根据等级对岗位进行分类。

在实际操作中，首先需要将企业的所有岗位划分成几大类别，将每一类别分出几个不同的级别，这些级别的工作内容会有比较明显的不同。对这些级别的工作特征进行比较详细的描述后，将被评价岗位的工作内容和要求与上述类别、级别进行比较，最接近的一个类别级别就是该岗位的评价结果。分类以后，就可以开始评价工作。例如，某岗位的描述为“全面负责公司经营管理，必须经常作出各方面的计划和决策，安排指导主要人员的工作，需要具备丰富的工作经验和知识技能”，评价者经过与分类结果比较，认为该岗位为管理类一级。再如某岗位的描述为“执行具体的工程技术研究开发工作，需要专业知识和一定的工作经验……”经比较，该岗位为工程技术类三级。分类法的范例如表 9-2 所示。

表 9-2 某企业的职位分类结果

	管理类	工程技术类	营销类	财务类	……
一级	承担经营责任重大，技能要求很高，管理人员数量多，所需决策多	承担技术责任重大，技能要求很高，管理人员数量多，所需专业决策多	承担销售责任重大，技能要求很高，所需营销决策较多	承担财务管理责任重，技能要求很高，所需决策多	……
二级	承担部分责任，技能要求一般，管理人员数量不多，所需决策较少	技能要求较高，管理部分人员，需部分决策	承担销售责任较大，技能要求较高，所需决策多	承担财务管理责任较大，技能要求较高，需少量决策	……
三级	承担部分责任，技能要求一般，管理人员数量不多，所需决策较少	只承担具体研究任务的责任，需要的知识为较深的本专业知识	承担一般的销售任务，各方面的要求不是很高	承担一般的财务工作责任，专业的财务管理知识	……
……	……	……	……	……	……

分类法最主要的优点在于,无论企业采用什么样的职位评价方法,最终都要把职位划分为不同的职位等级,这使得管理层和员工都能根据职位的分类来思考问题,避免为那些数量很多又难以管理的职位确定薪酬水平。但是,分类法只能作整体评价,难于进行精确评比;只能按相对价值大小简单排序,不能指出各级间差距的具体大小;同时,主观成分也比较多。

（三）要素计点法

要素计点法（Point-factor Method）是一个定量的工作评价过程，它通过计算与一项工作有关的各要素总分值来确定该工作的相对价值。要素计点法赋予各个职位评价因素不同的点数，从而量化了评价者对各个职位因素的相对价值的评价。通过对各因素所得点数进行汇总，便得到了职位评价的最终结果。

作为一种应用广泛、量化的职位评价技术，要素计点法首先需要选定岗位的主要影响因素，并采用一定点数（分值）表示每一因素；然后，按照预先确定的衡量标准，对现有岗位的各个因素逐一评比、估价，求得点数；最后经过加权求和，得到各个岗位的总点数。

该方法的具体步骤包括：①确定岗位评价的因素，如岗位的技能、责任等；②根据岗位的性质和特征，确定岗位评价因素的具体项目；③确定各个因素的权重，区分出不同级别，并赋予一定的点数（分值）；④对各个岗位进行评价，为每一因素打分；⑤汇总计算各岗位的总点数。要素计点法的范例如表9-3所示。

表9-3 工作因素等级评分

工作因素	权重	因素的等级				
		1	2	3	4	5
1. 学历	50%	50	100	150	200	250
2. 责任	30%	30	70	110	150	
3. 体能	12%	12	24	36	48	60
4. 工作条件	8%	8	24	40		

在表9-3中，要素1（学历）有5个等级，要素2（责任）有4个等级，要素3（体力）有5个等级，要素4（工作条件）有3个等级。每个因素的最高分可以很容易地通过系统中的总分（由人力资源部规定总分）乘以相应的权重计算出来，如工作所能接受的学历最高分是250分（500分乘以50%的权重）。如果各因素间的间隔是一个固定的数值，最低等级的分值可能是分配给该因素的权重值。例如，教育的权重是50%，因此其最小的分值亦为50分。等级间的间隔可以用最高分减去最低分，然后除以所采用的等级数量减1来计算。

要素计点法作为一种量化的方法，可以对不同性质的职位进行衡量比较，评价的结果更为准确，也更容易让员工接受。除了可以比较各个职位相对的价值大小之外，它还能够衡量出职位间价值大小的差距，更有利于进行基本薪酬的设计。但是，要素指标的设计比较麻烦，操作起来比较费时；同时，也并不能完全消除主观因素的影响，要素指标的选择、权重和点数分配都可能会受到主观判断的影响。

（四）要素比较法

要素比较法（Factor Comparision Method）作为一种量化的工作评估方法，是对排序法的一种改进。这种方法选择多种报酬要素，按照各种要素分别进行排序。在使用此方法时，人力资源部门要注意考察两个方面：①值得报酬的因素，泛指一些与工作有关，并可作为工作价值比较的因素，如工作技能、责任、工作环境、智力要求、体力要求等都是常用的因素；②在劳务市场上认可的标准职位的薪金，如饭店业的标准职位有客房清洁员、中西餐服务员、打字员、人事部主管、工程部经理等。

要素比较法运用的步骤如下：

(1) 选择一些值得报酬的因素作为评价标准，如智力因素、体力因素、经验、技术等。

(2) 选择关键职位。这些职位是所要分析的职位等级中的典型职位，如服务员系列的客房清洁员、中餐服务员，文职系列的打字员，经理等级中的人事部经理、工程部经理等。

(3) 在报酬因素下，以报酬因素在各职位中的重要程度，将各关键职位排序。例如，客房清洁员需要智力因素最少，所以排在最前；中餐服务员次之，排在第二；工程部经理需要智力因素最多，所以排在最后。

(4) 将标准职位的薪金（按市场调查和企业薪金水平）分配在各个值得报酬因素中。例如打字员每小时的薪金为4元，那么这些薪金是如何分配在各个值得报酬的因素中的呢？经过分析，可以认为，其中0.8元付给智力因素，0.8元付给体力因素，2元付给经验/技能因素，0.4元付给责任因素。

(5) 建立一个薪金结构表（见表9-4），按值得报酬因素和薪金资料把标准职位填入表中。

(6) 最后将非标准职位逐一填入表中。例如，饭店应付多少薪金给客户经理，就根据工作描述，将客户经理的工作按照每一值得报酬的因素，逐一与其他标准职位比较。如在客户经理的工作中，智力因素高于打字员、低于工程部经理且低于人事经理，应值2.8元。如此类推，逐一比较，可以看出客户经理的每小时薪金为11.4元，工程部经理每小时薪金为13.6元。表9-4给出了一个因素比较法的范例。

表9-4 要素比较法的范例

工资水平/元/h	智力因素	体力因素	经验/技能	监督责任
0.4				打字员 客房清洁员 中餐服务员
0.8	打字员 客房清洁员	打字员		
1.0	中餐服务员	人力资源部经理	客房清洁员	
1.2		工程部经理 客户经理		
1.5		客房清洁员 中餐服务员		
2.0			打字员 中餐服务员	人力资源部经理
2.8	客户经理			客户经理 工程部经理
3.2	人力资源部经理			
4.0			人力资源部经理	
4.6	工程部经理		客户经理	
5.0			工程部经理	

要素比较法的优点是：①评价结果较为公正。要素比较法把各种不同工作中的相同要素相互比较，然后再将各种要素的工资累计，减少了主观性。②耗费时间少。进行评定时，所选定的影响要素较少，从而避免了重复，简化了评价工作的内容，缩短了评价时间。③减少了工作量。由于要素比较法是先确定标准岗位的系列等级，然后以此为基础，再分别对其他各类岗位进行评定，大大减少了工作量。

其缺点主要表现在：①各影响要素的相对价值在总价值中所占的百分比完全是考评人员的直接判断，这就必然会影响评定的精确度。②操作起来相对复杂，而且很难对员工作出解释，尤其是给要素注上货币值的时候很难说明其理由。

三、基本薪酬的确定

在确保内部公平性和外部竞争性的前提下，一个企业确定基本薪酬的过程主要包括五个环节：薪酬调查、职位评价、划分薪酬等级、确定工资曲线和薪酬调整。

（一）薪酬调查

在动态变化的环境中，组织必须不断地关注其他竞争对手支付给同类职位的薪酬状况，从而确保外部公平性。如果一个人不知道其他组织支付给员工的薪酬水平是什么样的，那么他就很难确定本组织员工的基本薪酬水平。事实上，每一个企业至少都会进行一种非正式的薪酬调查，比如通过电话、报纸或者互联网进行。

所谓薪酬调查（Salary Survey），就是通过一系列标准、规范和专业的方法，对市场上各职位进行分类、汇总和统计分析，形成能够客观反映市场薪酬现状的调查报告，为企业薪酬设计方面的决策提供依据及参考。薪酬调查作为薪酬设计中的重要组成部分，重点解决的是薪酬的外部竞争力和内部公平性的问题。

一般来说，薪酬调查主要有以下几个目的：帮助制定新参加工作人员的起点薪酬标准；帮助查找企业内部工资不合理的岗位；帮助了解同行业企业的调薪时间、水平、范围等；了解当地工资水平并与本企业作比较；了解工资动态与发展潮流。

薪酬调查能够向实施调查的企业提供市场上各种相关企业向员工支付的薪酬水平和薪酬结构等方面的信息。这样一来，企业就可以根据调查结果来确定自己当前的薪酬水平相对于竞争对手在既定劳动力市场上的位置，从而根据自身的战略目标来调整自己的薪酬水平以及薪酬结构。

企业进行薪酬调查的方式一般有三种：①企业运用调查所得到的薪酬数据来给基准职位定价，然后就可以基于其他职位对于组织的相对价值来把非基准职位的价格也确定下来；②企业首先调查与自己具有可比性的企业支付给可比性职位的薪酬状况，然后在这种市场薪酬水平的基础上直接为本组织中的职位确定一个高于市场平均水平一定比例（如15%，或者更高）的薪酬水平；③在这种薪酬调查中，企业会同时收集如保险、病假、带薪休假等员工福利方面的数据，从而为企业进行员工福利方面的决策提供参考依据。

薪酬调查可以是正式的，也可以是非正式的。有一部分大企业采用自己设计开发的正规调查问卷从其他企业那里收集薪酬信息。大多数这类调查问卷都会询问这样一些信息：员工的数量、加班的有关规定、起薪水平以及带薪休假的时间长短等（见表9-5）。为了使薪酬调查真正有用，调查内容必须非常具体。但在一项关于薪酬调查的研究中，接受调查的人普遍认为其中所列举的职位种类过于宽泛或者不够精确。

表 9-5 薪酬调查表样例

<table>
<tr><td colspan="2">公司编号：</td><td colspan="2">岗位编号：</td><td colspan="2">岗位名称：</td></tr>
<tr><td>此岗位上的人数：</td><td colspan="5"></td></tr>
<tr><td>基本年薪分布范围：</td><td>最高值</td><td></td><td>中位值</td><td></td><td>最低值</td></tr>
<tr><td>总年薪分布范围：</td><td>最高值</td><td></td><td>中位值</td><td></td><td>最低值</td></tr>
<tr><td colspan="6">（以下根据当年度岗位最高值、中位值和最低值选择具体任职者作为调查对象）</td></tr>
<tr><td rowspan="7">员工个人情况</td><td colspan="2">代码：</td><td colspan="3">工号或序号：</td></tr>
<tr><td colspan="4">岗位级别代码：在此调查体系中所属的级别</td><td></td></tr>
<tr><td colspan="4">年龄：</td><td></td></tr>
<tr><td colspan="4">任职年限：担任该岗位年限</td><td></td></tr>
<tr><td colspan="4">相关工作经验：与此岗位有关，但不局限于此岗位和此公司的工作年限</td><td></td></tr>
<tr><td colspan="4">教育程度：任职者的受教育水平，所获得的最后学历</td><td></td></tr>
<tr><td colspan="4">每周工作时间：每周正常工作的总时间</td><td></td></tr>
<tr><td colspan="6">（以下月度项目根据当年 3 月份的实际情况，而年度项目根据当年年度估计值）</td></tr>
<tr><td>发放周期</td><td colspan="4">调查内容和说明</td><td>具体数值</td></tr>
<tr><td rowspan="7">月度性项目</td><td colspan="4">基本工资：每月固定的基本收入</td><td></td></tr>
<tr><td colspan="4">各类补贴：各类月度发放补贴选项，根据实际情况选择并填写</td><td></td></tr>
<tr><td colspan="4">午餐：伙食补贴，不包括免费午餐</td><td></td></tr>
<tr><td colspan="4">交通：用于上下班通勤的补贴，不包括班车</td><td></td></tr>
<tr><td colspan="4">住房：每月发放的住房补贴，不包括公积金</td><td></td></tr>
<tr><td colspan="4">其他补贴：除上述之外的其他月度补贴</td><td></td></tr>
<tr><td colspan="4">月度奖金：月度发放的与绩效挂钩的收入</td><td></td></tr>
<tr><td rowspan="13">年度性项目</td><td colspan="4">年度补贴：各类年度发放补贴选项，根据实际情况选择并填写</td><td></td></tr>
<tr><td colspan="4">劳动保护：年度发放的用于劳动保护的补贴</td><td></td></tr>
<tr><td colspan="4">高温：每年高温季节发放的补贴</td><td></td></tr>
<tr><td colspan="4">休假：年度发放的休假补贴</td><td></td></tr>
<tr><td colspan="4">节假日补贴：年度发放的重要节假日（如“五一”、国庆节）补贴</td><td></td></tr>
<tr><td colspan="4">其他补贴：除上述之外发放的其他年度补贴</td><td></td></tr>
<tr><td colspan="4">年度奖励：年度发放的奖励</td><td></td></tr>
<tr><td colspan="4">年度双薪：年度发放的第 13 个月或者第 14 个月月薪收入</td><td></td></tr>
<tr><td colspan="4">固定奖金：年度发放的固定奖金</td><td></td></tr>
<tr><td colspan="4">奖金：年度发放的和绩效挂钩的奖金</td><td></td></tr>
<tr><td colspan="4">利润分红：年度发放的和利润挂钩的奖励</td><td></td></tr>
<tr><td colspan="4">其他奖励：年度发放的除上述之外的其他奖励</td><td></td></tr>
</table>

（资料来源：郑兴山．人力资源管理［M］．上海：上海交通大学出版社，2008．）

当职位数量相对较少而且职位本身较容易得到确定和辨认时，非正式的电话调查或者互联网调查就会非常实用。例如，如果一家银行的人力资源总监希望了解银行招聘出纳员时在刊登的广告上公布的薪酬水平应该为多少合适，那么这种非正式的薪酬调查就非常好。此外，这种非正式的薪酬调查技术也同样适用于考察本企业与其他企业之间的薪酬差距。例如，当上面的这位银行的人力资源总监希望了解某些地区银行是否真的在向其出纳员提供某些类型的奖励计划时，就可以采用这种非正式调查技术。

（二）划分薪酬等级

一旦通过职位评价确定了职位的相对价值，那么下一步的工作任务就要转向为每一个职位确定基本薪酬。

通常情况下，首先需要将各个职位划分到不同的薪酬等级（Pay Grade）中。如果采用排序法、要素计点法或者要素比较法进行职位评价，可以采取为每一个职位确定一个基本薪酬的做法。但是，对于组织规模比较大的企业而言，这种薪酬方案就会变得比较难于管理，因为这时候往往需要为成百上千的职位分别确定不同的基本薪酬，即使是小型企业也同样存在尽可能地将工资结构简单化的倾向。因此，要将类似的职位成组地划分到一个个职位等级之中去，这样一个企业就不需要同时处理数百种不同的基本薪酬，而只要管理较少种类的薪酬水平就可以了。

每个薪酬等级中的职位，都具有大致相似的复杂程度或重要性。如果是运用要素计点法所得到的分类结果，那么同一个薪酬等级里的职位点值大致相同；如果使用的是排序法，那么每个职位等级所包含的职位都是排列在前后两三个序号之间的所有职位；如果运用的是分类法，那么其结果则是所有职位当时就被自动划分到不同的职等或者职级之中。

（三）确定工资曲线

在为每一个薪酬等级确定了基本薪酬水平后，就需要运用一条工资曲线（Wage Curve）来帮助设计适用于不同薪酬等级的基本薪酬水平。

图 9-2 就是工资曲线的一个举例，在图 10-1 中，纵坐标表示薪酬水平，横坐标表示薪酬等级（用点值来表示）。工资曲线的目的就是描述这样两组数据之间的关系：①每一薪酬等级通过职位评价所获得的点值或者是排序情况；②组织目前对于每一薪酬等级中的职位所支付的薪酬水平状况。

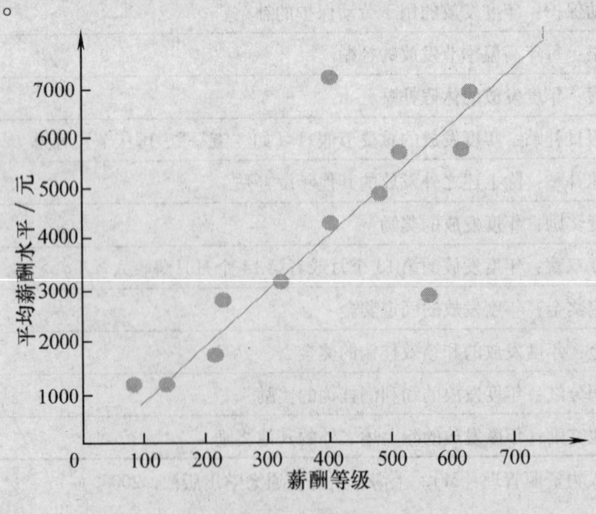

图 9-2 工资曲线

位于工资曲线上的基本薪酬，通常就是组织当前支付的薪酬水平。然而，如果有理由相信当前的基本薪酬水平与这些职位在外部市场上的价位不吻合，就可以在每一薪酬等级内部选择一些典型职位，然后通过外部薪酬调查来对这些职位进行定价。接着，就可以用这些以市场为基础的新的基本薪酬水平来替代当前工资曲线上的这些薪酬水平。最后，再围绕这些典型职位将其他职位插入到各个薪酬等级中去。

在运用工资曲线进行职位定价时，通常包括以下几个步骤：

（1）要找到每一薪酬等级的平均薪酬水平，因为在每一等级中往往包括很多职位。

（2）如图 9-2 所示，将每一等级的薪酬水平以点状描绘出来，再拟合出一条通过各个点的工资曲线。在拟合这些工资曲线时，既可以采用描绘的方式，也可以采取统计学的方法。

（3）对职位进行定价。位于工资曲线上的薪酬就是每一个等级中的职位所应当获得的目标薪酬。如果当前支付给组织中任何一个职位的薪酬水平大大高于或低于这条工资曲线，那么组织就需要采取提高薪酬水平或者冻结薪酬增长的措施。

在所有这些工作完成之后，就需要对各个薪酬等级的薪酬水平进行调整了。

（四）薪酬调整

对薪酬水平的调整包括确定薪酬水平浮动范围、设计等级重叠以及纠正不正常薪酬水平等几个方面的工作。

1. 确定薪酬水平浮动范围

大多数组织都不会对位于某一个特定薪酬等级上的职位仅仅支付一种水平的薪酬；相反，它们会为位于同一个薪酬等级的不同员工的基本薪酬水平确定一个可能的浮动范围。这个基本薪酬水平的浮动范围构成一个垂直的薪酬区间，包括该薪酬区间的最低薪酬水平、中间薪酬水平以及最高薪酬水平。中间薪酬水平一般与市场工资持平，各组织根据自身情况在市场工资线上下制定合适的最高和最低工资，因此这一点也常被称为控制点。薪酬水平浮动范围的设计要根据员工的职位特点和职位等级来定。一般而言，职位对员工的要求越灵活、职位等级越高，薪酬水平浮动的范围也就越大。

2. 设计等级重叠

大多数组织在建立薪酬结构时，都会让前后两个薪酬浮动范围之间存在一定的重叠和交叉部分。在制定薪酬结构时，并非一定要设计薪酬等级间的相互重叠与交叉，有很多组织也设计各相邻的薪酬等级间首尾相连的连续性结构。设计等级重叠的做法，可以使在某一薪酬等级之中的资深员工可能获得与更高薪酬等级的员工同样甚至更高一些的薪酬水平，从而起到与确定薪酬水平浮动范围相类似的激励作用。同时，即使处于高一层的薪酬等级，也可能拿比较低的薪酬，这就可以弥补由于提升失误造成的成本增加的损失。

3. 纠正不正常薪酬水平

如图 9-2 所示，某一特定职位的薪酬水平有可能会远远落在薪酬线以外，或者是大大超出其所在薪酬等级的范围。这就意味着组织支付给该职位的当前平均薪酬水平，相对于组织中的其他职位而言显得过高或者过低。此时，组织就必须对这些不正常的薪酬水平进行调整。

对于薪酬水平过低的职位，要将其薪酬水平调整到它所在薪酬等级的最低薪酬水平上。对于薪酬水平过高的职位，调整方式主要有以下几种：①冻结支付给此类员工的薪酬，一直到组织中的总体薪酬水平增长将其他职位的薪酬水平也提高到这一水平为止；②将这些员工中的一部分人或者所有人调动或者晋升到更高级别的职位上去，从而使得组织可以合理地支付目前这种相对较高的薪酬水平；③将这些薪酬水平冻结一段时间，在此期间组织可以将报酬过高的员工调动或者晋升到其他职位上去。如果该做法行不通，就将组织支付给这类员工的薪酬水平降低到该薪酬水平浮动范围的最高水平上去。

第三节 激励薪酬

一、员工个人激励计划

这里介绍几种专门针对员工个人的激励措施：

（一）计件工资计划

计件工资计划是最传统、目前应用最广泛的一种个体激励方式。它是根据员工的单位产量来给员工支付报酬（称为计件工资率），能准确地反映员工的工作成果，不仅激励性强，同时能使员工感觉到公平，工作的积极性也较高。在理想状态下，一项可行的计件工资计划需要借助工业工程的方法来制订。在制订计件工资计划时，最关键的问题是确定生产标准，工业工程方法正好可以完成这项工作。

计件工资通常是指直接计件工资，不论员工的产量是多少，产量和报酬之间都存在严格的比例关系。然而，有些计件工资计划也允许企业与员工共同分享生产率提高所带来的收益，即如果员工的生产率超出一般生产水平，他就可以得到额外的收入。例如，在保证产品或服务质量的前提下，差别计件制鼓励员工生产更多的产品或提供更多的服务，如果工作成果超过一定数量后，计件单价就会逐步提高，员工就可以获得更高的收入。

计件工资计划将报酬与绩效直接联系在一起，使员工能更加关心自己的劳动成果，努力提高劳动技能和生产率；同时，计件工资的计算有明确的规定，工资分配有较高的透明度。但是，员工往往把注意力集中在产量上而忽视了产品的质量，或者不愿意进行工作调动；引进新技术或者新的工作流程也可能受到员工的抵制；容易出现对所从事工作的技术复杂程度、熟练度、精确度等不同方面的要求，造成老员工和经验丰富者的积极性降低；另外，员工的很多工作成果也无法直接体现在产品或者销售额上。

虽然计件工资计划还在被广泛地使用，但在某些传统上强调计件工资计划的行业里，也转而采用了其他激励方案。越来越多的企业开始选择采用团队激励计划、收益分享计划、组织整体的奖励计划等新型的激励计划。

（二）绩效工资计划

绩效工资也称绩效调薪，是指根据员工的绩效考核结果来对员工的基础工资进行动态调整，并将调整的结果作为下一个考核周期内的工资水平。可以看出，绩效工资的核心就是员工的薪酬水平随着个人、团队或者企业绩效的变化而变化。因此，绩效工资建立的前提就是企业必须建立起分层分类的、基于战略的关键业绩指标体系和绩效管理系统。绩效奖励的运用是现今市场经济下企业薪酬管理的一个趋势。在我国企业走向市场化、国际化的今天，有越来越多的企业进行了绩效奖励的实践。

绩效工资计划与职位薪酬、能力薪酬有着不同的侧重点。相比较而言，职位薪酬和能力薪酬关注向员工的职位价值、能力和技术付酬，增加企业的人力资源存量；绩效工资则提供了动力机制，目的在于促进人力资源由存量向流量转变，使员工的能力、技术切实转化为对企业有用的价值。

绩效工资的确定涉及两个因素：①员工绩效水平的高低。绩效水平越高，调薪的量也应该越高。②员工在其工资范围中所处的位置。如果员工所获得的报酬已经处于工资范围的上端，那么为了降低企业的成本风险，其绩效提薪的量就应该比处于工资范围下端且考核结果相同的员工要低一些。企业进行绩效工资的设计时，可以只考虑前一个因素，也可以同时考虑两个因素。

在实际操作过程中，由于不同企业、不同类别员工的考核周期并不相同，同时由于绩效工资具有一定的管理难度和复杂性，因此，绩效工资往往不会根据月度考核的结果计算出来，而是进行季度调薪、半年调薪和年度调薪，其中又以年度调薪最为普遍。

（三）一些特殊激励制度

1. 奖励

现金、实物、礼券和旅游是最常用的激励方式。现金奖励仍然是许多企业首选的奖励方式，因为员工可以自行决定如何使用这些现金。旅游奖励，尤其是到一些旅游胜地，对许多员工也有很大的吸引力。相关研究结果显示，相对于现金奖励而言，许多员工更喜欢实物奖励所具有的延续性奖励价值。

2. 认可奖

另一种特殊激励制度是认可员工的业绩或者服务标准。例如，许多服务行业的企业（如酒店、饭店、零售店等）都设有“月度最佳员工”和“年度最佳员工”奖。认可奖有助于明确什么才是企业认可的特殊贡献和重要行为。在一些情况下，确定激励对象的标准是主观决定的，正规的评价标准则会更加客观一些，也更有可能被视为对绩效突出者的奖励。发放认可奖时，企业应当用具体事例详细具体地说明这些获奖者得奖的原因。

3. 服务奖

还有一种常见的个人奖励形式是服务奖。服务奖通常是奖励在本企业中的服务时间已经达到了一定年限的员工，所以它主要取决于员工服务时间的长短，员工的业绩表现对它的影响并不大。

二、销售人员激励计划

销售人员激励计划可能是使用最为广泛的一种个人激励形式。从事销售业务的员工的薪酬主要取决于销售人员的销售业绩，员工的销售业绩越好，其收入就会越高。虽然销售人员的收入在很大程度上依赖于销售佣金，但也有一些销售人员直接获得了固定工资，但大多数人的收入还是由基本工资与佣金组成的综合薪酬。

（一）固定工资

有些企业只支付给销售人员固定工资，或许可能还会支付一些临时的奖励，如奖金、销售竞赛奖等，这种方式适用于重视服务、强调维持现有客户胜过开发新客户的情况。

固定工资既有优点，也有缺点。它使得企业能够很容易地调整销售人员的工作区域或者重新安排他们的工作。此外，还可以培养销售人员的忠诚度。而佣金则倾向于把销售人员的注意力转移到强调销售额上，而不是开发和培养长期客户。但是，固定工资计划使得工资与业绩并不成比例，这就制约了销售额的提高，也在一定程度上打击了潜在的高绩效销售人员的工作积极性。

（二）佣金

销售行业中普遍采用的另一种个人激励制度是佣金，即按照销售量或销售额的一定比例计算薪酬。佣金与销售人员的薪酬结合的常见方式有三种：单一佣金、工资加佣金和奖金。

在单一佣金制中，销售人员能够得到销售额一定百分比的薪酬。例如，一位销售人员就职于一家消费品公司，如果他完成销售定额，就能得到定额一定比例的薪酬；但若没有销售额，就得不到任何补偿。在这种激励方式下，销售人员得到了最大程度的激励，并且有利于吸引高业绩的销售人员，因为他们能够清楚地看到努力所带来的回报。

但是，销售人员可能倾向于只关注销售量和销售金额较大的产品，而容易忽视非销售性职责，比如为小客户服务，培养忠诚客户，以及推销一些比较难以销售的产品，等等。在佣金计划下，不同销售人员的收入差别可能会比较大，这会导致一些员工认为该计划不公平。而且销售人员的收入会随销售季节的变化而变化，在销售旺季收入经常会很高，在淡季收入则会偏低。此外，销售业绩不仅是激励的产物，同时也是能力的产物，如果销售人员不具备销售技能，那么佣金计划也就不能促使销售额的增加。

(三) 综合薪酬

实际上，大多数公司支付给销售人员的是基本工资和佣金相结合的综合薪酬，这种方式很好地将工资的稳定性和佣金的业绩奖励有机地结合在一起。许多企业也给销售人员支付基本工资，然后根据其所达到的销售目标或者其他标准支付基本工资一定比例的佣金。分配比例一般视行业和各种具体情况而定，但最常见的分配方式是70%工资加上30%佣金，这种组合减小了销售人员薪酬下滑的风险，同时企业也控制了销售人员薪酬过高的风险。

三、团队激励计划

已经有越来越多的公司注意利用团队来完成它们的许多工作。在这种情况下，为了鼓励团队工作并使团队成员关注绩效，就需要团队的激励计划。

(一) 团队激励的发放

团队激励根据团队的整体绩效向团队成员支付奖金。支付奖励的方式主要有以下三种：

(1) 为每个团队成员设立工作标准，然后计算每个成员的产出。这种支付方式可以根据以下规则来确定团队成员的报酬：①团队的所有成员获得最高产出者的工资；②团队的所有成员获得最低产出者的工资；③根据团队绩效平均发放工资。同时，也可以根据员工对团队的贡献程度、工作经验、技术水平以及现有工资水平来决定员工的个人奖励。

(2) 根据团队的总产量来制定标准产量，所有成员按照团队工作的计件工资率来支付工资。这种方式可以采用计件工资或者标准小时工资计划，其中后者使用更为广泛。

(3) 基于团队绩效的一些总体标准的目标（如每单位产品的劳动时间）来计算报酬。这种方式则不需要计算精确的计件工资标准。

在实践中，也有企业不考虑员工的职务、现有工资或资历，团队成员都获得相同的奖励，这被视为个人不同工资水平的附加。

(二) 团队激励计划的种类

团队激励计划采用多种方式对员工进行奖励，包括个人工资和以团队为基础的奖励。最常用的两种团队激励方式是团队奖金和所得分享。

(1) 团队奖金。团队奖金计划以团队的产量、节省的成本、质量的提升为标准，给予团队的所有成员相同的奖励。

(2) 所得分享。所得分享是指雇主与员工分享超出预期的那部分利润或产出。它试图提高“自由努力”，即个人所能做出的最大努力与仅保持自己不被解雇的最小努力之间的差额。现在许多企业只对最低限度的努力付酬。如果员工付出了更高的努力，企业也应该提供更高的报酬，因为这些努力给企业带来的经济收益远远超过最小努力所带来的收益。为了实施所得分享制度，管理者必须确定生产率、产品质量和经济收益的提高途径，决定与员工分享部分所得。

（三）团队激励计划的优缺点

现在，企业中的很多工作都是在团队内组织完成的，如项目小组出版书籍、装配小组组装汽车等。这里的绩效不仅仅是个人努力，同时也是团队努力的结果。团队激励计划增强了团队规划与团队解决问题的能力，同时也有助于团队协作。然而，团队激励虽然使员工可以分享团队收益，但没有使他们关注努力，同时也使得员工的工资可能并不与他本人的努力成正比，这就会打击那些工作努力的员工的积极性。解决的办法包括鼓励员工把团队目标放在个人目标之上，将每个员工的部分工资与个人绩效相结合等。

四、组织激励计划

组织激励计划是指根据一年中组织的整体业绩情况对所有员工进行激励的一项制度。它的基本理论是组织业绩的取得离不开组织内或部门之间的广泛合作，其目的是通过奖励组织内的广泛合作创造更好的业绩。现在很多企业制订了大部分员工可以参加的组织激励计划，这些计划包括利润分享计划、员工持股计划（ESOP）、斯坎伦计划和收益分享计划。

（一）利润分享计划

在利润分享计划中，所有或者大部分员工都可以分享企业年度利润的一部分。这项计划的主要目的在于提高生产率、招募或留住员工、提高产品或者服务质量以及鼓舞员工士气等。

利润分享计划的形式也有几种，最为流行的是现金分享计划，即企业每隔一段时间就把一定百分比的利润拿出来分配给员工。还有一种延期利润分享计划，即在信托机构的监督下，企业将约定比例的利润存在每个员工的账户中。在这种计划中，员工个人的所得税延期缴纳，而且往往延期到员工退休之后，这样员工缴税的税率就会比较低，从而具有一定的税收优势。

一般而言，企业分给员工的利润百分比都会在年底分配前确定。有些利润分享计划在年底进行利润分配；有些则将分配的利润放进基金，当员工退休或者离开企业时才可以拿出来。

然而，利润分享计划在整个企业内实施时，会显示出下列一些缺陷：①管理层必须愿意向员工公开财务和利润信息。许多人知道，利润的界定及其水平取决于企业所采用的会计制度和财务决策，因此，为了提高可信度，管理层必须提供足够的财务信息以降低员工的疑虑。②每年的利润不同可能源于员工不能控制的意外收益或损失。③报酬与努力的脱节也可能使得将高绩效与高奖励紧密相连的目的无法实现。

（二）员工持股计划

员工持股计划（Employee Stock Ownership Plans，ESOP）是指公司给予员工一定比例的股份所有权的制度。这是适用于整个企业的一种制度。

企业通过将其股票作为抵押向金融机构筹借资金的方式建立 ESOP 体制。一旦企业开始用利润来偿还这些借款，金融机构就会让渡出一定数量的股票，企业将这些股票交给信托机构，由该信托机构按照员工的工作年限和工资水平为其购买一定数量的股票。企业通常每年根据员工薪酬总额的一定比例提供股票或者现金，但这个比例一般不超过15%。信托机构持有员工个人账户里的股票，在员工退休、死亡或者离开企业时再分配给员工，员工或其受益人可以将股票出售给信托机构，也可以出售给公开交易的市场。

员工持股计划的优点在于：①企业实施员工持股计划，可以获得一定的所得税优惠。当企业将股票转移给信托机构时，就可以享受与公开市场上的价值相等的税收减免，并且为该计划的股票提供的股息也可以申请减免所得税。②员工持股计划有利于大量持有公司股票的股东分散资产，他们可以将持有的一部分股票投入到员工持股的信托基金中，然后购买其他可以上市交易的证券。③员工持股计划为员工提供了进一步的经济性奖励，创造了一种新的所有者的感觉，因而有助于培养员工的主人翁精神以及团队建设意识，这对促进员工提高生产率、关注企业绩效十分有效。

然而，在这种计划中，员工可能会感觉并非自愿参加，使得他们的未来面临很大的风险，因为他们的薪水和退休后的福利都取决于企业的整体业绩；对于退休者而言风险更大，因为他们的养老金的资产价值也取决于企业的整体业绩表现。另外，当员工持股计划被作为排除非善意的接管企业的工具时，员工股票的持有者通常会与管理层联合进行抵制，这很可能会引起管理层的变动甚至导致企业重组的股市交易。

（三）斯坎伦计划

使组织的目标与员工的目标保持一致，即员工在追求个人目标的同时努力实现企业的目的，被视为强化员工归属感的最有效的方法。在达到这种目的的众多技术方案中，斯坎伦计划最为普及。它是由美国钢铁工人联合会的官员约瑟夫·斯坎伦于 1937 年提出的一种激励计划，现在依然流行。

经过不断地改进，目前的斯坎伦计划具有以下基本特征：①合作哲学。它假设经理与员工都必须消除他们持有的“我们”、“他们”的态度，因为这种态度阻碍了员工主人翁意识的培养。②一致性。这意味着为了鼓励员工参与，企业必须清楚地阐述企业的使命或目标，同时，员工也要明白企业在顾客、价格、成本等方面的运作方式。③胜任力。该计划需要各个层次的员工都有很强的胜任力。④参与体系。员工将他们的建议提交给相应的部门，执行部门决定是否采纳并实施其中有价值的建议。⑤收益分享方式。如果某项建议被采纳、实施并且获得了成功，那么全体员工通常会分享由此带来的成本节约的一定百分比（如75%）。

（四）收益分享计划

斯坎伦计划其实就是收益分享计划的一种早期形式。收益分享计划作为一种激励计划，它鼓励大多数或全体员工一起努力来达到企业的生产率目标，然后员工和企业共同分享由这种努力所带来的成本节约的收益。

除了斯坎伦计划以外，其他的收益分享计划还有拉克尔计划和生产率改善收益分享计划，这些计划的主要区别在于它们决定员工奖金的方式不同。例如，斯坎伦计划用工资成本除以销售总额；拉克尔计划则用销售总额减去原材料成本与供应成本，然后再用工资总额除以该销售额。大多数企业一般会采用设计得更加适合自己的收益分享计划。

五、高层管理人员激励计划

高层管理人员在影响部门和企业的盈利能力方面起着关键性作用，因此，大多数企业都会考虑如何激励高层管理人员。大部分高层管理人员除了获得基本工资外，还会得到短期奖金和长期激励性报酬。在提供短期激励计划的企业中，几乎所有企业都以现金的形式提供奖励；而在提供长期激励计划的企业中，大部分企业为高层管理人员提供股票期权，以此激励有利于企业长远发展与繁荣并能提升股东价值的管理行为。

(一) 短期激励

为了激励企业高层管理人员完成短期绩效目标，大多数企业都制订了年度奖金计划。这项计划容易使企业高层管理人员的总报酬增加或减少1/4甚至更多。实施短期激励计划时要考虑以下因素：

(1) 享受的资格条件。企业大多选择比较宽松的资格条件，主要运用一两种方式来确定享有短期激励的资格条件，比如根据职位级别与职位头衔来确定资格条件，也有企业会综合考虑职位级别、基本工资水平与其他因素。

(2) 企业必须决定可以用于年度奖金的问题，即年度奖金的规模。部分企业直接提取一定百分比的资金作为短期激励基金；有些则采用扣除模式，认为企业只有取得了一定水平的盈利才能提取短期奖励基金；还有一些企业完全根据自定的原则来作出决策。

(3) 企业要确定个人实际应该获得的年度奖金的数量。通常，企业会为每个有资格获得年度奖金的职位设定目标奖金，个人实际上能获得的奖金数额取决于本人的绩效。企业为每位管理人员确定绩效等级，初步估计年度奖金总额，并将所需的奖金总额与企业可用的奖金总额进行比较。

很多企业把短期激励与组织绩效和个人绩效同时挂钩，最简便的方法就是将年度奖金分成两部分。这样一来，管理人员实际可以获得两份独立的奖金；一份根据个人业绩，另一份根据组织的整体绩效。但是，即使一位管理人员的个人绩效平平，他也可能会获得基于组织绩效的奖金。这个问题的解决途径之一是把奖金设定为个人绩效与组织绩效共同作用的结果，即将目标绩效乘以与管理人员对应的奖金乘数，个人绩效很差的管理人员甚至不能获得基于组织绩效的奖金。

(二) 长期激励

为了促使高层管理人员在决策中具有长远的眼光，企业通常会采用长期激励计划。如果企业仅有短期目标，那么高层管理人员为了提高短期利益，就可能减少对长远利益的考虑；同时，长期激励还通过为高层管理人员积累财富的方式鼓励其留在企业。企业并不仅仅使用股票期权这一种长期激励方式，其他一些常用的激励方式包括现金、股票、股票增值权计划和影子股票计划。这些计划的使用程度往往随着经济与市场状况、企业内部的财务压力、对长期激励态度的变化以及其他因素的变化而改变。

其中，股票期权是指能够在特定的期限内，以某种特定的价格购买一定数量公司股票的权利。高层管理人员希望通过行使自己的权利而获益。随着企业经营环境的不断变化，逐渐出现了一些新型的股票期权计划，包括股票增值权、绩效完成计划、限制性股票计划和影子股票计划等。股票增值权允许获得者通过购买股票行使股票期权，或者是以现金、股票或两者结合的形式来获取股票价格的增值部分；绩效完成计划根据预定的财务目标的完成情况来授予股票份额，这些财务目标包括利润或每股收益的增长情况等；而在限制性股票计划中，企业通常将股票无偿地分配给高层管理人员，股票所有者可以出售股票，但有一定的时间限制；在影子股票计划中，高层管理人员获得的不是股票，而是与公司股票份额类似的“股票单位”，在未来的某一时间，他们可以得到与自己拥有的“影子”股票的增值情况相等的价值。

传统的高层管理人员激励计划往往没有给其带来任何实际的风险，因此，高层管理人员与股东之间会存在一定的利益分歧。绩效激励计划则能够使高层管理人员只有在企业繁荣的前提下才能获利。它本质上其实是一种奖金，只不过绩效的衡量期超过一年，高层管理人员只有在绩效周期期末时才可能有资格获得现金奖励，奖金的数额取决于完成财务目标的情况。

第四节 员 工 福 利

在企业中，员工除了获得直接的经济报酬之外，还应该获得企业根据国家有关法律法规和自身需要为员工所提供的各种津贴、补贴、实物和服务等，用以提高员工的物质和精神生活质量，解除员工的后顾之忧。而企业在为员工提供福利时，既要考虑到员工的实际需求，又要考虑到结构的合理性和科学性。

一、员工福利概述

（一）员工福利的概念

在企业给员工支付的整体薪酬收入中，员工福利已经成为重要的组成部分。它具有工资不能替代的重要作用，是吸引、保留、激励员工的重要经济手段。所谓福利，是指由于员工与企业存在雇佣关系，企业向员工所提供的除工资、奖金以外的间接的经济性或非经济性的报酬，包括各种保障计划、补贴、服务以及实物报酬等。

（二）员工福利的特点

按照传统的员工福利管理模式，补偿性、均等性和集体性是员工福利的三个主要特点。

（1）补偿性。员工福利是企业向员工提供的除工资、奖金以外的间接的经济性或非经济性的报酬。因此，它既是员工为企业提供劳动的一种物质补偿，又是员工工资及奖金收入的补充形式，用以满足员工的生活需要。员工福利的补偿性在员工基本工资的基础上起到了一定的保障和提高作用。

（2）均等性。员工福利的均等性是指履行了劳动义务的本企业员工，都有享受企业各种福利的平等权利，他们能够共同享受本企业分配的福利补贴和举办的各种福利活动。由于劳动能力、个人贡献以及家族人口等因素的影响，不同员工之间在薪酬收入上存在一定的差距，过大的收入差距会对员工的积极性和企业的凝聚力产生不利影响。员工福利的均等性则在一定程度上起着平衡劳动者收入差距的作用。

（3）集体性。兴办集体福利事业、员工集体消费和共同使用公共物品等是员工福利的主要形式，因此，集体性是员工福利的另一个重要特征。集体性可以强化员工的团队意识和对企业的归属感。例如，集体旅游、娱乐、健康项目的实施都可以起到这种作用。

（三）员工福利的种类

（1）按照制定依据的不同，员工福利可以划分为两大类：法定福利和企业补充福利。法定福利是指企业根据国家的政策法律法规必须为员工提供的各项福利，主要包括养老保险、失业保险、医疗保险、工伤保险和生育保险五大险种以及住房公积金和休假制度等；企业补充福利则是指企业根据自身的管理特色、财务状况和员工的内在需求，向员工所提供的各种补充保障计划以及各种服务、实物、带薪休假等。

（2）按照员工属性及范围的不同，员工福利又可以划分集体福利和个人福利两类。集体福利是指企业举办或者通过社会服务机构举办的、供员工集体享用的福利性设施和服务，这是员工福利最主要的形式，如集体生活设施和服务、免费旅游等。个人福利则是指由员工福利基金开支的，以货币形式直接支付给员工个人的福利补贴，包括探亲假期、工资补贴和旅费补贴、交通补贴、冬季生活取暖补贴、婚丧假等。

（四）员工福利的作用

相对于企业提供给员工的工资、奖金等直接报酬而言，福利属于间接报酬。它在整个薪酬体系中发挥着与直接薪酬不同的作用，既能有效地传递企业的文化和价值观，又能帮助企业吸引和保留企业需要的优秀人才，同时还能有一定的税收减免优惠，等等。

对于企业而言，员工福利是一把双刃剑。一方面，企业知道要吸引和留住有能力的员工，必须提供适当的福利；另一方面，企业也很清楚控制和削减成本的重要性。在提供给员工的总体薪酬中，福利占了很大一部分。总体薪酬的支付包括直接支付（如工资）和间接支付（如福利）两种。经理和员工们常常只认为直接表现为金钱的工资是薪酬，往往忽略了福利开销所带来的成本。

对于员工而言，福利同样具有不可替代的作用。①员工以福利形式获得的有些福利收入无需缴纳个人所得税，即使需要缴税也不是现期缴纳，而是要等到员工退休以后再缴纳；②员工福利中的许多内容是员工工作或生活所必需的，在许多商品和服务的购买方面，集体购买具有较多的价格优势，能够得到一定的优惠，体现出一定的规模经济效益；③不同员工在其职业生涯的不同阶段，对福利项目的偏好都是不同的。现在很多企业在实行弹性福利计划，就是让员工自主选择不同的福利套餐、尽可能来满足员工各个方面的实际需要。

二、法定福利

政府通过立法形式，要求企业必须提供给员工的福利和待遇，这被称为员工的法定福利，其主要包括养老保险、失业保险、医疗保险、工伤保险和生育保险五大险种以及住房公积金和休假制度。

（一）养老保险

年老丧失劳动能力是每一个企业员工面临的风险，养老保险就是我国目前覆盖面最广、社会化程度最高的社会保险形式。养老保险作为社会保险的一个重要险种，也是企业员工的一项基本福利。

养老保险制度是国家为劳动者建立的老年收入保障机制，是员工在达到退休年龄、退出劳动领域或者丧失劳动能力等情况下应享受的权利，由社会提供养老金保障其基本生活，包括经济、医疗及社会服务等方面的措施。

根据资金的筹集管理和发放形式，各国养老保险制度可以分为三种类型：投保自助型养老保险、强制储蓄型养老保险和国家统筹型养老保险。我国根据具体国情，在借鉴国外经验的基础上提出了“社会统筹与个人账户相结合”的基本养老保险改革模式。同时，由于我国城乡二元经济体制的存在，养老保险制度也有城镇职工基本养老保险和农村社会养老保险之分。

（二）失业保险

由于社会、企业或者非个人的原因，员工也会面临失业或短期失去工作机会的风险。失业保险是指国家通过立法强制实行，由社会集中建立基金，对员工在非自愿性失业后的一段时间内能够获得一定数额的津贴或补助的制度。

在我国计划经济时期，由于意识形态上否认社会主义国家存在失业现象，所以一直没有失业保障制度。随着经济体制改革的深化，大批国企职工下岗或失业，客观上要求我国建立保护劳动者权益的失业保险制度。1999 年国务院颁布的《失业保险条例》是我国目前执行的失业保险制度的法律基础。

（三）工伤保险

工伤保险是指国家通过立法，对在经济活动中因工伤致残或因从事有损健康的工作患职业病而丧失劳动能力的劳动者，以及对员工因工伤亡后无生活来源的遗属提供物质帮助的社会保险制度。

在世界范围内，工伤保险都是产生最早、实施国家最多、制度设计最严密的社会保险制度。在现代工伤保险制度中，普遍实行“补偿不究过失原则”或“无责任补偿原则”，据此劳动者在负伤后，不论过失在谁均可获得一定的补偿。另外，与养老、医疗和失业保险不同的是，工伤保险费只由企业或雇主缴纳，员工个人并不缴纳。

（四）医疗保险

医疗保险是指通过国家立法，按照强制性、互济性和社会性原则，由国家、用人单位和个人三方缴费建立医疗保险基金，当个人因病接受了医疗服务时，由社会医疗保险机构提供医疗费用补偿的社会保险制度。

我国 20 世纪 50 年代初建立的医疗保险制度包括公费医疗和劳保医疗。国务院于 1998 年底下发文件部署全国范围内全面推进职工医疗保险制度改革工作。医疗保险制度的改革已经对促进国企改革和社会稳定发挥了重要作用，它的推行有效地保障了处于企业改革和结构调整中的员工的利益。

（五）生育保险

生育保险是指通过国家立法筹集保险基金，对处于生育期间暂时性丧失劳动能力的妇女给予一定补偿的社会保险制度，主要包括经济补偿、医疗服务和生育休假福利等。其宗旨在于通过向职业妇女提供生育津贴、医疗服务和产假等帮助她们恢复劳动能力，重返工作岗位。

生育保险提供的生活保险和物质帮助通常由现金补助和实物供给两部分组成。现金补助主要是指给予生育妇女发放的生育津贴，有些国家还包括一次性现金补助或家庭津贴；实物供给则主要是指提供必要的医疗保险、医疗服务，以及孕妇、婴儿需要的生活用品等。

（六）住房公积金

住房是人类生存和发展所必需的基本要素之一，是员工安居乐业乃至社会稳定的关键所在。我国在计划经济体制下实行福利分房政策，即由国家或企业进行住宅建设，低租金分配给员工使用。目前我国的住房公积金制度则是由企业和员工共同承担。

（七）法定假期

法定假期是指企业员工依法享有的休息时间，主要有法定节假日、公休假日和带薪年假。在法定休息时间内，员工仍然可以获得与工作时间相同的工资报酬。

1. 法定节假日

法定节假日又称法定休假日，是国家依法统一规定的休息时间。根据我国国务院 1994 年颁布的《劳动法》和 2007 年修订发布的《全国年节及纪念日放假办法》，我国的法定节假日包括：①新年，放假一天（1 月 1 日）；②春节，放假三天（农历除夕、正月初一、初二）；③清明节，放假一天（农历清明当日）；④劳动节，放假一天（5 月 1 日）；⑤端午节，放假一天（农历端午当日）；⑥中秋节，放假一天（农历中秋当日）；⑦国庆节，放假三天（10 月 1 日、2 日、3 日）。

2. 公休假日

公休假日是指劳动者工作满一个工作周后的周末休息时间。根据国务院 1995 年发布的《国务院关于职工工作时间的规定》，每周的公休假日为星期六和星期天。根据《劳动法》第三十八条的规定，用人单位应当保证劳动者每周至少休息一天。

3. 带薪年休假

带薪年休假又叫探亲假，是指职工同分居两地又不能在公休日团聚的配偶或父母团聚的带薪假期。《国务院关于职工探亲待遇的规定》（1981 年）第三条对职工探亲假期作了规定：①职工探望配偶的，每年给予一方探亲假一次，假期为 30 天。②未婚职工探望父母，原则上每年给假一次，假期为 20 天。如果因为工作需要，本单位当年不能给予假期，或者职工自愿两年探亲一次的，可以两年给假一次，假期为 45 天。③已婚职工探望父母的，每四年给假一次，假期为 20 天。我国《劳动法》第四十五条规定：国家实行带薪年休假制度。劳动者连续工作一年以上的，享受带薪年休假。

三、企业补充福利

目前，一些现代化大型企业越来越重视企业福利在激励员工方面所起到的重要作用。很多企业在货币工资和法定福利之外，还为员工提供了各种形式的福利待遇。这种由企业自主建立、为满足员工的生活和工作需要而向员工及其家属提供的一系列福利项目，统称为企业补充福利或企业自愿性福利。这些福利待遇具有间接性收入的性质，因此是货币薪酬的一种有效的补充形式。

目前企业补充福利项目日益呈现多样化的形式，主要有以下几种：

（一）企业年金

企业年金又称企业补充养老保险，是指在缴纳基本养老保险费以外，企业在国家政策的指导下，根据自身的经济实力和经济状况而建立的旨在为本企业职工提供一定程度退休收入保障的制度。作为社会基本养老保险的必要补充，企业年金属于员工个人所有，用于保障员工在退休后仍然能够维持原有的生活水平。它是现代多层次养老保险制度的一项重要的子制度，也是对社会福利的重要补充。

（二）人寿保险

人寿保险大多以团体人寿保险的形式出现，企业可以享受法律上的税收优惠政策，而员工作为一个群体时，可以较低的保险费率购买相同的人寿保险。在很多情况下，企业会支付全部的基本保险费用，附加的人寿保险费用则由员工自己承担。

（三）住院、医疗和伤残保险

住院、医疗和伤残保险是指企业向员工提供某种稳定的住院、医疗和伤残保障，以减少员工由于生病或意外事故造成的医疗费用支付损失，进而保障员工的基本生活。它属于商业保险的范畴，适用于全体员工，因此一般采取集体购买的形式。这种福利形式和人寿保险一起构成了几乎所有福利方案的基础。

（四）教育资助

教育资助是指通过一定的教育或培训手段提高员工素质和能力的福利计划，通常体现为对企业的员工提供教育资金援助，这也是很多企业采用的一项福利措施。教育资助分为两种：一种是对那些自觉参加专业培训课程或学位班的员工，在其保证一定工作时间的情况下，酌情根据其学业的完成情况为其提供部分或全部学费报销。另一种是在企业内部进行培训。许多企业会举办面对全体员工的讲座和研讨会，帮助员工提高各种技能和能力，以确保整个企业的人力资本增值。

（五）生活福利

为适应员工紧张工作和生活的需要，越来越多的企业开始为员工提供一些方便员工生活的福利，如照顾儿童和老人、提供免费午餐、提供班车服务，等等。

四、弹性福利计划

（一）弹性福利计划的含义

弹性福利计划又称自助餐式福利计划，是每个员工在企业设定的年度福利总额范围内自行选择福利项目，以满足各自不同需要的福利形式。因此，弹性福利计划并非一项福利内容，而是一种福利方案。在实际操作过程中，员工在规定的时间和现金额度内，有权按照自己的意愿，从企业提供的福利项目中选择并组合适合于自己的福利项目。这种福利制度强调员工福利的个性化和选择的灵活性，同时也非常强调员工参与的过程。

（二）弹性福利计划的实施方式

企业可以采取多种方式来实现从传统福利计划向弹性福利计划（Flexible Benefit Plans）的过渡。简单的做法是适当降低基本薪酬，并增加福利待遇的可选择性；复杂的做法则是运用设计完备的福利选择系统。无论如何，只要员工有机会在一系列的福利计划之间作出选择，弹性福利计划就能够发挥作用。

具体而言，弹性福利计划的实施方式主要包括以下几种：

1. 附加型弹性福利

这是一种最普遍的弹性福利计划。实施这种弹性福利计划，即在不降低原有的直接薪酬水平和福利水平的基础上，提供给员工一张特殊的信用卡，员工可以根据自己的需要自行购买商品或福利。发给员工信用卡可使用的额度取决于员工的任职年限、绩效水平，还可以根据员工基本薪酬的百分比来确定。和直接薪酬不同的是，信用卡中的金钱必须花完，不能提取现金。

从薪酬的角度来看，任何附加福利计划都会提高企业的薪酬成本。但是，对那些直接薪酬低于市场平均水平，却又想在劳动力市场上具有一定竞争力的企业而言，这是一种很好的办法。

2. 核心加选择型弹性福利

核心福利项目计划是每个员工都应享有的基本福利。企业按照最低限度水平为员工提供包括健康保险、人寿保险以及其他一系列企业认为所有员工都必须拥有的福利项目的组合，然后让员工根据自己的爱好和需要选择其他福利项目，或者增加某种核心福利项目的保障水平。这种类型的弹性福利计划同附加型福利计划有些类似，都是附加选择福利项目的计划。不同的是，附加型弹性福利计划是在企业原有的福利组合基础上扩大范围，让员工附加选择；而核心加选择型弹性福利计划则是确定核心福利项目，再附加其他选择。

3. 弹性支用账户

弹性支用账户是指员工可从其税前收入中拨出一部分款项作为自己的"支用账户"，并以此账户去选购各种福利的措施。拨入该账户的金额不必缴纳个人所得税，因此对员工极具吸引力，但是手续比较烦琐。为了保证"专款专用"，账户中的金额如果在本年度没有用完，余额就会归企业所有，既不能来年使用，也不能以现金的形式返还员工；而且已经确定的认购福利项目不能够挪为他用。

4. 福利"套餐"

福利"套餐"是指由企业同时推出不同的、固定的福利组合，每一种组合所包含的福利项目和优惠的水平都不一样。员工可以在这些福利组合之间自由选择，但是没有权利自行选择自己认为适合的福利项目组合。

5. 选择型弹性福利

它是在原有固定福利的基础上，提供几种项目不等、程度不同的福利组合。这些组合的价值要高于或低于原有的固定福利。如果员工选择了较高价值的福利组合，则扣除一部分直接薪酬作为补偿；如果员工选择了较低价值的福利组合，则可得到其中的差额部分，但是员工必须对所得差额纳税。

（三）弹性福利计划的优缺点

1. 弹性福利计划的优点

对于企业而言，弹性福利计划从本质上改变了传统的福利制度，它从一种福利保险模式转变为一种真正的薪酬管理模式，从一个固定的福利方案转变为一个固定的资金投入方案，这就使得企业不再是被福利套牢，而是能够根据具体情况来控制资金的支出。推行弹性福利计划不仅能够提供最适合员工需要的福利组合，还能够更好地控制福利成本。由于每一种福利都标注了金额，可使员工了解福利的价值与成本之间的关系，便于进行成本管理，而员工的自主选择也减轻了福利策划人员的工作负担。企业在控制住福利的成本开支之后，可以将节约下来的资金投入到绩效激励方面，从而增强对员工的激励性。

对员工而言，弹性福利使得员工能够看清自己的权利和义务，同时也是提高企业福利成本投资回报率的一种重要手段。弹性福利计划注重员工参与、富有灵活性和自由选择性，促进了员工和企业之间的沟通，强化了企业和员工之间的相互信任关系，使员工拥有了权利和有价值的感觉，有助于提高员工的工作满意度。

2. 弹性福利计划的缺点

首先，弹性福利计划管理起来较复杂。由于员工自主选择，每个人的信息可能差别很大，管理和核算的工作量和难度都加大了，福利的管理成本会上升，如处理不慎，甚至可能会引起员工的抵制。其次，弹性福利计划存在"逆选择"的问题。在弹性福利计划中，员工很可能为了享受福利金额的最大化而选择了并非自己最需要的内容。这样的结果使得企业的福利成本可能并没有节约多少。再者，弹性福利计划很难形成规模效益。由于员工是各取所需，其选择难免分散，但是有一些员工福利是需要一定规模才能得以实现的，如员工食堂、集体旅游等，而这些在弹性福利计划下就不那么容易实现。

第五节 实践与应用

一、案例评析：朗讯公司的薪酬管理

（一）薪酬构成

朗讯公司的薪酬结构由两大部分构成：一部分是保障性薪酬，跟员工的业绩关系不大，只跟其岗位有关；另一部分薪酬跟业绩紧密挂钩。朗讯公司销售人员的待遇中有一部分专门属于销售业绩的奖金，业务部门根据个人的销售业绩，每一季度发放一次。在同行业中，朗讯公司的薪酬中浮动部分比较大，朗讯公司这样做是为了将公司每个员工的薪酬与公司的业绩挂钩。

（二）业绩比学历更重要

朗讯公司在招聘人才时比较重视学历。贝尔实验室 2004 年招了 200 人，大部分是研究生以上学历，“对于从大学刚刚毕业的学生，学历是我们的基本要求。对其他的市场销售工作，基本的学历是要的，但是经验就更重要了。”学历到了公司之后在比较短的时间就被淡化了，无论做市场还是做研发，待遇、晋升和学历的关系慢慢消失。在薪酬方面，朗讯公司根据工作表现决定薪酬。进了朗讯公司以后，薪酬和职业发展跟学历和工龄的关系越来越被淡化，基本上只跟员工的职位和业绩挂钩。

（三）薪酬政策的考虑因素

朗讯公司在执行薪酬制度时，不仅仅看公司内部的情况，而且将薪酬放到一个系统中考虑。朗讯公司的薪酬政策有两方面考虑，一个考虑是保持自己的薪酬在市场上有很大的竞争力。为此，朗讯公司每年委托一个专业的薪酬调查公司进行市场调查，以此来了解人才市场的宏观情形。这是大公司在制定薪酬标准时的通常做法。另一个考虑是人力成本因素。综合这些考虑之后，人力资源部会根据市场情况给公司提出一个薪酬的原则性建议，指导所有的劳资工作。人力资源部将各种调查汇总后会告诉业务部门总体的市场情况，在这种情况下每个部门有一个预算，主管在预算允许的情况下对员工的待遇作出调整决定。

（四）加薪策略

朗讯公司在加薪时做到对员工尽可能地透明，让每个人知道自己加薪的原因。加薪时员工的主管会找员工谈话，使其了解根据今年的业绩，他可以加多少薪酬。每年的 12 月 1 日是加薪日，公司加薪的总体方案出台后，人力总监会和各地做薪酬管理的经理进行交流，告诉员工当年薪酬的总体情况，市场调查的结果是什么，今年的变化是什么，加薪的时间进度是什么。公司每年加薪的最主要目的是保证朗讯公司在人才市场增加一些竞争力。一方面，人们都知道高薪酬能够留住人才，所以每年的加薪必然也能够留住人才；另一方面，薪酬不能任意上涨，必须和人才市场的情况挂钩，如果有人因为薪酬问题提出辞职，在很多情况下是让他走或者用别的办法留人。

（五）薪酬与发展空间

薪酬在任何公司都是一个非常基础的东西。一个企业需要用有一定竞争能力的薪酬来吸引人才，还需要用有一定保证力的薪酬来留住人才。如果和外界的差异过大，员工肯定会到

其他地方找机会。薪酬会在中短期时间内调动员工的注意力，但薪酬并不是万能的，工作环境、管理风格、经理和下属的关系等都对员工的去留有影响。员工一般会注重长期的打算，公司会以不同的方式告诉员工发展方向，让员工看到自己的发展前景。朗讯公司的员工平均年龄为29岁，更多的是让他们看到自己的发展前途。

评析：

朗讯公司在薪酬管理方面的实践给了人们很多有益的启示：在薪酬的构成中，学历和资历的因素应该逐渐淡化，更需要强调的是业绩；加薪是保持企业竞争力的重要手段，但是必须清楚地了解市场薪酬水平，并考虑企业人力成本的承受力；薪酬固然重要，但是如果不能提供给员工足够的发展空间，仍然会造成人才的流失。因此，企业应在职业生涯规划、环境营造、文化建设方面投入更多的精力，而不是把目光完全放在薪酬方面。

二、案例思考：上海贝尔——福利比高薪更有效

深得人心的福利，比高薪更能有效地激励员工。

上海贝尔始终把员工看成公司的宝贵资产、公司未来的生命线，并以拥有一支高素质的员工队伍而自豪。公司每年召开的董事会，都有相当多的时间用于专题讨论与员工切身相关的问题，如员工培训计划、奖金分配方案、工资调整和其他福利政策等，而且每年董事会用于讨论此类事项的时间不断增加。

上海贝尔的决策者深刻地认识到，人才正日益成为高科技企业在市场竞争中的胜负手。只有抓住员工这条主线，其他战略部署才能成为有纲之目。因此，企业的福利政策应该与其总体竞争策略保持一致。随着企业竞争策略的变化，相应的福利政策也应该随之调整。

当然，意识到人在企业经营中的重要性并不困难，难的是如何在企业的日常经营中贯彻以人为本的经营方略。上海贝尔在这方面作了一些卓有成效的探索，自然也体现在公司的福利政策上。公司管理层为了塑造以人为本的理念，在实际工作中致力于以下几项工作：

（一）创造国际化发展空间

据上海贝尔有限公司总裁谢·贝尔（Gunther Strobel）先生介绍，上海贝尔在经营初期，为当时的外部环境所限，公司福利更多地承袭了计划经济体系下的大锅饭形式。随着公司的发展和中国市场体系日益和国际接轨，上海贝尔在企业福利管理方面日趋成熟。其中重要的一条就是真正做到了福利跟随战略，使上海贝尔的福利管理摆脱了原先企业不得已而为之的被动窘境，公司主动设计出别具特色的福利政策，来营建自身的竞争优势。

为了让员工真正融入国际化的社会、把握国际企业的运作方式，上海贝尔的各类技术开发人员、营销人员都有机会前往上海贝尔设在欧洲的培训基地和开发中心接受多种培训，也有相当人数的员工能获得在海外的研发中心工作的机会，少数有管理潜质的员工还被公司派往海外的名牌大学深造。如果一个企业能提供各种条件，使员工的知识技能始终保持在国际前沿水平，还有什么比这更能打动员工的心？

谢·贝尔认为，公司的福利政策应该是公司整体竞争战略的一个有机组成部分。吸引人才、激励人才，为员工提供一个自我发展、自我实现的优良环境，是公司福利的目的。同时，各类人才，尤其是高科技领域的人才，在专业和管理知识与技能方面，自我更新和自我提升的需求日涨月高，这也是很自然的事。

“在我们的整个福利架构中，培训是重中之重，我们在此可谓是不遗余力。”谢·贝尔

感叹道。从企业长期发展的远景规划，以及对员工的长期承诺出发，上海贝尔形成了一整套完善的员工培训体系。尽管公司不时从外部招聘一些企业急需的人才，但主要的人才来源仍是高等院校毕业的本科生和研究生。他们进入上海贝尔后，必须经历为期一个月的入职培训，随后紧接着是为期数月的上岗培训；转为正式员工后，根据不同的工作需要，还会对员工进行在职培训，包括专业技能培训和管理专项培训。

此外，上海贝尔还鼓励员工接受继续教育，如MBA教育和硕士、博士学历教育，并为员工负担学习费用。各种各样的培训项目，新近成立的上海贝尔大学，这些不但提高了公司对各类专业人士的吸引力，也极大地提高了在职员工的工作满意度和对公司的忠诚度。

（二）强调日常绩效

“我们致力于营造一个有良性竞争氛围的上海贝尔大家庭。努力使员工能分享公司的成功，但同时也努力使我们的福利政策能激励员工奋力争先。”谢·贝尔说道。福利作为一种长期投资，管理上难就难在如何客观地衡量其效果。在根据企业的经营策略制定福利政策的同时，必须使福利政策能促进员工去争取更好的业绩；否则，福利就会演变成平均主义的大锅饭，不但起不到激励员工的作用，反而会助长不思进取、坐享其成的消极工作习惯。

在上海贝尔，员工所享有的福利和工作业绩密切相连。不同部门有不同的业绩评估体系，员工定期的绩效评估结果决定其所得奖金的多少。为了鼓励团队的合作精神，员工个人的奖金还和其所在的团队业绩挂钩。在其他福利待遇方面，上海贝尔也是在兼顾公平的前提下，以员工所作出的业绩贡献为主，尽力拉大档次差距。其意在激励广大员工力争上游，从体制上杜绝福利平均主义的弊端。

“我们为管理骨干配备了公务用车。我们的福利政策是，你会得到你应有的部分。但一切需要你去努力争取，一切取决于你对公司的贡献。”谢·贝尔说道，“上海贝尔要在市场上有竞争力，在公司内部也不能排除良性的竞争。竞争是个绝妙的东西，它使所有人得益。自然，我们的福利政策必须遵循这一规律。”

（三）培育融洽关系

“卓有成效的企业福利需要和员工达成良性的沟通。”谢·贝尔一语破的。要真正获得员工的心，公司首先要了解员工的所思所想、他们内心的需求。从某种程度上来说，员工的心是“驿动的心”，员工的需求也随着人力资源市场情况的涨落和自身条件的改变在不断变化。所以，公司在探求员工的内心需求时，切忌采用静态的观点和手段，必须依从一种动态的观念。

上海贝尔的福利政策始终设法贴近员工变动的需求。上海贝尔公司员工队伍的年龄结构平均仅为28岁，大部分员工正值成家立业之年，购房置业是他们生活中的首选事项。在上海房价高涨的情况下，上海贝尔及时推出了无息购房贷款的福利项目，给员工在购房时助一臂之力。而且在员工工作满规定期限后，此项贷款可以减半偿还。如此一来，既替年轻员工解了燃眉之急，也使为企业服务多年的资深员工得到回报，同时从无形中加深了员工和公司之间长期的心灵契约。

当公司了解到部分员工通过其他手段已经解决了住房，有意于消费升级、购置私家轿车时，上海贝尔又为这部分员工推出购车的无息专项贷款。公司如此善解人意，员工当然投桃报李，对公司的忠诚度得以大幅提升。

很多企业在福利方面只做不说。员工只有当触及具体问题时，才可能从同事或人事部门获得一些支离破碎的有关公司福利方面的信息。在福利方面如此缺乏沟通，首先会使在职员工对公司福利政策含糊不清，没有体贴入微的政策在位，员工对公司的忠诚度也会大成问题；其次是内部员工尚且如此，局外人肯定更是如坠雾中，公司对外部人才的吸引力将会大受影响。

在上海贝尔，和员工的沟通是公司福利工作的一个重要组成部分，详尽的文字资料和各种活动，使员工对公司的各项福利耳熟能详，同时公司也鼓励员工在亲朋好友间宣传上海贝尔良好的福利待遇。公司在各类场合也是尽力详尽地介绍公司的福利计划，使各界人士对上海贝尔优厚的福利待遇有充分的了解，以增强公司对外部人才的吸引力。

与此同时，上海贝尔还计划在员工福利的设立方面加以创新，改变以前员工无权决定自己福利的状况，给员工一定的选择余地，参与到自身福利的设计中来，如将购房和购车专项贷款额度累加合一，员工可以自由选择是用于购车还是购房；在交通方面，员工可以自由选择领取津贴，自己解决上下班交通问题；也可以不领津贴，搭乘公司安排的交通车辆。一旦员工在某种程度上拥有对自己福利形式的发言权，则其工作满意度和对公司的忠诚度都会得到提升。

"上海贝尔一流的工作环境，其实也是员工深感自豪的一种福利。作为上海贝尔大家庭的一员，在如此优越的条件下工作，我心足矣。"谢·贝尔说，上海贝尔的工作环境，甚至胜过他在欧洲工作时的环境。

（资料来源：http：//www. boraid. com/darticle3/list. asp？id = 126983）

问题思考：

1. 企业福利包括哪些内容？上海贝尔是如何在其福利政策上体现以人为本原则的？

2. 上海贝尔推出无息购房贷款与无息购车贷款，对于企业而言，这两项福利存在哪些主要差异？

3. 你如何看待上海贝尔的福利政策？在企业有能力提供福利的条件下，是否还有更好的方案？

三、案例讨论：H医药有限公司的薪酬体系设计

H医药有限公司成立于1998年，主要从事化学原材料、化学药制剂、生物制品、抗生素、生化药品、中成药等产品的生产和经营。该公司具有很强的研发能力，并先后通过了GMP和GSP认证，拥有较为畅通的产品渠道和一批核心的高素质销售人员，是华中地区的重点医药生产和流通企业之一。

该公司以"高附加值的员工是公司的最大资产"为人力资源管理理念，实施了岗位轮换制、员工建议系统、EVA奖金计划等一系列人力资源措施，以提高员工的忠诚度和价值。但近年来，公司骨干人员流失率呈逐年上升趋势，尤其以高管、研发人员最为突出。如何吸引、激励和保留关键人才，已成为困扰H公司董事会和人力资源管理者的一大难题。

（一）薪酬管理现状

H公司的薪酬体系包括工资、补贴、福利和奖金四个单元。所有员工分为管理职、技术职和一般职三个序列。

其中，工资单元实行典型的岗位工资制，其价值分配基础以职位为主，以能力为辅，整个工资体系共含11个等级。其中，第1级分3等，第2级分4等，第3～7级分5等，第8

~9级分6等，第10级分7等，第11级分8等。最低工资水平（1级1等）为600元/月，最高工资水平为9500元/月。

补贴单元的名目较多，包括车补、餐贴、通信补贴、房补、差补、安家补贴、学位补贴、技术职称补贴八个项目。其中，除技术职称补贴根据公司聘任职称发放，学位补贴根据国家国民教育系列学位发放外，其他补贴均以职位为基础进行发放。

福利单元除国家规定的社保险种之外，还包括补充商业保险、带薪年假、退休金等八个项目。

奖金单元则包括月度奖金（绩效工资）、服务质量奖、年终目标奖、最佳建议奖、特别贡献奖、EVA奖金计划等七个项目。

H公司现行薪酬体系的调整主要包括晋升调薪、考核调薪和通货膨胀调薪三种类型。晋升调薪分为职位晋升调薪和职称晋升调薪两种形式，均在员工晋升的下个月开始执行；考核调薪的频率为每年一次；通货膨胀调薪每年调整一次，在通胀率超过10%的情况下，该调整每半年一次。

（二）现行薪酬体系的突出问题

1. 薪酬理念与人力资源管理理念错位

H公司提倡能力主义，强调以能力为取向，在公平的原则下，内部选拔有实力的员工，为公司贡献实绩并获得相应的报酬。同时，通过资格认证、能力发展计划等措施进一步强化高素质、高效能、高待遇的思想，是典型的基于能力的人力资源管理。然而其薪酬体系设计则基本以职位价值为基础，虽然对技术职通过技术职称补贴进行弥补，但未充分体现该系列的能力价值。

2. 劳动力市场定位偏差

H公司的人才结构为研:产:销:辅=4:2:3:1，与典型的哑铃型人才结构相近。

该公司对研发（含技术）人员素质要求较高，虽然该公司地处华中，但此类人才的劳动力市场从该公司的人力资源实践来看，属于全国性市场，而非区域性市场。

根据该公司的产品市场定位，除公司主导产品的覆盖范围为全国性的之外，其他产品的市场，尤其是该公司的商业产品市场，基本以华中为主，因此，该公司营销人员的劳动力市场以区域市场为主（该公司的人力资源实践也证明了此结论）。

但H公司现行薪酬体系设计时的劳动力市场定位，除一般职之外，其他职位均为全国性劳动力市场，定位偏差较大。

3. 薪酬水平定位偏差

公司外部劳动力市场定位偏差导致了公司在薪酬水平定位方面的偏差。一方面，是因不同劳动力市场内部结构的不同而导致的参照系错误；另一方面，是由于劳动力市场薪酬水平的差异导致的绝对薪酬水平偏差。

4. 价值评估体系不严谨

H公司的薪酬体系以职位为基础，其基本设计思路是通过职位评估来确定各职位之间的相对价值，再通过职位序列和市场薪酬数据之间的映射来建立基础工资体系。能力评估是该职位评估体系中的一部分，但该公司又另外设计了学历补贴和技术职称补贴，这虽然在某种程度上体现了公司人力资源管理政策当中“能力主义”的理念，但对能力要素的重复计算在根本上破坏了该公司薪酬体系的内部公平性和一致性。

5. 薪酬调整机制不健全

H公司薪酬体系的调整方式包括晋升调整、考核调整和通胀调整，但是缺少与市场薪酬水平变化相对应的调整方式，从而导致该薪酬体系虽然在设计之初在某种程度上具有了"外部竞争性"，但是并没有建立一种持续保持这种"外部竞争性"的管理机制。

6. 工资等级范围和重叠度不尽合理

H公司各工资等级范围过窄，在一定程度上抵消了各工资等级内部薪酬调整的激励作用。同时，各工资等级之间基本没有重叠（重叠度为负数，意味着该公司内部等级森严），对员工的职业发展倾向产生误导，对团队合作造成严重冲击，这是造成该公司高管、研发人员流失的主要原因之一（对该公司员工进行的薪酬满意度调查的结果进一步印证了该判断）。另外，该公司高管人员平均薪酬水平仅为员工平均薪酬水平的11.3倍，远低于行业平均水平（16倍），这也是该公司高管人员流失率持续攀升的主要原因之一。

7. 其他

以上仅仅是H公司在薪酬体系方面存在的一些主要问题，除此之外，补贴和福利项目的设计、绩效工资、奖金、销售提成等方面也不同程度地存在着各种各样的问题。

（资料来源：http：//www.8020rc.com/news/26/25359.html）

问题讨论：

针对在薪酬体系方面所存在的种种问题，结合行业案例、相关数据和信息，为H公司重新设计薪酬体系提供一份解决方案。

四、实践模拟

薪酬调查实验

通过薪酬调查实验练习，了解薪酬调查对于薪酬设计的作用；熟悉薪酬调查问卷的设计原理；掌握建立薪酬曲线的方法。

（一）实验内容

1. 基准岗位的选定

2. 薪酬调查问卷的设计

3. 薪酬曲线的建立

（二）考核和要求

1. 完成基准职位的选择

2. 设计调查问卷

3. 使用回归分析法建立薪酬曲线

4. 完成后提交模拟报告。

【本章小结】

1. 员工薪酬是指员工由于雇佣关系的存在而获得的所有各种形式的薪酬和报酬。薪酬包括经济性薪酬和非经济性薪酬两部分。

2. 薪酬管理是指一个企业针对所有员工所提供的服务来确定他们应当得到的报酬总额以及报酬结构和报酬形式的过程。在这一过程中，企业必须就薪酬水平、薪酬体系、薪酬结构、薪酬形式以及特殊员工群体的薪酬作出决策。薪酬管理的影响因素主要包括劳动力市场条件、立法、公司政策和竞争战略、管理层态度和组织支付薪酬的能力以及公平等。

3. 在确保内部公平性和外部竞争性的前提下，一个企业确定基本薪酬的过程主要包括五个环节：薪酬调查、职位评价、划分薪酬等级、确定工资曲线和薪酬调整。

4. 员工福利是指由于员工与企业存在雇佣关系，企业向员工所提供的除工资、奖金以外的间接的经济性或非经济性的报酬，包括各种保障计划、补贴、服务以及实物报酬等。

【思考题】

1. 简述薪酬的含义与构成。
2. 薪酬管理的基本原则是什么？
3. 职位评价的主要方法有哪些？
4. 基本薪酬如何确定？
5. 激励薪酬主要包括哪些种类？
6. 什么是员工福利？它包括哪几种形式？

第十章　劳动关系

【本章精要】

1. 劳动关系的概念。
2. 我国的劳动合同制度。
3. 集体谈判与集体合同制度。
4. 我国劳动争议处理的基本形式及其程序。
5. 我国关于劳务派遣的相关规定。

【学习目标】

劳动关系是生产关系的重要组成部分，调整和处理好劳动关系，是企业人力资源管理的重要内容。通过本章的学习，能够对劳动关系的含义、内容、原则、主体及其发展历程等有一定的了解；通过了解和掌握劳动关系管理、社会保障、劳动保护、生产安全管理的内容，能够更加明确和清楚地知道人力资源管理中会出现什么问题以及如何更好地解决这些问题。

【篇首案例】

工厂安装监控器　员工老板矛盾不断

某企业是一个家族式企业，三人合伙做生意开了工厂，员工都是从老家叫来的，大多也是老乡或是远亲，但是工厂工资是一年一发，中途只能借支，最多不能超过200元/月，而且员工都是日工，一天工作10h，人均工资也不高，在1000元左右，有的小工才只有三四百元。因为都是日工资，员工在车间里经常不好好干活，或是偷懒，或是跑出去玩，于是老板很生气，在所有的车间内都安装了监控器，由厂长来负责记录查看。老板当时是想用监控器来吓吓员工，让他们好好地干活，不要偷懒。

结果监控器安装后，员工的反响很大。员工一致认为老板太狠心了，对员工太不信任了，于是大家都有了意见。有的员工有任务了，就故意在监控器下表现自己；没任务了，则去小角落或外面玩去了，领导问起来就说去上厕所了。

后来，员工对厂房里的监控器总感到是后面长了个眼睛，处处盯着自己，没有自由，于是对监控器产生了反感。某一天，不知道是谁把监控器的线路给弄坏了。于是老板大发脾气，给全厂员工开会，要求肇事者站出来承认错误。结果，没有一个人站出来。事后，每一个员工当天都被扣了100元的工资。

员工对此事不满，很多员工不辞而别；老板也很是苦恼，不知道如何解决员工偷懒的问题。

一个企业的发展不是靠监督能实现的，更多的时候要靠每一个员工的自觉和对公司的热情来促进。所以，老板应该改变一下自己的企业制度，例如，将工人日工资改为计件工资，这样会提高员工的积极性。另外，将工资年底结算改为一个月一结算，这样可能会让员工感到舒服一些。可是如果这样做，又可能会造成人员流失，员工到时拿了工资想走就走，随时可能去别处工作，公司的利益没有了保障，真是左右两难……

（资料来源：http：//www. chinahrd. net/zhi _ sk/jt _ page. asp？ articleid = 133795）

第一节　劳动关系概述

劳动关系是工业革命的产物。自人类进入工业社会以后，资本和劳动的关系就成为了全部社会体系的赖以旋转的轴心，进而成为各学科研究的重要课题。在西方发达的市场经济国家，许多重要的企业决策，如调薪、裁员等，都由代表职工利益的工会出面与企业谈判。劳资双方之间的矛盾使得对劳动关系的研究逐步深入而全面。我国在计划经济时代，企业用人与劳动者就业均由国家计划调控，劳动关系被掩盖在生产资料全民所有的社会主义计划体制下。随着我国市场经济体制的不断完善，我国劳动关系的发展呈现出市场化、社会化、国际化等趋势。因此，对劳动关系的概念、表现、冲突原因、劳动争议等问题的研究就显得尤为必要。

一、劳动关系的内涵

（一）劳动关系的概念

劳动关系是指劳动者与劳动力使用者在实现劳动的过程中所结成的一种社会经济利益关系。因此，具体的劳动关系又被称为劳资关系、雇佣关系，甚至产业关系等。一般来说，劳资关系或雇佣关系是指私有经济中的劳动关系，它反映的是雇主和雇员之间的关系。

企业劳动关系具有三方面特征：

（1）企业劳动关系的存在，必须以企业管理者和劳动者两方主体的存在为前提条件，两方缺一不可。比如，个体劳动者的劳动和我国现实生活中的以联产承包责任制为特征的家庭劳动，就不具有企业劳动关系的性质。而一旦个体户和家庭聘用帮工或其他劳动者时，便具备了企业管理者（个体户和家庭可近似看做企业管理者）和劳动者两方主体存在这个前提条件，这时，企业劳动关系便出现了。

（2）企业劳动关系是在企业实现劳动的过程中所发生的企业劳动力使用者与劳动者之间的关系。企业劳动关系要涉及与企业劳动直接相联系的企业劳动关系的运作、企业劳动立法、企业劳动合同、企业集体谈判、企业集体合同、企业劳动争议和企业工会等诸多方面的内容。

（3）企业劳动关系的一方主体——劳动者，只有同企业劳动关系的另一方主体——企业管理者签订劳动合同，并保证合同的履行，企业劳动关系的运作才算开始。

我国经济过渡期企业所有制性质的多样性，决定了我国企业劳动关系的多样性和复杂性。从企业所有制性质来说，主要存在三种形式的企业劳动关系，即公有制企业的劳动关系、混合型企业的劳动关系和私有制企业的劳动关系。公有制企业的劳动关系主要包括国有企业和集体企业的劳动关系等；混合型企业的劳动关系主要包括股份制企业、合伙制企业和中外合资企业的劳动关系等；私有制企业的劳动关系主要包括内资私营企业、外商独资企业和个体企业的劳动关系等。

（二）劳动关系的层次划分

在实行商品经济体制的国家，强调充分发挥市场机制配置资源的作用，雇主和雇员分别以劳动力需求和劳动力供给的身份出现。在雇主与雇员的交易中，雇员不仅可以直接与雇主交涉，也可以团结起来，用团体交涉的方式与雇主协商谈判。因此，按照构成形态的不同，劳动关系大致可以划分为三个层次：个别劳动关系、集体劳动关系和社会劳动关系。

1. 个别劳动关系

个别劳动关系是指劳动者个人与雇主之间形成的社会经济关系。它是劳动关系结构系统的基本形态，劳动者个人与雇主之间通过书面或者口头的劳动合同，来确定和规范双方的权利和义务，比如建立、变更或解除劳动关系等。在个别劳动关系中，劳动者自愿向雇主出卖或让渡劳动力，雇主则向劳动者支付劳动力的价格，即支付工资报酬。因此，个别劳动关系实质上是一种雇佣关系。人力资源管理就是在这种雇佣关系的基础上，对劳动者进行招聘、甄选、培训、支付报酬、提供奖金和福利、进行绩效评价等活动。

从表面上看，个别劳动关系是一种基于劳动力买卖的自由平等的关系。实际上，由于劳动力是依附在劳动者个人身上的，雇主对劳动力的使用使劳动力的承载者必须服从雇主的指挥和命令，因此，在个别劳动关系中，劳动者处于一种被支配的弱势地位。

2. 集体劳动关系

集体劳动关系是在个别劳动关系存在和发展的基础上形成的。相对个别劳动关系而言，集体劳动关系是指在实现劳动的过程中，劳动者组织为工会与用人单位之间发生的涉及劳动者整体内容的社会关系。在集体劳动关系中，劳动力已经组合起来，作为一个集体而存在，这是个体劳动力的一种集合形式。集体劳动关系通常表现为劳动者或工会组织与雇主或雇主组织之间的关系，劳动者通过行使团结权，组成工会来实现自我保护，进而平衡和协调劳动关系。它的形成是劳动者集体的自觉行动，由于劳动者在个别劳动关系中的从属性，他们只有团结起来，才能形成与雇主相抗衡的力量。

与个别劳动关系不同，集体劳动关系双方的主体都是独立的，其中一方是工会，另一方是雇主或雇主组织。劳动者的组织即工会并不从属于雇主一方，而是一个独立的组织。工会与雇主在这个基础上，才可能具有对等的权利，并通过集体谈判来决定劳资事务。双方主要通过集体谈判和集体协议的形式来体现其构成和运行。

3. 社会劳动关系

社会劳动关系是个别劳动关系和集体劳动关系在社会领域中的延伸，主要是指劳动者、雇主和政府之间的关系。由于政府对劳动关系的介入和影响起着主导、协调的作用，这种关系已经超出了直接的劳动过程，而扩大到社会层面，具有较强的公权力特征。

（三）劳动关系的构成和类型

1. 劳动关系的构成

大多数企业劳动关系都要涉及管理者、劳动者和工会三个方面。也就是说，三方利益格局是市场经济下企业劳动关系的外在形式。工会是代表劳动者的一种组织。我国《劳动法》规定，劳动者有权依法参加和组织工会的权力。工会代表应维护劳动者的合法权益，依法独立自主地开展活动。企业的法人代表，其基本职能是依法进行生产经营活动，并负责出资人的保值增值。劳动者作为劳动力的所有者，可以任意支配自己的劳动力，以换取自己赖以生存和发展的物质资料。

企业管理者和劳动者是企业劳动关系的主体。企业管理者在实现资产保值增值的过程中，作为劳动力的需求主体、用工主体，构成企业劳动关系的一方，在劳动过程中处于支配者的地位；劳动者在让渡自己劳动力的过程中，作为劳动力的供给主体、劳动主体，构成企业劳动关系的另一方，在劳动过程中处于被支配的地位。无论在市场经济的过渡阶段还是成熟阶段，劳动关系的存在都必须以企业管理者和劳动者两方主体的存在为前提条件，两方缺一不可。

2. 劳动关系的类型

企业管理者与劳动者双方主体在利益方面相互关系的不同表现形式，决定了不同的企业劳动关系类型，其处理原则也就不同。就世界发达市场经济国家而言，企业劳动关系的类型主要有以下三种形式：

(1) 互惠互利的企业劳动关系。互惠互利的企业劳动关系一般是以企业管理者或雇主为中心建立起来的，其理论基础是劳资利益一体论。它的基本精神是强调企业目标和组织机构的单一性原则，赋予管理者权威性；主张对劳动者实行激励的办法，企业管理者与劳动者双方的利益，完全可以通过企业内部的管理制度和激励机制来协调一致；要求管理人员和员工之间要建立一种相互合作、相互信任、相互理解的工作局面，避免产生不必要的摩擦和冲突。在具有这种类型劳动关系的企业中，工会运动往往被企业和管理人员予以抵制和取消，而人力资源开发与管理机制相对完善和健全。

(2) 平等协商的企业劳动关系。平等协商的劳动关系是以劳资双方权利平等和地位平等为基础建立起来的，其理论依据是近代劳动立法中的契约精神。它强调，作为劳动关系的主体，也是法律关系的主体，企业管理者与劳动者双方在人格和法律上是平等的，双方相互享有权利与义务；在处理双方利益关系的时候，遵循对等协商的原则。利益协调型企业的劳动关系，重视产业民主，认为企业劳资双方构成了以相互独立、互为存在为前提的两大主体。劳动者作为独立的主体，并不是企业的附属物，在企业生产经营过程中，特别是在劳动关系的处理上，劳动者与企业管理者或雇主一样，也是参与决策的主要力量，且这种参与应该贯穿企业经营管理的全过程。这种类型的企业劳动关系还主张劳资合作，认为这种合作是在企业管理者与劳动者利益差别基础上的合作。通过合作，规范双方的权利与义务；通过平等协商谈判，保障双方的合法权益，以实现双方的共同目标。

(3) 劳资冲突的企业劳动关系。劳资冲突的企业劳动关系是以劳资双方矛盾和劳资阵营对峙为基础建立起来的，其理论基础是阶级斗争理论。它强调，企业劳动者和管理者双方主体都想着自己的利益，彼此的阶级立场也不同；在劳动关系的实际运作过程中，劳资矛盾和劳资冲突不可避免。在利益冲突型的企业劳动关系中，工会的作用比较明显。作为劳动者的利益代表，工会积极发挥着自己的作用，从代表工人进行集体谈判，到组织工人参加罢工，甚至采取其他社会行动等，以维护和争取工人自己的利益和权利。这种类型的企业劳动关系就是在劳资双方矛盾与冲突、斗争与妥协过程中维系和发展的。第二次世界大战以前的资本主义国家，在企业劳动关系的类型上大多属于这一种。而在当代，由于历史和法律方面的原因，英国企业劳动关系在整体上基本属于这种类型。这种类型的企业劳动关系也可称为“传统型”的企业劳动关系。

二、劳动关系的主体与特点

（一）劳动关系的主体

劳动关系的主体是指劳动关系中劳动力的所有者及其使用者，即拥有劳动力的雇员和使用劳动力的雇主。从狭义上讲，劳动关系的主体主要包括员工和雇主双方，以及代表员工利益的工会组织和代表雇主利益的雇主协会；广义的劳动关系主体还包括政府，因为在劳动关系的发展过程中，政府可以通过相关法律法规的制定和实施，对劳动关系进行相应的调整、监督和干预，而且这些影响作用正在不断加强。

1. 员工和工会组织

在劳动关系理论中，通常将人力资源管理的对象——员工称为劳动者，也就是在现代产业社会中受雇于他人，以工资收入为基本生活来源的体力或脑力劳动工作者。从属性和有偿性是劳动者的基本特征。在劳动关系中，员工使用雇主提供的劳动工具或设备，在经营决策者或管理者的指挥命令下提供劳动，其劳动所得即工资收入是基本的生活来源。这里的员工主要包括蓝领工人、企业或政府的一般行政人员、教师、社会工作者、警察、医务人员以及只有监督权而无奖惩权的低层管理者等，不包括自由职业者和自雇佣者。

工会是由员工自愿组成的依靠集体力量进行集体谈判，并以维持和改善劳动和生活条件为基本目的，保障其自身权益的组织。工会的主要目标就是代表员工并为其争取利益和价值。类似于工会的职工代表大会、员工协会或者职业协会也在一定程度上代表了员工共同的利益、兴趣或者目标。《中华人民共和国工会法》第二条明确规定：中华全国总工会及其工会组织代表职工的利益，依法维护职工的合法权益。在市场经济国家，工会代表维护劳动者的利益是通过集体谈判来实现的，并通过集体争议即罢工来进行保障。

2. 雇主和雇主协会

与员工和工会组织一方相对应的是雇主和雇主协会。雇主是指在现代劳动关系中，代表资方来管理和处理劳工事务的法人和自然人。雇主通过雇佣劳动力来组织劳动，并向劳动者支付相应的工资报酬。在所有权和经营权相分离的制度中，直接行使雇主权利的是经营管理者。虽然经营管理者也受资产所有者的雇佣，但他们是直接行使经营管理权，决定雇佣条件，直接管理、支配劳动者的人员。因此，在劳动关系中，经营管理者代表资产所有者的利益，属于雇主一方。

雇主协会是由雇主组成的一种群体力量，在产业和社会层面通过这种群体优势与工会组织相抗衡，旨在维护雇主利益，并规范雇主与员工之间以及雇主与工会之间的关系的组织或团体。在市场经济国家，雇主协会的作用就是协调雇主之间的内部利益，以便同工会进行集体谈判，从而维护雇主的整体利益。

3. 政府

一般来讲，政府泛指各类国家权力机构，即立法、行政和司法机构的总称。在劳动关系的发展过程中，政府要通过立法和规制来调整、监督和干预劳动关系，实现社会稳定和获取政治支持，因而政府在劳动关系中扮演重要的角色。具体而言，政府首先是劳动关系立法的制定者，通过立法介入并影响劳动关系；其次是公共利益的维护者，通过监督、干预等手段来促进劳动关系的协调发展；再次是公共部门的雇主，以雇主身份直接参与和影响劳动关系。

当今社会中，在任何国家的经济体制下，政府都会对劳动关系进行干预，只是干预的程度、领域、手段和目的有所不同。政府不仅要推动劳动法制化建设，构建统一的劳动力市场，推进城市化进程并提供完善的社会公共服务，还要优化工资水平与就业人数组合，缓和劳资双方之间的矛盾和冲突，处理失业等一系列社会问题，提高劳动生产率，从而促进社会经济的稳定、协调、可持续发展。

（二）劳动关系的特点

（1）个别性与集体性。就劳动关系主体而言，可分为个别劳动关系和集体劳动关系。个别劳动关系是指个别雇员与雇主之间的关系。其主要特点是个别劳动者处于从属的地位提供职业性劳动，雇主则支付劳动报酬。集体劳动关系则是指劳动者的组织，即工会为维持或提高劳动条件等与雇主或雇主协会之间的互动关系。

（2）平等性与隶属性。以劳动换取报酬、处于从属地位、提供职业性劳动是劳动者的主要义务。劳动者在劳动过程中有服从雇主指示的义务，从这一点上讲，劳动关系具有隶属性的一面。但劳动者在签订劳动合同之前，就劳动条件与雇主协商时，并不存在从属关系。即使是在劳动关系存续期间，就劳动条件的维持或提高的协商也无服从的义务，这是劳动关系平等的一面。

（3）对等性与非对等性。就劳动关系双方相互之间应该履行的义务而言，具有对等性与非对等性的差别。所谓对等性义务，是指一方没有履行某一义务时，另一方可以免除与其相对义务的履行；所谓非对等性义务，则是指一方即使没有履行某一义务时，另一方仍不能免除履行与其相对应的义务。比如雇员提供劳动与雇主支付劳动报酬之间具有对等性；但雇员提供劳动与雇主的照顾义务、雇员的忠实义务与雇主的报酬给付，以及雇员的忠实义务与雇主的照顾义务之间，则都没有对等性。对等性义务属于双方利益的相互交换，而非对等性义务则属于伦理道德上的要求。

（4）经济性与法律性。劳动者通过提供劳动获取一定的劳动报酬和福利，体现了劳动关系的经济性；同时，劳动关系在法律上是通过劳动契约的形式表现的。劳动者在获取经济利益的同时，还要从工作中获得作为人所拥有的体面、尊严、归属感、成就感和满足感，其经济要素和身份要素同时并存于同一法律关系之中，不过在这些要素中，身体要素是劳动关系中的主要部分。

三、劳动关系的表现形式与外部环境

（一）劳动关系的表现形式

劳动关系是人类社会基本的社会经济关系。劳动者付出劳动，并取得相应的劳动报酬；雇主或企业获得劳动力的使用权，并支付劳动者工资。劳动者和雇主之间的利益是对立统一的，为使双方的利益最大化，劳动者、雇主和政府之间处在连续的博弈当中。因此，劳动关系主要表现是劳资双方的合作与冲突。

1. 合作

劳动者和雇主或企业生产资料的结合是一个合作的过程。在这个过程当中，劳资双方的合作程度越高，产出的效益就越大。劳资双方合作的一个重要形式是员工参与管理：员工与雇主在沟通交流的过程中，共同制定企业的组织策略或战略，共同对有关问题进行决策的制定。员工参与管理在一定程度上满足了员工的归属感和自我实现的需要，可以直接增强员工对企业的忠诚度，提高员工的工作热情，使劳资关系趋于融洽。这些可以通过目标管理、员工持股计划、职工代表大会以及职工董事或监事制度等方式来实现。

劳资双方合作的其他实现形式包括：组成地区性的劳资委员会，针对如何有效地处理劳资双方共同面临的劳动与就业问题，向其成员提供建议；实行企业内干预，实施员工与企业的劳动收益分享计划和非收益分享计划，建设自我管理团队、质量监督团队等。这些方式既有利于企业效益的提高，又有助于员工的工作生活质量的提高，促进劳动关系和谐化。

2. 冲突

冲突是指当劳资双方的目标或利益出现分歧时，所表现出来的对立摩擦状态，如工人罢工、旷工、怠工和企业恶意裁员、克扣工资奖金等。劳资冲突通常都具有比较强的破坏性。

由于员工和企业都在追求利润最大化的目标，企业试图给员工的报酬最小化，并从劳动成果中获得收益最大化，而员工又想获得尽可能多的报酬，因此，在分配利润时，劳资双方会产生一定程度的矛盾或冲突。在企业中，劳资双方追求利润最大化这一特点决定了劳动关系内部存在着根本的矛盾与冲突。而且，随着劳动力市场竞争的加剧、失业率的上升，劳动者的经济地位更加处于弱势。这对劳动者的劳动条件、健康安全等的保障非常不利，容易使劳动者丧失对企业的信任，从而导致一些矛盾与冲突的产生。

罢工作为劳动关系冲突最常见的形式，是劳动者提出经济利益诉求的渠道，也是员工受压抑的敌对情绪的宣泄方式，但是罢工也要符合各项法律的规定。劳动关系冲突的其他表现形式还包括辞职和各种不服从管理的行为，如工作松懈、怠工、缺勤等。

（二）劳动关系面临的外部环境

影响劳动关系的因素除了组织的内部因素之外，还有很多外部环境因素。劳动关系作为社会关系中的一个环节，受到社会关系的其他环节的影响，同时也反作用于这些环节。因此，这些环节便构成了劳动关系赖以存在和变化的环境，主要包括经济、政策法律、社会文化和技术环境等方面。

1. 经济环境

经济环境的变化直接作用于劳动力市场，影响劳动力的供给和需求，并进而影响企业内部劳资双方的力量对比，影响双方的讨价还价能力。经济环境主要包括：宏观经济状况，如经济增长速度和失业率；微观经济状况，如在某一特定产品市场上雇主所要面对的竞争程度。另外，一个国家或地区的经济发展水平、特点、稳定性以及经济结构等因素是影响其企业劳动关系更为具体的的社会经济环境。一般来说，一个国家或地区的经济发展水平高、稳定性好、经济结构合理，企业劳动关系就相对协调；反之，企业劳动关系就很难协调发展。

市场、技术、就业结构和就业方式等的变化以及影响财富分配的社会经济政策的改变，都会通过失业率、工资水平及结构影响劳动关系，而劳动关系的变化又反过来影响市场、技术、就业结构等经济变量。经济环境往往会首先影响劳动者的工资福利水平、就业、工作转换，以及工人运动和工会的发展；其次，会影响产品的生产、工作岗位的设计、工作强度等；最终，可能会间接影响劳动关系的整体状况。

2. 政策法律环境

政策法律环境是企业劳动关系十分重要的外部环境。由于企业劳动关系是一种最基本的社会经济利益关系，因此一个国家和社会的政策法律制度必然会对企业劳动关系的结构、运作以及经济利益关系的处理等产生直接的影响。

政策环境是指政府的各种政策方针，包括关于就业政策、教育和培训政策、货币政策、财政政策等。在诸多政策环境中，就业政策对于劳动力市场以及就业组织中的劳动关系的影响最为直接。它往往通过对劳动力供求状况的调整来改变双方劳动力市场的力量，以经济激励和惩罚措施来改变双方在就业组织内部的力量关系。

法律和制度环境是指规范劳动关系双方行为的法律和其他力量的机制。这些机制规定了劳资双方的权利和义务，并具有相对稳定性。市场经济国家在规范劳动关系、保护劳动者权益方面，制定了比较完善的法律体系，法律和制度也成为政府调整劳动关系最基本的形式。

3. 社会文化环境

社会文化环境由各国、各地区以及各工种的主流传统习惯、价值观、信仰等组成。劳动关系的社会文化环境则主要是指社会发展的公平程度、社会价值观的改变、人与人之间的等级关系的变化等。

一个国家或地区的社会文化是在长期的发展进程中逐渐形成的，对经济发展、社会就业、个体价值行为选择都有重要的影响。社会文化环境对劳动关系的影响主要表现在：一定形态的劳动关系是在人们对其他人或组织固有的态度和相关价值判断等文化背景的基础上形成的。社会文化的影响是潜在的、不易察觉的，不具有强制性，但却无处不在。它主要通过社会舆论和媒介来产生影响，对于违反社会文化规则的个人和组织，虽然惩罚不像法律那样具有强制性，但其作用也不可低估。

4. 技术环境

技术环境主要是指企业所处经济体使用先进技术的程度，包括产品生产的工序和方式，以及采用这些工序和方式所必需的资本密集程度，产品和工序是否容易受到新技术的影响，工作是否复杂和需要高水平的知识技能等。

高新技术的发展不但改变了人们的生活，而且对人们的工作方式、工作场所、工作时间甚至工作本身都产生了极为深远的影响。新通信技术的引入使得员工的工作自由度大大增加，工作压力也在一定程度上得到缓解。同样，技术环境的变化也会对劳动力市场上不同种类技术工人的供求状况产生影响。例如，随着我国 IT 产业的兴起，计算机、网络方面的人才需求量成倍增加，这类人才的劳动力市场的力量上升，因而在劳动关系中的优势也得到一定程度的增强。

第二节　劳动合同制度

在市场经济国家，虽然劳动条件大多数由企业规章制度和集体合同规定，但其规定的内容是适用于所有员工的劳动标准，无法体现个别劳动者的具体工作内容和劳动待遇。因此，这些具体内容只有通过个别劳动合同来决定。对于我国而言，由于还处于市场经济发展初期，集体谈判制度还不完善，通过劳动者个人和用人单位之间签订劳动合同，明确双方的权利和义务则显得更为重要。

一、劳动合同概述

（一）劳动合同的概念

劳动合同是指劳动者和用人单位之间确立、变更和终止劳动权利和义务的协议。我国《劳动合同法》第十条规定：“建立劳动关系，应当订立书面劳动合同。已建立劳动关系，未同时订立书面劳动合同的，应当自用工之日起一个月内订立书面劳动合同。用人单位与劳动者在用工前订立劳动合同的，劳动关系自用工之日起建立。”由此可见，劳动合同既是确立劳动关系的凭证，又是建立劳动关系的法律形式和维持劳资双方合法权益的法律保障。

劳动合同作为一种特殊的合同，其基本特点来源于合同双方当事人的隶属性。劳动合同是在特定的两个主体之间订立的，其中一方是劳动力的所有者，另一方是劳动力的使用者。由于劳动力具有不可储存性和人身依附性，劳动者在让渡自己劳动力的过程中，必须服从用人单位的指挥和命令，因此，劳动者在劳动关系中从属于用人单位。

正是基于劳资双方的不平等，劳动合同具有社会法的性质。劳动合同在市场经济发展初期表现为雇佣合同，即由劳方和资方双方当事人自行协商，形成合意的民事合同。但随着市场经济的日趋成熟，国家逐渐意识到单纯民法调整下的劳动关系不能克服劳资不平等的问题，于是展开了对劳资双方合意的干预：雇佣合同的内容必须在法定标准上商定，如工作时间、休息休假、劳动保护、工资等内容不得低于国家规定的标准。因此，由民法调整的雇佣合同转为由社会法调整的劳动合同。

（二）劳动合同的特征

劳动合同作为契约的一种，除具有普通合同的一般特征外，还具有以下法律特征：

（1）劳动合同双方主体的特定性。我国《劳动法》明确规定劳动合同的主体一方是劳动者，必须是能够提供劳动力的自然人，而另一方则必须是具备法定资格的用人单位。

（2）劳动合同中劳动者身份上的从属性。在劳动合同中，劳动者与用人单位相比，在身份上有明显的从属性。尽管劳动者与用人单位在签订合同时地位平等，双方也可以就合同的内容进行协商，但在劳动合同履行的过程中，双方当事人之间即形成了管理者与被管理者的隶属关系。在这一关系中，劳动者是劳动力的提供者，处于被管理的地位；用人单位则处于管理劳动者的领导地位。

（3）劳动合同的不自由性。劳动合同的双方当事人都有选择对方的自由，而且就具体的劳动合同内容，可在合法的前提下协商一致；同时，双方当事人还可以在自愿的情况下，按法定程序解除劳动关系。但在劳动合同中，劳动者必须遵循亲自履行原则，因此，劳动者不能委托他人代理自己履行义务，同时，用人单位不能任意与劳动者约定超越法律之外的条款。

（4）劳动合同可能涉及第三人的物质利益。这一特征是由劳动力本身再生产的特点决定的。在特定条件下，劳动合同内容往往不仅限于当事人的权利和义务，有时还会涉及劳动者的直系亲属在一定条件下享受的物质帮助权，如劳动者直系亲属的入托、入学、疾病保险等问题。

（三）劳动合同的作用

劳动合同作为确立劳动关系的法律形式，是组织社会劳动、合理配置劳动力资源、稳定劳动关系、促进社会生产力发展的重要手段。在社会主义市场经济条件下，劳动合同的作用主要有以下几点：

1. 劳动合同是建立劳动关系的基本形式

以劳动合同作为建立劳动关系的基本形式，是世界各国普遍的做法，也是建立和完善我国社会主义市场经济体制的客观要求。这是由于劳动过程是非常复杂、千变万化的，不同行业、不同单位和不同劳动者在劳动过程中的权利和义务各不相同，国家法律、法规只能对共同性问题作出原则性的规定，而不可能对当事人的权利和义务进行具体规定。这就要求双方当事人依法签订劳动合同，明确相互的权利和义务。我国《劳动法》第十六条规定："建立劳动关系应当订立劳动合同。"明确了劳动合同是建立劳动关系的基本形式。

2. 劳动合同是促进劳动力资源合理配置的重要手段

用人单位可以根据生产经营或工作需要确定招收录用劳动者的时间、条件、方式和数量，并且通过与劳动者签订不同类型、不同期限的劳动合同，发挥劳动者的专长，合理使用劳动力。劳动合同主体双方享有依法订立、变更、解除、终止劳动合同的自主权，使双方既可以确立相对稳定的劳动关系，又可以促使劳动力流动，从而达到促进劳动力资源合理配置的目的，进而达到提高劳动生产率、促进社会生产力发展的根本目的。

3. 劳动合同有利于避免或减少劳动争议

劳动合同明确规定劳动者和用人单位之间的劳动权利、义务和责任，这对合同主体双方既是一种保障，又是一种约束，有助于提高双方履行合同的自觉性，促使双方正确地行使权利、严格地履行义务。因此，劳动合同的订立和履行，有利于避免和减少劳动争议的发生，有利于稳定劳动关系。同时，即使发生劳动争议，也可以以合同条款为依据进行处理，有利于争议的解决。

二、劳动合同的种类

根据不同的划分标准，劳动合同可以分为不同的种类。

（一）按照劳动合同的期限划分

《劳动合同法》第十二条规定："劳动合同分为固定期限劳动合同、无固定期限劳动合同和以完成一定工作任务为期限的劳动合同。"劳动合同的期限是企业根据生产、工作特点和需要，合理配置人力资源的手段，也是劳动者进行职业生涯设计、分期实现就业权的方式。

1. 固定期限劳动合同

《劳动合同法》第十三条规定："固定期限劳动合同，是指用人单位与劳动者约定合同终止时间的劳动合同。用人单位与劳动者协商一致，可以订立固定期限劳动合同。"劳动合同期限可以是长期的，如五年或八年，也可以是短期的，如一年或三年。固定期限劳动合同到期届满，双方的劳动关系即终止；如果双方协商同意，还可以续签劳动合同。

2. 无固定期限劳动合同

《劳动合同法》第十四条规定："无固定期限劳动合同，是指用人单位与劳动者约定无确定终止时间的劳动合同。"为鼓励用人单位与劳动者签订无固定期限的劳动合同，解决劳动合同短期化的问题，该法还规定，用人单位与劳动者协商一致，可以订立无固定期限劳动合同。有下列情形之一，劳动者提出或者同意续订、订立劳动合同的，除劳动者提出订立固定期限劳动合同外，应当订立无固定期限劳动合同：①劳动者在该用人单位连续工作满 10 年的；②用人单位初次实行劳动合同制度或者国有企业改制重新订立劳动合同时，劳动者在该用人单位连续工作满 10 年且距法定退休年龄不足 10 年的；③连续订立二次固定期限劳动合同，且劳动者没有本法第三十九条和第四十条第一项、第二项规定的情形，续订劳动合同的。用人单位自用工之日起满一年不与劳动者订立书面劳动合同的，视为用人单位与劳动者已订立无固定期限劳动合同。

《劳动合同法》对无固定期限劳动合同的规定，扩大了签订无固定期限劳动合同的范围，规定了无固定期限劳动合同的签订情形：双方协商一致可以签订无固定期限劳动合同；劳动者符合法定的三种情形，用人单位也必须与之签订无固定期限劳动合同；事实劳动关系超过一年不签合同，法律直接推定为双方存在无固定期限劳动合同。这些规定有助于克服劳动合同短期化的现象，稳定劳动关系，保护劳动者的职业稳定。

3. 以完成一定工作任务为期限的劳动合同

《劳动合同法》第十五条规定："以完成一定工作任务为期限的劳动合同，是指用人单位与劳动者约定以某项工作的完成为合同期限的劳动合同。用人单位与劳动者协商一致，可以订立以完成一定工作任务为期限的劳动合同。"用人单位与劳动者签订这类劳动合同，双方劳动关系终止的时间就是劳动者完成某项工作任务或工程项目的时间。这类劳动合同多适用于建筑业、铁路交通和水利工程等行业。

（二）按照工作时间划分

按照工作时间的不同，劳动合同可划分为全日制劳动合同和非全日制劳动合同。

1. 全日制劳动合同

全日制劳动合同，是从事全时工作的劳动者与用人单位签订的书面劳动合同。通常人们所指的劳动合同都属于这种全日制劳动合同。这类劳动合同一般是以日计酬，在同一用人单位每日的工作时间在4小时以上8小时以下，每周的工作时间不超过40小时。

2. 非全日制劳动合同

《劳动合同法》对非全日制用工做了一些具体规定："非全日制用工，是指以小时计酬为主，劳动者在同一用人单位一般平均每日工作时间不超过四小时，每周工作时间累计不超过二十四小时的用工形式。非全日制用工双方当事人可以订立口头协议。从事非全日制用工的劳动者可以与一个或者一个以上用人单位订立劳动合同；但是，后订立劳动合同不得影响先订立劳动合同的履行。非全日制用工双方当事人不得约定试用期。非全日制用工双方当事人任何一方都可以随时通知对方终止用工。一旦终止用工，用人单位不向劳动者支付经济补偿。非全日制用工小时计酬标准不得低于用人单位所在地人民政府规定的最低小时工资标准。非全日制用工劳动报酬结算支付周期最长不得超过十五日。"该法对非全日制用工的规定，突破了传统的用工模式，能够适应用人单位灵活用工和劳动者的自主需要，是促进劳动者就业的重要途径。

三、劳动合同的订立

劳动合同的订立是指用人单位与劳动者双方经过协商，就劳动合同的具体内容达成协议，明确双方权利和义务的法律行为。

1. 劳动合同订立的原则

根据《劳动合同法》的相关规定，用人单位与劳动者双方订立劳动合同时，应当遵循合法、公平、平等自愿、协商一致、诚实信用的原则。用人单位招用劳动者时，应当如实告知劳动者工作内容、工作条件、工作地点、职业危害、安全生产状况、劳动报酬，以及劳动者要求了解的其他情况；用人单位有权了解劳动者与劳动合同直接相关的基本情况，劳动者应当如实说明。依法订立的劳动合同具有约束力，用人单位与劳动者应当履行劳动合同约定的义务。

2. 劳动合同的内容和条款

《劳动合同法》第十七条对劳动合同的内容进行了规定，据此规定，劳动合同的内容分为必备条款和约定条款。其中，劳动合同的必备条款包括：①用人单位的名称、住所和法定代表人或者主要负责人；②劳动者的姓名、住址和居民身份证或者其他有效身份证件号码；③劳动合同期限；④工作内容和工作地点；⑤工作时间和休息休假；⑥劳动报酬；⑦社会保险；⑧劳动保护、劳动条件和职业危害防护；⑨法律、法规规定应当纳入劳动合同的其他事项。另外，劳动合同的内容中除了前面规定的必备条款外，用人单位与劳动者可以约定试用期、培训、保守秘密、补充保险和福利待遇等其他事项，这些则属于劳动合同的约定条款内容。

3. 劳动合同的形式

《劳动合同法》规定，用人单位自用工之日起即与劳动者建立了劳动关系。建立劳动关系应当订立书面劳动合同，因此，用人单位一旦与劳动者建立劳动关系，双方签订劳动合同就成为一种强制性义务。如果已经建立劳动关系，未同时订立书面的劳动合同，应当自用工之日起一个月内订立书面劳动合同。用人单位自用工之日起满一年不与劳动者订立书面劳动合同的，视为用人单位与劳动者已订立无固定期限劳动合同。

四、劳动合同的履行和变更

（一）劳动合同的履行

劳动合同的履行是指劳动合同双方当事人自愿依照合同约定履行劳动合同所规定的义务，共同完成劳动过程和实现劳动权益的法律行为。由于劳动合同一旦订立即具有法律效力，对合同双方当事人均有约束力，因此双方当事人必须履行劳动合同中规定的义务。

法律规定劳动合同的履行应当遵循全面履行的原则，《劳动合同法》第二十九条规定："用人单位与劳动者应当按照劳动合同的约定，全面履行各自的义务。"全面履行，就是指劳动合同双方当事人应当按照约定的时间和方式，亲自、全部履行各自的义务。如果劳动者履行劳动给付义务，原则上以合同约定的范围为限，用人单位一般不得要求其从事约定范围以外的工作，而且强调当事人亲自履行，未经对方同意，不能由第三人替代。

（二）劳动合同的变更

劳动合同在履行过程中，可能由于客观情况发生变化，从而使已经签订的劳动合同无法继续履行。这时，劳动合同双方当事人为了继续履行合同，经过双方协商一致，可以对劳动合同的条款进行修改或补充，具体包括工作内容、工作地点、工资福利的变更等。

劳动合同依法订立后，即产生相应的法律效力，对合同双方当事人都具有法律约束力。当事人应当按照约定履行各自的义务，不得擅自变更或解除合同。但这并非意味着当事人没有在合同生效后变更相应权利和义务的途径，双方当事人可以经过协商变更合同内容，也可以在约定或法定的条件满足时，行使合同的变更权。但是，劳动合同的变更要遵循平等自愿、协商一致的原则，任何一方当事人都不得将自己的意愿强加给对方。

五、劳动合同的解除和终止

（一）劳动合同的解除

劳动合同的解除是指劳动合同在期限届满之前，双方或单方当事人依法提前终止劳动合同效力的法律行为。由于提前解除劳动合同对双方当事人，尤其是劳动者的影响极大，因此《劳动合同法》对劳动合同的解除作了详细的规定。

根据解除劳动合同的主体的不同，劳动合同的解除可以分为两种：双方协商解除和单方法定解除。

1. 双方协商解除

《劳动合同法》第三十六条规定："用人单位与劳动者协商一致，可以解除劳动合同。"劳动合同被称为合意上的法律，它既可以通过合意来订立、变更，也可以通过合意来提前终止。用人单位与劳动者双方协商一致，就可以解除劳动关系。如果劳动者提出解除合同，用人单位同意，用人单位一般可以不支付经济补偿金；如果用人单位提出解除合同，劳动者同意，用人单位一般要向劳动者支付经济补偿金或赔偿金。

2. 劳动者单方法定解除

为了保障劳动者的择业自由权，促进人才合理流动，《劳动合同法》明确规定了劳动者享有解除劳动合同的权利。根据相关规定，劳动者单方解除劳动合同的情形可以分为以下几种：

（1）一般情形下提前 30 天通知解除合同。《劳动合同法》第三十七条规定，劳动者提前 30 日以书面形式通知用人单位，可以解除劳动合同。这一规定赋予劳动者辞职权，符合社会发展的需要和国际惯例，有助于维护劳动者的择业自主权。

（2）试用期内提前三天通知解除合同。《劳动合同法》第三十七条也对试用期内劳动者解除合同作了规定，劳动者在试用期内提前三日通知用人单位，可以解除劳动合同。

（3）用人单位违法，劳动者可以解除合同。《劳动合同法》第三十八条规定了用人单位违法的六种情形，劳动者可以解除合同。这些情况下，用人单位的违法行为侵害了劳动者的合法权益，因而规定劳动者可以解除合同，并可以要求用人单位支付经济补偿。

（4）非常情况下，劳动者无须提前通知也可解除合同。《劳动合同法》第三十八条还规定，用人单位以暴力、威胁或者非法限制人身自由的手段强迫劳动者劳动的，或者用人单位违章指挥、强令冒险作业危及劳动者人身安全的，劳动者可以立即解除劳动合同，不需事先告知用人单位。这些情况下劳动者的合法权益受到严重侵害，直接危及其身体健康和生命安全，因而法律规定可以立即解除，没有时间上的限制。

3. 用人单位单方法定解除

根据《劳动合同法》的相关规定，用人单位单方解除劳动合同的情形可以分为以下几种：

（1）劳动者有过失，用人单位可以解除劳动合同。《劳动合同法》第三十九条规定了用人单位可以解除合同的六种情形，这六种情形都是劳动者主观上有严重过失，因而用人单位有权随时解除合同。用人单位在这些情形下解除合同，不受提前通知期的限制，不受不得解除劳动合同的法律限制，而且解除合同不需要支付经济补偿。

（2）劳动者无过失，用人单位可以解除合同。《劳动合同法》第四十条规定了三种情形，用人单位提前 30 日以书面形式通知劳动者本人或额外支付劳动者一个月工资后，可以解除劳动合同。这三种情况，劳动者主观上并无重大过错，主要是由于客观情况发生重大变化、劳动者身体不好或能力较差，致使劳动合同无法履行。

（3）经济原因或技术革新引发的裁员。《劳动合同法》第四十一条对经济原因或技术革新引发的裁员作了详细规定，对裁员的适用情形、人数限制和裁员程序等方面都进行了具体的规定。这对于规范用人单位的裁员制度、保障劳动者的就业权具有重要意义。

(4) 用人单位不得解除合同的情形。为了保护劳动者的合法权益，防止不公正的解雇，《劳动合同法》除了规定用人单位可以解除劳动合同的几种情形外，还规定了用人单位不得解除劳动合同的情形。《劳动合同法》第四十二条就规定了用人单位不得依照上述“劳动者无过失解除合同”或“裁员”的规定解除劳动合同的六种情形。

用人单位不得解除劳动合同的规定，给处于特定情况下的劳动者群体以特别的保护，如疑似职业病还在医学观察期的劳动者、患病尚处于医疗期的劳动者以及处于“三期”的女职工等。这些都体现了法律对弱势群体的保护，有利于构建和谐的劳动关系。

(二) 劳动合同的终止

劳动合同的终止是指劳动合同的期限届满或双方当事人主体资格消失，合同规定的权利和义务即行消灭的制度。劳动合同终止，并非双方的积极行为所致，一般是由于合同本身的因素、法律规定或不可抗力所致。劳动合同签订后，双方当事人不得随意终止合同。

《劳动合同法》第四十四条规定，有下列情形之一的，劳动合同终止：①劳动合同期满的；②劳动者开始依法享受基本养老保险待遇的；③劳动者死亡，或者被人民法院宣告死亡或者宣告失踪的；④用人单位被依法宣告破产的；⑤用人单位被吊销营业执照、责令关闭、撤销或者用人单位决定提前解散的；⑥法律、行政法规规定的其他情形。

第三节　集体谈判与集体合同

市场化的劳动关系是劳动力市场自发调节的产物，而这种市场化的劳动关系能否有效运行，还有赖于劳动力市场主体力量的相互平衡和制约，有赖于建立规范的程序规则。在当前市场经济国家中，集体谈判已经成为调整劳动关系的主要手段和国际惯例。通过集体谈判规范集体劳动关系事务，已经构成了市场经济国家劳动关系制度的核心，其中工会正是集体谈判中维护职工合法权益的代表。

一、集体谈判概述

(一) 集体谈判的概念

“集体谈判”这一术语由英国学者韦伯夫妇在其所著《产业民主》一书首先提出。该书表明，集体谈判和社会发展过程中的经济、技术、人口变化有密切联系，城市人口难以游离在分工明确的市场经济之外，劳动力市场竞争激烈，促成了劳动力买方市场的形成。个体雇员在出卖劳动力时，往往精力仅够处理自身的困境，而无暇与其他同伴进行交流、合作，与雇主进行单独谈判时难以获得平等的地位。为了维护自身的利益，雇员联合起来抗衡雇主是一条必选之路，这是集体谈判的存在之本。

国际劳工组织《促进集体谈判公约》第 2 条将集体谈判定义为：集体谈判是适用于一名雇主或多名雇主或者一个或多个雇主组织为一方，同一个或整个雇员组织为一方，双方就以下目的所进行的所有谈判：①确定工作条件和就业条件；②调整雇主和雇员之间的关系；③调整雇主组织和雇员组织之间的关系。

这个定义描述了集体谈判的框架内容和参与主体。

集体谈判是雇员组织与雇主确定待遇和就业条件的交涉过程，在这个过程中会受到能力、策略、压力、冲突、让步，甚至运气等多种因素的影响和制约。雇佣双方利益的差异造成双方视角迥异，对集体谈判的描述和理解认识很不相同。依据我国现行法规，将“集体谈判”解释为：它是指雇员组织与雇主或者雇主组织依法就一个单独的企业，甚至一个行业的工资分配制度、工资分配形式、工资收入水平、工作时间、工资和福利保障、解雇保护及其他雇佣事项进行平等协商，在协商一致的基础上签订包括一揽子解决方案的集体合同的行为。

集体谈判的目的是签订集体协议，规范雇佣双方的权利和义务关系，解决工作场所中共同关心的问题。集体谈判可以在不同层次上进行，涉及的问题可大可小。集体谈判之所以能够成为调节劳动关系的重要机制，受到雇员的推崇和喜爱，主要是因为它能够克服个别劳动关系的不平等状态，使雇主可以直接与雇员代表进行集体交涉，无须与每个雇员单独谈判。随着社会的发展变化，集体谈判也在不断变化，且内容越来越丰富。集体谈判可以在单个雇主和单个工会之间举行，也可以在雇主组织和多个工会之间举行；谈判达成的协议可以涉及少量雇员，也可以涉及大量雇员。集体谈判正在成为员工在企业内民主参与的主要形式。

在我国，对于集体谈判还有其他的表述方法，先后出现了集体协商、平等协商等概念。这是由于我国在计划经济时代，劳动关系双方利益是一致的，而“谈判”一词过于强调双方利益的对立性。而我国还处在一个经济转制时期，国有企业行政化的劳动关系与非公有制企业的市场化劳动关系并存，因此出现了几种概念混用的现象。

（二）集体谈判的功能

概要地讲，集体谈判确立劳动力收入水平，体现了集体谈判的经济功能；通过谈判形成一系列规范雇佣关系的规则，体现了集体谈判的政府作用；集体谈判确认雇员有权通过工会参与用工规则的制定，体现了它的决策功能。具体来讲，集体谈判有以下四个方面的功能：

1. 集体谈判可以显示集团利益要求

集体谈判的社会功能之一，就是能够把集团的利益要求摆到桌面上来加以显示，使其公开化、明朗化。从政治生活方面来讲，它拓宽了民意表达渠道、规范了民意表达方式，有利于加速民主政治建设的进程；从经济生活方面来讲，它有利于政府掌握更加全面和真实的经济信息，从而对于制定科学的收入分配政策、产业和行业发展政策都有好处；从社会生活方面来讲，它有利于增进不同社会集团之间的沟通和了解，有利于开展社会协商与对话。

2. 集体谈判可以保护弱势个体的合法权益

建立起有效的集体谈判制度，可以使分散的雇员形成有组织的力量，通过集体谈判与企业管理者、雇主进行对话和交涉，用组织的力量来维护雇员的工资福利、劳动保护、闲暇休息、工伤事故赔偿、人格尊严等方面的权利。

3. 集体谈判可以促进社会稳定

让各种利益主体自行参与社会矛盾协调工作，使矛盾在没有激化之前就能通过协商对话部分得到解决，从而使矛盾得到缓解，有利于社会稳定。

我国目前利益关系格局复杂，已经形成了若干容易引发过激行为的敏感区域，过去的矛盾调解手段已不足以有效解决新的社会问题。实行集体谈判制度，相当于给社会利益调节体系装上了一个警示器，当矛盾压力超过一定限度时，它会发出警示信号，提醒相关机构采取措施给该体系降压。

4. 集体谈判可以提高员工素质和企业效益

建立起集体谈判制度，必将促进各类社会成员觉悟、组织程度的提高，增强进取精神，树立主体意识。他们会经常思考，自己为社会尽了什么样的责任，应当从社会得到什么样的回报，二者是否处于一种对称状态。在现代社会里，这是一种有觉悟、有知识的体现。

对于企业来说，雇主和雇员在集体谈判制度下，形成了一种利益制衡关系。双方的利益只有实现一定的均衡、互相可以迁就和忍受，才能建立起较为和谐的契约关系。为了实现双方利益的共同提高，唯一的出路就是双方采取合作态度，共同把企业生产经营活动搞好，从而促进工资和利益的同步增长。因此，集体谈判所形成的利益约束，有助于提高企业经济效益。

（三）集体谈判的必要性

（1）集体谈判是市场经济发展的必然。人民内部存在着不同的利益集团，市场经济的发展，使生产者和销售者、买者和卖者、不同厂商之间、不同地域之间的矛盾和竞争更加激烈。资本所有者、企业管理者和一般劳动者之间的利益摩擦加强。这些利益矛盾的产生是经济发展的结果。不同的利益主体和利益集团再也不是既定利益的被动接受者，而是自身利益的主动争取者和确定利益分配格局的积极参与者。社会利益多样化决定集体谈判必定存在。

（2）市场经济体制下的消费品分配以市场契约为纽带，各种不同的市场主体以平等的人格和身份参与市场竞争，劳动者取得的工资福利待遇的均衡价格是劳动力供求双方达成较为稳定的契约的结果。市场经济条件下的分配关系是一个由多种主体平等参与的多元化的竞争结构。在这个结构中，单一的政府指令已经不能有效地对收入分配进行有效调节，不同利益主体之间的协商谈判将成为一种协调各方利益关系的必不可少的润滑剂。

（3）不同社会利益集团，各自能够从社会利益总量中分到多大的份额，一方面取决于各自的社会地位和贡献；另一方面取决于他们的组织程度和影响政策的能力。在这种集团性的利益角逐中，哪个集团的组织程度高、集体谈判能力强，哪个集团提供的劳动就有可能争取到较高的社会评价，就有可能得到更大的利益。随着改革的逐步深化，工资和利润将分属于不同的主体，他们之间的矛盾和摩擦将经常产生。为了处理好他们之间的关系，不能没有集体谈判。

（4）在我国，长期以来存在着隐性谈判，就是俗话说的“上有政策，下有对策”。隐性谈判是弱势群体对抗强势群体不公平要求的无奈手段，但它的力量却足以动摇政策法规的基础，改变社会意识的取向，造成社会要素的分化与整合。与其让隐性谈判隐蔽地存在，不如让它公开存在，用法律法规、政策加以规范，用集体谈判进行引导，利用集体谈判这种常规渠道来反映社会中弱势群体的呼声。

二、集体谈判的级别和程序

（一）集体谈判的级别

目前，市场经济国家已经形成了多层次、多级别的集体谈判结构，主要包括国家级、产业行业级和企业级三个级别的集体谈判。

1. 国家级集体谈判

在国家级别上进行集体谈判的前提条件，是要有统一的工会组织以及与之相对的雇主组织。目前在国家级别上进行谈判的国家还比较少，主要集中于北欧国家。这些国家相对较小，工会和雇主组织程度较高，从而为集中统一的谈判提供了有利条件。

2. 产业行业级集体谈判

在产业行业级别的谈判中，各产业或行业工会发挥着集体谈判的主体作用。以产业为单位进行集体谈判的优势有以下几个方面：①它有助于缩小各类企业雇员工资收入的差距，避免出现同行业内工人收入的过分悬殊，同时产业或行业共同确定企业最低工资水平，可以避免工会成员因就业机会而相互竞争；②通过与雇主组织订立产业或行业协议，为企业工会开展集体谈判和签订集体协议提供依据和规范标准；③在某些企业工会不健全或工会谈判力量相对较弱的情况下，产业或行业工会可以直接出面同这些企业的雇主进行谈判。正是由于产业行业级集体谈判具有的诸多优势，它在市场经济国家较为普遍。

3. 企业级集体谈判

企业级集体谈判是在企业内部进行的，谈判双方可以根据自己企业的具体情况来确定劳动条件和劳动标准，双方交流有关的信息和看法比较便利，组织谈判也比较容易。因此，企业级集体谈判既具有灵活性，又节省了经费开支。与产业行业级集体谈判相比，企业级谈判中雇主的自主权更大，因而雇主更愿意在企业内进行谈判。

（二）集体谈判的程序

进行一轮集体谈判并签订集体合同需要经过一系列程序。该程序大致可分为三个阶段：准备阶段、谈判阶段和谈判结束阶段。

1. 准备阶段

在集体谈判的准备阶段，谈判双方都需要做大量的工作。对于工会而言，应该了解劳动者的想法，并选举具备谈判能力的代表，组建谈判小组，通过广泛收集资料形成初步的谈判方案；对于雇主而言，也要详细地了解工作场所存在的问题，收集有关行业趋势、工会发展等有关信息。值得注意的是，与一般的民事谈判不同，集体谈判通常由工会一方发出要约，而雇主对工会发出的要约必须履行“应诺”义务，即雇主不得拒绝与工会进行集体谈判。

2. 谈判阶段

在谈判阶段，谈判双方应该本着“平等、合作、协商一致”的原则进行，以达成在维护劳动者的权益的同时又促进企业发展的目的。在谈判的过程中，有几个基本的技巧可以遵循：①采取先易后难的原则，即先谈一些雇主容易接受的问题，以促使双方在一种融洽的气氛中进行商谈。②适当时候可以暂时中断谈判。例如，工资、退休金等关键问题直接涉及双方的利益，可能双方都难以作出实质性的让步，如果长时间围绕此类问题谈判，可能会产生直接的冲突。因此，在这种情况下可以暂时中断谈判，双方注意分析对方所提出的要求，各自再行研究、调整策略，并寻找谈判共同点，收集新资料以保证再次谈判时能把握更有利的信息。③恰到好处的让步。谈判双方都有一定的心理底线，在谈判之前可以通过虚张声势的方式提高要价，当发现谈判无法获得更高的要求时，可以采取让步的方式来获得对方的认可。④迂回策略。劳动标准之间有着内存的联系，如果对方无法直接接受要求，则一方面接受其他可以让步的内容，另一方面提出新的要求，使劳动标准总体上的利益得到满足。

3. 谈判结束阶段

在谈判结束阶段，可能会出现两种不同的结果：谈判成功或谈判破裂。如果双方通过谈判达成一致意见，则双方签订集体合同并确定谈判的成果。集体合同生效之后，雇主必须履行合同规定的义务，工会也应当督促劳动者，尽力确保劳动者能切实履行合同。集体合同的订立和履行保证了劳动关系的稳定，是劳资自治模式的有效体现。但如果双方在谈判中陷入僵局，导致谈判破裂，则可能出现罢工或者关闭工厂的结果。无论是罢工还是关闭工厂，都是其中一方为了促使另一方接受条件并签订集体合同而采取的施压手段。但不可否认的是，这两种方式都会造成劳动关系的紧张，甚至在一定程度上影响社会安定。

三、集体谈判的法律调整

（一）不公正劳动行为及其补救

1. 不公正劳动行为

不公正劳动行为是指工会在组建过程中或组建后，一方采取非法方式对抗、破坏对方的措施和行为。不公正劳动行为的主体，既包括雇主也包括工会，甚至包括员工。法律对雇主不公正劳动行为的限制主要有：

（1）工人不能因为从事合法的工会活动而被解雇。

（2）在工会的组建过程中，雇主不能单方面、有明显针对性地改变员工待遇和条件，除非能够证明这种改变与工会组建没有任何关系。

（3）禁止雇主对组建工会进行任何形式的威胁或者许诺利诱。

（4）禁止雇主暗中监视和破坏工会活动。

（5）雇主不得改变选举单位雇员的构成。

（6）雇主不得从事任何有可能影响工会自治权利的活动。

（7）雇主不得为了避免工会或摆脱已建立的工会而关闭工厂或重新开业。

法律对工会的不公正行为也有限制。例如，工会组织者不得强迫、威胁工人参加工会；为雇主工作的工会组织者在工作时间不得从事与工会有关的活动；未经雇主许可，企业外人员不得进入企业经营场所开展工会工作。另外，在工会组建过程中，员工不得从事罢工或者任何其他报复行动。

2. 不公正劳动行为补救措施

对不公正劳动行为进行补救，可以充分保障员工利益，发挥劳动法的作用，体现劳动法的价值。法律规定的补救措施有：

（1）行政救济。不当劳动行为的救济机构是劳动委员会。劳动委员会发现雇主存在不当劳动行为，可以发布命令要求其立即停止。劳动委员会的命令在法庭登记，如果雇主不执行，可被处以藐视法庭罪。

（2）民事救济。劳动委员会可以基于民法“全面救济”理论，采用恢复原状、赔偿损失等多种保护措施，对不当劳动行为进行全面救济。如果员工因参加工会活动而被不公平解雇，劳动委员会可以判令雇主恢复员工职位，并赔偿其损失；如果雇主关闭工厂是为了削弱工会，劳动委员会通常要求雇主对免职的员工进行经济补偿或者提供相应的工作岗位，甚至使工厂重新开业。

（二）诚实谈判的原则

工会一旦获得承认，无论员工是否签字，都能取得代表所有员工的“排他代理权”，雇主负有“诚实谈判”的法律义务。诚实谈判的原则通常包括：①双方会面并开始谈判；②全面讨论双方面临的问题、所处立场和理由；③任何一方不得隐匿、歪曲信息，也不得故意误导对方；④任何一方都不得通过自相矛盾的方式来破坏谈判进程；⑤管理方不得绕过工会直接向会员许诺，只有要求工会坚持这些诚实谈判的原则，谈判才有意义。

对拒绝诚实谈判采取相应的补救措施，有利于确保这一原则的贯彻落实。例如在美国，如果确定雇主没有诚实谈判，劳动委员会可以要求雇主补偿工会所受的损失，赔偿工会谈判者的工资。工会也可以要求雇主签订一个具有溯及力的合同，一直追溯到劳动委员会对这一问题作出裁决的日期，在这种情况下，员工有权要求得到应得的工资。

（三）罢工及其争议处理

罢工是指劳动者为改善工作条件而实施的有计划、有组织的集体暂时停止工作的行为。通常从以下三个方面来理解罢工：

（1）罢工是劳动者暂时停止工作的行为，而不是劳动契约关系的终止。

（2）罢工是劳动者集体的、有组织的行为，而不是个人的单独行为。

（3）罢工是以获得经济利益为目的，而不是以取得政治、宗教等非经济利益为目的。

罢工是集体谈判中的一种压力手段，是集体劳动冲突的一种形式，是工会在集体谈判中威胁对手和解决争端的最后武器。但是，罢工会带来严重的后果，因此，必须对员工行使罢工权以及对罢工过程中的行为进行规范和限制。

1. 对罢工权的限制

一般来说，罢工权的行使要符合如下条件：

（1）原集体协议已经期满。

（2）工会已经履行了与雇主诚恳谈判的义务。

（3）罢工前，要通知劳工部长，劳工部长接到通知后先行调解，如调解失败，工会应在罢工前以书面形式报告劳工部长。

（4）罢工前，先要在其会员中举行投票表决，在获得多数会员支持后，才能罢工。

（5）罢工前，工会须正式通知雇主罢工的目的、时间和地点。

2. 对罢工行为的限制

罢工者只能对雇主的经营场所设置纠察线；对不属于雇主所有的任何私人经营场所，必须得到允许才能设置纠察线，罢工者不得阻挡这些经营场所的出入口，也不得威胁、损害任何人通过纠察线。对“同情罢工”也有限制，同情罢工是为了支持已经罢工的工人而举行的罢工，通常被认为是非法的。

对罢工行为进行必要的限制，符合保持稳定、提高效率的政策目标。罢工权不是一种绝对的权利，因而对罢工权的行使进行限制是必要的。

3. 罢工的处理和解决

和解和裁决是解决罢工问题的两种方法。和解包括以下两方面的工作：

（1）由劳动部门任命的独立调解人对双方争议进行调解，独立调解人的作用是调和双方分歧，帮助双方达成解决方案。如果调解不成功，独立调解人向劳动部门提交报告，报告双方所争议的问题。

（2）劳动部门任命一个“和解委员会”，其成员包括中立的调解人、工会和雇主代表，在此架构下双方陈述各自的诉求，提出可行的方案以促成争议的解决。仲裁是对谈判双方利益冲突的裁决，相对于和解，它是对争议的最终处理手段。仲裁不以自愿为基础，而是通过免除工人的罢工权、限制雇佣双方的民主权利等强力手段，最终迫使双方接受一方或双方都不满意的裁决决定。

四、集体合同概述

（一）集体合同的概念和特征

1. 集体合同的概念

集体合同又称集体劳动合同、集体协议、团体协议。劳动关系双方通过集体谈判所确定的有关劳动和就业条件的书面协议即为集体合同。可见集体谈判与集体合同密不可分，集体谈判是签订集体合同的前提和过程，集体合同则是集体谈判的结果，两者不可分离。在我国，集体合同是指集体协商双方代表根据法律、法规的规定就劳动报酬、工作时间、休息休假、劳动安全卫生、保险福利等事项在平等协商一致基础上签订的书面协议。

集体合同制度是一项重要的法律制度，它作为调整劳动关系的一种有效手段已被世界各国广泛采用。随着我国社会主义市场经济的发展，为了保障员工的集体劳动条件与生活条件，集体合同制度的推广已经成为劳动关系发展和完善的客观要求。

2. 集体合同的特征

（1）集体合同的主体具有特定性。集体合同的主体一方为工会，另一方为雇主。工会作为集体合同的一方，必须代表员工的意志和利益，依法为员工争取合法利益。雇主可以是法人，可以是个体经济组织，也可以是他们的组织。我国《劳动法》规定，没有建立工会的企业可以由员工推举代表与企业签订集体合同。员工代表作为集体合同的一方当事人，其职责与工会相同。

（2）集体合同的内容。内容包括员工劳动条件、生活条件等主要内容，涉及劳动关系的各个方面，偏重于维护员工利益的规定，侧重强调用人单位的义务和责任。

（3）集体合同的订立有严格的程序和形式要求。我国规定集体合同的签订，首先由双方依法产生的代表进行协商，制订合同草案；然后由工会主持召开职工大会或者职工代表大会讨论通过；再次由双方首席代表签字盖章；最后报送劳动主管部门审查、备案。这样，既体现了平等协商原则，又具有严格的程序保障。

（4）集体合同是特殊的双务合同。集体合同依法签订后就具有法律效力，双方当事人应当相互承担一定的义务和责任。工会在集体合同的履行过程中，一般只承担道义责任和政治责任；而雇主需要承担更多的责任，特别是法律和经济责任。

（5）集体合同具有劳动基准法的效能。集体合同的内容多涉及国家劳动基准法的规定，它规定雇主在不低于国家劳动标准的基础上，向员工提供劳动条件和生活条件。依法订立的集体合同对雇主和全体员工具有法律约束力。员工个人与雇主签订的劳动合同中，劳动条件和劳动报酬等标准不得低于集体合同的规定。这就使得集体合同具有本企业劳动基准法的效力。

（二）集体合同与劳动合同的联系与区别

集体合同与劳动合同同属于劳动法律体系的重要组成部分，都是协调劳动关系的方法和手段，在协调稳定劳动关系过程中发挥着重要作用。但是二者之间也存在着如下主要区别：

（1）主体不同。集体合同主体比劳动合同主体广泛。集体合同主体一方是工会、行业工会或员工代表，另一方是雇主或雇主团体；劳动合同主体是特定的，仅限于劳动者和用人单位。

（2）内容不同。集体合同约定的条件是涉及所有劳动者的一般劳动条件、生活待遇、集体谈判程序及民主管理方式；劳动合同仅涉及个别劳动者的特殊劳动条件。

（3）目的不同。集体合同的目的是通过工会或者员工代表与雇主谈判，平衡个体劳动者与雇主的力量，保护劳动者的合法权益，协调、稳定劳动关系；劳动合同的目的是建立劳动关系，明确双方的权利义务。

（4）适用范围不同。集体合同适用于签订集体合同的工会和雇主之间；劳动合同适用于签订劳动合同的单个员工和雇主之间。

（5）效力不同。集体合同的效力高于劳动合同。我国《劳动法》第三十五条规定："依法签订的集体合同对企业和企业全体职工具有约束力。职工个人与企业订立的劳动合同中劳动条件和劳动报酬等标准不得低于集体合同的规定。"

（6）形式要件不同。签订集体合同需要提交职工代表大会，或者全体职工讨论通过，由双方首席代表签字，必须采用书面形式，并报劳动行政部门批准；劳动合同只需劳动者个人与用人单位协商签订，应当采用书面形式，但法律不排除口头形式的劳动合同，同时对事实劳动关系进行保护。

（7）纠纷的处理方式不同。集体合同纠纷多为利益争议，且涉及范围较广，各国一般采取政府协同雇佣双方协调处理的方式。我国《劳动法》第八十四条规定，因签订集体合同和履行集体合同发生的争议，采取两种不同的处理方式；而劳动合同争议则采用普通劳动争议的处理方法。

（三）集体合同的作用

从企业实行集体合同制度的情况来看，集体合同制度有以下重要作用：

（1）集体合同制度可以促进企业发展生产，改善员工的生活福利条件。集体合同围绕着企业负责人的任期目标，规定企业的生产经营计划和发展计划；规定在完成生产任务的基础上，企业改善员工生活福利方面的计划和措施。这不仅使企业和劳动者双方建立起相互依靠、相互配合的密切关系，也促使双方自觉地在平等基础上相互监督、相互制约。员工明确了企业的生产计划，可以努力完成或超额完成生产任务，促进企业生产发展；企业生产发展了，员工的生活福利待遇也可以得到改善。集体合同体现了国家利益、集体利益和个人利益的结合，解决了生产与生活的矛盾，从而使广大员工认识到只有搞好生产，才能改善生活，这大大调动了广大员工的生产积极性。

（2）集体合同制度可以较好地体现员工在企业中的主体地位，加强企业的民主管理，是企业管理民主化的重要形式。集体合同是广大员工智慧的结晶，合同各项条款的讨论、签订仪式的举行、合同执行情况的检查，都是在职工代表大会的主持下进行的，体现了员工参加民主管理的原则。集体合同制度的贯彻实施，可以大大提高员工的主人翁责任感，使员工更加关心企业的生产情况和各项重大问题的决策。

（3）集体合同制度可以改善企业的经营管理，较好地发挥工会的作用，提高工会在职工中的威信。集体合同对企业行政的经营管理工作提出了各项具体要求，这必然加重了企业行政的责任，督促企业行政的各级负责人都要为履行集体合同规定的义务而努力工作。集体合同还规定了工会的一系列权利与义务，把工会的各项工作同企业的生产经营和维护员工的合法权益紧密地结合起来。所以，工会干部必须尽力完成自己的职责，既要密切联系广大员工，又要协助企业解决生产中出现的问题。集体合同不但充实了工会的工作内容，同时也提高了工会在员工中的威信。

（4）集体合同制度可以弥补劳动法规的不足，健全劳动法制。目前，我国虽然已经制定了大量的劳动法规，但还是不够健全，还有无法可依、无章可循的现象。集体合同中的有些内容是劳动法规的具体化，有些是在符合劳动法规的前提下作出的补充规定。这些内容不但为企业调整劳动关系提供了具体依据，同时也弥补了劳动法规的不足，加强了劳动法制的建设。

五、集体合同的订立、履行、变更和解除

（一）集体合同的订立

集体谈判双方主体如果就谈判的内容达成一致意见，双方就可以签订集体合同。在我国，集体合同的签订必须遵守以下基本程序：

（1）集体合同的签订必须通过民主程序。集体合同由谈判双方主体签订，一般来说是由工会代表职工一方与用人单位订立；尚未建立工会的用人单位，由上级工会指导劳动者推举代表与用人单位订立。在集体合同签订之前，集体合同的草案应当提交职工代表大会或者全体职工讨论通过。职工代表大会或者全体职工讨论集体合同草案，应当有2/3以上的职工代表或者职工出席，且必须经过全体职工代表半数以上或者全体职工半数以上同意，集体合同草案才能获得通过。

（2）集体合同订立后，应当报送劳动保障行政部门。劳动保障行政部门要对报送的集体合同或专项集体合同办理登记手续，并对报送的集体合同进行合法性审查。合法性审查的内容主要包括：集体协商双方的主体资格是否符合法律法规和规章规定；集体协商程序是否违反法律法规和规章规定；集体合同内容是否与国家规定相抵触。

（3）集体合同一旦签订，其效力范围包括企业的所有职工。

（二）集体合同的履行

集体合同的履行是指集体合同主体双方按照集体合同的规定履行自己应当承担的义务。在集体合同履行过程中，监督是非常必要的。根据全国总工会《工会参加平等协商和签订集体合同试行办法》，针对集体合同履行的监督可以有以下几种方式：

（1）定期检查。企业工会应当定期组织有关人员对集体合同的履行情况进行监督检查，发现问题后及时与企业协商解决。

（2）建立集体合同履行的联合监督检查制度。企业工会可以与企业协商，建立集体合同履行的联合监督检查制度，定期或不定期地对履行集体合同的情况进行监督检查。

（3）建立报告制度。工会小组和车间工会应当及时向企业工会报告集体合同在本小组和车间的履行情况。

（4）发挥职工代表大会的监督作用。职工代表大会有权对集体合同的履行进行民主监督。

（三）集体合同的变更和解除

集体合同一旦经过法定程序确立，就具备了法律效力，双方必须履行自己的义务。但是在一定条件下，集体合同可以变更或解除。根据人力资源和社会保障部的《集体合同规定》，劳动关系双方协商一致，可以变更或解除集体合同。有下列条件之一的，可以单方变更或解除集体合同：①用人单位因被兼并、解散、破产等原因，致使集体合同无法履行的；②因不可抗力等原因致使集体合同无法履行或部分无法履行的；③集体合同或专项集体合同

约定的变更或解除条件出现；④法律、法规和规章规定的其他情形。

六、我国集体谈判与集体合同制度存在的问题

（一）集体谈判双方主体不明确

工会与用人单位双方在平等独立的基础上进行集体谈判，实现合意并保证集体劳动关系的稳定。双方的合意是双向性的，即用人单位通过集体合同保证劳动者的劳动条件，而工会通过联合工人保证集体合同履行期间不以提高劳动条件为由进行罢工、怠工等。

虽然我国《劳动法》确定了工会通过平等协商和集体合同制度，来协调劳动关系，维护企业职工劳动权益，但由于企业全部从业人员都是“职工”，都可以成为工会成员，因此，企业劳动关系中哪一部分“职工”属于劳动者一方，哪一部分属于企业一方还不明确。在集体谈判中，很多工会干部兼任企业行政职务，他们既要代表劳动者的利益，又要代表企业的利益，从而处于两难的困境。因此，明确集体劳动关系主体双方是我国集体谈判制度面临的首要任务。

（二）集体谈判缺乏集体争议权的保障

在成熟的市场经济国家，普遍把团结权、集体谈判权以及集体争议权作为劳动者的基本权利给予法律保障。为了使工会在集体交涉中具有强有力的保障，各国普遍赋予工会集体争议的权利：当工会与用人单位难以就某一事项达成合意，通过工会内部民主程序的决定，工会可以行使罢工的权利，通过集体性的罢工给用人单位施加压力，迫使雇主能够充分考虑劳动者的利益，从而最终与工会签订集体合同。为了确认罢工的合法性，一般市场经济国家都规定罢工必须满足三个基本要件，即罢工必须由工会组织，以缔结集体合同为目的，必须保障社会和经济秩序的稳定和安全。而我国对集体争议权采取谨慎的态度，现行法律当中关于罢工权的内容仍属空白。

（三）集体合同形式化

由于我国目前的环境条件和工会自身条件的限制，工会组织在与用人单位交涉的过程中通常缺乏真正的谈判，因此最终达成的协议也就缺乏双方合意。而且在实践中，有的地方工会为了推进集体合同制度，实现签约的数量要求，往往提供单一的合同范本，导致合同内容雷同，条款大多数照抄法律法规的相关规定。因此，我国存在着较为明显的集体合同形式化的现象。

第四节 劳动争议处理

在社会主义市场经济不断发展的过程中，由于存在多种经济形式、多种分配方式和多种用工主体等，不可避免会出现劳动关系主体双方之间的争议。因此，如何有效地预防劳动争议，并对已发生的劳动争议进行妥善解决，是政府、社会、企业和劳动者都必须面临的重要问题。

一、劳动争议概述

（一）劳动争议的基本概念

劳动争议有时也称劳动纠纷或者劳资纠纷，是指劳动关系双方主体因实现劳动权利和履

行劳动义务而发生的纠纷。其中有的属于既定权利的争议，即因为适用劳动法和劳动合同、集体合同的既定内容而发生的争议；有的属于要求新的权利而出现的争议，这些则是因为制定或变更劳动条件而发生的争议。

劳动争议是现实中较为常见的纠纷。国家机关、企业事业单位、社会团体等用人单位与职工建立劳动关系后，一般都能相互合作，认真履行劳动合同。但由于各种原因，双方之间产生纠纷也是难以避免的事情。劳动争议的发生，不仅使正常的劳动关系得不到维护，还会使劳动者的合法利益受到损害，不利于社会的稳定。因此，应当正确把握劳动争议的特点，积极预防劳动争议的发生。

劳动争议的范围在不同的国家有不同的规定。根据我国《劳动争议调解仲裁法》第二条规定，劳动争议的具体范围一般包括：

(1) 因确认劳动关系发生的争议。

(2) 因订立、履行、变更、解除和终止劳动合同发生的争议。

(3) 因除名、辞退和辞职、离职发生的争议。

(4) 因工作时间、休息休假、社会保险、福利、培训以及劳动保护发生的争议。

(5) 因劳动报酬、工伤医疗费、经济补偿或者赔偿金等发生的争议。

(6) 法律、法规规定的其他劳动争议。

(二) 劳动争议的分类

劳动争议按照不同的标准，可划分为以下几种：

(1) 按照劳动争议当事人人数多少的不同，可分为个人劳动争议和集体劳动争议。个人劳动争议是指劳动者个人与用人单位发生的劳动争议；集体劳动争议是指劳动者一方当事人在三人以上，有共同理由的劳动争议。

(2) 按照劳动争议的内容，可分为因履行劳动合同发生的争议，因履行集体合同发生的争议，因企业开除、除名、辞退职工和职工辞职、自动离职发生的争议，因执行国家有关工作时间和休息休假、工资、保险、福利、培训、劳动保护的规定发生的争议等。

(3) 按照当事人国籍的不同，可分为国内劳动争议与涉外劳动争议。国内劳动争议是指我国的用人单位与具有我国国籍的劳动者之间发生的劳动争议；涉外劳动争议是指具有涉外因素的劳动争议，包括我国在国（境）外设立的机构与我国派往该机构工作的人员之间发生的劳动争议、外商投资企业的用人单位与劳动者之间发生的劳动争议。

(三) 劳动争议的特征

基于劳动关系的特殊性，劳动争议具有其他争议所不具有的一些特征：

(1) 劳动争议是劳动关系双方当事人之间的争议。劳动关系的当事人，一方为劳动者，另一方为用人单位。劳动者主要是指与在中国境内的企业、个体经济组织建立劳动合同关系的职工，以及与国家机关、事业组织、社会团体建立劳动合同关系的职工。用人单位是指在中国境内的企业、个体经济组织以及国家机关、事业组织、社会团体等与劳动者订立了劳动合同的单位。不具有劳动法律关系主体身份者之间所发生的争议，不属于劳动纠纷。如果争议不是发生在劳动关系双方当事人之间，即使争议内容涉及劳动问题，也不构成劳动争议。例如，劳动者之间在劳动过程中发生的争议，用人单位之间因劳动力流动发生的争议，劳动者或用人单位与劳动行政部门在劳动行政管理中发生的争议，劳动者或用人单位与劳动服务主体在劳动服务过程中发生的争议等，都不属于劳动纠纷。

（2）劳动纠纷的内容涉及劳动权利和劳动义务，是为实现劳动关系而产生的争议。劳动关系是劳动权利义务关系，如果劳动者与用人单位之间不是为了实现劳动权利和劳动义务而发生的争议，就不属于劳动纠纷的范畴。劳动权利和劳动义务的内容非常广泛，包括就业、工资、工时、劳动保护、劳动保险、劳动福利、职业培训、民主管理、奖励惩罚等。

（3）劳动纠纷既可以表现为非对抗性矛盾，又可以表现为对抗性矛盾，而且两者在一定条件下可以相互转化。在一般情况下，劳动纠纷表现为非对抗性矛盾，但是，这种非对抗性的矛盾很容易激化，若处理不当或不及时，会转化为对抗性矛盾，给社会和经济带来不利的影响。

二、劳动争议调解

调解即协调、和解，是指由第三方通过说服和劝导，促使争议双方在互相谅解的基础上达成一致协议来解决争议的方式。劳动争议调解，就是指劳动争议调解委员会对申请调解解决的劳动争议案件，在查明事实、分清是非的基础上，促使当事人在互让互谅的基础上达成协议，从而化解争议的处理方法。

（一）劳动争议调解的机构

我国2007年通过的《劳动争议调解仲裁法》第十条规定，我国的劳动争议调解机构包括：企业劳动争议调解委员会，依法设立的基层人民调解组织和在乡镇、街道设立的具有劳动争议调解职能的组织。其中，企业劳动争议调解委员会由职工代表和企业代表组成；职工代表由工会成员担任或者由全体职工推举产生，企业代表由企业负责人指定；企业劳动争议调解委员会主任由工会成员或者双方推举的人员担任。

目前，企业劳动争议调解委员会是最主要的调解机构。然而在现实中，有的用人单位并未设立劳动争议调解委员会；有的用人单位即使已经设立，其发挥的作用也非常有限。因此，我国劳动争议调解组织的形式和工作模式逐渐有了一定的变化，基层人民调整组织和乡镇、街道劳动争议调整组织开始获得了一定的发展。

（二）劳动争议调解的特点

劳动争议调解的最大特点是调解的自愿性。劳动争议双方当事人是否接受调解、调解的实施过程和方式、和解协议的达成，都必须在双方自愿的基础上进行。值得注意的是，经调解达成协议的，应当形成调解协议书。调解协议书由双方当事人签名或者盖章，经调解员签名并加盖调解组织印章后生效，对双方当事人具有约束力，当事人应当履行。

（三）劳动争议调解的程序

劳动争议调解一般是劳动争议双方当事人首先可以选择的程序。当事人申请劳动争议调解可以书面申请，也可以口头申请。口头申请的，调解组织应当当场记录申请人基本情况、申请调解的争议事项、理由和时间。调解劳动争议，应当充分听取双方当事人对事实和理由的陈述，耐心疏导，帮助其达成协议。

调解协议由调解协议书具体体现。如果达成协议，争议双方当事人就要自觉执行调解协议。当然，双方当事人也有对调解协议反悔的权利。调解委员会对当事人的反悔只能说服、劝解，无权强制执行，但有建议仲裁的权利。只要一方当事人对协议反悔，或拒不执行协议，经调解委员会说服、劝解无效，就视为调解不成。劳动争议调解委员会处理劳动争议，应当自当事人提出申诉之日起30日内结案，到期未结案则视为调解不成。

以调解方式解决劳动争议，具有程序简易、费用低廉、有利于促进当事人之间的团结和维护正常生产秩序等优点。而且由于调解协议完全出自双方自愿，一般都能严格执行。但是由于调解完全依靠当事人的自愿，难以保证所有劳动争议都能得到解决。因此，除了这种方式以外，还必须有更加权威的解决办法。

三、劳动争议仲裁

仲裁是争议双方将争议提交给争议之外的第三方，由第三方对双方的纠纷居中调解，并作出裁断的行为。劳动争议仲裁，就是指劳动争议仲裁委员会以第三方的身份，对劳动争议双方当事人提出的劳动争议依法进行处理并作出裁决的活动。它与调解的不同之处在于，调解虽然也是由第三方来主持案件处理，但调解达成的协调没有强制力，而仲裁作出的裁决则具有法律约束力。

（一）劳动争议仲裁的机构

我国的劳动争议仲裁委员会按照统筹规划、合理布局和适应实际需要的原则设立。劳动争议仲裁委员会由劳动行政部门代表、工会代表和企业代表组成。劳动争议仲裁委员会组成人员应当是单数。劳动争议仲裁委员会依法履行的职责包括：聘任、解聘专职或者兼职仲裁员；受理劳动争议案件；讨论重大或者疑难的劳动争议案件；对仲裁活动进行监督。劳动争议仲裁委员会下设办事机构，负责办理劳动争议仲裁委员会的日常工作。

根据《劳动争议调解仲裁法》的规定，劳动争议仲裁委员会裁决劳动争议案件实行仲裁庭制。最普遍的是一般仲裁庭，由三名仲裁员组成，其中首席仲裁员一名，仲裁员两名，以保证仲裁的公正性。如果劳动争议案件非常简单，可以组成简易仲裁庭，由一名仲裁员独任仲裁，其手续简单，并且能够更加迅速地处理劳动争议。

（二）劳动争议仲裁的特点

劳动争议仲裁的最大特点是仲裁的三方性。在劳动争议仲裁领域中实现三方性原则是一种国际惯例。从劳动争议仲裁机构的组成来看，它是由来自政府、工会和用人单位的三方代表共同组成。由于各方在专业知识和经验上都有所侧重，能够从不同的角度出发，因此共同形成的判断有利于保证裁决的公正性。

相对于劳动争议调解制度，仲裁还具有强制性的特点。只要有一方当事人提出申请，仲裁委员会收到后，不论另一方当事人意愿如何，都已经介入到劳动争议仲裁的程序当中。

（三）劳动争议仲裁的程序

劳动争议申请仲裁的时效期间为一年，因此，劳动争议仲裁当事人应当在知道或者应当知道其权利被侵害之日起一年内，以书面形式向劳动争议仲裁委员会申请仲裁。劳动争议仲裁委员会应当自收到仲裁申请之日起 5 日内作出是否受理的决定。仲裁委员会认为符合受理条件的，应当受理，并通知申请人；认为不符合受理条件的，应当书面通知申请人不予受理，并说明理由。对劳动争议仲裁委员会不予受理或者逾期未作出决定的，申请人可以就该劳动争议事项向人民法院提起诉讼。劳动争议仲裁委员会受理劳动争议后，应当自组成仲裁庭之日起 45 日内结束。案情复杂需要延期的，经报仲裁委员会批准，可以适当延期并书面通知当事人，但延长的期限不得超过 15 日。仲裁委员会作出裁决后，如果当事人对裁决不服，可以自收到裁决书起 15 日内，向人民省院提出诉讼；期满不起诉，则裁决书即发生法律效力。

劳动仲裁是世界各国解决劳动争议较普遍的方法，其基本精神是由一个中立的第三者对当事人之间的争议作出评判。仲裁和调解相比，最大的特点是其更具权威性和法律效力。从我国劳动争议仲裁来看，仲裁活动具有一定的行政性质，也有一定的群众性质，不是纯粹的司法活动。根据司法最终解决的法制原则，劳动争议的最终解决只能依靠国家司法机关，这也是许多国家所普遍遵循的原则。因此，我国劳动争议处理程序还包括人民法院的劳动争议诉讼审判。

四、劳动争议诉讼

劳动争议诉讼是指当事人不服劳动争议仲裁委员会的裁决，在规定期限内依法向人民法院提起诉讼，人民法院根据劳动法律法规依法进行审理并作出判决的活动。劳动争议诉讼作为法院以司法程序解决劳动争议的手段，是处理劳动争议的最后一道程序。我国的劳动争议诉讼案件由普通法院受理，劳动争议进入诉讼阶段后，没有专门的劳动诉讼法，主要适用民事诉讼法，由人民法院的民事审判庭具体审理。

（一）人民法院对劳动争议案件的管辖

劳动争议诉讼管辖是指人民法院受到第一审劳动争议案件的分工和权限。确定诉讼管辖主要有两种方式：地域管辖和级别管辖。

1. 地域管辖

地域管辖是指同级人民法院之间受理第一审劳动争议案件的分工和权限。地域管辖包括：一般地域管辖，即通常以用人单位所在地的基层人民法院管辖；特殊地域管辖，即按照法律的特别规定，以诉讼标的所在地或引起劳动法律关系发生、变更、消灭的法律事实所在地为标准确定的管辖。例如，因履行劳动合同发生的争议，由劳动合同履行地的基层人民法院管辖。

2. 级别管辖

级别管辖是指上下级人民法院管辖第一审劳动争议案件的分工和权限。大多数劳动争议案件均由基层人民法院管辖，但是对于那些重大涉外劳动争议案件、在本辖区内有重大影响的案件以及最高人民法院直接指定的案件应由中级人民法院受理。最高人民法院作为国家最高审判机关，只有对全国有重大影响的案件，或是认为应当由本院审理的案件才进行受理。

（二）劳动争议诉讼的特点

1. 劳动争议诉讼由国家审判机关主持

劳动争议的调解和仲裁是由调解委员会或仲裁委员会以第三方的身份进行调解，解决的方法是由非审判机构作出的；而劳动争议诉讼则是在审判机关独立行使审判权的情况下处理劳动争议的。

2. 劳动争议诉讼以国家强制力作为解决劳动争议的后盾

劳动争议诉讼与其他争议处理手段相比，其重要特点是诉讼程序始终以强制执行的力量作为后盾。开庭审理无须经过双方当事人的申请，只需要一方符合条件的当事人提出诉讼即可。对于其裁决的执行也不是取决于当事人的自愿，而是具有法律的强制执行力。对于应当执行的，当事人如果不依法执行裁决，另一方当事人可以申请法院的执行程序。

（三）劳动争议诉讼的程序

劳动争议发生后，当事人不服劳动争议仲裁委员会的仲裁，可以自收到裁决书之日起

15 日内，向人民法院提起一审诉讼。人民法院收到起诉状后，应当在 7 日内进行审查作出是否受理的决定。对于第一审劳动争议案件，人民法院应当在立案之日起 6 个月内审结，有特殊情况需要延长的由本院院长批准，可以延长 6 个月。

如果劳动争议当事人不服一审人民法院的裁定或判决，可以在裁定书送达之日起 10 日内，在判决书送达之日起 15 日内向上一级人民法院提起上诉。第二审人民法院对于裁定的上诉案件应当在第二审立案之日起 30 日内作出仲裁裁定；对于判决的上诉案件应当在第二审立案之日起 3 个月内审结。有特殊情况需要延长的，应由本院院长批准。第二审人民法院的裁定、判决是终审裁定、判决，当事人不得再以同一事实和理由向人民法院起诉，也不得两次提起上诉。

五、集体劳动争议处理

按照争议处理程序的不同，我国集体劳动争议可以分为进入“一裁两审”程序的集体劳动争议和未通过法律途径解决的集体劳动争议。

（一）法律途径解决的集体劳动争议

1. 因履行集体合同发生的争议

我国《劳动法》第八十四条规定，因履行集体合同发生争议，当事人协商解决不成的，可以向劳动争议仲裁委员会申请仲裁；对仲裁裁决不服的，可以自收到仲裁裁决书之日起 15 日内向人民法院提起诉讼。另外，我国《工会法》第二十条规定，因履行集体合同发生争议，经协商解决不成的，工会可以向劳动争议仲裁机构提请仲裁，仲裁机构不予受理或对仲裁不服的，可以向人民法院提起诉讼。可见，因履行集体合同而发生的争议，可以走司法上的仲裁、诉讼程序。

2. 职工一方有多人且有共同理由的争议

我国《劳动争议调解仲裁法》规定，发生劳动争议的劳动者一方在 10 人以上，并有共同请求的，可以推举代表参加调解、仲裁或者诉讼活动。仲裁委员会在受理职工一方在 30 人以上的集体劳动争议时，应组成特别仲裁庭，由 3 名以上单数仲裁员组成，共同审理案件，以保证案件的公平有效处理。仲裁庭处理集体劳动争议，应当自组成仲裁庭之日起 15 日内结束。案情复杂需要延期的，经报仲裁委员会批准可适当延期，但延长的期限不得超过 15 日。

（二）非法律途径解决的集体劳动争议

在我国，通过非法律途径解决的集体劳动争议主要有两种：一种是因签订集体合同而发生的争议；另一种是劳动者采取自发行为而产生的群体性事件。

1. 因签订集体合同而发生的争议

我国《劳动法》第八十四条规定，因签订集体合同发生争议，当事人协商解决不成的，当地人民政府劳动行政部门可以组织有关各方协调处理。在一般市场经济国家，集体合同通过工会与雇主进行集体谈判而签订，如果双方就劳动条件无法达成协议，作为劳动者一方的代表——工会可以通过罢工作为迫使资方接受条件的最后武器；而雇主也可以采取闭厂这一手段使工会接受自己的条件。因此，罢工和闭厂是一般市场经济国家在签订集体合同过程中发生争议的最主要的形式。在我国，由于工会组织自身条件的限制，而且我国的法律并未规定相应的罢工权和闭厂权，因此在签订集体合同的过程中，很少出现这种集体性的劳动争议。

2. 劳动者群体性事件

劳动者群体性事件也称突发事件，是指劳动者不经过我国现行的“一调一裁两审”的劳动争议处理程序，而直接采取罢工、上访、游行、示威、静坐或请愿等集体行动，以期达到维护切身利益的目的。我国当前的非法律途径解决的集体劳动争议大多属于这种类别。

引起劳动者群体性事件的主要原因是劳动者的基本经济权益被侵害，且长期找不到适宜的渠道加以解决。例如，退休职工要求提高养老保险待遇；企业大规模裁员、解除职工的劳动关系；企业拖欠职工工资和工资水平过低；企业改制，特别是关闭破产企业的职工安置问题等。

由于这类集体劳动争议的主要特点是自发性，劳动者缺乏一定的组织，如果不及时进行疏通和处理，可能会极大地破坏社会秩序、影响社会稳定。而这类群体性事件又未纳入到劳动法律法规当中，因此，探讨如何预防和处理这类劳动争议是一个重要课题。

六、劳动争议的预防

劳动争议的预防是指企业、劳动者以及相关组织事先采取各种有效措施，积极防范企业与劳动者之间劳动争议发生和矛盾激化的活动。从长远来看，劳动争议虽然具有不可避免性和复杂性，但是如果采取适当的预先防范措施，尤其是人力资源管理者能够加强劳动关系的管理，则可以有效减少劳动争议的发生，促进劳动关系的和谐稳定。

（一）加强和完善相关劳动立法

针对我国目前的情况，应当继续完善相关的劳动立法，将存在的问题但没有相应立法调整的领域纳入劳动法律调整的范围之内。同时，也要清理一些不适用的法律法规。劳动立法应当加强集体合同制度的研究和重视；适当减少地方关于劳动法规制定的权力，避免《劳动法》使用中的地方冲突；研究和制定涉外劳动关系方面的法律法规。

（二）大力宣传劳动法律法规，开展普法教育

提高法律意识和法制观念、促使劳动者和用人单位自觉，是法制建设的基础。提高法律意识最有效的手段就是开展普法教育。通过宣传进行普法教育，让劳动者和用人单位了解与劳动相关的法律法规，提高法律意识，维护自己的权益，履行自己的义务。然而，开展普法教育并不是劳动和社会保障部门一个部门的责任，整个社会都应该给予支持和配合，有关部门可以通过各种形式，如广播、电视、报刊、杂志、讲座等，向用人单位、劳动者以及社会大众开展劳动法律法规和政策的宣传，使他们增强法律意识和观念，认识到学法、知法、守法的必要性，了解自己的劳动权利和义务，掌握维护劳动权益的方法。

（三）建立健全企业规章制度，加强劳动合同管理

由于劳动合同主要是针对劳动者个人签订的，对于那些涉及用人单位全体职工的内容可以通过企业规章制度予以确定。为了避免劳动关系双方在企业规章制度的理解上存在差异而产生劳动争议，企业在制定规章制度时，必须遵守一定的程序，即用人单位应当与职工通过民主讨论制定规章制度。例如，由工会、职代会或者职工代表通过等，以吸引劳动者参与制定的过程。对于经过民主制定的规章制度应当向劳动行政部门抄报备案，民主确定、备案审查之后的规章制度也应当进行公示。

在实践中，劳动合同的变更、解除和终止程序不合理、处理不及时是导致双方产生争议

的重要原因。因此，用人单位应当加强劳动合同整个过程的管理。这就要求人力资源管理者熟悉《劳动合同法》的具体规定，做好劳动合同各个程序的准备工作，并尽量能够记录在案，做好相关文书的档案管理工作。

(四) 加强集体谈判，签订集体合同

集体谈判制度作为西方国家调整劳动关系的主要手段之一，是劳动者团体与用人单位及雇主协会的谈判。劳动者联合起来以集体的力量同资方进行交涉，是集体谈判的最大特点。集体谈判的内容主要是劳动条件的改善和劳动关系处理，一般还会签订集体合同。国外的经验表明，集体合同把法律没有规定或不宜规定的情况以合同的形式确定下来，是劳动立法的有效补充。在劳动合同中，虽然劳动者与用人单位在法律上地位平等，但实际上劳动者明显处于弱势地位，根本不能与用人单位进行平等的谈判；劳动者对用人单位拟订的劳动合同往往只能接受或拒绝，而无法就具体内容进行协商。劳动者通过集体谈判、签订集体合同，为自己争取更多的权利。因此，集体谈判和集体合同制度对协商劳动关系、减少劳动争议有着非常积极的作用。

总之，企业的人力资源管理者要将劳动者视为长期、平等的合作伙伴，真正做到“以人为本”，创造信任、尊重、团结的企业氛围，才能有效预防劳动争议的发生。有效预防劳动争议可以调动劳资双方、工会、劳动行政部门等各方面的积极性，尤其是加强劳动者的自我维权和防范意识，从而消除引发劳动争议的隐患，使劳资双方的利益趋向平衡，促使包括劳动关系在内的社会关系走向和谐。

第五节 劳务派遣

一、劳务派遣概述

劳务派遣又称劳动力派遣等，是劳务派遣单位根据用工单位的需要，派遣符合用工单位条件的人员到用工单位工作，如家政公司派遣保姆、翻译公司派遣翻译人员等。劳务派遣的特点可以用“招人不用人，用人不招人”来概括，即劳务派遣单位“招人不用人”，用工单位“用人不招人”。

由于劳务派遣在“招人”和“用人”上存在这种分离，因此容易产生纠纷，尤其是被派遣劳动者的权益容易受到侵害。这些纠纷主要体现在以下几个方面：①信息不对称。一些劳务派遣单位在招聘时为了增强吸引力，故意蒙骗求职者。例如，事先不告诉求职者被录用后将被派往的具体用工单位，更有甚者，劳务派遣单位从中拿差价的现象也存在。②同工不同酬。一些用工单位在观念上仍把派遣员工看做“临时工”，而不是本企业的正式员工，派遣员工尽管与企业的正式职工承担的工作并无差别，但享受到的权利待遇却大打折扣。③劳动争议无人管。劳务派遣单位和用工单位在使用劳动者的过程中，双方责任不清，一旦劳动者权益受损，派遣单位和用工单位之间相互推诿，都不肯承担对劳动者的义务。

针对可能存在的上述问题，《劳动合同法》第五章第二节专门作了相关的规定。例如，规定了劳务派遣单位和用工单位的告知义务；被派遣劳动者与用工单位的劳动者要实行同工同酬，劳动者权益受到分割时，用工单位与劳务派遣单位要承担连带赔偿责任等。

二、劳务派遣三方的法律关系

（一）劳务派遣三方关系的法律分析

劳务派遣使招工和用工相分离，因此，劳务派遣和标准劳动关系中的“一对一”关系有很明显的区别。劳务派遣涉及派遣单位、用工单位以及被派遣劳动者三方。在实践中，派遣单位先与劳动者签订劳动合同，随后由派遣单位对劳动者进行面试和培训，将劳动者派往用工单位，劳动者在实际用工单位从事约定的工作。

从我国现行的法律来看，在劳务派遣活动中，作为派遣一方的单位与劳动者之间建立的是劳动合同关系，受“劳动法”调整。但实际上，派遣单位并不是真正的用工单位，真正的用工单位是通过与派遣单位签订劳务派遣协议、使用被派遣劳动者的单位。派遣者被派遣单位派往真正的用工单位工作后，劳动者与用工单位之间形成的法律关系，既不是劳动合同关系，又不是经济合同关系，有人将其称为特殊劳动关系，但目前尚无定论。

综上所述，劳务派遣三方的关系如下：

1. 派遣单位与被派遣劳动者——劳动法律关系

劳务派遣单位作为用工单位，要承担《劳动法》规定的对劳动者的义务。劳务派遣单位需要与被派遣劳动者签订书面劳动合同。他们之间适用劳动法律法规，如《劳动法》、《劳动合同法》等。

2. 派遣单位与用工单位——民事法律关系

派遣单位与用工单位之间签订的是民事合同，所以双方是民事法律关系，即双方约定由派遣单位向用工单位派出员工为其提供劳动管理服务，用工单位向派遣单位支付服务费和承诺给受派员工提供劳动条件。他们之间适用民事法律法规，如《民法通则》、《合同法》等。

3. 用工单位与被派遣劳动者——特殊劳动关系

实际上，派遣员工与用工单位之间的关系受到劳动关系和劳务关系两者的共同影响，既具有正常劳动关系的特点，又具有民事劳务关系的特点。上海市劳动和社会保障局将其定义为特殊劳动关系，介于劳动关系和劳务关系之间。作为实务操作，用工单位只需要了解双方之间不是标准的劳动关系即可。不是标准的劳动关系，就可以不受《劳动合同法》关于标准劳动关系严格规定的限制，尤其是不用担心两者之间订立无固定期限劳动合同的问题。

（二）劳务派遣与相关概念的区别

1. 劳务派遣与劳务中介

从劳务派遣的概念和特点来看，劳务派遣与劳务中介之间存在明显区别。其最根本的区别在于，劳务派遣组织必须与劳务派遣人员签订劳动合同，建立劳动关系。劳务派遣单位与被派遣劳动者之间是企业和员工的关系，其相互关系调整适用《劳动法》。而劳务中介组织主要是向用工单位和求职者提供信息服务，促使用工单位与求职者签订劳动合同，并收取一定的劳务中介费用。劳动者与劳务中介组织不签订劳动合同，所以不存在劳动关系，其相互间的关系不受“劳动法”及相关法律约束。用工单位通过劳务中介招收劳动者，需要直接与劳动者签订劳动合同。

2. 劳务派遣与业务外包

从表面上看，劳务派遣与业务外包有相似之处，但实际上两者之间的区别也是十分明显的。劳务派遣涉及三方，用工单位和被派遣劳动者之间还存在一层关系。尽管目前两者的法律关系还没有明确的定论，但毕竟存在一定的关系，尤其是在《劳动合同法》的约束下，用工单位需要对被派遣劳动者尽相应的义务，并且要承担连带赔偿责任；而业务外包的模式，是发包单位将项目外包给其他组织或个人，并由承包的组织或个人完成承包的项目。因此，在业务外包中，除非是个人承包经营，发包的单位要对劳动者的损害承担连带赔偿责任外，发包单位对承包单位的劳动者不需要承担法律责任。

3. 劳务派遣与借调

劳务派遣与借调也十分相似，两者的相同之处都体现在向第三方输出劳动者，并由第三方为劳动者安排工作，并且劳动者均与输出方存在劳动关系，与接受方不存在劳动关系。当然，两者之间也有明显区别。其最主要的区别在于，劳务派遣专门从事输出劳动者的业务，并以此为盈利的模式；而借调只是用工单位之间相互调剂职工余缺或进行技术交流的手段。在实践中，借调单位之间一般存在关联关系或合作关系。

三、《劳动合同法》对劳务派遣的规定

由于劳务派遣容易引起纠纷，法律对劳务派遣的规定比较严格。从《劳动合同法》的立法精神来看，就是要限制劳务派遣的发展，使其不能成为主流的用工方式。具体而言，《劳动合同法》从两个方面对劳务派遣作了规定：

（一）对劳务派遣单位的规定

1. 资质的特殊要求

《劳动合同法》第五十七条规定，劳务派遣单位应当依照公司法的有关规定设立，注册资本不得少于50万元。这一规定对劳务派遣单位的资质有两点要求：一是组织形式，必须采取公司的形式。根据我国《公司法》的规定，公司的组织形式有两种：有限责任公司和股份有限责任公司。因此，劳务派遣单位可以选择两者中任何一种形式。二是注册资本不得少于50万元。根据《公司法》的规定，除股份有限公司注册资本的最低限额要求比较高以外，有限责任公司的注册资本最低为3万元，一人有限责任公司的注册资本最低为10万元。而《劳动合同法》规定的劳务派遣单位的注册资本不得少于50万元，显然提高了劳务派遣单位的门槛。

2. 劳动合同的特殊要求

《劳动合同法》第五十八条第一款规定，劳务派遣单位是该法所称用人单位，应当履行用人单位对劳动者的义务。劳务派遣单位与被派遣劳动者订立的劳动合同，除应当载明该法第十七条规定的事项外，还应当载明被派遣劳动者的用工单位以及派遣期限、工作岗位等情况。《劳动合同法》第五十八条第二款规定，劳务派遣单位应当与被派遣劳动者订立两年以上的固定期限劳动合同。由此可见，劳务派遣单位不仅要与劳动者签订劳动合同，而且劳动合同比标准用工下的劳动合同要求要更严格一些。①劳动合同内容的特殊要求，除要符合一般劳动合同的要求外，还需要载明被派遣劳动者的用工单位以及派遣期限、工作岗位等情况；②劳动合同形式的特殊要求，即劳动合同不能选择以完成一定工作任务为期限的劳动合同，必须选择固定期限的劳动合同或无固定期限的劳动合同；③劳动合同期限的特殊要求，即劳动合同期限至少选择两年以上的固定期限劳动合同。

3. 劳动报酬的特殊要求

《劳动合同法》第五十八条第二款规定，劳务派遣单位应当按月支付劳动报酬；被派遣

劳动者在无工作期间，劳务派遣单位应当按照所在地人民政府规定的最低工资标准，向其按月支付报酬。由此可见，该法不仅要求劳务派遣单位按月支付劳动者劳动报酬，还特别明确指出，即使劳动者在没有工作期间，劳务派遣单位也要按照不低于当地最低工资标准支付劳动者工资。

4. 其他法定义务的要求

《劳动合同法》对劳务派遣单位其他法定义务的要求主要包括以下几个方面：

（1）签订劳务派遣协议的要求。《劳动合同法》第五十八条和第五十九条规定，劳务派遣单位派遣劳动者应当与接受以劳务派遣形式用工的单位订立劳务派遣协议。也就是说，劳务派遣单位要与用工单位签订劳务派遣协议，明确双方的义务以及各自对被派遣劳动者的义务。

（2）告知义务的要求。《劳动合同法》第六十条规定，劳务派遣单位应当将劳务派遣协议的内容告知被派遣劳动者。

（3）不得克扣劳动者工资。《劳动合同法》第六十条第二款规定，劳务派遣单位不得克扣用工单位按照劳务派遣协议支付给被派遣劳动者的劳动报酬。

（4）不得向劳动者收取费用。《劳动合同法》第六十条第三款规定，劳务派遣单位和用工单位不得向被派遣劳动者收取费用。

（5）向被派遣劳动者支付经济补偿金和赔偿金的要求。对此，《劳动合同法实施条例》第三十一条规定，劳务派遣单位或被派遣劳动者依法解除、终止劳动合同的经济补偿，依照《劳动合同法》第四十六条、第四十七条的规定执行。第三十二条规定，劳务派遣单位违法解除或者终止被派遣劳动者的劳动合同的，依照《劳动合同法》第四十八条的规定执行，即劳务派遣单位与被派遣劳动者之间是用人单位与劳动者的关系，因此劳动合同解除或终止时，有关用人单位向劳动者支付的经济补偿金、赔偿金等义务也应当由劳务派遣单位承担。简言之，劳务派遣单位依法与被派遣劳动者解除、终止劳动合同，按照法律规定需要支付经济补偿金或赔偿金的，劳务派遣单位应当支付给被派遣劳动者。

5. 招用形式的要求

《劳动合同法实施条例》第三十条规定，劳务派遣单位不得以非全日制用工形式招用被派遣劳动者。这就意味着，劳务派遣单位只能以标准劳动关系的形式招用劳动者。不过，劳务派遣单位以标准劳动关系形式招用劳动者时，可以将劳动者派遣至用工单位从事非全日制工作，对此法律并无限制。

6. 违法操作的严重后果

《劳动合同法》第九十二条规定，劳务派遣单位违反该法规定的，由劳动行政部门和其他有关主管部门责令改正；情节严重的，以每人1000元以上5000元以下的标准处以罚款，并由工商行政管理部门吊销营业执照；给被派遣劳动者造成损害的，劳务派遣单位与用工单位承担连带赔偿责任。可见，该法对劳务派遣单位违法操作的处罚是很严格的，不仅有行政责任，也有民事责任，严重的还可以被吊销营业执照。

（二）对用工单位的规定

《劳动合同法》对用工单位采用劳务派遣用工的规定主要体现在以下几个方面：

1. 适用范围的限制

《劳动合同法》第六十六条规定，劳务派遣一般在临时性、辅助性或者替代性的工作岗位上实施。尽管对这三类岗位的界定，《劳动合同法实施条例》没有作出详细的规定，但是从法律对劳务派遣工作岗位的界定中，可以看出法律的精神是反对用人单位大规模采用劳务派遣用工。

2. 同工同酬的要求

《劳动合同法》第六十三条规定，被派遣劳动者享有与用工单位的劳动者同工同酬的权利。用工单位无同类岗位劳动者的，参照用工单位所在地相同或者相近岗位劳动者的劳动报酬确定。在实践中，用工单位选择劳务派遣的目的之一就是节约用工成本。同工同酬原则的确立，对用工单位的影响比较大，可以看出其立法目的也是限制用工单位选择劳务派遣用工。

3. 法定义务的规定

《劳动合同法》第六十二条第一款规定，用工单位应当履行下列义务：①执行国家劳动标准，提供相应的劳动条件和劳动保护；②告知被派遣劳动者的工作要求和劳动报酬；③支付加班费、绩效奖金，提供与工作岗位相关的福利待遇；④对在岗被派遣劳动者进行工作岗位所必需的培训；⑤连续用工的，实行正常的工资调整机制。《劳动合同法实施条例》又重申了用工单位的法定义务，其第二十九条规定，用工单位应当履行该法第六十二条规定的义务，维护被派遣劳动者的合法权益。由此可见，尽管用工单位与被派遣劳动者之间不是劳动关系，但是被派遣劳动者毕竟是在用工单位劳动，所以法律规定与劳动有关的义务均需要由用工单位承担。

4. 内部派遣的限制

《劳动合同法》第六十七条规定，用人单位不得设立劳务派遣单位向本单位或者所属单位派遣劳动者。这是限制用人单位自己向自己及所属单位派遣劳动者的规定。关于这一条的含义，《劳动合同法实施条例》第二十八条规定，用人单位或者其所属单位出资或者合伙设立的劳务派遣单位，向本单位或者所属单位派遣劳动者的，属于《劳动合同法》第六十七条规定的不得设立的劳务派遣单位。

5. 再派遣的限制

《劳动合同法》第六十二条第二款规定，用工单位不得将被派遣劳动者再派遣到其他用人单位。即法律禁止用工单位接受派遣劳动者后再向其他单位再派遣。

6. 连带赔偿责任的要求

《劳动合同法》第九十二条规定，劳务派遣单位违反本法规定，给被派遣劳动者造成损害的，劳务派遣单位与用工单位承担连带赔偿责任。所谓连带赔偿责任，是指各个责任人对外都不分份额、不分先后次序地对权利人承担责任。在权利人提出请示时，各个责任人不得以超过自己应承担的部分为由而拒绝。例如，劳务派遣单位拖欠被派遣劳动者工资的，劳动者既可以向劳务派遣单位索要劳动报酬，又可以向用工单位索要，也可以同时要求双方各自承担一部分。该法关于连带赔偿责任的规定，解决了劳务派遣中发生纠纷无人负责的局面，同时也加大了用工单位选择劳务派遣用工的风险。

7. 违法操作的后果

《劳动合同法》第九十二条规定了劳务派遣单位违法操作的后果，但没有规定用工单位在劳务派遣中违法操作的后果。鉴于此，《劳动合同法实施条例》第三十五条规定，用工单位违反劳动合同法和本条例有关劳务派遣规定的，由劳动行政部门和其他有关主管部门责令改正；情节严重的，以每位被派遣劳动者1000元以上5000元以下的标准处以罚款；给被派遣劳动者造成损害的，劳务派遣单位和用工单位承担连带赔偿责任。由此可见，用工单位在使用劳务派遣用工方式时，需要按照法律的规定操作，如果违法，将面临行政处罚的后果；给劳动者权益造成损害的，也需要承担连带赔偿责任。

四、劳务派遣的功效与风险防范

（一）劳务派遣的功效

在实践中，用工单位采用劳务派遣用工主要出于两个方面的考虑：一是节约用工成本，即被派遣劳动者与本单位员工实行同工不同酬；二是规避风险，即采用劳务派遣用工主要是为了减少劳资方面的纠纷，规避相关的风险。那么，在《劳动合同法》的约束下，劳务派遣用工是否还有意义呢？实际上，该法颁布后，劳务派遣却发展得更为迅速，用工单位也倾向于选择劳务派遣用工，究其原因主要有以下两个方面：

1. 建立弹性用工机制的需要

《劳动合同法》及配套法规对标准用工作了比较详细的规定，尤其是对劳动关系长期化的强化以及对用工单位解除劳动合同的限制，使用工单位灵活的用工机制受到法律的规制。在这种情况下，劳务派遣则可以通过人力资源的社会化配置和管理，为用工单位提供一种“即时需要即时租用”的弹性用工机制，更好地解决阶段性、临时性或特殊项目对人员的需求。用工单位根据自身需要可随时从劳务派遣机构的人才储备库中挑选人才、将派遣员工退回或将符合自身需要的派遣员工正式调入，从而大幅度提高对市场的反应速度，加强对人力成本的有效控制。既可以保证合法合理用工，又可以达到员工能进能出、合理流动的目的。

2. 摆脱日常人事管理烦琐工作的需要

劳务派遣用工方式可以免去用工单位的招聘、入职、离职、签订与解除劳动合同和各项社会保险的缴纳、中断、转移以及其他日常人事管理等事项。这些事项都可以由派遣单位来完成，从而将用工单位从烦琐的劳动人事管理事务中解脱出来，将精力集中投入到人力资源管理创新上来。

（二）劳务派遣的风险防范

《劳动合同法》将劳务派遣用工纳入了法律的调整范围之内，但由于其精神是要限制劳务派遣的发展，因此对于用工单位来说，如何防范劳务派遣用工的法律风险，就必须要认真考虑。具体而言，用工单位在采用劳务派遣用工时，应当事先做好以下几个方面的工作：

1. 审查劳务派遣单位的资质

关于劳务派遣单位的资质，《劳动合同法》已经作出了相应的规定，即组织形式必须采用公司的形式，注册资本不能低于50万元。因此，用工单位在与劳务派遣单位签订劳务派遣协议前，应当查明该单位是否具备法律规定的相应资质。如果用工单位选择的合作对象不具有办理劳务派遣资质，一旦发生纠纷，有可能视为劳动者直接与用工单位建立劳动关系。因此，用工单位在签订劳务派遣协议前，查明对方的相应资质十分重要。这不仅涉及纠纷发生时的责任承担问题，而且还涉及劳务派遣用工方式能否实现。

2. 签订详细的劳务派遣协议

在劳务派遣用工方面，《劳动合同法》虽然设专节对其进行了规定，但由于劳务派遣单位与用工单位之间属于民事法律关系，按照民事法律“意思自治”的原则，双方可以就劳务派遣用工的事项进行约定。对此，该法也明确了劳务派遣单位与用工单位在劳务派遣协议中对有关问题进行约定。第五十九条规定，劳务派遣单位派遣劳动者应当与接受以劳务派遣形式用工的单位订立劳务派遣协议。劳务派遣协议应当约定派遣岗位和人员数量、派遣期限、劳动报酬和社会保险费的数额与支付方式以及违反协议的责任。由此可见，用工单位采用劳务派遣用工的，必须与劳务派遣单位签订劳务派遣协调。这不仅是法律明文要求，也是用工单位与劳务派遣单位相互明确各自权责以及各自对被派遣劳动者义务的基础。

3. 督促劳务派遣单位规范操作

《劳动合同法》第九十二条规定，劳务派遣单位违反本法规定，给被派遣劳动者造成损害的，劳务派遣单位与用工单位承担连带赔偿责任。就是说，只要被派遣劳动者权益在被派遣过程中受到损害，即便劳务派遣单位违法操作，用工单位也要承担连带赔偿责任。用工单位为减轻不必要的责任，需要督促劳务派遣单位规范操作。例如，要求劳务派遣单位与被派遣劳动者签订的劳动合同在用工单位备案，劳务派遣单位为被派遣劳动者计发工资、缴纳社会保险费的情况定期通报给用工单位。类似上述举措，可以在一定程度上减少劳务派遣单位违法操作的概率，进而减轻用工单位承担连带赔偿责任的风险。

第六节 实践与应用

一、案例评析：快速发展引发的员工矛盾

余总是一家大型民营企业的创始人，近几年公司发展非常迅速，今年的销售预计比去年同期增长50%。其原因一是行业性增长因素，二是该公司从其他公司挖了两个营销高手，而他们确实很有能力，同时也把以前一些老客户带了过来，销量一下子就上去了。但是公司上上下下根本没有想到业绩会提升得这么快，都缺乏相应的心理准备，更谈不上提前考虑应对措施。结果是老板和员工一起被迫加班加点，工作和生活节奏全被打乱，员工的不满在一点点增加，最大的希望只剩下“周末好好回家睡个觉”，有时候甚至连周末都没有。在这种情况下，员工关系能不出现问题吗?

企业的高速发展一般都会带来一些管理难题。比如，因人手紧张、工作量大、加班加点而导致员工的工作和生活无法平衡；员工被快速提拔但是无法完全胜任工作，引起老板的期望和员工的绩效之间的差距等。那么，为什么企业高速发展却引来员工关系紧张呢？导致企业员工关系不佳的原因何在？应该采取什么措施来建立企业和员工共赢的员工关系呢?

评析：

1. 员工关系管理主体缺位

在企业员工关系管理系统中，人力资源部和其他各部门负责人都处于连接企业和员工的中心环节。人力资源部是公司员工关系管理的组织部门，广大的直线经理是员工关系管理的首要负责人，而在这方面负最大责任的则是董事长或总经理。但是这一观点在很多企业没有得到充分认识，导致企业员工关系管理水平和效果得不到有效的体现。

在很多企业的管理者看来，人力资源管理工作是人力资源管理部门的事情，所以员工关系管理自然也就是人力资源管理部门的工作。这些管理者平时没有承担人力资源管理工作责任的勇气，不了解下属的工作状态，不关心下属的生活问题，等到员工关系紧张甚至发生冲

突时，才感觉到束手无策，进而就把问题抛给人力资源管理部门。人力资源管理部门有限的人力在承担起整个公司的员工关系管理时显得力不从心，而且对基层的实际状况并不十分了解，所以往往只能充当“消防员”的角色，简单机械地通过政策手段或者法律手段来进行“救火”，加上在处理冲突时沟通不足，也很容易导致冲突不断地升级。

2. 沟通不畅引发员工不满

从某种意义上来说，管理的本质就是沟通。当企业和员工之间、员工和员工之间出现矛盾、争吵或冲突时，沟通将成为解决问题的有效途径。通过沟通，可以使员工心中的各种埋怨和误解得到释放和消除，也可以使企业了解某一措施对员工可能造成的现实影响。可以说沟通是员工之间阐明观点、实现合作的桥梁，是员工高效率地工作的基础，是营造良好员工关系的保障。

现代企业的知识型员工不再盲目地服从企业的规定和上级的安排，他们需要得到尊重，强制性的措施会起到相反的效果，恶化员工关系。因此，畅通的沟通渠道和宣泄机制是维持良好员工关系的重要手段。

3. 无法满足员工需求，心理契约总体失效

实现企业和员工之间的心理契约是员工关系管理的核心所在。20世纪70年代，美国心理学家施恩提出了心理契约这一概念。心理契约虽不是有形的，但却发挥着有形契约的作用。目前企业对于合同、协议等有形契约比较重视，但却普遍忽略了心理契约，没有清楚地了解每个员工的需求和发展愿望并予以适当满足，也没有对员工的需求进行适当的引导，从而导致员工需求期望的实现程度不高，老板和员工心理定位差距较大，双方的满意度都较低。

二、案例思考：刻骨铭心的离职经历

李先生原是某国有企业计算机中心的技术骨干，他对自己离开的经历刻骨铭心。“当我提出离开时，单位领导软硬兼施，先是恐吓，说要扣户口档案，还要罚钱。然后是利诱，说厂里要分房子了，留下来的人人有份。”进厂时，企业跟李先生签了一份合同；若五年内离开，违约金为每年5000元。李先生走的那一年，正赶上大批年轻人要离开，厂里召开紧急会议，决定将违约金提高至3万元。中心内部的网络论坛上，不少同事贴出了言辞激烈的文章，有个同事甚至要把单位告上法庭。经过多次交涉，双方终于妥协，单位把违约金降为1.2万元。但很多人最终还是走了，李先生也跳槽至一家民营企业任系统主管。

问题思考：

如果你是李先生原来所在单位的领导，你会如何处理员工离职问题？

三、案例讨论：新法下的劳动合同续签问题

某工厂在与员工签订劳动合同时遇到两个棘手问题：

员工甲2008年1月1日进厂，但工厂一直没与员工甲签订劳动合同，员工甲知道工厂如果不与其签订书面劳动合同，依法需要向其支付双倍的工资，因此一直不动声色。直至2008年5月1日，工厂对劳动合同进行了一次普查，才发现与员工甲漏签了劳动合同，工厂表示要与员工甲补签劳动合同，员工甲同意补签，但是工厂要先支付其2008年1月至4月的另一倍工资，否则，员工甲只愿意将补签劳动合同日期定在2008年5月1日。

员工乙系工厂的一名老员工，工厂2008年前一直都没有与其签订劳动合同，工厂按照同工同酬的原则按月支付员工乙每月工资，2008年1月1日新法实施后，工厂决定与员工乙签订书面劳动合同，将其原来的福利待遇通过合同进行明确，员工乙一直以工厂工资低为理由拒绝与工厂签订劳动合同。

法条索引：

《中华人民共和国劳动合同法实施条例》

第五条　自用工之日起一个月内，经用人单位书面通知后，劳动者不与用人单位订立书面劳动合同的，用人单位应当书面通知劳动者终止劳动关系，无需向劳动者支付经济补偿，但是应当依法向劳动者支付其实际工作时间的劳动报酬。

第六条　用人单位自用工之日起超过一个月不满一年未与劳动者订立书面劳动合同的，应当依照《劳动合同法》第八十二条的规定向劳动者每月支付两倍的工资，并与劳动者补订书面劳动合同；劳动者不与用人单位订立书面劳动合同的，用人单位应当书面通知劳动者终止劳动关系，并依照《劳动合同法》第四十七条的规定支付经济补偿。

前款规定的用人单位向劳动者每月支付两倍工资的起算时间，为用工之日起满一个月的次日，截止时间为补订书面劳动合同的前一日。

第七条　用人单位自用工之日起满一年未与劳动者订立书面劳动合同的，自用工之日起满一个月的次日至满一年的前一日应当依照《劳动合同法》第八十二条的规定向劳动者每月支付两倍的工资，并视为自用工之日起满一年的当日已经与劳动者订立无固定期限劳动合同，应当立即与劳动者补订书面劳动合同。

（资料来源：http：//www. boraid. com/darticle3/list. asp？id＝112427）

问题讨论：

该工厂应当如何处理上述两个案件较为妥当？

四、实践模拟

（一）五个同学组成一个小组，调查当地一些企业中生产安全与劳动安全的管理模式，给出简单的评价，在全班进行认真交流。

（二）劳动合同订立模拟

1. 实验内容

企业集体合同的起草、签订及程序；企业劳动合同的起草、签订及程序；劳动合同的变更、解除、终止、续订程序；企业劳动争议的处理程序，等等。

2. 实验程序

在教师的组织下，学生分组，5～8人一个小组；在组长的组织下，分析理解背景材料，合作完成合同书的起草、签订劳动争议案件处理等。

【本章小结】

1. 劳动关系产生于就业组织中的雇佣行为，其本质是管理方与劳动者个人及团体之间产生的、由双方利益引起的表现为合作、冲突、力量和权力关系的总和。

2. 劳动合同是劳动者和用人单位之间确立、变更和终止劳动权利和义务的协议。

3. 集体谈判涉及以下内容：确定劳动和就业条件；调整工人和雇主的关系；调整雇主

或雇主组织同一个或数个工人组织的关系。

4. 劳动争议是指劳动关系双方主体因实现劳动权利和履行劳动义务而发生的纠纷。其中有的属于既定权利的争议，有的属于要求新的权利而出现的争议。

5. 劳务派遣是指劳务派遣单位根据用工单位的需要，派遣符合用工单位条件的人员到用工单位工作。

【思考题】

1. 试述劳动关系的概念和特征。
2. 构成劳动关系的主体有哪些？如何认识政府在劳动关系中的角色？
3. 劳动者与用人单位在订立、履行、解除劳动合同时，分别履行什么义务？
4. 什么是集体谈判与集体合同制度？
5. 劳动争议解决原则是什么？
6. 劳动争议解决方法和途径有哪些？
7. 什么是劳务派遣？劳务派遣三方的法律关系是怎样的？

参 考 文 献

[1] 加里·德斯勒,曾湘泉. 人力资源管理[M]. 10 版. 北京:中国人民大学出版社,2007.

[2] 乔治·伯兰德,斯科特·斯内尔. 人力资源管理[M]. 魏海燕,译. 大连:东北财经大学出版社,2006.

[3] 马西斯,等. 人力资源管理[M]. 孟丁主,译. 10 版. 北京:北京大学出版社,2006.

[4] 赵曙明. 人力资源战略与规划[M]. 北京:中国人民大学出版社,2008.

[5] 郑兴山. 人力资源管理[M]. 上海:上海交通大学出版社,2008.

[6] 王海光. 人力资源管理[M]. 大连:东北财经大学出版社,2008.

[7] 宗蕴璋. 人力资源管理[M]. 北京:电子工业出版社,2007.

[8] 罗宾斯,库尔特. 管理学[M]. 孙健敏,等译. 北京:中国人民大学出版社,2008.

[9] 罗宾斯,贾奇. 组织行为学[M]. 李原,孙健敏,译. 北京:中国人民大学出版社,2008.

[10] 王明琴. 人力资源管理[M]. 北京:科学出版社,2009.

[11] 付麟,闻效仪. 人力资源管理概论[M]. 北京:中国劳动社会保障出版社,2008.

[12] 涂云海. 人力资源管理——原理与应用[M]. 大连:东北财经大学出版社,2008.

[13] 王蕴,孙静. 人力资源管理[M]. 北京:清华大学出版社,2008.

[14] 杨文键. 人力资源管理[M]. 北京:科学出版社,2007.

[15] 莫寰,张延平,王满四. 人力资源管理——原理、技巧与应用[M]. 北京:清华大学出版社,2007.

[16] 德里克·托林顿,等. 人力资源管理[M]. 邵剑兵,等译. 6 版. 北京:经济管理出版社,2007.

[17] 彭剑锋. 人力资源管理概论[M]. 上海:复旦大学出版社,2003.

[18] 赵国运. 管理学原理[M]. 北京:中国社会出版社,2006.

[19] 杨维富,王仁理. 执行人力资源战略规划[M]. 北京:中国发展出版社,2008.

[20] 顾英伟. 人力资源规划[M]. 北京:电子工业出版社,2006.

[21] 肖鸣政,Mark Cook. 人员素质测评[M]. 北京:高等教育出版社,2005.

[22] 唐宁玉. 人事测评理论与方法[M]. 大连:东北财经大学出版社,2009.

[23] 杜林致. 人力资源测评——理论与实务[M]. 广州:暨南大学出版社,2009.

[24] 刘远我. 人才测评——方法与运用[M]. 北京:电子工业出版社,2007.

[25] 邢淑清. 人力资源培训与开发[M]. 北京:电子工业出版社,2007.

[26] 胡君辰,宋源. 绩效管理[M]. 成都:四川人民出版社,2008.

[27] 赫尔曼·阿吉斯. 绩效管理[M]. 刘昕,曹仰锋,译. 北京:中国人民大学出版社,2008.

[28] 杜映梅. 绩效管理[M]. 北京:中国发展出版社,2006.

[29] 张丽华,王蕴. 薪酬管理[M]. 北京:科学出版社,2009.

[30] 赵国军. 薪酬管理方案设计与实施[M]. 北京:化学工业出版社,2009.

[31] 姚凯. 企业薪酬系统设计与制定[M]. 成都:四川人民出版社,2008.

[32] 胡昌全. 薪酬福利管理[M]. 北京:中国发展出版社,2006.

[33] 文跃然. 薪酬管理原理[M]. 上海:复旦大学出版社,2004.

[34] 石先广. 劳动合同法下的员工关系管理[M]. 北京:中国劳动社会保障出版社,2008.